Paris galant au dix-huitième siècle

Casanova à Paris

Ses séjours racontés par lui-même, avec notes additions et commentaires

DE

GASTON CAPON

JEAN SCHEMIT, LIBRAIRE
52, rue Laffitte, Paris
—
1913

Casanova à Paris

Paris galant au dix-huitième siècle

Casanova à Paris

Ses séjours racontés par lui-même, avec notes additions et commentaires

DE

GASTON CAPON

JEAN SCHEMIT, LIBRAIRE
52, rue Laffitte, Paris
—
1913

PRÉFACE

Paris a toujours été le centre préféré, le lieu de prédilection, le rendez-vous pour la bombance et l'intrigue des étrangers pécunieux désirant s'offrir des plaisirs chèrement payés et des ingénieux coureurs d'aventures avides d'arrondir leur besace. Les premiers déboursent, les autres empochent, c'est la logique des compensations. Il n'en était pas autrement vers le milieu du dix-huitième siècle. A côté des seigneurs de marque, une foule de chevaliers d'industrie, écumant les grandes villes, venant des quatre coins du monde, accourait chercher à Paris, ville de ressource, l'expédient nécessaire pour briller et parader dans la société. Arrivant on ne sait d'où, ces vagabonds de belle apparence prenaient à la barrière un nom sonore, un titre illusoire, et s'introduisaient dans la Capitale n'ayant pour tout moyen d'existence que le jeu et les femmes. Quelques-uns pourtant étaient réellement de petits gentilshommes de province. N'ayant pas la fortune suffisante à soutenir un nom séculaire, ils escomptaient sur les relations familiales, leur bonne mine ou leur talent pour lui façonner un lustre nouveau. Mais souvent afin de se maintenir au rang qu'ils croyaient devoir afficher, ils tombaient dans les pires combinaisons et roulaient avec les autres. Ceux-là, nés de la classe moyenne, teintés de bonnes manières, ayant reçu quelque instruction, mais voulant jouir de la vie facile des gens de condition, mettaient à profit leur savoir pour faire des dupes. Quand ils joignaient à leur entregent un physique agréable ou une tournure d'esprit propre à séduire les femmes, ils se servaient d'elles comme d'appât pour attirer dans leur jeu le riche partenaire, sans distinction, de l'homme de qualité naïf jusqu'à l'aigrefin momentanément fortuné. Enfin, en dernier lieu venaient les crocs, vivant exclusivement du trafic des filles et de filouteries. Dans ce mélange d'individus à large conscience, à la morale facile, aux scrupules élastiques, courant au même but, usant de tous les artifices pour paraître et jouir, beaucoup vécurent une existence aussi cahotée, aussi mouvementée, avec des bonheurs insolents et des revers pénibles, des intrigues longuement préparées et des amours aussi nombreuses que Casanova, mais ils n'ont pas laissé de mémoires, bien peu ayant eu la chance de rencontrer, sur le déclin, un abri définitif avec la sécurité nécessaire pour évoquer joyeusement les folies du passé.

Quelques gentilshommes nous avaient averti combien les aventures étaient rapides et faciles, à qui ne vit que pour aimer et être aimé, dans un siècle où l'amour tient la première place, ce sont Cheverny, Tilly, Lauzun ; mais ils n'avaient d'autre souci que de plaire ; ils étaient partout recherchés et leur avenir semblait certain ; leurs mémoires ne sont donc que d'aimables galanteries. Jean-Jacques Rousseau, après avoir commencé comme Casanova, acquit la célébrité qui lui permit d'abandonner une vie qui ne s'accordait guère avec son caractère casanier, maussade et ombrageux. Quant à Rétif de la Bretonne, sa vie est aussi remplie d'évènements singuliers, mais il resta toujours dans le peuple, ce qui donne quelque monotonie à ses nombreuses autobiographies. Les aventures de Casanova n'ont rien d'extraordinaire, mais elles sont bien plus curieuses et plus variées parce qu'il fréquente toutes les sociétés, qu'il renouvelle ses exploits dans toutes les villes de l'Europe, et surtout parce qu'il les raconte avec un cynisme, une impudence et une persuation qui n'ont jamais été égalées. Jacques Casanova aimait les hasards de la vie nomade. Il avait de qui tenir. Son père Gaetan-Joseph-Jacques, issu d'une bonne famille, s'éprit des avantages d'une actrice nommée Fragoletta. Il la suivit et joua la comédie. Pendant cinq ans ils vécurent ensemble, puis Casanova quittant sa maîtresse s'engagea dans une autre troupe de comédiens. A Venise il fit connaissance de la fille d'un cordonnier nommée Zanetta, âgée de seize ans. Elle se laissa enlever et ils se marièrent à Venise. Au bout de neuf mois, le 2 avril 1725, la jeune épouse accouchait de Jacques Casanova. Femme d'un comédien, Zanetta prit goût au métier et laissant l'enfant de son mari, le ménage partit en Angleterre où, à Londres, le 1er juin 1727, la famille s'augmentait de François. Ils revinrent à Venise et eurent encore Jean-Baptiste, né le 4 novembre 1730; une fille qui mourut en bas-âge; et Marie-Madeleine, née à Venise le 25 décembre 1732. Zanetta quand son mari mourut en 1733, se trouvait enceinte de six mois d'un garçon que Casanova nommera « mon frère l'abbé » sans plus.

Enfants de comédiens ambulants, après avoir reçu, grâce

aux relations de leur père, une solide instruction, ils prirent leur vol et à leur tour parcoururent le monde. Jacques Casanova tour à tour abbé, soldat, baladin, toujours joueur et jouisseur, cherche la fortune rapide qui lui permette de satisfaire son appétit de luxe et de volupté. De tempérament robuste, s'assimilant avec facilité, ingénieux et retors, plein de verve, de brio, d'entrain, façonné pour la galanterie, paré des dons solides qui séduisent, il s'implante partout et partout il est à l'aise. Il va du tripot à la Cour, du salon au cabaret, de l'alcôve au boucan; il fréquente également les fripons et les ministres, les gueux et les financiers, les raccrocheuses et les grandes dames, les maquerelles et les duchesses. Il fait de l'agio, de la brocante, des libelles, des livres d'histoire, des scénarios, de la politique, de la sorcellerie, de l'espionnage, tout moyen lui est bon pour soutirer les écus qu'il prodigue ensuite largement pour ses plaisirs et surtout pour l'amour des femmes. Il n'attend pas les occasions, il court au-devant d'elles et comme il aime éblouir par sa munificence, qu'il a des arguments dorés, ses aubaines d'amour sont nombreuses; il tient le sceptre de la galanterie par le nombre et la diversité de ses succès achetés parfois chèrement, il le sait et s'en vante, mais il se plaît à étaler sa générosité, ses dépenses somptueuses, dût-il rester quinaud. Pour cet être d'apparat, sacripant splendide et rutilant, Paris devait être la meilleure étape. Dans ce Paris du règne de Louis XV le bien-aimé, Eldorado de l'opulent et de l'imposteur, Casanova pouvait exercer sans contrainte ses brillantes qualités de rusé soutireur d'argent, mettre à profit son aplomb imperturbable, son éloquence persuasive, son savoir des sciences occultes, et se livrer impudemment à son libertinage et à ses machinations. Il n'y faillit point et il le raconte avec une rare franchise. C'est pourquoi, il nous a paru intéressant d'extraire de ses Mémoires les voyages qu'il fit à Paris où défilent toutes les classes de la société parisienne du règne de Louis XV dans un tableau pittoresque, mouvementé et surtout exact des mœurs — le plus souvent des mauvaises mœurs de cette époque. Il n'y a pas longtemps qu'on regardait encore Casanova comme un hâbleur plein de fatuité, enjolivant avec habileté des histoires aussi légères qu'agréables dont il se prétendait le héros. Grâce à des chercheurs tenaces, on est arrivé peu à peu à découvrir un peu partout des documents qui viennent prouver l'authenticité de ses Mémoires, et l'étonnante sincérité de Casanova. Il y a bien de fréquentes erreurs chronologiques, quelques confusions dans ses souvenirs, des inexactitudes assez importantes mais enfin, ses aventures sont réellement arrivées et même d'autres, qu'il a oublié ou négligé de raconter. Il montre donc la vie au XVIIIe siècle sous son véritable aspect et la décrit avec justesse, sans crainte d'en dévoiler les tares. Casanova, il est vrai, aime et recherche le scandale qu'il raconte avec une hardiesse de description, un luxe de détails scabreux, une liberté de langage qui peignent parfaitement ce qu'il veut écrire, aussi bien que la sensation qu'il en a gardée. S'il arrange le récit, le fait n'est qu'agrémenté, mais le plus souvent il est vrai. Il ne farde pas la vérité, surtout en ce qui le concerne et ne cherche pas à excuser ses vices, ni à déguiser ses réflexions les plus secrètes, que ce soit en sa faveur ou contre lui, au contraire, lui-même l'avoue sans honte dans une lettre adressée le 11 juillet 1791 au comte d'Opiz, dans laquelle il parle ainsi de ses Mémoires : « Le cynisme que j'y ai mis est outré et il passe les bornes que la convenance a mis à l'indiscrétion. Mais Vous ne saurié croire combien cela m'amuse. Je me suis aperçu sans rougir que je m'aime plus que personne ; mais notés, que je rougis de ce que je ne rougis pas ; et cette érubescence secondaire me justifie vis-à-vis de moi-même, car des autres je ne me soucie pas. » Pourtant, s'il montre quelqu'indulgence et parfois même quelque réserve, ce n'est ni sur lui, ni sur ses compères qu'il ne ménage pas, mais sur quelques femmes qu'il ne veut pas compromettre et, chose curieuse, ce coureur de filles, ce débauché sans retenue, ne méprise jamais les femmes qu'il a aimées, c'est à peine s'il témoigne quelque rancœur quand il ne réussit pas auprès d'elles, même s'il a été dupe à son tour de leurs menées. Cependant, on ne trouve pas dans ses souvenirs, la mélancolie et le regret que la séparation apporte à ceux qui ont aimé profondément, il aimait sincèrement mais il avait le bonheur de ne pas s'attacher, et quand les circonstances l'obligeaient à rompre des liaisons qu'il croyait durables, il courait vite à d'autres amours. Le franc-parler de Casanova, sa désinvolture à lever avec inconvenance le rideau des alcôves, à dénuder les sentiments raffinés de ses contemporains et à relever, au mépris de toute bienséance, le dessous des élégances traditionnelles du dix-huitième siècle, donnent au récit de ses séjours à Paris, toute l'apparence d'un roman licencieux. Il n'en est rien. Nous avons essayé de contrôler ses actes, de vérifier ses exploits et de scruter ses réticences en fouillant dans les différents fonds d'archives, en puisant dans les publications du temps, enfin en nous servant des études récentes dont Casanova a été l'objet dans tous les pays. Avec l'aide des érudits qui nous ont précédé dans ces recherches, avec les documents inédits que nous avons eu le bonheur de découvrir, nous avons réussi à identifier la plupart des personnages que Casanova dit avoir coudoyés, à retrouver trace de ses actions, à découvrir aussi d'autres aventures qu'il oublie de conter, et même à dévoiler quelques mystifications qu'il semble avoir semées dans son récit, pour dépister les chercheurs trop curieux. L'annotation des Mémoires de Casanova dans son ensemble serait trop vaste et pour ainsi dire impossible par la difficulté qu'il y aurait à recueillir les documents indispensables, ou tout au moins suffisants, et qui doivent se trouver enfouis dans les cartons des Archives de toutes les grandes villes de l'Europe. Nous nous sommes borné à réunir en un volume les passages des Mémoires, où Casanova conte ses voyages à Paris. C'est une partie importante de l'ouvrage que nous avons pu isoler en respectant le texte de l'auteur, et en ajoutant seulement quelques notes explicatives, pour enchaîner chaque récit. Nous nous sommes efforcé d'être aussi bref que possible dans nos commentaires, nous contentant de citer le plus souvent les documents inédits avec quelques éclaircissements concis lorsque les pièces présentées diffèrent du récit et, afin de ne pas grossir démesurément un livre assez volumineux, nous renvoyons, en les résumant en quelques mots, aux ouvrages et aux notices déjà parues sur Casanova quand un fait a déjà été discuté et que nous n'apportons pas de preuves nouvelles. Pour les renvois aux Mémoires nous avons choisi l'édition Flammarion, en six volumes, comme étant la plus facile à se procurer. Nous croyons, étant donné la curiosité que les aventures de Casanova ont toujours suscitée, avoir répondu dans la mesure qui nous était possible, au désir des nombreux admirateurs de Casanova en publiant ces fragments et nous souhaitons avoir des imitateurs qui fussent pour les autres voyages ce que nous avons essayé de faire pour la partie parisienne. On rendra enfin justice à Casanova en démontrant l'authen-

ticité de ses Mémoires *et en leur donnant le caractère d'autorité qu'ils méritent quand même en dépit de leur impertinence.*

Gaston CAPON.

Casanova a Paris

CHAPITRE I

Premier voyage
Juillet 1750 — Août 1752

Départ de Lyon. — Mon apprentissage à Paris. — Portraits. — Singularités. — Mille choses.

Nous partîmes de Lyon par la diligence, et nous mîmes cinq jours pour arriver à Paris. Balletti avait prévenu sa famille du moment de son départ : elle savait par conséquent l'instant de notre arrivée ([1]).

Nous étions huit dans la diligence, et nous étions tous très-incommodément assis; car c'était une grosse carcasse ovale, de façon que personne n'occupait un coin, puisqu'il n'y en avait pas. Si cette voiture avait été construite dans un pays où l'égalité eût été consacrée par les lois, le moyen aurait été fort plaisant. Je trouvai simplement que c'était fort mal raisonné; mais j'étais en pays étranger, et je gardai le silence. D'ailleurs, en ma qualité d'Italien, aurais-je eu bonne grâce de ne pas admirer tout ce qui était français et surtout en France ? Voiture ovale : je

---

([1]) Antoine-Etienne Balletti, comédien qui remplissait les rôles de premiers amoureux à la Comédie-Italienne. Très bien élevé, pourvu d'une solide instruction, il ne fut malgré toutes ses qualités qu'un médiocre artiste (*Almanach des gens d'esprit*; 1762, in-12, p. 37.)

révérais la mode tout en la maudissant, car le singulier mouvement de cette voiture fait sur moi le même effet que le roulis d'un vaisseau par une grosse mer. Du reste, elle était fort bien suspendue; mais le cahotage m'aurait bien moins incommodé (1).

Comme, dans la célérité de son allure, elle ondoyait, on lui avait donné le nom de gondole; mais j'étais connaisseur, et je ne lui trouvais guère d'analogie avec ces gondoles vénitiennes poussées par deux vigoureux rameurs, qui vont si vite et si doucement.

L'effet de ce mouvement fut tel que je fus obligé de rendre tout ce que j'avais dans l'estomac. Cela fit que l'on me trouva de mauvaise compagnie; mais on ne me le dit pas: j'étais en France et avec des Français, qui se connaissent en politesse. On se contenta de me dire que j'avais trop soupé: et un abbé parisien, pour prendre ma défense, dit que j'avais l'estomac faible. Là-dessus on disputa. Impatienté :

— Messieurs, dis-je, vous avez également tort; car j'ai l'estomac excellent et je n'ai pas soupé.

A ces mots, un homme d'un certain âge me dit d'un ton mielleux que je ne devais pas dire qu'ils avaient tort, mais bien qu'ils n'avaient pas raison, imitant Cicéron, qui ne dit pas aux Romains que Catilina et les autres conjurés étaient morts, mais qu'ils avaient vécu.

---

(1) Pourtant on vantait beaucoup le confort du coche faisant le trajet de Paris à Lyon. Un guide contemporain dit : « La diligence de Lyon passe pour la voiture la plus utile et la plus commode de tout le royaume. La caisse en est bien étoffée et suspendue sur quatre bons ressorts ; cette voiture fait vingt lieues par jour, et les voyageurs sont rendus à Lyon en cinq jours en été et six en hiver. » Le prix était de cent livres par personne pour le voyage. (*Journal du Citoyen*; à la Haye, 1754; in-8, p. 417.)

L'Almanach Royal (1750 et suivants) dit que les diligences partaient de deux jours en deux jours. Elles contenaient huit personnes et il ajoute aussi : « elles sont à présent suspendues sur des ressorts qui les rendent au moins aussi douces que les chaises de postes et berlines, ainsi qu'en conviennent tous ceux qui les ont éprouvées. »

— N'est-ce pas la même chose ?

— Je vous demande pardon, monsieur; l'un est poli et l'autre ne l'est pas. Il se mit alors à faire une longue dissertation sur la politesse, et il termina en me disant d'un air riant :

— Je pense que monsieur est Italien ?

— Oui, je le suis; mais me feriez-vous le plaisir de me dire à quoi vous l'avez reconnu ?

— Oh! oh! à l'attention avec laquelle vous avez écouté mon long bavardage.

Tout le monde se mit à rire, et moi, charmé de son originalité, je commençai à l'amadouer. Il était gouverneur d'un jeune garçon de douze ou treize ans qui était assis à son côté. Je l'employai pendant tout le voyage à me donner des leçons de politesse française, et lorsque nous dûmes nous séparer, il me prit amicalement à part et me dit qu'il voulait me faire un petit cadeau.

— Quoi ?

— Il faut abandonner et oublier pour ainsi dire la particule *non*, dont vous faites un fréquent usage à tort et à travers. *Non* n'est pas un mot français; au lieu de cette syllabe désobligeante, dites: *Pardon*. *Non* est un démenti; laissez-le, monsieur, ou préparez-vous à donner et à recevoir des coups d'épée à tout bout de champ.

— Je vous remercie, monsieur; votre cadeau est précieux, et je vous promets de ne plus dire *non* de ma vie.

Pendant la première quinzaine de mon séjour à Paris, il me paraissait que j'étais devenu le plus fautif de tous les hommes, car je ne discontinuais pas de demander pardon sur pardon. Je crus même, un soir, au théâtre, qu'on me faisait une querelle pour avoir demandé pardon mal à propos. Un jeune petit maitre, étant au parterre me marcha sur le pied, et je m'empressai de lui dire :

— Pardon, monsieur.

— Monsieur, pardonnez vous-même.
— Vous-même.
— Vous-même.
— Hélas! monsieur, pardonnons-nous tous deux et embrassons-nous.

L'embrassade termina le différend.

Un jour, pendant le voyage, m'étant endormi de fatigue dans l'incommode gondole, je me sens tirer fortement par le bras.

— Ah! monsieur, voyez ce château! me dit mon voisin.
— Je le vois; eh bien?
— Ah! de grâce, ne le trouvez-vous pas?...
— Je n'y trouve rien; et qu'y trouvez-vous vous-même?
— Rien d'étonnant s'il n'était à quarante lieues de Paris. Mais ici! ah! le croiront-ils, mes badauds de compatriotes, qu'il y ait un si beau château à quarante lieues de la capitale? Qu'on est ignorant quand on n'a pas voyagé!
— Vous dites fort bien.

Cet homme était Parisien lui-même et badaud dans l'âme comme un Gaulois au temps de César.

Cependant si les Parisiens badaudent du matin au soir, s'amusant de tout, un étranger comme moi devait être bien plus badaud qu'eux! La différence entre eux et moi était qu'accoutumé à voir les choses telles qu'elles sont, j'étais surpris de les voir souvent sous un masque qui les changeait de nature, tandis que leur surprise dépend souvent de ce qu'on leur fait soupçonner le dessous du masque.

Ce qui me plut beaucoup en arrivant à Paris, ce fut cette magnifique route, ouvrage immortel de Louis XIV, la propreté des auberges, la chère qu'on y fait, la promptitude avec laquelle on est servi, les lits excellents, l'air modeste de la personne qui vous sert à table, qui, le plus souvent est la fille la plus accomplie de la maison, dont l'air décent, le maintien modeste, la propreté et les manières inspirent le respect au libertin le plus éhonté. Quel est l'Italien qui voit avec plaisir les valets d'auberge en Italie avec leur air effronté et leur insolence ? De mon temps on ne savait pas en France ce que c'était que surfaire : c'était véritablement la patrie des étrangers. On avait, il est vrai, le désagrément de voir souvent des acte d'un despotisme odieux, des lettres de cachet, etc.; c'était le despotisme d'un roi. Depuis, les Français ont le despotisme du peuple. Est-il moins odieux ?

Nous dînâmes à Fontainebleau, nom qui vient de Fontaine belle eau (1); et, à deux lieues de Paris, nous aperçûmes une berline qui venait à notre rencontre. Dès qu'elle fut près de nous, mon ami Baletti cria d'arrêter : c'était sa mère, qui me reçut comme un ami qu'elle attendait. C'était la célèbre comédienne Silvia; et dès que je lui fus présenté, elle me dit :

— J'espère, monsieur, que l'ami de mon fils, voudra bien souper avec nous ce soir.

Je la saluai en acceptant; et, remonté dans la gondole tandis que Baletti était avec sa mère dans la berline nous continuâmes notre route.

A mon arrivée à Paris je trouvai un domestique de Silvia avec un fiacre, qui me conduisit à mon logement

---

(1) Au sujet de l'étymologie de Fontainebleau, l'abbé Guilbert dans sa *Description historique de Fontainebleau* (1731, 2 vol. in-12) dit :

« Les auteurs modernes depuis François Ier jusqu'à nous, ont tous cru que Fontainebleau n'étoit ainsi nommé qu'à cause de ses belles eaux, et qu'ainsi il falloit dire Fontaine belle eau. *Fons Bellæ aquæ*, etc......... tandis que les Chartes, Lettres de rois, etc., l'ont tous nommé *Fons Blondi, Eblaudi* et Eblaudi.... Cette différente façon d'écrire ce nom m'a déterminé à croire que ce château étoit bâti sur le fief de Breau, d'où cette fontaine étoit dépendante, et que l'on a confondu Bleau et Breau. »

L'abbé Guilbert après une longue dissertation conclut : « Le superbe palais de Fontainebleau a tiré son nom de la fontaine qui y prend sa source, et du bourg voisin, ou de celui qui étoit le possesseur et le maître du champ » (p. xxxjx).

pour y déposer mes effets; ensuite nous allâmes chez Baletti, à cinquante pas de ma demeure.

Baletti me présenta à son père, qui s'appelait Mario. Mario et Silvia étaient les noms que M. et Mme Baletti portaient dans les comédies à canevas qu'ils jouaient; et les Français avaient alors l'habitude de ne désigner les acteurs italiens que par les noms qu'ils portaient sur la scène. Bonjour, monsieur Arlequin; Bonjour, monsieur Pantalon : c'est ainsi qu'on saluait ceux qui jouaient ces personnages ([1]).

Pour fêter l'arrivée de son fils, Silvia donna un souper splendide, auquel elle réunit tous ses parents; et ce fut une heureuse occasion pour moi de faire leur connaissance. Le père de Baletti, encore convalescent, n'y assista pas; mais sa sœur, plus âgée que lui, y était ([2]). Elle était connue par son nom de théâtre, qui était Flaminia, dans la république des lettres par quelques traductions; mais cela me donnait moins d'envie de la connaître à fond que l'histoire, connue de toute l'Italie, du séjour que trois

---

([1]) Joseph-Antoine-Jean-Gaëtano-Maximilien Balletti, né à Munich, avait été admis à la Comédie-Italienne en 1716, pour remplir l'emploi des amoureux sous le nom de *Mario*. A la même époque débutait au même spectacle, Jeanne-Rose-Guyonne Benozzi, née à Toulouse, qui jouait les premières amoureuses sous le nom de *Silvia*. A force de se marier tous les soirs à la fin de chaque pièce, Mario et Silva s'unirent réellement en juin 1720. De ce mariage ils eurent : 1º Antoine-Etienne, né le 14 mai 1724, c'est le compagnon de voyage de Jacques Casanova ; 2º Louis-Joseph, né le 10 avril 1730; 3º Guillaume-Louis, né le 23 octobre 1736; 4º Marie-Madeleine, née le 4 avril 1740. (JAL. *Dictionnaire critique*, 1872, in-8). (*Les Spectacles de Paris*, 1754.)

([2]) Elena-Virginia Balletti, sœur aînée de Mario, avait épousé en Italie, Louis Riccoboni. Tous deux entrèrent à la Comédie-Italienne en 1716; Louis sous le nom de *Lelio*, et sa femme sous celui de *Flaminia*. Louis Riccoboni mourut à l'âge de 78 ans, rue Française, le 6 décembre 1753 et fut enterré le lendemain à Saint-Sauveur. Sa femme mourut âgée de 85 ans, rue Saint-Sauveur, le 29 décembre 1771, et fut enterrée dans la cave de la chapelle de la Vierge dans la même église.

Ils laissaient un fils, Antonio-Francesco-Valentino Riccoboni, né à Padoue en 1707, qui fut aussi acteur à la Comédie-Italienne. Il se maria en 1734 avec Marie-Jeanne de Heurles de Laboras, née d'un

hommes de lettres célèbres avaient fait à Paris. Ces trois savants étaient le marquis Maffei, l'abbé Conti et Pierre-Jacques Martelli, qui devinrent ennemis, dit-on, à cause de la préférence que chacun d'eux prétendait aux bonnes grâces de cette actrice; et, en leur qualité de savants, ils se battirent à coups de plume : Martelli fit une satire contre Maffei, dans laquelle il le désigna par l'anagramme de Femia (¹).

Ayant été annoncé à Flaminia comme candidat dans la république des lettres, elle crut devoir m'honorer en m'adressant particulièrement la parole; mais elle eut tort, car je la trouvai désagréable en figure, en ton, en style, en tout, même dans le son de sa voix. Elle ne me le dit pas, mais elle me fit comprendre qu'illustre dans le monde littéraire, elle savait qu'elle parlait à un insecte. Elle avait l'air de dicter, et elle croyait en avoir le droit à soixante ans et plus, surtout vis-à-vis d'un jeune novice de vingt-cinq ans qui n'avait encore enrichi aucune bibliothèque. Pour lui faire ma cour, je lui parlai de l'abbé Conti, et, à je ne sais quel propos, je citai deux vers de cet auteur profond. Madame me corrigea avec un air de bonté sur la prononciation du mot *scevra*, qui veut dire séparé, en

---

père bigame, le 25 octobre 1713. Elle fut reçue à la Comédie-Italienne sous le nom de Marie Laboras de Mezières. Elle se retira en 1761 et se consacra tout à fait à la littérature. Madame Riccoboni acquit une certaine célébrité parmi les femmes de lettres. Le 14 mai 1772, Antoine Riccoboni mourut faubourg Saint-Denis et fut enterré à Saint-Laurent. Sa femme lui survécut encore vingt ans. (JAL. *Dictionnaire critique*, 1872, in-8). Elle s'éteignit le 6 décembre 1792, rue Poissonnière, et non le 7, comme le dit Jal. (ARCHIVES DE LA SEINE. *Déclarations de succession*. Registre 1716, f° 120.)

(1) Scipion, marquis de Maffei, littérateur et archéologue, né à Vérone le 1ᵉʳ juin 1675, mort le 11 février 1755 (DIDOT).

L'abbé Antoine Schinella-Conti, patricien de Venise, littérateur, philosophe et poète, né le 22 janvier 1677, mort à Padoue le 6 avril 1749 (MICHAUD).

Pierre-Jacques Martelli, poète, né à Bologne le 28 avril 1665, mort dans la même ville le 10 mai 1727. La satire dont il est question a pour titre : *Il Femia sentenziato*, Milan 1724, in-8.

me disant qu'il fallait prononcer *sceura,* ajoutant que je ne devais pas être fâché de l'avoir appris à Paris, le premier jour de mon arrivée, que cela ferait époque dans ma vie.

— Madame, je suis venu pour apprendre, et non pour désapprendre ; et vous me permettrez de vous dire que c'est *scevra* avec *v* qu'il faut dire, et non *sceura* avec un *u ;* car ce mot est une syncope de *sceverra.*

— C'est à savoir qui de nous deux se trompe.

— Vous, madame, selon l'Arioste, qui fait rimer *scevra* avec *percevra,* mot qui cadrerait mal avec *sceura,* qui n'est pas italien.

Elle allait soutenir sa thèse, quand son mari, vieillard de quatre-vingt ans, lui dit qu'elle avait tort. Elle se tut ; mais, depuis ce moment, elle dit à qui voulut l'entendre que j'étais un imposteur [1].

Le mari de cette femme, Louis Riccoboni, qu'on appelait Lelio, le même qui avait conduit la troupe à Paris, en 1717, au service du duc régent, était un homme de mérite. Il avait été fort bel homme, et jouissait à juste titre de l'estime publique, tant à cause de son talent qu'à cause de la pureté de ses mœurs.

Pendant le souper, ma principale occupation fut d'étudier Silvia, qui jouissait de la plus grande réputation : je la jugeai au-dessus de tout ce qu'on en publiait. Elle avait environ cinquante ans, la taille élégante, l'air noble, les manières aisées, affable, riante, fine dans ses propos, obligeante pour tout le monde, remplie d'esprit et sans le moindre air de prétention. Sa figure était une énigme, car elle inspirait un intérêt très vif, plaisait à tout le monde, et, malgré cela, à l'examen, elle n'avait pas un seul beau trait marqué : on ne pouvait pas dire qu'elle fut belle, mais per-

---

[1] Flaminia fut bien moins féconde en littérature que sa belle-fille ; elle n'a fait pour la Comédie-Italienne, que les trois pièces suivantes : *Le Naufrage ; Le Prince de Salerne* et *Abdilli, roi de Grenade.*

sonne sans doute ne s'était avisé de la trouver laide. Cependant elle n'était pas de ces femmes qui ne sont ni laides ni belles ; car elle avait un certain je ne sais quoi d'intéressant qui sautait aux yeux et qui captivait. Mais qu'était-elle donc ?

Belle, mais par des lois inconnues à tous ceux qui, ne se sentant pas entraînés vers elle par une force irrésistible qui les forçait à l'aimer, n'avaient pas le courage de l'étudier et la constance de parvenir à les connaître.

Silvia fut l'idole de la France, et son talent fut le soutien de toutes les comédies que les plus grands auteurs écrivirent pour elle, et particulièrement Marivaux. Sans elle ses comédies ne seraient pas passées à la postérité. On n'a jamais pu trouver une actrice capable de la remplacer ; et pour qu'on la trouve, il faut qu'elle réunisse en elle toutes les parties que Sylvia possédait dans l'art difficile du théâtre : action, voix, esprit, physionomie, maintien, et une grande connaissance du cœur humain. Tout en elle était nature, et l'art qui la perfectionnait était toujours caché (1).

Aux qualités dont je viens de faire mention, Silvia en ajoutait une autre qui leur donnait un nouvel éclat, bien que, si elle ne l'avait pas possédée, elle n'en eût pas moins brillé au premier rang sur la scène : sa conduite fut toujours sans tache. Elle voulut des amis, jamais des amants, se moquant d'un privilège dont elle aurait pu jouir, mais qui l'aurait rendue méprisable à ses propres yeux. Cette conduite lui valut le titre de respectable dans

---

(1) Tout le monde ne partageait pas l'admiration de Casanova pour Silvia Balletti. La *Correspondance de Grimm* est plus sévère dans son jugement sur la comédienne, et l'auteur écrit : « On disait qu'elle jouait avec une grande finesse et beaucoup de naïveté, deux qualités qui, surtout réunies sont bien rares ; pour moi, j'avoue que je n'ai jamais bien senti le mérite de cette actrice ; elle était d'une figure désagréable ; elle avait la voix fausse et un jeu à prétentions tout-à-fait fatiguant. » (édit. Tourneux, IV, p. 40.)

un âge où il aurait pu paraître ridicule et même injurieux à toutes les femmes de son état ; et nombre de dames du plus haut rang l'honorèrent plus encore de leur amitié que de leur protection. Jamais le capricieux parterre de Paris n'osa siffler Silvia, même dans les rôles qui ne lui plaisaient pas ; et tout le monde s'accordait à dire que cette actrice célèbre était une femme fort au-dessus de son état.

Comme Silvia ne croyait pas que sa bonne conduite put lui être attribuée à mérite, car elle savait qu'elle n'était sage que parce que son amour-propre était intéressé à sa sagesse, jamais elle ne montra ni orgueil ni supériorité dans ses relations avec ses compagnes, quoique ces dernières, satisfaites de briller par leurs talents ou leur beauté, se souciassent peu de se rendre célèbres par la vertu (¹). Silvia les aimait toutes et elle en était aimée ; elle rendait publiquement justice à leur mérite, faisait leur éloge de

(1) On a, à tort je crois, insinué que Casanova aurait eu d'intimes relations avec Silvia. Le fait est notamment rapporté par un contemporain bien renseigné sur les aventures galantes, Meusnier, l'inspecteur de police, dont le métier consistait à recueillir tous les potins d'alcôve qu'il arrangeait au gré d'une amusante fantaisie pour les livrer, sous forme d'anecdotes, au lieutenant-général de police, lequel à son tour en régalait le roi. En dépit de ce témoignage autorisé, l'assertion semble douteuse. D'abord Sylvia approchait de la cinquantaine et sa conduite, jusqu'à cette époque, ne paraît pas avoir donné prise à la médisance, de plus, Casanova, quand il parle d'une femme, n'est pas homme à cacher les faveurs qu'il en a reçues, mais il lui arrive parfois de ne pas se souvenir de certaines liaisons, c'est ainsi qu'il a oublié de raconter une conquête qu'il fit dans le monde des comédiennes et qu'a notée l'inspecteur Meusnier dans le même bulletin. Il est vrai que Casanova n'eut probablement pas un long siège à faire. Il s'agit de la demoiselle Rabon, femme de Pitrot, premier danseur de l'Opéra, qui à dix ans « était maîtresse dans l'art et n'ignorait plus rien ». A douze, elle entrait à l'Opéra-Comique, en qualité de danseuse, où elle rencontra Leclerc le cadet, qui l'a « tiré de la crapule ». Depuis elle passa de mains en mains et arriva jusqu'au prince de Carignan, tout puissant à l'Opéra, « dont elle fut la sultane favorite, jusqu'à l'instant de sa mort. » Un capitaine au Régiment du Roy-Dragon, le marquis de Crussol, succéda au prince et cette passion lui fut fatale. En voulant donner à sa maîtresse « des preuves réciproques d'amour et de vigueur, il se rompit un vaisseau dont il mourut. »

En 1749, Mlle Rabon s'éprit de Pitrot, joli danseur de vingt-deux

bonne foi ; mais on sentait qu'elle n'y perdait rien, car, comme elle les surpassait en talent et que sa réputation était intacte, elles ne pouvaient lui faire aucun tort.

La nature a frustré cette femme unique de dix années de vie ; car elle devint étique à l'âge de soixante ans, dix ans après notre connaissance. Le climat de Paris joue assez souvent de ces tours aux actrices italiennes. Deux ans avant sa mort, je l'ai vue jouer le rôle de Marianne dans la pièce de Marivaux, et, malgré son âge et son état l'illusion était parfaite. Elle mourut en ma présence, tenant sa fille entre ses bras, et lui donnant ses derniers conseils cinq minutes avant d'expirer. Elle fut enterrée honorablement à Saint-Sauveur, sans que le vénérable curé y mît la moindre opposition ; car, au contraire, ce digne pasteur, bien éloigné de l'intolérance antichrétienne de la plupart de ses confrères, disait que son métier de comédienne ne l'avait pas empêchée d'être chrétienne, et que la terre était la mère commune de tous, comme Jésus-Christ était le sauveur de tout le monde (1).

---

ans et l'épousa. Ce tendre époux lui « fricassa en très peu de tems ce qui lui restait d'argent, de meubles et de bijoux. »

« L'année d'après, c'est-à-dire en 1750, elle suivit son mari lorsqu'il passa à Dresde, en qualité de premier danseur du roi de Pologne, mais étant revenue à Paris l'été suivant, il ne lui a point pris envie de retourner en Saxe avec Pitrot, au contraire, pour s'accoutumer plus facilement au veuvage, elle a passé l'hiver dernier avec Casanova, italien, qui vit actuellement sur le compte de la demoiselle Sylvia. » La maîtresse de Casanova était alors âgée de trente-cinq ans. Grande, bien faite, mais extrêmement sèche. « Aussi sa mère disoit-elle : Qu'on laisse venir des tétons à ma fille et (en tranchant le terme) ne la baisera pas qui voudra. C'est vraisemblablement par la raison du contraire, et en adoptant le système de la dame Rabon, que sa fille l'a tant été, sans compter ce qu'elle pourra l'être encore. Quoiqu'il en soit, elle a les plus beaux yeux et la plus belle chevelure du monde, le visage un peu plat, le teint un peu bis, mais les traits assez réguliers. Elle loge rue des Moulins, butte St Roch. » (ARSENAL. *Archives de la Bastille*, 10243, f° 187-189.)

Anne-Madeleine Rabon mourut en 1758.

(1) Silvia mourut âgée de 57 ans, le 18 septembre 1758, rue du Petit-Lion et fut inhumée chapelle de la Vierge dans l'église Saint-Sauveur. (JAL. *Dictionnaire critique*, 1872, in-8.) La rue du Petit-Lion est de-

Vous me pardonnerez, mon cher lecteur, de vous avoir fait assister aux funérailles de Silvia dix ans avant sa mort, et cela sans avoir eu l'intention de faire un miracle ; en revanche, je vous épargnerai cette corvée lorsque j'en serai là.

Sa fille unique, objet de sa tendresse, était assise à table auprès de sa mère. Elle n'avait alors que neuf ans ; et, tout absorbé par l'attention que je donnais à sa mère, je ne fis aucune observation sur elle : c'était une occupation pour plus tard.

Après le souper, qui dura fort tard, je me rendis chez Mme Quinson, mon hôtesse, où je me trouvais fort bien (1). A mon réveil, cette Mme Quinson vint me dire qu'il y avait dehors un domestique qui venait m'offrir ses services. Je le fais entrer, et je vois un homme de très-petite taille, ce qui me déplût : je le lui dis.

— Ma petite taille, mon prince, vous garantira que je ne mettrai pas vos habits pour aller en bonne fortune.

— Votre nom ?

— Celui que vous voudrez.

— Comment ! je demande le nom que vous portez.

— Je n'en porte aucun. Chaque maître que je sers m'en donne un à sa guise, et j'en ai eu plus de cinquante en ma vie. Je m'appellerai par le nom que vous me donnerez.

— Mais enfin vous devez avoir un nom de famille.

— Je n'ai jamais eu de famille. J'avais un nom dans ma jeunesse ; mais depuis vingt ans que je sers et que je change de nom en changeant de maître, je l'ai oublié.

---

venue, par arrêté préfectoral du 2 avril 1868, la rue Tiquetonne actuelle. (*Nomenclature des Voies publiques;* 1881, in-4.)
Mario, son mari, lui survécut quatre ans, il mourut en 1762.

(1) Madame Quinson tenait chambres garnies rue Mauconseil, elle y resta jusqu'en 1753, et après son départ l'immeuble porta le nom d'Hôtel d'Aquitaine. (BIBLIOTHÈQUE DE L'ARSENAL. *Archives de la Bastille,* 10237, dossier Quinson).

— Eh bien, je vous appellerai Esprit.

— Vous me faites bien de l'honneur.

— Tenez, allez me chercher la monnaie d'un louis.

— La voici, monsieur.

— Je vous vois riche.

— Tout à votre service, monsieur.

— Qui m'informera de vous ?

— Au bureau des placements. Mme Quinson, au reste, pourra vous donner des renseignements sur mon compte : tout Paris me connaît.

— C'est assez. Je vous donne trente sous par jour, je ne vous habille pas; vous irez coucher où vous voudrez et vous serez à mes ordres tous les matins à sept heures.

Baletti vint me voir et me pria d'accepter chaque jour le couvert chez lui. Je me fis conduire au Palais-Royal, et je laissai l'Esprit à la porte. Curieux de ce lieu tant vanté, je commençai par tout observer ([1]). Je vis un assez

---

([1]) Le Jardin du Palais-Royal était une des promenades à la mode. Très fréquenté tous les jours entre midi et deux heures « on s'y promène dans la grande allée des marronniers pendant l'été, et dans l'allée depuis le bassin jusqu'au berceau pendant l'hiver. La contre-allée des marronniers est le rendez-vous du beau monde. Il y a des bancs dans toutes les allées, ou y loue des chaises, et Deslandes y fournit des rafraîchissements. » *(État de Paris;* 1757, in-8, p. 191.)

C'est le rendez-vous de tous les désœuvrés de la capitale, là se croisent les filles, les courtisanes, les duchesses et les honnêtes femmes, aguichant, bravant ou supportant les regards hardis, les propos galants, les offres d'amour des libertins en quête d'une aventure. Dans les allées on parle haut, on se coudoie, on s'appelle, on nomme les femmes qui passent, leurs maris, leurs amants; elles sont caractérisées d'un mot. Les badauds font le tour, s'arrêtent à chaque pas et, à l'ombre de l'arbre de Cracovie, les nouvellistes discutent bruyamment les intérêts du pays, commentent les campagnes, tracent sur le sable des plans infaillibles. De ce coin part la nouvelle du jour et celle du lendemain, éclate le scandale qui se répandra dans la ville. Dans ce lieu de plaisir et de licence, le maître de l'endroit, le duc d'Orléans lui-même ne dédaignait pas, lorsqu'il était d'humeur badine, d'y venir s'égayer. Une anecdote gaillarde — bien permise dans l'annotation des mémoires de Casanova — raconte ainsi la chose :

« *4 août 1753*. — On rapporte une aventure arrivée au duc d'Orléans quelques jours avant le voyage de Compiègne, si elle est vraie, elle est originale, voici le fait : Il se promenoit un soir entre chien et

beau jardin, des allées bordées de grands arbres, des bassins, de hautes maisons qui l'entouraient, beaucoup d'hommes et de femmes qui se promenaient, des bancs par-ci par-là où l'on vendait de nouvelles brochures, des eaux de senteur, des cure-dents et des colifichets. Je vis des tas de chaises de paille qu'on louait pour un sou, des liseurs de gazettes qui se tenaient à l'ombre, des filles et des hommes qui déjeunaient ou seuls ou en compagnie, des garçons de café qui montaient et descendaient rapidement un petit escalier caché par des charmilles. Je m'assis

loup dans le jardin du Palais-Royal avec le baron de Bezenval. Après avoir fait quelques tours, il se sentit en belle humeur, il dit au baron : « Comment je ne trouverai pas une p..... pour me manualiser (en tranchant le terme). » Un moment après le baron en vit une qui étoit désœuvrée, il fut la provoquer et sa proposition fut acceptée. Le prince la suivit au fond d'une allée, dite présentement d'Argenson, autrefois celle de Bulgarie, à cause des B...... qui s'y rassembloient. Pendant qu'ils dépêchoient leur besogne, M. de Bezenval fait mine par respect de se retirer, courut bien vite chercher le Suisse qui est à la porte de la rue Neuve-des-Petits-Champs, et lui demanda si c'étoit ainsi qu'il s'acquitoit de son devoir; qu'il n'avoit qu'à aller dans tel endroit et qu'il y verroit de belles choses. Aussitôt le Suisse y courut, bien disposé à faire un mauvais parti à ceux qu'il trouveroit en flagrant délit, mais le duc d'Orléans l'ayant aperçu prit ses jambes à son col et court encore, laissant la donzelle aussi déroutée que mécontente, car il ne l'avoit pas encore payée. Ce ne fut pas tout, elle eut bien de la peine à se tirer des mains du Suisse qui l'avoit arrêtée, si après lui avoir protesté, qu'elle n'étoit là que pour rendre service à Monseigneur, il avoit effectivement entrevu son maître dans le lointain qui se sauvoit. On tient cette aventure du sieur Guldinay d'Attainville, lieutenant du baron de Bezenval, auquel il l'a raconté. » (BIBLIOTHÈQUE DE L'ARSENAL. *Archives de la Bastille*, 10244.) *cf.* G. CAPON et YVE-PLESSIS. *La Deschamps;* 1906, in-8, Paris, Schemit).

Au moment de la promenade de Casanova dans le Palais-Royal, le prince qui se livra plus tard à cette facétie n'était encore que duc de Chartres. Son père Louis, duc d'Orléans, mourut le 4 février 1752 et Louis-Philippe, devint par ce décès duc d'Orléans.

En 1781, la transformation du Palais modifia l'aspect du jardin, mais ne changea rien au dévergondage qui y régnait. Dès 1779, l'arbre de Cracovie, sous lequel on avait l'habitude de voir la silhouette au long nez de Métra, s'était abattu et le nouvelliste ne manque pas de signaler ce fait d'importance : « 19 juillet 1779. L'arbre de Cracovie du Palais-Royal s'est abattu aux trois-quarts, et a presque écrasé une vingtaine de nouvellistes. » (MÉTRA. *Correspondance secrète*, tome VIII, p. 173.)

à une petite table ; un garçon vint aussitôt me demander ce que je désirais. Je demande un chocolat à l'eau ; il m'en apporte de détestable dans une superbe tasse de vermeil. Je lui demande du café, s'il en avait de bon.

— Excellent, je le fis moi-même hier.

— Hier ! je n'en veux pas.

— Le lait y est excellent.

— Du lait ! je n'en bois jamais. Faites-moi une tasse de café à l'eau.

— A l'eau ! nous n'en faisons que l'après-midi. Voulez-vous une bonne bavaroise ? une carafe d'orgeat ?

— Oui, de l'orgeat.

Je trouve cette boisson excellente, et je décide d'en faire mon déjeuner quotidien. Je demande au garçon si nous avons quelque chose de nouveau ; il me répond que la dauphine est accouchée d'un prince. Un abbé qui se trouvait à une table tout près lui dit :

— Vous êtes fou ; car c'est d'une princesse qu'elle est accouchée.

Un troisième s'avance et dit :

— J'arrive de Versailles, et la dauphine n'est accouchée ni d'un prince ni d'une princesse.

Il me dit que je lui semblais étranger ; et, lui ayant répondu que j'étais Italien, il se mit à me parler de la cour, de la ville, des spectacles, et finit par s'offrir à m'accompagner partout. Je le remercie, je me lève et je pars. L'abbé m'accompagne et me dit le nom de toutes les filles qui se promenaient.

Un jeune homme le rencontre, ils s'embrassent, et l'abbé me le présente comme un docte personnage dans la littérature italienne. Je lui parle italien ; il me répond avec esprit, mais je ris de son style et je lui en dis la raison. Il parlait précisément dans le genre de Boccace. Ma remarque lui plut ; mais je lui persuadai bientôt qu'il ne fallait point parler ainsi, quoique la langue de cet ancien fût parfaite. En moins d'un quart d'heure nous nous lions d'amitié, parce que nous nous reconnûmes les mêmes penchants. Il était poëte, je l'étais aussi; il était curieux de la littérature italienne, je l'étais de la française; nous échangeons nos adresses et nous nous promettons des visites réciproques.

Je vois beaucoup de monde dans un coin du jardin, se tenant immobile et le nez en l'air. Je demande à mon nouvel ami ce qu'il y avait de merveilleux.

— On se tient attentif à la méridienne; chacun a sa montre à la main pour la régler au point de midi.

— Est-ce qu'il n'y a pas de méridienne partout?

— Si fait, mais celle du Palais-Royal est la plus exacte.

Je pars d'un éclat de rire.

— Pourquoi riez-vous?

— Parce qu'il est impossible que toutes les méridiennes ne soient pas égales. Voilà une badauderie dans toutes les règles.

Il y pense un instant, puis il se met à rire à son tour, et me fournit ample matière de critiquer les bons Parisiens. Nous sortons du Palais-Royal par la grande porte, et je vois une foule de monde attroupé devant une boutique à l'enseigne de la Civette ([1]).

— Qu'est-ce que cela?

— C'est pour le coup que vous allez rire. Toutes ces bonnes gens attendent leur tour de faire remplir leur tabatière.

([1]) En 1864, Ed. Fournier écrivait:
« Parmi les maisons jetées bas, il y a quatre ans, pour faire place à la façade nouvelle du Théâtre-Français, ou plutôt au *square* qui égaye et dégage ses abords, il en est une qui, à cause de sa renommée européenne et plus que centenaire, demande ici quelques mots d'histoire... C'est de la fameuse boutique où se vendait le tabac de la *Civette* qu'il est question. Elle date d'il y a cent dix ans. Son premier emplacement ne fut pas où nous l'avons vue, mais plus près du Palais-Royal, en face même du *Café de la Régence,* où tout bon joueur n'en-

— Est-ce qu'il n'y a point d'autre marchand de tabac?

— On en vend partout; mais depuis trois semaines on ne veut que du tabac de la Civette.

— Est-il meilleur là qu'autre part?

— Il est peut-être moins bon; mais depuis que la duchesse de Chartres l'a mis à la mode, on n'en veut point d'autre.

— Mais comment a-t-elle fait pour le mettre à la mode?

En y faisant arrêter son équipage deux ou trois fois pour y faire remplir sa boîte, et en disant publiquement à la jeune personne qui lui remettait que son tabac était le meilleur de Paris. Les badauds, qui ne manquent jamais de s'attrouper à la portière d'un prince, l'eussent-ils vu cent fois, ou le sussent-ils aussi laid qu'un singe, répétèrent dans la ville les paroles de la duchesse, et c'en fut assez pour faire courir tous les priseurs de la capitale. Cette femme fera fortune, car elle vend pour plus de cent écus de tabac par jour.

— La duchesse ne se doute pas du bien qu'elle lui a fait.

— Au contraire, car c'est de sa part une ruse de guerre. La duchesse s'intéressant à cette jeune femme nouvellement mariée, et voulant lui faire du bien d'une manière délicate, s'est avisé de cet expédient, qui a parfaitement réussi. Vous ne sauriez croire combien les Parisiens sont

---

trait jamais sans avoir rempli sa boîte de son tabac parfumé. En 1829, le duc d'Orléans, ayant complété par ici son Palais-Royal, la vieille boutique dut disparaître, et disparut en effet pour laisser bâtir la galerie de Nemours. Elle ne recula pas de plus de quatre à cinq maisons, en remontant vers la rue de Richelieu. Ce n'était pas assez loin pour que la vogue ne suivit pas. Elle suivit, et après la nouvelle et courte émigration de la célèbre boutique, nous la voyons qui suit encore. Elle a bravement, passé avec elle de l'autre côté de la rue. » (Ed. Fournier. *Chroniques et légendes des rues de Paris*, 1864, in-12, p. 165.)

de braves et bonnes gens. Vous êtes dans le seul pays du monde où l'esprit puisse également faire fortune, soit en débitant du vrai, soit en débitant du faux ; dans le premier cas l'esprit et le mérite lui font accueil, et dans le second la sottise est toujours prête à le récompenser ; car la sottise est caractéristique ici, et, ce qu'il y a d'étonnant, c'est qu'elle est fille de l'esprit. Aussi on ne fait point de paradoxe en disant que le Français serait plus sage s'il avait moins d'esprit.

Les dieux qu'on adore ici, quoiqu'on ne leur élève pas des autels, sont la nouveauté et la mode. Qu'un homme se mette à courir, et tout le monde lui court après. La foule ne s'arrêtera qu'autant qu'on découvrira qu'il est fou ; mais c'est la mer à boire que cette découverte, car nous avons une foule de fous de naissance qui passent encore pour des sages.

Le tabac de la Civette n'est qu'un faible exemple de la foule que la moindre circonstance peut attirer en un endroit. Le roi, étant un jour à la chasse, se trouva au port de Neuilly et eut envie d'un verre de ratafia. Il s'arrête à la porte du cabaret, et, par le plus heureux des hasards, il se trouve que le pauvre cabaretier en avait une bouteille. Le roi, après en avoir pris un petit verre, s'avisa d'en demander un second en disant qu'il n'avait de sa vie bu du ratafia aussi délicieux. Il n'en fallait pas tant pour que le ratafia du bonhomme de Neuilly fût réputé pour être le meilleur de l'Europe : le roi l'avait dit. Aussi les plus brillantes compagnies se succédèrent sans interruption chez le pauvre cabaretier, qui est aujourd'hui un homme fort riche et qui a fait bâtir, à l'endroit même, une superbe maison où l'on voit l'inscription suivante : *Ex liquidis solidum*, inscription assez comique dont un des quarante immortels fit les frais. Quel est le dieu que ce cabaretier doit adorer ? La sottise, la frivolité et l'envie de rire.

— Il me semble, lui répliquai-je, que cette espèce

d'approbation ou d'acclamation pour les opinions du roi, des princes du sang, etc., est plutôt une preuve de l'affection de la nation qui les adore ; car les Français vont jusqu'à croire ces gens-là infaillibles.

— Il est certain que tout ce qui se passe parmi nous fait croire aux étrangers que le peuple adore son roi ; mais ceux d'entre nous qui pensent finissent bientôt par voir que ce n'est que du clinquant, et la cour n'y compte pas.

Quant le roi vient à Paris, tout le monde crie vive le roi ! parce que quelque oisif commence, ou parce que quelque agent de police en a donné le signal dans la foule ; mais c'est un cri sans conséquence, cri de gaieté, quelquefois de peur, et que le roi ne s'avise guère de prendre pour argent comptant. Il n'est guère à son aise à Paris, et il se trouve beaucoup mieux à Versailles au milieu de vingt-mille hommes qui le garantissent de la fureur de ce même peuple qui, devenu sage, pourrait bien finir par crier : Meure le roi ! Louis XIV le savait bien, et il en a coûté la vie à quelques conseillers de la grande chambre pour avoir osé parler d'assembler les États Généraux pour remédier aux maux de l'État. La France n'a jamais aimé les rois, à l'exception de saint Louis, de Louis XII et du bon et grand roi Henri IV ; encore l'amour de la nation fut-il impuissant pour le préserver du poignard des jésuites, race maudite, également ennemie des peuples et des rois. Le roi actuel, roi faible et que ses ministres mènent à la lisière, dit de bonne foi dans le temps de sa convalescence : « Je m'étonne de ces grandes réjouissances parce que j'ai regagné ma santé ; car je ne saurais deviner pourquoi l'on m'aime tant. » Bien des rois pourraient répéter ces paroles, au moins si l'amour se mesure au bien qu'on fait. On a fait l'apothéose de cette réflexion naïve du monarque ; mais un courtisan philosophe aurait dû lui dire qu'on l'aimait tant parce qu'il avait le surnom de Bien-Aimé.

— Surnom ou sobriquet; mais d'ailleurs est-ce qu'on trouve chez vous des courtisans philosophes ?

— Philosophes, non, car ce sont deux choses qui s'excluent comme la lumière et les ténèbres ; mais il y a des gens d'esprit à qui l'ambition et l'intérêt font mordre le frein.

Et causant ainsi, M. Patu (c'était le nom de ma nouvelle connaissance ([1]) me conduisit jusqu'à la porte de la demeure de Sylvia, qu'il me félicita de connaître, et nous nous séparâmes. Je trouvai cette aimable actrice en belle compagnie. Elle me présenta à tout le monde et me fit connaître chaque personne en particulier. Le nom de Crébillon me frappa : — Comment, monsieur, lui dis-je, heureux si vite ! Il y a huit ans que vous me charmez et que je désire vous connaître. Écoutez, de grâce.

Je lui récite alors sa plus belle tirade de *Zénobie* et *Rhadamiste* que j'avais traduite en vers blancs. Silvia jouissait de voir le plaisir que Crébillon éprouvait, à quatre-vingts ans, de s'entendre dans une langue qu'il possédait parfaitement et qu'il aimait à l'égal de la sienne. Il récita la même scène en français et releva avec politesse les endroits où il trouvait que je l'avais embellie. Je le remerciai sans être dupe du compliment ([2]).

Nous nous mîmes à table, et comme on me demanda ce que j'avais vu de beau dans Paris, je racontai tout, excepté mon entretien avec Patu. Après avoir parlé fort long-

---

([1]) Claude-Pierre Patu, auteur dramatique, né à Paris en octobre 1729, mort à Saint-Jean-de-Maurienne, le 20 août 1757.

Patu n'avait donc que vingt-un ans quand Casanova le rencontra. Reçu avocat, sa santé ne lui permit pas les fatigues du barreau, il se tourna vers la littérature, mais il n'avait encore rien produit en 1750.

([2]) Prosper Jolyot de Crébillon, baptisé le 15 janvier 1674 à l'église Saint-Philibert de Dijon. En 1706. il courtisa la fille d'un apothicaire de la place Maubert qui répondit à son amour. Les suites en furent bientôt visibles, mais Crébillon, majeur, fut contraint de faire les soumissions respectueuses à son père pour réparer sa faute Il épousa Marie Peaget le 31 janvier 1707. A cause de l'état de la mariée la céré-

temps, Crébillon, qui avait observé mieux que tous les autres le chemin que je prenais pour connaître le bon et le mauvais côté de sa nation, me parla en ces termes : — Pour un premier jour, monsieur, je trouve que vous promettez beaucoup, et sans doute vous ferez des progrès rapides. Vous narrez bien et vous parlez le français de manière à vous faire parfaitement comprendre ; mais tout ce que vous dites n'est que de l'italien habillé en français. Vous vous faites écouter avec intérêt, et par cette nouveauté vous captivez doublement l'attention de ceux qui vous écoutent : je vous dirai même que votre jargon est fait pour captiver les suffrages de vos auditeurs ; car il est singulier, nouveau, et vous êtes dans le pays où l'on court après ces deux divinités. Cependant vous devez commencer dès demain à vous donner toutes les peines pour apprendre à bien parler notre langue, car dans deux ou trois mois les mêmes personnes qui vous applaudissent aujourd'hui commenceront à se moquer de vous.

— Je le crois, monsieur, et je le crains ; aussi mon principal projet en venant à Paris est-il de m'attacher de toutes mes forces à l'étude de la langue française ; mais, monsieur, comment ferais-je pour trouver un maître ? Je suis un élève insoutenable, interrogateur, curieux, importun, insatiable ; et en supposant que je puisse trouver un maître pareil, je ne suis pas assez riche pour pouvoir le payer.

— Il y a cinquante ans, monsieur, que je cherche un écolier tel que vous vous êtes peint ; et c'est moi qui vous

---

monie se fit fort discrètement en l'église de la Villette. Quinze jours après, le 14 février, madame Crébillon accouchait de Claude-Prosper qui laissa la renommée de grand poète à son père pour se faire une célébrité non moins grande dans le genre léger et dont le chef-d'œuvre est le *Sopha*. Marie Peaget mourut le 12 février 1711 et Crébillon mourut rue des Douze-Portes, le 17 juin 1762. (JAL. *Dictionnaire critique.*)

La rue des Douze-Portes est aujourd'hui la rue Villehardouin (décret du 2 octobre 1865). (*Nomenclature des Voies publiques*; 1881, in-4.)

payerai, si vous voulez prendre des leçons chez moi. Je demeure au Marais, dans la rue des Douze-Portes; j'ai les meilleurs poëtes italiens, je vous les ferai traduire en français, et je ne vous trouverai jamais insatiable.

J'acceptai avec joie, fort embarrassé de lui exprimer ma reconnaissance; mais l'offre portait l'expression de la franchise comme le peu de mots par lesquels j'y répondis ([1]).

Crébillon était un colosse; il avait six pieds: il me surpassait de trois pouces. Il mangeait bien, narrait plaisamment et sans rire; il était célèbre par ses bons mots, était un excellent convive; mais il passait la vie chez lui, sortant rarement, ne voyant presque personne, parce qu'il avait presque toujours la pipe à la bouche et qu'il était environné d'une vingtaine de chats avec lesquels il se divertissait la plus grande partie du jour. Il avait une vieille gouvernante, une cuisinière et un domestique. Sa gouvernante pensait à tout, ne le laissait manquer de rien et ne lui rendait jamais compte de son argent, qu'elle tenait en entier, parce que jamais il ne lui en demandait aucun. La physionomie de Crébillon avait le caractère de celle du lion, ou du chat, ce qui est la même chose. Il était censeur royal et il me disait que cela l'amusait. Sa gouvernante lui lisait les ouvrages qu'on lui portait et elle suspendait sa lecture quand elle croyait que cela méritait sa censure; mais parfois ils étaient d'avis différent, et alors leurs contestations étaient vraiment risibles. J'entendis un jour cette

---

([1]) Crébillon ne pouvait manquer de se plaire avec Casanova. Comme l'aventurier, le poëte avait le geste gaillard et au temps de sa belle maturité, il ne dédaignait pas faire parade de sa vigueur. Favart raconte qu'un jour Monnet, le directeur de l'Opéra-Comique, vantait en présence de Crébillon père, ses talents amoureux et les dons brillants que lui avait départi la nature. Crébillon ennuyé de ses forfanteries, mit en évidence le sceptre redoutable que le dieu des jardins osa présenter à Syrinx, et dit à Monnet ces deux impromptus:

Ton nez devant le mien a l'orgueil de paroitre,
Courbe-toi, malheureux, et reconnois ton maître.

(*Mémoires de Favart*, 1806, in-8, tome III, p. 264).

gouvernante renvoyer quelqu'un en lui disant : — Revenez la semaine prochaine ; nous n'avons pas encore eu le temps d'examiner votre manuscrit.

Pendant une année entière j'allai chez M. Crébillon trois fois par semaine, et j'ai appris avec lui tout le français que je sais ; mais il m'a toujours été impossible de me défaire des tournures italiennes : je les remarque fort bien quand je les rencontre dans les autres ; mais elles coulent de source en sortant de ma plume sans que je puisse parvenir à les sentir. Je suis sûr que, quoi que je fasse, je ne parviendrai jamais à les connaître, non plus que je n'ai jamais pu trouver en quoi consiste le vice de latinité qu'on impute à Tite-Live.

Je fis un huitain en vers libres sur je ne sais quel sujet, et je le fis voir à Crébillon pour le soumettre à sa correction. Après l'avoir lu avec attention, il me dit : — Ces huit vers sont bons et très justes, la pensée en est belle et très-poétique, le langage parfait ; et malgré cela le huitain est mauvais.

— Comment cela ?

— Je n'en sais rien. Ce qui manque est je ne sais quoi. Imaginez-vous un homme que vous voyez, que vous trouvez beau, bien fait, aimable, rempli d'esprit et parfait enfin selon toute la sévérité de votre jugement. Une femme survient, le voit, le considère et s'en va en vous disant que cet homme ne lui plaît pas. « Mais quel défaut lui trouvez-vous, madame ? — Aucun, mais il me déplaît. » Vous retournez à cet homme, vous l'examinez de nouveau et vous trouvez que pour lui donner une voix d'ange on lui a ôté ce qui fait l'homme, et vous êtes forcé de convenir que le sentiment spontané a servi la femme.

Ce fut par cette comparaison que Crébillon m'expliqua une chose presque inexplicable ; car ce n'est réellement qu'au goût et au sentiment à donner la raison d'une chose qui échappe à toutes les règles.

Nous parlâmes beaucoup à table de Louis XIV, auquel Crébillon avait fait sa cour quinze années de suite, et il nous dit des anecdotes très curieuses que personne ne savait. Il nous assura entre autres que les ambassadeurs de Siam étaient des fripons payés par Mme de Maintenon (¹). Il nous dit qu'il n'avait point achevé sa tragédie de *Cromwell* parce que le roi lui avait dit un jour de ne pas user sa plume sur un coquin.

Crébillon nous parla aussi de son *Catilina*, et il nous dit qu'il le croyait la plus faible de toutes ses pièces, mais qu'il n'aurait pas voulu qu'elle fût bonne si, pour la rendre telle, il avait dû faire paraître sur la scène César jeune homme, car il aurait dû faire rire comme le ferait Médée si on la faisait paraître avant qu'elle eût connu Jason (²).

Il loua beaucoup le talent de Voltaire, mais en l'accusant de vol, car il lui avait, disait-il, volé la scène du sénat. Il ajouta, en lui rendant justice, qu'il était né historien et fait pour écrire l'histoire comme pour faire des tragédies ; mais qu'il la falsifiait en la remplissant de petites histoires, de contes et d'anecdotes dans le seul but d'en rendre la lecture intéressante. Selon Crébillon, l'Homme au masque de

---

(1) Le Roi de Siam, poussé par un aventurier grec nommé Constantin Phalkon, et craignant la puissance des Hollandais, envoya des ambassadeurs à la cour de France en 1682, 1684 et 1686, mais ces relations restèrent sans résultat. (BOUILLET.)

(2) Crébillon mit vingt-cinq ans pour composer *Catilina*, qui fut représenté le 20 décembre 1748. La longue attente de cet ouvrage faisait dire au public : *Quousque tandem abutere patientia nostra Catilina* ? Crébillon fils plaisantait son père un jour à ce sujet, et Collé, qui était présent, lui jeta à la tête cette boutade, qui finit par une épigramme tout à fait imprévue : « En vérité, Monsieur, lui dit-il d'un air grave, c'est une chose scandaleuse et ridicule qu'un petit griffonneur de prose comme vous ose comparer ses frivoles rapsodies aux productions immortelles de son père, d'un homme qui véritablement a fait un assez mauvais ouvrage en votre personne ; mais qui a fait *Atrée* et *Thyeste*, qui a fait *Electre*, qui a fait *Rhadamiste et Zénobie*, qui a fait *Catilina*... qui l'a fait, Monsieur, qui le fait encore, et qui le fera toujours. (*Journal historique de* COLLÉ, 1868, in-8, tome I, page 32. *Note de Honoré Bonhomme.*)

fer était un conte ; il disait que Louis XIV l'en avait assuré de sa bouche.

Ce jour-là on donnait au Théâtre-Italien *Cénie*, pièce de Mme de Graffigni(¹). Je m'y rendis de bonne heure pour avoir une bonne place à l'amphithéâtre.

Les dames toutes couvertes de diamants, qui entraient aux premières loges, m'intéressaient et je les observais avec soin. J'avais un bel habit, mais mes manchettes ouvertes et mes boutons jusqu'en bas faisaient que tout le monde me reconnaissait pour étranger, car cette mode n'existait pas à Paris. Pendant que je bayais aux corneilles et que je faisais le badaud à ma façon, un homme richement vêtu et trois fois plus gros que moi s'approche et me demande poliment si je suis étranger. Après ma réponse affirmative, il me demande comment je trouve Paris : je lui en fais l'éloge. Mais au même instant une dame énorme, couverte de pierreries, entre dans la loge à côté. Son énorme volume m'en impose et je dis sottement à ce monsieur :

— Qui est donc cette grosse cochonne ?
— C'est la femme de ce gros cochon.
— Ah ! monsieur, je vous demande un million de pardons.

Mais mon gros homme n'avait aucunement besoin que je lui demandasse pardon, car, bien loin d'être fâché, il étouffait de rire. Noble et heureux effet de la philosophie pratique et naturelle dont les Français font un si noble usage pour le bonheur de la vie sous l'apparence de la frivolité.

J'étais confus, j'étais au désespoir, et ce gros seigneur se tenait les côtes de rire. Il se lève enfin, sort de l'amphithéâtre et un moment après je le vois entrer dans la loge

---

(1) *Cénie* fut représentée pour la première fois à la Comédie-Française en 1750, et eut quatorze représentations ; elle fut reprise en novembre de la même année et eut onze représentations. (*Almanach des Spectacles*, 1755.)

et parler à sa femme. Je les lorgnais du coin de l'œil sans oser les fixer, quand je vois cette dame faire chorus avec son mari et rire de toute ses forces. Leur gaieté augmentant mon embarras, je prends le parti de m'en aller, lorsque je l'entends m'appeler :

— Monsieur ! monsieur !

Je ne pouvais me retirer sans impolitesse, et je m'approchai de leur loge. Alors d'un air sérieux et du ton le plus noble il me demande pardon d'avoir tant ri, et de la meilleure grâce du monde il me pria de lui faire l'honneur d'aller souper chez lui le soir même. Je le remerciai poliment et je m'excusai en lui disant que j'étais engagé. Il me réitère alors ses instances, sa femme me presse de l'air le plus engageant; moi, pour les convaincre que je ne cherche pas à éluder l'invitation, je leur dis alors que je suis attendu chez Silvia.

— Je suis sûr, me dit-il, de vous dégager, si vous ne le trouvez pas mauvais; j'irai en personne.

J'aurais eu mauvaise grâce à ne pas céder. Il se lève, sort et revient peu d'instants après, suivi de mon ami Baletti, qui me dit que sa mère était enchantée que je fisse de si belles connaissances, et qu'elle m'attendait à dîner le lendemain. Mon ami me dit à part que ce monsieur était M. de Beauchamp, receveur général des finances ([1]).

Dès que la toile fut baissée, je donnai la main à madame, et montés tous trois dans un superbe équipage, nous descendîmes à leur hôtel. J'y trouvai l'abondance ou plutôt la profusion qu'on trouve à Paris chez tous les gens de cette classe; grande compagnie, gros jeu de commerce, grande chère et franche gaieté à table. Le souper ne fut fini qu'à

([1]) L'*Almanach royal* ne mentionne pas ce nom parmi les receveurs-généraux des finances. Cependant on verra plus loin, dans une note sur Mlle Quinson, qu'il y eut bien un Beauchamp dans les connaissances de Casanova et qu'il fut même question d'un mariage entre l'aventurier et une demoiselle Beauchamp.

une heure après minuit : l'équipage de madame me ramena chez moi. Cette maison me fut ouverte tout le temps que je restais à Paris, et je ne dois pas négliger de dire qu'elle me fut très utile. Ceux qui disent que les étrangers s'ennuient à Paris pendant les premiers quinze jours ont raison, car il faut le temps de s'introduire ; mais pour moi j'eus le bonheur d'y être établi à souhait dans les vingt-quatre heures, et par conséquent sûr de m'y plaire.

Le lendemain matin Patu vint me voir et me fit présent de son éloge en prose du maréchal de Saxe. Nous sortîmes ensemble et nous allâmes nous promener aux Tuileries, où il me présenta à M™e Bocage, qui fit un bon mot antithétique en parlant du maréchal de Saxe. Il est singulier, dit-elle que nous ne puissions pas dire un *De profundis* pour un homme qui nous fait chanter tant de *Te Deum* ([1]).

En sortant des Tuileries, Patu me conduisit chez une fameuse actrice de l'Opéra qui se nommait Mlle Le Fel, bien aimée de tout Paris et membre de l'Académie royale de musique ([2]). Elle avait trois enfants charmants en bas âge qui voltigeaient dans la maison. — Je les adore, me dit-elle.

(1) Il est sans doute question ici de Mme Marie-Anne Lepage du Bocage, née à Rouen en 1710, morte à Paris en 1802.
Elle céda sur le tard à son penchant pour les lettres, Collé dans son *Journal* dit : « Elle avait au moins trente-cinq ans quand elle remporta le prix de poésie de l'Académie de Rouen. » (I, 84). En 1748, elle donna une imitation du *Paradis perdu*, sous le titre de *Paradis terrestre*, parodie « froide, rampante, ennuyeuse. » (*Correspondance de Grimm*.)
A moins que ce ne soit Laurence Chantrelle dite Mlle Duboccage, actrice médiocre de la Comédie-Française, qui avait pris sa retraite en 1743, et qui mourut en 1779 ou 1780, femme de Romancan, caissier de la Comédie. (*Lettre du souffleur de la Comédie de Rouen au garçon de café*, par MAS D'AIGUEBERRE, note de JULES BONNASSICS, 1870, in-12, p. 57.)

(2) Mlle Fel, un rapport de police a laissé d'elle ce portrait peu flatteur à l'époque où Casanova lui rendit visite : « 24 janvier 1750. Mlle Fel, actrice âgée de 33 à 34 ans, petite, brune, la peau noire, généralement laide, elle n'en veut rien croire, cependant elle a la voix belle... » (ARSENAL. *Archives de la Bastille*, 10236). Voir aussi une

— Ils le méritent par leur beauté, lui répondis-je quoique chacun ait une expression différente.

— Je le crois bien! L'aîné est fils du duc d'Anneci; le second l'est du comte d'Egmont ([1]), et le plus jeune doit le jour à Maisonrouge qui vient d'épouser la Romainville ([2]).

— Ah! excusez, de grâce; je croyais que vous étiez la mère de tous trois.

— Vous ne vous êtes point trompé; je la suis.

En disant cela, elle regarde Patu et part avec lui d'un éclat de rire qui ne me fit point rougir, mais qui m'avertit de ma bévue.

J'étais nouveau, et je n'avais pas été accoutumé à voir les femmes empiéter sur le droit des hommes. Mlle Le Fel n'était pourtant pas effrontée, elle était même de bonne compagnie; mais elle était ce qu'on appelle au-dessus des préjugés. Si j'avais mieux connu les mœurs du temps, j'aurais su que ces choses étaient dans l'ordre, et que les grands seigneurs qui parsemaient ainsi leur noble progéniture laissaient leurs enfants entre les mains de leurs mères en leur payant de fortes pensions. Par conséquent, plus ces dames cumulaient, plus elles vivaient dans l'aisance.

Mon inexpérience des mœurs de Paris me fis parfois

---

importante étude sur Mlle Fel, par M. Prodhomme parue dans *Sammelbande der internationalen Musik gesellschaft*, 1902.

Mlle Fel mourut, grande rue de Chaillot, le 15 pluvôse, an XII, âgée de 80 ans. (ARCHIVES DE LA SEINE. *Enregistrement*, Registre 1816.)

(1) En 1750, le Comte d'Egmont, brigadier et colonel du régiment de dragons de son nom, entretenait Mlle Astraudi aînée, actrice de la Comédie-Italienne. Il avait 33 ans environ, était marié et n'avait pas d'enfant, il habitait, Hôtel d'Egmont, rue Louis-le-Grand. (ARSENAL. *Archives de la Bastille*, 10235. Dossier Astraudi, 28 juin 1750.)

(2) Masson de Maisonrouge, receveur-général des finances, n'épousa en secondes noces Mlle Romainville, chanteuse à l'Opéra, que le 3 février 1752, le mariage eut lieu à Saint-Séverin. Quelques mois après, le 14 mai 1752, Mme de Maisonrouge succombait à la suite de ses couches. (G. CAPON, *Les Vestris*; 1908, in-12, p. 29). Etienne Masson de Maisonrouge mourut rue St-Paul et fut enterré le 23 juillet 1785. (*Affiches, Annonces, Avis.*)

donner dans de lourdes méprises, et la demoiselle Le Fel aurait sans doute ri au nez de quiconque lui aurait dit que j'avais de l'esprit après la balourdise dont je m'étais rendu coupable.

Un autre jour, me trouvant chez Lani, maître des ballets de l'Opéra (¹), je vis cinq ou six jeunes personnes de treize à quatorze ans, toutes accompagnées de leur mère, et toutes ayant l'air modeste que donne une bonne éducation. Je leur disais des choses flatteuses, et elles me répondaient en baissant les yeux. Une d'elles s'étant plainte de mal de tête, je lui offris mon flacon, et une de ses compagnes lui dit :

— Sans doute que tu n'as pas bien dormi.

— Oh! ce n'est pas ça, répondit mon Agnès; je crois que je suis grosse.

A cette réponse si inattendue de ma part dans une jeune personne que son âge et sa mine m'avaient fait juger vierge, je lui dis :

— Je ne croyais pas que madame fût mariée.

Elle me regarde un instant avec surprise; puis, se tournant vers sa compagne, elles se mirent à rire à qui mieux mieux. Honteux, plus pour elles que pour moi, je sortis, bien déterminé à ne plus supposer gratuitement de la vertu dans une classe de femmes où elle est si rare. Chercher ou supposer même de la pudeur dans les nymphes des coulisses, c'est être par trop dupe : elles se piquent de ne point en avoir et se moquent de ceux qui leur en supposent.

Patu me fit connaître toutes les filles de Paris qui avaient quelque renommée. Il aimait le beau sexe; mais malheu-

---

(1) Jean-Barthélemy Lani, tenait avec succès l'emploi de danseur comique, lorsqu'il devint maître de ballets. Il n'a laissé aucune œuvre signée de son nom. Il arrangeait, refaisait plutôt qu'il ne créait et inventait. (NÉRÉE DESARBRES. *Deux siècles à l'Opéra;* 1868, in-12, p. 149). Il mourut rue de Richelieu, et fut enterré à Saint-Eustache, le 29 mars 1786. (*Affiches, Annonces*).

reusement pour lui il n'avait pas un tempérament comme le mien, et l'amour du plaisir lui coûta la vie de bonne heure. S'il avait vécu, il aurait suivi de près Voltaire ; mais à trente ans il paya à la nature le fatal tribut auquel nul n'échappe (¹).

J'appris de ce jeune savant le secret que plusieurs jeunes lettrés français emploient pour s'assurer de la perfection de leur prose lorsqu'ils veulent écrire quelque chose qui demande une prose aussi belle que possible, comme éloges, oraisons funèbres, panégyriques, dédicaces, etc. Je le lui arrachai comme par surprise.

Me trouvant chez lui un matin, je vis sur sa table plusieurs feuilles volantes écrites en vers blancs de douze syllabes.

(1) Le bagage littéraire de Patu est bien léger. Un acte en vers, en collaboration qui fut représenté à la Comédie-Française, avec quelque succès.
Ecoutons ce qu'en dit Collé :
« Le 13 février 1754, les Comédiens français donnèrent la première représentation des *Adieux du goût*, petite pièce en un acte et en vers, de MM. Portelance et Patu. Le premier est l'auteur d'*Antipater*, tragédie ; quand au second, voilà la première fois que j'en entends parler. Je n'y pus pas aller ce jour-là. J'en ai été faché, car à la troisième représentation, où je fus, l'on me dit qu'il y avait beaucoup de retranchements faits, et notamment dans la scène de Plutus. On y reconnoissoit M. de la Popelinière, à ce que l'on m'assura ; d'autres prétendent qu'il n'y étoit pas désigné si directement, mais que la fureur où l'on est actuellement de chercher à faire des applications avoit fait ressembler des traits épars qui, réunis sous un même point de vue, pouvoient effectivement lui convenir. » (COLLÉ. *Journal historique*, 1868, in-8, 1 p. 396.)
Collé traite cette pièce de rapsodie où il n'y a : « nul trait, nulle épigramme, nulle saillie. » Cependant la pièce eut un succès qui porta ombrage à la bruyante cabale du parterre. Elle se sentit visée par cette satire ingénieuse et pleine d'esprit des mœurs du temps. Patu connut les déboires que réserve le triomphe, et cela d'une façon que l'on n'avait encore point vue dans la République des lettres. « En effet, ses envieux, non contents de traverser, inutilement, le succès d'une comédie dans laquelle ils sont joliment tournés en ridicule, se sont vengés sur la personne même de l'auteur, en attentant à sa liberté, et voici de quelle manière ils s'y sont pris pour satisfaire, tout à la fois, leur ressentiment et leur jalousie.
Le Chevalier de la Morlière, le plus grand étourdi qu'ait jamais eu notre nation, et qu'on ait peut-être jamais vu dans l'Univers, ayant été

J'en lus une douzaine, et je lui dis que, bien que beaux, leur lecture me faisait plus de peine que de plaisir.

— Ce sont les mêmes pensées que dans l'éloge du maréchal de Saxe; mais je vous avoue que la prose me fait beaucoup plus de plaisir.

— Ma prose ne t'aurait pas tant plu si auparavant elle n'avait été écrite en vers blancs.

— Tu t'es donné là bien de la peine en pure perte.

— Point de peine, puisque les vers blancs ne m'en coûtent aucune. On les écrit comme de la prose.

— Tu crois donc que ta prose devient plus belle lorsque tu la copies de tes propres vers?

— Ce n'est pas douteux; elle devient plus belle, et je m'assure l'avantage qu'alors ma prose n'est pas pleine de

chargé de l'exécution du projet, se trouva pour cet effet, mardi dernier à la Comédie. Là ayant aperçu dans le parterre, le sieur Patu, qu'on savoit s'y trouver, et qu'il avoit même vu y entrer, il alla se placer auprès de lui. Tout se passa fort tranquillement pendant la représentation de la première pièce, ainsi que les conjurés en étoient convenus. Mais dans l'intervalle de la grande à la petite, le chevalier ayant fait une querelle d'*allemand* au sieur Patu, au sujet de celle qu'on alloit représenter, lui donna un soufflet des mieux appliqués. « On sait comme un soufflet touche un homme de cœur ». Le sieur Pattu ne voulant pas rester en arrière, se mit en devoir de le payer de la même monnoye, mais l'abbé Raynal, qui s'étoit aussi placé près de lui, ayant levé le bras pour détourner le coup de dessus le chevalier de la Morlière, le reçut lui-même sur la joue. Aussitôt il prend à témoin tous les assistants, de l'insulte qu'il vient de recevoir, et pour ne rien devoir à son voisin, il lui rend le soufflet que celui-ci vient de lui donner. Voilà donc nos deux gens à se souffleter réciproquement; ce qui donne aux spectateurs une seconde comédie, encore plus divertissante que celle qu'on venoit de représenter. Cependant, dans la crainte que la nouvelle farce ne dégénère en tragédie, l'officier de la garde se rend au parterre, où s'étant informé comment la querelle avoit commencé, à la place du chevalier de la Morlière qui étoit le seul vrai coupable, mais qui s'étoit esquivé, il fait saisir et conduire au For-l'Évêque, par quatre fusiliers le pauvre avocat Pattu, qui y est encore fort mal à son aise, pendant que l'on applaudit à toutes mains au théâtre, à la pièce qui lui a occasionné cette disgrace. » (*Les Sotises du Tems, 8 mars* 1754, I, p. 154-156.)

Outre les *Adieux du Goût*, Patu a encore laissé *Choix de petites pièces de théâtre anglais*, 2 vol. in-12.

ces demi-vers qui sortent de la plume de l'écrivain sans qu'il s'en aperçoive.

— Est-ce un défaut?

— Très grand et impardonnable. Une prose entrelardée de vers casuels est plus mauvaise qu'une poésie prosaïque.

— Il est vrai que les vers parasites qui se trouvent dans une oraison doivent faire mauvaise figure.

— Certainement. Prends l'exemple de Tacite, dont l'histoire commence par *Urbem Romam a principio reges habuere*(1). C'est un hexamètre latin fort mauvais que ce grand historien n'a certainement point fait à dessein, et qu'il n'a point discerné dans l'examen de son ouvrage; car il n'y a pas de doute qu'il lui aurait donné une autre tournure.

— Est-ce que la prose italienne où l'on trouve des vers involontaires n'est pas vicieuse?

— Elle l'est beaucoup. Mais je te dirai que beaucoup de pauvres génies y mettent des vers exprès, comptant par là la rendre plus sonore. C'est en général ce clinquant que vous nous reprochez avec raison. Au reste, je crois que tu es le seul qui te donne cette peine.

— Le seul? Non, certes. Tous ceux auxquels les vers blancs ne coûtent rien, comme à moi, emploient ce moyen lorsque leur prose doit être copiée par eux-mêmes. Demande à Crébillon, à l'abbé de Voisenon, à La Harpe, à qui tu voudras, et on te dira ce que je te dis. Voltaire est le premier qui ait employé cet art dans les petites pièces où sa prose est enchanteresse. Par exemple, l'épître à Mme du Châtelet est de ce nombre : elle est superbe; lis-la, et si tu y trouves un seul hémistiche, dis que j'ai tort.

Curieux, je le demandai à Crébillon : il me dit la même chose; mais il m'assura qu'il ne l'avait jamais fait.

Il tardait à Patu de me conduire à l'Opéra pour voir l'effet que ce spectacle ferait dans mon esprit; car effecti-

---

(1) Rome fut gouvernée par des rois dans son commencement.

vement un Italien doit le trouver extraordinaire. On donnait un opéra dont le titre était *Les Fêtes vénitiennes*, titre intéressant pour moi (¹). Nous allons, pour nos quarante sous, nous placer au parterre, où, quoiqu'on y fut debout, on trouvait bonne compagnie; car ce spectacle était le plaisir mignon des Français (²).

Après une symphonie, très belle en son genre, exécutée par un orchestre excellent, on lève la toile, et je vois une belle décoration représentant la petite place Saint-Marc vue de la petite île Saint-Georges; mais je suis choqué de voir le palais ducal à ma gauche, et le grand clocher à ma droite, c'est-à-dire l'opposé du vrai. Cette faute comique et honteuse pour le siècle commence par me faire rire, et Patu, à qui j'en dis la raison, dut en rire comme moi. La musique, quoique belle dans le goût antique, m'amusa un peu à cause de sa nouveauté, puis elle m'ennuya. La mélopée me fatigua bientôt par sa monotonie et par les cris poussés mal à propos. Cette mélopée des Français remplace, à ce qu'ils prétendent, la mélopée grecque et notre récitatif qu'ils détestent, et qu'ils aimeraient s'ils entendaient notre langue.

L'action était un jour de carnaval, temps auquel les Vénitiens vont se promener en masque dans la place Saint-Marc. On y représentait des galants, des entremetteuses et des filles qui nouaient et dénouaient des intrigues : les costumes étaient bizarres et faux; mais le tout était amusant. Ce qui surtout me fit bien rire, et c'était fort risible pour un vénitien, ce fut de voir sortir des coulisses le doge avec douze conseillers, tous en toge bizarre, et qui se

---

(1) Ballet de Danchet, musique de Campra.
(2) Le prix des places à l'Opéra était : Balcon, 10 livres; — 2ᵉ balcon, 7 livres 10 sols; — 1ʳᵉˢ loges, 7 livres 10 sols; — amphithéâtre, 7 livres 10 sols; — 2ᵉˢ loges, 4 livres; — 3ᵉˢ loges et parterre, 2 livres. On commençait à 5 heures. (DE JEZE. *Etat de Paris*, 1757, in-8.)

mirent à danser la grande passacaille (¹). Tout à coup j'entends le parterre qui claque des mains à l'apparition d'un grand et beau danseur masqué et affublé d'une énorme perruque noire qui lui descendait jusqu'à la moitié de la taille, et vêtu d'une robe ouverte par devant qui lui descendait jusqu'aux talons, Patu me dit avec une sorte de vénération : « C'est l'inimitable Duprès. » J'en avais entendu parler, et je me tins attentif(²). Je vois cette belle figure qui s'avance à pas cadencés, et parvenue sur le devant de la scène, élever lentement ses bras arrondis, les mouvoir avec grâce, les étendre, les resserrer, remuer ses pieds avec précision et légèreté, faire de petits pas, des battements à mi-jambe, une pirouette, ensuite disparaître comme un zéphyr. Tout cela n'avait pas duré une demi-minute. Les applaudissements, les bravos partaient de

---

(1) Le dessinateur des costumes, Bocquet à cette époque, se souciait fort peu de l'exactitude historique. Il continuait la tradition qui venait de l'époque des ballets de Louis XIV, voulant que les costumes de théâtre, de l'Opéra surtout, fussent des habillements de fantaisie, prétexte à falbalas, paillettes, verroterie, galons de toutes sortes.

(2) Louis Dupré, né en 1697, mort en décembre 1774. Son talent, sa taille l'ont fait surnommé le grand Dupré. C'était un homme superbe, de belle figure, de formes admirables, grand de cinq pieds huit pouces, il était magnifique dans les chaconnes et les passacailles et pendant trente ans il tint le sceptre de la danse. Son allure majestueuse faisait sa célébrité :

    « Lorsque le grand Dupré, d'une marche hautaine,
    Orné de son panache, avançait sur la scène,
    On croyait voir un dieu demander des autels,
    Et venir se mêler aux danses des mortels.
    Dans tous ses déploîmens, sa danse simple et pure
    N'était qu'un doux accord des dons de la nature. »

                                  (DORAT. *La Déclamation*.)

Un autre poëte vanta ses déploiements qui transportaient d'enthousiasme les spectateurs ; dans un quatrain ainsi conçu :

    « Ah ! je vois Dupré qui s'avance !
    Comme il développe ses bras !
    Que de grâce dans tous ses pas !
    C'est, ma foi, le dieu de la danse. »

(CAMPARDON. *L'Opéra au XVIIIᵉ siècle*, 1884, in-8, I. p. 283.

toutes les parties de la salle ; j'en étais étonné et j'en demandai la raison à mon ami.

— On applaudit à la grâce de Duprès et à la divine harmonie de ses mouvements. Il a soixante ans, et ceux qui l'ont vu il y a quarante ans le trouvent encore le même.

— Quoi ! il n'a jamais dansé autrement ?

— Il ne peut pas avoir mieux dansé ; car le développement que tu as vu est parfait, et au delà du parfait que connais-tu ?

— Rien, à moins que ce ne soit une perfection relative.

— Ici elle est absolue. Duprès fait toujours la même chose, et chaque jour nous croyons la voir pour la première fois. Telle est la puissance du beau et du bon, du sublime et du vrai qui pénètre l'âme. Cette danse est une harmonie ; c'est la véritable danse dont vous n'avez point l'idée en Italie.

A la fin du second acte, voilà de nouveau Duprès, le visage couvert d'un masque, qui danse accompagné d'un air différent, mais à mes yeux faisant la même chose. Il s'avance tout au bord de la scène, il s'arrête un instant dans une position parfaitement bien dessinée. Patu veut que je l'admire ; j'en conviens. Tout à coup j'entends cent voix qui disent dans le parterre :

— Ah ! mon Dieu ! mon Dieu ! il se développe, il se développe.

Effectivement, il paraissait un corps élastique qui, en se développant, devenait plus grand. Je fis le bonheur de Patu en lui disant qu'il était vrai que Duprès avait en tout une grâce parfaite. Immédiatement après, je vois une danseuse qui, comme une furie, parcourt l'espace en faisant des entrechats à droite, à gauche, dans tous les sens, mais s'élevant peu, et cependant applaudie avec une sorte de fureur.

— C'est me dit Patu, la fameuse Camargo. Je te félicite, mon ami, d'être arrivé à Paris assez à temps pour la voir, car elle a accompli son douzième lustre (¹).

J'avouai alors que sa danse était merveilleuse.

— C'est, ajouta mon ami, la première danseuse qui ait osé sauter sur notre théâtre, car avant elle les danseuses ne sautaient pas! et ce qu'il y a d'admirable, c'est qu'elle ne porte point de caleçon.

— Pardon ; j'ai vu...

— Qu'as-tu vu ? C'est sa peau qui, à la vérité, n'est ni de lis ni de rose.

— La Camargo, lui dis-je d'un air pénitent, ne me plaît pas ; j'aime beaucoup mieux Duprès.

Un vieil admirateur qui se trouvait à ma gauche me dit que dans sa jeunesse elle faisait le saut de basque et même la gargouillade, et qu'on n'avait jamais vu ses cuisses quoiqu'elle dansât à nu.

— Mais si vous n'avez jamais vu ses cuisses, comment pouvez-vous savoir qu'elle ne portait point de tricot ?

— Oh ! ce sont de ces choses qu'on peut savoir. Je vois que monsieur est étranger.

— Oh ! pour ça très étranger (²).

Ce qui me plut beaucoup à l'Opéra français, ce fut la

(1) Marie-Anne Cupis de Camargo, née à Bruxelles le 15 avril 1710, n'avait donc alors que quarante ans et non pas soixante, mais son étoile pâlissait et elle ne devait pas tarder à quitter la scène. L'inspecteur de police Meusnier dit : « Le 5 mars 1751, la demoiselle Camargo aïant essuyé une scène désagréable de la part du public, ce fut la dernière fois qu'elle parut sur le théâtre de l'Opéra. » ARSENAL. 10235.)

Camargo apporta dans les ballets posés et majestueux la gaité de sa danse vive, animée et d'une agilité surprenante. Ses mouvements rapides, souples et gracieux, rompaient avec la danse ordinaire faite d'attitudes et décidèrent son succès :

« Jamais personne qu'elle n'a fait ces beaux pas de menuet sur le bord des lampes, d'un côté du théâtre à l'autre, d'abord de gauche à droite et ensuite de droite à gauche. Le public les attendoit avec impatience, les voyoit avec empressement et les applaudissoit avec transport. » (*Les Spectacles de Paris*, 1771, p. 33.)

(2) La question du caleçon de la Camargo est encore à élucider. Il est très probable qu'elle n'en portait pas au moment de ses débuts et que

promptitude avec laquelle les décorations se changeaient toutes à la fois par un coup de sifflet ; chose dont on n'a pas la moindre idée en Italie. Je trouvai également délicieux le début de l'orchestre au coup d'archet ; mais le directeur avec son sceptre, allant de droite à gauche avec des mouvements forcés comme s'il avait dû faire aller tous les instruments par la seule force de son bras, me causa une espèce de dégoût. J'admirai aussi le silence des spectateurs, chose si nouvelle pour un Italien ; car c'est à juste titre qu'en Italie on est scandalisé du bruit que l'on fait pendant que les acteurs chantent, et on ne saurait déverser assez de ridicule sur le silence qui succède à ce bruit aussitôt que les danseurs paraissent. On dirait alors que les Italiens ont toute l'intelligence dans les yeux. Au reste, il n'y a pas de pays au monde où l'observateur ne puisse trouver du bizarre et de l'extravagant, et cela parce qu'il peut comparer : les gens du pays ne peuvent point s'en apercevoir.

ce vilain vêtement de dessous lui fut imposé par la suite. C'est, je crois, la conclusion du passage suivant :
« C'est Camargo qui osa pour la première faire raccourcir ses jupons, et cette invention utile, qui met les amateurs en état de juger avec connaissance des jambes des danseuses, a été depuis généralement adoptée ; mais alors elle pensa occasionner un schisme très dangereux. Les jansénistes du parterre criaient à l'hérésie et au scandale, et ne voulaient pas souffrir les jupes raccourcies ; les molinistes au contraire, soutenaient que cette innovation nous rapprochait de la primitive église, qui répugnait à voir des pirouettes et des gargouillades embarrassées par la longueur des cotillons. La Sorbonne de l'Opéra fut longtemps en peine d'établir la sainte doctrine sur ce point de discipline qui partageait les fidèles. Enfin, le Saint-Esprit lui suggéra, dans cette occasion difficile, un tempérament qui mit tout le monde d'accord : elle se décida pour les jupes raccourcies ; mais elle déclara en même temps, article de foi, qu'aucune danseuse ne pourrait paraître au théâtre sans caleçon. » (*Correspondance de Grimm*, etc..., éd. Tourneux, 1879, in-8, tome IX, p. 18.)
La Camargo vieillit dans une maison qu'elle occupait en totalité, rue Saint-Honoré, au coin de la rue Saint-Florentin, n'ayant pour toute société qu'un vieil admirateur, Mathieu Breuil, sa femme de chambre Agnès Lesueur, de nombreux chats, quatre chiens et six perroquets. C'est là qu'elle mourut le 28 avril 1770 (ARCHIVES NATIONALES. *Scellés*, Y. 12459, *Cf.* LETAINTURIER-FRADIN. *La Camargo* ; 1908, in-12.)

Au résumé, l'Opéra me fit plaisir; mais la Comédie-Française me captiva. C'est là véritablement que les Français sont dans leur élément; ils jouent en maîtres, et les autres peuples ne doivent point leur disputer la palme que l'esprit et le bon goût sont forcés de leur décerner.

J'y allais tous les jours, et quoique parfois il n'y eût pas deux cents spectateurs, on donnait du vieux et parfaitement joué. J'ai vu le *Misanthrope, l'Avare, le Tartufe, le Joueur, le Glorieux* et tant d'autres; et quoique je les visse souvent, je croyais toujours les voir pour la première fois. J'arrivai à Paris pour voir Sarrasin (1), la Dangeville (2), la Dumesnil (3), la Gaussin (4), la Clairon (5), Préville (6) et plu-

---

(1) Sarrazin, né en 1689, débuta le 3 mars 1729, fut reçu le 31 décembre de la même année. Il remplissait avec succès les rôles de pères. Il mourut le lundi 15 novembre 1762. (*Almanach des Spectacles*, 1763.)

(2) Marie-Anne Botot, dite Dangeville, née à Paris le 29 décembre 1714, parut sur la scène française dès l'âge de sept ans et demi, mais elle débuta réellement le 28 janvier 1730. Elle quitta le théâtre en 1763. (CAMPARDON. *Les Comédiens du roi de la troupe française*, 1879, in-8.) Elle mourut le 10 frimaire an IV, rue de Bourgogne, n° 7. Sa succession se composait de six inscriptions de rente perpétuelle sur la Nation, faisant un total de 46,424 livres de rente et une autre rente perpétuelle de 2,000 livres sur le feu citoyen Charlier, par constitution du 8 octobre 1788. (ARCHIVES DE LA SEINE. *Déclarations de succession*. Registre 1782, folio 3 verso.) Sa vente eut lieu dans les derniers jours de floréal an V; elle est annoncée avec un abrégé des objets précieux dans le *Journal de Paris*, du 23 floréal.

(3) Marie-Françoise Marchand, dite Dumesnil, née à Paris, le 2 janvier 1713, débuta au Théâtre-Français le 6 août 1737. Elle mourut le 1er ventôse an XI, rue Blanche, n° 24, âgée de 90 ans. L'inventaire après décès fut fait par Me Trutat, notaire, le 30 ventôse, an XI. (ARCHIVES DE LA SEINE. *Déclarations de succession*. Registre 1710, f° 34 V°.)

(4) Jeanne-Catherine Gaussem, dite Gaussin, née rue Neuve-Saint-Lambert (aujourd'hui rue de Condé) le 25 décembre 1711, débuta à la Comédie-Française le 28 avril 1731. Elle avait une beauté peu commune, un grand usage du monde, infiniment d'esprit et excellait dans le haut comique pour les rôles d'amoureuses. (DE MOUHY. *Journal chronologique du théâtre français*. Bibl. Nat. Manuscrit 9324, f° 271.). Après avoir fait bien des heureux, elle se prit de passion pour un vague danseur nommé Taulaigo, qui ne figure sur les états de l'Académie royale de musique que pour l'année 1756,

sieurs actrices, qui retirées du théâtre, vivaient de leurs pensions et faisaient encore le charme de la société qu'elles recevaient. Je connus entre autres la célèbre Le Vasseur ([7]). Je les voyais avec plaisir et elles me communiquaient

aux appointements de 200 livres par an. (ARCHIVES DE L'OPÉRA. *Gratifications annuelles des danseurs et danseuses*). Ils se marièrent le 29 mai 1759. Le contrat de mariage avait été passé devant Bontemps, notaire, le 26 mai. Le ménage ne procura pas à Mlle Gaussin le bonheur qu'elle en espérait ; sa vie s'acheva dans la tristesse. Marie-François Taulaigo mourut dans sa terre de Lazenay, en Berry, le 1er mars 1765, Mlle Gaussin vendit cette propriété le 31 juillet 1766. Peu après elle mourrait dans sa maison de campagne, à la Villette, le 6 juin 1767. En hiver, elle habitait rue de Saintonge, au coin du boulevard. Son testament déposé chez Me Lepot d'Auteuil le 1er juin 1767, nommait le chirurgien Charles Pipelet, son exécuteur testamentaire et le sieur Catelan, son légataire universel. (ARCHIVES NATIONALES. *Scellés* Y, 13537.)

(5) Claire-Joseph-Hippolyte Leris, dite de La Tude Clairon, née à Condé (Nord) le 25 janvier 1723, débuta sur la scène de la Comédie-Française le 19 septembre 1743, y tint pendant vingt-deux ans le sceptre de la tragédie. Retirée du théâtre, elle vécut encore près de quarante ans ; elle s'éteignit célibataire à l'âge de quatre-vingts ans, rue de Lille, le 9 pluviose an XI, laissant une succession montant à 38,330 francs. Par testament olographe du 17 vendémiaire an X, déposé chez Hua, notaire, elle institua ce dernier son exécuteur testamentaire. Jean-Benjamin-Alexandre Tillaye, cousin de la Clairon, renonça à la succession qui revint à la dame Mesnard, veuve de la Rianderie, restée seule héritière. (ARCHIVES DE LA SEINE. *Déclarations de succession*. Registre 1788, fol. 86, V°.)

(6) Les Préville ne débutèrent à la Comédie qu'en 1753, Casanova ne peut donc les avoir vus qu'à son second voyage. Madeleine-Angélique-Michele Drouin, née au Mans le 17 mars 1734, épousa le 31 octobre 1750, Pierre-Louis Dubut, dit Préville, né à Paris, rue des Mauvais-Garçons, paroisse St Sulpice (auj. rue Grégoire-de-Tours), le 19 septembre 1721. Après avoir joué en province, ils débutèrent à la Comédie-Française en septembre 1753, mais Mme Préville ne fut reçue que le 1er mars 1757. Préville devint fou sur le théâtre et, conduit chez sa fille à Beauvais, le 11 février 1795, il y mourut le 18 décembre 1799. (JAL. *Dictionnaire Critique*.)

(7) Je n'ai trouvé nulle part trace d'une actrice au Théâtre-Français du nom de Levasseur.
Il ne peut être question de Mlle Marie-Rose-Josephe Levasseur, née le 8 octobre 1749, qui débuta à l'Opéra en 1766, et dont la liaison officielle avec le comte de Mercy-Argenteau, laissa soupçonner longtemps l'existence d'un mariage secret. Elle ne se maria réellement que le 17 septembre 1806 avec un ancien militaire, M. de Fouchier, âgé de 74 ans. Elle mourut veuve, à Neuwied, le 6 mai 1826. (Cte DE PIMODAN. *Le Comte F.-C. de Mercy-Argenteau* ; 1911, in-8°.)

des anecdotes extrêmement curieuses. Elles étaient généralement très-serviables et sous tous les rapports. Un soir, me trouvant dans une loge avec la Le Vasseur, on donnait une tragédie dans laquelle une jolie personne remplissait le rôle muet de prêtresse. — Qu'elle est jolie, lui dis-je.

— Oui, charmante. C'est la fille de celui-ci qui a fait le confident. Elle est très aimable en société et elle promet beaucoup.

— Je ferais volontiers sa connaissance.

— Oh ! mon Dieu, cela n'est pas difficile. Son père et sa mère sont de très-honnêtes gens, et je suis sûre qu'ils seront enchantés que vous leur demandiez à souper. Ils ne vous gêneront pas : ils iront se coucher et vous laisseront causer librement à table avec leur fille aussi longtemps qu'il vous plaira. Vous êtes en France, monsieur, ici on connaît le prix de la vie et on tâche d'en tirer parti. Nous aimons le plaisir et nous nous croyons heureux quand nous pouvons le faire naître.

— Cette façon de penser est charmante, madame ; mais de quel front voulez-vous que j'aille demander à souper à d'honnêtes gens que je ne connais pas du tout, et qui ne me connaissent pas davantage ?

— Oh ! bon Dieu ! que dites-vous là ? Nous connaissons tout le monde. Vous voyez bien comme je vous traite. Après la comédie, je vous présenterai, et la connaissance sera faite.

— Je vous prierai de me faire cet honneur une autre fois.

— Quand il vous plaira.

CHAPITRE II.

Mes balourdises dans la langue française, mes succès, mes nombreuses connaissances. — Louis XV. — Mon frère arrive à Paris.

Tous les comédiens italiens à Paris voulurent me fêter pour me faire voir leur magnificence. Je fus somptueusement fêté par tous. Carlin Bertinazzi, qui jouait les rôles d'Arlequin, acteur chéri de tout Paris, me rappela qu'il m'avait vu il y avait treize ans à Padoue en revenant de Pétersbourg avec ma mère [1]. Il me donna un superbe dîner chez Mme de la Caillerie, où il logeait [2]. Cette dame était amoureuse de lui. Je lui fis compliment sur quatre enfants charmants qui voltigeaient autour de nous. Le mari, présent, me répondit :

— Ce sont les enfants de M. Carlin.

— Cela se peut, monsieur, mais en attendant c'est vous qui en avez soin ; et comme ils portent votre nom, c'est vous qu'ils doivent reconnaître pour père.

— Oui, cela sera en droit ; mais Carlin est trop honnête homme pour ne pas s'en charger le jour où il me

---

[1] Charles-Antoine Bertinazzi, né à Turin, le 2 décembre 1710, débuta à Paris en 1741 et en 1743 il était admis sociétaire à la Comédie-Italienne. Il se maria le 14 juin 1760 à Suzanne Foulquier, née à Nantes le 20 mai 1740, dont il eut six enfants. Il mourut à Paris, rue Neuve-des-Petits-Champs, et fut inhumé à Saint-Roch le 7 septembre 1783. (JAL. *Dictionnaire Critique* et *Affiches, annonces...* septembre 1783.)

[2] Il logeait alors rue Saint-Denis, passage du Grand-Cerf.

conviendra de m'en défaire. Il sait bien qu'ils sont à lui, et ma femme serait la première à s'en plaindre s'il n'en convenait pas.

Cet homme n'était pas ce qu'on appelle un bon homme, tant s'en faut ; mais comme il voyait la chose très-philosophiquement, il en parlait avec calme, et même avec une sorte de dignité. Il aimait Carlin en ami, et des affaires de cette nature n'étaient pas rares à Paris, dans ce temps-là, parmi les gens d'une certaine classe. Deux grands seigneurs, Boufflers et Luxembourg, avaient troqué de femme en toute bonne amitié, et tous deux en avaient des enfants. Les petits Boufflers s'appelaient Luxembourg, et les petits Luxembourg portaient le nom de Boufflers. Les descendants de ces tiercelets sont connus aujourd'hui en France sous le même nom. Eh bien, ceux qui savaient le mot de l'énigme en riaient avec raison, et la terre ne se mouvait pas moins selon les lois de la gravitation.

Le plus riche des comédiens italiens était Pantalon, père de Coraline et de Camille, et usurier reconnu (1). Il voulut aussi me donner à dîner en famille, et ses deux

---

(1) Charles-Antoine Veronèse avait épousé Perina-Lucia Sperotti dont il eut cinq enfants :

1º Anne-Marine, dite Coraline, née à Bassano en 1730 ;

2º Pietro-Antonio-Francesco, né à Venise le 25 mars 1732 ;

3º Camille-Antoinette-Jacqueline, dite Camille, née à Venise en 1735 ;

4º Jacqueline ? Je n'ai trouvé aucune trace de ce quatrième enfant ; peut-être JAL qui le mentionne d'un simple prénom a-t-il dédoublé Camille qui se nommait aussi Jacqueline et supposé deux enfants pour un seul ;

5º Marine-Lucie, née à Modène le 1er décembre 1739. (JAL. *Dictionnaire Critique*.)

En 1743, Charles-Antoine Véronèse, bon comédien, obtenait sur les scènes italiennes les applaudissements de ses compatriotes. Dès que sa fille Anne-Marine put esquisser un pas et zozoter un couplet, il s'adjoignit l'enfant qui, née comédienne, augmenta le succès de Véronèse. Le duc de Gesvres, premier gentilhomme de la chambre entendit parler des deux artistes et résolut de les faire venir à Paris pour renforcer la troupe de la Comédie-Italienne. Les pourparlers aboutirent et une avance de deux mille livres scella le contrat. Mais Veronèse peu

filles m'enchantèrent. La première était entretenue par le prince de Monaco, fils du duc de Valentinois qui vivait encore ; et Camille était amoureuse du comte de Melfort, favori de la duchesse de Chartres, devenue dans ce temps là, duchesse d'Orléans par la mort de son beau-père.

Coraline était moins vive que Camille, mais elle était plus jolie. Je commençai à lui faire ma cour aux heures indues, comme un homme sans conséquence ; mais ces

scrupuleux empocha la somme et resta tranquillement à Venise, au théâtre de Saint-Luc. Ici se place une aventure que n'eut pas désavoué Casanova et pourtant le héros est tout l'opposé du Vénitien comme homme et comme caractère, c'est Jean-Jacques Rousseau.

Le duc de Gesvres, ne voyant rien venir, écrivit à l'ambassadeur pour réclamer ses artistes : Jean-Jacques Rousseau, alors secrétaire d'ambassade, fut chargé de cette affaire. Il rencontra tant de mauvaise volonté qu'il dut recourir à un moyen énergique. On était en carnaval, Jean-Jacques prit la bahute et le masque et se fit mener au palais du patricien à qui appartenait le théâtre de Saint-Luc, le sénateur Zustiani. Quand le secrétaire arriva en gondole avec la livrée de l'ambassadeur, il émotionna fortement les invités qui n'avaient jamais vu pareille chose. Jean-Jacques entre, se fait annoncer sous le nom d'*una siora maschera*. Sitôt introduit, il ôte son masque et se nomme au sénateur stupéfait. « Monsieur, lui dit-il, c'est à regret que j'importune Votre Éminence de ma visite, mais vous avez à votre théâtre, un homme nommé Véronèse qui est engagé au service du Roi, et qu'on vous a fait demander inutilement : je viens le réclamer au nom de Sa Majesté. » La harangue fit son effet. A peine le secrétaire d'ambassade était-il parti que Zustiani courut rendre compte de son aventure aux inquisiteurs d'état qui lui lavèrent la tête. Le même jour, Véronèse était congédié. (J.-J. ROUSSEAU. *Mémoires*, IIe partie, livre VII.)

Le comédien n'était pas homme à faire les choses à demi. Puisqu'on l'obligeait de se rendre à Paris, du moins ne partirait-il pas seul, et au commencement de l'année 1744, toute la famille Véronèse était à Paris. Le 1er mai, Charles-Antoine débutait dans les rôles de Pantalon et obtint un succès qui dura plus de vingt ans, tant comme acteur que comme auteur de nombreux scénarios. Sa fille, sous le nom de Coraline, débuta le même jour. Quelques jours après, paraissait sur la scène une deuxième fille de Véronèse, Mlle Camille qui débuta le 12 mai, elle avait neuf ans. Les deux enfants jouaient d'après des canevas de leur père. En 1755, Marine-Lucie paraissait dans les ballets et se retirait en 1758, pour se marier le 16 janvier 1759 à Jean-Marie-Gaspard Busoni, elle mourut le 3 août 1782. Enfin le fils aîné Pierre-Antoine s'esseyait à son tour sur le même théâtre, le 17 juillet 1754 et s'y maintint grâce au crédit de ses sœurs, car c'était un « bouche-trou médiocre. » (CHEVRIER. *Almanach des gens d'esprit*, 1762, in-12, p. 37.

heures-là appartiennent aussi à l'amant en titre. Je me trouvais donc chez elle quelquefois à l'heure même où le prince venait la voir. Dans les premières rencontres, je tirais ma révérence et je partais; mais dans la suite on me pria de rester; car ordinairement les princes, tête à tête avec leurs maîtresses, ne savent que s'ennuyer. Nous soupions ensemble, et leur rôle était d'écouter, tandis que le mien était de manger et de conter.

Je crus devoir faire ma cour à ce prince et j'en fus parfaitement bien reçu; mais un matin, aussitôt qu'il me vit entrer il me dit : — Ah ! je suis bien aise de vous voir, car j'ai promis à la duchesse de Rufé de vous conduire chez elle, et nous allons y aller.

Voilà encore une duchesse. Je suis en bon vent. Allons. Nous montons dans un diable, voiture de mode (¹), et nous voilà à onze heures du matin chez ladite duchesse.

Lecteur, si j'étais fidèle, le tableau que je vous ferais de cette lubrique mégère vous épouvanterait. Imaginez-vous soixante hivers accumulés sur un visage plâtré de rouge, un teint couperosé, une figure hâve et décharnée, toute la laideur et la flétrissure du libertinage empreintes sur cette dégoûtante physionomie, mollement étendue sur un sofa et qui à mon apparition s'écrie avec une joie enragée : — Ah ! voilà un joli garçon ! Prince, tu es charmant de me l'avoir amené. Viens t'asseoir ici mon garçon. J'obéis respectueusement; mais une odeur infecte de musc qui me parut cadavéreuse faillit me faire trouver mal. L'infâme duchesse s'était relevée et présentait à découvert un sein hideux, capable d'imposer au plus brave. Le prince, affectant une affaire, sortit en me disant qu'il m'enverrait son diable dans quelques instants.

---

(1) Sorte de cabriolet élégant, à quatre roues, ouvert sur les cotés, surmonté d'une toiture gracieuse qui était supportée par des montants ornés. Le devant était fermé par un appui rembourré en dedans pour garantir l'estomac de celui qui se tenait debout pour conduire.

Dès que nous fûmes seuls, le squelette plâtré étend ses bras et, sans me laisser le temps de me reconnaître, elle applique sur ma joue ses lèvres baveuses qui me font frissonner; et l'une de ses mains s'égarant avec le comble de l'indécence : — Voyons donc, mon poulet, me dit-elle, si tu as un beau...

Je frémissais; je résiste.

— Allons donc, tu fais l'enfant, dit cette nouvelle Messaline, es-tu si novice?

— Non, madame; mais...

— Eh bien, quoi?

— J'ai...

— Oh! le vilain! s'écria-t-elle en lâchant prise; à quoi j'allais m'exposer!

Je profite du moment, et, prenant mon chapeau, je me sauve à toutes jambes, craignant que le portier ne me refuse la sortie (¹).

Je prends un fiacre et je m'en vais raconter l'aventure à Coraline. Elle en rit beaucoup et demeura d'accord que le prince m'avait joué un fort vilain tour. Elle loua la pré-

---

(1) La dame dont il est question ici est la duchesse de Ruffec, belle-mère du chevalier de Monaco, frère du prince. L'effet médusant qu'elle produisit sur Casanova le fait exagérer son âge, Mme de Ruffec n'avait que quarante-trois ans. D'ailleurs voici quelques mots sur ces deux familles :
Jacques-François Léonor de Grimaldi, duc de Valentinois avait deux fils : L'aîné, Honoré-Camille Léonor de Grimaldi, prince de Monaco, maréchal de camp, demeurant rue de Grenelle en son hôtel, c'est celui qui est l'heureux amant de Coraline. Le cadet, Charles-Maurice Grimaldi, chevalier de Monaco venait de se marier le 10 décembre 1749 avec Marie-Christine Saint-Simon de Ruffec, fille de Catherine-Charlotte-Thérèse de Grammont, duchesse de Ruffec, veuve de Jacques-Louis de Rouvroi de Saint-Simon, dit le duc de Ruffec, mort brigadier des armées le 18 juillet 1746, âgé de quarante-neuf ans. La duchesse de Ruffec, mourut à Paris le 21 mars 1755, âgée de quarante-huit ans. (*Journal de Verdun*, octobre 1746, p. 319 et *Gazette de France*, 29 mars 1755.)
Le prince de Monaco ne paraît pas avoir goûté le mariage de son cadet, et c'est contraint et forcé par son père qu'il signa au contrat ce dont il s'empressa de porter plainte. (ARCHIVES NATIONALES, Y 13375; 28 novembre 1749.)

sence d'esprit avec laquelle j'avais affecté un empêchement; mais elle ne me mit pas à même de la convaincre que j'avais trompé la duchesse.

Cependant je nourissais quelque espérance, et je soupçonnais qu'elle ne me croyait pas assez amoureux.

Trois ou quatre jours après, soupant tête à tête avec elle, je lui dis tant de choses et je lui demandai mon congé en termes si clairs, qu'elle me renvoya au lendemain : Le prince, me dit-elle, ne reviendra de Versailles qu'après-demain, ainsi demain nous irons à la garenne, nous dînerons tête à tête, nous chasserons au furet et nous reviendrons contents à Paris.

— A la bonne heure.

Le lendemain à dix heures nous montons dans un cabriolet et nous arrivons à la barrière. Au moment de la passer, voilà un vis-à-vis à livrée étrangère, et celui qui s'y trouvait se met à crier : Arrête! arrête!

C'était le chevalier de Wirtemberg qui, sans même daigner m'honorer d'un regard, commence à dire des douceurs à Coraline, puis, mettant toute sa tête dehors, il lui parle à l'oreille. Elle lui répond de la même façon, puis elle me dit en me prenant la main et d'un air riant : — J'ai une grande affaire avec ce prince : allez à la garenne, mon cher ami; dînez-y, chassez et venez me voir demain. En même temps elle descend, monte dans le vis-à-vis, et me voilà resté comme la femme de Loth, mais non pas immobile (1).

---

(1) C'est sans doute le jeune Eugène-Louis-Adam-Jean-Népomucène-Joseph-Raphaël de Wurtemberg, né à Belgrade le 31 août 1729, fils de Charles-Eugène, duc régnant, et de la princesse de La Tour-Taxis, duchesse de Wurtemberg. Le prince Louis jetait alors sa gourme à Paris, il courtisait Mlle Gaussin et greluchonnait Mlle Guéant, aussi actrice de la Comédie-Française, laquelle augmentait la pension soutirée au marquis de Voyer — le *monsieur* attitré, — en greffant sur ce revenu l'offrande facultative du prince Louis de Wurtemberg, des chevaliers de Montlezun, de Breteuil et autres favorisés aussi agréables que généreux. Les petits ruisseaux font de grandes rivières. (ARSENAL. *Bastille*, 10236, f° 285, 379, 387. *Journal de Verdun*, 1729, novembre, p. 588.)

Lecteur, si tu t'es trouvé dans une situation pareille, il te sera facile de t'imaginer le genre de fureur dont je me sentis saisi; si pareille chose ne t'est jamais arrivée, tant mieux pour toi, mais alors il est inutile que je cherche à t'en donner une idée : tu ne me comprendrais pas.

Le cabriolet me devint en horreur et je sautai en bas en disant au cocher de s'en aller au diable; et, prenant le premier fiacre que je trouvai, je m'en fus droit chez Patu, auquel je contai mon aventure écumant presque de fureur. Au lieu de me plaindre ou de partager mon ressentiment, Patu plus sage, rit de mon aventure et me dit : — Je voudrais volontiers que pareille chose me fut arrivée : car tu es certain d'être en possession de cette belle à la première rencontre.

— Je n'en veux plus; je la méprise trop.

— Tu aurais dû la mépriser plus tôt. Mais, puisque c'est une affaire faite, veux-tu pour te dédommager, que nous allions dîner à l'hôtel du Roule ?

— Ma foi, oui; le projet est excellent : partons (¹).

L'hôtel du Roule était fameux à Paris, et je ne le connaissais pas encore. La maîtresse l'avait meublé avec élé-

---

(1) La célèbre matrone Paris, venait de s'installer dans le faubourg Saint-Honoré. Elle tenait auparavant une maison hospitalière, non moins notoire parmi les libertins et les débauchés, dans la rue de Bagneux et s'y trouvait encore le 12 août 1750. Ce n'est qu'en octobre qu'elle émigra au Roule, en haut du faubourg Saint-Honoré, passé la grille des Champs-Élysées ou de Chaillot. L'ancienne maison de la rue de Bagneux fut vite oubliée et je cohue dorée, la foule en dentelles vint se bousculer dans le nouvel *Hôtel du Roule*. Barbier dans son *Journal* avait décrit la maison, rue de Bagneux; Clément dans les *Nouvelles littéraires* (1755, in-8, tome I, p. 368) pénètre dans le nouveau prostibule, monté sur le même modèle. On peut comparer sa description avec celle de Casanova; la voici :

« Il n'est fils de maison qui ne s'y fasse présenter; il n'est cercle de bonne compagnie où l'on n'en parle; il n'est surtout de nom étranger à Paris, qui n'y aille acheter à beaux deniers comptants des dispenses de soupirer.

« C'est dans ce *kiosque* perpétuel qu'une douzaine de jeunes cythériennes s'occupent jour et nuit, à entretenir où à rallumer le goût de la

gance, et elle y tenait douze à quatorze nymphes choisies, avec toutes les commodités qu'on peut désirer : bonne table, bons lits, propreté, solitude dans de superbes bosquets. Son cuisinier était excellent et ses vins exquis. Elle s'appelait Mme Paris, nom de guerre sans doute, mais qui satisfaisait à tout. Protégée par la police, elle était assez loin de Paris pour être sûre que ceux qui allaient visiter son établissement libéral étaient des gens au-dessus de la classe moyenne. La police intérieure était réglée comme un papier à musique, et tous les plaisirs y étaient soumis à un tarif raisonnable. On payait six francs pour déjeuner avec une nymphe, douze pour y dîner, et le double pour y passer la nuit. Je trouvai que la maison était au-dessus de sa réputation et qu'elle valait mieux que la garenne.

Nous montons dans un fiacre, et Patu dit au cocher :

— A Chaillot.

— J'entends, mon bourgeois.

Après une demi-heure de course, il s'arrête à une porte cochère sur laquelle on lisait : *Hôtel du Roule.*

La porte était fermée. Un suisse à grosses moustaches sort d'une porte bâtarde, et vient gravement nous toiser.

plus simple nature. Vous les voyez quelquefois rassemblées dans une espèce de refectoire, appelé le *sérail*, assises autour d'une table longue, proprement mises, légèrement vêtues; jouant, chantant, babillant ou riant un peu fort à propos de rien. De là, elles se dispersent dans diverses cellules du cloître et même dans les différents quartiers de la ville, au gré du mouchoir qui les appelle. On prend 12 francs au parterre, un louis aux secondes loges et deux louis aux premières ; ou pour parler sans figure, 12 francs pour la visite de passage, un louis pour le souper simple et deux louis pour le souper-coucher.

« Des maîtres de toutes sortes sont employés à l'éducation de cette brillante jeunesse, maîtres à danser, à chanter, de clavecin et surtout à lire.

« La sage fondatrice, l'illustre Mme Paris, à peine âgée de cinquante ans, avec un visage riant, maigre et long, un teint couperosé, un œil louche et l'autre de moins, beaucoup d'esprit et de dignité, fait les honneurs du lieu, y reçoit, y conduit, y commande de son sopha et maintient l'ordre et la bienséance. C'est la bonne maman, elle ne veut point d'autres titres. »

Nous jugeant gens de mine, il ouvre et nous entrons. Une femme borgne d'environ cinquante ans, mais qui portait encore les restes d'une belle femme, nous aborde, et, après nous avoir salués poliment, elle nous demande si nous venons dîner chez elle ([1]). Sur notre réponse affirmative, elle nous mène dans une belle salle où nous voyons quatorze jeunes personnes toutes belles et uniformément mises en robes de mousseline. A notre aspect elles se levèrent et nous firent une révérence très-gracieuse. Toutes à peu près du même âge, les unes blondes, les autres brunes ou châtaines : il y avait de quoi contenter tous les goûts. Nous les parcourons en disant quelques mots à chacune et nous fixons notre choix. Les deux élues, poussant un cri de joie, nous embrassent avec une volupté qu'un novice aurait pu prendre pour de la tendresse, et nous entraînent dans le jardin en attendant qu'on vînt nous appeler pour dîner. Ce jardin était vaste et artistement distribué pour servir les amours et les plaisirs chargés de les représenter. Mme Paris nous dit :

— Allez, messieurs, allez jouir du bel air et de la sécurité sous tous les rapports ; ma maison est le temple de la tranquillité et de la santé.

La belle que j'avais choisie avait quelque chose de Cora-

---

[1] La Paris était la fille d'un nommé Bienfait, parfumeur, rue Comtesse-d'Artois. Sa mère « foutoit avec un nommé Olivier, son garçon de boutique » qu'elle épousa après la mort de son mari. Ils moururent à Grenoble. La fille restée à Paris, se maria avec un violon de la Comédie-Italienne du nom de Voisin. Quand cet accès d'amour eut pris fin, Mme Voisin se lança dans la galanterie et quand l'âge ne lui permit plus de compter sur elle-même, elle facilita les plaisirs des autres et sous le nom de Justine Paris, acquit une renommée de pourvoyeuse habile et bien achalandée. Elle abandonna ce commerce fin octobre 1751, un an après avoir monté et lancé l'hôtel du Roule. (ARSENAL. *Archives de la Bastille*, 10234, *Cahiers de Meusnier*.)

La maison du Roule passa entre les mains de Mme Carlier, autre proxénète qui tenait maison à la barrière Blanche. L'Hôtel du Roule finit par devenir à la fin du XVIIIe siècle une pension pour enfants de la première volée. (GASTON CAPON. *Les Maisons closes au XVIIIe siècle*, 1903, in-8.)

line, et cette circonstance me la fit trouver délicieuse. Mais au milieu de la plus douce occupation on nous appela pour dîner. Nous fûmes assez bien servis; et le dîner nous avait donné de nouvelles dispositions, quand, montre à la main, la borgnesse vint nous prévenir que notre partie était finie. Le plaisir était mesuré à l'heure.

Je dis un mot à Patu, et, après quelques considérations philosophiques, s'adressant à madame la gouvernante :

— Nous allons renouveler la dose, lui dit-il, en doublant le salaire.

— Vous en êtes les maîtres, messieurs.

Nous montons, et, après notre second choix, nous renouvelons notre promenade. Même désagrément que la première fois par la rigoureuse exactitude de la dame.

— Bah! c'est trop fort, madame.

— Mon ami, montons pour la troisième fois, faisons un nouveau choix et passons ici la nuit.

— Projet délicieux, auquel je souscris de grand cœur.

— Mme Paris approuve-t-elle le plan?

— Je ne l'aurais pas mieux fait, messieurs; c'est fait de main de maître.

Arrivés dans la salle, et notre choix étant fait, toutes les autres se moquèrent des premières, qui n'avaient point su nous captiver; et elles, pour se venger, leur dirent que nous étions des flandrins.

Pour le coup, je fus étonné de mon choix. J'avais pris une véritable Aspasie, et je remerciai le hasard qu'elle me fût échappée les deux premières fois, puisque j'avais la perspective de la posséder quatorze heures de suite. Cette beauté s'appelait Saint-Hilaire; et c'est la même qui, sous ce nom, devint célèbre en Angleterre avec un riche lord qui l'y mena l'année d'après([1]). D'abord, piquée de ce

---

([1]) Meusnier, le policier, qui ne négligeait aucune des filles trafiquant de l'amour et du caprice, a noté la Saint-Hilaire. Elle se nom-

que je ne l'avais pas distinguée ni la première ni la seconde fois, elle me regardait avec fierté et dédain ; mais je ne tardai pas à lui faire comprendre que cela était heureux, puisqu'elle en resterait plus longtemps avec moi. Alors elle commença à rire et devint charmante.

Cette fille avait de l'esprit, de la culture et des talents, tout ce qui lui fallait enfin pour réussir dans la carrière qu'elle parcourait. Patu, pendant que nous soupions, me dit en italien qu'il était près de la choisir lorsque je la pris, et le lendemain il me dit qu'il avait dormi toute la nuit. La Saint-Hilaire fut très contente de moi et s'en vanta à ses camarades. Elle fut cause que je fis plusieurs visites à l'hôtel du Roule, et elle en fut toujours l'objet : elle était toute glorieuse de m'avoir fixé.

Ces visites furent cause que je me refroidis pour Coraline. Un musicien de Venise, nommé Guadani, beau, savant dans son art et plein d'esprit, sut la cultiver trois semaines après que je me fus brouillé avec elle([1]). Le beau

---

mait Gabrielle Siberre. Son père était un chapelier très pauvre et sa mère, à qui le métier d'écosseuse de pois laissait des loisirs, la prostitua dès l'âge de dix ans. Traînant les rues, la gamine fut conduite par une petite fille de la place Maubert chez les pourvoyeuses du quartier. Enfin elle entra chez la Paris, où sa sœur aînée l'avait devancée et vendait ses charmes sous le nom de Rozette. La nouvelle venue prit celui de Saint-Hilaire. Elle avait alors 16 à 17 ans. De taille moyenne, la jambe un peu grosse, de grands yeux, le nez bien fait, la bouche un peu grande, légèrement marquée de la petite vérole, la Saint-Hilaire charmait pourtant par son ensemble piquant et désirable. Telle était la pensionnaire, pour qui Casanova eut un caprice. Bien lui en prit qu'il ne fut pas durable, car la Saint-Hilaire dut quitter peu après la maison pour soigner une petite blessure assez commune dans les combats d'amour forcé. Elle passa les remèdes chez Cosme, le spécialiste, et à sa sortie elle fut cueillie par M. de Villemur, receveur général des finances. (ARSENAL. *Archives de la Bastille*, 10241, f°, 255.)

(1) Gaetan Guadani, célèbre contraltiste, né à Lodi vers 1725, commença à se faire connaître à Parme en 1747. En 1754, il chanta au concert spirituel de Paris et à la Cour de Versailles avec beaucoup de succès. Puis il parcourut l'Europe et amassa des sommes considérables. Il mourut à Padoue en 1797. (FÉTIS. *Biographie universelle des musiciens*, 1862, in-8, tome IV, p. 126.)

garçon, qui n'avait que l'apparence de la virilité, la rendit curieuse, et fut cause de sa rupture avec le prince, qui la trouva en flagrant délit. Cependant Coraline sut l'amadouer, et quelque temps après ils se réconcilièrent, et de si bonne foi qu'un poupon en fut le résultat. Ce fut une fille, que le prince nomma Adélaïde et qu'il dota. Après la mort de son père, le duc de Valentinois (1), le prince la quitta tout à fait pour aller épouser Mlle de Brignole, génoise, et Coraline devint maîtresse du comte de la Marche, aujourd'hui prince de Conti. Coraline ne vit plus, non plus qu'un fils qu'elle en eut et que le prince nomma comte de Monréal.

(1) Le duc de Valentinois mourut à Paris le 23 avril 1751, âgé de 63 ans. (*Journal de Verdun*, juin 1751, p. 176). Le prince de Monaco, son fils aîné, hérita de la fortune qu'il laissait, tandis que le cadet n'avait en partage que le titre de duc de Valentinois. Cet évènement ne lui fit pas abandonner Coraline, il en sera longtemps encore le tenant attitré. La comédienne ne se prive pas pour cela de donner du plaisir à nombre de seigneurs et non des moindres. C'est le duc de Deux-Ponts « qui la voit à muchepot chez la Rabon » l'ancienne maîtresse de Casanova, le 26 février 1753 ; c'est M. Le Normant d'Etioles qui comble une période de bouderie en 1754 ; c'est le comte de Vintimille, qui lui fait de longues visites ; c'est M. Brissart, fermier-général ; c'est le comte de la Marche, fils du prince de Conti ; enfin on dit même que le frère cadet du prince de Monaco « regarde Coraline comme un bien de famille » et vient la voir tous les jours.

C'est alors que le 26 février 1755, Coraline accouchait d'une fille. Le même jour elle dépêchait son laquais, pour en porter la nouvelle au prince de Monaco à Compiègne et un autre au comte de la Marche « dans la persuasion où elle étoit, que le premier adopteroit cet enfant et que le second voudroit bien être le parrain ; mais suivant la tradition elle s'est trompée sur l'un et l'autre point. La fille en question a, dit-on, été baptisée le surlendemain 28 au soir, à Saint-Eustache, sous le nom d'Anne Véronèse, père inconnu. » (ARSENAL. *Archives de la Bastille*, 10235, dossier Coraline). C'est probablement la fille dont parle Casanova et qui n'eut pas le sort qu'il nous annonce, d'ailleurs elle ne vécut pas. De ce jour le prince de Monaco semble se détacher de Coraline, et tandis qu'il se libère de sa coûteuse passion, le comte de La Marche s'attache davantage. En 1757, le prince de Monaco épouse Marie-Catherine de Brignoles, fille d'un Génois, extrêmement belle, qui se prit de passion pour le prince de Condé. Cet amour, partagé, porta ombrage au prince de Monaco, une longue querelle suivit une demande en séparation formulée par la princesse. (ARCHIVES NATIONALES Y 14814, 14 décembre 1765, Y 11587 ; 19, 23,

Mme la dauphine accoucha d'une princesse qu'on décora du titre de Madame de France(¹).

Au mois d'août on fit au Louvre l'exposition des tableaux que les peintres de l'Académie royale de peinture exposaient au public, et, n'y voyant aucun tableau de bataille, je conçus le projet d'appeler mon frère à Paris. Il était à Venise et il avait du talent dans ce genre. Parosseli, seul peintre de batailles que la France possédât, étant mort, je crus que François pourrait y réussir et y faire sa fortune. J'écrivis en conséquence à M. Grimani et à mon frère, et je les persuadai ; néanmoins il ne vint à Paris qu'au commencement de l'année suivante(²).

Louis XV, qui aimait passionnément la chasse, avait coutume d'aller passer chaque année six semaines à Fontainebleau. Il était toujours de retour à Versailles à la mi-novembre. Ce voyage lui coûtait, ou plutôt coûtait à la France cinq millions. Il menait avec lui tout ce qui pouvait contribuer aux plaisirs de tous les ministres étrangers et

---

24 juillet, 12, 14 septembre 1770). Elle suivit le prince de Condé en émigration, laissant un fils à son mari. Le prince de Monaco, duc de Valentinois, décéda rue de Varennes, n° 359, le 22 floréal an III, laissant à son héritier une succession montant à 662,640 francs. (ARCHIVES DE LA SEINE. *Déclarations de succession*. Registre 1780, f° 40.) Sa veuve épousa le prince de Condé à Londres, en 1801, et mourut en 1813. (*Mémoires de Durfort de Cheverny*, 1886, in-8, I, p. 154.)
Cependant sans renoncer à Coraline, le comte de la Marche se mariait en février 1757 avec Marie-Fortunée d'Este. Mariage purement politique qui ne fit pas souche. Le comte de la Marche fuyant le nez phénoménal de sa femme, prit ouvertement Coraline à sa charge et, plus heureux, il en eut un fils le 15 janvier 1761, qu'il nomma Louis-François et fit chevalier de Vauréal (et non Monréal). (ARCHIVES NATIONALES Y 443, n° 261, Y 444 n° 106, *Insinuations*.) Coraline mourut à Paris, rue Saint-Appoline, le 6 février 1782. (ARCHIVES NATIONALES, Y 11598, *Scellés*). Le comte de La Marche, devenu prince de Conty depuis 1776, mourut à Barcelone le 10 mars 1814. (G. CAPON ET YVE-PLESSIS. *Le Prince de Conty*, 1907, in-8, p. 318.)

(1) Marie-Zéphirine de France, dite Madame, née le 26 août 1750. (DUSSIEUX, *Généalogie des Bourbons*, 1872, in-8, 111-112.)

(2) Le Salon ouvrit le 25 août 1750, jour de la Saint-Louis. (*Livret du Salon*.)

de sa nombreuse cour. Il se faisait suivre par les comédiens français et italiens et par ses acteurs et actrices de l'Opéra.

Pendant ces six semaines, Fontainebleau était beaucoup plus brillant que Versailles; malgré cela, l'Opéra, les théâtres Français et Italien ne manquaient pas à Paris, tant les acteurs attachés à ces spectacles étaient nombreux.

Le père de Baletti qui avait parfaitement recouvré sa santé, devait y aller avec Silvia et toute la famille. Ils m'invitèrent à les y accompagner et à accepter un logement dans une maison qu'ils y avaient louée.

L'occasion était belle; j'étais avec des amis; je ne crus pas devoir refuser, car je n'aurais pu m'en procurer une meilleure pour connaître toute la cour de Louis XV et tous les ministres étrangers. J'allai me présenter à M. de Morosini, aujourd'hui procurateur à Saint-Marc et alors ambassadeur de la république à Paris ([1]).

([1]) André Morisini, ambassadeur de Venise en France, arrivé à Paris le 26 novembre 1748. Audience de congé, le 30 novembre 1751. (*Journal de Verdun*, 1749, 73; 1752, 65.)

Pendant son séjour à Paris, il habita rue Saint-Maur (aujourd'hui Grégoire-de-Tours) vis-à-vis les Incurables. (*Almanach Royal*), mais il avait loué aussi le 9 mars 1751, une petite maison tout près de la rue de Vaugirard, en sortant de la barrière à droite, pour y loger sa maîtresse, Mlle Leclerc, qu'il venait voir tous les jours et qu'il surveillait jalousement. Une fistule dont souffrait l'ambassadeur devait rompre cette liaison. Avant de se faire opérer par le chirurgien Morand, M. Morosini fit, par précaution, venir un jésuite pour l'assister en cas d'accident. Le disciple de Loyola « coupa en plein drap » déclarant ne pouvoir l'absoudre qu'il n'ait renoncé au commerce criminel qu'il avait avec sa maîtresse. Force fut à l'ambassadeur d'obéir, le cas était pressant; et ordre fut donné pour reprendre tout ce qu'il avait donné à la demoiselle qui se trouva rester entre quatre murailles. Après cet exploit l'opération réussit parfaitement et M. Morosini sortit guéri et de sa fistule et de son amour. (ARSENAL. *Archives de la Bastille*, 10239, f° 426-435. *Cf.* GASTON CAPON. *Les Petites maisons au XVIIIe siècle*; 1902, in-8, p. 140.)

Rétabli du côté pile, M. de Morosini endommagea le côté face, en fréquentant de trop près Madame de Préaty qui lui fit don d'une galanterie qui le mit encore pour quelque temps au régime. (ARSENAL. *Archives de la Bastille*, 10234, 2 août 1751.) Nous verrons plus loin qui était cette madame Préaty, qui porta successivement les noms de Cavamacchi, Querini et enfin Préaty.

Le premier jour qu'on donna l'opéra, il me permit de le suivre : c'était une musique de Lulli. J'étais assis dans le parquet, précisément au-dessous de la loge de la Pompadour, que je ne connaissais pas. A la première scène, je vois la fameuse Le Maur qui entre en scène et qui fait un cri si fort et si inattendu que je la crus folle. Je fis un petit éclat de rire et de très bonne foi, ne m'imaginant point que personne pût le trouver mauvais (1). Un cordon-bleu qui était auprès de la marquise me demanda d'un ton sec de quel pays j'étais. Du même ton je lui réponds : De Venise.

— J'y ai été et j'y ai beaucoup ri au récitatif de vos opéras.

— Je le crois, monsieur, et je suis sûr que personne ne s'est avisé de vous empêcher de rire.

Ma réponse un peu verte, fit rire Mme de Pompadour, qui me demanda si j'étais vraiment de là-bas.

— D'où donc, de là-bas ?

— De Venise ?

— Venise, madame, n'est pas là-bas; elle est là-haut.

Cette réponse fut trouvée plus singulière que la première, et voilà toute la loge en consultation pour savoir si Venise était là-bas ou là-haut. On trouva apparemment que j'avais raison, car on ne m'attaqua plus. J'écoutais cependant l'opéra sans rire; mais comme j'étais enrhumé, je me mouchais souvent. Le même cordon-bleu, m'adressant de nouveau la parole, me dit qu'apparemment les fenêtres de ma chambre n'étaient pas bien fermées. Ce monsieur que je ne connaissais pas était le maréchal de Richelieu. Je lui répondis qu'il se trompait, car mes fe-

---

(1) Mlle Le Maure, née le 3 août 1703, était encore en pleine possession de sa voix et de son talent; au point que la Dauphine désira entendre la cantatrice, qui chanta devant la Cour le 2 juillet 1751. Mlle Le Maure mourut en janvier 1786. (*Mercure de France*; août 1751, p. 162; et AD. JULLIEN. *L'Eglise et l'Opéra*, 1877, in-8.)

nêtres étaient *calfoutrées*. Aussitôt toute la loge part d'un éclat de rire, et je demeure confondu, parce que je sentis mon tort; j'aurais dû prononcer *calfeutrées*. Mais ces *eu* et ces *u* font le supplice de la plupart des nations étrangères.

Une demi-heure après, M. de Richelieu me demanda laquelle des deux actrices me plaisait le plus pour la beauté.

— Celle-là, monsieur.

— Mais elle a de vilaines jambes.

— On ne les voit pas, monsieur; et dans l'examen de la beauté d'une femme, la première chose que *j'écarte,* ce sont les jambes.

Ce mot, dit par hasard, et dont je ne sentais pas la portée, me donna de l'importance et rendit toute la loge curieuse de me connaître. Le maréchal sut qui j'étais de M. Morosini, lequel me dit de la part du duc, que je lui ferais plaisir de lui faire ma cour. Mon bon mot de hasard devint fameux, et M. le maréchal me fit l'accueil le plus gracieux. Parmi les ministres étrangers, celui auquel je m'attachai le plus fut milord maréchal d'Ecosse Keith, qui l'était du roi de Prusse. J'aurai l'occasion de parler de lui (¹).

Le lendemain de mon arrivée à Fontainebleau j'allai seul à la cour, et je vis Louis XV, le beau roi, allant à la messe et toute la famille royale, et toutes les dames de la cour, qui me surprirent par leur laideur autant que celles de la cour de Turin m'avaient surpris par leur beauté. — Cependant au milieu de tant de laiderons, je fus surpris

---

(1) Georges Keith, maréchal héréditaire d'Ecosse, jacobite réfugié en Prusse, nommé par le roi ministre plénipotentiaire auprès du roi de France, il eut sa première audience à Versailles, le 14 septembre 1751. (*Journal de Verdun*, 1751, p. 306, 312.) Il habitait rue Thévenot (aujourd'hui rue Réaumur) et avait pour maîtresse une jeune fille turque, très jolie, grande et bien faite, qu'il tenait jalousement cachée chez lui. (ARSENAL. *Archives de la Bastille*, 10234.)

par la vue d'une beauté véritable. Je demande qui est cette dame. C'est, me répond un seigneur mon voisin, Mme de Brionne, plus sage encore que belle; car non-seulement il n'y a aucune histoire sur son compte, mais elle n'a pas même fourni à la médisance le moindre motif pour en inventer une.

— On n'en a peut-être rien su.

— Ah! monsieur, on sait tout à la cour (1).

J'allais seul rôdant dans les appartements intérieurs, lorsque je vis tout à coup une douzaine de femmes laides qui avaient plutôt l'air de courir que de marcher : elles étaient si mal placées sur leurs jambes qu'elles paraissaient tomber le visage en avant. Quelqu'un se trouvant à ma portée, la curiosité me poussa à demander d'où elles venaient et pourquoi elles allaient ainsi.

Elles sortent de chez la reine qui va dîner, et elles marchent si mal parce que leurs pantoufles ont des talons de six pouces de haut, ce qui les oblige à marcher les jarrets pliés pour ne pas tomber sur le nez.

— Pourquoi ne portent-elles pas des talons plus bas?

— C'est la mode.

— Oh! la sotte mode!

J'enfile une galerie au hasard, et je vois le roi qui passe, ayant un bras appuyé de tout son long sur les épaules de M. d'Argenson. Oh! servilité! pensai-je en moi-même;

---

(1) Charles-Louis de Lorraine, comte de Brionne, grand écuyer de France, né le 10 septembre 1725, avait épousé en troisièmes noces, le 3 octobre 1748, Louise-Julie-Constance de Rohan-Montauban, chanoinesse de Remiremont, née le 8 mars 1734.

Il eut été dommage que, si jeune, la comtesse de Brionne prêtat déjà à la médisance; avec un mari qui, bien que marié trois fois, n'avait que vingt-cinq ans.

Le 25 septembre 1751, la comtesse de Brionne accoucha de Charles-Eugène de Lorraine, prince de Lambesc.

Le comte de Brionne mourut à Paris dans sa trente-sixième année, le 28 juin 1761. (LA CHESNAYE-DESBOIS. *Dictionnaire de la noblesse*; 1868, in-4, tome XII, p. 438.)

un homme peut-il se soumettre ainsi à porter le joug, et un homme peut-il se croire si fort au-dessus des autres pour prendre des allures pareilles ? (¹)

Louis XV avait la plus belle tête qu'il soit possible de voir, et il la portait avec autant de grâce que de majesté. Jamais habile peintre n'est parvenu à rendre l'expression de cette magnifique tête quand ce monarque la tournait avec bienveillance pour regarder quelqu'un. Sa beauté et sa grâce forçaient l'amour de prime abord. Je crus en le voyant avoir rencontré la majesté idéale que j'avais été si choqué de ne pas trouver dans le roi de Sardaigne; et je ne doutai pas que Mme de Pompadour ne fût amoureuse de cette belle physionomie lorsqu'elle brigua la connaissance de ce souverain. Je me trompais peut-être; mais la figure de Louis XV forçait le spectateur à penser ainsi.

J'arrive dans une salle superbe, où je vois une douzaine de courtisans qui se promenaient et une table d'au moins douze couverts, qui cependant n'était préparée que pour une seule personne.

— Pour qui est ce couvert ?
— Pour la reine. La voilà qui vient.

Je vois la reine de France, sans rouge, simplement vêtue, la tête couverte d'un grand bonnet, ayant l'air vieux et la mine dévote (²). Dès qu'elle fut près de la table, elle remercia gracieusement deux nonnes qui déposaient

---

(1) Durfort de Cheverny, introducteur des ambassadeurs écrit à ce sujet : « J'ai souvent fait la réflexion que la vie d'un courtisan assidu (je dis ceux qui veulent faire fortune, sans avoir d'autres qualités) ressemble à celle d'un valet de chambre, enfin d'un être en servitude. J'ai vu le duc de Luynes, le père, qui passait pour écrire les anecdotes de toute la Cour; le duc de Saint-Aignan de l'Académie française, le président Hénault, Moncrif et tant d'autres, rétrécir leur esprit par une conversation si peu variée, que je ne pouvais ni m'y faire, ni m'y fixer. (*Mémoires*, I, p. 73.)

(2) Marie Leckzinska avait tous les dons convenables à une bonne ménagère, et aucun de ceux nécessaires à une reine de France. Fécondité, piété, douceur, humanité et surtout grande incapacité aux affaires,

une assiette avec du beurre frais. Elle s'assit, et aussitôt les douze courtisans se placèrent en demi-cercle à dix pas de la table : je me tins auprès d'eux imitant leur respectueux silence.

Sa Majesté commença à manger sans regarder personne, tenant les yeux baissés sur son assiette. Ayant trouvé bon un mets qu'on lui avait servi, elle y revint, et alors elle parcourut des yeux le cercle devant elle, sans doute pour voir si, dans le nombre de ses observateurs, il n'y avait pas quelqu'un à qui elle dût compte de sa friandise. Elle le trouva et dit :

— Monsieur de Lowendal ! (¹)

A ce nom, je vois un superbe homme qui s'avance en inclinant la tête, et qui dit : — Madame.

— Je crois que ce ragoût est une fricassée de poulets.

---

telles étaient ses qualités. Quand à son rôle d'épouse, voici ce qu'en raconte M. d'Argenson :

« 10 octobre 1740. Une dame du palais m'a conté que la plus grande faute était à la reine, si le roi avait pris une maîtresse ; elle se conduisait en bégueule, aussi personne au monde n'a-t-il moins d'esprit que la reine : elle n'a rien à elle, elle n'est que ce qu'elle voit être aux autres, le torrent de l'exemple la gagne plus que personne, elle a vu qu'en France, il était de bon air de dédaigner son mari ; elle a pris ce bon air. Elle disait : Eh quoi ! toujours coucher, toujours grosse, toujours accoucher ! » En conséquence, elle faisait faire de longs jeûnes au roi, sous prétexte de sa santé, elle dédaignait enfin ce qu'elle regrette amèrement aujourd'hui. Il faut savoir que la reine a peur des esprits, et quoique le roi fut couché avec elle, il fallait qu'elle eut auprès d'elle une femme qui lui tint la main toujours pendant la nuit et qui lui fit des contes pour l'endormir ; et, quand le roi voulait rendre le devoir conjugal, à peine la femme qui assistait la reine se retirait-elle. De plus, la reine ne dort presque pas, elle se relève cent fois dans la nuit, tantôt pour pisser, tantôt pour chercher sa chienne ; de plus elle met précisément des matelas sur elle, tant elle frileuse de sorte que le roi étouffait et se levait tout en sueur sans avoir rien fait. Il se retirait dans sa chambre et dans son lit pour bien dormir. » (*Mémoires*, III, 192-193.)

(1) Woldemar, comte de Lowendahl, maréchal de France, né à Hambourg le 6 avril 1700, de Woldemar, baron de Lowendahl, petit-fils d'Ulric Frédéric III, roi de Danemarck, mort à Paris, le 27 mai 1755. (*Journal de Verdun*; mai 1734, p. 370, juillet 1755, p. 77.)

— Je suis de cet avis, madame.

Après cette réponse, faite du ton le plus sérieux, la reine continue à manger, et le maréchal reprend sa place à reculons. La reine acheva de dîner sans dire un mot de plus et rentra dans son appartement comme elle en était venue. Je pensai que si la reine de France faisait ainsi tous ses repas, je n'aurais pas envié l'honneur d'être son commensal.

J'étais enchanté d'avoir vu ce guerrier fameux à qui Berg-op-Zoom avait dû se soumettre ; mais je souffrais de voir un aussi grand homme être obligé de répondre sur une fricassée de poulets du même ton qu'un juge prononce une sentence de mort.

Riche de cette anecdote, j'en régalai la société chez Silvia pendant un excellent dîner où se trouvait l'élite de l'agréable compagnie.

A quelques jours de là, me trouvant à dix heures du matin en haie avec une foule de courtisans, pour avoir le plaisir toujours nouveau de voir passer le roi qui allait à la messe, plaisir auquel il faut ajouter celui de voir à découvert et en entier le sein et les épaules de Mesdames de France, ses filles, je vois la Cavamacchi, que j'avais laissée à Césène sous le nom de Mme Querini([1]). Si je fus surpris de la voir, elle ne le fut pas moins en me voyant dans un endroit comme celui-là. Le marquis de

---

([1]) Casanova avait connu la Cavamacchi à Venise en 1741, c'était une célèbre courtisane. « Juliette, dit-il, avait dix-huit ans : sa blancheur était éblouissante, mais l'incarnat de ses joues, le vermeil de ses lèvres, le noir et la ligne courbe et très étroite de ses sourcils me parurent plus l'ouvrage de l'art que celui de la nature. Ses dents qui paraissaient être deux rangs de perles, empêchaient qu'on ne lui trouvât la bouche trop fendue ; et soit nature, soit habitude, elle avait toujours l'air de sourire, sa gorge couverte d'une gaze légère semblait inviter les amours. » Il lui trouve les mains « larges et charnues » et les pieds en proportion. Les yeux bleus « merveilleusement bien fendus. » En somme, il la trouva belle. (*Mémoires*. Edit. Flammarion. I, p. 85).

Saint-Simon, premier gentilhomme de la chambre du prince de Condé, lui donnait le bras(¹).

— Mme Querini à Fontainebleau?

— Vous ici? Je me souviens de la reine Elisabeth qui dit : *Pauper ubique jacet*.

— La comparaison est très-juste, madame.

— Je badine, mon cher ami ; je viens ici pour voir le roi, qui ne me connaît pas ; mais demain l'ambassadeur me présentera.

Elle se mit en haie à cinq ou six pas de moi du côté par où le roi devait sortir. Sa Majesté entra ayant M. de Richelieu à son côté, et il se mit à lorgner la prétendue Mme Querini. Elle ne lui plut pas sans doute, car, tout en continuant à marcher, il dit à son ami ces paroles remarquables, que Juliette dut entendre :

— Nous en avons ici de plus belles.

L'après-dîner j'allai chez l'ambassadeur de Venise. Je le trouvai au dessert en grande compagnie, ayant à sa droite Mme Quirini qui me dit les choses les plus flatteuses et les plus amicales ; chose extraordinaire dans une évaporée qui n'avait aucun sujet de m'aimer, car elle savait que je la connaissais à fond et que j'avais su la mener ; mais, comprenant la raison de tout son manège, je me résolus à ne point la désobliger, et même à lui rendre, par une noble vengeance, tous les bons offices en mon pouvoir.

Étant venue à parler de M. de Querini, l'ambassadeur lui fit compliment sur ce qu'il lui avait rendu justice en l'épousant (²).

— C'est, ajouta-t-il, ce que je ne savais pas.

---

(1) Maximilien Henri, marquis de Saint-Simon, né le 15 novembre 1720, mort en 1799, appartenait à la branche des Saint-Simon Sandricourt.

(2) Steffano Querini de Papozzes avait été son amant à Venise, et Casanova ayant rencontré la Cavamacchi au théâtre de Cesène, il apprit que partout elle se faisait passer pour Madame Querini. Le général Spada était directeur du théâtre de Cesène (*Mémoires*, II, p. 80).

— Il y a cependant plus de deux ans, dit Juliette.

— C'est un fait, dis-je à mon tour ; car il y a deux ans que le général Spada l'a présentée sous le nom et avec le titre de son excellence Mme Querini à toute la noblesse de Césène, où j'avais l'honneur de me trouver.

— Je n'en doute pas, dit l'ambassadeur en me fixant, puisque Querini lui-même me l'écrit.

Quelques instants après, comme je me disposais à partir, l'ambassadeur, prétextant quelques lettres, dont il voulait me communiquer le contenu, me pria de passer avec lui dans son cabinet, et là me demanda ce qu'on disait à Venise de ce mariage.

— Personne n'en sait rien, et on dit même que l'aîné de la maison des Querini allait épouser une Grimani ; mais j'écrirai cette nouvelle à Venise.

— Quelle nouvelle ?

— Que Juliette est vraiment Querini, puisque Votre Excellence la présentera pour telle à Louis XV.

— Qui vous l'a dit ?

— Elle-même.

— Il se peut qu'elle ait changé d'avis.

Je lui rapportai alors les paroles que le roi avait dites à M. de Richelieu à son sujet. — Cela, dit Son Excellence, me fait deviner pourquoi Juliette ne désire plus lui être présentée.

J'ai su plus tard que M. de Saint-Quentin, ministre secret des volontés particulières de Louis ([1]), était allé après la messe dire à la belle Vénitienne qu'il fallait que le roi de France eût bien mauvais goût, puisqu'il ne l'avait pas trouvée plus belle que plusieurs autres dames qui étaient à sa cour. Juliette partit de Fontainebleau le lendemain.

J'ai parlé, au commencement de mes Mémoires, de la

([1]) M. de Saint-Quentin était garçon de la chambre du roi (*Mémoires du duc de Luynes*, 1864, in-8, t. XIV, p. 149.)

beauté de Juliette : elle avait dans sa physionomie des charmes extraordinaires ; mais elle en avait usé trop longtemps pour qu'ils ne fussent pas un peu fanés à Fontainebleau.

Je la revis chez l'ambassadeur à Paris, et elle me dit en riant qu'elle avait plaisanté en se disant madame Querini, et que je lui ferais plaisir de ne la nommer à l'avenir que par son vrai nom de comtesse de Preati. Elle me pria d'aller la voir à l'hôtel de Luxembourg où elle logeait (¹). J'y allai souvent pour m'amuser de ses intrigues ; mais j'eus le bon esprit de ne jamais m'en mêler.

Elle passa quatre mois à Paris, et eut le talent de rendre fou M. Zanchi, secrétaire de l'ambassade de Venise, homme aimable, noble et lettré. Elle le rendit si amoureux, qu'il était résolu de l'épouser ; mais, par un caprice dont peut-être elle se repentit plus tard, elle le maltraita, et le sot en mourut de chagrin (²). Le comte de Kaunitz, ambassadeur de Marie-Thérèse (³), eut du goût pour elle, ainsi que le comte de Zinzendorf (⁴). Le médiateur de ces

---

(1) L'hôtel du Luxembourg se trouvait rue des Petits-Augustins. Il y avait des appartements depuis 50, 100 et jusqu'à 400 livres par mois

Un autre hôtel du Luxembourg, rue Champfleury, semble trop modeste pour avoir été choisi par la brillante Cavamacchi, il ne s'y louait que des chambres de 20 à 50 livres par mois (DE JÈZE. État de Paris. 1754).

(2) Pourtant le 3 octobre 1753, nous voyons le secrétaire de l'ambassadeur de Venise, qui a remplacé M. de Morosini dans le cœur de Mlle Leclerc, faire des largesses pour cette fille « il lui fait venir deux grandes caisses de liqueur nommée Marassequin qu'elle vend un louis le flacon de pinte. Elle en a au moins cent flacons. » (ARSENAL. Bastille. 10234, cahiers de Meusnier).

(3) Le comte de Kaunitz, né à Vienne en 1711, mort le 24 juin 1794.
Il vint à Paris de 1751 à 1753 et pendant son séjour il éprouva les filles à la mode. Sa passade avec la Cavamacchi lui laissa, paraît-il, de cuisants remords et le força à quelque temps de repos et de tisane. (ARSENAL. Archives de la Bastille 10239 f. 454. Cf. GASTON CAPON. Les Vestris 1908, in-12, p. 47).

(4) Nicolas-Louis, Comte de Zizendorf, né à Dresde le 26 mai 1700, mort à Hernut (Saxe) le 9 mai 1760. Il prit part à plusieurs fonda-

amours passagères était un certain abbé Guasco, peu favorisé des dons de Plutus, et qui, laid par-dessus tout, ne pouvait espérer quelques faveurs que par ses complaisances (¹). Mais l'homme sur lequel elle avait jeté un dévolu et dont elle voulait devenir la femme, était le comte de Saint-Simon. Ce comte l'aurait épousée, si elle ne lui avait pas donné de fausses adresses pour qu'il s'informât de sa naissance. La famille Preati de Vérone la renia, comme de juste. M. de Saint-Simon, qui, malgré son amour, avait conservé du bon sens, eut la force de la quitter (²). Enfin Paris ne fut pas l'*Eldorado* pour ma belle

tion de sociétés religieuses et de chevalerie, et voulut relever la doctrine fondée par Jean Huss.

(1) L'abbé Octave de Guasco, comte de Clavières, piémontais, né à Pignerol en 1712, mort à Vérone le 10 mars 1781. Il était chanoine de Tournai, frère de deux gentilshommes qui servirent en Russie et en Autriche.

L'abbé de Guasco a publié les *lettres familières de M. le Président de Montesquieu*.

Pour être un homme de condition l'abbé n'en était pas moins un plat et ennuyeux personnage.

« A l'ennui qu'il promenait partout, il joignait l'indiscrétion qui forçait les portes ; c'était un crime de lèse-société que toute maîtresse de maison était en droit et dans l'obligation de réprimer. Le président l'avait introduit chez Mme Geoffrin et l'abbé de Guasco s'y était établi de façon qu'il fallait ou le chasser ou risquer de voir la maison désertée par la bonne compagnie. Mme Geoffrin, pleine d'égards pour le protecteur de l'abbé Guasco, y procéda avec beaucoup de ménagements. Elle enjoignit à son portier, sur cinq fois que l'abbé se présenterait, de le laisser entrer une seule fois. C'était le recevoir encore assez souvent, puisqu'il se présentait tous les jours ; mais le Piémontais n'était pas homme à se laisser conduire ou brider de cette manière. Quand le portier l'assurait que sa maîtresse n'y était point, l'abbé de Guasco l'assurait du contraire et passait outre. Madame Geoffrin impatientée, signifia enfin à son portier que s'il ne savait pas empêcher l'abbé de Guasco d'entrer, il serait lui-même mis à la porte, qu'il savait si mal garder. Le domestique peu curieux de perdre son poste pour les vilains yeux bordés de rouge de M. l'abbé de Guasco, se mit à travers le passage la première fois que celui-ci voulut le forcer, et poussa l'indiscret dans la rue. Voilà comment les choses se passèrent sur la fin de l'année 1754, au su de tout le monde. » (*Correspondance de Grimm, Diderot, etc...*, édit Tourneux, 1879, in-8, tome VII, p. 391).

(2) M. de Saint-Simon se consola en courant les boucans. La Lassalle, courtière d'amour, raconte que la Faunesse, dite Beauversin,

compatriote : car elle fut obligée d'y laisser ses diamants en gage. De retour à Venise, elle y épousa le fils de ce même Uccelli qui, seize ans plus tôt, l'avait tirée de la misère. Elle est morte il y a dix ans.

J'allais toujours prendre mes leçons de français chez mon bon vieux Crébillon : malgré cela mon langage, rempli d'italianismes, me faisait souvent dire en compagnie l'opposé de ma pensée; mais il résultait presque toujours de mes *quiproquo* des plaisanteries curieuses qui faisaient fortune; et, ce qu'il y avait de bon, c'est que mon jargon ne me préjudiciait pas sous le rapport de l'esprit; il me procurait, au contraire, de belles connaissances.

Plusieurs dames comme il faut me prièrent d'aller leur enseigner l'italien, pour se procurer, disaient-elles, le plaisir de m'apprendre le français : dans cet échange je gagnais plus qu'elles.

Mme Préodot, qui était une de mes élèves, me reçut un jour dans son lit en me disant qu'elle n'avait pas envie de prendre sa leçon, parce qu'elle avait pris médecine le soir. Traduisant alors sottement une phrase italienne, je lui demande, avec le ton de l'intérêt le plus marqué, si elle avait bien *déchargé* ?

— Monsieur, que me demandez-vous donc ? vous êtes insoutenable !

Je renouvelle ma question : nouvelle explosion de sa part.

— Ne prononcez jamais ce mot affreux !

---

fille à parties de sa maison, a enlevé le marquis à la demoiselle Bourset, laquelle s'est dédommagée avec le fils d'un receveur général (Arsenal. *Archives de la Bastille* 10253. Août 1753. *Cf.* G. Capon, *Les Maisons closes au XVIII siècle,* 1903, in-8). Dans cet ouvrage une erreur de classement m'a fait attribuer à Mme Dhosmont des rapports qui étaient en réalité de Mme Lassalle. Je saisis cette occasion pour rendre à cette dernière ce qui lui appartient, pour remercier M. Pierre Louys qui m'a fait remarquer cette inexactitude et pour faire un *mea culpa*).

— Vous avez beau vous fâcher, c'est le mot propre.

— Très sale, au contraire, monsieur; mais brisons. Voulez-vous déjeuner?

— Non, c'est fait : j'ai pris un *café* avec deux *savoyards*.

— Ah! bon Dieu! je suis perdue : quel furieux déjeuner! Expliquez-vous.

— J'ai pris un café et j'ai mangé deux savoyards trempés dedans, ainsi que je le fais tous les matins.

— Mais c'est bête, mon ami. Un café, c'est la boutique où on le vend, et ce qu'on prend, c'est une tasse de café.

— Bon! est-ce que vous buvez la tasse? Nous disons en Italie un café, et nous avons l'esprit de ne pas croire que c'est la boutique.

— Il veut avoir raison. Et les deux savoyards, comment les avez-vous avalés?

— Trempés dedans; car ils n'étaient pas plus gros que ceux que vous avez sur votre table.

— Et vous appelez cela des savoyards? Dites des biscuits.

— En Italie, nous les appelons des savoyards, parce que c'est en Savoie qu'on les a inventés; et ce n'est pas ma faute si vous avez pensé que j'avais avalé deux commissionnaires du coin, gros gaillards que vous surnommez Savoyards à Paris, et qui bien souvent n'ont jamais été en Savoie.

Voilà son mari qui entre, et elle de lui raconter tout notre entretien (1). Il en rit beaucoup, mais il me donna

---

(1) Madame Préaudeau ou Préodot, passait pour la plus jolie femme de Paris. Jeune fille, elle avait appartenu au fermier général Bouret de Villaumont, qui l'avait mariée à son neveu Préaudot. Il ne lui laissa prendre que le titre de mari en l'expédiant de suite à Marseille où il lui donnait une direction. Il fut pourtant obligé de le faire revenir, madame Préaudeau se trouvant grosse. Bouret fit avoir à son neveu un titre de fermier général, mais cette fonction comme celle de mari, ne devait être qu'honorifique pour lui, les émoluments se trouvant partagés entre un si grand nombre d'intéressés qu'il restait à peine 3.000 livres à son compte. Las de jouer les utilités, Préaudeau se cabra

raison. Sa nièce vient dans ces entrefaites : c'était une jeune personne de quatorze ans, sage, modeste et pleine d'esprit. Je lui avais donné cinq ou six leçons, et comme elle aimait beaucoup la langue et qu'elle s'y appliquait sans relâche, elle commençait à parler. Voulant me faire un compliment en italien, *Signore*, me dit-elle, *sono incantata di vi vedere in buona salute.*

— Je vous remercie, mademoiselle ; mais, pour traduire *je suis charmée*, il faut dire *ho piacere;* et, pour rendre *de vous voir*, il faut dire *di vedervi.*

— Je croyais, monsieur, qu'il fallait mettre le *vi* devant.

— Non, mademoiselle, nous le mettons derrière.

Voilà monsieur et madame qui se pâment de rire, la demoiselle confuse, et moi interdit et désespéré d'avoir dit une bêtise de cette force; mais c'était fait. Je prends un livre en boudant, dans l'espoir de faire cesser leur rire : il dura une semaine. Cette équivoque malotrue courut tout Paris, et me donna une sorte de célébrité qui ne diminua que lorsque je vins à mieux connaître la force de la langue. Crébillon rit beaucoup de ma balourdise, et me dit qu'une autre fois il fallait dire après, et non pas derrière.

et voulut au moins avoir sa femme, sa belle-mère s'y opposa formellement et ce refus occasionna une séparation dont on parla beaucoup.

M. Préaudeau mourut à 27 ans. A ce décès subit, de mauvais bruits coururent par la ville, quatre médecins ouvrirent le corps pour constater que le malheureux était mort naturellement.

La belle madame Préaudeau, après cinq ans de veuvage, se remaria à Bouret de Villaumont, oncle de son défunt mari. L'auteur de ces nouvelles ajoute ironiquement « Elle était très attachée à cette famille. » (Nouvelles à la main publiées sous le titre de *Mémoires de la Lune*, 1756-1765. *Nouvelle revue rétrospective*, 1899. I, p. 340, 349, 354, 432).

Il est probable que ces faits rapportés plus tard n'étaient pas connus de Casanova. Toutefois il est à supposer que le mari n'était pas si rigoureusement tenu à l'écart puisque nous le voyons pénétrer dans la chambre à coucher de sa femme, ce qui ne l'empêchera pas d'avoir maîtresse en ville et d'entretenir la demoiselle Duchesnois aux appointements de 400 livres par mois, tandis que sa femme, non contente de M. Bouret et de son mari, leur adjoindra M. de Fabus, trésorier général des invalides, et encore le fils de M. de La Borde, fermier général (ARSENAL. *Bastille*, 10234; *cahiers de Meusnier*).

Mais pourquoi toutes les langues n'ont-elles pas le même génie ! Au reste, si les Français se divertissaient des fautes que je faisais dans leur langue, je ne prenais pas mal ma revanche en relevant certains usages ridicules. Monsieur, dis-je à quelqu'un, comment se porte madame votre épouse ?

— Vous lui faites bien de l'honneur.

— Eh ! de grâce, monsieur, de quel honneur peut-il s'agir quand on ne parle que de santé ?

Je vois au bois de Boulogne un jeune homme qui fait caracoler son cheval dont il n'est pas le maître, et qui finit par le jeter à terre. J'arrête le cheval, je cours au secours du jeune homme que j'aide à se relever.

— Monsieur s'est-il fait du mal ?

— Oh ! merci, monsieur; au contraire.

— Comment, diable, au contraire ! vous vous êtes donc fait du bien ? Recommencez, monsieur.

Et mille contre-sens pareils. Mais c'est l'esprit de la langue.

Je me trouvais un jour pour la première fois chez madame la présidente de N***, quand son neveu, brillant colifichet, arriva : elle me présenta en lui disant mon nom et ma patrie.

— Comment donc, monsieur, vous êtes Italien ? Par ma foi, vous vous présentez si bien, que j'aurais gagé que vous étiez Français.

— Monsieur, en vous voyant, j'ai couru le même risque; j'aurai gagé que vous étiez Italien.

J'étais à dîner chez Lady Lambert avec nombreuse et brillante compagnie[1]. On vint à observer une cornaline

---

[1] Marie Lenieps, épouse de Jean-François Lambert, chevalier, baron anglais et banquier, rue de Bourbon-Saint-Germain. Elle était âgée d'environ trente-quatre ans « Grande, ragoûtante, mais point jolie » et faisait des parties au Pont-au-choux avec le curé de Viroflay et les commis de son mari (ARSENAL. *Bastille*, 10234, *cahiers de Meusnier*, 19 *Mai* 1751). Elle mourut le 17 avril 1762. (ARCH. NAT. *Scellés* Y 12662).

que j'avais au doigt, sur laquelle était gravée, avec beaucoup d'art, la tête de Louis XV. Ma bague fait le tour de la table, et chacun trouve la ressemblance frappante.

Une jeune marquise, qui passait pour pétiller d'esprit, me dit de l'air le plus sérieux :

— Est-ce vraiment une antique ?

— La pierre, madame, sans doute.

Tout le monde rit, excepté l'aimable étourdie, qui n'y fit pas attention. Au dessert, on parla du rhinocéros qu'on montrait pour vingt-quatre sous, à la foire Saint-Germain.

— Allons le voir ! allons le voir ! ([1]).

Nous montons en voiture, et nous arrivons. Nous faisons plusieurs tours dans les allées pour trouver l'endroit. J'étais le seul cavalier ; je protégeais deux dames contre la foule, et la spirituelle marquise nous précédait. Au bout de l'allée où l'on avait dit que se trouvait l'animal, il y avait un homme assis pour recevoir l'argent. Il est vrai que cet homme, vêtu à l'africaine, était basané et d'une grosseur énorme ; mais néanmoins il avait forme humaine et très-masculine, et la belle marquise n'aurait pas dû s'y méprendre. Cependant l'étourdie va droit à lui, et :

— Est-ce vous, monsieur, le rhinocéros ?

— Entrez, madame, entrez.

Nous étouffons de rire ; et la marquise, en voyant

---

[1] La foire Saint-Germain se tenait sur l'emplacement du marché Saint-Germain. Elle ouvrait ses portes à partir du 2 février jusqu'au dimanche des Rameaux.

L'exhibition d'un rhinocéros avait fait courir tout Paris à la foire Saint-Germain quelques années auparavant. Ce phénomène jouissait d'une telle vogue que le forain ne voulut pas en priver le public même après sa mort. Le monstrueux animal fut empaillé et comme de son vivant on se pressa pour l'aller voir. C'est dans cet état qu'il figurait à la foire Saint-Germain de l'année 1750 (*La Bigarrure*, 7 mai 1750).

On se coiffait à la rhinocéros avec une plume légère à l'avant, imitant la corne relevée, un ruban derrière figurait la queue « frétillante du monstre ». On publia aussi : *Le Rhinocéros*, poème en prose, divisé en six chants par Mlle de ***, 1750, in-8.

l'animal, se crut obligée de faire des excuses au maître en l'assurant que de sa vie elle n'avait vu de rhinocéros, et que par conséquent, il ne devait pas s'offenser si elle s'était trompée.

Un jour, étant au foyer de la Comédie-Italienne, où, pendant les entr'actes, les plus grands seigneurs viennent pour causer et s'amuser avec les actrices qui s'y tiennent assises en attendant leur tour dans les rôles qu'elles jouent, j'étais assis près de Camille, sœur de Coraline, que je faisais rire en lui contant fleurette. Un jeune conseiller, qui trouvais mauvais que je l'occupasse, suffisant dans ses propos, m'attaqua sur une idée que j'exprimais d'une pièce italienne, et se permit de montrer sa mauvaise humeur en critiquant ma nation. Je lui répondais de bricole en regardant Camille qui riait et la compagnie qui faisait cercle, attentive à l'assaut qui, jusque-là, n'étant que de l'esprit, n'avait rien de désagréable. Mais il parut vouloir devenir sérieux lorsque le petit-maître, faisant tourner le discours sur la police de la ville, dit que depuis quelque temps il était dangereux d'aller à pied la nuit dans les rues de Paris.

— Dans le courant du mois passé, ajouta-t-il, la place de Grève a vu sept pendus, parmi lesquels il y avait cinq Italiens. C'est étonnant.

— Rien d'étonnant à cela, repris-je, car les honnêtes gens vont se faire pendre loin de leur pays; et pour preuve de cela, soixante Français furent pendus dans le courant de l'année dernière entre Naples, Rome et Venise. Ainsi, cinq fois douze font soixante, et vous voyez que ce n'est qu'un troc.

Les rieurs furent pour moi, et le beau conseiller partit un peu confus. Un des assistants, qui trouva ma réplique bonne, s'approcha de Camille, et lui demanda à l'oreille qui j'étais. Voilà la connaissance faite. C'était M. de Marigni, que je fus enchanté de connaître, à cause de mon frère que j'attendais de jour en jour. M. de Marigni, était surintendant des bâtiments du roi, et l'Académie de peinture dépendait de lui (¹). Je lui en parlai, et il me promit gracieusement de le protéger. Un autre seigneur, ayant lié conversation avec moi, me pria de l'aller voir : c'était le duc de Matalone (²).

Je lui dis que je l'avais vu enfant à Naples huit ans auparavant, et que j'avais de grandes obligations à son oncle don Lélio. Le jeune duc en fut enchanté, et nous devînmes intimes.

Mon frère arriva à Paris au printemps de 1751, et vint loger avec moi chez Mme Quinson. Il commença à travailler avec succès pour des particuliers; mais sa principale idée étant de faire un tableau pour le livrer au jugement de l'Académie, je le présentai à M. de Marigni, qui l'accueillit avec distinction, et l'encouragea en lui promettant sa protection. En conséquence il se mit à l'étude, qu'il suivit avec beaucoup de soin (³).

(1) Abel-François Poisson, né à Paris en 1725, avait été créé, par la toute puissance de sa sœur, Madame de Pompadour, tour à tour, marquis de Vandières, marquis de Marigny, marquis de Ménars, comte de Mouthiers, vicomte de Clignon, etc..., il adopta le nom de marquis de Marigny à la mort de M. de Tournehem qu'il remplaça à la surintendance des bâtiments en novembre 1751, et dont il avait déjà la survivance depuis 1747.

(2) Le duc de Matalone, seigneur napolitain, était un jeune homme de vingt-quatre ans environ. Il achevait son éducation à l'académie de Jouan, rue des Canettes, où il était en pension (ARSENAL. *Bastille*, 10242, f. 298-299). Façonné aux mœurs parisiennes, il regagna son pays, mais non sans venir faire de longs séjours à Paris. En 1755, il y reviendra pour un an et prendra, à ses gages, une danseuse de l'opéra, Mlle Dumirey, moyennant 800 livres par mois (id. 10236, f. 211).

(3) François-Joseph Casanova était né à Londres le 1er juin 1727. (JAL. *Dictionnaire Critique*). Il fut élevé à Venise où il reçut une éducation distinguée et il entra dans l'atelier de Guardi, où il apprit les premiers éléments du dessin, qu'il continua en 1743 à l'école de M. Joli, le célèbre peintre en décors. Se sentant les dispositions pour acquérir un nom dans l'art, il poursuivit ses études chez Simonelli, dit le Parmesan, qui lui indiqua sa véritable voie. Pendant le séjour qu'il fera à Paris en 1751, il travaillera chez Parrocel. (C. DE BEAULIEU. *Les Grands artistes du XVIIIe siècle*. Paris, s. d., in-8, p. 472.)

M. de Morosini, ayant terminé son ambassade, était retourné à Venise, et M. de Mocenigo était venu le remplacer. Je lui étais recommandé par M. de Bragadin, et il m'ouvrit sa maison, ainsi qu'à mon frère, se trouvant intéressé à le protéger en qualité de Vénitien et de jeune artiste qui cherchait à faire fortune par le moyen de son talent.

M. de Mocenigo était d'un caractère fort doux; il aimait le jeu, et il perdait toujours : il aimait les femmes et il était malheureux, parce qu'il ne savait pas s'y prendre. Deux ans après son arrivée à Paris, il devint amoureux de Mme de Colande, et n'ayant pu s'en faire aimer, il se tua [1].

Mme la dauphine accoucha du duc de Bourgogne, et les réjouissances qui eurent lieu à cette occasion me paraissent incroyables aujourd'hui en voyant ce que cette même nation fait contre son roi [2]. La nation veut se rendre libre;

[1] Le chevalier Louis Mocenigo, eut sa première audience le 30 novembre 1751, il remplaçait M. de Morosini et logea au même endroit que son prédécesseur. (*Journal de Verdun*, janvier 1752, p. 65. *Almanach Royal*, 1753). C'était alors un homme de quarante ans qui se familiarisa vite à la vie parisienne, et en goûta les charmes représentés par les femmes jolies et aimées plus qu'en nul autre pays.

En septembre 1752, il avait raison de la vertueuse et encore pucelle Virginie, âgée de 18 printemps dont il vainquit toutes les résistances physiques et morales. Lancée par l'ambassadeur, Mlle Virginie eut sa place dans le monde galant ; on la surnomma *Torticolis*. Après cet exploit M. Mocenigo, fréquenta quelque temps Mlle Pelissier, fort à la mode, puis Mlle Ponchon, danseuse à l'Opéra, qu'il voyait dans une petite maison de la barrière du Roule, sur le chemin de Neuilly, il s'y rendait en fiacre et y couchait. (ARSENAL. *Archives de la Bastille*, 10237, f° 246, 259 ; 10238 f° 13 V°, 63, 63 V°.) Après Mlle Ponchon, ou peut être en même temps, il acquit les faveurs d'une autre danseuse Mlle Coupée, faveurs qui lui coûtaient assez cher, et celles plus discrètes de Mme de Colande.

Dans les premiers jour de juin 1756, en rentrant chez lui le soir, il tomba de sa hauteur sur les marches de l'escalier et se fendit la tête. Il languit quelques jours, sans cependant oublier Mlle Coupée à qui il envoya 3,000 livres. Enfin il mourut le 12 juin et fut enterré le lendemain à Saint-Sulpice. ARSENAL. *Archives de la Bastille*, 10234 ; *Cahiers de Meusnier. Journal de Verdun*, juillet, 1756, p. 80.)

[2] Louis-Joseph-Xavier de France, né le 13 septembre 1751. (DUSSIEUX. *Généalogie des Bourbons*, 1872, in-8, p. 112.)

son ambition est noble, car l'homme n'est pas fait pour être esclave de la volonté d'un autre homme, mais chez une nation populeuse, grande, spirituelle et légère, que deviendra cette révolution ? C'est au temps à nous l'apprendre.

Le duc de Matalone me fit faire connaissance avec les princes don Marc-Antoine et don Jean-Baptiste Borghèse ([1]), romains qui se divertissaient à Paris, où ils vivaient sans faste. J'eus occasion de remarquer que, lorsque ces princes romains étaient présentés à la cour de France, on ne leur donnait que le titre de marquis. On refusait de même le titre de prince aux princes russes qui se faisaient présenter à la cour : on les appelait *knees*, et cela leur était égal, puisque ce mot veut dire prince. La cour de France fut toujours sottement minutieuse sur l'article des titres. On était avare et on l'est encore du simple titre de monsieur, qui d'ailleurs court les rues : on disait *sieur* à toute personne qui n'était pas titrée. J'ai observé que le roi n'appelait ses évêques que par leur nom d'abbé, quoique ces messieurs tiennent fort à leurs titres. Il affectait aussi de ne connaître aucun seigneur de son royaume lorsque son nom n'était pas inscrit au nombre de ceux qui le servaient.

La hauteur de Louis XV cependant n'était que celle qu'on lui avait inculquée dans son éducation ; elle ne lui était pas naturelle. Lorsqu'un ambassadeur lui présentait quelqu'un, le présenté se retirait avec la certitude que le roi l'avait vu ; mais c'était tout. Du reste le roi était fort poli, et surtout envers les dames, même vis-à-vis de ses

---

[1] Madame de Pompadour écrit à son frère le 19 octobre 1750 :
« Les deux princes de Borghèse m'ont été présentés hier, mon cher frère ; je leur ay fait beaucoup de politesses, les ay remerciés de toutes celles que la princesse leur mère a eu pour nous, et prié de lui en marquer sa reconnoissance. Je crois qu'on ne peut mieux faire ; ils ne savent pas un mot de françois, cela rend la conversation difficile, comme bien croyés. » (*Collection Morisson*, 1891, in-fol. p. 178.)

maîtresses en public. Ils disgraciait quiconque osait leur manquer le moins du monde, et personne ne possédait mieux que lui la grande vertu royale qu'on nomme dissimulation. Gardien fidèle d'un secret, il était enchanté quand il se croyait sûr que personne que lui ne le savait.

Le chevalier d'Éon en est un petit exemple ; car le roi seul savait et avait toujours su que c'était une femme, et toute la querelle que ce faux chevalier eut avec le bureau des affaires étrangères fut une comédie que le roi laissa aller jusqu'à sa fin pour s'en divertir (¹).

Louis XV était grand en tout, et il aurait été sans défauts si la flatterie ne l'eût forcé d'en avoir. Mais comment aurait-il pu s'en reconnaître quand on lui répétait chaque jour qu'il était le meilleur des rois ? Or, roi, dans l'idée qu'on lui avait donnée de lui-même, était quelque chose d'une nature trop au-dessus de la simple humanité pour qu'il ne fût pas autorisé à se croire une espèce de dieu. Triste destinée des rois ! De vils flatteurs font constamment tout ce qu'il faut pour les réduire au-dessous de la condition d'homme.

La princesse d'Ardore accoucha dans ce temps-là d'un jeune prince. Son mari, qui était ambassadeur de Naples, désira que Louis XV en fût le parrain, et le roi y consentit. Il fit cadeau à son filleul d'un régiment ; mais la

---

(1) Charles Geneviève d'Eon de Beaumont, né le 17 octobre 1727, mourut en Angleterre le 21 mai 1810.

Ici Casanova fait erreur. Il est vrai qu'il n'a connu que la légende. Le mystère qui avait si fort intrigué la France et l'Angleterre cessa après la mort du chevalier d'Eon, reconnu alors du sexe masculin. Le médecin chargé de l'autopsie du chevalier rédigea le certificat suivant :

« Je certifie par la présente que j'ai inspecté et disséqué le corps du chevalier d'Eon, en présence de M. Adair, M. Wilson et du père Elysée, et que j'ai trouvé les organes mâles à tous points de vue parfaitement conformés.

« *Signé :* COPELAN, chirurgien,
« le 23 mai 1810, Golden-Square. »

(LETAINTURIER-FRADIN. *La Chevalière d'Eon*, 1901, in-12, p. 367.)

mère, qui n'aimait pas le militaire, n'en voulut point. M. le maréchal de Richelieu m'a dit qu'il n'avait jamais vu le roi rire de si bon cœur qu'en apprenant ce singulier refus (¹).

Je connus chez la duchesse de Fulvie (²) Mlle Gaucher, qu'on appelait Lolotte. Elle était maîtresse de lord Albemarle, ambassadeur d'Angleterre, homme d'esprit, très-noble et très-généreux. Il se plaignit un soir à son amie de ce qu'elle louait la beauté des étoiles qui brillaient au firmament tandis qu'elle savait qu'il ne pouvait pas lui en faire présent. Si lord Albemarle avait été ministre en France lors de la rupture entre la France et l'Angleterre, il aurait tout accommodé, et la malheureuse guerre qui fit perdre à la France tout le Canada n'aurait pas eu lieu. Il n'est pas douteux que la bonne harmonie entre deux nations ne dépende le plus souvent des ministres respectifs qu'elles tiennent auprès des cours qui sont dans le cas ou dans le danger de se brouiller.

Quant à la maîtresse de ce noble lord, il n'y avait qu'un sentiment sur son compte. Elle avait toutes les qualités pour devenir sa femme ; et les premières maisons de France n'ont pas trouvé que le titre de milady Albemarle lui fut nécessaire pour l'accueillir avec distinction, et aucune dame n'était choquée de la voir assise à son côté, quoiqu'on sût qu'elle n'avait point d'autre titre que celui de maîtresse du lord. Elle était passée des bras de sa mère dans ceux de lord Albemarle à l'âge de treize ans, et sa conduite fut toujours respectable. Elle eut des enfants que

---

(1) Don Jacques-François Milano, prince d'Ardore, ambassadeur du roi des Deux-Siciles, arrivé à Paris le 27 juin 1741, retourna à Naples en 1753. (*Journal de Verdun*). Il eut un fils qui fut tenu le 2 septembre 1742 sur les fonds de baptême par le roi et la reine, et reçut les prénoms de Louis-Marie. Je n'ai pas trouvé trace d'une autre naissance pendant le voyage de Casanova.

(2) Est-ce Mme Orry de Fulvy, femme de l'intendant des finances ?

milord reconnut, et elle mourut comtesse d'Érouville. Je parlerai d'elle plus tard (¹).

J'eus également l'occasion de faire la connaissance chez M. de Mocenigo d'une dame vénitienne, veuve du chevalier Winne, Anglais. Elle venait de Londres avec ses enfants, et elle avait dû y aller pour leur assurer l'héritage de feu son époux, auquel ils auraient perdu leur droit s'ils ne s'étaient pas déclarés de la religion anglicane. Elle retournait à Venise, contente de son voyage. Elle avait avec elle sa fille aînée, jeune personne de douze ans, qui, malgré sa jeunesse, portait sur son beau visage tous les caractères de la perfection. Elle vit aujourd'hui à Venise, veuve du comte de Rosenberg, mort à Venise, ambassadeur de l'impératrice-reine Marie-Thérèse. Elle y brille par sa sage conduite et par toutes les vertus sociales dont

---

(1) Guillaume-Anne, comte d'Albemarle, né en 1702, avait été marié le 4 mars 1723 à Anne Lenox, fille du duc de Richmond. Il fut nommé ambassadeur à la cour de France en 1749. *(Journal de Verdun).*
Louise Gaucher était la fille naturelle d'un comédien de la troupe de Strasbourg, à qui il ne manquait pour avoir du talent que « la mémoire, le geste et la figure, hors cela il n'est pas absolument mauvais. » Parti pour le compte de la Compagnie des Indes au Mississipi avec sa maîtresse, cette dernière accoucha à Léogane d'une fille qui plus tard fut mariée à Prin, comédien de Strasbourg et d'une autre fille qu'elle nomma Louise. Gaucher revint en France avec ses enfants, et Louise rencontra milord Albemarle qui avait « tout l'extérieur d'un français et tout l'intérieur d'un anglais. » *(Correspondance du marquis d'Eguilles; Revue Rétrospective,* 1885, II, p. 147) Elle s'attacha à l'insulaire qui l'avait eu toute jeune et qui l'aimait. Elle le suivit à l'armée quand il fit campagne en qualité de lieutenant-général et revint à Paris, quand M. d'Albemarle y fut appelé comme ambassadeur. Il logeait rue Saint-Dominique, hôtel d'Auvergne et Louise Gaucher, que ses intimes connaissaient sous le nom de Lolotte, habitait rue Mazarine, hôtel de Montmorency sous le nom de Mlle Flomen Gaucher, anglaise. En 1750, Mlle Lolotte était une fille de trois pouces plus haute que les grandes femmes, bien faite, aux cheveux noir-geai, aux beaux yeux, à la figure spirituelle et jolie, sachant plusieurs langues, chantant bien et âgée de vingt-quatre ans. Elle était constante en amour et faisait le bonheur de son amant. En 1752, ils louèrent une petite maison à Passy où la grande distraction de Mlle Lolotte était de monter à cheval dès cinq heures du matin, et de se promener pendant deux ou trois heures. Un funeste événement vint rompre ce bonheur qui semblait solidement assis. Le samedi, 21 décembre 1754, milord

elle est ornée. Personne ne lui trouve que le seul défaut de n'être pas riche ; mais elle ne s'en aperçoit que par la nécessité où elle se trouve de ne point faire tout le bien qu'elle voudrait.

Le lecteur verra, dans le chapitre suivant, comment j'eus un petit démêlé avec la justice française.

Albemarle après avoir dîné tête-à-tête avec sa maîtresse, se sentit incommodé Malgré ce malaise, il tint à retourner à son hôtel rue Saint-Dominique le soir même. Pendant le trajet le mal empira, et c'est sans connaissance qu'il fut porté dans son appartement. Les saignées furent vaines et le lendemain il expirait.

Lolotte resta quelque temps inconsolable de la perte de son amant, elle parlait de se retirer au couvent de Saint-Chaumont, rue Saint-Denis, puis le temps fit son œuvre. L'année suivante elle eut une aventure avec son riche voisin de Passy, M. de La Popelinière et l'année d'après, M. de La Borde, fils du fermier-général l'installa rue des Petits-Augustins. (ARSENAL. *Archives de la Bastille,* 10328, f° 455-478.) Enfin en 1757, Mlle Louise Gaucher épousa Antoine Ricouart, comte d'Hérouville, commandant de la province de Guyenne. Ils eurent une fille Louise-Claire, née le 15 mars 1759.

Lolotte, devenue comtesse d'Hérouville, mourut le 9 juillet 1765. Comme il n'avait pas de descendant mâle, le comte se remaria en 1766 avec Catherine-Julie d'Arot. (LA CHESNAYE-DESBOIS. *Dictionnaire de la noblesse.*)

CHAPITRE III.

Mon affaire avec la justice parisienne. — Mlle Vesian.

La fille cadette de mon hôtesse, Mlle Quinson, jeune personne de quinze à seize ans, venait souvent chez moi sans y être appelée. Je ne fus pas longtemps à m'apercevoir qu'elle m'aimait; et je me serais trouvé ridicule si je m'étais avisé de faire le cruel avec une brune piquante, vive, aimable, et qui avait une voix ravissante.

Pendant les quatre ou cinq premiers mois, il n'y eut entre elle et moi que des badinages d'enfant; mais une nuit, étant rentré fort tard et l'ayant trouvée profondément endormie sur mon lit, je ne crus pas devoir l'éveiller, et, m'étant déshabillé, je me suis mis à côté d'elle. Elle me quitta à la pointe du jour [1].

---

[1] Là encore il faut reconnaître la sincérité de Casanova. Il posséda en effet Mlle Quinson qui n'avait que quatorze ans environ, et il ne se vante pas, malgré la jeunesse de sa conquête, d'avoir été son initiateur, cependant il en est soupçonné. Quelques années plus tard, Mlle Quinson était actrice à l'Opéra-Comique, et l'inspecteur de police Meusnier rédigeait sur elle les fiches suivantes qui racontent son histoire depuis l'aventure galante de Casanova, jusqu'en 1756.

« 24 *avril* 1754. — La demoiselle Quinson, actrice à l'Opéra-Comique, demeure rue des Boucheries, faubourg Saint-Germain, chez Guillot, à l'hôtel d'Hambourg, en chambre garnie. Elle est de Paris, fille d'un nommé Quinson, violon à la Comédie-Italienne, mort il y a longtemps. Petite, bien faite, âgée de dix-huit à dix-neuf ans, cheveux châtains, grande bouche, marquée de la petite vérole, point jolie. Sa mère tenoit chambre garnie il y a sept à huit mois, rue Mauconseil, près le commissaire Grimperel, où est présentement l'hôtel d'Aqui-

Il n'y avait pas trois heures que Mimi m'avait quitté, quand une marchande de modes vint avec une fille charmante me demander à déjeuner. Je trouvais la jeune fille bien digne d'un déjeuner ; mais ayant besoin de repos, après m'être entretenu une heure avec elles, je les priai de sortir. Comme elles s'en allaient, voilà Mme Quinson qui entre avec sa fille pour faire mon lit. Je passe ma robe de chambre, et je me mets à écrire.

— Ah ! les vilaines drôlesses ! s'écrie la mère.

— A qui en avez-vous, madame ?

— L'énigme n'est pas très obscure, monsieur : voilà ces draps abîmés.

— J'en suis fâché, ma chère dame ; mais changez-les, et le mal sera réparé.

Elle sort en grommelant des menaces :

— Si jamais elles y reviennent, elles verront beau jeu.

Mimi étant restée seule avec moi, je lui fais des reproches sur son imprudence. Elle me répond en riant que

---

taine. Actuellement cette femme demeure rue Poissonnière, chez un fruitier, au second, vis-à-vis la rue Beauregard, avec ses deux autres filles ; l'aînée qui est laide et bête, et la cadette, âgée de douze à treize ans, qui promet déjà quelque chose. On assure que la mère vit depuis sept à huit ans avec un abbé qui prend ses repas chez elle, outre cela, elle revend et prête sur gages.

Dès l'âge de treize ans, la demoiselle Quinson, dont il s'agit icy, dut avoir été débauchée par un nommé Thiebault pour le sieur Cazanove, mais on doute qu'il en ait eu les gants. C'est le même qui devoit épouser la demoiselle Beauchamps. [Est-ce une fille du receveur Beauchamps chez qui Casanova fréquentait ? voir p. 26]. Ensuite elle entra, à titre de pensionnaire, chez la demoiselle Faudoise, rue des Fossés-Saint-Germain-l'Auxerrois, et de là chez la Regnault à la barrière Sainte-Anne où elle porta le nom de Désirée. La Regnault, remboursa 80 livres à la Faudoise pour une chaudep.... que cette fille avoit eue chez elle. A l'époque de la retraite de la Regnault, environ deux ans, la demoiselle Quinson résolut de se mettre à travailler à ses frais. Pour cet effet elle vint demeurer rue Saint-André-des-Arts, à l'hôtel de Bretagne et de là rue de la Comédie-Française chez un nommé Gallois.

C'est dans ce dernier domicile que faisant des vacations en ville, elle fit la connaissance du sieur Schmitt, allemand, jeune homme de vingt-cinq à vingt-six ans, logé rue Dauphine, à l'hôtel de Flandres, qui lui

l'Amour avait envoyé ces femmes pour protéger l'innocence. Depuis ce jour Mimi ne se gêna plus; elle venait partager ma couche quand l'envie lui en prenait, à moins que je ne la renvoyasse, et le matin elle regagnait facilement sa chambre. Mais, au bout de quatre mois, cette belle m'annonça que notre secret serait bientôt dévoilé. J'en suis fâché, lui dis-je; mais je ne saurais qu'y faire.

— Il faut penser à quelque chose.
— Penses-y.
— A quoi veux-tu que je pense? Arrive que pourra : le parti que je prends est de n'y point penser.

Vers le sixième mois, sa rotondité devint si forte que sa mère, ne pouvant plus douter du fait, se mit en fureur, et à force de coups elle l'obligea à déclarer le père. Mimi me nomma, et peut-être ne mentit-elle pas.

Riche de cette découverte, Mme Quinson vient chez moi comme une furie. Elle se jette dans un fauteuil, et, après

donna 300 livres par mois. Cette union se soutint pendant sept à huit mois, au bout desquels ayant été obligé d'aller dans sa patrie au commencement de novembre, elle se trouva veuve ce qui la mit dans la nécessité de retourner en ville et de recevoir quelques amis, jusqu'au tems de l'ouverture de la foire Saint-Germain dernière qu'elle fut reçue à l'Opéra-Comique, en qualité de danseuse dans les ballets. Alors pour suppléer à la médiocrité de ses appointemens, il n'étoit pas rare qu'elle n'amena tous les soirs quelqu'un à souper chez elle. Le prince de Monaco, entre autres, y est venu cinq à six fois et lui a donné chaque fois quatre louis. C'est ainsi qu'elle a passé le tems à l'épaule (?) jusqu'au retour du sieur Schmitt qui est icy depuis environ trois semaines et qui a repris avec elle, aux mêmes clauses, le précédent bail. Le sieur Schmitt a un carrosse de remise au mois et deux domestiques. »

Deux ans après ce dernier écho :

« 27 *mai* 1756. — Depuis environ deux mois la demoiselle Quinson, danseuse à l'Opéra-Comique, a débarqué la demoiselle Riquette en lui enlevant M. Danthieur, fermier du prince de Conty et du grand prieuré de France demeurant au Temple. Il lui a loué en meublé une petite maison neuve, passé la barrière du Temple, presque vis-à-vis la Payen, où il vient régulièrement la voir tous les jours.

Le sieur Danthieur est de Nerac, où il étoit juge. On le dit veuf et propriétaire de sept à huit enfans. » (ARSENAL. *Archives de la Bastille*. 10237, doss. Quinso.. *Cf.* G. CAPON. *Les maisons closes au XVIIIe s*. 1903, in-8).

avoir repris haleine, elle me chargea d'injures et finit par me signifier qu'il fallait que j'épousasse sa fille. A cette intimation, sachant de quoi il s'agit et voulant couper court, je lui dis que j'étais marié en Italie.

— Eh! pourquoi donc êtes-vous allé faire un enfant à ma fille?

— Je vous assure que je n'ai pas eu cette intention. Mais d'ailleurs qui vous a dit que ce soit moi qui l'ai fait?

— Elle-même, monsieur, et elle en est sûre.

— Je lui en fais mon compliment; mais moi, madame, je vous certifie que je suis tout prêt à jurer que je n'en suis pas sûr.

— Ainsi donc?

— Ainsi rien. Si elle est grosse, elle accouchera.

Elle descend en proférant des malédictions et des menaces, et le lendemain je fus cité devant le commissaire du quartier (¹). Je me rends à la citation et j'y trouve la dame Quinson armée de toutes pièces. Le commissaire, après les questions préliminaires en usage dans la chicane, me demanda si je convenais d'avoir fait à la fille Quinson l'injure dont la mère, présente, se plaignait.

— Monsieur le commissaire, veuillez, je vous prie, écrire mot pour mot la réponse que je vais vous faire.

— Fort bien.

— Je n'ai fait aucune injure à Mimi, fille de la plaignante, et je m'en rapporte à la fille elle-même, qui a toujours eu pour moi autant d'amitié que j'en ai pour elle.

— Elle déclare être enceinte de vous.

— Cela est possible, mais ce n'est pas sûr.

---

(1) C'était le commissaire Grimperel; mais j'ai vainement consulté les liasses de ses procès-verbaux, je n'ai pas trouvé trace de la plainte de Mme Quinson, non plus que de l'information qui dut suivre. Les archives du lieutenant criminel auraient pu combler cette lacune, par malheur elles sont incomplètes jusqu'en 1760.

— Elle dit que c'est certain, puisqu'elle assure n'avoir vu aucun autre homme que vous.

— Si cela est vrai, elle est malheureuse; car sur ce point un homme ne peut en croire d'autre femme que la sienne.

— Que lui avez-vous donné pour la séduire?

— Rien, car loin de l'avoir séduite, je l'ai été par elle; et nous nous trouvâmes d'accord dans l'instant, car je suis facile à séduire par une jolie femme.

— Etait-elle intacte?

— Je n'en ai été curieux ni avant ni après; ainsi, monsieur, je n'en sais rien.

— Sa mère vous demande une satisfaction et la loi vous condamne.

— Je n'ai aucune satisfaction à donner à la mère; et pour ce qui est de la loi, je m'y soumettrai lorsqu'on me l'aura fait connaître et qu'on m'aura convaincu que je l'ai enfreinte.

— Vous en êtes déjà convaincu; car trouvez-vous qu'un homme qui fait un enfant à une fille honnête dans une maison où il est habitué ne viole pas les lois de la société?

— J'en conviens lorsque la mère se trouve trompée; mais lorsque cette même mère envoie sa fille dans la chambre d'un jeune homme, ne doit-on pas la juger disposée à souffrir en paix tous les accidents qui peuvent en être la suite?

— Elle ne vous l'a envoyée que pour qu'elle vous servît.

— Aussi m'a-t-elle servi comme je l'ai servie; et si elle me l'envoie ce soir et que cela convienne à Mimi, je la servirai de mon mieux; mais rien par force ni hors de ma chambre, dont j'ai toujours payé le loyer avec exactitude.

— Vous direz ce que vous voudrez, mais vous payerez l'amende.

— Je ne dirai que ce que je croirai juste et je ne payerai rien; car il n'est pas possible qu'il y ait une amende à payer là où il n'y a nulle violation de droit. Si l'on me condamne, je réclamerai jusqu'en dernier ressort et jusqu'à ce que l'équité me rende justice; car, monsieur, je sais que, tel que je suis, je n'aurai jamais ni la maladresse ni la lâcheté de refuser mes caresses à une jolie femme qui me plaira et qui viendra les provoquer dans ma propre chambre, et surtout quand je me croirai sûr qu'elle y vient du consentement de sa mère.

Je signai l'interrogatoire après l'avoir préalablement lu, ensuite je sortis. Le lendemain, le lieutenant de police me fit appeler, et après m'avoir entendu, ainsi que la mère et la fille, il me renvoya absous, et condamna la mère à à payer les frais. Cela ne m'empêcha pas de céder aux larmes de Mimi pour défrayer sa mère pendant ses couches. Elle eut un garçon que l'on envoya à l'Hôtel-Dieu, au profit de la nation. Mimi s'enfuit bientôt de la maison maternelle pour monter sur les tréteaux du théâtre de la foire Saint-Laurent. N'étant point connue, elle n'eut pas de peine à trouver un amant qui la prit pour vierge. Je la trouvai très jolie.

— Je ne savais pas, lui-dis-je, que tu fusses musicienne,
— Je le suis comme toutes mes camarades, dont aucune ne connaît une note de musique. Les filles de l'Opéra n'en connaissent guère plus, et malgré ça, avec la voix et du goût, on chante à ravir.

Je l'invitai à donner à souper à Patu, qui la trouva charmante. Elle finit mal et disparut.

Les Italiens obtinrent dans ce temps-là la permission de donner sur leur théâtre des parodies d'opéras et de tragédies. Je connus à ce théâtre la célèbre Chantilly ([1]), qui

([1]) Marie-Justine-Benoite Cabaret du Ronceray, née à Avignon, le 15 juin 1727, débuta à l'Opéra-Comique, en 1745, sous le nom de Chantilly. Elle épousa Charles-Simon Favart, le 12 décembre de cette même année. Madame Favart mourut le 21 avril 1772, à quatre heures du matin (GABRIEL LETAINTURIER. *Les Amours de Mme Favart*, 1906, in-12).

avait été maîtresse du maréchal de Saxe, et qu'on appelait Favart, parce que le poète de ce nom l'avait épousée. Elle chanta dans la parodie de *Tétis et Pélée*, de M. de Fontenelle, le rôle de Tonton au milieu du bruit des applaudissements. Elle rendit amoureux de ses grâces et de son talent un homme du plus grand mérite, l'abbé de Voisenon, avec lequel je fis une connaissance aussi intime qu'avec Crébillon (1). Tous les ouvrages de ce théâtre qui passent pour être de Mme Favart, et qui en portent le nom, sont de ce célèbre abbé qui fut élu membre de l'Académie après mon départ de Paris. Je cultivai une connaissance que je savais apprécier, et il m'honora de son amitié. Ce fut de moi que l'abbé de Voisenon conçut l'idée de faire des oratoires en vers : ils furent chantés pour la première fois aux Tuileries les jours où les théâtres sont fermés pour cause de religion (2). Cet aimable abbé, auteur secret de plusieurs comédies, avait une petite santé attachée à un très-petit corps : il était tout esprit et gentillesse, et fameux par ses bons mots saillants, tranchants, et qui pourtant n'offensaient personne. Il était impossible qu'il eût des ennemis, car sa critique glissait à fleur de peau. Un jour qu'il venait de Versailles, lui ayant demandé ce qu'il y avait de nouveau :

— Le roi bâille, me dit-il, parce qu'il doit venir demain au Parlement pour y tenir un lit de justice.

— Pourquoi appelle-t-on cela un lit de justice ?

— Je n'en sais rien, si ce n'est parce que la justice y dort.

J'ai retrouvé le vivant portrait de cet illustre écrivain à Prague, dans la personne de M. le comte François

---

(1) Claude-Henri Fuzée de Voisenon, né à Paris le 1er juillet 1708, mort à Voisenon, près de Melun, le 22 novembre 1775.

(2) Le Concert spirituel avait lieu dans la salle des Cent Suisses, aux Tuileries. On commençait à 5 heures, le prix des places était : 6 livres aux loges ; 4 livres à la galerie et 3 livres aux autres places (DE JEZE. *Etat de Paris*, 1757, in-8).

Hardig, actuellement ministre plénipotentiaire de l'empereur à la cour de Saxe.

L'abbé de Voisenon me présenta à Fontenelle, qui avait alors quatre-vingt-treize ans. Bel esprit, savant aimable, physicien profond, fameux par ses bons mots, Fontenelle ne savait pas faire un compliment sans l'animer d'esprit et d'obligeance (¹). Je lui dis que je venais d'Italie exprès pour le voir.

— Avouez, monsieur, me dit-il, que vous vous êtes fait attendre bien longtemps.

Répartie à la fois obligeante et critique, qui relevait d'une manière spirituelle et délicate le mensonge de mon compliment. Il me fit présent de ses ouvrages, et il me demanda si je goûtais les spectacles français : je lui dis que j'avais vu à l'Opéra, *Thétis et Pelée*. Cette pièce est de lui ; et lorsque je lui en eus fait l'éloge, il me répondit que c'était une *tête pelée*.

— J'étais hier aux Français, on donnait *Athalie*.

— C'est le chef-d'œuvre de Racine, monsieur ; et Voltaire a eu tort de m'accuser de l'avoir critiquée en m'attribuant une épigramme dont personne n'a jamais connu l'auteur et qui finit par deux très mauvais vers :

> Pour avoir fait pis qu'Esther,
> Comment diable as-tu pu faire ?

J'ai entendu dire que M. de Fontenelle avait été le tendre ami de Mme de Tencin, que M. d'Alembert était le fruit de leur intimité, et que Le Rond n'avait été que son père nourricier (²). J'ai connu d'Alembert chez Mme de

---

(1) Bernard le Bovier de Fontenelle était né le 11 février 1657. On ne peut citer aucune femme qui ait su lui inspirer de l'amour ; à quelqu'un qui lui demandait s'il avait jamais eu l'envie de se marier, il répondit : « Quelquefois, le matin... » (*Correspondance de Grimm*, éd. Tourneux, note, III p. 345).

(2) On a dit aussi que d'Alembert était le fils naturel de M. Destouches, commissaire de l'artillerie et de Mme de Tencin. Si le nom du père varie, celui de la mère est toujours le même. Ce qu'il y a de

86   CHAPITRE III

Graffigni. Ce grand philosophe avait le secret de ne jamais paraître savant lorsqu'il se trouvait en société de personnes aimables qui n'avaient point de prétention au savoir et aux sciences, et il avait l'art de donner de l'esprit à ceux qui raisonnaient avec lui.

La seconde fois que je revins à Paris, après ma fuite des Plombs, je me faisais une fête de revoir l'aimable et vénérable Fontenelle ; mais il mourut quinze jours après mon arrivée, au commencement de 1757 ([1]).

La troisième fois que je retournai à Paris, avec l'intention d'y finir mes jours, je comptais sur l'amitié de M. d'Alembert ; mais il mourut comme Fontenelle, quinze jours après mon arrivée, vers la fin de 1783. Aujourd'hui je sens que j'ai vu Paris et la France pour la dernière fois. L'effervescence populaire m'a dégoûté et je suis trop vieux pour en espérer la fin.

M. le comte de Looz, ambassadeur du roi de Pologne et électeur de Saxe à la cour de Versailles ([2]), m'invita en 1751 à traduire en italien un opéra français susceptible de grandes transformations et grands ballets annexés au sujet

---

certain c'est que Jean Le Rond d'Alembert fut baptisé le 1er novembre 1717. On l'avait trouvé exposé sur les degrés de l'église Saint-Jean-le-Rond (démolie en 1748; était située rue du Cloître-Notre-Dame, presque dans l'alignement de la façade de la cathédrale), d'où son nom de Le Rond. Il fut mis aux enfants trouvés et le directeur à qui incombait le devoir de placer les enfants que ne pouvait garder l'hospice le confia à une dame Rousseau qui en prit soin.

Trouvé à sa naissance sur les marches d'une église, d'Alembert mourut dans un palais, au Louvre, le 29 octobre 1783 (JAL. *Dictionnaire critique*, 1872, in-8 ; article Alembert et additions).

(1) Fontenelle mourut le 9 janvier 1757, célibataire et âgé de cent ans moins un mois.

(2) Jean-Adolphe, comte de Loos, envoyé extraordinaire de l'électeur de Saxe, roi de Pologne. C'est par son entremise qu'eurent lieu avec la cour de Vienne les premières négociations qui aboutirent au traité d'Aix-la-Chapelle. Le comte de Loos, vivait à Paris, rue de la Planche, avec sa femme, ambassadrice par intermittence lors des voyages de son mari, et avec son fils (ARSENAL. *Bastille*. 10292-10293 *Surveillance des étrangers*).

même de l'opéra, et je fis choix de *Zoroastre* de M. de Cahusac. Je dus adapter les paroles à la musique des chœurs, chose difficile. Aussi la musique resta belle, mais la poésie italienne ne brillait pas. Malgré cela le monarque généreux me fit remettre une belle tabatière d'or, et je réussis à faire un grand plaisir à ma mère.

Vers le même temps Mlle Vesian arriva à Paris avec son frère. Elle était toute jeune, bien élevée, novice, belle et aimable au possible : elle avait son frère avec elle. Son père, ancien officier au service de France, était mort à Parme, sa ville natale. Restée orpheline sans aucun moyen d'existence, elle suivit le conseil qu'on lui donna de vendre tout ce que son père avait laissé de meubles et d'effets, et de se rendre à Versailles pour tâcher d'y obtenir de la justice et de la bonté du roi une petite pension pour la faire vivre. En descendant de la diligence, elle prit un fiacre et se fit conduire dans un hôtel garni le plus voisin du Théâtre-Italien. Le hasard voulut qu'elle vînt descendre à l'hôtel de Bourgogne, où je logeais [1].

Le matin on me dit que, dans une chambre voisine de la mienne, il y avait deux jeunes Italiens, frère et sœur, nouvellement arrivés, fort jolis l'un et l'autre, mais qu'ils étaient mincement montés. Italiens, jeunes, pauvres et nouveaux débarqués, c'étaient là bien des motifs pour exciter ma curiosité. Je vais à leur porte, je frappe et voilà un jeune homme en chemise qui vient m'ouvrir.

— Monsieur, me dit-il, je vous demande excuse si je viens vous ouvrir en cet état.

— C'est à moi de vous faire les miennes. Je viens, en ma double qualité de voisin et de compatriote, vous offrir mes services.

Un matelas par terre annonçait le lit qu'avait occupé le

---

[1] Hôtel de Bourgogne, rue Mauconseil, chambres à 24, 30, 36 et 48 livres par mois (*Le Citoyen de Paris*, 1754, in-8).

jeune homme; un lit dans une alcôve, caché par des rideaux, me fit deviner la sœur. Je la prie de m'excuser d'être venu l'interrompre sans m'informer si elle était levée.

Elle me répond sans me voir que, fatiguée du voyage, elle avait dormi un peu plus qu'à l'ordinaire; mais qu'elle allait se lever si je voulais lui en donner le temps.

— Je m'en vais dans ma chambre, mademoiselle, et j'aurai l'honneur de revenir dès que vous me ferez appeler : je suis à telle chambre.

Un quart d'heure après, au lieu de me faire appeler, je vois entrer une jeune et belle personne qui me fait avec grâce une révérence modeste, en me disant qu'elle venait me rendre ma visite, et que son frère allait venir à l'instant.

Je la remercie en l'invitant à s'asseoir, et je lui exprime tout l'intérêt qu'elle m'inspire. Sa reconnaissance se montre plus encore dans son ton de voix que dans ses expressions, et, captivant déjà sa confiance, elle me conte avec naïveté, mais non sans une sorte de dignité, sa courte histoire ou plutôt sa situation, et elle achève en me disant :

— Il faut que je me procure dans la journée un logement moins cher, car il ne me reste plus que six francs.

Je lui demande si elle a des lettres de recommandation, et elle tire de sa poche un paquet de papiers contenant sept ou huit certificats de bonnes mœurs, d'indigence, et un passe-port.

— Voilà donc tout ce que vous avez, ma chère compatriote ?

— Oui; je me présenterai avec mon frère au ministre de la guerre, et j'espère qu'il aura pitié de moi.

— Vous ne connaissez personne ?

— Personne, monsieur, vous êtes le premier homme en France auquel j'aie dit mon histoire.

— Je suis votre compatriote, et vous m'êtes recommandée par votre situation autant que par votre âge. Je veux être votre conseil, si vous le voulez.

— Ah! monsieur, que ne vous devrai-je pas!

— Rien. Donnez-moi vos papiers, je verrai ce que je puis en faire. Ne dites votre histoire à personne. Que l'on ignore complètement votre état, et ne sortez pas de cet hôtel. Voilà deux louis que je vous prête jusqu'à ce que vous soyez en état de me les rendre.

Elle les accepta pénétrée de reconnaissance.

Mademoiselle Vesian était une brune de seize ans, intéressante dans toute la force de l'expression, parlant bien français et italien, ayant des formes, des manières très gracieuses, et un ton de noblesse qui lui donnait beaucoup de dignité. Elle me conta ses affaires sans bassesse, mais sans cet air de timidité qui semble naître de la crainte que la personne qui écoute ne veuille profiter de la détresse qu'on lui confie. Elle n'avait l'air ni humilié ni hardi : elle avait de l'espoir et ne vantait pas son courage. Son maintien n'annonçait aucune prétention de vouloir faire parade de sa vertu, quoiqu'elle eût un certain air de pudeur qui aurait imposé à quiconque aurait pu vouloir lui manquer. J'en sentis l'effet sur moi-même; car malgré ses beaux yeux, sa belle taille, la fraîcheur de son teint, sa belle peau, son négligé, enfin tout ce qui peut tenter un homme et qui m'inspirait les plus brûlants désirs, je ne me sentis pas un instant de velléité : elle m'avait inspiré un sentiment de respect qui me rendit maître de moi-même, et je me promis bien non-seulement de ne rien entreprendre sur elle, mais encore de n'être pas le premier à la mettre sur un mauvais chemin. Je crus même devoir remettre à un autre temps un discours pour la sonder sur ce point, et pour embrasser peut-être un autre système. — Vous êtes, lui dis-je, venue dans une ville où votre destinée doit se développer, et où toutes les belles qualités dont la nature s'est plu à vous orner, et qui semblent destinées à faire votre fortune, peuvent être le sujet de votre perte ; car ici, ma chère compatriote, les hommes riches méprisent toutes les libertines, exceptés celles qui leur ont sacrifié leur vertu. Si vous en avez et que vous soyez déterminée à la conserver, préparez-vous, à moins d'un hasard tout particulier, à souffrir beaucoup de misère ; et si vous vous sentez assez au-dessus de ce qu'on appelle préjugé, si vous êtes enfin disposée à consentir à tout pour vous procurer un état aisé, tâchez soigneusement de ne pas vous tromper. Soyez pleine de défiance pour les paroles dorées qu'un homme plein de feu vous dira pour obtenir vos faveurs : ne le croyez que lorsque les faits auront précédé les paroles : car après la jouissance, le feu s'éteint et vous vous trouveriez trompée. Gardez-vous aussi de supposer des sentiments désintéressés dans ceux que vous verriez surpris à l'aspect de vos charmes : ils vous donneront de la fausse monnaie en abondance ; mais ne soyez pas facile. Pour moi, je suis sûr que je ne vous ferai pas de mal, et j'ai l'espérance de vous faire quelque bien. Pour vous rassurer sur mon compte, je vous traiterai comme si vous étiez ma sœur, car je suis trop jeune pour vous traiter en père ; et je ne vous parlerais pas ainsi, si je ne vous trouvais pas charmante.

Son frère vint sur ces entrefaites. C'était un joli garçon de dix-huit ans, bien fait, mais sans ton, parlant peu et n'annonçant rien sur sa physionomie (¹). Nous déjeu-

---

(1) Le jeune François Vesian, obtint un très bon emploi aux fermes. Grâce à son joli physique il eut aussi une certaine réputation parmi les « demoiselles du haut trottoir ». Tiraillé par les plus agréables filles « comme il était de gueule fraîche et de cuir douillet, il prisait avant toute chose, chez une amante, les bons dîners et les draps fins ». Il choisissait donc parmi les plus cotées pour jeter son mouchoir. C'est pourquoi il préféra la Deschamps, richement pourvue d'amants généreux, à la demoiselle Testelingue moins bien prisée. Ensuite il s'attacha Mlle Razetti et bien d'autres pour finir par épouser, le 2 octobre 1762, Mlle Picinelli, chanteuse à la Comédie-Italienne *(Journal des Inspecteurs de M. de Sartine,* 1863, in-12, p. 10, 163, 185, 201. G. CAPON et YVE-PLESSIS. *Mlle Deschamps,* 1906, in-8, p. 178-179.

nâmes ensemble, et pendant le repas, lui ayant demandé à quoi il se sentait le plus enclin, il me répondit qu'il était disposé à tout faire pour gagner honnêtement sa vie.

— Avez-vous quelque talent?

— J'écris assez bien.

— C'est quelque chose. Si vous sortez, gardez-vous de tout le monde; ne mettez le pied dans aucun café, et dans les promenades publiques ne parlez à personne. Mangez chez vous avec votre sœur, et faites-vous donner un petit cabinet séparé. Ecrivez aujourd'hui quelque chose en français; vous me le donnerez demain matin, et nous verrons. Quant à vous, mademoiselle, voilà des livres à votre disposition. J'ai vos papiers, demain je saurai vous dire quelque chose; car nous ne nous verrons plus aujourd'hui; je rentre habituellement fort tard.

Elle prit quelques livres, me salua avec modestie, et me dit d'un ton de voix enchanteur qu'elle était pleine de confiance en moi.

Très disposé à lui être utile, partout où j'allai ce jour-là je ne fis que parler d'elle et de son affaire; et partout hommes et femmes me dirent que si elle était jolie elle ne pouvait point manquer, mais qu'elle ferait toujours bien de faire des démarches. Quant au frère, on m'assura qu'on trouverait à le placer dans quelque bureau. Je pensai à lui trouver une femme comme il faut pour la faire présenter à M. d'Argenson. C'était le vrai chemin, et je me sentais la force de la soutenir en attendant. Je priai Silvia d'en parler à Mme de Montconseil (¹), qui avait beaucoup d'ascendant

---

(1) Cécile-Thérèse de Cursay, née en 1707, avait épousé en 1725 Louis-Etienne-Antoine Guinot de Montconseil, lieutenant général des armées du roi. La marquise de Montconseil possédait le château de Bagatelle où, pendant les absences de son mari, retenu souvent en province, elle donnait de grandes fêtes à la meilleure société. (DUCHESNE. *Le Château de Bagatelle*, 1909, in-8). La marquise qui aimait les lettres, les arts et aussi les artistes parait s'être intéressée tout particulièrement à la famille Balletti et après la mort de Silvia, c'est elle qui se chargera de trouver un mari pour sa fille.

sur l'esprit de M. le ministre de la guerre. Elle me le promit, mais avant elle désirait connaître la demoiselle.

Je rentrai chez moi vers les onze heures, et, voyant de la lumière dans la chambre de la jeune personne, je frappai. Elle vint m'ouvrir en me disant qu'elle ne s'était pas couchée, dans l'espoir de me voir, et je lui rendis compte de ce que j'avais fait : je la trouvai prête à tout et pénétrée de reconnaissance. Elle parlait de sa situation avec l'air d'une noble indifférence qui ne se soutenait que pour empêcher ses larmes de couler. Elle les retenait, mais ses yeux humides annonçaient l'effort qu'elle se faisait pour les arrêter. Nous causions depuis deux heures, et de propos en propos je sus qu'elle n'avait jamais aimé, et que par conséquent elle était digne d'un amant qui la récompensât convenablement si elle était obligée de lui faire le sacrifice de sa vertu. Il était ridicule de prétendre que cette récompense dût être un mariage : la jeune Vesian n'avait pas encore fait ce qu'on appelle le faux pas, mais elle était loin du bégueulisme de ces filles qui disent qu'elles ne le feraient pas pour tout l'or du monde, et qui cèdent d'ordinaire au plus petit assaut ; elle n'aspirait qu'à se donner d'une manière convenable et avantageuse.

Je soupirais en écoutant ses propos très sensés au fond dans la situation où un destin rigoureux l'avait placée. Sa sincérité me ravissait : je brûlais. Lucie de Paséan me revenait à la mémoire ; je me souvenais de mon repentir, du tort que j'avais eu d'avoir négligé une tendre fleur qu'un autre moins digne que moi s'était empressé de cueillir ([1]) :

([1]) Vers l'automne de l'année 1741, Casanova, prié par la comtesse de Mont-Réal de passer quelque temps à sa terre de Paséan, y conçut une vive passion pour une jeune fille au service de la comtesse. Lucie avait quatorze ans, et Casanova avait encore, à cette époque, quelque scrupule. Bien que les jeux auxquels ils s'adonnèrent n'eussent rien d'innocents, il n'alla jamais jusqu'au bout du sacrifice et resta devant l'obstacle. Il n'eut pas à se louer de ce ménagement et le regretta quand vingt ans après, en 1758, il rencontra Lucie en Hollande dans un boucan, rendez-vous des marins en bordée.

je me sentais auprès d'un agneau qui allait peut-être devenir la proie de quelque loup dévorant, elle qui n'avait pas été élevée pour l'abjection, qui avait des sentiments nobles, une éducation soignée et une candeur qu'un souffle impur allait peut-être ternir sans retour. Je soupirais de n'être pas en état de faire sa fortune en la conservant à l'honneur et à la vertu. Je sentais que je ne pouvais ni me l'approprier illégitimement ni être sa sauvegarde, et qu'en devenant son protecteur je devais lui faire plus de tort que de bien; enfin, qu'au lieu de l'aider à sortir de la situation pénible dans laquelle elle se trouvait, je n'aurais peut-être contribué qu'à la perdre entièrement. Cependant je la tenais assise près de moi, lui parlant sentiment et jamais amour; mais je lui baisais trop souvent la main et le bras sans en venir à une résolution, ni à un commencement qui serait allé trop tôt à sa fin et qui m'aurait contraint à me la conserver pour moi : alors plus de fortune à espérer pour elle, et pour moi plus de moyen de m'en délivrer. J'ai aimé les femmes à la folie, mais je leur ai toujours préféré la liberté; et lorsque je me suis trouvé en danger de la perdre, je ne me suis sauvé que par hasard.

J'avais passé quatre heures à peu près avec Mlle Vesian, brûlé de tous les feux du désir, et ayant eu assez de force pour me vaincre. Elle, qui ne pouvait pas attribuer ma retenue à la vertu et qui ne savait pas ce qui m'empêchait d'aller plus loin, dut me supposer ou impuissant ou malade. Je la quittai en l'invitant à dîner pour le jour suivant.

Nous dînâmes gaiement et, son frère étant allé se promener après le dîner, nous nous mîmes à la fenêtre d'où nous voyions toutes les voitures qui allaient au Théâtre-Italien. Je lui demande si elle aurait du plaisir d'y aller; elle sourit de bonheur, et nous partons.

Je la plaçai à l'amphithéâtre, où je la laissai, lui disant

que nous nous reverrions à la maison à onze heures. Je ne voulus pas rester auprès d'elle, pour éviter les questions qu'on aurait pu me faire; car plus sa mise était simple, plus elle était intéressante.

En sortant du théâtre, j'allai souper chez Silvia, ensuite je me retirai. Je fus surpris par la vue d'un équipage fort élégant. Je demandai à qui il appartenait; on me répondit que c'était celui d'un jeune seigneur qui avait soupé avec M{^{lle}} Vesian. La voilà en bon chemin!

Je me lève le lendemain et, comme je mettais la tête à la fenêtre, je vois un fiacre s'arrêter devant l'hôtel; un jeune homme bien mis en costume du matin en descend, et l'instant d'après je l'entends entrer chez ma voisine. Courage! Mon parti était pris : j'affectais l'indifférence pour me tromper moi-même. Je m'habille pour sortir; et, tandis que je faisais ma toilette, Vesian entrant chez moi me dit qu'il n'osait pas aller chez sa sœur, parce que le seigneur qui avait soupé avec elle venait d'y entrer.

— C'est dans l'ordre, lui dis-je.

— Il est riche et très-joli. Il veut nous conduire lui-même à Versailles et me faire avoir un emploi.

— Je vous en félicite. Qui est-il?

— Je n'en sais rien.

Je mets ses papiers sous une enveloppe, et je les lui donne pour qu'il les remette à sa sœur; ensuite je sors. Rentré chez moi à trois heures, l'hôtesse me remet un billet de la part de M{^{lle}} Vesian, qui avait délogé.

Je monte, j'ouvre le billet et je lis ces paroles :

« Je vous rends l'argent que vous m'avez prêté et je vous remercie. Le comte de Narbonne s'intéresse à moi et ne veut assurément que me faire du bien ainsi qu'à mon frère. Je vous informerai de tout, de la maison où il veut que j'aille demeurer et où il m'a assuré qu'il ne me laissera manquer de rien. Je fais le plus grand cas de votre amitié et je vous prie de me la conserver. Mon frère reste ici et ma chambre m'appartient pour tout le mois, car j'ai tout payé. »

Voilà, me dis-je, une seconde Lucie de Paséan, et moi dupe une seconde fois de ma sotte délicatesse; car je prévois que ce comte ne fera pas son bonheur. Je m'en lave les mains. Je m'habille pour aller aux Français et je m'informe de ce qu'était ce Narbonne. — C'est, me dit le premier venu, le fils d'un homme riche, grand libertin et criblé de dettes. Voilà de beaux renseignements! Pendant huit jours je courus tous les théâtres et les lieux publics dans l'espoir de parvenir à connaître ce comte de Narbonne; mais, n'ayant pu en venir à bout, je commençais à oublier l'aventure, lorsque vers huit heures du matin Vesian entre dans ma chambre en me disant que sa sœur était dans la sienne et qu'elle désirait me parler. J'y vais de suite et je la trouve triste et les yeux rouges. Elle dit à son frère d'aller se promener, ensuite elle me parla ainsi :

— M. de Narbonne, que j'ai cru honnête, parce que j'avais besoin qu'il le fût, vint s'asseoir près de moi à l'endroit où vous m'aviez laissée; il me dit que ma figure l'intéressait et me demanda qui j'étais. Je lui dis ce que je vous avais dit à vous-même. Vous me promîtes de penser à moi, mais Narbonne me dit qu'il n'avait pas besoin d'y penser et qu'il pouvait agir par lui-même. Je le crus et j'ai été dupe de ma confiance; il m'a trompée; c'est un coquin ([1]).

___

([1]) Je trouve répondant au nom du comte de Narbonne : 1º Charles-Bernard-Martial, dit le comte de Narbonne-Pelet, né en 1720, officier dans la marine (PITON. *Paris sous Louis XV*, 1905, in-12).

2º Jean, comte de Narbonne, né à Aubiac, le 27 décembre 1718, maréchal des camps et armées du roi, gentilhomme de la chambre de l'infante de Parme et commandant dans le Haut-Languedoc, qui avait épousé le 13 juillet 1749, Françoise de Chalus, dame du palais de Mme Infante, puis qui devint dame d'atours de Mme Adélaïde.

Il eut deux fils, nés à Parme, le premier, le 27 décembre 1750 et le second en 1766 (LA CHESNAYE-DESBOIS. *Dictionnaire de la noblesse*).

Il est bien possible que le peu galant personnage ait emprunté ce nom pour mieux duper Mlle Vezian et prendre à ses yeux plus d'importance.

Comme les larmes la suffoquaient, j'allai me mettre à la fenêtre pour la laisser pleurer sans contrainte : quelques minutes après, je revins m'asseoir auprès d'elle. — Dites-moi tout, ma chère Vesian; soulagez-vous librement et ne vous croyez pas coupable vis-à-vis de moi : car dans le fond j'ai plus de tort que vous. Vous n'auriez pas le chagrin qui vous déchire l'âme si je n'avais pas commis l'imprudence de vous mener à la comédie.

— Hélas! monsieur, ne dites pas cela; dois-je vous en vouloir parce que vous m'avez crue sage? Bref, ce monstre me promit tous ses soins, à condition que je lui donnerais une preuve incontestable de ma tendresse et de ma confiance en lui; cette marque de confiance était d'aller loger sans mon frère chez une femme comme il faut, dans une maison qu'il louait. Il insista pour que mon frère ne vînt pas avec moi, parce que la malice aurait pu le croire mon amant. Je me laissai persuader. Malheureuse! Comment ai-je pu me rendre sans vous demander conseil? Il me dit que la femme respectable chez laquelle il me menait me conduirait à Versailles, où il aurait soin que mon frère se trouvât pour nous présenter ensemble au ministre. Après souper il s'en alla en me disant qu'il viendrait le lendemain matin me prendre en fiacre. Il me donna deux louis et une montre d'or, et je crus pouvoir les accepter d'un jeune seigneur qui me marquait tant d'intérêt. La femme à laquelle il me présenta ne me parut pas respectable comme il m'avait dit qu'elle était. J'ai passé ces huit jours chez elle sans qu'il décidât rien. Il venait, sortait, revenait à volonté, me disant toujours à demain, et demain il avait toujours quelque empêchement. Enfin ce matin à sept heures la femme est venue me dire que monsieur était obligé d'aller à la campagne, qu'un fiacre me ramènerait à l'hôtel où il m'avait prise et qu'il viendrait m'y voir à son retour. Ensuite, affectant un air triste, elle m'a dit que je devais lui rendre la montre, parce que monsieur le comte avait oublié de la payer à l'horloger. Je la lui ai remise dans l'instant sans lui répondre un seul mot, et, prenant dans mon mouchoir le peu qui m'appartenait, je suis revenue ici il y a une demi-heure.

— Espérez-vous le revoir à son retour de la campagne ?

— Moi, le revoir ! Oh ! mon Dieu, pourquoi l'ai-je jamais vu !

Elle pleurait à chaudes larmes, et j'avoue que jamais jeune fille ne m'a touché comme elle dans l'expression de sa douleur. La pitié prit en moi la place de la tendresse qu'elle m'avait inspirée huit jours auparavant. L'infâme procédé de Narbonne me révoltait au point que, si j'avais su où le trouver seul, j'aurais été sur le champ lui en demander raison. Je me donnai bien de garde de demander à cette pauvre fille l'histoire détaillée de son séjour chez le ministre respectable du sieur Narbonne : j'en devinais plus que je n'en aurais voulu savoir, et j'aurais humilié Mlle Vesian en en exigeant le récit. D'ailleurs je voyais l'infamie de ce comte dans la bassesse de lui avoir fait retirer une montre qui lui appartenait comme don, et que cette malheureuse personne n'avait que trop gagnée. Je fis mon possible pour arrêter ses larmes, et elle me pria d'avoir pour elle des entrailles de père, en m'assurant qu'il ne lui arriverait plus de ne rien faire qui pût la rendre indigne de mon amitié, ne voulant être dirigée que par mes conseils.

— Eh bien, ma chère, à présent vous devez non seulement oublier l'indigne comte et sa criminelle conduite à votre égard, mais encore la faute que vous avez commise. Ce qui est fait est fait, car le passé est sans remède ; mais calmez-vous et reprenez le bel air qui brillait sur vos traits il y a huit jours. On y voyait alors l'honnêteté, la candeur, la bonne foi, et cette noble assurance qui réveille le sentiment dans ceux qui en connaissent le charme. Tout cela doit se montrer encore sur votre figure ; car il n'y a que

cela qui intéresse les honnêtes gens, et vous avez plus besoin que jamais d'intéresser. Quant à mon amitié, elle est de peu d'importance ; mais vous pouvez y compter d'autant plus que je crois que vous y avez maintenant un droit que vous n'y aviez pas il y a huit jours. Je vous prie d'être certaine que je ne vous quitterai pas avant que vous ayez un sort convenable. Je ne saurais pour le moment rien vous dire de plus ; mais soyez bien sûre que je penserai à vous.

— Ah ! mon ami, si vous me promettez de penser à moi je ne demande pas autre chose. Malheureuse ! il n'y a personne au monde qui y pense.

Elle était si touchée, que je la vis s'évanouir. Je la secourus sans appeler personne, et, dès qu'elle eut repris ses sens et qu'elle fut un peu plus calme, je lui contai mille histoires vraies ou feintes des friponneries que font à Paris les gens qui n'ont d'autre intention que de tromper les filles. Je lui en contai de plaisantes pour l'égayer, et je finis par lui dire qu'elle devait remercier le ciel de ce qui lui était arrivé avec Narbonne ; car ce malheur servirait à la rendre plus circonspecte à l'avenir.

Pendant ce long tête-à-tête je n'eus point de peine à m'abstenir de lui prodiguer des caresses ; je ne lui pris même pas la main, car le sentiment que j'éprouvais pour elle était celui d'une tendre pitié, et je ressentis un véritable plaisir quand au bout de deux heures, je la vis calme et résignée à souffrir son malheur en héroïne.

Elle se lève tout à coup, et, me regardant avec un air de confiance modeste, elle me dit : — N'avez-vous rien de pressant qui demande votre présence aujourd'hui ?

— Non, ma chère.

— Eh bien, ayez la bonté de me conduire quelque part, hors de Paris, où je puisse respirer le grand air en liberté : j'y reprendrai l'apparence que vous me trouvez nécessaire pour intéresser en ma faveur ceux qui me verront, et, si je puis ensuite me procurer un doux sommeil la nuit prochaine, je sens que je pourrai redevenir heureuse.

— Je vous sais gré de cette confiance : je vais m'habiller et nous sortirons. En attendant, votre frère reviendra.

— Eh ! qu'importe mon frère ?

— Il importe beaucoup. Songez, ma chère Vesian, que vous devez faire rougir Narbonne de sa conduite. Réfléchissez que, s'il parvenait à savoir que, le même jour où il vous a renvoyée, vous êtes allée à la campagne seule avec moi, il triompherait, et qu'il ne manquerait pas de dire qu'il vous a traitée comme vous le méritiez. Mais, étant avec votre frère et moi qui suis votre compatriote, vous ne donnerez aucune prise à la médisance ni à la calomnie.

— Je rougis de n'avoir pas fait cette sage réflexion. Nous attendrons le retour de mon frère.

Il ne fut pas longtemps à rentrer ; et, ayant fait venir un fiacre, nous allions partir, quand Baletti vint me voir. Je le présente à la jeune personne et je l'invite à être de la partie. Il accepte et nous partons. N'ayant d'autre but que celui d'égayer la jeune personne, j'indiquai le Gros-Caillou, où nous fîmes un excellent dîner impromptu, où la gaieté compensa le désordre du service.

Vesian, se sentant la tête un peu lourde, alla se promener après le dîner, et je restai seule avec Mlle Vesian et mon ami Baletti. Je remarquai avec plaisir que Baletti trouvait la jeune personne aimable, et je conçus le projet de lui proposer de lui enseigner à danser. Je l'informe de la position de la jeune personne, du motif qui l'avait engagée à venir à Paris, du peu d'espoir qu'elle avait d'obtenir une pension et du besoin où elle était d'embrasser un emploi pour vivre. Baletti dit qu'il était prêt à tout faire, et, après avoir bien examiné la taille et la disposition de la jeune personne :

— Je trouverai, dit-il, le moyen de vous faire agréer à Lani pour figurer aux ballets de l'Opéra.

— Il faut donc, lui dis-je, commencer dès demain à lui donner des leçons. Mademoiselle est ma voisine.

La jeune Vesian, émerveillée de ce projet, se mit à rire de tout son cœur en disant : — Mais est-ce qu'on improvise une danseuse d'Opéra comme un premier ministre ? Je sais danser le menuet et j'ai l'oreille assez juste pour danser une contre-danse ; mais du reste je ne sais pas faire un pas.

— La plupart des figurantes, dit Baletti, n'en savent pas plus que vous.

— Et combien demanderai-je à M. Lani ? Car il me semble que je ne puis pas prétendre grand'chose.

— Rien. On ne paye pas les figurantes de l'Opéra (¹).

— Me voilà bien avancée ! dit-elle en soupirant ; et comment ferais-je pour vivre ?

— Ne vous embarrassez pas de cela. Telle que vous êtes, vous trouverez bientôt des riches seigneurs qui brigueront l'honneur de suppléer au défaut d'honoraires. Ce sera à vous de bien choisir, et je suis sûr que nous ne serons pas longtemps sans vous voir couverte de diamants.

— Maintenant j'entends. Vous croyez que quelque grand seigneur m'entretiendra ?

---

(1) L'Opéra où l'on enrôlait chaque année quatre fois plus de personnel qu'il n'en était besoin, était surtout « un fonds d'incontinence publique, le harem de la nation, le bazar où les grands de l'Empire achetaient des esclaves » ([THUREAU DE LA MORANDIÈRE] *Représentations à M. le lieutenant de police sur les courtisanes à la mode;* 1760, in-8).

On pouvait n'y rester que trois mois, au besoin, y paraître, juste le temps de prendre ses passeports de mauvaise vie et mœurs et de contracter des « arrangements » avantageux avec quelque entreteneur de naissance ou de finance. Aussi les figurantes, les *gardes-côtes*, comme on les nommait ironiquement, n'étaient-elles à l'Opéra que pour se montrer et faire fortune au dehors. (G. CAPON et YVE-PLESSIS. *La Deschamps,* 1906, in-8).

— Précisément; et cela vaudra beaucoup mieux que quatre cents francs de pension que vous n'obtiendrez peut-être qu'en faisant les mêmes sacrifices.

Tout étonnée, elle me regarde pour voir si tout cela était sérieux ou si ce n'était qu'une mauvaise plaisanterie.

Baletti s'étant éloigné, je lui dis que c'était le meilleur parti qu'elle pût prendre, à moins qu'elle ne préférat le triste avantage d'être femme de chambre de quelque grande dame.

— Je ne voudrais pas l'être même de la reine.
— Et figurante à l'Opéra ?
— Plutôt.
— Vous riez ?
— Oui, parce que c'est à mourir de rire. Maîtresse d'un grand seigneur qui me couvrira de diamants ! Je veux choisir le plus vieux.
— A merveille, ma chère, mais ne lui donnez pas sujet de jalousie.
— Je vous promets que je lui serai fidèle. Mais trouvera-t-il un emploi pour mon frère ?
— Sans aucun doute.
— Mais en attendant que j'entre à l'Opéra et que mon vieil amoureux se présente, qui me donnera de quoi vivre ?
— Moi, ma chère, mon ami Baletti et tous mes amis, sans autre intérêt que de vous servir, dans l'espoir que vous vivrez sagement et que nous contribuerons à votre bonheur. Etes-vous persuadée ?
— Très-persuadée : je me suis promis de ne me conduire que par vos conseils, et je vous supplie d'être toujours mon meilleur ami.

Nous revînmes à Paris à la nuit. Je laissai ma jeune Vesian chez elle et je suivis Baletti chez sa mère. Pendant le souper, mon ami engagea Silvia à parler à M. Lani en faveur de notre protégée. Silvia dit que ce parti valait mieux que de solliciter une misérable pension que peut-être on n'obtiendrait pas. Ensuite on vint à parler d'un projet qui était sur le tapis, et qui consistait à vendre toutes les places de figurantes à l'Opéra, ainsi que celles des chanteuses du chœur. On pensait même à les mettre à haut prix; car on disait que plus ces places seraient chères, et plus les filles qui les achèteraient seraient estimées. Ce projet, au milieu des mœurs scandaleuses du temps, avait une sorte de vernis de sagesse; car il aurait en quelque façon ennobli une caste qui à peu d'exceptions près, semble s'enorgueillir d'être méprisable.

Il y avait dans ce temps-là à l'Opéra plusieurs figurantes, chanteuses et danseuses, plutôt laides que passables, qui n'avaient point de talent et qui, malgré cela, vivaient à leur aise; car il est convenu qu'une fille qui est là doit par état, renoncer à toute sagesse sous peine de mourir de faim. Mais si une nouvelle installée a l'adresse d'être sage seulement pendant un seul mois, il n'est pas douteux que sa fortune soit faite; car alors il n'y a que les seigneurs réputés sages qui cherchent à s'emparer de cette sagesse. Ces sortes de gens sont enchantés qu'on les nomme lorsque la beauté se montre; ils vont même jusqu'à lui passer quelques échappées, pourvu qu'elle se fasse honneur de ce qu'ils lui donnent et que les infidélités ne soient pas trop éclatantes : il est d'ailleurs du bon ton de n'aller jamais souper chez sa belle s'en l'en faire prévenir, et l'on sent combien cet usage est sagement établi (¹).

Je rentrai sur les onze heures, et voyant la chambre de Mlle Vesian ouverte, j'y entrai. Elle était couchée.

— Je vais me lever, me dit-elle, car je veux vous parler.

---

(1) Nous avons étudié dans un précédent ouvrage les mœurs des figurantes et la petite histoire des coulisses de l'opéra à cette époque. (G. CAPON et YVE-PLESSIS. *Fille d'opéra. Histoire de Mlle Deschamps;* 1906, in-8.)

— Ne vous dérangez pas ; nous parlerons tout de même, et puis je vous trouve plus belle comme cela.

— J'en suis bien aise.

— Qu'avez-vous donc à me dire ?

— Rien, si ce n'est pour parler du métier que je vais faire. Je vais exercer la vertu pour trouver celui qui ne l'aime que pour la détruire.

— C'est vrai ; mais il y a peu de choses dans la vie qui ne soient à peu près de ce goût-là. L'homme, du plus au moins, rapporte tout à soi, et chacun est tyran à sa façon. J'aime à vous voir en train de devenir philosophe.

— Comment fait-on pour le devenir ?

— On pense.

— Faut-il penser longtemps ?

— Toute sa vie.

— On ne finit donc jamais ?

— Jamais ; mais on gagne ce qu'on peut, et on se procure toute la somme de bonheur dont on est susceptible.

— Et ce bonheur, comment se fait-il sentir ?

— Il se fait sentir dans tous les plaisirs que le philosophe se procure, lorsqu'il a la conscience de se les être procurés par ses soins, surtout en se dépouillant de cette foule de préjugés qui font de la plupart des hommes une troupe de grands enfants.

— Qu'est-ce que le plaisir ? et qu'entend-on par préjugés ?

— Le plaisir est la jouissance actuelle des sens ; c'est une satisfaction entière qu'on leur accorde dans tout ce qu'ils appètent ; et lorsque les sens épuisés veulent du repos, ou pour reprendre haleine, ou pour se refaire, le plaisir devient de l'imagination ; elle se plaît à réfléchir au plaisir que sa tranquillité lui procure. Or, le philosophe est celui qui ne se refuse aucun plaisir qui ne produit pas des peines plus grandes et qui sait s'en créer.

— Et vous dites que cela se fait en se dépouillant des

préjugés ? Dites-moi donc ce que c'est que des préjugés, et comment on parvient à s'en défaire.

— Vous me faites-là, une question, ma chère, à laquelle il n'est pas aisé de répondre, car la philosophie morale ne connaît pas de question plus grande, c'est-à-dire de plus difficile à résoudre ; aussi cette leçon dure-t-elle toute la vie. Je vous dirai en raccourci que l'on appelle préjugé tout soi-disant devoir dont on ne trouve pas la raison dans la nature.

— Le philosophe doit donc faire sa principale étude de la nature ?

— C'est là toute sa besogne, et le plus savant est celui qui se trompe le moins.

— Quel est, selon vous, le philosophe qui s'est le moins trompé ?

— C'est Socrate.

— Mais il s'est trompé ?

— Oui, en métaphysique.

— Oh ! je ne m'en soucie pas, car je crois bien qu'il pouvait se passer de cette étude.

— Vous vous trompez, car la morale même n'est que la métaphysique de la physique ; car tout est nature, et je vous permets de traiter de fou tout homme qui viendra vous dire qu'il a fait une nouvelle découverte en métaphysique. Mais en continuant, ma chère, je pourrais bientôt vous paraître obscur. Allez doucement. Pensez ; ayez des maximes en conséquence d'un raisonnement juste, et ayez toujours en vue votre bonheur ; vous finirez par être heureuse.

— J'aime beaucoup plus la leçon que vous venez de me donner que celle que me donnera demain, M. Baletti, car je prévois que je m'y ennuierai, et je ne m'ennuie pas actuellement avec vous.

— A quoi vous apercevez-vous que vous ne vous ennuyez pas ?

— Au désir que j'ai que vous ne me quittiez pas.

— En vérité, ma chère Vesian, jamais philosophe n'a mieux défini l'ennui que vous venez de le faire. Quel plaisir! d'où vient que j'ai envie de vous le témoigner en vous embrassant.!

— C'est parce que notre âme, sans doute, ne saurait être heureuse qu'autant qu'elle se trouve d'accord avec nos sens.

— Comment, divine Vesian? votre esprit m'enchante.

— C'est vous, mon cher ami, qui l'avez fait éclore, et je vous en sais gré, au point que je partage votre désir.

— Qui nous empêche de satisfaire un désir si naturel? Embrassons-nous bien.

Quelle leçon de philosophie! Elle nous parut si douce, notre bonheur fut si parfait, qu'au point du jour nous nous embrassions encore et que ce ne fut qu'en nous séparant que nous nous aperçûmes que la porte était restée ouverte toute la nuit.

Baletti lui donna quelques leçons, elle fut reçue à l'Opéra; mais elle n'y figura que deux ou trois mois, se réglant soigneusement sur les préceptes que je lui avais insinués et que son esprit supérieur lui avait fait reconnaître comme seuls bons[1]. Elle n'admit plus de Narbonne: et elle accueillit, à la fin, un seigneur différent de tous les autres, puisqu'il commença par lui faire quitter le théâtre, ce qu'aucun autre n'aurait fait, car ce n'était pas le bon ton du temps. C'était M. le comte de Tressan

---

(1) Mademoiselle Vesian parut d'abord à la Comédie-Italienne sous le nom de Camille Gabriac, de 1753 à 1755, puis débuta à l'Opéra en janvier 1756. Elle habitait alors rue de Richelieu, vis-à-vis la fontaine (ARSENAL. Bastille, 10234. Cahiers de Meusnier, 26 janvier 1756 et 10236 f. 59 V°). En entrant à l'opéra, la nouvelle venue prit son véritable nom et l'on voit figurer Mlle Vesian sur l'Almanach des Spectacles.

ou Tréan (¹), car je ne me rappelle pas bien son nom. Elle se comporta fort bien et resta avec lui jusqu'à sa mort. Il n'est plus question d'elle, quoi qu'elle vive fort à son aise; mais elle a cinquante-six ans, et à cet âge une femme est à Paris comme si elle n'existait plus.

Dès l'instant où elle sortit de l'hôtel de Bourgogne, je ne la vis plus. Quand je la rencontrais couverte de diamants, nos âmes se saluaient avec joie; mais j'aimais trop son bonheur pour hasarder de lui porter atteinte. Son frère fut placé, mais je le perdis de vue.

(1) Jacques-Robert d'Héricy, marquis d'Etrehan, lieutenant général des armées du roi.
Le marquis présenta Mlle Vesian à la petite cour du duc d'Orléans qui siégeait à Bagnolet. Elle avait, dit-on, de l'esprit comme un ange et donnait le ton au cercle de ce prince. La hauteur de Mlle Marquis, maîtresse du duc, lui devint insupportable et elle se retira peu à peu de cette société où cependant elle était regardée de bon œil par le prince et en obtenait des grâces pour les personnes qu'elle lui recommandait (LORÉDAN LARCHEY. *Journal des inspecteurs de M. de Sartine*, 1867, in-12, p. 159-160).
Pendant plus de quinze ans, à part quelques infidélités de part et d'autre, le ménage vécut de bon accord.
Enfin le 9 octobre 1767, on annonce que le marquis d'Etrehan est remplacé par le marquis de Courtenvaux. « Mlle Vesian se tient presque toujours avec lui à Colombe, et fait parfaitement les honneurs de sa maison. Cette femme sans être jolie, est faite assurément pour plaire; elle connaît tous les secrets de la toilette, a le maintien d'une femme de condition et tous les agréments de l'esprit qu'on peut désirer dans la société. Elle jouit présentement de 6.000 livres de rente et son mobilier est des plus honnêtes. Il est certain que son ambition serait satisfaite pour elle, mais elle a plusieurs enfants auxquels elle donne une très bonne éducation et cette seule considération lui a fait accepter les bienfaits de M. de Courtenvaux qui lui fait mener une vie très heureuse. » (*Rapport de Marais. Cf.* PITON. *Paris sous Louis XV*; 1910, in-12, p. 239).
Les enfants dont il est question ne semblent pas avoir vécu bien vieux malgré les soins attentifs de leur mère puisque Mlle Antoinette-Louise Saleri-Vesian mourut le 26 thermidor an XII, rue Saint-Marc 192, n'ayant pour héritier que son frère François. La succession montait à 17.244 francs (ARCHIVES DE LA SEINE. *Déclarations de succession*. Reg. 1711, f. 180).

CHAPITRE IV.

La belle O-Morphi. — Un peintre imposteur. — Je fais la cabale chez la duchesse de Chartres. — Je quitte Paris.

J'étais à la foire Saint-Laurent avec mon ami Patu ([1]), lorsqu'il lui vint envie de souper avec une actrice flamande nommée Morphi, et il m'engagea à être de moitié dans son caprice. Cette fille ne me tentait pas; mais que refuse-t-on à son ami ? Je fis ce qu'il voulut. Après avoir soupé avec la belle, Patu eut envie de passer la nuit à une occupation plus douce, et, ne voulant pas le quitter, je demandai un canapé pour y passer la nuit ([2]).

La Morphi avait une sœur, petite souillon d'environ treize ans, qui me dit que si je voulais lui donner un petit écu elle me céderait son lit. Je le lui accorde, et me voilà dans un petit cabinet où je trouve une paillasse sur quatre planches ([3]).

(1) La foire Saint-Laurent se tenait sur l'emplacement actuel de la gare de l'Est. Elle ouvrait ses portes du 30 juin au 25 août. La rencontre de Casanova et de Mlle Morphy se fit donc en juillet de l'année 1752. Mlle Victoire Morphy était figurante à l'Opéra-Comique depuis le mois de mai 1752 (ARSENAL. *Bastille.* 10234. *Cahiers de Meusnier*, 22 mai 1752).

(2) Mlle Victoire Morphy habitait rue des Deux-Portes-Saint-Sauveur (auj. Dussoubs), vis-à-vis de Mlle Silvia (ARSENAL. *Bastille*, 10234). C'est ce voisinage, apparemment, qui facilita les rapports de Casanova avec les Morphy.

(3) Meusnier commence à s'occuper de cette famille dès 1751, mais il n'est bien fixé sur son histoire qu'en 1753, alors que la dernière

— Et tu appelles cela un lit, mon enfant ?
— Je n'en ai pas d'autre, monsieur.
— Je n'en veux point, et tu n'auras point mon petit écu.
— Vous pensiez donc à vous déshabiller ?
— Sans doute.
— Quelle idée ! nous n'avons point de draps.
— Tu dors donc tout habillée ?
— Oh ! point du tout.
— Eh bien, couche-toi comme d'ordinaire et je te donnerai le petit écu.
— Pourquoi donc ?
— Je veux te voir dans cet état.
— Mais vous ne me ferez rien ?
— Pas la moindre chose.

sœur est déjà depuis plus de six mois la maîtresse de Louis XV. Les Morphy étaient filles d'un cordonnier ou savetier, elles étaient cinq sœurs. L'aînée Marguerite, âgée de 26 à 27 ans passait pour être mariée à un nommé Melon, joueur, sans autre emploi, possédant environ 3.000 livres de rentes. La deuxième avait nom Brigitte, elle avait 24 à 25 ans, servait de modèle, pour les mains seulement, chez différents peintres. La troisième, Madeleine, âgée de 22 ans, avait joué la comédie à la suite de l'armée dans les Flandres avec ses sœurs Marguerite et Victoire, on la nommait Mme Corbin, du nom d'un comédien qu'elle avait, dit-on, épousé à cette époque. La quatrième, Victoire, âgée de 19 ans, avait été mise, encore enfant, sept années auparavant, chez Langlois, marchand de tableaux, au coin de la rue Française, par le président de Saint-Lubin. Après avoir suivi l'armée avec ses sœurs, elle devint « fille à parties » chez les nombreuses courtières d'amour du quartier et figura au théâtre de la foire. La cinquième, Marie-Louise, familièrement Louison (je ne sais pourquoi Casanova la nommera Hélène) avait 14 ans, était bien faite, de taille à devenir grande, le visage fin, un peu long cependant, brune comme ses sœurs, et du plus joli minois du monde ; très formée pour son âge, nubile depuis quelques mois seulement, elle avait déjà la gorge tentante. Ses sœurs l'occupaient à laver la vaisselle et à décrotter les souliers quand elle entra chez une couturière de la rue Coquillière, Mlle Fleuret, qui joignait à son métier celui de pourvoir aux plaisirs de quelque clients de qualité. C'est dans cette maison, d'après Meusnier, que Lebel, le valet de chambre, rabatteur des amours de Louis XV, aurait vu la petite Morphy, en aurait fait emplette pour lui-même, mais l'ayant vue débarbouillée et habillée l'aurait jugée digne du Roi (ARSENAL. *Bastille*, 10234. *Cahiers de Meusnier*, 12 mai 1753).

Elle se met sur sa pauvre paillasse, où elle se couvre avec un vieux rideau. Dans cet état l'idée des haillons disparaît, je ne vois plus qu'une beauté parfaite, mais je voulais la voir en entier. Je me dispose à satisfaire mon envie, elle oppose de la résistance; mais un écu de six francs la rend docile, et, ne trouvant en elle d'autre défaut qu'un manque de propreté, je me mets à la laver de mes mains.

Vous me permettez, mon cher lecteur, de vous supposer une connaissance aussi simple que naturelle, c'est que l'admiration dans le genre dont il s'agit est inséparable d'une autre approbation : heureusement et tout naturellement je trouvai la petite Morphi disposée à me laisser tout faire, excepté la seule chose dont je ne me souciais pas. Elle me prévint qu'elle ne me permettrait pas cela, car au jugement de sa sœur cela valait cela vingt-cinq louis. Je lui dis que nous marchanderions une autre fois ce point capital et que pour le moment nous le laisserions intact. Rassurée sur ce point, tout le reste fut à ma disposition, et je lui trouvai un talent très perfectionné quoique si précoce.

La petite Hélène porta fidèlement à sa sœur les six francs que je lui avais donnés et lui raconta comment elle les avait gagnés. Avant de m'en aller, elle vint me dire que, comme elle avait besoin d'argent, si je voulais elle diminuerait quelque chose. Je lui répondis en riant que je la verrais le lendemain. Je contai l'affaire à Patu, qui me taxa d'exagération ; et voulant lui prouver que j'étais connaisseur en beauté, j'exigeai qu'il vît Hélène comme je l'avais vue. Il convint que le ciseau de Praxitèle n'avait jamais pu produire quelque chose de plus parfait. Blanche comme un lis, Hélène avait tout ce que la nature et l'art des peintres peuvent réunir de plus beau. La beauté de ses traits avait quelque chose de si suave qu'elle portait à l'âme un sentiment indéfinissable de bonheur, un calme délicieux.

Elle était blonde, et cependant ses beaux yeux bleus avaient tout le brillant des plus beaux yeux noirs (¹).

Je fus la voir le soir du lendemain, et ne m'étant pas accommodé sur le prix, je convins avec sa sœur que je lui donnerais douze francs chaque fois que j'irais la voir, qu'alors nous occuperions sa chambre jusqu'à ce qu'il me prît envie de lui donner six cents francs. L'usure était forte, mais la Morphi était de race grecque et au-dessus des vains scrupules. Je n'avais nulle envie de donner cette somme, parce que je ne me sentais pas le désir d'obtenir ce qu'elle devait me valoir ; ce que j'obtenais était tout ce que je désirais.

La sœur aînée me croyait dupé, car en deux mois j'avais dépensé trois cents francs sans avoir rien fait ; et elle attribuait ma retenue à de l'avarice. Quelle avarice !

J'eus envie d'avoir ce magnifique corps en peinture, et un peintre allemand me la peignit divinement bien pour six louis. La position qu'il lui fit prendre était ravissante. Elle était couchée sur le ventre, s'appuyant des bras et du sein sur un oreiller et tenant la tête tournée comme si elle avait été couchée aux trois quarts sur le dos. L'artiste habile et plein de goût avait dessiné sa partie inférieure avec tant d'art et de vérité, qu'on ne pouvait rien désirer de plus beau. Je fus ravi de ce portrait ; il était parlant, et j'y écrivis dessous « 'O-Morphi, » mot qui n'est pas homérique, mais qui n'en est pas moins grec et qui veut dire *belle* (²).

---

(1) On a vu que Meusnier dit qu'elle était brune. (?)

(2) On a attribué ce portrait qui, selon Casanova, devait décider de l'avenir de Mlle Morphy, au peintre Boucher « qui la peignit nue et donna ou vendit ce tableau à M. de Vandières. »
Le frère de Mme de Pompadour l'aurait fait voir au roi et Sa Majesté voulut connaître l'original. Meusnier rapporte le fait sans y croire. Il dit qu'il est impossible « d'adopter ce sentiment, ou bien il faudrait supposer peu de jugement à M. de Vandières. » (ARSENAL. *Bastille*, 19234, *Cahiers de Meusnier*). En effet, c'eût été maladroit de la part du frère de la marquise mais si, comme le dit Casanova, le tableau fut

Mais qui peut connaître d'avance les voies secrètes du destin ! Mon ami Patu eut envie d'avoir une copie de ce portrait : on ne refuse pas un aussi léger service à un ami, et ce fut le même peintre qui fut chargé de la faire. Mais ce peintre ayant été appelé à Versailles, y montra cette charmante peinture au milieu de plusieurs portraits, et M. de Saint-Quintin la trouva si belle, qu'il n'eut rien de plus pressé que de l'aller montrer au roi. Sa Majesté Très-Chrétienne, grand connaisseur dans la partie, voulut s'assurer par ses yeux si le peintre avait copié avec fidélité ; et si l'original était si beau que la copie, le petit-fils de saint Louis savait bien à quoi il le ferait servir.

M. de Saint-Quintin, cet ami complaisant du prince, fut chargé de l'affaire : c'était là son ministère. Il demanda au peintre si l'original pourrait être conduit à Versailles, et l'artiste, croyant la chose très-possible, lui promit de s'en informer.

Il vint en conséquence me communiquer la proposition, et, l'ayant trouvée délicieuse, j'en fis part sans tarder à la sœur aînée, qui en tressaillit de joie. Elle se mit à débarbouiller sa jeune sœur, et deux ou trois jours après, l'ayant habillée proprement, elles partirent avec le peintre pour faire l'expérience. Le valet de chambre du ministre des plaisirs mignons du roi, ayant reçu le mot d'ordre de son maître, vint recevoir les deux femmes qu'il enferma dans un pavillon du parc, et le peintre alla attendre à l'auberge

---

montré à Louis XV par M. de Saint-Quentin, garçon de la chambre du roi, l'argument du policier tombe et laisse place a plus de vraisemblance, si ce n'est plus de vérité.

De plus, si Casanova avait l'intention de broder sur une légende, il aurait mis le nom de Boucher, qu'il n'ignorait certainement pas, au lieu d'un peintre inconnu ; lequel pourrait bien être Gustave Lundberg, peintre suédois, né à Stokolm en 1694, mort en 1786. Lundberg vint souvent à Paris, il peignait au pastel et avait été reçu à l'Académie royale de peinture et de sculpture en 1741. Malgré son talent et la réputation de ses tableaux, on n'a que très peu de renseignements sur cet artiste.

l'issue des épreuves de sa négociation. Le roi, une demi-heure après, entra seul dans le pavillon, demanda à la jeune O-Morphi si elle était grecque, tira le portrait de sa poche, regarda bien la petite et s'écria :

— Je n'ai jamais rien vu de plus ressemblant.

Bientôt après il s'assit, prit la petite sur ses genoux, lui fit quelques caresses, et, s'étant assuré de sa royale main que le fruit n'avait pas encore été cueilli, il lui donna un baiser.

O-Morphi regardait attentivement son maître et souriait.

— De quoi ris-tu ?

— Je ris de qui vous ressemblez à un écu de six francs comme deux gouttes d'eau.

Cette naïveté fit partir le monarque d'un grand éclat de rire et il lui demanda si elle voulait rester à Versailles.

— Cela dépend de ma sœur, dit la petite.

Mais cette sœur s'empressa de dire au roi qu'elle ne désirait pas de plus grand bonheur. Le roi les enferma de nouveau et partit ; mais un quart d'heure après, Saint-Quintin vint les prendre, mit la petite dans un appartement entre les mains d'une femme et alla avec la sœur aînée rejoindre le peintre allemand auquel il donna cinquante louis pour le portrait et rien à la Morphi. Il prit seulement son adresse en l'assurant qu'elle aurait de ses nouvelles. Elle eut en effet mille louis dès le lendemain [1]. Le bon Allemand me donna vingt-cinq louis pour mon portrait en me promettant de me copier avec le plus grand soin celui qu'avait Patu. Il m'offrit également de me faire gratis celui de toutes les filles qui m'en feraient venir l'envie.

---

[1] Meusnier dit que le père et la mère de Louison qui habitaient rue Beaurepaire, touchèrent deux cents louis qu'ils partagèrent en famille.

J'eus un véritable plaisir à voir la joie de cette bonne Flamande en contemplant les cinq cents doubles louis qu'on lui avait donnés. Se voyant riche et me considérant comme l'auteur de sa fortune, elle ne savait comment m'exprimer sa reconnaissance.

La jeune et belle O-Morphi, car le roi l'appela toujours ainsi, plut au monarque plus encore par sa naïveté et ses gentillesses que par sa rare beauté, la plus régulière que je me souvienne d'avoir jamais vue. Il la mit dans un appartement de son Parc-aux-Cerfs, véritable harem de monarque voluptueux, et où personne ne pouvait aller, à l'exception des dames présentées à la cour. Au bout d'un an la petite accoucha d'un fils qui alla comme tant d'autres on ne sait où ; car aussi longtemps que vécut la reine Marie, on ne sut jamais où passèrent les enfants naturels de Louis XV [1].

O-Morphy fut disgraciée au bout de trois ans, mais le roi en la renvoyant lui fit donner quatre cent mille francs qu'elle porta en dot à un officier breton. En 1783, me trouvant à Fontainebleau, je fis la connaissance d'un charmant jeune homme de vingt-cinq ans, fruit de ce mariage et véritable portrait de sa mère, dont il ignorait absolument l'histoire, que je ne crus pas devoir lui apprendre. J'inscrivis mon nom sur ses tablettes en le priant de faire mes compliments à madame sa mère [2].

(1) Dussieux dans sa *Généalogie des Bourbons* dit que Mlle Morphy eut de Louis XV, une fille née le 10 juillet 1754. D'autre part, d'Argenson note le 21 mai 1754, que Mlle Morphy est accouchée d'un garçon.

(2). Louise O'Morphy épousa le 27 novembre 1755, Jacques de Beaufranchet, comte d'Ayat, aide-major d'infanterie de l'armée du prince de Soubise, qui fut tué à Rosbach en 1757. De cette union naquit le 22 novembre 1757, Louis-Charles-Antoine de Beaufranchet, comte d'Ayat qui était capitaine en 1778 et passa lieutenant-colonel le 25 juillet 1791. (*Intermédiaire des Chercheurs et Curieux*, 30 avril 1912, Col. 562).

Mlle Morphy se remaria, le 24 novembre 1759, avec François-Nicolas Lenormand, seigneur de Flaghac, maître d'hôtel du comte d'Artois, et

Une méchanceté de Mme de Valentinois, belle-sœur du prince de Monaco (¹), fut cause de la disgrâce de la belle O-Morphi. Cette dame, fort connue à Paris, dit un jour à cette jeune personne que, pour bien faire rire le roi, elle n'avait qu'à lui demander comment il traitait sa vieille femme. Trop simple pour deviner le piège, la jeune personne fit au roi cette impertinente question; mais Louis XV indigné lui lança un regard furieux, et lui dit:

— — Malheureuse! qui vous a instruite à me faire cette demande?

La pauvre O-Morphi, plus morte que vive, se jeta à genoux et lui dit la vérité.

Le roi la quitta et ne la revit plus. La comtesse de Valentinois ne reparut à la cour que deux ans après. Ce prince qui savait fort bien tous les torts qu'il avait envers sa femme comme mari, ne voulait pas en avoir comme roi, et malheur à qui s'oubliait envers la reine (²).

Les Français sont assurément le peuple le plus spirituel de l'Europe et peut être du monde, mais cela n'empêche pas que Paris ne soit la ville par excellence où l'imposture et la charlatanerie peuvent le mieux faire fortune. Lorsque la chose est découverte, on s'en moque, on en rit : mais pendant la glose vient un nouveau saltimbanque, qui outre tous les autres et qui fait fortune en attendant qu'on le bafoue. C'est l'effet incontestable de l'empire que la mode exerce sur ce peuple aimable, habile et léger. Il suffit que la chose soit surprenante, quelque extravagante qu'elle

---

elle convola une troisième fois avec le conventionnel Dumont et divorça le 26 frimaire an VII. Elle mourut à Paris, le 12 décembre 1814. (DUSSIEUX. *Généalogie des Bourbons*, 1872, in-8, p. 108-109. NAUROY. *Le Curieux*; 1889, in-8.)

(1) Marie-Christine Saint-Simon de Ruffec, duchesse de Valentinois. (Voir p. 45.)

(2) On trouve sur les *Cahiers de Meusnier*, à la date du 15 avril 1754 : « La D^lle Morphy, Louison, est absolument répudiée. On la dit dans un couvent. »

soit, pour que la foule lui fasse accueil ; car on craindrait de passer pour sot en disant : C'est impossible. Il n'y a guère, en France, que les physiciens qui sachent qu'entre la puissance et l'action il y a l'infini ; tandis qu'en Italie cet axiome est connu de tout le monde, ce qui ne veut pas dire que les Italiens soient au-dessus des Français.

Un peintre fit fortune pendant quelque temps parce qu'il annonça une chose impossible, c'est-à-dire qu'il fit accroire qu'il faisait le portrait d'une personne sans la voir et simplement sur la description qu'on lui en faisait. La seule chose qu'il demandât était que la description fût d'une rigoureuse exactitude. Il arrivait de là que le portrait faisait plus d'honneur à l'informateur qu'à l'artiste ; mais il résultait aussi de cet arrangement que l'informateur était obligé de dire que le portrait était ressemblant, car dans le cas contraire le peintre alléguait la plus légitime de toutes les excuses : il disait que si le portrait ne ressemblait pas, la faute en était à celui qui lui avait fait la description de la personne, car il n'avait pas su faire passer dans son âme la nuance des traits de la personne dont il devait retracer l'image (1).

Je soupais un soir chez Silvia lorsque quelqu'un débita cette merveilleuse nouvelle, et sans le ridiculiser en rien, avec le ton d'une parfaite croyance.

— Ce peintre, disait-il, a déjà fait plus de cent portraits tous très ressemblants.

Tout le monde disait que cela était beau ; je fus le seul qui, étouffant de rire, me permis de dire que c'était ridicule et impossible. Le narrateur, fâché, me proposa une

---

(1) Casanova nomme plus loin ce peintre Samson. Je n'ai rien découvert sur ce personnage, si ce n'est qu'une vague note de Meusnier qui dit à la date du 24 décembre 1755 que Mme Samson, « femme d'un peintre, ci-devant comédien, rue de Richelieu, vis à vis de la fontaine, à côté de l'horloger » le renseigne sur les amours de Mlle Bellenot, qui venait d'être mise dans ses meubles, à l'entresol, par M. le duc d'Orléans. (ARSENAL. *Bastille*, 10234, *Cahiers de Meusnier*).

gageure de cent louis. Je redoublai de rire parce que la proposition n'était pas acceptable, à moins de s'exposer à être dupe.

— Mais les portraits sont très-ressemblants.

— Je n'en crois rien, et s'ils ressemblent il y a de la friponnerie.

Voulant à toute force nous convaincre, Silvia et moi, car elle était la seule qui partageât mon sentiment, le narrateur nous proposa de nous mener dîner chez le peintre : nous acceptâmes.

Le lendemain, nous étant rendus chez cet artiste, nous vîmes une quantité de tableaux-portraits tous soi-disant parfaitement ressemblants : comme nous n'en connaissions pas les originaux, nous n'avions rien à contester.

— Monsieur, lui dit Silvia, me feriez vous le portrait de ma fille sans la voir ?

— Oui, madame, si vous êtes sûre de me faire exactement la description de sa physionomie.

Nous nous donnâmes un coup d'œil et tout fut dit. Le peintre nous dit que son repas favori était le souper, et que nous lui ferions grand plaisir de l'honorer souvent de notre présence. Il était, comme les marchands d'orviétan, muni d'une foule de lettres, sortes de certificats, de Bordeaux, de Toulouse, de Lyon, de Rouen, etc., où l'on voyait les compliments sur la perfection de ses portraits, ou des descriptions pour des portraits nouveaux qu'on lui demandait. Au reste, on lui payait ses portraits d'avance.

Deux ou trois jours après, je rencontrai sa jolie nièce, qui me fit d'obligeants reproches de ce que je n'allais pas souper avec son oncle. Cette nièce était un morceau friand, et, flatté du reproche, je lui promis d'y aller dès le lendemain, et en moins de huit jours la partie devint sérieuse. J'en devins amoureux ; mais l'intéressante nièce, qui avait de l'esprit et qui ne voulait que s'amuser, n'était pas amoureuse et ne m'accordait rien. J'espérais, et me voyant pris, je sentais que c'était ce que j'avais de mieux à faire.

Un jour, étant seul dans ma chambre et prenant mon café en pensant à elle, la porte s'ouvre sans que personne se fût annoncé, et voilà un jeune homme qui se présente. Je ne le remettais pas ; mais avant que j'eusse le temps de lui faire la moindre question :

— Monsieur, me dit-il, j'ai eu l'honneur de souper avec vous chez le peintre Sanson.

— Ah ! oui : excusez-moi, de grâce, monsieur, je ne vous remettais pas.

— C'est naturel ; car vous n'eûtes des yeux à table que pour Mlle Sanson.

— Chose très possible ; mais puisque vous vous en êtes aperçu, avouez, monsieur, qu'elle est charmante.

— Je n'ai nulle peine à l'avouer, car pour mon malheur je ne le sais que trop.

— Vous en êtes donc amoureux ?

— Hélas ! encore oui, et pour mon malheur.

— Pour votre malheur ! mais faites-vous-en aimer.

— C'est à quoi, monsieur, je tâche depuis un an, et je commençais à concevoir quelque espérance lorsque vous êtes venu pour me désespérer.

— Moi, monsieur, vous désespérer ?

— Oui, monsieur, vous-même.

— J'en suis fâché, mais je ne saurais qu'y faire.

— Il ne vous serait pourtant pas difficile d'y faire beaucoup ; et si vous me le permettiez, je vous suggérerais ce que vous pourriez faire pour m'obliger.

— Parlez, et sans contrainte.

— Vous pourriez ne plus remettre les pieds chez elle.

— La proposition est singulière, mais cependant j'avoue que c'est la seule chose que je puisse faire ayant véritablement l'envie de vous obliger. Cependant, croyez-vous que pour lors vous réussirez à vous en faire aimer ?

— Alors ce sera mon affaire. En attendant n'y venez plus et j'aurai soin du reste.

— Il est possible que je puisse avoir cette extrême complaisance; mais, monsieur, me ferez-vous la grâce de m'avouer qu'il est assez singulier que vous m'ayez jugé homme à cela?

— Oui, monsieur, j'avoue que cela peut paraître singulier, mais je vous ai jugé homme de sens et de beaucoup d'esprit, et, après y avoir bien réfléchi, j'ai pensé que vous vous mettriez à ma place, et que vous ne voudriez pas me rendre malheureux ni exposer vos jours pour une demoiselle qui ne peut vous inspirer qu'un amour de fantaisie, tandis que, moi, je n'aspire qu'au bonheur ou au malheur, n'importe, d'unir ma destinée à la sienne.

— Mais si, par hasard, je pensais comme vous à la demander en mariage?

— Alors, nous serions également à plaindre, et l'un de nous aurait cessé de vivre avant que l'autre l'obtint; car tant que je vivrai, Mlle Sanson ne sera point la femme d'un autre.

Ce jeune homme, bien planté, pâle, sérieux, froid comme un morceau de marbre, amoureux maniaque, et qui, dans une raison mêlée d'un profond désespoir, vient me tenir des propos pareils avec un flegme surprenant, et cela dans ma propre chambre, me donne matière à penser. Certes, je ne crains pas mon homme, mais, quoique amoureux de Mlle Sanson, je ne me sens pas enflammé au point d'égorger un homme pour ses beaux yeux ou de recevoir la mort pour soutenir un amour en herbe. Sans rien répondre au jeune homme, je me mets à me promener en long et en large dans ma chambre pendant un bon quart d'heure, pesant cette proposition que je me fis à moi-même. Laquelle des deux actions me sera la plus glorieuse aux yeux de mon rival et me vaudra mieux ma propre estime, savoir, celle de me couper la gorge froidement avec lui, ou celle de lui rendre le repos en lui laissant avec dignité le champ libre?

L'amour-propre me disait : Bats-toi; la raison me dit : Force ton rival à te reconnaître plus sage que lui.

— Que penserez-vous de moi, monsieur, lui dis-je d'un air décidé, si je consens à ne plus mettre les pieds chez Mlle Sanson.

— Je dirai, monsieur, que vous avez pitié d'un malheureux, et que vous me trouverez toujours prêt à verser pour vous la dernière goutte de mon sang pour vous témoigner ma reconnaissance.

— Qui êtes vous?

— Je suis Garnier, fils unique de Garnier, marchand de vin, rue de Seine.

— Eh bien, monsieur Garnier, je n'irai plus chez Mlle Sanson. Soyez mon ami.

— Jusqu'à la mort. Adieu, monsieur.

— Adieu, soyez heureux.

Patu entra cinq minutes après le départ de Garnier. Je lui contai l'aventure; il me trouva un héros.

— Je n'en aurais pas agi, me dit-il, autrement que toi; mais je n'aurais eu garde d'en agir comme Garnier.

A peu près vers le même temps, le comte de Melfort, colonel du régiment d'Orléans (¹), me fit prier par Camillle, sœur de Coraline, que je ne voyais plus, de répondre à deux questions par le moyen de ma cabale. Je fais deux réponses fort obscures, mais qui disaient beaucoup; je les

---

(1) Louis-Hector, comte de Drummond-Melfort, colonel au régiment Royal-Ecossais, né le 1er novembre 1722, descendait d'une très ancienne famille d'Angleterre établie en France par la mauvaise fortune de Jacques II. L'amant de Camille était « petit de taille, mais fait comme un modèle et fort comme un Hercule, téméraire, jeune, vigoureux. « Ce M. de Melfort était si prodigieusement nerveux, que je lui ai vu lever, à bras tendus, la pelle du foyer de la Comédie-Italienne à sa hauteur et la reposer aussi doucement que si c'eût été une canne. Cette pelle avait au moins quatre pieds de haut et était grosse à proportion. (DUFORT DE CHEVERNY. *Mémoires*; 1886, in-8). Ses bonnes fortunes

cachète et les remets à Camille, qui me prie le lendemain d'aller avec elle dans un endroit qu'elle ne peut me nommer. Je la suis ; elle me mène au Palais-Royal, où, par un petit escalier, elle me conduit dans l'appartement de Mme la duchesse de Chartres(1). J'attends environ un quart d'heure, la duchesse vient et fait cent caresses à Camille pour la remercier de m'avoir amené. M'adressant ensuite la parole, elle me dit d'un air noble, mais très gracieux, toutes les difficultés qu'elle trouvait dans les réponses que j'avais faites et qu'elle tenait à la main. Je témoignai d'abord quelque embarras que les questions fussent de Son Altesse ; ensuite je lui dis que je savais faire la cabale, mais que je n'avais pas le don de l'inter-

furent innombrables et la liste de ses conquêtes est bien plus longue que celle de ses victoires, disait la duchesse de Bourbon. La voix publique le donnera comme amant de la duchesse de Chartres (en 1753 duchesse d'Orléans) « personne fort dissolue » (*Mémoires de la baronne Oberkirch*, 1853, in-12, p. 97). Il se maria pourtant le 28 janvier 1759 avec Jeanne-Elisabeth de la Porte, fille de Pierre-Jean, marquis de Presle et d'Anne-Elisabeth Le Fèvre de Caumartin. Il mourut dans son château de Yvoy-le-Pré en novembre 1788. (*Gazette de France*).

(1) Louise-Henriette de Bourbon-Conty, née le 20 juin 1726, mariée au duc de Chartres le 16 décembre 1743 « aussi débauchée que son mari quoiqu'avec un peu plus de décence ». On peut lire d'autre part le passage du pamphlet suivant écrit sous forme de sommaires : « S'en suit la chronicque de plusieurs princes, seigneurs et damoiselles de la cour de Sequinzouil [Louis XV] ; comme quoi Sancho Pança [le duc de Chartres devenu duc d'Orléans], l'un d'eux, épousa la sœur du prince de Tinoc [Conty] comme quoi icelle paillarde ribaudoit moult grandement avec le preux chevalier de Formel [Melfort] et d'iceluy ribaudage est advenu gentil bastard qui fut reconnu comme tel par le prince des Guespins, son grand-père [le duc d'Orléans] ; comme quoi Sancho Pança paillardait avec gentilles garces, au grand émerveillement de tous, et cuidoit par ses esbats se venger de la sœur du prince de Tinoc, sa femme. » En marge, on lit : « Il ne voit plus sa femme depuis longtemps, mais elle s'en console dans les bras de celui qu'elle peut attraper. Elle a le maintien de la plus grande gourgandine de Paris, et en fait parade. » (BIBL. NAT. *MS. français*, 10479. *Cf.* G. CAPON et YVE-PLESSIS. *La Deschamps*, 1906, in-8).

Nous avons vu comment se comportait le duc dans ses jardins du Palais-Royal (p. 13).

Louise-Henriette de Bourbon-Conty, mourut au Palais-Royal le 9 février 1759.

prêter; qu'il fallait qu'elle eût la bonté de faire de nouvelles questions propres à rendre les réponses plus claires. Elle se mit à écrire tout ce qu'elle n'entendait pas et tout ce qu'elle voulait savoir.

— Madame, il faut que vous vous donniez la peine de séparer les questions, car l'oracle cabalistique ne répond pas à deux choses à la fois.

— Eh bien, me dit-elle, faites les questions vous-même.

— Votre Altesse me pardonnera, mais tout doit être écrit de sa propre main. Imaginez-vous, madame, que vous parlez à une intelligence qui connait tous vos secrets.

Elle se mit à écrire et fit sept ou huit questions. Elle les lut avec attention, et me dit avec une expression noble et confiante : — Monsieur, je voudrais être sûre que personne que vous ne saura jamais ce que je viens d'écrire.

— Madame peut compter sur mon honneur.

Je lis avec attention et je vois que son désir est raisonnable : je juge même qu'en mettant ces questions dans ma poche je cours risque de les perdre et de me compromettre.

— Il ne me faut, Madame, que trois heures pour faire ce travail, et je veux que Votre Altesse soit tranquille. Si elle a affaire, elle peut me laisser seul ici, pourvu que personne ne vienne m'interrompre. Dès que j'aurai fini, je mettrai tout sous cachet, que Votre Altesse daigne me dire à qui je devrai le remettre.

— A moi-même ou à Mme de Polignac, si vous la connaissez.

— Oui, Madame, j'ai l'honneur de la connaître.

La duchesse me remit un petit briquet pour allumer une bougie, et s'en alla avec Camille (¹). Je restai seul en-

---

(1) Jacoma-Antoinette, fille du comédien Véronèse, avait alors tout au plus dix-sept ans. Elle avait débuté à neuf ans à la comédie italienne en qualité de danseuse et à douze, elle jouait des rôles sur les canevas

fermé à la clef, et trois heures après, comme je venais de finir, Mme de Polignac vint prendre le paquet, et je m'en allai.

La duchesse de Chartres, fille du prince de Conti, avait vingt-six ans. Elle était remplie de cette sorte d'esprit qui rend une femme adorable. Elle était vive, sans préjugés, gaie, disant des bons mots, aimant la plaisanterie et le plaisir, qu'elle préférait à une longue vie. *Courte et bonne* sont des mots qu'elle avait toujours sur le bout de la langue. Elle était jolie, mais elle se tenait mal, et se moquait de Marcel, maître de grâces, qui voulait l'en corriger. Elle dansait la tête penchée en avant et les pieds en dedans, et, malgré cela, elle était charmante. Malheureusement elle avait sur la figure des boutons qui lui nuisaient beaucoup. On croyait que cela venait du foie, mais c'était un vice dans le sang qui finit par lui donner la mort, qu'elle brava jusqu'au dernier instant de sa vie.

Les questions qu'elle soumit à mon oracle avaient pour objet des affaires qui regardaient son cœur : entre autres choses aussi, elle voulait savoir comment faire disparaître les petites bubes qui la défiguraient. Mes oracles étaient obscurs dans tous ce dont j'ignorais les circonstances, mais ils étaient clairs sur ce qui regardait sa maladie, et ce fut ce qui les rendit chers et nécessaires.

Le lendemain, après dîner, Camille m'écrivit un billet, comme je m'y attendais, me priant de tout quitter pour être à cinq heures au Palais-Royal dans le même cabinet où elle m'avait laissé la veille. Je n'y manquai pas. Un vieux valet de chambre qui m'attendait partit à l'instant, et cinq minutes après je vis paraître la charmante princesse. Après un compliment plein de grâce, elle tire de sa poche toutes mes réponses, et demande si j'avais des affaires.

---

de son père. En 1751, on dit qu'elle est faite à peindre, ayant les plus beaux yeux du monde et dansant avec des grâces infinies. (*Le Papillon*, 15 juillet 1751, tome IV, p. 5.)

— Votre Altesse peut être sûre que je n'en aurai jamais de plus pressées que de la servir.

— Fort bien; je ne sortirai pas non plus, et nous travaillerons.

Là-dessus, elle me montra toutes les questions qu'elle avait déjà faites sur divers sujets et particulièrement sur le remède pour faire disparaître ses bubes. Ce qui lui avait rendu mon oracle précieux était une chose que personne ne pouvait savoir. J'avais conjuré et deviné : si je n'avais pas deviné, c'eût été égal. J'avais eu la même indisposition, et j'étais assez physicien pour savoir qu'une guérison forcée d'une maladie cutanée par des topiques aurait pu lui donner la mort.

J'avais déjà répondu qu'elle pouvait guérir en moins de huit jours de l'apparence de la maladie sur le visage, et qu'il lui fallait un an de régime pour la guérir radicalement.

Nous passâmes trois heures pour savoir ce qu'elle devait faire, et, curieuse de la science de l'oracle, elle se soumit à tout : huit jours après, toutes ces vilaines bubes avaient disparu.

J'eus soin de la purger doucement; chaque jour je lui prescrivis ce qu'elle devait manger et je lui défendis tous les cosmétiques, lui ordonnant seulement de se laver soir et matin avec de l'eau de plantain. L'oracle modeste ordonna à la princesse de faire les mêmes ablutions partout où elle voudrait éprouver les mêmes effets.

J'allai exprès à l'Opéra le jour où la duchesse y parut avec une peau lisse et vermeille. Après l'Opéra elle alla se promener dans la grande allée du Palais-Royal, suivie de ses premières dames et fêtée de tout le monde. Elle m'aperçut et m'honora d'un sourire. J'étais vraiment heureux. Camille, M. de Melfort et Mme de Polignac étaient les seuls qui sussent que j'étais l'oracle de la princesse, et je jouissais du succès. Mais le lendemain quelques boutons reparurent sur le beau teint de cette charmante femme, et vite ordre de me rendre au Palais-Royal (¹).

Le vieux valet de chambre, qui ne me connaissait pas, me fit entrer dans un boudoir délicieux, près d'un cabinet où il y avait une baignoire. La duchesse vint bientôt, ayant l'air un peu triste, car elle avait de petits boutons sur le front et sur le menton. Elle tenait à la main une question pour mon oracle, et comme elle était courte, je voulus lui procurer le plaisir de lui faire trouver la réponse elle-même. Les nombres traduits par la princesse lui reprochèrent d'avoir transgressé le régime prescrit, et elle convint qu'elle avait bu des liqueurs et mangé du jambon; mais elle était émerveillée d'avoir trouvé cette réponse, ne concevant pas comment elle avait pu résulter d'un pile de nombres. Dans ces entrefaites, une de ses femmes étant venue lui dire un mot à l'oreille, elle lui dit d'attendre un instant dehors; ensuite, se tournant vers moi : — Vous ne serez pas faché, monsieur, dit-elle, de voir ici quelqu'un de vos amis aussi délicat que discret ? En disant cela elle se dépêche de mettre dans sa poche tous les papiers qui n'avaient point rapport à sa maladie puis elle appelle :

Je vois entrer un homme que je pris, à la lettre pour un garçon d'écurie : c'était M. de Melfort. — Voyez, lui dit la princesse, M. Casanova m'a appris à faire la cabale. — Et en même temps elle lui montre la réponse qu'elle avait tirée. Le comte ne le croyait pas. — Allons, me dit-elle, il faut le convaincre : que voulez-vous que je demande ?

— Tout ce que Votre Altesse voudra.

Elle pense un instant, et, tirant de sa poche une petite boîte d'ivoire, elle écrit : Dis-moi pourquoi cette prommade ne me fait plus aucun effet.

---

(1) Dans un des manuscrits qu'a laissé Casanova à Dux, on retrouve l'histoire de cette cure provisoire. (ARTHUR SYMONS. *Casanova à Dux; Mercure*, octobre 1903, p. 70.

Elle fait la pyramide, les colonnes et les clefs, comme je lui avais enseigné, et, prête à faire la réponse je lui apprends à faire des additions, des soustractions qui paraissaient sortir des nombres et qui pourtant n'étaient qu'arbitraires ; ensuite je lui dis d'interpréter les nombres en lettres, et je sors faisant semblant d'avoir quelque besoin. Je rentre lorsque je crois que sa traduction peut être achevée, et je trouve la princesse dans le plus grand étonnement.

— Ah ! monsieur, quelle réponse ?

— Fausse, peut-être ; mais, madame, cela peut arriver.

— Fausse, monsieur ? Divine ! La voici : Elle n'a de force que sur la peau d'une femme qui n'a pas engendré.

— Je ne trouve point cette réponse-là étonnante, madame.

— Je le crois, monsieur ; mais c'est parce que vous ne savez pas que cette pommade est celle que l'abbé de Brosses me donna il y a cinq ans, et qui alors me guérit : c'était dix mois avant que j'accouchasse du duc de Montpensier(¹). Je donnerais tout au monde pour apprendre à faire moi-même cette sublime cabale.

— Comment, dit le comte, c'est cette pommade dont je sais l'histoire ?

— Précisément.

— C'est surprenant.

— Je voudrais encore faire une question qui regarde une femme dont je ne voudrais pas dire le nom.

— Dites la femme que j'ai dans ma pensée.

Alors elle posa cette question : Quelle est la maladie de

---

(1) Louis-Philippe-Joseph, duc de Montpensier, né le 13 avril 1747, duc de Chartres en 1752, duc d'Orléans en 1785, puis Philippe-Egalité, guillotiné le 6 novembre 1793. (DUSSIEUX. *Généalogie des Bourbons*, 1872, in-8).

Casanova a aussi laissé à Dux, dans un de ses manuscrits une notice beaucoup plus malicieuse sur la naissance du jeune duc de Montpensier. (A. SYMONS. *Casanova à Dux ; Mercure*, octobre 1903, p. 70).

cette femme ? Elle fait l'opération, et je lui fais obtenir pour réponse : Elle veut en imposer à son mari. Pour le coup, la duchesse jeta les hauts cris.

Il était fort tard, et je me disposais à partir, quand M. de Melfort, qui parlait à Son Altesse, me dit que nous sortirions ensemble. Nous sortîmes en effet, et il me dit que la réponse cabalistique sur la pommade était vraiment étonnante. En voici l'histoire.

— Madame la duchesse, jolie comme vous la voyez, avait la figure si chargée de boutons que le duc, dégoûté, n'avait pas la force de l'approcher maritalement ; aussi la pauvre princesse languissait-elle dans l'inutile désir d'être mère. L'abbé de Brosses la guérit au moyen de cette pommade, et, son beau visage uni comme un satin, elle se rendit à la loge de la reine au Théâtre-Français. Le duc de Chartres, sans savoir que sa femme fût au spectacle, où elle n'allait que rarement, se trouvait en face dans la loge du roi. Sans reconnaître la duchesse, il la trouve belle et s'informe qui c'est ; on le lui dit ; mais n'en croyant rien, il sort de la loge du roi, se rend auprès de sa femme, lui fait compliment, et la même nuit il lui fit annoncer sa visite. Il en est résulté que neuf mois après madame la duchesse mit au monde le duc de Montpensier, qui maintenant a cinq ans et qui se porte fort bien. Pendant sa grossesse, la duchesse continua d'avoir un beau visage ; mais, dès qu'elle fut accouchée, les boutons revinrent et la pommade est demeurée sans effet.

En achevant son récit, le comte tira de sa poche une boîte en écaille avec le portrait très ressemblant de la duchesse et me dit : — Son Altesse vous prie d'accepter son portrait, et si vous voulez le faire monter, elle vous prie de vous servir de ceci.

C'était un rouleau de cent louis. Je reçus la boîte et les cent louis en priant le comte d'exprimer toute ma reconnaissance à Son Altesse. Je n'ai jamais fait monter le portrait, car alors j'avais besoin d'argent pour autre chose.

Dans la suite, la duchesse me fit plusieurs fois l'honneur de me faire appeler ; mais il ne fut plus question de la guérir : elle était incapable d'observer le régime nécessaire. Elle me faisait quelquefois passer cinq ou six heures à l'ouvrage, tantôt dans un coin, tantôt dans un autre, venant, sortant et me faisant donner à dîner ou à souper par le bon vieux valet de chambre, qui n'ouvrait jamais la bouche.

La cabale ne roulait que sur des affaires secrètes qu'elle était curieuse de connaître, et souvent elle trouvait des vérités que j'ignorais moi-même. Elle désirait que je lui apprisse à la faire, mais jamais elle ne me pressa ; seulement elle me fit dire par M. de Melfort que si je voulais lui apprendre mon secret, elle me ferait avoir un emploi qui me vaudrait vingt-cinq mille francs de rente. Hélas ! la chose était impossible. Je l'aimais à la folie, mais jamais je ne me permis de lui en faire rien apercevoir : mon amour-propre fut le correctif de mon amour. Je craignais que sa fierté ne m'humiliât ; et peut-être eus-je tort. Ce que je sais, c'est que je me repens encore d'avoir écouté une sotte crainte. Il est vrai que je jouissais de plusieurs privilèges dont peut-être, elle m'aurait privé si elle avait connu mon amour.

Un jour elle voulut que ma cabale lui dit si on pouvait guérir un cancer que Mme de la Popelinière avait au sein, et j'eus le caprice de lui faire répondre que cette dame n'avait point de cancer, et qu'elle se portait fort bien. — Comment ! s'écria-t-elle, mais tout Paris le croit, et elle fait consultation sur consultation ! Cependant j'en crois la cabale ([1]).

([1]) Thérèse de Hayes, fille de comédiens, actrice elle-même, née vers 1713, fut longtemps la maîtresse reconnue de M. Le Riche de la Popelinière, fermier-général qui se trouva quasiment forcé de régulariser cette situation. Le mariage eu lieu en 1737. Ce n'est point le

CHAPITRE IV

Ayant vu à la cour le duc de Richelieu, elle lui dit qu'elle était sûre que Mme de la Popelinière n'était point malade. Le maréchal, qui était du secret, lui dit qu'elle se trompait ; mais elle lui proposa une gageure de cent mille francs. Je tremblai quand la duchesse me conta cela. — A-t-il accepté ? lui dis-je avec anxiété.

— Non ; cela l'a étonné, et vous savez qu'il doit le savoir.

A trois ou quatre jours de là, elle me dit d'un air triomphant que M. de Richelieu lui avait avoué que ce prétendu cancer n'était qu'une ruse pour exciter la pitié de son mari, avec lequel elle avait envie de retourner ; elle ajouta que le Maréchal lui avait dit qu'il paierait volontiers mille louis pour savoir comment elle avait découvert la vérité.

— Si vous voulez les gagner, me dit-elle, je lui dirai tout.

— Non, non, madame, je vous en supplie.

J'eus peur d'une attrape. Je connaissait la tête du maréchal, et l'aventure du trou dans la paroi, par où ce seigneur s'introduisait chez cette dame, était connue de tout

---

modèle d'une union exemplaire, le mari était jaloux, la femme était volage et s'enticha de folle passion pour le maréchal de Richelieu. Quand M. de la Popelinière eut vent de cette liaison, les disputes devinrent plus violentes et les horions renforcèrent les invectives. Dans une de ces rossées un coup qu'elle reçut dans la poitrine détermina le mal dont devait mourir Thérèse Des Hayes. N'en déplaise à Casanova et à la cabale, Madame de la Popelinière souffrait bien réellement d'un cancer au sein et Richelieu le savait bien. On en aura la certitude en lisant les passages extraits des lettres qu'elle écrivait à son amant le maréchal de Richelieu, alors à l'armée :

« ... Mon cœur, mon sang est encore d'une agitation la plus vive. Je suis d'une sensibilité et d'une vivacité à me jeter par la fenêtre... Mon imagination est toujours en mouvement. Ce sont des projets, des craintes, des langueurs, des fureurs, je suis folle... Cet animal [son mari], l'autre jour disait : « Votre frère est heureux, il n'a que les ondulations de la sensibilité, il n'en a pas les vagues. » Ah ! c'est bien moi qui les ai ces chiennes de vagues.... Je me suis fait dire hier ma bonne aventure par une sorcière de mes amies. Elle m'a dit que je serai veuve, je ne le crois pas. Si je pouvais le croire, cela m'assurerait que je ne mourrerais pas de mon mal, sitôt du moins... Adieu, mon cœur, pensez à moi beaucoup. Si nos âmes pouvaient se joindre par la pensée, je serai toujours avec toi. Je vous aime beaucoup, mon

Paris ; et M. de la Popelinière même avait continué à rendre la chose publique en refusant de revoir sa femme, à laquelle il faisait une rente de douze mille francs par an (¹).

Mme la duchesse de Chartres avait fait des couplets charmants sur cet événement : mais personne ne les avait connus en dehors de sa coterie, à l'exception du roi, qui l'aimait beaucoup, quoiqu'elle lui lançât souvent des brocards. Uu jour, par exemple, elle lui demanda s'il était vrai que le roi de Prusse dût venir à Paris. Louis XV lui ayant répondu que ce bruit n'était qu'un conte en l'air ; — J'en suis bien fâchée, lui dit-elle, car je meurs d'envie de voir un roi.

cher amant, je vous le jure.... » (*L'amateur d'autographes*, 1879, p. 13.)
Et cette autre :
« ..... Mon cœur, que je vous désire, je donnerais un bras pour vous avoir tout à l'heure, je le donnerais, je vous le jure. Je vous désire avec l'impatience la plus vive et elle s'augmente chaque jour à ne savoir comment je feray pour attraper la nuit ; et la nuit, le jour ; puis la fin de la semaine et la fin du mois. Ah, mon amour, quel tourment, ma vie est affreuse, vous ne pouvés l'imaginer, je ne l'aurais jamais pu croire, il n'y a aucune diversion pour moy. N'en parlons pas davantage, cela vous afflige sans me consoler et rien ne vous ramènera plus tôt. Mon cœur, je me flatte quelquefois que si je vous demandais : « venés, mon cœur » à quelque prix que ce fut vous viendriés, mais il faudrait que je fusse bien malade pour vous proposer de tout quitter ; je vous exhorte au contraire à rester, mais, mon cœur, le moins que vous pourrés, je vous en prie. Le mâal [le maréchal de Saxe] me pressait hier beaucoup de me faire faire un cautère, je ne répondais rien ; il me dis à la fin : si votre mal vient d'un coup n'en faites rien, s'il vient du sang cela vous est très nécessaire. Pour me défaire de lui, je m'approchay de son oreille et lui : Monsieur, je n'en feray rien. Cela le fit taire côe [comme] s'il fut muet. Je n'aime pas qu'on me contrarie. Astruck a dit [à] madame D... qu'on pouvait me guérir sans cela ; que c'estait un moyen de plus ; enfin je n'en veux point, l'utilité n'est pas aussy prouvée que la répugnance.... » (BIBL. DE ROUEN. Ms. 3334). Madame de la Popelinière succomba de ce cancer, le 22 octobre 1756.

(1) On a raconté maintes fois l'aventure. Richelieu avait loué un appartement dans la maison contiguë à celle du fermier général, rue de Richelieu ; et, au moyen d'un passage qui aboutissait dans la cheminée de la chambre à coucher de Madame de la Popelinière, il pouvait se rendre chez sa maîtresse à toute heure du jour et de la nuit. Le mari

Mon frère, qui avait fait plusieurs tableaux, se détermina à en présenter un à M. de Marigny, et un beau matin nous nous rendîmes chez ce seigneur, qui demeurait au Louvre, où tous les artistes allaient lui faire leur cour (¹). Nous nous trouvâmes dans une salle contiguë à son appartement, où, étant arrivés les premiers, nous attendions qu'il sortit. Le tableau était exposé : c'était une bataille dans le goût de Bourguignon.

La première personne qui vient s'arrête devant le tableau, le considère attentivement et s'en éloigne en se disant à elle-même : C'est mauvais. Un moment après deux autres personnes arrivent, examinent le tableau, se mettent à rire et disent : Voilà l'ouvrage d'un écolier. Je lorgnais mon frère assis auprès de moi : il suait sang et eau. En moins d'un quart d'heure la salle fut remplie de monde, et le misérable tableau était l'objet des railleries de chacun. Mon pauvre frère se sentait mourir et remerciait Dieu de n'être connu de personne.

Comme la situation de son âme me faisait pitié, je me levai pour passer dans une autre salle et je lui dis pour le consoler que M. de Marigny allait venir, et qu'en trouvant son tableau bien fait il le vengerait des outrages de tout

---

découvrit un jour l'ouverture secrète, en fit dresser procès-verbal par le commissaire et chassa l'infidèle. La maison de M. de la Popelinière était située sur l'emplacement du n° 59 actuel de la rue de Richelieu. Auguste Vitu la visita et put encore constater les traces maçonnées de la brèche pratiquée pour faire communiquer les deux immeubles, portant aujourd'hui les numéros 57 et 59. La maison du fermier général a été démolie en 1882, le bâtiment voisin subsiste encore. (AUGUSTE VITU. *La Maison mortuaire de Molière*, 1882, in-12, p. 121.)

J'aurai occasion de revenir sur M. de la Popelinière pendant le second séjour de Casanova à Paris.

(1) L'hôtel de la surintendance des bâtiments situé jusqu'alors rue Saint-Augustin, hôtel Conty, venait d'être installé en 1752, dans l'ancien hôtel de la Comtesse de Mailly, rue Saint-Thomas du Louvre. Ce n'est donc pas au Louvre même que demeurait le marquis de Marigny qui « tenait un état de maison superbe à la surintendance. » (DUFORT DE CHEVERNY. *Mémoires* I p. 121. — *Almanach royal.*)

le monde. Heureusement cet avis ne fut pas le sien, et vite nous sortons, et, montant dans un fiacre, nous nous rendons chez nous, ordonnant à notre domestique d'aller reprendre le tableau. Dès que le pauvre tableau fut à la maison, mon frère en fit une bataille véritable, car il le perça de vingt coups d'épée. Il prit la résolution d'arranger de suite ses affaires, de quitter Paris et d'aller ailleurs étudier un art dont il était idolâtre : nous décidâmes de nous rendre à Dresde.

Deux ou trois jours avant de quitter le charmant séjour de Paris, je dînai seul chez le suisse de la porte des Feuillants aux Tuileries : il s'appelait Condé (1). Après dîner, sa femme, assez jolie, me présenta la carte, où chaque article était porté au double de sa valeur. Je le lui fis observer, mais elle me dit d'un ton assez sec qu'il n'y avait pas un liard à rabattre. Je payai, et, comme la carte était quittancée au bas par ces mots : Femme Condé, je pris la plume et j'ajoutai, après le nom Condé, *labré*, et je sortis en lui laissant la carte.

Je me promenais dans une allée, sans plus penser à mon écorcheuse, lorsqu'un petit homme, coiffé à l'oiseau royal (2), ayant à sa boutonnière un énorme bouquet, et portant à son côté une longue flamberge, m'aborde d'un air insolent et me dit, sans autre préambule, qu'il avait envie de me couper la gorge.

— Petit bout d'homme ! ce serait donc en montant sur un tabouret ? Moi, je vous couperai les oreilles.

---

(1) Plus surveillé que le jardin du Palais-Royal, le jardin des Tuileries, ouvert tous les jours, était gardé par un détachement d'invalides qui fournissait les postes des six entrées par lesquelles on y accédait. L'entrée était interdite aux soldats, aux domestiques et aux gens mal vêtus. Les suisses et les portiers donnaient à boire et à manger. Sur la terrasse il y avait un café débitant des glaces et des rafraîchissements. Sur ce point de la promenade, on louait des chaises pour se reposer; dans les allées, des bancs étaient installés. (DE JÈZE. *État de Paris*, 1757, in-8.)

(2) Petit chapeau sur l'oreille.

— Sacrebleu, monsieur !

— Point de colère de manant : vous n'avez qu'à me suivre ; votre affaire ne sera pas longue.

Je me dirige à grands pas vers l'Etoile où, ne voyant personne, je lui demande brusquement ce qu'il voulait et la raison qu'il avait de m'attaquer.

— Je suis le chevalier de Talvis. Vous avez insulté une honnête femme que je protège ; dégaînez.

En disant ces mots, il tire sa longue épée ; je tire la mienne, et en me mettant en garde je me fends sur lui et je le blesse à la poitrine,

Il saute en arrière en s'écriant que je l'ai blessé en traître.

— Tu mens, faquin, et conviens-en, ou je te passe mon épée à travers le corps.

— Point du tout, car je suis blessé ; mais je vous demanderai ma revanche et nous ferons juger le coup.

— Mauvais ferrailleur, si tu n'es pas content, je te couperai les oreilles.

Je le laissai là, persuadé que mon coup était en règle puisqu'il avait mis l'épée à la main avant moi ; et, s'il ne se couvrit pas de suite, ce n'était pas à moi à l'en faire souvenir (¹).

Vers la mi-août, je quittai Paris avec mon frère. J'avais habité cette ville par excellence pendant deux ans ; j'y avais eu beaucoup de plaisirs et nul autre désagrément que

---

(1) Casanova retrouva le chevalier Talvis à Presbourg et ce dernier étonna Casanova lui-même par la hardiesse avec laquelle il tint un enjeu de treize à quatorze mille florins, sans un sol dans sa poche. La fortune qui aime les audacieux lui fut favorable et Casanova en profita pour lui emprunter — à fonds perdu — cent souverains. Ils se quittèrent les meilleurs amis du monde. Il n'en fut pas de même à la troisième rencontre entre les deux compères, à Amsterdam où Talvis faisait partie d'une bande de fripons et de coupe-jarrets qui rançonnèrent habilement Casanova et faillirent l'égorger. Le chevalier de Talvis a été mis en scène par Casanova dans une pièce intitulée : *Le Polémoscope* ou *la Calomnie démasquée*, jouée en 1791 au château de Teplez sur le théâtre de société de la princesse Clari. Cette petite comédie a été publiée par M. Gustave Kahn dans « *La Vogue* » (1886).

celui de me trouver parfois un peu court d'argent. Nous passâmes par Metz, Mayenne et Francfort, et nous arrivâmes à Dresde vers la fin du même mois. Ma mère nous fit le plus tendre accueil et fut enchantée de nous revoir. Mon frère passa quatre ans dans cette jolie ville, constamment occupé de l'étude de son art et copiant à la célèbre galerie électorale tous les tableaux de batailles des grands maîtres.

Il ne retourna à Paris que lorsqu'il eut acquis la certitude de pouvoir braver la critique : je raconterai plus tard comment nous y arrivâmes à peu près vers le même temps.

CHAPITRE V.

Deuxième voyage

Janvier 1757 — Septembre 1759

Arrivée à Paris. — Attentat de Damiens. — Le ministre des Affaires Etrangères. — M. de Boulogne. — Le duc de Choiseul. — L'abbé de la Ville. — Pâris du Vernai. — La loterie de l'École militaire. — François Casanova.

> *Pendant les cinq années qui séparent les deux voyages de Casanova à Paris, l'aventurier a parcouru l'Autriche, a passé à Padoue et est retourné à Venise où il vécut les plus jolies pages de sa vie. Toute médaille a son revers et l'heureux roman se termina par l'emprisonnement de Casanova. Accusé de pratiques secrètes, cabale, magie, sorcellerie, il fut enfermé sous les plombs le 25 juillet 1755, d'où il s'évada le 1ᵉʳ novembre 1756. C'est après cet exploit fabuleux qu'il se dirigea une seconde fois sur Paris.*

Nous arrivâmes à Paris le mercredi 5 janvier 1757, et j'allai descendre chez mon ami Baletti, qui me reçut à bras ouverts, m'assurant que, quoique je ne lui eusse pas écrit, il m'attendait; car, ma fuite devant me faire éloigner de Venise le plus tôt possible, il ne concevait pas que je pusse choisir un autre séjour que Paris, où j'avais vécu deux années consécutives avec tous les agréments qu'il est possible de s'y procurer. La joie fut dans toute la maison dès qu'on sut que j'étais arrivé. Je n'ai jamais été plus sincèrement aimé que par cette intéressante famille. J'embrassai avec transport le père et la mère, que je retrouvai à tous égards tels que je les avais laissés en 1752; mais je fus vraiment frappé à la vue de leur fille que j'avais laissée enfant, et que je trouvais grande et bien formée. Mlle Baletti avait quinze ans, elle était devenue belle, et sa mère l'ayant élevée avec soin lui avait donné les meilleurs maîtres et tout ce qu'une mère pleine d'esprit, de grâces et de talents peut donner à une fille chérie et douée de dispositions excellentes, vertus, grâces et talents, et ce savoir-vivre qui, dans tous les états, est, avec le tact des convenances, le premier des talents [1].

Après m'être procuré un joli appartement tout près de cette intéressante famille, je pris un fiacre et je me rendis à l'hôtel de Bourbon, dans l'intention de me présenter à M. de Bernis, qui était alors chef ou ministre des affaires étrangères; j'avais de bonnes raisons pour fonder ma fortune sous la protection de ce ministre. J'arrive, il n'y est pas; il est à Versailles. A Paris, plus qu'ailleurs, il faut aller vite en besogne et, comme on dit vulgairement, mais très bien, il faut battre le fer tant qu'il est chaud. Impatient de voir l'accueil que me ferait cet amant complaisant de ma belle M. M., je vais au Pont-Royal [2], je prends un cabriolet, et j'arrive à Versailles à six heures et demie. Mésaventure! nos équipages s'étaient croisés en route, et le mien, de fort mince apparence n'avait point arrêté les regards de Son Excellence. M. de Bernis était retourné à Paris avec le comte de Cantillana, ambassadeur

---

[1] Marie-Madeleine Balletti que Casanova appellera Manon, avait en réalité 17 ans. (Voir ci-dessus p. 6).

[2] Quai d'Orsay, près du Pont-Royal, se trouvait le bureau des voitures pour la cour. Il y avait à toute heure du jour ou de nuit, « des chaises à deux et des carosses à quatre » que l'on pouvait prendre seul en payant la voiture complète. Le trajet de Paris à Versailles coûtait 3 livres 10 sols par place. (DE JEZE. *État de Paris*, 1760, in-8, p. 342).

de Naples(¹) : je me disposai à retourner sur mes pas. Je remonte dans ma voiture, mais, arrivé à la grille, je vois une foule de monde courant sans ordre de tous côtés, et avec les signes de la plus grande confusion, et j'entends crier à droite et à gauche :

— Le roi est assassiné! on vient d'assassiner le roi!

Mon cocher, effrayé, ne pense qu'à poursuivre son chemin; mais on arrête la voiture, on me fait descendre, et on me fait entrer dans le corps de garde, où je vois déjà du monde, et, en moins de trois minutes, nous étions plus de vingt personnes arrêtées, toutes très-étonnées de l'être et toutes aussi coupables que moi. Je ne savais que penser, et, ne croyant pas aux enchanteurs, je croyais rêver. Nous étions là, mornes, silencieux, et nous nous entre-regardions sans oser nous parler. La surprise se peignait sur tous les traits, car chacun, tout en se sentant innocent, éprouvait de la crainte.

Nous ne fûmes pas longtemps dans cette pénible situation, car cinq minutes après un officier entra, et, après nous avoir fait poliment des excuses, il nous dit que nous étions libres(²).

— Le roi est blessé, nous dit-il, et on l'a porté dans

---

(1) Le comte de Cantillana, marquis de Castromonte, habitait rue de la Planche, hôtel de Novion. Il passait pour être parcimonieux avec les femmes et si l'on en croit Mlle Violante Vestris, il regimbait contre « la pincée de louis » à laisser chaque fois qu'il venait coucher auprès d'elle. (GASTON CAPON. *Les Vestris*, 1908, in-12, p 133).

M. de Cantillana mourut subitement à Paris, le 21 février 1770.

(2) L'attentat de Damiens eut lieu le 5 janvier 1757 vers les six heures du soir : « Le Roi, prêt à monter en carrosse pour retourner à Trianon, a été frappé au côté droit d'un coup qu'il a cru d'abord n'être qu'un coup de poing. Il y a porté la main et l'a retirée pleine de sang. Il a ordonné lui-même qu'on arrêta l'homme qui était en redingote grise, mais qu'on ne le tue pas. Il a remonté avec force son escalier; il n'y avait pas de chirurgien dans le moment : on l'a déshabillé. La Martinière est enfin arrivé, il a sondé la plaie et ne l'a trouvée ni profonde ni dangereuse. Le Roi a été soigné et est tranquille dans le moment. » (*Mémoires du duc de Croy; Revue Rétrospective*, 1895, II p. 385).

son appartement. L'assassin, que personne ne connaît, est arrêté. On cherche partout M. de la Martinière (¹).

Remonté dans ma voiture et fort heureux de m'y voir, un jeune homme fort bien mis et d'une figure qui peignait la persuasion, s'approcha et me pria instamment de lui accorder une place en payant la moitié : malgré les lois de la politesse, je lui refusai ce plaisir. Je fis mal peut-être ; en tout autre temps je me serais fait un plaisir de lui offrir une place, mais il y a des moments où la prudence ne permet pas d'être poli. Je mis environ trois heures pour faire le trajet, et dans ce court espace de temps je fus devancé par au moins deux cents courriers qui allaient ventre à terre. A chaque minute, j'en voyais un nouveau et chaque courrier criait et publiait à l'air la nouvelle qu'il portait. Les premiers dirent ce que je savais ; à la fin je sus que le roi avait été saigné, que la blessure n'était pas mortelle, et enfin que la blessure était légère, et que Sa Majesté pouvait même aller à Trianon, si elle en avait envie.

Muni de cette excellente nouvelle, je me rendis chez Silvia, et je trouvai toute la famille à table, car il n'était pas encore onze heures.

— J'arrive de Versailles, leur dis-je.

— Le roi a été assassiné ?

— Point du tout : il pourrait aller à Trianon ou à son Parc-aux-Cerfs s'il en avait envie. M. de la Martinière l'a saigné et l'a trouvé fort bien. L'assassin a été arrêté, et le malheureux sera brûlé, tenaillé et écartelé tout vif.

---

(1) Germain Pichault de la Martinière, né le 27 septembre 1697, à Argenton-l'Église (Deux-Sèvres), mort le 17 octobre 1783. Il commença par être chirurgien militaire et ce fut en 1747 que Louis XV le nomma son premier chirurgien. La Martinière, quoiqu'il n'ait laissé aucun écrit, était un praticien de grand mérite. C'était aussi un administrateur distingué, et il a fait beaucoup pour le corps des chirurgiens dont sa charge le rendait chef. (ROBERT DE CRÈVECŒUR, éd. des *Mémoires du Comte Dufort de Cheverny*, 1886, in-8, t. I. p. 142, note.)

A cette nouvelle, que les domestiques de Silvia s'empressèrent de publier, une foule de voisins vinrent m'entendre ; je fus obligé de répéter dix fois la même chose et le quartier me dut de passer une nuit tranquille. Dans ce temps-là, les parisiens s'imaginaient aimer leur roi ; ils en faisaient de bonne foi et par hasard toutes les grimaces ; aujourd'hui, plus éclairés, ils n'aimeront que le souverain qui voudra réellement le bonheur de la nation et qui ne sera que le premier citoyen d'un grand peuple ; et en cela, ce sera la France toute entière, et non Paris et sa banlieue, qui rivalisera d'amour et de reconnaissance. Quant aux rois comme Louis XV, ils sont devenus impossibles ; mais s'il s'en trouvait encore, quel que fût le parti intéressé qui le prônât, l'opinion publique ne tarderait pas à en faire justice, et ses mœurs seraient flétries avant que la tombe l'eût rendu au domaine de l'histoire, que les rois et les hommes d'État ne devraient jamais perdre de vue.

***

Me voilà donc de nouveau dans ce Paris, l'unique au monde, et que je dois regarder comme ma patrie, puisque je ne puis plus penser à rentrer dans celle que m'a donné le hasard de la naissance ; patrie ingrate, mais que j'aime toujours en dépit de tout, soit que le préjugé qui nous attache aux lieux où se sont écoulées nos premières années, où nous avons reçu les premières impressions, ait sur nos idées et sur nos affections une puissance magique, soit qu'en effet Venise ait des charmes à nul autre pareils. Mais cet immense Paris est un lieu de misère ou de fortune, selon qu'on sait s'y prendre bien ou mal ; ce sera à moi de bien saisir les aires du vent.

Paris ne m'était point étranger, mes lecteurs savent que j'y avais fait un séjour de deux ans ; mais je dois avouer que, n'ayant alors d'autre but que de tuer le temps, je ne m'étais occupé que de la partie essentielle des jouissances, et ma vie s'était à peu près écoulée dans le sein des plaisirs. La Fortune que je ne m'étais point attaché à courtiser, ne m'avait point non plus ouvert son sanctuaire, et maintenant je sentais que je devais la traiter avec plus de vénération ; j'avais besoin de me rapprocher des favoris qu'elle comble de ses dons. Je savais enfin que plus on se rapproche du soleil, et plus on sent les effets bienfaisants de ses émanations. Je voyais que, pour parvenir à quelque chose, j'avais besoin de mettre en jeu toutes mes facultés physiques et morales, que je ne devais pas négliger de faire connaissance avec de grands et puissants personnages, d'être maître de mon esprit, et de prendre la couleur de tous ceux à qui je verrais qu'il serait de mon intérêt de plaire. Pour suivre avec succès le plan de conduite qui devait résulter de ces considérations, je jugeai qu'il était important que j'évitasse tout ce qu'à Paris on appelle mauvaise compagnie, que je renonçasse à toutes mes anciennes habitudes et à toutes les prétentions qui auraient pu me faire des ennemis, lesquels n'auraient pas manqué de me représenter comme un homme peu solide et peu propre à occuper des emplois de quelque importance.

Je pensais très-bien, je crois, et le lecteur, j'espère sera de mon avis.

— Je serai, me dis-je, réservé dans ma conduite et dans mes discours, et cela me vaudra une réputation dont je récolterai les fruits.

Quand à mes besoins présents, j'étais sans inquiétude, car je pouvais compter sur une pension mensuelle de cent écus que m'enverrait mon père adoptif, le bon et généreux M. de Bragadin : cette somme devait me suffire en attendant mieux : car à Paris, quand on sait se restreindre, on peut vivre à peu de frais et faire bonne figure. L'essentiel était que je fusse toujours bien mis et décemment logé, car dans toutes les grandes villes la superficie est de rigueur :

c'est toujours par elle que l'on commence à vous juger. Mon embarras ne tenait qu'aux besoins pressants du moment: car je n'avais, pour parler net, ni habit, ni linge; en un mot, rien.

Si l'on se rappelle mes liaisons avec le ministre de France à Venise, on trouvera tout naturel que ma première idée fût de m'adresser à lui; il était alors en bonne veine, et je le connaissais assez pour pouvoir compter sur lui (1).

Persuadé que le suisse me dirait que monseigneur était occupé, je me munis d'une lettre, et dès le lendemain, je me rendis au Palais Bourbon. Le suisse prit ma lettre et je lui donnai mon adresse; c'était tout ce qu'il fallait, après quoi je partis.

En attendant, partout où j'allais, il fallait que je fisse la narration de ma fuite des Plombs; cela devenait une corvée presque aussi fatigante que mon évasion l'avait été, car il me fallait deux heures pour faire mon récit, lors même que je ne brodais sur rien; mais ma situation voulait que je fusse complaisant envers les curieux, car je devais les croire tous mus par le plus tendre intérêt pour moi. Le plus sûr moyen de plaire en général, est assuré-

---

(1) François-Joachim de Pierres de Bernis, né le 22 mai 1715, à Saint-Marcel (Ardèche), fut, comme cadet de famille, destiné à l'état ecclésiastique. Mais l'imagination vive, le goût prononcé pour les belles lettres, le caractère enclin à l'indépendance du jeune novice, portèrent préjudice à son avancement dans les ordres. Ses supérieurs voyaient d'un mauvais œil se développer des qualités trop brillantes pour le sacerdoce auquel on le destinait. Désespérant d'obtenir un bénéfice, M. de Bernis entra dans le monde avec le titre d'abbé, sans fortune, il est vrai, mais plein de confiance en l'avenir. Un abbé, alors, n'était point tenu à mener une vie austère. On ne le distinguait dans la société, que par la coupe des cheveux, par le petit manteau noir attaché aux épaules et par le droit de refuser un duel, droit dont il n'usait pas toujours. Comme le nouvel abbé possédait l'esprit et la tournure de ce siècle aimable, il plut par son charme et on goûta les vers qu'il construisait avec grâce. Ces poésies au ton de l'époque, pleines d'afféterie, le firent surnommer par Voltaire *Babet la bouquetière* et ce sobriquet, qui aurait pu le couvrir de ridicule, ne lui causa aucun dommage, il fut reçu à l'Académie française à l'âge de vingt-neuf ans et en 1748, il débutait dans la diplomatie comme ambassadeur à Venise. C'est dans

ment de supposer de la bienveillance à tous ceux à qui l'on a affaire.

Je soupai chez Silvia, et, plus tranquille que la veille, j'eus lieu de m'applaudir de toutes les marques d'amitié dont je fus l'objet. Sa fille avait quinze ans : je fus aussi charmé de son mérite qu'enchanté de ses belles qualités. J'en fis compliment à sa mère, qui l'avait élevée, et je ne pensais nullement à me mettre en garde contre l'effet de ses charmes. J'avais pris si récemment des résolutions philosophiques si bien basées ; et puis je n'étais pas encore assez à mon aise pour oser m'imaginer que je valusse la peine d'être tenté. Je me retirai de bonne heure, impatient de voir ce que le ministre me manderait en réponse à mon billet. Il ne se fit pas attendre ; j'en reçus une petite lettre à huit heures et j'y trouvai un rendez-vous pour deux heures après-midi. On peut croire que je fus ponctuel, et je fus reçu par Son Excellence de la manière la plus prévenante. M. de Bernis me témoigna tout le plaisir qu'il avait de me voir victorieux et m'exprima toute la satisfaction qu'il éprouvait de se voir en état de pouvoir m'être utile. Il me dit que M. M. lui avait appris que je m'étais sauvé, et qu'il s'était flatté que ma première visite à Paris,

---

cette ville que Casanova le rencontra en 1754. En dehors de la vie officielle, l'ambassadeur s'était arrangé une existence voluptueuse dans une petite maison aménagée pour l'amour. Il recevait là une jolie religieuse que Casanova, de son côté, réussit à convaincre ; les choses s'arrangèrent à merveille entre les trois personnages qui vécurent jusqu'au départ de l'abbé de Bernis, dans un parfait accord, alliés par la femme. Rien d'étonnant qu'après sa fuite des plombs, Casanova ne vint réclamer, pour refaire sa fortune, M. de Bernis, chargé du ministère des affaires étrangères, et qu'il n'eût hâte de le rencontrer. Un écrivain anonyme a laissé un portrait bien inattendu de M. de Bernis : « Dans les sujets sanguins, dit-il, le sang circule avec facilité et d'une manière uniforme ; ils ont un teint vermeil, la peau blanche, semée de poils rares et blonds, la chair ni trop molle ni trop ferme, les veines larges, bleues, distendues par l'abondance du sang, les membres souples, leur caractère est vif et colérique et se radoucit facilement, ils aiment les femmes et la bonne chère. Le cardinal de *Bern*... est sanguin. » (*Le Marchand de nouveautés*; 1789, in-8, p. 48.)

où je ne pouvais pas manquer de me rendre, serait pour lui. Il me fit voir la lettre où M. M. lui faisait part de ma détention et celle dans laquelle elle lui apprenait mon évasion ; mais toutes les circonstances étaient controuvées et de pure imagination. M. M. était excusable, car elle n'avait pu écrire que ce qu'on lui avait dit, et il n'était pas facile d'avoir de ma fuite une version exacte. Cette charmante nonne lui disait que n'ayant plus d'espoir de revoir l'un des deux hommes qui seuls l'attachaient à la vie et sur l'amour desquels elle pouvait compter, l'existence lui devenait à charge, et qu'elle se sentait malheureuse de ne pouvoir recourir à la dévotion. C. C. vient souvent me voir, disait-elle, mais, hélas ! cette chère amie n'est guère heureuse avec son mari ([1]).

Je dis à M. de Bernis que les circonstances de ma fuite des Plombs, telles que notre amie les lui avait données, étant entièrement fausses, je prendrais la liberté de les lui écrire dans le plus grand détail. Il me somma de tenir ma promesse, m'assurant qu'il en enverrait une copie à M. M., et en même temps il me mit dans la main, de la meilleure grâce du monde, un rouleau de cent louis, en me disant qu'il penserait à moi, qu'aussitôt qu'il aurait à me parler il s'empresserait de me faire avertir.

Muni de fonds suffisants, je pensai de suite à ma toilette, et dès que j'eus fait les emplettes nécessaires, je me mis à l'ouvrage et huit jours après j'envoyai mon histoire à mon généreux protecteur, lui permettant d'en faire tirer autant

---

[1] Les initiales M. M. cachent le nom de la religieuse qui fut le trait d'union entre M. de Bernis et Casanova. Ils l'aimèrent et en furent aimés sans ombrage. Séparés par les hasards de la vie, ils conservèrent tous trois le meilleur souvenir de cette époque de leur existence, ils se revirent toujours avec plaisir quand les circonstances les mirent en présence.

Casanova a également caché le nom d'une autre de ses maîtresses sous les initiales de C. C. Elle avait été mise au couvent qui abritait la conquête de l'abbé de Bernis. C'est par C. C. que le galant aventurier fit la connaissance de la belle M. M.

de copies qu'il le désirerait et d'en faire tel usage qu'il lui plairait pour intéresser en ma faveur toutes les personnes qui pourraient m'être utiles.

Trois semaines après, le ministre me fit appeler pour me dire qu'il avait parlé de moi à M. Erizzo, ambassadeur de Venise, qui lui avait dit qu'il ne me ferait aucun tort, mais que, n'ayant point envie de se brouiller avec les inquisiteurs d'État, il ne me recevrait pas (1). N'ayant nul besoin de lui, cette réserve fut loin de me déplaire. M. de Bernis m'apprit ensuite qu'il avait donné mon histoire à Mme la marquise de Pompadour, qui se souvenait de moi, et il me promit de saisir la première occasion de me présenter à cette puissante dame.

— Vous pourrez, mon cher Casanova, ajouta son Excellence, vous présenter à M. de Choiseul et au contrôleur général de Boulogne ; vous serez bien reçu, et, avec un peu de tête, vous pourrez tirer bon parti de ce dernier. Il vous donnera lui-même les lumières nécessaires, et vous verrez que *l'homme écouté est celui qui obtient*. Tâchez d'inventer quelque chose d'utile à la recette royale, en évitant les complications et les chimères ; et si ce que vous écrirez n'est pas long, je vous en dirai mon avis.

Je quittai le ministre, satisfait et reconnaissant, mais très embarrassé de trouver les moyens convenables pour augmenter les revenus du roi. Je n'avais aucune idée de finances, et j'avais beau torturer mon imagination ; tout ce qui me passait par la tête n'aboutissait qu'à de nou-

---

(1) M. Erizzo succéda au chevalier de Mocenigo dans la dignité d'ambassadeur de la République de Venise en France. Il eut sa première audience le 25 mai 1756. (*Journal de Verdun*. Juillet, p. 58). C'était un homme de cinq pieds, quatre pouces, âgé d'environ quarante ans, de belle représentation. (ARSÉNAL. *Bastille*, 10234. *Cahiers*, 1756.)

Il habitait rue de Varennes et passait pour être de la manchette. L'inspecteur des mœurs, Marais, raconte qu'il entretenait « comme une jolie femme » un petit comédien nommé Fleury lui donnant trente louis par mois et l'assurant d'une rente de 8,000 livres. (PITON. *Paris sous Louis XV*, 1907, in-12, I, p. 46, 60).

veaux impôts, moyens odieux ou absurdes, je les rejetais après les avoir tournés dans tous les sens.

Ma première visite fut pour M. de Choiseul dès que je sus qu'il était à Paris. Il me reçut à sa toilette, où il écrivait pendant que son valet de chambre le coiffait. Il poussa la politesse jusqu'à s'interrompre plusieurs fois pour m'adresser des questions. Pendant que j'y répondais Son Excellence allait son train, écrivant toujours comme si de rien n'était ; et je doute fort qu'il ait pu saisir la suite de mon discours, quoique parfois il eût l'air de me regarder : il était visible que ses yeux et sa pensée n'étaient pas occupés du même objet. Malgré cette manière de recevoir son monde, moi au moins, M. de Choiseul était un homme de beaucoup d'esprit (¹).

Quand sa lettre fut achevée, il me dit en italien que M. de Bernis lui avait conté une partie de l'histoire de ma fuite, et il ajouta :

— Dites-moi donc comment vous avez fait pour réussir.

— Monseigneur, le récit en est un peu long, il faut au moins deux heures, et Votre Excellence m'a l'air d'être pressée.

— Dites-moi ça en abrégé.

— Quelque bref que je sois, il me faudra deux heures.

— Vous me réserverez les détails pour une autre fois.

— Il n'y a dans cette histoire rien d'intéressant que par les détails.

---

(1) Casanova fit-il réellement cette visite à M. de Choiseul ? Dans une lettre adressée à M. d'Affri, dont il sera parlé plus loin, M. de Choiseul écrit, en septembre 1759, que c'est le vicomte de Choiseul qui lui a recommandé Casanova *qu'il ne connait pas*. (*Archives des Affaires étrangères*, série Hollande, année 1759. *Cf.* BASCHET, *Authenticité des Mémoires de Casanova*. « *Le Livre* » 1881.) Renaud-César-Louis de Choiseul, dit le vicomte de Choiseul, avec qui Casanova paraît avoir été lié, était né le 18 janvier 1734. Il avait épousé le 30 janvier 1754, Guyonne-Marguerite-Philipine de Durfort. (LA CHESNAYE-DESBOIS. *Dict. de la Noblesse.*)

— Si fait. On peut tout raccourcir, et autant qu'on le veut, sans presque rien ôter de l'intérêt.

— Fort bien. D'après cela, j'aurais mauvaise grâce de faire la plus légère objection. Je dirai donc à monseigneur que les inquisiteurs d'État me firent enfermer sous les Plombs; qu'au bout de quinze mois et quinze jours je parvins à percer le toit; que par une lucarne, à travers mille difficultés, je parvins dans la chancellerie, dont je brisai la porte; qu'après cet exploit, je descendis dans la place Saint-Marc, d'où m'étant rendu au port, je pris une gondole qui me transporta à terre ferme, d'où je suis venu à Paris, où j'ai l'honneur de vous faire ma révérence.

— Mais... qu'est-ce que les Plombs?

— Monseigneur, pour expliquer cela il me faudrait au moins un quart d'heure.

— Comment avez-vous fait pour percer le toit?

— Je ne vous dirai pas cela en moins d'une demi-heure.

— Pourquoi vous y fit-on enfermer?

— Le récit en sera long, monseigneur.

— Je crois que vous avez raison, l'intérêt de l'histoire ne peut se trouver que dans les détails.

— Comme j'ai pris la liberté de le faire observer à Votre Excellence.

— Je dois aller à Versailles, mais vous me ferez plaisir si vous venez me voir quelquefois. En attendant, voyez, Monsieur Casanova, en quoi je pourrais vous être utile.

J'avais été presque choqué de la manière dont M. de Choiseul m'avait reçu, et mon humeur s'en était ressentie; mais la fin de notre colloque, et surtout le ton affectueux de ses derniers mots, me calmèrent, et je le quittai, sinon satisfait, au moins sans aigreur.

En sortant de chez ce seigneur, je me rendis, chez M. de Boulogne; et je trouvai un homme tout à fait différent du duc, tant dans ses manières que dans son costume et dans son maintien (¹). Il m'accueillit très poliment, et commença par me faire compliment sur le cas que M. l'abbé de Bernis faisait de moi et de mes connaissances en matière de finance. Je sentais que jamais compliment n'avait été plus gratuit, et peu s'en fallut que je ne partisse d'un éclat de rire. Mon bon génie me fit garder le sérieux.

M. de Boulogne était avec un vieillard dont tous les traits portaient l'empreinte du génie, et qui m'inspira du respect. — Communiquez-moi vos vues, me dit le contrôleur général, soit de vive voix ou par écrit; vous me trouverez docile et prêt à saisir vos idées. Voici M. Pâris du Vernai, qui a besoin de vingt millions pour son école militaire. Il s'agit de trouver cette somme sans charger l'État et sans vider le trésor royal (²).

— Il n'y a qu'un dieu, monsieur qui ait le pouvoir créateur.

— Je ne suis pas un dieu, dit alors M. du Vernai, et

---

(1) Jean-Nicolas de Boulogne, Comte de Nogent-sur-Seine, intendant des finances, habitait l'Hôtel du Contrôleur général, rue Neuve-des-Petits-Champs. (*Tableau de Paris, pour 1759.*) Il avait épousé Charlotte-Catherine de Beaufort qui mourut au château de La Chapelle-Godefroy, le 5 juin 1763, âgée de 63 ans (*Mercure de France*, Juillet 1763, II p. 210). M. de Boulogne avait alors toutes les complaisances de la marquise de Bezons et contre la coutume, ami de la dame, il était très peu celui du mari. (L. Larchey. *Journal des Inspecteurs de M. de Sartine*, 1863, in-12, p. 231). Malgré ses titres et ses charges, ses quatorze seigneuries, il mourut insolvable dans son hôtel de la rue Saint-Honoré, le 7 janvier 1787. (*Gazette de France*, 16 janvier.)

(2) Les célèbres financiers Pâris étaient natifs de Moirans, en Dauphiné, où leur père tenait une auberge, à l'enseigne de Saint-François. Joseph Pâris, le troisième des quatre frères, naquit le 9 avril 1684 et fut connu sous le nom de *Duverney*. Après avoir goûté de l'état militaire dans les gardes françaises, il quitta le service pour s'associer à ses frères qui s'étaient enrichis dans les vivres. Il se montra habile dans les affaires financières où la fortune lui fut favorable. C'est à son instigation que le roi établit l'Ecole militaire en 1751 et M. Duvernay en fut nommé le premier intendant avec le titre de Conseiller d'Etat. Il conserva la puissance que donnent la richesse et la faveur royale jusqu'à sa mort qui arriva au bout d'une longue carrière, le 17 juillet 1770. (HOEFFER. *Nouvelle biographie générale*).

cependant j'ai quelquefois créé ; mais tout a bien changé de face.

— Tout, lui dis-je, est devenu difficile, je le sais ; mais malgré les difficultés, j'ai en tête une opération qui produirait au roi cent millions.

— Combien ce produit coûterait-il au roi ?

— Rien que des frais de perception.

— C'est donc la nation qui devrait fournir le revenu ?

— Oui, sans doute, mais volontairement.

— Je sais à quoi vous pensez.

— Cela m'étonnerait beaucoup, monsieur, car je n'ai communiqué mon idée à personne.

— Si vous n'êtes pas engagé ailleurs, faites-moi l'honneur de venir dîner demain avec moi ; je vous montrerai votre projet que je trouve beau, mais que je crois sujet à des difficultés insurmontables. Malgré cela, nous en causerons, nous verrons. Viendrez-vous ?

— J'aurai cet honneur.

— Fort-bien ; je vous attendrai à Plaisance.

Après son départ M. de Boulogne me fit l'éloge du talent et de la probité de ce vieillard. C'était le frère de M. de Montmartel, qu'une chronique secrète faisait croire père de Mme de Pompadour, car il aimait Mme Poisson en même temps que M. le Normand (¹).

(1) Bien qu'il ne soit question de Pâris de Montmartel qu'en cet endroit, Casanova paraît avoir eu des relations assez intimes avec le frère de Duvernay ; est-ce dans son premier ou dans son deuxième voyage ? La lettre de Mme de Montmartel qui vient appuyer cette supposition n'est malheureusement pas datée. Jean Pâris de Montmartel avait épousé, la nuit du 16 au 17 février 1746, dans la chapelle intérieure de l'hôtel de Charost, Marie-Armande de Béthune, née le 24 juillet 1709, fille du comte de Béthune et de Marie-Thérèse Pollet de la Combe. Le marié comptait cinquante-six ans contre les trente-sept qu'avait sa nouvelle épouse. Ils eurent un fils le 25 mars 1748. (*Mercure de France*, février 1746, p. 208 et avril 1748, p. 207. LA CHESNAYE-DESBOIS, *Dict. de la Noblesse*.)

Quand et comment Casanova connût-il le ménage ? Pourquoi n'en fait-il pas mention dans ses *Mémoires*? Ce ne peut être un oubli puisque

En sortant de chez le contrôleur général, j'allai me promener aux Tuileries en réfléchissant au coup bizarre que la fortune me présentait. On me dit qu'on a besoin de vingt millions ; je me vante de pouvoir en donner cent sans avoir la moindre idée de la possibilité, et un homme célèbre, rompu dans les affaires, m'invite à dîner pour me convaincre qu'il connait mon projet ! Il y avait là quelque chose de plaisamment bizarre ; mais cela répondait assez à ma manière d'agir et de sentir. S'il pense me tirer les vers du nez, me disais-je, je puis le défier. Quand il me communiquera son plan il ne tiendra qu'à moi de dire qu'il a deviné ou qu'il s'est trompé, selon que je jugerai convenable d'après l'inspiration du moment. Si la matière me semble être à ma portée, je dirai peut-être quelque chose de nouveau ; s'y je n'y entends rien, je me renfermerai

en citant le nom de Pâris de Montmartel, les souvenirs de leurs rapports ont dû revenir à sa mémoire et aussi la lettre suivante que l'aventurier conservait, chef-d'œuvre d'orthographe fantaisiste :

« Je Sui mon Sieur Si est tonné et Si inniorrante de tout Les choze que Lon supoze qui son des ver biaze don je ni compranrien mon Sieur le comte votre ami a bien reusi an peu de tan a me detruire de votre esprit il fou quil et su vous en chante par Ses bon propo il les Sancé que pour quelqun que Lon nesme otant que vous Lesme lon lui sacrifi tout aveque plezir. Si il nu pas ette en Se bruit de mes a ferrée et des votre il nore pas par le ensi mais Lambision a ette le plus forde la partie je vous connes mon Sieur lame bien sette gene croies pas que vous est coutié Le medizan il larive que linosan est puni par le fautifié. Si ge croies vous a voirre manque je Seres preste a vous an ferre mes ezesquse mes ge me croy la pluz inozante de tout dans Set a ferre il nioret quune clercise man de votre par qui pouret memetre sur lés voy je ne vous parlé pas de ma si tuasion qui est bien triste et qui est bien change depuis zier. Le dezese poir ou je Sui man païsche de vous dire des Soges que gene puis vous dire que de bouche gesse perre tout de vous vous donneré Sa ti faquesion de tout les choge pardonne Sil vous ples mon gri bouliage la plume me tombe de men je ne puis vous en dire davantage ; ge louneur destre monsieur votre trezunble Ser vante la contesse de Monmartel. »

(ALDO RAVA. *Lettere di donne a Giacomo Casanova*, 1912, in-8, p. 96.)
Pâris de Montmartel mourut le 10 septembre 1766, âgé de 76 ans. (*Mercure*, janvier 1767, p. 186). Sa femme le suivit de près, en mai 1772, elle décédait rue de Grenelle, faubourg Saint-Germain. (Arch. Nat. *Scellés* Y 13965.)

dans un mystérieux silence, et parfois cela produit son effet
A tout hasard, ne repoussons pas la fortune si elle veut
m'être propice.

L'abbé de Bernis ne m'avait annoncé à M. de Boulogne
comme financier que pour me procurer auprès de lui un
accès facile, car sans cela peut-être n'aurais-je pas été reçu.
J'étais fâché de ne pas posséder au moins le jargon du
métier; car avec cela bien des gens se tirent souvent d'affaire, et tel a fait son chemin qui d'abord n'en savait pas
davantage. N'importe, j'étais engagé; il fallait faire bonne
mine à mauvais jeu, et j'étais homme à payer d'assurance.
Le lendemain je pris une voiture de remise, et, triste et
pensif, je dis au cocher de me mener à Plaisance, chez
M. du Vernai. Plaisance est un peu au-delà de Vincennes (1).

Me voilà à la porte de cet homme fameux qui avait
sauvé la France du gouffre où, quarante ans auparavant,
le système de Law avait failli la plonger. J'entre et le trouve
devant un grand feu, entouré de sept ou huit personnes
auxquelles il me présenta en leur déclinant mon nom et
ma qualité d'ami du ministre des affaires étrangères et du
contrôleur général. Ensuite il me présenta chacun de ces
messieurs, donnant à chacun les titres dont ils étaient
revêtus, et je remarquai qu'il y avait quatre intendants des
finances. Ayant fait ma révérence à chacun je me consacrai au culte d'Harpocrate; et sans avoir l'air trop attentif,
je fus tout oreilles et tout yeux.

Le discours cependant n'avait rien de bien intéressant
car on parla d'abord de la Seine, prise alors, et dont la

(1) Pâris Duvernay avait rasé et remplacé en six mois, l'ancien château royal de Plaisance, qui ne datait pourtant que du dix-septième
siècle, par une nouvelle demeure seigneuriale bâtie au goût du jour, et
dont tous les ornements, placés en quinze jours, étaient « d'une grande
magnificence avec des jardins de trente arpens superbement dessinés. »
DUFFEY. *Nouveau dictionnaire des environs de Paris*, 1825, in-8, p. 291.)

glace avait un pied d'épaisseur. Vint ensuite la mort récente de M. de Fontenelle; puis il fut question de Damiens, qui ne voulait rien confesser, et de cinq millions que ce procès coûterait au roi. Enfin, à propos de la guerre, on fit l'éloge de M. de Soubise, que le roi avait choisi pour commander ses armées; de là, la transition naturelle était les dépenses que cette guerre allait occasionner et les moyens de suffire à tout.

J'écoutais et je m'ennuyais, car tous leurs discours étaient si farcis de termes techniques que je n'en saisissais pas bien la suite; et si le silence a jamais pu donner de l'importance à quelqu'un, ma constance pendant une heure et demie dut me faire passer auprès de ces messieurs pour un fort grand personnage. Enfin, au moment où le baillement commençait à me prendre, on vint annoncer le dîner, et je fus encore une heure et demie à table sans ouvrir la bouche autrement que pour faire amplement honneur à un excellent dîner. Un moment après que le dessert eut été servi, M. du Vernai m'invita à le suivre dans une chambre voisine, laissant les autres convives à table. Je le suivis, et nous traversâmes une salle où nous trouvâmes un homme de bonne mine, ayant une cinquantaine d'années, et qui nous suivit dans un cabinet où M. de Vernai me le présenta sous le nom de Calsabigi. Un instant après, deux intendants des finances étant entrés, M. du Vernai me présenta en souriant et de l'air le plus affable un cahier in-folio en me disant :

— M. Casanova, voilà votre projet.

Je prends le cahier et je vois en tête : *Loterie de quatre-vingt-dix billets dont les lots, tirés au sort une fois par mois, ne pourront tomber que sur cinq numéros,* etc. Je lui rends le cahier en lui disant avec la plus grande assurance :

— Monsieur, j'avoue que c'est bien là mon projet.

— Monsieur, vous avez été prévenu, le projet est de M. de Calsabigi que voilà.

— Je suis ravi, non d'avoir été prévenu, mais de voir que je pense comme monsieur; mais si vous ne l'avez pas adopté, oserais-je, monsieur, vous en demander la raison?

— On allègue contre le projet plusieurs raisons, toutes très plausibles, et auxquelles on ne répond que vaguement.

— Je n'en conçois, lui dis-je froidement, qu'une seule dans toute la nature; c'est que le roi ne voulût point permettre à ses sujets de jouer.

— Cette raison, vous le sentez, ne saurez être mise en ligne de compte; car le roi permettra à ses sujets de jouer tant qu'ils voudront; mais joueront-ils?

— Je m'étonne qu'on puisse en douter, pourvu que les gagnants soient certains d'être payés.

— Supposons donc qu'ils joueront lorsqu'ils seront bien sûrs qu'il y a une caisse; mais comment faire les fonds?

— Les fonds, monsieur, rien de plus simple. Trésor royal, décret du conseil. Il me suffit que la nation suppose que le roi est en état de payer cent millions.

— Cent millions!

— Oui, monsieur. Il faut éblouir.

— Mais pour que la France croie, ou pour faire accroire à la France que le roi peut payer cent millions, il faut supposer qu'il peut les perdre; et le supposez-vous?

— Oui, certes, je le suppose; mais ce ne pourrait être qu'après qu'on aurait fait une recette d'au moins cent cinquante millions, et l'embarras alors ne serait pas grand. Connaissant la force du calcul politique, monsieur, vous ne pouvez sortir de là.

— Je ne suis pas tout seul, monsieur. Convenez-vous qu'au premier tirage même le roi puisse perdre une somme exorbitante?

— Monsieur, j'en conviens; mais entre l'acte et la puissance, ou entre la possibilité et la réalité, il y a l'infini, et j'ose assurer que le plus grand bonheur, pour le succès complet de la loterie, serait que le roi perdît une forte somme au premier tirage.

— Comment, monsieur, mais ce serait un bien grand malheur.

— Un malheur à désirer. On calcule les puissances morales comme les probabités. Vous savez, monsieur, que toutes les chambres d'assurances sont riches. Je vous démontrerai devant tous les mathématiciens d'Europe que, Dieu étant neutre, il est impossible que le roi ne gagne pas un sur cinq à cette loterie. C'est le secret. Convenez-vous que la raison doit se rendre à une démonstration mathématique ?

— J'en conviens. Mais dites-moi pourquoi le Castelletto ne peut point s'engager que le gain du roi sera sûr ?

— Monsieur, ni le Castelletto ni personne au monde ne peut vous donner une certitude évidente et absolue que le roi gagnera toujours. Le Castelleto, au reste, ne sert qu'à tenir une balance provisoire sur un, deux, trois numéros, qui, étant extraordinairement surchargés, pourraient, en sortant, causer au tenant une perte considérable. Le Castelletto déclare alors le nombre clos, et ne pourrait vous donner une certitude de gain qu'en différant le tirage jusqu'à ce que toutes les chances fussent également pleines ; mais alors la loterie n'irait pas, car il faudrait peut-être attendre des années entières : d'ailleurs, dans ce cas, il faut le dire, la loterie deviendrait un coupe-gorge, un vol manifeste. Ce qui la garantit de la possibilité d'aucun reproche déshonorant, c'est la fixation absolue du tirage une fois par mois ; car alors le public est sûr que le tenant peut perdre.

— Aurez-vous la bonté de parler en plein conseil et d'y faire valoir vos raisons ?

— Je le ferai, monsieur, avec beaucoup de plaisir.

— Répondrez-vous à toutes les objections ?

— Je crois pouvoir le promettre.

— Voulez-vous me porter votre plan ?

— Je ne le donnerai, monsieur, que lorsqu'on aura pris la résolution de l'adopter et qu'on m'aura assuré les avantages raisonnables que je demanderai.

— Mais votre plan ne peut être que le même que voici.

— J'en doute. Je vois M. Calsabigi pour la première fois, et certes, comme il ne m'a point communiqué son plan et qu'il n'a pu avoir connaissance du mien, il est difficile, sinon impossible, que nous nous soyons rencontrés sur tous les points. D'ailleurs, dans mon plan, je décide en gros ce que le roi doit gagner par an, et je le démontre d'une manière péremptoire.

— On pourrait donc livrer l'entreprise à une compagnie qui payerait au roi une somme déterminée ?

— Je vous demande pardon.

— Pourquoi ?

— Le voici. La loterie ne peut prospérer que par un préjugé qui doit opérer immanquablement. Je ne voudrais pas m'en mêler pour servir une société qui, dans l'idée d'augmenter le gain, pourrait penser à multiplier ses opérations, ce qui diminuerait l'affluence.

— Je ne vois pas comment.

— De mille manière que je pourrai vous détailler une autre fois et que vous jugerez comme moi, j'en suis sûr. Enfin, cette loterie, si je dois m'en mêler, doit être royale ou rien.

— M. de Calsabigi pense comme vous.

— J'en suis ravi, mais point étonné ; car, en y réfléchissant, comme moi, il a dû arriver au même résultat.

— Avez-vous des personnes prêtes pour le Castellet ?

— Il ne me faut que des machines intelligentes, et elles ne manquent pas en France.

— A combien fixez-vous le gain ?

— A vingt pour cent pour chaque mise. Celui qui portera au roi un écu de six francs en recevra cinq, et je promets que, *ceteris paribus*, le concours sera tel que toute la nation payera au monarque au moins cinq cent mille francs par mois. Je le démontrerai au conseil, à condition qu'il sera composé de membres qui, après avoir reconnu une vérité basée sur un calcul soit physique, soit politique, ne biaiseront pas et iront droit au but dont je leur ai rendu la certitude palpable.

Je me sentais en état de pouvoir tenir parole et ce sentiment intérieur me charmait. Je sortis un instant, et lorsque je rentrai, je trouvai tous ces messieurs groupés et parlant très sérieusement du projet.

M. Calsabigi, m'abordant, me demanda avec amitié si dans mon plan j'admettais le quaterne.

— Le public, lui-disje, doit même avoir la liberté de jouer le quine ; mais dans mon plan je rends les mises plus fortes, car les joueurs ne peuvent jouer les quaternes et le quine qu'en jouant aussi les ternes.

— Dans mon plan, me dit ce monsieur, j'admets le quaterne simple avec un gain de cinquante mille pour un.

— Il y a en France de bons arithméticiens, monsieur, et s'ils ne trouvent pas le gain égal dans toutes les chances, ils profiteront de la collusion.

M. Calsabigi me prit la main, qu'il me serra affectueusement en me disant qu'il désirait que nous pussions parler ensemble ; et moi, en lui rendant le serrement de main, je lui dis que je tiendrais à cet honneur de faire avec lui plus ample connaissance. Là-dessus, ayant laissé mon adresse à M. du Vernai, je pris congé de la compagnie, satisfait d'avoir lu sur tous les visages que j'avais inspiré à tout le monde une idée favorable de mes moyens.

Trois jours après, M. Calsabigi se fit annoncer, et je le reçus de la manière la plus affable en lui assurant que si je ne m'étais pas encore présenté chez lui, ce n'était que par la crainte de l'importuner. Après m'avoir rendu mes politesses, il me dit que la manière verte dont j'avais parlé à ces messieurs les avait frappés, et qu'il était certain que si je voulais solliciter le contrôleur général, nous établirions la loterie, dont nous tirerions grand parti.

— Je le crois, lui dis-je ; mais le parti qu'ils en retireraient eux-mêmes serait bien plus grand, et pourtant ces messieurs ne se pressent pas. Ils ne m'ont pas encore envoyé chercher ; mais c'est à eux à voir, car je n'en fais pas ma principale affaire.

— Vous en aurez sans doute des nouvelles aujourd'hui, car je sais que M. de Boulogne a parlé de vous à M. de Courteuil (1).

— Bien ; mais je vous assure que je ne l'en ai pas prié.

Après avoir causé encore quelques instants il me pria le plus amicalement du monde d'aller dîner avec lui, et j'acceptai, car au fond l'invitation m'était très agréable ; puis au moment où nous allions sortir, on vint me remettre un billet de la part de M. de Bernis, dans lequel cet aimable abbé me disait que, si je pouvais me rendre le lendemain à Versailles, il me présenterait à Mme la marquise de Pompadour, et que j'y verrais M. de Boulogne.

Charmé du hasard et moins par vanité que par politique, je fis lire ce billet à M. de Calsabigi, et je vis avec plaisir qu'il ouvrait de grands yeux en le parcourant. — Vous avez, me dit-il, tout ce qu'il vous faut pour forcer même du Vernai à recevoir votre loterie, et votre fortune

---

(1) Dominique-Jacques de Barberie, marquis de Courteil, conseiller d'État, intendant des finances, logeait rue de l'Université (*Tableau de Paris pour 1759*, in-8). Il avait été ambassadeur du roi de France en Suisse, d'où il avait ramené une gentille personne, fille d'un savetier de Soleure, nommée Laisre. M. de Courteil, veuf de Mme Savalette, s'était remarié le 20 mars 1746 avec Mlle Fyot de la Marche, sœur aînée de la marquise de Paulmy d'Argenson. (ARSENAL. *Bastille*, 10239, f° 558.)

Il mourut à Paris le 3 novembre 1768, âgé de 71 ans. (*Mercure de France*, janvier II, p. 211.)

est faite, ajouta-t-il, si vous n'êtes pas du reste assez riche pour la mépriser.

— On n'est jamais assez riche pour mépriser un grand avantage, surtout quand on peut se flatter de ne le pas devoir à la faveur.

— C'est sagement pensé. Quant à nous, il y a deux ans que nous nous donnons toutes les peines du monde pour faire réussir ce projet, et nous ne recevons jamais que de sottes objections que vous avez pulvérisées en moins de rien. Votre projet cependant ne peut guère différer du nôtre. Unissons-nous, croyez-moi; car tout seul vous aurez des difficultés insurmontables, et soyez persuadé que les machines intelligentes dont vous aurez besoin ne se trouveront pas à Paris. Mon frère prendra tout le poids de l'affaire, et vous pourrez jouir des avantages de la direction tout en vous divertissant.

— Je ne suis pas intéressé, et la difficulté n'est point dans le partage du bénéfice. Mais ce n'est donc pas vous qui êtes l'auteur du plan que j'ai vu?

— Il est de mon frère.

— Aurai-je l'honneur de le voir?

— Assurément. Il est malade extérieurement, mais son esprit est dans toute sa verdeur. Nous allons le voir.

Je trouvai un homme peu ragoûtant, car il était couvert d'une espèce de lèpre; mais cela ne l'empêchait ni de bien manger, ni d'écrire, ni de faire parfaitement toutes les fonctions physiques et intellectuelles : il causait bien et avait beaucoup de gaieté. Il ne se montrait à personne, car, outre que sa maladie le défigurait, il avait par moments et très fréquemment un besoin irrésistible de se gratter tantôt ici tantôt là; et comme se gratter est à Paris, une chose abominable, soit qu'on se gratte par besoin ou par habitude, il préférait le bonheur de faire agir ses ongles en liberté à la jouissance que lui aurait procuré la société. Il se plaisait à dire qu'il croyait en Dieu et à ses œuvres, et qu'il était persuadé qu'il ne lui avait donné des ongles que pour s'en servir à se procurer le seul soulagement dont il fut susceptible dans l'espèce de rage dont il était dévoré.

— Vous croyez donc aux causes finales, et je vous en fais mon compliment ; mais je crois que vous vous gratteriez quand bien même Dieu aurait oublié de vous donner des ongles.

Mon observation le fit rire, puis il se mit à me parler de notre affaire, et je ne tardai pas à lui trouver beaucoup d'esprit. Il était l'aîné et célibataire, grand calculateur, versé dans les opérations de finances, connaissant le commerce de toutes les nations, docte en histoire, bel esprit, poëte et grand ami des femmes. Il était natif de Livourne ; il avait été attaché au ministère à Naples, et il était venu à Paris avec M. de l'Hospital. Son frère avait aussi du talent et des connaissances ; mais il lui cédait le pas à juste titre ([1]).

Il me fit voir un tas d'écritures où il avait résolu tous

([1]) Les Calsabigi étaient à Paris depuis une dizaine d'années. Le 10 mars 1750, un rapport de police, dit : « M. de Galzabigy, demeure depuis le 4 février rue du Four-Saint-Eustache, hôtel du Saint-Esprit, comme envoyé du roi de Naples, cependant il a le titre de secrétaire de l'ambassadeur de cette Cour qui doit arriver le mois prochain. Il a demeuré rue Traversière, butte Saint-Roch, son épouse y étant morte, il est venu demeurer à l'hôtel du Saint-Esprit, avec son beau-frère, [son frère] à qui on ne connait point de qualité M. de Galzabigy est un grand homme, maigre, brun, âgé d'environ trente ans, est fort rangé, extrêmement retiré. Il n'a qu'un domestique. » (ARSENAL. Bastille. 10293. *Surveillance des étrangers*.) Les frères Calsabigi devaient devaient chercher assez longtemps le chemin de la fortune. En 1755, un d'eux tente d'exploiter une eau minérale qu'il a découvert dans sa maison, à Passy, et la fit examiner chimiquement. (VENEL. *Examen chimique d'une eau minérale*. S. l. n. d., in-12, 32 pages. Le titre de départ porte : *Examen chimique d'une eau minérale, nouvellement découverte à Passy, dans la maison de M. et M*^{me} CALSABIGI, *exécuté en conséquence de l'ordonnance de M. le premier médecin, du 23 avril 1755, qui commet à cet effet les S*^{rs} VENEL *et* BAYEN, *préposés par le roi à l'analyse des eaux minérales du royaume*. (Bibliothèque de la Ville. 901163.)

les problèmes de sa loterie. — Si vous croyez, me dit-il, pouvoir tout faire sans avoir besoin de moi, je vous en fais mon compliment; mais je crois que vous vous flatteriez en vain, car, si vous n'avez pas la pratique et que vous n'ayez pas des gens rompus à la besogne, votre théorie sera insuffisante. Que ferez-vous quand vous aurez obtenu le décret? Lorsque vous parlerez au conseil, si vous voulez me croire, vous leur fixerez un terme après lequel vous serez déchargé de toute responsabilité, c'est-à-dire que vous les menacerez de ne plus vous en mêler. Sans cela, soyez sûr de trouver des esprits méticuleux et temporisateurs qui, de délais en délais, vous mèneront aux calendes grecques. D'un autre côté, je puis vous assurer que M. du Vernai sera bien aise de nous voir unis. Quant aux rapports analytiques des gains égaux dans toutes les chances, je vous convaincrai, j'espère, qu'il ne faut pas les considérer dans le quaterne.

Très-disposé à m'associer avec ces messieurs, par la raison toute-puissante que je ne pouvais pas m'en passer, mais, me donnant bien de garde de leur laisser rien soupçonner, je descendis avec son frère, qui, avant de dîner, voulut me présenter à sa femme. Je trouvais chez cette dame une vieille très connue à Paris sous le nom de générale La Mothe ([1]), célèbre par son ancienne beauté et

---

([1]) Depuis longtemps la générale la Motte débitait ses gouttes avec toute la réclame que nécessite un spécifique universel. Le *Mercure* de 1747 avise ses lecteurs que : « Le public est averti que Madame *la Générale de la Motte* qui logeait autrefois à l'hôtel de Longueville, demeure actuellement rue Richelieu, la troisième porte cochère après l'arcade de la Bibliothèque du Roi, vis-à-vis les Ecuries de Son Altesse Royale; elle y débite ses gouttes avec tout le succès imaginable dans toutes les maladies, attestées de tous les Médecins de Paris pour le plus sûr et le plus prompt remède pour les extirper radicalement. » Le même recueil en août 1749 annonce une guérison miraculeuse due aux gouttes de Madame la Générale. En 1750, le *Mercure* continue à louer l'élixir de la générale qui guérit : l'apoplexie, la goutte, la paralysie, les pleurésies, la rougeole, la petite vérole, les fièvres malignes et les fluxions de poitrine. Il est encore souverain pour le lait répandu, les

par ses gouttes, une autre femme surannée, qu'on appelait à Paris la baronne Blanche, et qui était encore maîtresse de M. de Vaux ([1]); une autre qu'on appelait la

indigestions, les obstructions, la dissenterie, la rétention d'urine, les mois, les pertes, la jaunisse, l'asthme et les vapeurs ; enfin on célèbre sur tous les tons les gouttes jaunes de Madame la générale La Motte et ses cures merveilleuses.
Quant à la personnalité de la générale, elle est assez obscure. Loredan Larchey (*Journal des inspecteurs*, p. 186) dit à tort que c'était Marie-Hélène des Mottes, dite de la Motte, née en 1704 et actrice de la Comédie-Française. Cela est impossible, attendu que Mlle La Motte ne se retira de la Comédie qu'en 1759 et qu'elle mourut le 30 novembre 1769. Or, Casanova rencontrera en Prusse la fameuse *générale* mariée à Calsabigi, qu'il aidera à rétablir une loterie avec l'appui du Grand Frédéric (CASANOVA, *Mémoires*. VI, p. 83.)

[1] Il est difficile de savoir exactement l'histoire de celle qu'on connut dans la galanterie sous le nom de baronne Blanche. Son existence paraît avoir été romanesque, mais les rapports sur son compte sont si contradictoires qu'on ne peut y démêler la vérité. Un note de police datée du 16 janvier 1749 la dit « belle, grande, bien faite, blonde, âgée de 34 à 35 ans ». Une autre datée de septembre 1753 lui donne : « 32 ans, d'une taille un peu au-dessus de la médiocre, fort bien prise, brune, les yeux noirs. » On ignore son vrai nom, mais les bulletins sont d'accord pour la faire naître en Bohême. Elle servait, à l'âge de quatorze ans, dans un cabaret de Prague. Le baron Sibourg l'enleva et dès lors commença pour elle une vie vagabonde. A Amsterdam, ils rencontrent un jeune hollandais se faisant appeler le baron Le Blanc qui s'associa à leur fortune, et qui épousa la bohémienne à Rome, sans pour cela abandonner le baron Sibourg. Ils s'embarquent tous trois à Gênes et se rendent à Lisbonne, où le baron Sibourg meurt subitement. Les deux époux quittent Lisbonne, et à Venise le baron Le Blanc finit « ses jours de la même façon que son amy avait fini ». La belle veuve après avoir fait le bonheur de l'ambassadeur d'Angleterre partit pour Vienne et sut plaire aux princes Joseph et Charles, mais la vigilance de la Reine de Hongrie, Christine, fit ordonner à la baronne de sortir de Vienne dans les deux heures et dans 24 de ses États. La jolie bohémienne obéit et à peine était-elle à Fribourg, que l'armée française assiégeait la ville. Après la levée du siège, la baronne arriva à Paris en 1743 sous les auspices de l'archevêque de Reims. Les adorateurs de la baronne Blanche furent nombreux. Elle tira parti de leur générosité et accrocha le cœur du prévôt des marchands, M. Bernage de Vaux qui lui resta fidèle, malgré l'inconstance de la baronne, jusqu'au dernier moment. (ARSENAL, *Archives de la Bastille*, 10235, dossier baronne Blanche.)
Plus heureux que les inspecteurs de police, j'ai pu retrouver le nom de la baronne Blanche : Anne-Pétronille-Thérèse de Caussa, veuve de Jean, baron de Blanche, mourut le 1er février 1763 et les scellés furent apposés chez elle, rue du Colombier, près de la grille de l'abbaye, le même jour. (ARCH. NAT. *Scellés*, Y. 14326.)

Présidente (¹), et une quatrième, belle comme le jour, qu'on appelait Mme Razzetti, Piémontaise, femme d'un violon de l'Opéra, et qu'on disait courtisée par M. de Fondpertuis, intendant des menus (²).

Nous nous mîmes à table; mais j'y fis triste figure, parce que le projet de loterie absorbait toutes mes facultés. Le soir, chez Silvia, on me trouva distrait, préoccupé; et je l'étais, malgré le tendre sentiment que m'inspirait la jeune Baletti : sentiment qui prenait chaque jour une force nouvelle.

Le lendemain, deux heures avant le jour, je partis pour Versailles, où M. de Bernis me reçut gaiement, en me disant qu'il gagerait que, sans lui, je ne me serais jamais douté de mes hautes connaissances en fait de finances. — M. de Boulogne m'a dit que vous avez étonné M. du Vernai, qui est généralement considéré comme une des meilleures têtes de France. Je vous conseille, mon cher Casanova, de ne point négliger cette connaissance et de lui faire assidûment votre cour à Paris. Je puis vous assurer, au reste, que la loterie sera établie, que c'est à vous qu'on la devra et que vous devez songer à en tirer parti.

Dès que le roi sera parti pour aller à la chasse, trouvez-vous aux petits appartements; et, aussitôt que je jugerai le moment favorable, je vous présenterai à la célèbre mar-

---

(1) Beaucoup de femmes, après leurs succès de jeunesse étaient affublées du titre de *présidente*. Il n'est pas aisé de connaître celle dont il s'agit.

(2) Mlle Razetti débutera à l'Opéra. Voici ce qu'en écrit Favart à la date du 8 août 1760. « Mlle Razetti a débuté à l'Opéra dans des airs détachés à la fin de Pygmalion. C'est une grande fille de dix-huit à vingt ans, point jolie, qui a l'air d'un petit lion nouveau-né, mais elle a une voix étonnante, un volume harmonieux, deux octaves pleins, et la même aisance dans le haut et le bas; les cadences un peu lourdes, comme les ont toutes les grandes voix. Elle serait excellente pour les rôles à baguettes, si elle avait plus d'action. Elle ne fait que lever les bras, et les pose ensuite sur son *honneur* en honnête fille étonnée de se trouver dans un lieu où il court tant de risques. » (*Correspondance de Favart.*)

quise. Après cela n'oubliez pas de vous rendre au bureau des affaires étrangères, et vous vous présenterez de ma part à M. l'abbé de la Ville. C'est le premier commis, et vous en serez bien reçu (¹).

M. de Boulogne me promit qu'aussitôt que M. du Vernai lui aurait fait savoir que le conseil de l'école militaire était d'accord, il ferait paraître le décret pour l'établissement de la loterie, et il m'encouragea à lui communiquer les vues que je pourrais avoir sur les finances.

A midi Mme de Pompadour se rendit aux petits appartements avec M. le prince de Soubise, et mon protecteur s'empressa de me faire remarquer à la grande dame. S'étant approchée, après m'avoir fait une belle révérence, elle me dit que l'histoire de ma fuite l'avait beaucoup intéressée.

— Ces messieurs de là-haut, me dit-elle en souriant, sont fort à craindre. Allez-vous quelquefois chez l'ambassadeur?

— La plus grande marque de respect que je puisse lui donner, madame, c'est de ne pas le voir.

— J'espère que maintenant vous penserez à vous fixer chez nous.

— Ce serait le comble de mes désirs, madame; mais j'ai besoin de protection, et je sais que dans ce pays-ci on ne l'accorde qu'au talent. Cela me décourage.

— Je crois au contraire que vous pouvez tout espérer car vous avez de bons amis. Je saisirai avec plaisir l'occasion de vous être utile.

Comme la belle marquise allait s'éloigner, je n'eus que

---

(1) Né vers 1690, ex-jésuite, diplomate retors et premiers commis aux affaires étrangères, Jean-Ignace de la Ville, évêque de Tricomie, abbé commanditaire des abbayes royales de Saint-Quentin-lès-Beauvais, ordre de Saint-Augustin, et de Lissay, ordre de Saint-Benoît, diocèse de Coutances, directeur général des affaires étrangères, ci-devant ministre du Roi en Hollande, et l'un des quarante de l'Académie française, mourut à Versailles, le 15 avril 1774. (*Mercure de France*, mai 1774, p. 225.)

le temps de lui balbutier l'expression de ma reconnaissance.

Je me rendis chez l'abbé de la Ville, qui me reçut à merveille et qui ne me quitta qu'après m'avoir assuré qu'aussitôt que l'occasion s'en présenterait il penserait à moi.

Versailles était un lieu par excellence, mais je ne devais m'attendre à y recevoir que des compliments et non des invitations ; aussi, dès que j'eus quitté M. de la Ville, je me rendis à l'auberge pour y dîner. Comme j'allais me mettre à table, un abbé de fort bonne mine ([1]), et tels que ceux que l'on trouve en France par douzaines, m'aborda d'un air aisé en me demandant si je voulais que nous dînassions ensemble. La société d'un homme aimable ne m'ayant jamais été désagréable, j'accueillis sa demande avec politesse et dès que nous fûmes assis, il me fit compliment sur l'accueil distingué que m'avait fait M. de la Ville. — J'étais là, me dit-il, occupé à écrire une lettre, et j'ai pu entendre tout ce que l'abbé vous a dit d'obligeant. Oserais-je vous demander, monsieur, qui vous a ouvert l'accès auprès de cet aimable personnage ?

— Si monsieur l'abbé met beaucoup d'importance à le savoir, je pourrai le lui dire.

— Simple curiosité.

— Et de mon côté le silence n'est que simple discrétion.

— Je vous prie de m'excuser.

— Bien volontiers.

J'avais fermé la bouche au curieux indiscret, aussi ne me parla-t-il plus que de choses indifférentes et agréables. Après le diner, n'ayant plus rien à faire à Versailles, je me disposais à partir, lorsque l'abbé me demanda la permission de partir avec moi. Quoique la société des abbés ne vaille

(1) C'était l'abbé La Coste dont il sera question plus loin. (Page 173)

guère mieux que celle des filles, je lui dis que, devant aller à Paris dans une voiture publique, loin d'avoir de permission à lui donner, je verrais avec plaisir qu'il fût mon compagnon de voyage. Arrivés à Paris, après nous être promis une visite, nous nous séparâmes et je me rendis chez Silvia, où je soupai. Cette femme, aussi bonne qu'intéressante, me fit compliment sur mes connaissances et m'engagea fortement à les cultiver.

Rentré chez moi, j'y trouvai un billet de M. du Vernai, qui me priait de me rendre le lendemain à onze heures à l'école militaire, et, dès les neuf heures, Calsabigi vint me souhaiter le bon jour et me remettre de la part de son frère une grande feuille qui contenait le tableau arithmétique de toute la loterie que je pouvais exposer au conseil. C'était un calcul des probabilités opposées à des certitudes qui démontraient ce que je n'avais fait que motiver. La substance était que le jeu de la loterie aurait été parfaitement égal par rapport au payement des billets gagnants si, au lieu de cinq numéros, on en tirait six. Or, n'en tirant que cinq, on acquérait la certitude mathématique de gagner vingt pour cent. Cette démonstration amenait naturellement celle-ci, que la loterie ne pouvait pas se soutenir en tirant six numéros, puisqu'il faut avant tout trouver dans les bénéfices les frais de régie, qui devaient alors se monter à cent mille écus [1].

La fortune semblait prendre à tâche de me pousser sur la bonne voie, car ce tableau me venait comme une béné-

---

[1] Il y eut en effet deux plans de la loterie royale militaire. Ils se trouvent aux Archives Nationales (Carton M 253), avec un plan comparatif des deux idées. En regard sont signalés les avantages du second plan. Dans les papiers relatifs à l'établissement de cette loterie il est souvent question de Calsabigi, mais c'est en vain qu'on y chercherait le nom de Casanova, aussi est-il bien difficile de savoir en quoi il a participé à cette fondation.

La loterie fut accordée par le roi à son école royale militaire par arrêt du Conseil du 15 octobre 1757. (*Mercure*, février 1758, p. 208.)

diction d'en haut. Bien résolu donc à suivre le bienheureux plan, et fort des instructions que j'avais eu l'air de ne recevoir de Calsabigi que par manière d'acquis, je me rendis à l'école militaire, où la conférence s'ouvrit aussitôt que je fûs arrivé. M. d'Alembert avait été prié d'y assister en sa qualité de grand arithméticien. Il n'aurait pas été jugé nécessaire si M. du Vernai avait été seul; mais il y avait dans le conseil des têtes qui, pour ne pas se rendre au résultat d'un calcul politique, prenaient le parti d'en nier l'évidence. La conférence dura trois heures.

Après mon raisonnement, qui ne dura guère qu'une demi-heure, M. de Courteuil résuma tout ce que j'avais dit; ensuite on passa une heure à faire des objections, que je réfutai avec la plus grande facilité. Je leur dis que, si l'art de calculer en général était proprement l'art de trouver l'expression d'un rapport unique résultant de l'expression de plusieurs rapports, cette même définition s'appliquait au calcul moral, tout aussi exact que le calcul mathématique; je les convainquis que, sans cette certitude, le monde n'aurait jamais eu des chambres d'assurances, qui toutes étaient riches et florissantes, et qui se moquaient de la fortune et des têtes faibles qui la craignaient.

Je finis par dire à ces messieurs, dont la plupart semblaient incertains, qu'il n'y avait pas d'homme savant et d'honneur qui fût en état de se proposer d'être la tête de cette loterie en s'engageant qu'elle gagnerait à chaque tirage, et que, si quelqu'un était assez hardi que de se présenter en donnant cette assurance, ils devraient le chasser de leur présence; car, ou il ne leur tiendrait pas parole, ou, s'il la leur tenait, il serait fripon.

Cela fit effet, car personne ne répliqua, et M. du Vernai se levant dit qu'en tout cas on serait maître de la supprimer. A cette allocution, je sentis mon affaire gagnée; et tous les assistants, après avoir signé le procès-verbal que M. du Vernai leur présenta, prirent congé. Moi-même un instant après, je saluai M. du Vernai, qui me tendit amicalement la main et je partis.

M. Calsabigi vint me voir le lendemain, et m'apporta l'agréable nouvelle que l'affaire était résolue et qu'on n'attendait que l'expédition du décret. — Je suis ravi du succès, lui dis-je, et je vous promets d'aller tous les jours chez M. de Boulogne et de vous faire nommer à la régie dés que j'aurai su de M. du Vernai ce qu'on m'assignera.

On sent que je ne négligeai point les démarches, car je savais que chez les grands promettre et tenir sont deux. On me proposa six bureaux de recette et je m'empressai de les accepter, plus quatre mille francs de pension sur le produit de la loterie. C'était le revenu d'un capital de cent mille francs que j'étais maître de retirer en renonçant à mes bureaux, car ce capital me tenait lieu de caution.

Le décret du conseil paru huit jours après. On donna la régie à Calsabigi avec trois mille francs d'appointements par tirage, une pension annuelle de quatre mille francs comme à moi, et le grand bureau de l'entreprise à l'hôtel de la loterie, rue Montmartre (1).

Les avantages accordés à Calsabigi étaient bien supérieurs aux miens; mais je n'en fus point jaloux, car je savais tout les droits qu'il y avait.

De mes six bureaux, j'en vendis de suite cinq à raison de deux mille francs chacun ; j'ouvris avec luxe le sixième dans la rue Saint-Denis, et j'y plaçai mon valet de cham-

---

(1) Sur les registres des délibérations concernant la loterie, à la date du 11 février 1758, il est question de l'arrangement des bureaux. Il y est dit qu'il sera remis incessamment au caissier 500.000 livres pour répondre au public du produit des lots. Le 13, sur une lettre de Calsabigi qui se plaint qu'on veut se servir de ses connaissances et l'évincer, on décide qu'il sera administrateur. Son frère est établi agent de loterie en Allemagne et autres pays étrangers. Son départ est fixé au 10 Juin 1758. Dans ces registres de la loterie, on voit que Calsabigi aîné, comme le dit Casanova, est souvent malade et se fait remplacer par son frère. (ARCH. NAT., MM 622.)

bre en qualité de commis (¹). C'était un jeune Italien très intelligent, qui avait été valet de chambre du prince de la Catolica, ambassadeur à Naples.

On fixa le jour du premier tirage, et on publia que tous les billets gagnants seraient payés huit jours après le tirage au bureau général de la loterie.

Voulant attirer la foule à mon bureau en lui donnant un relief auquel peu d'autres pourraient prétendre, je fis afficher que tous billets gagnants signés par moi seraient payés à mon bureau vingt-quatre heures après le tirage. Cela fit que la foule des joueurs afflua chez moi, et cela augmenta considérablement mes revenus, car j'avais six pour cent de la recette. Une cinquantaine de commis des autres bureaux furent assez sots que d'aller se plaindre à Calsabigi, en lui disant que par mon opération je diminuais considérablement leur recette; mais le régisseur les renvoya en leur disant que, pour m'attraper, ils n'avaient qu'à faire comme moi, s'ils en avaient les moyens.

Ma première recette fut de quarante mille francs. Une heure après le tirage mon commis m'apporta le registre et me montra que nous avions dix-sept à dix-huit mille francs à payer. Tous les gains étaient des extraits ou des ambes, et je lui remis les fonds nécessaires pour les payer.

Sans que j'y eusse pensé, cette mesure fit le bonheur de

---

(1) Le *Mercure de France*, février 1758, n'indique que deux receveurs : Lambert, libraire, rue et à côté de la Comédie-Française; et Ducoin, négociant, rue du Mail, vis-à-vis l'hôtel d'Angleterre et sur la *liste complète* des receveurs de la loterie, publiée au commencement de février 1758, le nom de Casanova ne figure pas parmi les vingt-huit receveurs qu'elle signale. Il y a bien un bureau rue Saint-Denis, vis-à-vis les filles Sainte-Catherine, mais il est tenu par un nommé Hubeau. Quant au bureau général, rue Montmartre, vis-à-vis la rue du Croissant, c'est un nommé Raymond qui en est titulaire, il n'est pas question de Calsabigi. (BIBL. NAT. Lf⁶⁰ 7). Cependant on verra que dans diverses pièces de procédure, Casanova se qualifie un des directeurs de la loterie de l'Ecole royale militaire.

mon commis; car chaque gagnant lui glissait la pièce, et certes j'étais loin d'en rien exiger.

La recette générale fut de deux millions, et la régie gagna six cent mille francs. Paris seul avait fourni quatre cent mille francs à la recette. C'était un assez bel avantage pour une première fois.

Le lendemain du tirage, je dînai avec Calsabigi chez M. du Vernai; et j'eus le plaisir de l'entendre se plaindre d'avoir trop gagné. Paris n'avait eu que dix-huit à vingt ternes, mais, quoique petits, ils valurent à la loterie une brillante réputation, et, le fanatisme ayant commencé ses ravages, il était facile de prévoir que pour le prochain tirage la recette serait double. La guerre agréable qu'on me fit à table me mit en bonne humeur, et Calsabigi dit que, par un beau coup de tête, je m'étais assuré une rente de cent mille francs par an, mais qu'elle ruinerait tous les autres receveurs.

— J'ai souvent fait des coups pareils, dit M. du Vernai, et d'ordinaire je m'en suis bien trouvé; d'ailleurs, chaque receveur étant le maître d'imiter M. Casanova, cela ne peut qu'augmenter la réputation d'une institution que nous lui devons comme à vous.

Au second tirage, un terne de quarante mille francs m'obligea d'emprunter de l'argent. Ma recette avait été de soixante mille; mais obligé de consigner ma caisse la veille du tirage, je ne pouvais payer que de mes propres fonds et je n'étais remboursé que huit jours après.

Dans toutes les grandes maisons où j'allais, et aux foyers des théâtres, dès qu'on me voyait, tout le monde me donnait de l'argent, en me priant de le jouer pour eux comme je le voudrais et de leur remettre les billets, puisque personne ne comprenait encore rien à ce jeu. Cela me fit prendre l'habitude de porter sur moi des billets de toutes les façons, ou plutôt de tous les prix, et je donnais à chacun à choisir : je retournais chaque soir chez moi les poches pleines d'or. Cet avantage était immense : c'était une sorte de privilège dont je jouissais seul, car les autres receveurs n'étaient pas des gens de la bonne compagnie et ne roulaient point carrosse comme moi : avantage immense dans les grandes villes, où l'on juge trop généralement le mérite d'un individu par le brillant qui l'entoure ; mon luxe me donnait entrée partout, et partout aussi j'avais un crédit ouvert.

Maintenant que mes lecteurs en savent assez sur le succès de ma loterie, impôt onéreux au particulier, en ce qu'il lui offre un appât presque dépourvu de réalité, mais très-profitable aux gouvernements qui exploitent en toute sûreté l'avarice ou la cupidité publiques, je n'en parlerai plus que lorsque j'aurai à en rapporter quelque chose d'important par rapport aux évènements de ma vie. En attendant, retournons sur nos pas.

Il n'y avait guère qu'un mois que j'étais de retour à Paris, lorsque mon frère François, le même avec lequel j'en étais parti en 1752, y arriva, venant de Dresde avec madame Silvestre. Il avait passé dans cette ville quatre ans, constamment occupé de son art, et il avait copié tous les beaux tableaux de bataille de la fameuse galerie électorale. Nous nous revîmes avec un égal plaisir ; mais, lui ayant offert le crédit de mes grandes connaissances pour lui faciliter sa réception à l'Académie, il me dit, avec la fierté d'un artiste qui sent son mérite, qu'il me remerciait, mais qu'il ne voulait d'autre protection que celle de son talent. — Les Français, ajouta-t-il, m'ont rejeté une fois, et je suis loin de leur en vouloir, car aujourd'hui je me rejetterais moi-même, si je n'étais que ce que j'étais alors ; mais, avec leur goût pour le talent, je compte aujourd'hui sur une meilleure réception.

Son assurance me plut, et je lui en fis compliment ; car j'ai toujours pensé que le vrai mérite devait commencer par se rendre justice à lui-même.

François fit en effet un beau tableau, et l'ayant exposé au Louvre, il fut reçu par acclamation. L'Académie fit l'acquisition du tableau pour douze mille francs. Mon frère devint fameux, et en vingt-six ans il gagna près d'un million; malgré cela, de folles dépenses, un luxe extrême et deux mauvais mariages le ruinèrent([1]).

([1]) François Casanova fut reçu à l'Académie Royale de peinture et de sculpture, le 28 mai 1763. Son tableau de réception, exposé au salon de cette année représentait : *Un combat de Cavalerie*. Il est maintenant à Vincennes. (C. DE BEAULIEU. *Les grands artistes du XVIIIe siècle*, S. d. in-8, p. 472.) Il sera question de ses mariages plus loin.

CHAPITRE VI.

Le comte de Tiretta de Trévise. — L'abbé Coste. — La Lambertini, fausse nièce du pape. — Sobriquet qu'elle donne à Tiretta. — La tante et la nièce. — Colloque au coin du feu. — Supplice de Damiens. — Erreur de Tiretta. — Colère de madame ***; réconciliation. — Je suis heureux avec mademoiselle de la Meure. — La fille de Silvia. — Mademoiselle de la Meure se marie; ma jalousie et résolution désespérée. — Heureux changement.

Au commencement du mois de mars 1757, je reçus une lettre de ma chère Mme Manzoni (^{1}), qui me fut remise par un jeune homme de bonne mine, d'un air noble et jovial, que je reconnus de suite pour Vénitien à sa manière de se présenter. C'était le jeune comte Tiretta de Trévise, que Mme Manzoni me recommandait en me disant qu'il me conterait son histoire, et que je pouvais compter d'avance qu'il serait sincère. Cette chère femme m'envoyait par ce jeune homme une petite caisse dans laquelle elle me disait que je trouverais tous mes manuscrits, car elle était sûre de ne plus me revoir.

J'accueillis Tiretta de mon mieux, en lui disant qu'il n'aurait su se procurer auprès de moi une meilleure recommandation que celle d'une femme pour laquelle j'avais

---

(1) La Signora Manzoni, nata nel a Venezia si sposo nel 1729 e mori in età di 81 anni il 28 décembre 1787. (ALDO RAVA. *Lettere di donne a Giacomo Casanova*, Milan, 1912, in-8, p. 126.) L'aventurier l'avait connue à Venise. « Cette digne dame, dit-il, m'inspira le plus grand attachement et me donna des leçons et des conseils très sages; si j'en avais profité et que je les eusse suivis, ma vie n'aurait pas été orageuse... »

autant d'amitié que je lui devais de reconnaissance. Maintenant, monsieur le comte, que vous devez être parfaitement à votre aise avec moi, veuillez me dire en quoi je puis vous être utile.

— J'ai besoin de votre amitié, monsieur, et peut-être de votre bourse, ou au moins de votre protection.

— Mon amitié et ma protection vous sont acquises, et ma bourse est à votre disposition.

Après m'avoir exprimé sa reconnaissance, Tiretta me dit :

— Il y a un an, monsieur, que le conseil suprême de ma patrie me confia un emploi dangereux pour mon âge. On me mit conservateur du mont-de-piété en société de deux jeunes gentilshommes de mon âge. Les plaisirs du carnaval nous ayant mis en dépense, et manquant d'argent, nous puisâmes dans la caisse, espérant compléter la somme dont nous étions dépositaires avant d'être obligés d'en rendre compte. Nous l'espérâmes en vain.

» Les pères de mes deux collègues, plus riches que le mien, les sauvèrent en payant à l'instant la part qu'ils avaient prise ; et moi, dans l'impossibilité de payer, j'ai pris le parti de fuir la honte et le châtiment qui m'attendaient.

» Mme Manzoni m'a conseillé de venir me jeter entre vos bras, en me chargeant d'une petite cassette que je vous remettrai aujourd'hui. Je ne suis à Paris que d'hier, et je n'ai que deux louis, quelque linge et le seul habit que je porte. J'ai vingt-cinq ans, une santé de fer et une volonté bien déterminée à faire tout pour vivre en honnête homme ; mais je ne sais rien faire, car je n'ai cultivé aucun talent de manière à pouvoir m'en servir. Je joue de la flûte, mais je n'ai guère que le talent d'un simple amateur. Je ne connais d'autre langue que la mienne, et je ne suis pas un homme de lettres. Que pensez vous avec cela pouvoir faire de moi ? Je dois ajouter encore que je ne dois pas me flatter de recevoir le moindre secours de qui que ce soit, et moins de mon père que de personne ; car, pour sauver l'honneur de la famille il disposera de ma légitime dot, et je dois y renoncer sans espoir de retour »

Si la narration du comte avait dû me surprendre, sa sincérité m'avait plu ; d'ailleurs j'étais résolu de faire honneur à la recommandation de Mme Manzoni, et je me sentais porté à être utile à un compatriote qui, au fond n'était coupable que d'une grosse étourderie. — Commencez, lui dis-je, par faire porter vos petits effets dans la chambre attenante à la mienne, et faites-vous y servir à boire et à manger. Je vous défrayerai de tout en attendant que je puisse trouver quelque chose qui vous convienne. Nous parlerons d'affaires demain ; car, comme je ne mange jamais chez moi, je ne reviens que tard au logis, et je ne compte pas avoir l'honneur de vous revoir aujourd'hui. Pour à présent, laissez-moi, car il faut que je travaille ; et si vous allez vous promener, gardez-vous de mauvaises connaissances, et surtout ne vous ouvrez à personne. Vous aimez le jeu, je pense ?

— Je le déteste, car il est à moitié la cause de ma ruine ?

— Et les femmes ont, je parie, fait le reste ?

— Oh ! vous avez bien deviné ; les femmes !

— Ne leur en voulez pas, mais faites leur payer le mal qu'elles vous ont fait.

— Bien volontiers ; pourvu que j'en trouve.

— Si vous n'êtes pas délicat sur l'article, vous trouverez fortune à Paris.

— Qu'entendez-vous par délicat ? Je ne saurai jamais être le complaisant du prince.

— Il s'agit bien de cela ! J'entends par délicat l'homme qui ne saurait être tendre sans amour, celui...

— J'y suis ; et de cette manière la délicatesse n'est chez moi qu'accessoire. Je sais qu'une décrépite aux yeux d'or peut à toute heure me trouver tendre comme un Céladon.

— Bravo ! votre affaire sera facile.
— Je le désire.
— Irez-vous chez l'ambassadeur ?
— Que Dieu m'en préserve ! Qu'irais-je y faire, lui conter mon histoire ? Je ne dois pas en être jaloux. D'ailleurs s'il lui arrivait de vouloir me faire de la peine ?
— Il le pourrait sans que vous allassiez le voir; mais je ne crois pas qu'il s'occupe de vous.
— C'est la seule grâce que je lui demande.
— Tout le monde est en deuil à Paris, mon cher comte; ainsi, montez chez mon tailleur, au second, et faites-vous faire un habit noir. Annoncez-vous de ma part, et dites-lui que vous voulez être servi pour demain. Adieu.

Je sortis peu d'instants après, et je ne rentrai qu'à minuit. Je trouvai dans ma chambre la caisse que m'avait envoyée Mme de Manzoni, dans laquelle se trouvaient mes manuscrits et tous les portraits que j'aimais ; car je n'ai jamais mis en gage une tabatière sans en ôter le portrait.

Le lendemain, voilà mon Tiretta qui se présente tout en noir, et qui me fait hommage de sa métamorphose.

— Vous voyez, lui dis-je, qu'à Paris on est expéditif.
— Il m'aurait fallu huit jours à Trévise pour en obtenir autant.
— Trévise, mon cher, n'est pas Paris.

Comme j'achevais ces mots, on vint m'annoncer l'abbé de la Coste. Je ne me souvenais pas de ce nom, mais j'ordonnai qu'on le fit entrer, et je vis paraître le même prestolet avec lequel j'avais dîné à Versailles en quittant l'abbé de la Ville.

Il commença d'abord après les civilités d'usage, par me faire compliment sur le succès de ma loterie; ensuite il me dit qu'il avait appris que j'avais distribué pour plus de six mille francs de billets à l'hôtel de Cologne.

— Oui, lui dis-je, j'en ai toujours pour plusieurs milliers de francs dans mon portefeuille.

— Eh bien, j'en prendrai aussi pour mille écus.

— Quand il vous plaira. Si vous passez à mon bureau, vous pourrez choisir les numéros.

— Je ne m'en soucie pas ; donnez-les-moi vous-même tels qu'ils sont.

— Bien volontiers ; en voici que vous pouvez choisir.

Il en choisit pour trois mille francs, puis il me demanda du papier pour me faire un billet.

— Pourquoi un billet ? Il n'est pas question de cela, monsieur l'abbé, je ne délivre mes billets que contre de l'argent comptant.

— Mais vous pouvez être certain que demain vous aurez la somme.

— J'en suis très-certain ; mais vous devez l'être aussi que demain vous aurez les billets ; ils sont enregistrés à mon bureau, et je ne puis agir autrement.

— Donnez-m'en qui ne soient pas enregistrés.

— Impossible : je n'en fais pas.

— Et pourquoi ?

— Parce que, s'ils gagnaient, il faudrait que je les payasse de ma poche, ce que je n'ai nulle envie de faire.

— Je crois que vous pourriez en courir le risque.

— A moins d'être un fripon, je ne le crois pas.

Sentant qu'il n'avait rien à gagner avec moi, l'abbé se tourna vers Tiretta, lui parla mauvais italien, et finit par lui proposer de le présenter à Mme de Lambertini, veuve d'un neveu du pape (¹). Ce nom, cette parenté, l'offre

---

(1) Un rapport de police nous renseigne sur le passé de cette aventurière se disant alliée du pape Benoit XIV dont le nom était Lambertini. La fiche datée du 22 octobre 1749 dit : « Mlle Lambertini n'a été d'aucun spectacle, elle demeure depuis environ six mois rue Christine, au premier, maison à porte cochère. Elle est italienne, âgé de 35 ans, petite, maigre, noire, laide et sèche. Elle roule à Paris depuis près de douze ans, elle se dit alliée au pape et veuve du marquis de Gouvernel, officier du grand-duc de Toscane. Elle a été entretenue par M. de Caze, fermier-général, par le président Dumay, fils du président de la Chambre des comptes. M. Dormer, de Richemond en Angle-

spontanée de l'abbé, me rendirent curieux ; je lui dis que mon ami acceptait, et que j'aurais l'honneur d'être de la partie. Nous partons.

Nous descendons à la porte de la soi-disant nièce du saint-père, rue Christine et nous montons. Voilà une femme à laquelle, malgré son air de jeunesse, je donne quarante ans, sans marchander : un peu maigre, de beaux yeux noirs, la peau belle, vive, étourdie, grande rieuse, et capable encore de faire naître un caprice, je me trouve bien vite à mon aise avec elle ; et, l'ayant fait jaser, je trouve qu'elle n'est ni veuve, ni nièce du pape ; elle était de Modène, et franche aventurière par état et par goût. Cette découverte me fit juger quel était l'abbé introducteur.

Je crus lire dans les yeux de mon Trévisan qu'il était curieux de la belle ; et, comme elle nous invita à dîner ; je refusai, disant que j'étais engagé ; mais Tiretta, qui m'avait deviné, accepta. Je sortis peu d'instants après avec l'abbé, que je déposai au quai de la Ferraille, et j'allai demander à dîner à Calsabigi.

Après le dîner, Calsabigi me prend à part, et me dit que M. du Vernai l'avait engagé à me prévenir qu'il ne m'était pas permis de distribuer des billets pour mon compte.

— M. du Vernai me prend donc pour un sot ou pour un fripon ? Comme je ne suis ni l'un ni l'autre, je m'en plaindrai à M. de Boulogne.

— Vous feriez mal ; car vous avertir, ce n'est pas vouloir vous offenser.

terre, actuellement à l'hôtel de la Guette, rue du Four-Saint-Germain, depuis le 23 juin dernier fait beaucoup de frais pour elle. C'est un jeune homme de 26 à 27 ans, joli de figure, taille 5 pieds 1 ou 2 pouces, portant perruque en bourse. Il y couche fort souvent. Elle a demeuré rue du Chantre près de la rue de Beauvais, au premier chez le rôtisseur ». (ARSENAL. *Archives de la Bastille*, 10242, f° 28). L'hôtel de la Guette dont parle le policier est indiqué sur les guides dans la rue de Buci.

CHAPITRE VI

— Vous m'offensez vous-même, monsieur, en me donnant un pareil avis; mais soyez sûr qu'on ne m'en donnera jamais un second de la même espèce.

Calsabigi me dit tout ce qu'il put pour me calmer et finit par me persuader d'aller avec lui chez M. du Vernai. Ce bon vieillard, me voyant en colère, me fit ses excuses, et me dit qu'un soi-disant abbé de la Coste lui avait dit que je prenais cette liberté. Je fus indigné, et je contai aussitôt notre affaire du matin, ce qui donna à M. du Vernai la mesure du caractère de notre homme. Je n'ai plus vu cet abbé, soit qu'il ait eu vent de ma découverte, soit qu'un heureux hasard lui ait fait éviter ma rencontre. Mais j'ai su que, trois ans après, il fut condamné aux galères, où il est mort, pour avoir vendu à Paris des billets d'une loterie de Trévoux qui n'a jamais existé ([1]).

Le lendemain Tiretta vint me voir et me dit qu'il ne faisait que de rentrer.

— Vous avez découché, monsieur le libertin?

— Oui, la société de la papesse m'a captivé, et je lui ai tenu compagnie toute la nuit.

— Vous n'avez pas craint de l'importuner?

---

(1) L'abbé de La Coste était un ancien Célestin apostat qui s'était marié deux fois. Il fut mis à la Bastille le 5 janvier 1760, pour escroquerie, libelle et vente de faux billets de loterie, affaire jugée au Châtelet. Transféré au grand Châtelet, l'abbé se vit condamné, par jugement du 28 août 1760, au carcan, au fouet et aux galères à perpétuité. (FUNCK-BRENTANO. *Les Prisonniers de la Bastille*, in-fol.) L'avocat Barbier écrit dans son *journal* :

« Septembre 1760. Le Sr abbé La Coste a été mis au carcan, le mercredi 3 à la place de Grève, jeudi 4 au carrefour Buci et vendredi 5 place du Palais-Royal, où il a été marqué d'un fer chaud et condamné aux galères perpétuelles, pour avoir escroqué des bijoux et effets à des marchands, fabriqué des billets de loterie et écrit des lettres anonymes et billets diffamatoires. » Cet abbé La Coste était un homme d'esprit et un intrigant qui avait été célestin. Il était sorti de son couvent pour passer dans les pays étrangers, on dit même qu'il s'était marié deux fois, et qu'il avait empoisonné ses femmes.

Note. — L'abbé de La Coste mourut en arrivant aux galères » (tome IV, p. 363.)

— Je la crois au contraire très-satisfaite du plaisir que ma conversation lui a procuré.

— Vous aurez, si j'en juge bien, dû mettre en jeu toute votre éloquence.

— Elle est si satisfaite de ma faconde, qu'elle m'a prié d'accepter un logement chez elle, et de lui permettre de me présenter en qualité de son cousin à M. Le Noir, qui, je crois, est son amant(¹).

— Vous formerez donc un trio ; mais vous accorderez-vous bien ?

— C'est son affaire. Elle prétend que ce monsieur, me donnera un bon emploi dans les fermes.

— Avez-vous accepté ?

— Je n'ai point refusé ; mais je lui ai dit qu'en qualité d'ami, je ne pouvais prendre aucune détermination sans vous consulter. Elle m'a conjuré de vous engager à aller dîner avec elle dimanche.

— J'irai avec plaisir.

Je m'y rendis effectivement avec mon ami, et dès que cette folle nous vit, elle sauta au cou de Tiretta en l'appelant son cher comte de *Sixfois*, nom qui lui resta pendant tout le temps qu'il resta à Paris.

— Qui a valu ce beau titre à mon ami, madame ?

— Ses exploits érotiques, monsieur. Il est seigneur

---

(1) Les précieux rapports du curieux Meusnier, inspecteur de police pour les mœurs, confirment encore ce point ; on lit en effet : « 14 juin 1753. — On tient que Mˡˡᵉ Lambertini est entretenue par M. Lenoir, payeur de rentes de l'hôtel-de-ville, demeurant rue Tiquetonne et, pour se mettre en règle, elle a pris le sieur Lafargue, mousquetaire, pour greluchon.

Il y a lieu de présumer que M. Lenoir a bien fait les choses, puisque mardi dernier 12 de ce mois, on a vu entre les mains de la demoiselle Lambertini 10,000 livres en argent comptant, qu'elle devoit convertir en bijoux ou en vaisselle d'argent le lendemain. » (ARSENAL. *Archives de la Bastille*, 10242, f° 29.)

Si depuis 1753, les greluchons avaient souvent changé auprès de la Lambertini le « Monsieur » était solidement amarré, et l'on voit que M. Lenoir faisait toujours les frais en 1757.

d'un fief peu connu en France, et je suis jalouse d'en être la dame.

— Je loue votre noble ambition.

Après qu'elle m'eut raconté ses prouesses avec un abandon qui me prouvait combien la prétendue nièce du pape était exempte de préjugés, elle me dit qu'elle voulait loger son cousin, qu'elle avait déjà le consentement de M. le Noir, qui lui avait dit qu'il serait enchanté que son cousin logeât avec elle. M. le Noir, ajouta la belle Lambertini, viendra nous voir après dîner, et je brûle d'impatience de lui présenter M. le comte de *Sixfois*.

Après dîner, me parlant encore de la valeur de mon compatriote, elle l'agaça, et lui, sans gêne et satisfait peut-être de me rendre témoin de sa bravoure, la réduisit au silence. J'avoue que je n'éprouvai pas la plus légère sensation; mais n'ayant pu m'empêcher de voir la conformation athlétique du comte, je jugeai qu'il pouvait prétendre à faire fortune partout où il trouverait des femmes à leur aise.

Vers les trois heures, je vis arriver deux femmes surannées auxquelles la Lambertini s'empressa de présenter le comte de *Sixfois*. Étonnées de cette dénomination, elles voulurent en connaître l'origine; et l'héroïne leur ayant donné l'explication à part, mon ami devint un objet très-intéressant à leurs yeux. C'est incroyable, disaient ces matrones en lorgnant le comte, et Tiretta semblait leur dire de l'œil : A l'épreuve, mesdames.

Bientôt un fiacre s'arrête à la porte, et l'instant après on introduit une grosse femme sur le retour avec une jeune personne extrêmement jolie, suivies d'un homme pâle en habit noir et en perruque ronde. Après les embrassades qui dénotent l'intimité, la nièce du pape présenta son cousin, le comte de *Sixfois*. Ce nom semblait étonner la vieille, mais la Lambertini passa le commentaire sous silence. Cependant on trouva singulier qu'un homme qui ne savait pas un mot de français osât rester à Paris, et que malgré son ignorance de l'idiome national il ne cessât de baragouiner avec assurance, ce qui faisait d'autant plus de plaisir que personne ne le comprenait.

Après quelques instants d'une conversation frivole, la prétendue nièce du pape proposa une partie de brelan. Elle me proposa d'en être ; mais ayant refusé elle n'insista pas et se contenta d'exiger que son cher cousin jouât près d'elle de moitié. — Il ne connaît pas les cartes, dit-elle, mais cela ne fait rien ; il apprendra, je me charge de son éducation.

La jeune personne, qui m'avait frappé par sa beauté, ne connaissant aucun jeu, je lui offre un siège auprès du feu, en lui demandant l'honneur de lui tenir compagnie : elle accepte le siège, et la vieille venue avec elle se met à rire en me disant que j'aurais de la peine à trouver des matières propres à faire jaser sa nièce ; et elle ajouta d'un ton très-poli qu'elle comptait sur ma complaisance pour l'excuser. — Il n'y a, me dit-elle, qu'un mois qu'elle est sortie du couvent. Je l'assurai que je ne croyais pas qu'il fût difficile de s'entretenir avec une personne aussi aimable et, le jeu étant commencé, je pris place auprès de la jolie nièce.

J'étais depuis quelques minutes auprès d'elle, occupé du seul plaisir de l'admirer, lorsqu'elle me demanda qui était ce beau monsieur qui parlait si drôlement.

— C'est un seigneur de mon pays qui a quitté sa patrie à cause d'une affaire d'honneur.

— Il parle un drôle de langage.

— C'est vrai, mais en Italie on cultive peu la langue française ; ici, il ne sera pas longtemps à l'apprendre, et alors on ne se moquera plus de lui. Je suis fâché de l'avoir conduit ici, car en moins de vingt-quatre heures on me l'a gâté.

— Et comment, gâté ?

— Je n'ose vous le dire, car il serait possible que votre tante le trouvât mauvais.

— Je ne pense pas que je m'avise de lui faire des rapports; mais peut-être trouvez-vous ma question indiscrère?

— Non, mademoiselle, bien loin de là, et, puisque vous le désirez, je ne vous en ferai pas un mystère. Mme Lambertini l'a trouvé de son goût; elle a passé la nuit avec lui, et, pour marquer la satisfaction qu'il lui a donnée, elle l'a affublé du surnom ridicule de comte *Sixfois*. Voilà l'histoire. J'en suis fâché, parce que mon ami n'était libertin.

On s'étonnera avec raison que je me sois hasardé à tenir un pareil langage à une jeune personne à peine sortie du couvent; mais je m'en étonnerais moi-même s'il avait été possible que j'imaginasse la possibilité de trouver une fille honnête chez une Lambertini. Je fixais mes yeux sur ceux de ma belle interlocutrice, et je vis sa jolie figure se couvrir de l'incarnat de la pudeur; mais cet indice me parut encore équivoque.

Deux minutes après, qu'on juge de ma surprise lorsque je m'entendis faire cette question :

— Mais, monsieur, qu'y a-t-il de commun entre coucher avec madame et le nom de *Sixfois*.

— Mademoiselle, la chose est fort simple : mon ami a rempli en une nuit un devoir qu'un mari met souvent six semaines à remplir avec sa femme.

— Et vous me croyez assez sotte pour aller rapporter notre conversation à ma tante! gardez-vous de le croire.

— Mais je suis encore fâché d'une autre chose.

— Vous me direz cela dans un instant.

Sans commentaire, on peut deviner ce qui obligea la charmante nièce à s'absenter quelques instants. Quand elle revint, elle alla se placer derrière la chaise de sa tante, l'œil attaché sur Tiretta; puis elle se rapprocha de moi, l'œil enflammé, et ayant repris son siège elle me dit :

— Quel est donc l'autre chose dont vous êtes fâché?

— Oserais-je tout vous dire?

— Vous m'en avez tant dit, qu'il me semble que vous ne devez pas avoir de scrupule.

— Eh bien, sachez donc qu'aujourd'hui, de suite après le dîner, et en ma présence, il l'a...

— Si cela vous a déplu, il est évident que vous en êtes jaloux.

— Bien s'en faut, mais j'ai été humilié à cause d'une circonstance dont je n'ose vous parler.

— Je crois que vous vous moquez avec vos *je n'ose*.

— Que Dieu m'en préserve! mademoiselle. Je vous dirai donc que j'ai été humilié de ce que Mme Lambertini m'a forcé de m'assurer par moi-même que mon ami était plus grand que moi de deux pouces.

— Pour le coup on vous en a imposé, car vous êtes plus grand que votre ami.

— Ce n'est pas de cette grandeur qu'il s'agit, mademoiselle, mais bien d'une autre que vous pouvez imaginer, et dans laquelle mon ami est vraiment monstrueux.

— Monstrueux! mais qu'est-ce que cela vous fait? Ne vaut-il pas mieux ne pas être monstrueux?

— C'est vrai, assurément; mais, sur cet article, certaines femmes, qui ne vous ressemblent pas, aiment la monstruosité.

— Je les trouve ridicules, folles même, ou je n'ai pas une idée nette de la chose pour me figurer la grandeur qui peut être appelée monstrueuse; et je trouve singulier que cela ait pu vous humilier.

— Vous ne l'auriez pas cru en me voyant.

— En vous voyant, quand je suis entrée ici, je ne pensais assurément pas à cela, et puis vous avez l'air fort bien proportionné; au reste, si vous savez ne pas l'être, je vous plains.

— Je serai humilié de vous laisser dans le doute ; voyez, je vous prie, et jugez.

— Mais c'est vous qui êtes le monstre ; vous me faites peur.

En achevant ces mots, le feu lui sortait par tous les pores ; elle se leva et alla se mettre derrière la chaise de sa tante. Je ne bougeai pas, car j'étais certain qu'elle ne tarderait pas à revenir. J'étais loin de la croire sotte ou même innocente. Je supposais seulement qu'elle voulait en affecter les airs. Du reste j'étais ravi d'avoir si bien saisi le moment. Je l'avais punie d'avoir voulu m'en imposer ; et comme je la trouvais charmante, j'étais enchanté que ma punition n'eût pu lui déplaire. Quant à son esprit, il m'aurait été difficile d'en douter ; car tout notre dialogue avait été soutenu par elle, et mes paroles et mes actions n'avaient été qu'une conséquence de ses questions et de sa persistance.

Il n'y avait pas cinq minutes qu'elle se tenait derrière la chaise de sa grosse tante lorsque celle-ci vint à perdre un brelan. Ne sachant à qui s'en prendre :

— Allez-vous-en, petite sotte, dit-elle à sa nièce, vous me portez malheur ; d'ailleurs vous manquez de savoir vivre en laissant tout seul ce monsieur qui veut bien avoir la complaisance de vous tenir compagnie.

L'aimable nièce ne répondit rien et revint à moi en souriant.

— Si ma tante, me dit-elle, savait ce que vous avez fait, elle ne m'aurait pas accusée d'impolitesse.

— Je ne saurais vous dire combien j'en suis mortifié. Je voudrais pouvoir en témoigner mon repentir, mais je ne le puis qu'en m'en allant. Si je le fais, le prendrez-vous en mauvaise part ?

— Si vous me quittez, ma tante dira que je suis une grosse sotte, que je vous ennuie.

— Voulez-vous donc que je reste ?

— Vous ne pouvez pas vous en aller.

— Vous n'aviez donc pas, jusqu'à ce moment, une idée juste de ce que je vous ai montré?

— Je n'en avais qu'une idée confuse. Il n'y a qu'un mois que ma tante m'a retirée du couvent, où j'étais depuis l'âge de sept ans.

— Et combien en avez-vous maintenant?

— Dix-sept. On voulut me persuader de prendre le voile; mais, ne me sentant aucune disposition pour les momeries d'un cloître, j'ai su résister.

— Êtes-vous fâchée contre moi?

— Je devrais vous en vouloir, mais je reconnais que c'est ma faute et je vous prie seulement d'être discret.

— Ne doutez pas que je ne le sois: si je ne l'étais pas, je serais le premier puni.

— Vous m'avez donné une leçon qui me servira à l'avenir. Mais cessez donc ou je m'en vais.

— Non, restez; c'est fini.

J'avais pris sa jolie main, qu'elle m'avait abandonnée sans conséquence; et en achevant elle la retira, toute étonnée d'avoir besoin de son mouchoir.

— Qu'est-ce que cela?

— C'est ce qu'il y a de plus précieux dans les deux sexes, ce qui renouvelle le monde.

— J'entends. Vous êtes un excellent maître; vous faites faire de rapides progrès à vos élèves, et vous débitez votre leçon d'un air d'instituteur. Dois-je vous remercier de votre zèle?

— Non, mais ne pas m'en vouloir de tout ce qui s'est passé; je n'aurais jamais osé en venir là sans le sentiment que vous m'avez inspiré en vous voyant.

— Dois-je voir en cela une déclaration d'amour?

— Oui, divine amie; elle est audacieuse, mais elle est sincère. Si elle ne venait pas à la fois et du cœur et d'un sentiment indomptable, je serais indigne de vous et de moi.

— Puis-je croire à ce que vous dites?

— Oui, avec toute confiance ; mais dites-moi si je puis espérer que vous m'aimerez?

— Je n'en sais rien. Tout ce que je sais maintenant, c'est que je devrais vous détester, car vous m'avez fait faire en moins d'une heure un voyage que je ne croyais achever qu'après mon mariage.

— En êtes-vous fâchée?

— Je dois l'être, quoique je me sente on ne peut plus savante sur une matière où je n'avais jusqu'ici osé arrêter ma pensée. Mais d'où vient que maintenant vous êtes devenu tranquille et décent?

— C'est que nous parlons raison, et qu'après l'excès du plaisir, l'amour veut du repos. Mais voyez?

— Quoi? Encore? Est-ce là le reste de la leçon?

— C'en est la suite naturelle?

— Mais d'où vient que maintenant vous ne me faites pas peur?

— Le soldat s'aguerrit au feu.

— Je vois que le nôtre va s'éteindre.

En disant cela, elle prend un fagot pour arranger le feu, et, comme elle était baissée et dans une posture tout à fait favorable, j'osai d'une main téméraire aborder le parvis du temple, et je trouvai la porte tellement close, que pour pénétrer dans le sanctuaire, il était indispensable de la briser. Ma belle se relève avec dignité, et s'étant rassise, elle me dit avec une douceur pleine de sentiment qu'elle était fille de condition et qu'elle croyait pouvoir exiger du respect. Affectant l'air confus, je lui fis un million d'excuses, et je vis bientôt sa charmante figure reprendre le calme et la sérénité qui lui allaient si bien. Je lui dis que, malgré le repentir que j'éprouvais de ma faute, j'étais heureux d'avoir acquis la certitude qu'elle n'avait fait encore le bonheur d'aucun mortel. — Croyez, me dit-elle, que si quelqu'un doit être heureux par moi, ce ne sera que l'époux auquel je donnerai ma main et mon cœur.

Je pris sa main qu'elle m'abandonna et je la couvris de baisers. J'en étais à cet épisode si agréable lorsqu'on vint annoncer M. le Noir, qui venait s'informer de ce que la nièce du pape avait à lui dire.

M. le Noir, homme de certain âge, d'un extérieur simple et modeste, pria poliment tout le monde de ne point se déranger. La Lambertini m'ayant présenté, il me demanda si j'étais l'artiste ; mais, quant il sut que j'étais son aîné, il me fit compliment sur la loterie et sur le cas que M. du Vernai faisait de moi. Cependant ce qui l'intéressa le plus fut le cousin, que la belle nièce du pape lui présenta sous son véritable nom du comte Tiretta ; car sa nouvelle dignité n'aurait sans doute pas été d'un grand poids auprès de M. le Noir. Prenant la parole, je lui dis que le comte m'était recommandé particulièrement par une personne dont je faisais le plus grand cas, et qu'il avait été obligé de s'éloigner momentanément de sa patrie pour une affaire d'honneur. La Lambertini ajouta qu'elle désirait le loger et qu'elle n'avait pas voulu le faire avant de savoir si M. le Noir le trouverait bon. — Vous êtes, madame, lui dit cet homme respectable, maîtresse souveraine chez vous, et je serai enchanté de voir M. le comte dans votre société.

Comme M. le Noir parlait très-bien l'italien, Tiretta quitta le jeu et nous nous mîmes tous quatre devant le feu, où ma jeune nouvelle conquête eut occasion de faire briller son esprit. M. le Noir avait beaucoup de bon sens et surtout beaucoup d'expérience. Il la fit parler de son couvent, et, lorsqu'elle lui eut dit son nom, il lui parla de son père qu'il avait beaucoup connu. C'était un conseiller au parlement de Rouen, qui, pendant sa vie, avait joui d'une grande réputation (¹). Ma nouvelle conquête était d'une taille bien-au-dessus de la médiocre ; ses cheveux étaient d'un beau blond, et sa physionomie, très régulière malgré la vivacité de ses yeux, peignait la candeur et la modestie. Sa mise permettait de suivre toutes les lignes de son beau corps, et l'on s'arrêtait avec autant de plaisir sur l'élégance de sa taille que sur la beauté parfaite de deux globes qui semblaient gémir d'être trop resserrés dans leur prison. Quoique M. le Noir ne dît pas un mot sur toutes ces perfections, il me fut facile de voir qu'il lui rendait dans son genre un hommage non moins vif que le mien. Ce monsieur nous quitta à huit heures précises, et une demi-heure après, la grosse tante partit avec son aimable nièce et l'homme blême qui était venu avec elles. Je ne tardai pas à prendre congé en emmenant Tiretta, qui promit à la nièce du pape d'être son commensal dès le lendemain ; il tint parole.

Trois ou quatre jours après cet arrangement, je reçus de mademoiselle de la Meure, c'est le nom de la belle nièce, une lettre qu'elle avait adressée à mon bureau. Elle était ainsi conçue :

« Madame***, ma tante, sœur de feu ma mère, est dévote, joueuse, riche, avare et injuste. Elle ne m'aime pas, et, n'ayant pu réussir à me faire prendre le voile, elle veut me marier à un riche négociant de Dunkerque que je ne connais pas ; mais notez qu'elle ne le connaît pas plus que moi. Le courtier de mariages en fait l'éloge ; et il n'y a rien d'étonnant à cela, puisqu'il faut bien qu'un marchand vante sa marchandise. Ce monsieur se contente d'une rente de douze cents francs par an sa vie durant ; mais il offre la certitude qu'à sa mort il me laissera héri-

---

(1) Plus loin Casanova nommera la jeune fille Mlle de la Meure. Je n'ai trouvé aucun nom semblable ou approchant dans le *Catalogue et armorial des présidents, conseillers, etc... du Parlement de Rouen* par Stéphane de Merval, 1867, in-4.

tière de cent cinquante mille francs. Il faut savoir que, par le testament de ma défunte mère, ma tante est obligée de me payer le jour de mes noces vingt-mille écus.

« Si ce qui est arrivé entre nous ne m'a pas rendue à vos yeux un objet méprisable, je vous offre ma main et mon cœur avec soixante-quinze mille francs, et pareille somme à la mort de ma tante.

« Ne me répondez pas, car je ne saurais ni comment ni par qui recevoir votre lettre. Vous me répondrez de vive voix dimanche chez Mme Lambertini. Cela vous donne quatre jours pour penser à la chose la plus importante. Quant à moi, je ne sais pas bien si je vous aime, je sais au moins que je dois vous préférer tout autre homme pour l'amour de moi. Je sens que j'ai besoin de gagner votre estime comme vous avez besoin de captiver la mienne; mais je suis sûre que vous me rendrez la vie agréable et que je saurai toujours être fidèle à mes devoirs. Si vous prévoyez que le bonheur auquel j'aspire puisse contribuer au vôtre, je vous préviens que vous aurez besoin d'un avocat, car ma tante est avare et chicanière.

« Si vous vous décidez, il faudra que vous me procuriez un couvent où j'irai me réfugier avant de faire la moindre démarche, car, sans cela, je me verrai exposée à de mauvais traitements que je veux éviter. Si au contraire la proposition que je vous fais ne convient pas, je vous demanderai une grâce que vous ne me refuserez pas et qui vous captivera toute ma reconnaissance. Vous tâcherez de ne plus me voir, en évitant avec soin de vous trouver dans les endroits où vous soupçonnerez que je puis être. Vous m'aiderez ainsi à vous oublier, et c'est au moins ce que vous me devez. Vous devez sentir que je ne puis être heureuse qu'en devenant votre épouse ou en vous oubliant. Adieu. Je suis sûre de vous voir dimanche. »

Je fus attendri à la lecture de cette lettre. Je sentais qu'elle était dictée par un sentiment de vertu, d'honneur et de sagesse. Je découvrais dans l'esprit de cette charmante personne plus de mérite encore que dans sa personne. Je rougissais de l'avoir séduite, et je me serais cru digne du supplice si j'avais refusé sa main, qu'elle m'offrait avec tant de noblesse. D'ailleurs, la cupidité, quoiqu'en seconde ligne, ne laissait pas de me faire jeter un œil de complaisance sur une fortune supérieure à celle que je pouvais raisonnablement prétendre. Cependant l'idée du mariage, auquel je ne me sentais pas appelé, me faisait frémir.

Je me connaissais trop pour ne pas prévoir que, dans un ménage régulier, je deviendrais malheureux, et que, par conséquent, avec la meilleure volonté du monde, il me serait impossible de rendre heureuse une femme qui m'aurait confié le soin de son bonheur. Mon incertitude pour me fixer pendant les quatre jours qu'elle m'avait prudemment laissés, me convainquit que je n'étais pas amoureux d'elle. Malgré cela, telle était ma faiblesse, qu'il me fut impossible de prendre, comme je l'aurais dû, la résolution de rejeter son offre, et moins encore de le lui dire avec une franchise qui n'aurait pu que m'honorer à ses yeux.

Pendant ces quatre jours, ma pensée fut entièrement absorbée dans ce seul objet ; je me repentais amèrement de l'avoir outragée, car je me sentais pour elle de l'estime et du respect ; mais, quoi que je fisse, il me fut impossible de me déterminer à réparer l'outrage que je lui avais fait. L'idée qu'elle me haïrait m'était insupportable, mais celle de m'enchaîner m'était odieuse : et voilà l'état habituel d'un homme qui se trouve forcé de prendre un parti et qui ne peut s'y résoudre.

Craignant que mon mauvais génie ne m'entraînât à manquer au rendez-vous en me faisant aller à l'Opéra ou quelque autre part, je pris la résolution d'aller dîner chez la Lambertini, sans m'être décidé à rien.

La dévote nièce du pape était à la messe lorsque j'arrivai chez elle. Je trouvai Tiretta qui s'amusait à jouer de la flûte ; mais, dès qu'il m'aperçut, il quitta l'instrument, courut m'embrasser et me remit l'argent que m'avait coûté son habit.

— Te voilà en fonds, mon ami ; je t'en fais mon compliment.

— Compliment de condoléance, mon cher ; car c'est de l'argent volé, et je me repens de l'avoir, quoique je ne sois pas complice du vol.

— Comment ! de l'argent volé ?

— Oui, on triche ici, et on m'a appris à faire le service ; je prends ma part de ce triste gain par une fausse honte. Mon hôtesse et trois ou quatre femmes de son espèce ruinent les dupes. Ce métier me révolte, et je sens que je n'y tiendrai pas longtemps. Une fois ou l'autre on me tuera, ou je tuerai, et, dans l'un et l'autre cas, il m'en coûtera la vie ; aussi je pense sortir le plus tôt possible de ce coupe-gorge.

— Je te le conseille, mon ami, et mieux encore, je t'y engage fortement. Il vaut mieux que tu en sortes aujourd'hui que demain.

— Je ne veux rien brusquer, car M. le Noir est un galant homme, il est mon ami, et il me croit cousin de cette malheureuse. Comme il ignore son infâme commerce, il se douterait de quelque chose, peut-être même la quitterait-il après avoir appris la raison qui m'aurait fait partir. Dans cinq ou six jours, je trouverai un prétexte, et alors je m'empresserai de retourner auprès de toi.

La Lambertini me fit compliment d'être venu lui demander à dîner en ami, et elle m'annonça que nous aurions Mlle de la Meure et sa tante. Je lui demandai si elle continuait d'être contente de mon ami *Sixfois* ; et elle me répondit que, quoique le comte ne logeât pas toujours dans son fief, elle en était pourtant toujours enchantée :

— Au reste, ajouta-t-ellle, en bonne suzeraine, je n'exige pas trop de mes vassaux.

Je lui en fis compliment, et nous continuâmes à plaisanter jusqu'à l'arrivée des deux convives.

Mlle de la Meure, en me voyant eût de la peine à dissimuler le plaisir qu'elle éprouvait. Elle était en demi-deuil et si belle sous ce costume, qui relevait la blancheur de sa peau, que je suis encore étonné que ce moment n'ait pas décidé de mon sort.

Tiretta, qui nous avait quittés pour faire sa toilette, vint nous rejoindre ; comme rien ne m'empêchait de montrer du penchant pour l'aimable personne, j'eus pour elle toutes les attentions possibles. Je dis à la tante que je trouvais sa nièce si jolie, que je renoncerais au célibat si je pouvais trouver une compagne comme elle.

— Ma nièce, monsieur, est honnête et douce, mais elle n'a ni esprit ni religion.

— Passe pour l'esprit, dit la nièce ; mais pour la religion, ma chère tante, c'est un reproche qu'on ne m'a jamais fait au couvent.

— Je le crois, car ce sont des jésuitesses.

— Mais qu'importe, ma tante ?

— Beaucoup, ma nièce ; on connaît les jésuites et leurs adhérents ; ce sont des gens sans religion, et il s'agit de la grâce. Mais parlons d'autres choses. Je désire seulement que tu saches plaire à celui qui sera ton mari.

— Mais, madame, est-ce que mademoiselle est à la veille de se marier ?

— Son futur doit arriver au commencement du mois prochain.

— Est-ce un homme de robe ?

— Non, monsieur, c'est un négociant très à son aise.

— M. le Noir m'a dit que mademoiselle est fille d'un conseiller, et je n'ai pas supposé que vous voulussiez contracter une mésalliance.

— Ce n'en sera pas une, monsieur; et puis, qu'est-ce que c'est que mésalliance? Le futur de ma nièce est noble, puisqu'il est honnête homme, et je suis sûre qu'il ne tiendra qu'à elle d'être parfaitement heureuse avec lui.

— Oui, pourvu que mademoiselle l'aime.

— Oh! l'amour cela se trouve avec le temps.

Cette conversation ne pouvant que faire de la peine à la jeune personne, qui l'écoutait sans rien dire, je fis tomber le discours sur la grande quantité de monde qu'il y aurait à la Grève pour l'exécution de Damiens, et, les trouvant toutes très curieuses de voir cet horrible spectacle, je leur offris une ample fenêtre d'où nous pourrions tout voir. Les dames acceptèrent à l'envi, et je leur donnai parole d'aller les prendre assez à temps pour les y mener.

Je n'avais point de fenêtre, mais je savais qu'à Paris, comme partout, avec de l'argent on peut tout avoir. Après le dîner, feignant une affaire, je sortis, et, m'étant jeté dans le premier fiacre que je rencontrai, dans un quart d'heure je me trouvai possesseur d'une belle fenêtre que je louai pour trois louis dans un entresol. Je payai d'avance, ayant soin de retenir une quittance avec un dédit de six cents francs.

Mon affaire faite, je me hâtai de rejoindre la société, et je retrouvai mon monde engagé à une partie de piquet. Mlle de la Meure, qui n'y connaissait rien, s'ennuyait à regarder. Je m'approchai d'elle, et, ayant à lui parler, nous nous retirâmes à l'autre bout de la salle.

— Votre lettre, ma charmante amie, m'a rendu le plus heureux des mortels; vous y avez dévoilé un esprit et un caractère qui doivent vous captiver l'adoration de tous les hommes de bon sens.

— Je n'ai affaire que de l'amour d'un seul; il me suffira d'avoir l'estime des autres.

— Vous serez ma femme, mon angélique amie, et je

bénirai jusqu'à mon dernier soupir l'heureuse audace à laquelle je dois la préférence que vous m'accordez sur tant d'autres qui ne vous auraient jamais refusée, même sans les cinquante mille écus, qui ne sont rien en comparaison de vos qualités personnelles et de votre sage façon de penser.

— Je suis bien aise que vous ayez cette bonne opinion de moi.

— Pourrait-il en être autrement ? Maintenant que vous connaissez mes sentiments, ne précipitons rien, et fiez-vous à moi.

— Vous vous rappellerez ma situation ?

— Je ne puis l'oublier. Donnez-moi le temps de prendre une maison, de la meubler et de me mettre en possession d'être jugé digne de vous donner mon nom. Songez que je vis encore en chambre garnie, que vous avez des parents, et j'aurais honte d'avoir l'air d'un aventurier dans une démarche de cette importance.

— Vous avez entendu que mon prétendu futur ne doit pas tarder à arriver ?

— Oui, cela ne m'a pas échappé.

— Quand il sera ici, soyez sûr qu'on mènera la chose rapidement.

— Mais pas assez pour qu'en moins de vingt-quatre heures je ne puisse vous délivrer de toute tyrannie, sans même que votre tante sache que le coup vient de moi. Je puis vous assurer, ma chère amie, que le ministre des affaires étrangères, aussitôt qu'il sera certain que vous ne voulez que moi pour époux, vous procurera un asile inviolable dans un des meilleurs couvents de Paris. Ce sera encore lui qui vous donnera un avocat, et, si le testament s'exprime d'une manière formelle, votre tante ne tardera pas à vous devoir payer votre dot et à fournir hypothèque pour le reste de l'héritage. Soyez tranquille, et laissez venir le marchand de Dunkerque. Dans tous les cas vous pouvez compter que je ne vous laisserai pas dans l'embarras, et que vous ne serez plus dans la maison de votre tante le jour que l'on désignera pour la signature du contrat.

— Je me rends, et je m'abandonne entièrement à vous; mais, de grâce, ne mettez pas en ligne de compte une particularité qui blesse trop ma délicatesse. Vous avez dit que je ne vous aurais jamais fait la proposition de m'épouser ou de cesser de me voir sans la liberté que vous avez prise dimanche dernier.

— Ai-je eu tort?

— Oui, au moins d'un côté, et vous devez sentir que, sans une puissante raison, j'aurais fait une démarche bien inconsidérée en vous offrant ma main de but en blanc; mais notre mariage aurait pu arriver par une tout autre direction, car, il m'est permis de vous le dire actuellement, je vous aurais donné en toute occasion la préférence sur tout le monde.

Je ne me sentais pas d'aise, et, lui saisissant la main, je la lui baisai à diverses reprises avec tendresse et respect, et je suis persuadé que si dans l'instant nous avions eu un notaire et un prêtre autorisé à nous donner la bénédiction nuptiale, je n'aurais pas tardé un moment à l'épouser.

Absorbés dans notre tendresse, et pleins de nous-mêmes comme le sont toujours les amoureux tête-à-tête, nous ne faisions pas attention à l'horrible tapage que l'on faisait à l'autre bout de la salle. Croyant devoir m'en mêler, je quittai ma future, et je me rapprochai de la compagnie pour calmer Tiretta.

Je vis sur la table une cassette ouverte remplie de bijoux de tous prix, et deux hommes qui se disputaient avec Tiretta, qui tenait un livre à la main. Je vis d'abord qu'il s'agissait d'une loterie; mais pourquoi se disputait-on? Tiretta me dit que ces deux messieurs étaient des fripons qui leur avaient gagné trente ou quarante louis moyennant ce livre qu'il me remit.

— Monsieur, me dit l'un des deux joueurs, ce livre contient une loterie où tout est calculé de la manière la plus loyale. Il est composé de douze cents feuilles dont deux cents sont gagnantes; il y en a mille qui sont vides. Chaque feuillet gagnant est suivi de cinq feuillets perdants. La personne qui veut jouer doit donner un écu, et mettre la pointe d'une épingle au hasard entre les feuillets du livre fermé. On ouvre le livre à l'endroit de l'épingle, et, si la feuille est blanche, le joueur perd; si au contraire la feuille porte un numéro, on lui donne un lot correspondant, ou on lui en paye la valeur, qui se trouve indiquée à côté de l'objet gagné. Remarquez, monsieur, que le moindre lot coûte douze francs, et qu'il y a des lots qui vont jusqu'à six cents, et même un de la valeur de douze cents francs. Depuis une heure que la société joue, nous avons perdu plusieurs objets de prix, et madame (en désignant la tante de ma belle amie) a gagné une bague de six louis; mais comme elle a préféré l'argent à l'objet, en continuant à jouer elle les a reperdus.

— Oui, dit la tante, je les ai perdus, et ces messieurs avec leur maudit jeu ont gagné tout le monde. C'est une preuve que le jeu n'est qu'une pure déception.

— C'est une preuve, dit Tiretta, que ces messieurs sont des fripons.

— Mais, messieurs, dans ce cas les receveurs de la loterie de l'École-Militaire le sont donc aussi, dit l'un des joueurs.

A ces mots Tiretta lui lance un soufflet. Je me jette entre les deux champions, et je leur impose silence pour finir l'affaire.

— Toutes les loteries, leur dis-je, sont avantageuses aux tenants; mais celle de l'École-Militaire a le roi pour chef, et j'en suis le principal receveur. En cette qualité, je confisque cette cassette, et je vous laisse le choix : ou rendez à toute la compagnie l'argent que vous avez illicitement gagné, et je vous laisse partir en vous rendant votre caisse ; ou bien je vais envoyer chercher un exempt de police qui vous conduira en prison à ma réquisition, et demain M. Berier jugera l'affaire, car c'est à lui-même que je porterai ce livre demain matin. Nous verrons si, parce que vous êtes des fripons, nous sommes obligés de nous reconnaître pour tels ([1]).

Voyant qu'ils avaient affaire à forte partie et qu'ils ne pourraient que perdre à résister, ils se déterminèrent d'assez bonne grâce à débourser tout l'argent qu'ils avaient gagné, et peut-être même le double ; car ils furent obligés de restituer quarante louis, quoiqu'ils jurassent n'en avoir gagné que vingt. La société était trop bien composée, pour que je me permisse de décider. Le fait est que je croyais assez l'assertion de ces deux escrocs ; mais j'étais fâché, et je voulais qu'ils payassent d'avoir eu la hardiesse de faire une comparaison très-juste au fond, mais qui me déplaisait souverainement. Ce fut sans doute aussi ce ressentiment qui m'empêcha de leur remettre leur livre, que je n'avais nul droit de garder, et qu'ils me supplièrent en vain de leur rendre. Le ton que je prenais à leur égard, mon air d'assurance, les menaces que je leur fis et peut-être aussi la peur de la participation active que la police aurait pu prendre dans notre contestation, tout cela fit qu'ils se crurent heureux de rattraper leur cassette intacte.

([1]) Cette scène se passe la veille de l'exécution de Damiens qui eut lieu le 28 mars 1757. Or la loterie de l'école militaire ne fut accordée que le 15 octobre et ses bureaux ouverts qu'en février 1758. Il y a donc là une inexactitude difficile à comprendre et encore plus à l'expliquer car toute l'intrigue de Casanova avec Mlle de la Meure doit se placer avant la fondation de la loterie puisqu'il retrouvera sa maîtresse, mariée, à Dunquerque en septembre 1757. Pour ce voyage aucune erreur n'est possible, Mlle Balletti écrit à Casanova fin août 1757 : « Je Vous écrirai mercredi à Dunquerque ». (*Aldo Rava. Lettere di donne* 1912 in-8 p. 20).

Dès qu'ils furent partis, ces dames, bons apôtres, commencèrent à s'apitoyer sur leur compte. — Vous auriez bien pu, me dirent-elles, leur rendre leur grimoire.

— Oui, mesdames, comme vous leur argent.

— Mais ils nous l'avaient gagné illicitement.

— Tout ? et puis, c'est aussi illicitement qu'ils ont fait usage de leur grimoire ; en le leur prenant, je leur ai rendu service.

Elle sentirent l'hyperbole, et la conversation tomba sur autre chose.

Le lendemain de bon matin mes deux joueurs de loterie vinrent me trouver et pour me fléchir, ils me firent présent d'une belle cassette contenant vingt-quatre figures délicieuses en porcelaine de Saxe. Cet argument était irrésistible, et je crus devoir leur rendre leur livret, non toutefois sans les menacer de les faite emprisonner s'ils osaient continuer leur genre de commerce à Paris. Ils me promirent de s'en abstenir, quoique sans doute, bien résolus à ne pas tenir parole ; mais je m'en souciais peu.

Possesseur d'un présent riche pour un amateur, je me décidai à l'offrir à Mlle de la Meure, et je fus le lui porter le jour même. Je fus accueilli à merveille, et la tante me combla de remerciments.

Le 28 mars, jour du martyr de Damiens, j'allai de bonne heure prendre les dames chez la Lambertini, et, comme ma voiture nous contenait à peine, je pris sans difficulté ma charmante amie sur mes genoux et nous nous rendîmes ainsi à la place de Grève. Les trois dames, se serrant tant qu'elles purent, se placèrent de leur mieux sur le devant de la fenêtre, se tenant inclinées en s'appuyant sur leurs bras pour ne pas nous empêcher de voir par-dessus leurs têtes. Cette fenêtre avait deux marches ou gradins, et les dames étaient perchées sur le second. Afin de pouvoir regarder par-dessus, nous étions obligés de nous tenir sur la même marche, car, à la première, nous n'aurions pas dépassé leur hauteur. Ce n'est pas sans motif que je donne ces détails à mes lecteurs ; car sans cela il serait difficile de deviner les détails que je suis obligé de leur taire.

Nous eûmes la constance de rester quatre heures à cet horrible spectacle. Le supplice de Damiens est trop connu pour que j'en parle, d'abord parce que le récit en serait trop long, et puis parce que de pareilles horreurs outragent la nature. Damiens était un fanatique qui, croyant faire une bonne œuvre et mériter le ciel, avait tenté d'assassiner Louis XV ; et quoiqu'il ne lui eût fait qu'une légère écorchure, il fut tenaillé comme si le crime avait été consommé.

Pendant le supplice de cette victime des jésuites, je fus forcé de détourner la vue et de me boucher les oreilles quand j'entendis ses cris déchirants, n'ayant plus que la moitié de son corps ; mais la Lambertini et la grosse tante ne firent pas le moindre mouvement ; est-ce un effet de la cruauté de leur cœur ? Je dus faire semblant de les croire lorsqu'elles me dirent que l'horreur que leur inspirait l'attentat de ce monstre les avait empêchées de sentir la pitié que devait nécessairement exciter la vue des tourments inouïs qu'on lui fit souffrir. Le fait est que Tiretta tint la dévote tante singulièrement occupée pendant tout le temps de l'exécution ; et peut-être fut-il la cause que cette vertueuse dame n'osa faire aucun mouvement ni même détourner la tête.

Se trouvant placé très près derrière elle, il avait eu la précaution de retrousser sa robe pour ne point mettre les pieds dessus ; c'était dans l'ordre, sans doute ; mais bientôt ayant fait un mouvement involontaire de leur côté, je m'aperçus que Tiretta avait pris trop de précautions, et, ne voulant ni interrompre mon ami ni gêner la dame, je détournai la tête et me plaçai, sans affectation, de manière que ma belle amie ne pût rien apercevoir ; cela mettait la bonne dame à son aise. J'entendis des froissements pendant deux heures de suite, et, trouvant la chose fort plaisante, j'eus la constance de ne point bouger pendant tout le temps. J'admirais en moi-même plus encore le bon appétit que la hardiesse de Tiretta; mais j'admirais encore davantage la belle résignation de la dévote tante.

Quand, à la fin de cette longue séance, je vis Mme *** se tourner, je me retournai aussi, et, fixant Tiretta, je le vis frais, gai et tranquille comme si de rien n'était, mais la chère tante me parut pensive et plus sérieuse que d'ordinaire. Elle s'était trouvée dans la fatale nécessité de dissimuler et de se laisser faire, crainte de faire rire la Lambertini et de scandaliser sa jeune nièce en lui découvrant des mystères qu'elle devait ignorer.

Nous partîmes, et, ayant descendu la nièce du pape à sa porte, je la priai de me céder Tiretta pour quelques heures, et je conduisis Mme *** à sa demeure, rue Saint-André-des-Arts, où elle me pria de l'aller voir le lendemain matin, ayant quelque chose à me communiquer. Je remarquai qu'en nous quittant elle ne salua pas mon ami. Nous allâmes dîner chez Landel, à l'hôtel de Bussi, où l'on faisait excellente chère pour six francs par tête ([1]); je pensais que mon fou devait avoir grand besoin de réparer ses forces.

— Qu'as-tu fait derrière Mme *** ? lui dis-je.
— Je suis sûr que tu n'as rien vu ni personne.

([1]) Le cabaret de Landelle, situé rue de Buci, au numéro 4 actuel, était doublement célèbre. D'abord par la réunion de gens de lettres qui y avaient institué la Société du Caveau et ensuite par la bonne chère qu'on y faisait. Après avoir été longtemps locataires, Landelle et sa femme Marie-Angélique Bonnemet, devinrent propriétaires de l'immeuble, appelé l'hôtel de Bussy, le 23 juillet 1750. Landelle y mourut en 1769, mais le restaurant y continua ses joyeuses traditions. On y faisait de la musique, on y dansait et l'Opéra l'inscrivait en 1778 sur la liste des établissements obligés de payer à l'Académie royale de musique une redevance. (PAUL FROMAGEOT. *La rue de Buci; Bulletin de la Société du VIe arrond^t*, 1903, p. 80-94.)

— Ni personne, c'est possible ; mais moi, ayant vu le commencement de tes manœuvres, et prévoyant ce qui allait s'ensuivre, je me suis placé de façon que vous ne puissiez être découverts ni de la Lambertini ni de la jolie nièce. Je devine où tu t'es arrêté, et je t'avoue que j'admire ton gros appétit. Mais il paraît que la pauvre victime est courroucée.

— Oh ! mon ami, minauderie de femme surannée. Elle peut bien faire semblant d'être fâchée ; mais puisqu'elle s'est tenue parfaitement tranquille pendant deux heures que la séance a duré, je suis persuadé qu'elle est prête à recommencer.

— Au fond, je le crois aussi ; mais son amour-propre peut lui faire croire que tu lui as manqué de respect, et effectivement.

— De respect, mon ami ? mais ne faut-il pas toujours manquer de respect aux femmes quand on veut en venir là ?

— Je le sais bien ; mais seuls, tête à tête, ou exposés comme vous l'étiez, c'est bien différent.

— Oui, mais l'acte étant consommé à quatre reprises différentes, et sans opposition, ne dois-je pas préjuger d'un consentement parfait ?

— Ta logique est fort bonne, mais tu vois qu'elle te boude. D'ailleurs elle veut me parler demain, et tu seras mis sur le tapis.

— C'est possible, mais je ne suppose pas qu'elle te parle de ce badinage. Elle serait folle.

— Pourquoi non ? Ne connais-tu pas les dévotes ? Élevées à l'école des Jésuites, qui souvent leur donnent de bonnes leçons sur ce sujet, elles sont enchantées de saisir l'occasion de faire des confessions pareilles à un tiers ; et ces confessions, bien assaisonnées de larmes de commande, principalement quand elles sont laides, leur donnent à leurs propres yeux un vernis de béatitude.

— Eh bien! mon ami, qu'elle t'en parle; nous verrons.

— Il se peut qu'elle prétende à une satisfaction, et je m'en mêlerai avec plaisir.

— En vérité, tu me fais rire ; car je ne vois pas qu'elle espèce de satisfaction elle pourrait prétendre, à moins, qu'elle ne voulût me punir par la loi du talion : ce qui n'est guère possible, à moins de s'exposer à la récidive. Si le jeu n'avait pas été de son goût, elle n'aurait eu qu'à me donner un coup de pied qui m'aurait fait tomber à la renverse.

— Mais alors elle aurait découvert la tentative.

— Eh bien, le moindre mouvement ne suffisait-il pas pour la rendre nulle ? Mais douce comme un mouton, et se prêtant à merveille, jamais rien de plus aisé.

— L'affaire est tout à fait risible. Mais as-tu fait attention que la Lambertini te boude aussi ? Elle a peut-être vu la chose, et elle en est offensée.

— La Lambertini boude pour une autre raison; car je lui ai rompu en visière, et je délogerai ce soir.

— Tout de bon ?

— Sur ma parole. Voici l'histoire : Hier soir un jeune homme employé aux fermes, qu'une vieille friponne génoise a conduit à souper chez nous, après avoir perdu quarante louis aux petits-paquets, jeta les cartes au nez de mon hôtesse en l'appelant voleuse. Dans un premier mouvement, je pris le flambeau et je lui éteignis la bougie sur la figure, au risque de lui crever un œil; je l'attrapai heureusement à la joue. Il courut à son épée ; j'avais déjà dégaîné la mienne, et si la Génoise ne se fût jetée entre nous, un meurtre aurait pu s'ensuivre. Ce malheureux, en voyant sa joue au miroir, devint si furieux qu'on ne put l'apaiser qu'en lui rendant son argent. Elles le lui rendirent malgré mon insistance, car la restitution ne pouvait se faire qu'en avouant, tacitement au moins, qu'on le lui avait gagné par tricherie. Cela donna lieu à une dispute très-aigre entre la Lambertini et moi après le départ du jeune homme. Elle me dit qu'il ne serait rien arrivé et que nous tiendrions les quarante louis si je ne m'en étais pas mêlé ; que c'était elle et non moi que le jeune homme avait insultée. La Génoise ajouta qu'avec du sang-froid nous l'aurions eu pour longtemps, tandis qu'à présent Dieu seul savait ce qu'il allait faire avec la tache de la brûlure à la figure. Ennuyé des discours infâmes de ces deux prostituées, je les envoyai faire paître ; mais mon hôtesse, montant sur ses hauts talons, se permit de me dire que je n'étais qu'un gueux.

» Sans l'arrivée de M. le Noir, j'allais lui faire passer un mauvais quart d'heure, car j'avais déjà pris ma canne. A la vue de M. le Noir, elles me dirent de me taire ; mais j'avais la tête montée, et, me tournant vers cet honnête homme, je lui dis que sa maîtresse m'avait traité de gueux, qu'elle n'était qu'une prostituée, que je n'étais pas son cousin ni son parent le moins du monde, et que je délogerais aujourd'hui. En achevant cette rapide tirade, je suis sorti et j'ai été m'enfermer dans ma chambre. Dans une couple d'heures j'irai prendre mes hardes, et demain matin je déjeunerai avec toi. »

Tiretta avait raison ; il avait l'âme noble, et quelques étourderies de jeunesse ne devaient pas être la cause qu'il se jetât dans le bourbier du vice. Aussi longtemps que l'homme n'a point commis d'action flétrissante, aussi longtemps que son cœur n'est point complice des égarements de sa tête, il peut rentrer avec honneur dans la voie du devoir. J'en dirais autant de la femme si le préjugé ne parlait pas trop haut, et si la femme n'agissait pas par le cœur beaucoup plus que par la tête.

Nous nous séparâmes après avoir bien dîné et sablé du sillery délicieux, et je passai la soirée à écrire. Le lendemain matin je fis quelques courses, et à midi je me rendis chez l'affligée dévote, que je trouvai avec sa ravissante nièce. Nous causâmes un instant de la pluie et du beau temps ; puis elle dit à mon amie de nous laisser seuls, parce qu'elle avait à me parler. Je m'étais préparé à la scène, et j'attendis sans mot dire qu'elle rompit le silence que toute femme à sa place ne manque pas d'observer pendant quelques instants.

— Vous allez être surpris, monsieur, du discours que je vais vous tenir et des confidences que je vais vous faire, car c'est une plainte d'une nature inouïe que je me suis déterminée à vous porter. Le cas est assurément des plus délicats et, pour me décider, il n'a rien fallu moins que l'idée que j'ai conçue de vous la première fois que je vous ai vu. Je vous crois sage, discret, homme d'honneur surtout et de bonnes mœurs ; enfin, je vous crois rempli de véritable religion ; si je me trompe, il arrivera des malheurs, car, offensée comme je le suis et ne manquant pas de moyens, je saurai me venger, et, comme vous êtes son ami, vous en serez fâché.

— Est-ce de Tiretta, madame, que vous vous plaignez ?

— Oui, de lui-même.

— Et de quoi s'est-il rendu coupable à votre égard ?

— C'est un scélérat qui m'a fait un affront qui n'a pas d'exemple.

— Je ne l'en aurais pas cru capable.

— Je le crois, parce que vous avez de bonnes mœurs.

— Mais de quelle espèce est l'affront dont vous vous plaignez ? Comptez sur moi, madame.

— Monsieur, je ne vous le dirai pas, la chose n'est pas possible ; mais j'espère que vous le devinerez. Hier, au supplice de ce maudit Damiens, il a, pendant deux heures de suite, étrangement abusé de la position dans laquelle il se trouvait derrière moi.

— J'entends ; je devine ce qu'il a pu faire, et vous pouvez vous dispenser de m'en dire davantage. Vous avez raison d'être fâchée ; et je le condamne, car c'est une supercherie. Mais permettez-moi que je vous dise que le cas n'est pas sans exemple, qu'il n'est même pas rare ; je crois même qu'on peut le pardonner soit à l'amour, soit au hasard de la situation, au trop grand voisinage de l'ennemi tentateur, et surtout quand le pécheur est jeune et ardent. C'est au reste un crime qu'on peut réparer de bien des façons, pourvu que les parties s'accordent. Tiretta est garçon, il est gentilhomme, il est beau et au fond très-honnête ; et un mariage est fort faisable.

J'attendais une réponse ; mais, voyant que l'offensée gardait le silence, ce qui me paraissait de bon augure, je continuai :

— Si le mariage ne répond pas à votre manière de penser, il peut réparer la faute par une amitié constante, qui vous prouvera son repentir et qui méritera votre indulgence. Réfléchissez, madame, que Tiretta est homme, et par conséquent sujet à toutes les faiblesses de l'humanité. Songez aussi que vous êtes coupable.

— Moi, monsieur.

— Oui, madame, mais innocemment ; car vous n'êtes point directement la cause que vos charmes aient égaré ses sens. Cependant je ne fais aucun doute que sans leur influence la chose ne serait pas arrivée, et je crois que cette circonstance peut contribuer à lui obtenir son pardon.

— Pardon ? Vous êtes, monsieur, un habile plaideur, mais j'aime à vous rendre justice et à reconnaître que tout ce que vous venez de me dire part d'une âme chrétienne. Cependant tout votre raisonnement est fondé sur une fausse supposition. Vous ignorez le fait ; mais comment le devinerait-on ?

Mme***, versant alors des larmes, me mit aux champs. Je ne savais que me figurer. « Lui aurait-il volé sa bourse ? me disais-je ; il n'en est pas capable, ou je lui brûlerais la cervelle. » Attendons. Bientôt la dévote affligée essuya ses larmes, et poursuivit ainsi :

— Vous imaginez un crime que, par un effort, on pourrait encore combiner avec la raison, et y trouver, j'en conviens, une réparation convenable ; mais ce que le brutal m'a fait est une infamie à laquelle je voudrais pouvoir m'abstenir de penser, car c'était de quoi me faire devenir folle.

— Grand Dieu ! qu'entends-je ! Je frémis ! Dites-moi, de grâce, si j'y suis !

— Je crois que oui, car je pense qu'on ne saurait imaginer rien de pire. Je vous vois ému, mais la chose est pourtant ainsi. Pardonnez à mes larmes et n'en cherchez la source que dans mon dépit et dans la honte dont je me sens couverte.

— Et dans la religion ?

— Aussi, certainement. C'est même le principal, et je ne l'omettais que dans la crainte que vous n'y fussiez pas aussi attaché que moi.

— Tant que je puis, Dieu soit loué, et rien ne saurait m'en détacher.

— Disposez-vous donc à souffrir que je me damne, car je veux me venger.

— Non, renoncez à ce projet, madame ; je ne pourrais jamais en être le complice ; si vous n'y renoncez pas, souffrez au moins que je l'ignore. Je vous promets de ne lui rien dire, quoique, logeant chez moi, les saintes lois de l'hospitalité m'obligent à l'en avertir.

— Je le croyais logé avec la Lambertini.

— Il en est sorti hier. Il y avait du crime. C'était un nœud scandaleux ; je l'ai retiré du précipice.

— Que me dites-vous ?

— La vérité toute entière.

— Vous m'étonnez ! vous m'édifiez ! Je ne veux pas sa mort, monsieur, mais convenez qu'il me faut une satisfaction.

— J'en conviens. On ne traite pas une Française

aimable à l'italienne, sans réparer sa faute d'une manière éclatante ; mais je ne trouve pas de satisfaction équivalente à l'insulte. Je n'en connais qu'une, et je me fais fort de vous la procurer si vous voulez vous en contenter.

— Et quelle est-elle ?

— Je mettrai par surprise le coupable entre vos mains, je vous le laisserai tête-à-tête, exposé à toute votre colère ; mais à condition que, sans qu'il le sache, je me trouverai dans la chambre voisine, car je dois me répondre à moi-même que sa vie ne courra aucun danger.

— J'y consens. Ce sera dans ma chambre que vous vous tiendrez, et vous me laisserez dans l'autre, où je vous recevrai ; mais qu'il ne s'en doute pas.

— Pas le moins du monde. Il ne saura pas même que je le conduis chez vous, car il ne faut pas qu'il sache que je suis informé de sa perfidie. Dès qu'il sera ici et que la conversation sera engagée sur un objet quelconque, je sortirai sous un prétexte en l'air.

— Quand comptez-vous me l'amener ? Il me tarde de le confondre. Je le ferai trembler. Je suis curieuse d'entendre les raisons qu'il me baragouinera pour justifier un pareil excès.

— Je ne sais, mais il est possible que votre présence le rende éloquent ; et je le désire, car il me serait doux de vous voir satisfaits l'un de l'autre.

Elle m'obligea à dîner avec elle et l'abbé Des Forges, qui arriva à une heure (¹). L'abbé était un élève du

---

(1) L'abbé Jacques Desforges, chanoine d'Etampes, publia en 1758, *les avantages du mariage et combien il est nécessaire et salutaire aux prêtres et aux évêques de ce temps-ci, d'épouser une fille chrétienne.* Cet ouvrage fut brûlé par arrêt du Parlement, et son auteur, incarcéré à la Bastille le 26 septembre 1758, eut tout le temps de méditer les avantages de son idée. Il sortit le 9 mai 1759. (FUNCK-BRENTANO. *Les prisonniers de la Bastille,* in-fol.)

Ce même Desforges, en 1772, attirait encore l'attention en expérimentant un appareil qu'il avait inventé pour voyager dans les airs.

« Mais son premier essai n'a pas été heureux. Il s'est fait porter par

fameux évêque d'Auxerre, qui vivait encore. Je parlai si bien de la grâce pendant le dîner, je citai tant saint Augustin, que l'abbé et la dévote me prirent pour un zélé janséniste, ce qui était en tout contraire à l'apparence. Ma chère amie, l'aimable nièce, ne me regarda pas une seule fois pendant tout le repas, et, lui supposant des raisons, je ne lui adressai pas une seule fois la parole.

Après le dîner, qui, par parenthèse était excellent, je promis à l'offensée de lui rendre le coupable, pieds et poings liés, le lendemain en sortant de la Comédie, où je le mènerais. Je lui dis de plus, afin de la mettre tout à fait à son aise, que je viendrais à pied, certain que le soir il ne reconnaîtrait pas la maison.

Dès que j'eus rejoint Tiretta, prenant un air sério-comique, je lui reprochai l'horrible action dont il s'était rendu coupable envers une femme dévote et respectable de tous les côtés; mais le fou se prit à rire et j'aurais perdu mon latin à le morigéner.

— Quoi! elle a pu se déterminer à te dévoiler le fait?

— Tu ne nies donc pas le fait?

— Si elle le dit, je ne me crois pas autorisé à lui donner un démenti; mais je jure sur mon honneur que j'en suis incertain. Dans la position où j'étais, il m'est impossible de savoir dans quel appartement j'ai été me loger. Au reste je la calmerai, car je tâcherai d'être court pour ne pas la faire attendre.

— Court! garde-t'en bien; tu gâterais l'affaire. Sois le

---

quatre paysans sur une hauteur, près d'Etampes; et dès qu'il leur a dit de lâcher la gondole, il est tombé à terre, mais il en a été quitte pour une légère contusion au coude. On ne brûlera jamais le chanoine d'Etampes comme sorcier. Tout ce qu'il sait de magie se réduit à une chose bien simple : il a fabriqué une espèce de gondole d'osier; il l'a enduite de plumes, il l'a surmontée d'un parasol de plumes; il s'y campe avec deux rames à longues plumes, et il espère à force de ramer de se soutenir dans les airs et de les traverser. » (*Correspondance de Grimm, Diderot*, etc., édit. Tourneux, 1879, tomes IV, 60 et X 60.)

plus long possible, cela lui sera agréable; d'ailleurs, c'est ton intérêt. Ne te presse pas; j'y gagnerai aussi, car je suis sûr de ne pas m'ennuyer tandis que tu métamorphoseras sa colère en un plus doux sentiment. Souviens-toi que tu dois ignorer que je suis dans la maison; et si par hasard tu venais à ne rester avec elle que peu de temps, ce que je ne crois pas, prends un fiacre et va-t'en. Tu sens bien que la moindre politesse que la dévote me doive est de ne pas me laisser sans feu et sans compagnie. N'oublie pas qu'elle est, comme toi, de bonne naissance. Ces femmes de qualité qui n'ont pas de meilleures mœurs que les autres, parce qu'elles sont bâties de même, veulent pourtant des égards qui flattent leur orgueil. Elle est riche, elle est dévote et de plus voluptueuse; tâche de captiver son amitié; mais non *tête-à-nuque*, mais bien *de faciem ad faciem*, comme dit le roi de Prusse (1). Tu feras peut-être un coup de fortune. Si elle te demande pourquoi tu as quitté la nièce du pape, garde-toi de lui en dire la raison ni d'en supposer une. Ta discrétion lui plaira. Tâche enfin de bien expier la noirceur de ta faute.

— Je n'ai qu'à lui dire la vérité; je suis entré en aveugle.

— La raison est unique, et une Française peut bien la croire bonne.

Le lecteur n'a pas besoin que je lui dise que je rendis à Tiretta un fidèle compte de mon entretien avec la matrone. Si quelques âmes timorées allaient se récrier sur ce manque de bonne foi, je leur dirais qu'il y avait restriction mentale dans mes promesses, et ceux qui connaîtront tant soit peu la morale des enfants d'Ignace sauront bien que cela me met parfaitement à mon aise.

---

(1) M. d'Alembert a osé corriger le grand roi; j'en aurais fait autant, avec aussi peu de réflexion; car quel besoin a un roi de savoir le latin? (NOTE DE L'A.).

Tout étant bien arrangé avec mon ami, nous allâmes à l'Opéra le lendemain, et de là nous nous rendîmes à pied chez la vertueuse offensée, qui nous reçut avec grand ton de dignité, mais avec une certaine aménité de manières qui me parut de fort bon augure. — Je ne soupe jamais, nous dit-elle ; mais si vous m'aviez prévenu de votre arrivée, messieurs, j'aurais eu soin de vous faire trouver quelque chose.

Après lui avoir appris toutes les nouveautés que j'avais entendu débiter au foyer, je feignis une affaire et je la priai de me permettre de la laisser pour quelques instants avec mon ami. Si je tarde un quart d'heure, mon cher comte, ne m'attends plus. Prends un fiacre pour te retirer, et demain nous nous reverrons.

Au lieu de descendre, je me dirigeai vers la chambre voisine, qui avait une entrée sur le corridor, et deux minutes après je vis entrer ma charmante amie portant un flambeau et qui fut agréablement surprise de me voir.

— Je ne sais si je rêve, me dit-elle, mais ma tante m'a dit de ne point vous laisser seul et de dire à la femme de chambre de ne monter que lorsqu'elle sonnerait. Vous avez votre ami avec elle et elle m'a ordonné de parler bas, parce qu'il ne doit pas savoir que vous êtes ici. Puis-je savoir ce que signifie cette singulière histoire ?

— Vous êtes donc curieuse ?

— Mais, je l'avoue, en ceci je le suis ; car ce mystère est bien fait pour exciter la curiosité.

— Vous saurez tout, mon ange ; mais il fait froid.

— Ma tante m'a ordonné de faire bon feu : elle est tout à coup devenue généreuse, même prodigue ; car voyez, des bougies.

— C'est donc du nouveau ?

— Oh ! très nouveau, assurément.

Dès que nous fûmes intallés devant le feu, je me mis à lui conter toute l'aventure, ce qu'elle écouta avec toute l'attention dont une jeune fille est capable en pareille matière ; mais ayant cru devoir gazer un peu le sujet, elle ne comprit pas bien l'espèce de crime dont Tiretta s'était rendu coupable. Je ne fus pas fâché de devoir lui expliquer la chose en termes précis, et, pour rendre la chose plus expressive, j'y ajoutai le langage du geste, ce qui la fit rire et rougir tout à la fois. Je lui dis ensuite qu'ayant dû ménager à sa tante une satisfaction, une réparation de l'outrage dont elle se plaignait, j'avais arrangé la chose de façon que j'étais sûr de me trouver avec elle tout le temps que mon ami l'occuperait. Là-dessus je me mis à inonder sa jolie figure de baisers amoureux ; et comme je ne me permettais aucune autre liberté, elle reçut mes embrassements comme des témoignages de ma tendresse et de la pureté de mes sentiments.

— Mon ami, me dit-elle, ce que vous m'avez dit me confond et il y a deux choses que je ne saurais comprendre. Comment Tiretta a-t-il fait pour commettre sur ma tante un crime que je conçois possible quand il y a accord de la partie attaquée, mais que je crois impossible sans son consentement ? Ce qui me ferait croire que, si le crime a été consommé, c'est qu'elle l'a bien voulu.

— C'est très juste, car, pour rendre la chose impossible, elle n'avait qu'à changer de posture.

— Et même sans cela ; car il me semble qu'il ne tenait qu'à elle de tenir la porte close.

— En cela, chère amie, vous vous trompez ; car un homme comme il faut ne demande que la constance de position, et alors la barrière se trouve bientôt franchie. Et puis, ma chère, je ne crois pas que chez votre tante la porte soit aussi bien close qu'elle l'est sans doute chez vous.

— Je crois que je défierais tous les Tiretta du monde. La seconde chose que je ne conçois pas, c'est que ma dévote tante a pu vous rendre compte de cet affront ; car, si elle avait eu de l'esprit, elle aurait dû prévoir que cela n'aurait fait que vous faire rire. Et puis quelle espèce de satisfaction peut-elle prétendre d'un fou brutal qui peut-être n'attache à tout cela pas la moindre importance ? Je crois qu'il aurait tenté de faire le même affront à toute femme qui se serait trouvée à la place de ma tante.

— Vous pensez fort juste sur ce point ; car il m'a dit qu'il était entré en aveugle, ne sachant pas où il allait.

— C'est un drôle d'animal que votre ami ; et si tous les hommes lui ressemblaient, je me sens bien sûre que je n'aurais pour eux que du mépris.

—Pour ce qui est de la réparation que votre tante peut se promettre et que, peut-être, elle se flatte d'obtenir, elle ne m'en a rien dit, mais elle peut se deviner ; et, si je ne me trompe, elle consistera dans une déclaration d'amour que mon ami lui fera dans les formes, et qu'il expiera son crime, qu'il mettra sur le compte de l'ignorance, en devenant son amant dans toutes les règles, et sans doute que la noce aura lieu cette nuit.

— Oh! pour le coup, l'histoire devient plaisante. Je n'en crois rien. Ma chère tante est trop éprise de son salut, Et puis comment voulez-vous que ce jeune homme soit amoureux d'elle, ou qu'il puisse en jouer le rôle ayant sous les yeux une figure comme la sienne ? Passe pour sa folie, il ne la voyait pas. Avez-vous jamais vu un visage aussi dégoûtant que celui de ma tante ? Une peau couperosée, des yeux qui distillent de la cire fondue, des dents et une haleine capables de décourager chaque homme. Elle est hideuse.

— Ce sont des bagatelles, ma chère, pour un gaillard de vingt-cinq ans. A cet âge, on est toujours prêt à livrer un assaut. Ce n'est pas comme moi qui ne puis être homme que par des charmes comme les vôtres, et qu'il me tarde de posséder légitimement.

— Vous trouverez en moi l'épouse la plus tendre, et je

suis sûre de parvenir à captiver votre cœur de manière à n'avoir pas à craindre de le perdre.

Une heure s'était déjà écoulée dans cette agréable conversation et Tiretta était encore avec la tante. J'en augurai bien pour la réconciliation, et je jugeai que l'affaire était devenue sérieuse. J'en fis part à ma charmante compagne, et je lui dis de m'apporter quelque chose à manger.

— Je ne puis vous donner, me dit-elle, que du pain, du fromage, du jambon et du vin que ma tante dit être délicieux.

— Apportez vite tout cela, car je tombe d'inanition.

Leste comme une biche, elle couvre une petite table, met deux couverts et y place dessus tout ce qu'elle avait. C'était du fromage de Roquefort délicieux et un jambon glacé excellent. Il y avait de quoi satisfaire dix personnes bien disposées; pourtant je ne sais comment nous nous y prîmes, mais le fait est que tout disparut avec deux bouteilles d'un chambertin qu'il me semble déguster encore. Le plaisir brillait dans les yeux de ma belle maîtresse. Oh! que le chambertin et le roquefort sont d'excellents mets pour restaurer l'amour et pour porter à prompte maturité un amour naissant !

— N'êtes-vous pas curieuse de savoir ce que votre tante fait depuis deux heures et demie qu'elle est seule avec M. *Sixfois?*

— Ils jouent peut-être ; mais il y a là un petit trou et je vais voir. Je ne vois que les bougies, qui ont la mèche longue d'un pouce.

— Ne vous l'ai-je pas dit? Donnez-moi une couverture, je me coucherai sur ce canapé; et vous, ma chère amie, allez vous coucher. Mais montrez-moi votre lit.

Elle me fit entrer dans sa petite chambre, où je vis un joli lit, un prie-Dieu et un grand crucifix.

— Votre lit est trop petit pour vous, mon cœur.

— Oh! mon Dieu, non, j'y suis à l'aise.

En disant cela, elle se coucha de tout son long.

— Quelle charmante femme j'aurai ! Ah ! ne bougez pas laissez-moi vous contempler ainsi.

Et ma main de presser un petit corset, véritable prison de deux globes qui semblaient gémir de leur captivité. Je vais plus loin, je délace... car où s'arrête le désir ?

— Mon ami, je ne puis me défendre ; mais ensuite vous ne m'aimerez plus,

— Toute ma vie.

Bientôt la gorge la plus belle fut en proie à mes ardentes caresses. Ma flamme alluma la sienne, et, ne se connaissant plus, elle m'ouvrit ses bras, me faisant promettre de la respecter ; et que ne promet-on pas ? A-t-on le temps de savoir si l'on promet dans ces moments de délire ? La pudeur inhérente au sexe, la crainte des résultats, un certain instinct peut-être qui leur révèle l'inconstance naturelle à l'homme, peuvent bien porter les femmes à demander ces promesses ; mais qu'elle est l'amante, si elle aime bien, qui puisse songer à sommer son amant de la respecter dans ces instants où l'amour a absorbé toutes les facultés de la raison ; dans ces moments où toute l'existence est concentrée dans l'accomplissement du désir dont on se sent consumé ? Il n'y en a pas.

Après avoir passé une heure dans ces badinages amoureux, qui l'enflammèrent d'autant mieux que c'était la première fois que ses charmes aient été exposés au contact des lèvres ardentes d'un homme et aux badinages d'une main libertine : — Je suis, lui dis-je, au désespoir de devoir te quitter sans avoir rendu à tes charmes le principal hommage qu'ils méritent.

Un soupir fut sa réponse.

Il faisait froid, le feu était éteint et je devais passer la nuit sur le canapé.

— Donne-moi une couverture, mon ange, que je

m'éloigne de toi ; car je mourrais ici et de froid et d'amour si tu me forçais à vivre d'abstinence.

— Couche-toi à ma place, mon ami, je vais aller rallumer le feu.

Elle se lève nue et ravissante ; elle met un fagot au feu, la flamme pétille ; je me lève, je la trouve dans la position la plus faite pour dessiner ses formes ; je n'y tiens pas, je la presse dans mes bras ; elle me rend caresses pour caresses, et nous nous plongeâmes dans la volupté jusqu'au point du jour.

Nous avions passé quatre à cinq heures délicieuses sur le canapé. Elle me quitta, fit un bon feu ; puis elle alla se coucher dans sa chambre et je restai sur le canapé, où je dormis d'un profond sommeil jusqu'à midi. Je fus réveillé par madame*** qui se montra dans un galant déshabillé.

— Vous dormez encore, M. Casanova ?

— Ah ! bonjour, madame. Eh bien, qu'est devenu mon ami ?

— Il est devenu le mien.

— Est-ce bien vrai, madame ?

— Tout à fait vrai ; je lui ai pardonné.

— Et comment a-t-il fait pour mériter un pardon si généreux ?

— Il m'a donné les preuves évidentes qu'il s'est trompé.

— J'en suis véritablement ravi. Où est-il ?

— Il s'est retiré ; vous le trouverez chez lui ; mais ne lui dites pas que vous avez passé la nuit ici, car il croirait que vous l'avez passée avec ma nièce. Je vous suis infiniment obligée, et j'ai besoin de votre indulgence, et surtout de votre discrétion.

— Vous pouvez y compter tout à fait, car je crois vous devoir de la reconnaissance pour avoir pardonné à mon ami.

— Et comment non ? Ce cher jeune homme est quelque

chose au-dessus des mortels. Si vous saviez comme il m'aime! Je lui suis reconnaissante, et je l'ai pris en pension pour un an ; il sera bien logé, bien nourri, et le reste.

— Disposition charmante; et vous avez, je pense, réglé le prix de la pension ?

— Cela se règle à l'amiable, et nous ne recourrons pas aux arbitres. Nous partirons aujourd'hui pour la Villette, où j'ai une jolie petite maison ; car vous sentez que dans le commencement il faut agir de manière à ne donner aux mauvaises langues que le moins de prise possible. Là, mon ami aura tout ce qui pourra lui être agréable ; et vous, monsieur, toutes les fois que vous daignerez nous réjouir de votre présence, vous y trouverez une jolie chambre et un bon lit. Je suis seulement fâchée d'une chose, c'est que vous vous y ennuierez, car ma pauvre nièce est si maussade !

— Votre nièce, madame, est fort aimable, et elle m'a donné hier soir un délicieux souper et m'a tenu bonne compagnie jusqu'à trois heures du matin.

— En vérité ? Je l'admire ; car où a-t-elle trouvé quelque chose, puisqu'il n'y avait rien.

— Je ne sais, madame, mais elle m'a donné un souper délicieux dont il n'est rien resté ; et après m'avoir fait bonne compagnie, elle est allée se coucher, et moi j'ai parfaitement reposé sur cet excellent canapé.

— Je suis ravie que tout se soit passé à votre satisfaction, comme à la mienne ; mais je n'aurais pas cru ma nièce susceptible de tant d'esprit.

— Elle en a beaucoup, madame, au moins à mes yeux.

— Vous êtes connaisseur ; allons la voir. Elle s'est enfermée. Ouvre donc. Pourquoi t'enfermer, bégueule ? Qu'as-tu à craindre ! Monsieur est un parfait honnête homme.

L'aimable nièce ouvre la porte, en demandant pardon

de se montrer dans le plus grand négligé ; mais quelle parure l'aurait rendue aussi belle ? Elle était éblouissante.
— Tenez, me [dit la tante, la voyez-vous ? Elle n'est pas mal. C'est dommage qu'elle soit si sotte. Tu as bien fait de donner à souper à monsieur ; je te remercie de cette attention. Moi j'ai joué toute la nuit ; et quand on joue, on ne pense qu'à son jeu, on perd la tête sur tout ce qui n'est pas sa partie. Je ne me suis pas du tout souvenue que vous étiez ici ; ne sachant pas que le comte Tiretta soupait, je n'ai rien ordonné, mais nous souperons à l'avenir. J'ai pris ce garçon en pension. Il a un excellent caractère et beaucoup d'esprit, et je suis sûre qu'il ne sera pas longtemps à bien parler le français. Habille-toi, ma nièce, car il faut faire nos paquets. Nous nous rendrons cette après-dînée à la Villette et nous y passerons tout le printemps. Écoute, ma nièce, il n'est pas nécessaire que tu contes cette aventure à ma sœur.

— Moi, ma tante, oh ! certes, non ! D'ailleurs, est-ce que je lui ai dit quelque chose *les autres fois ?*

— Les autres fois ? Mais voyez comme cette fille est bête ! Avec ses *autres fois,* ne dirait-on pas que ce n'est point la première fois que cela m'arrive ?

— Ce n'est pas ça, ma tante ; je voulais dire que je ne lui conte jamais rien de ce que vous faites.

— C'est bien, ma nièce, mais il faudrait apprendre à t'exprimer comme il faut. Nous dînerons à deux heures. M. Casanova nous fera le plaisir de dîner avec nous, j'espère, et nous partirons en sortant de table. Tiretta m'a promis qu'il sera ici avec sa petite malle, et elle partira avec nos effets.

Après lui avoir promis de ne pas manquer au rendez-vous, je saluai ces dames, et je me rendis chez moi en toute hâte, car j'éprouvais une curiosité de femme de savoir comment cette grande affaire s'était arrangée. — Eh bien, dis-je à Tiretta en l'abordant, te voilà colloqué ? Dis-moi vite ce qui s'est passé.

— Mon cher, je me suis vendu pour un an, pour vingt-cinq louis par mois, bonne table, bon logement, etc.

— Je t'en fais mon compliment.

— Si tu crois que cela en vaille la peine !

— Point de roses sans épines. Au reste elle m'a dit que tu es une créature au-dessus de l'espèce humaine.

— J'ai fait pour le lui prouver une forte course pendant toute la nuit ; mais je suis bien sûr que ton temps a été mieux employé que le mien.

— J'ai dormi comme un roi. Habille-toi, car je suis du dîner, et je veux te voir partir pour la Villette, où j'irai te voir quelquefois, puisque ta mignonne m'a dit que j'y aurai ma chambre.

Nous arrivâmes à deux heures. Mme***, habillée en jeune fille était une singulière figure, mais Mlle de la Meure était belle comme un astre. L'amour avait développé son être, et le plaisir lui donnait une nouvelle vie. Nous dînâmes fort bien, car la bonne dame avait mis de la coquetterie dans son dîner comme dans sa mise; mais dans les mets, au moins, rien n'était ridicule, tandis que tout en elle portait l'empreinte du comique le plus risible. A quatre heures, elles partirent avec Tiretta, et moi j'allai passer ma soirée à la Comédie-Italienne.

J'étais amoureux de mademoiselle de la Meure, mais la fille de Silvia, avec laquelle je n'avais d'autre plaisir que celui de souper en famille, affaiblissait cet amour, qui ne me laissait plus rien à désirer.

Nous nous plaignons des femmes qui, bien qu'amoureuses et sûres d'être aimées, nous refusent leurs faveurs, mais nous avons tort; car si elles nous aiment, elles doivent craindre de nous perdre en nous contentant; elles doivent donc naturellement faire tout ce qu'elles peuvent pour nous retenir, et ce n'est qu'en nourrissant le désir que nous avons de les posséder : or le désir ne se nourrit que par la privation ; la jouissance l'éteint, car on ne désire pas ce qu'on possède. Je conclus donc que les femmes ont raison de se refuser à nos désirs. Mais si dans les deux sexes les désirs sont égaux, pourquoi n'arrive-t-il jamais qu'un homme se refuse à une femme qu'il aime et qui le sollicite ?

Nous ne pouvons admettre ici la crainte des suites, cette hypothèse n'existant pas en thèse générale. Nous croyons que la seule raison se trouve dans ce que l'homme qui se sait aimé fait plus de cas du plaisir qu'il procure que de celui qu'il reçoit, et que pour cela il est pressé de communiquer la jouissance. L'homme sait aussi qu'en général la femme qui a reçu l'étincelle vivifiante du plaisir redouble de tendresse, de prévenance et d'attachement. Au contraire, la femme, préoccupée par son propre intérêt, fait plus de cas du plaisir qu'elle aura que de celui dont elle sera la cause, et pour cette raison elle diffère tant qu'elle peut, puisqu'en s'abandonnant elle a peur de perdre ce qui l'intéresse, son propre plaisir. Ce sentiment est particulier au sexe, et il est la cause unique de la coquetterie que la raison pardonne aux femmes et qu'elle ne peut que condamner dans un homme. Aussi dans l'homme, la coquetterie n'est-elle qu'une ridicule fatuité.

La fille de Silvia m'aimait, et elle savait que je l'aimais, quoique je ne le lui eusse jamais dit ; mais la femme a le sentiment si fin ! Au reste elle se gardait bien de me le faire connaître, car elle aurait craint de m'encourager à exiger des faveurs, et, ne se sentant pas sûre d'être assez forte pour me les refuser, elle appréhendait mon inconstance. Ses parents l'avaient destinée à Clément qui, depuis trois ans, lui enseignait à jouer du clavecin [1] ; elle le

---

[1] Charles-François Clément, claveciniste, maître et compositeur de musique, né en Provence en 1720. Il sera rédacteur du *Journal de*

savait et rien ne l'empêchait de consentir à devenir sa femme, car, quoiqu'elle ne l'aimât pas, elle le voyait avec plaisir. La plus grande partie des demoiselles bien élevées se soumettent à l'hymen sans que l'amour s'en mêle, et elles n'en sont pas fâchées. Elles sentent que c'est par le mariage qu'elles sont quelque chose dans le monde; et c'est pour être établies, pour avoir un état qu'elles se marient. Elles semblent sentir qu'un mari n'a pas besoin d'être amant. A Paris, ce même esprit règne parmi les hommes, et voilà pourquoi la plupart des mariages sont des liens de convenance. Les Français sont jaloux de leurs maîtresses, et jamais de leurs femmes.

M. Clément était visiblement amoureux de la jeune Baletti; et celle-ci était ravie que je m'en aperçusse, car elle ne doutait pas que cette certitude me forçât à me déclarer, et elle ne se trompa pas. Le départ de mademoiselle de la Meure contribua beaucoup à me faire prendre cette résolution, et je m'en suis repenti; car après ma déclaration Clément fut congédié, et je me trouvai à pire condition (¹).

Clavecin. Il a fait aussi différents airs pour la clarinette, et une méthode sur l'accompagnement de clavecin par les principes de la composition pratique et de la base fondamentale. *(Tablettes de la renommée des musiciens,* 1785, in-8.)

(1) Le mariage projeté paraît avoir été rompu en avril 1757. Dans une réponse qu'elle adresse à Casanova, la jeune Manon y fait allusion et, cédant aux déclarations enflammées de l'aventurier, elle avoue son amour d'une façon si ingénue et si charmante que la lettre entière est à citer. On verra que Casanova fut bien plus pressant qu'il veut nous le laisser entendre. Qu'on en juge :

« Je vais répondre exactement à votre dernière lettre, voux commencez par mexagérer beaucoup votre amour, je le crois ciussere, il me flatte, et je ne désire autre chose que de le voir durer toujours, durera til? je scais bien que vous alez vous revolter contre mon doute, mais enfin, mon cher ami, dépent il de vous de cesser de m'aimer? ou de m'aimer toujours? mais passons, car je crois que ces craintes ne vous plaisent pas beaucoup. La crainte que vous me marquez sur l'incertitude de la réussite de vos projets, me flatte parce qu'elle me prouve votre amour, et l'envie que vous auriez de me rendre heureuse en tout point, je vous assure que je me la trouverai si je puis être à vous et si vous me conservez toujours cette tendresse que vous me

L'homme qui se déclare amoureux d'une femme autrement qu'en pantomime a besoin d'aller à l'école.

Trois jours après le départ de Tiretta, j'allai lui porter à la Villette tout son petit équipage, et madame*** me vit avec plaisir. L'abbé Des Forges arriva au moment où nous allions nous mettre à table. Ce rigoriste, qui à Paris, m'avait témoigné une grande amitié, dîna sans m'honorer d'un seul regard ; il en agit de même avec Tiretta. Je me souciais fort peu du bonhomme ; mais mon ami, moins endurant que moi, finit par perdre patience, car au dessert il se leva en priant madame*** de vouloir bien le prévenir quand elle aurait cet homme-là à sa table. On se leva sans rien dire, et le taciturne abbé passa avec madame dans une une pièce voisine.

Tiretta me mena voir sa chambre, que je trouvai fort bien et qui, comme de raison était attenante à celle de sa belle. Pendant qu'il mettait ses effets en ordre, mademoiselle de la Meure me mena voir mon gîte. C'était un très joli cabinet au rez-de-chaussée et sa chambre était en face. Je ne manquai pas de lui faire observer la facilité avec laquelle je pourrais l'aller trouver quand tout le monde serait couché ; mais elle me dit que nous serions mal à

devez pour accompagner la mienne, mais je ne veux point que vos craintes vous fasse me dire de tâcher de vous oublier ; moi vous oublier, moi cesser de vous aimer quand j'ai osé vous le dire, ha, vous ne me connaissez pas ! si vous scaviez les efforts que j'ai fait pour vaincre le penchant que je me sentois pour vous. Qu'and j'ai commencé a l'appercevoir aprez en je puis vous le dire puisque heureusement ou malheureusement je n'i ai pas reussi, mais cela m'a donnè bien de la peine inutile, j'ai commencé par croire que la complaisance que je m'appercevois avoir pour vous, netoit qu'une simple amitié, mais des plus simple, je m'amusais avec vous plus qu'avec qui que ce soit, mais je me disois, il est gay, il a de l'esprit, ce la n'es pas étonant, mai enfin je me trouvois inquiete, quand vous passiez un jour sans venir aux logis, j'étais triste, serieuse et je trouvois qu'en revant, je ne pensoit qu'a vous, ha, j'ai fremi, je me suis appercue du penchant que je prenois pour vous et l'épouvante s'est emparée de moi, que faije me disoi je, sur le point d'épouser un homme à qui l'on ma promise, au quel je me suis osi promise moi même, je vais prendre de l'inclination pour

l'aise chez elle et que par conséquent elle m'éviterait la peine de me déplacer. Je trouvai la chose fort commode, et on pense bien que je n'eus aucune objection à faire à cet arrangement.

Elle me conta ensuite toutes les folies que sa dévote tante faisait pour Tiretta. — Elle croit, me dit-elle, que nous ignorons qu'il couche avec elle.

— Elle croit ou feint de le croire.

— C'est possible. Elle a sonné ce matin à onze heures et elle m'a ordonné d'aller lui demander s'il avait bien passé la nuit. J'ai obéi; mais voyant son lit intact, je lui ai demandé s'il ne s'était pas couché. — Non, m'a-t-il répondu, j'ai passé la nuit à écrire, mais n'en dites, je vous prie, rien à votre tante. Je le lui ai bien promis.

— Te fait-il les yeux doux?

— Non, mais quand bien même, pour peu qu'il ait d'esprit, il doit bien savoir le peu de cas que je dois faire de lui.

— Pourquoi?

— Fi donc! ma tante le paye. Se vendre! c'est affreux.

— Mais tu me payes aussi.

un homme que je ne verroi peut-être bientôt plus, qui ne m'aime pas, car alor je croioi de bonne foi que vous ne m'aimiez pas, que deviendroije, que je suis imprudente, ridicule, aimer quelquen qui n'a que de l'indiference, cest se rendre malheureuse, mais quelquefois je me figurois que vous pouriez peut etre maimer aussi, que vous nausiez me donner des marques de votre amour à cause des circonstances qui ne vous le permettois pas, les choses sont changées, il y a eu un disgratié qui vous a fait tout à fait connoitre, je vous ai démasqué et cela ne vous a pas fait du tort dans mon cœur! Puisse cette tendre amitié que nous avons l'un pour l'autre estre heureuse, elle peut faire notre bonheur ou notre malheur, quelle dure alternative; il est cosi fâcheux d'aimer? Mais bonsoir, mon cher ami, je me meurs de sommeille; ma plume tombe de mes mains, mes hyeux se ferment mais comme ce n'est point tout cela qui vous écris, je vais toujours, mais il n'y a pas moyen je dors tout de bon, bon soir, bon soir mon bon ami, aimez moi toujours bien. Si vous vouliez me rendre bien contente vous brulerez mes lettres! Je rêve que je vous dis que je vous aime! » (ALDO RAVA. *Lettere di donne a Giacomo Casanova*, 1912, in-8.)

— Oui, mais c'est de la monnaie que je reçois de toi.

La vieille tante croyait que sa nièce n'avait pas d'esprit, et ne l'appelait jamais que bête. Moi, au contraire, je lui en trouvais beaucoup; mais je lui trouvais tout autant de vertu, et je ne l'aurais jamais séduite si elle n'avait pas été élevée dans un couvent de béguines.

Je retournai chez Tiretta et je passai une bonne heure avec lui, je lui demandai s'il était content de son emploi.

— Je le fais sans plaisir; mais comme il ne me coûte rien, je ne me trouve pas malheureux.

— Mais son visage !

— Je n'y regarde pas et ce qui me plaît c'est qu'elle est d'une grande propreté.

— Te ménage-t-elle ?

— Elle regorge de sentiment. Ce matin elle a refusé le bonjour que je voulais lui donner. — Je suis sûre, m'a-t-elle dit, que mon refus doit te faire de la peine, mais ta santé m'est si chère, qu'il faut que tu la ménages.

Le morose abbé Des Forges étant parti et Madame étant seule, nous entrâmes dans sa chambre. Elle me traita en vrai compère, faisant l'aimable avec Tiretta et jouant l'enfant à faire peur. Tiretta ripostait en brave et je ne pus m'empêcher de l'admirer. — Je ne verrai plus ce sot abbé, lui dit-elle; car après m'avoir dit que j'étais une femme perdue dans ce monde et dans l'autre, il m'a menacé de m'abandonner et je l'ai pris au mot.

Une comédienne qu'on appelait la Quinault, qui avait quitté le théâtre et qui était voisine, vint faire une visite à madame *** (1). Un quart d'heure après, madame Favart avec l'abbé de Voisenon vinrent aussi, et un peu plus tard nous vîmes paraître Mlle Amelin avec un très joli garçon

---

(1) Il y avait deux actrices du nom de Quinault parmi les "invalides" de la Comédie-Française. Mais ne serait-ce pas Mlle Gaussin qui avait aussi une maison de campagne à La Villette ?

qu'elle appelait son neveu, et qui se nommait Calabre. Ce jeune homme lui ressemblait comme deux gouttes d'eau, mais elle ne trouvait pas cette raison suffisante pour s'avouer sa mère ([1]). M. Paton, Piémontais, qui était venu avec elle, après s'être fait beaucoup prier, fit une banque de pharaon, et en moins de deux heures il gagna l'argent de tout le monde, moi excepté, parce que j'eus le bonheur de ne pas jouer. Je passais beaucoup mieux mon temps avec ma jolie maîtresse. J'avais deviné le Piémontais, il était visiblement fripon ; mais Tiretta fut moins fin que moi, car il perdit tout son argent, et cent louis sur parole. Le banquier ayant fait bonne récolte, mit bas les cartes, et Tiretta lui dit en bon italien qu'il était un franc fripon. Le Piémontais avec le plus grand sang-froid lui répondit qu'il en avait menti. Voyant que la chose allait mal finir, je lui dis que Tiretta avait plaisanté et je forçai mon ami d'en convenir, quoiqu'en riant. Il se retira ensuite dans sa chambre.

Huit ans plus tard, je vis ce Paton à Saint-Pétersbourg et en 1767 il fut assassiné en Pologne.

(1) Ce garçon était en effet le fils de Mme Amelin et de M. de Chalabre qui depuis longtemps vivaient ensemble. Quelques années plus tard ils régulariseront cette fausse situation et à cette occasion l'inspecteur Marais ne manquera pas de raconter l'histoire de ce couple qui semble avoir vécu surtout des hasards du jeu. A la date du 4 avril 1766 le policier écrit :

« M. de Chalabre, ancien exempt des gardes du roi et brigadier des armées du roi, connu pour avoir fait une fortune considérable au jeu, vivait en concubinage depuis trente-cinq ans avec la dame Amelin, joueuse aussi de profession, et qui était associée autrefois avec lui dans toutes les banques de Pharaon mais dont elle n'a pas profité, car M. de Chalabre lui a payé au moins dix fois ses dettes. Ils ont eu ensemble deux enfants, un garçon et une fille. M. Le Sourd, receveur des Tailles, a épousé la fille, le garçon est capitaine de cavalerie. La demoiselle Amelin, leur mère, a été attaquée, la semaine sainte d'une fluxion de poitrine qui est d'abord devenue dangereuse. Il a été question de l'administrer. Le curé de Sainte-Eustache, sur la paroisse duquel elle demeure, a joué son rôle. M. de Chalabre, honnête homme et bon père, s'est laissé toucher ; ils ont, l'un et l'autre, environ soixante ans. Cet âge est susceptible de réflexions. Il s'est déterminé à donner un état à ses

Le même soir ayant rejoint Tiretta, je lui fis un sermon sévère et amical. Je lui démontrai que dès qu'il jouait il devenait sujet de l'adresse du banquier, qui pouvait être fripon, mais brave, et que, par conséquent, en osant le lui dire il risquait sa vie.

— Dois-je donc me laisser voler ?

— Oui, car tu as le choix. Tu es maître de ne pas jouer.

— Je ne payerai certes pas les cent louis.

— Je te conseille de les payer, même avant qu'il te les demande.

— Tu as un art de persuader tout ce que tu veux, lors même qu'on a la meilleure volonté de ne faire aucun cas de tes avis.

— C'est, mon cher, que je te parle le langage du cœur soutenu par la raison, et mieux encore, par l'expérience.

Trois quarts d'heure après je me couchai, et ma maîtresse ne fut pas longtemps à paraître. Cette nuit-là fût beaucoup plus douce que la première ; car cueillir la

---

enfants, et a épousé, pour ainsi dire dans les bras de la mort, la demoiselle Amelin qui, dès le jour même, a été administrée. Et comme Dieu est plus fort que les hommes, les deux sacrements sont venus à bout de ce que n'avaient pu faire les remèdes de la Faculté. Depuis ce moment la demoiselle Amelin, présentement femme Chalabre, a été de mieux en mieux et est presque en convalescence. M. de Chalabre en témoigne toute la joie possible et presse autant qu'il peut les travaux de l'hôtel Desmarets qui lui appartient pour l'occuper avec sa nouvelle épouse. (PITON. *Paris sous Louis XV*, 1910, in-12 f. III, p. 102.

Le fils issu de ce couple semble être l'aventurier que Casanova rencontrera plusieurs fois dans ses pérégrinations sous le nom de Saby de Chalabre, et qui marié à Marseille en 1748 aurait abandonné sa femme pour « suivre une grande coquine ». A Dresde Casanova fit à cet autre joueur un billet de cent ducats de Hollande daté du 19 Octobre 1766 qu'il devait payer sur présentation dans le courant de décembre. Douze années passèrent et Casanova devait avoir complètement oublié sa dette quand il reçut, le 10 juillet 1778, une lettre de Mme Saby de Chalabre qui, en lui contant ses infortunes, réclamait le montant de son billet disant de le lui adresser chez la Vve Faverol rue Saint-Germain l'Auxerrois, vis-à-vis l'hôtel d'Artois, à Paris. (ALDO-RAVA. *Lettere didonne à Giacomo Casanova*; 1912 in-8, p. 133. Lettre de Mme de Saby.)

première fleur est souvent affaire difficile, et le prix que les hommes en général mettent à cette bagatelle est plus de l'égoïsme que de la jouissance.

Le lendemain, après avoir déjeuné en famille et avoir joui du vermillon qui colorait les joues de ma belle amie, je retournai à Paris. Trois ou quatre jours plus tard, Tiretta vint me dire que le marchand de Dunkerque était arrivé, qu'il devait dîner chez Mme ***, et qu'elle désirait que je fusse de la partie. J'étais préparé à cette nouvelle, mais le feu me monta à la figure. Tiretta s'en aperçut et me devinant en partie :

— Tu es amoureux de ma nièce, me dit-il.

— A quoi devines-tu cela ?

— A ta surprise, mon cher, et au mystère que tu m'en fais ; mais l'amour est un indiscret qui se trahit par son silence même.

— Tu es savant, mon cher Tiretta. Je dînerai avec vous, mais souviens-toi d'Harpocrate.

Il me quitta.

J'avais le cœur déchiré. Peut-être un mois plus tard la venue de ce marchand m'eût-elle causé du plaisir ; mais avoir à peine porté le nectar au bord des lèvres et voir le vase précieux s'échapper de mes mains ! Il m'en souvient encore et ce souvenir n'est pas sans amertume.

J'étais dans un état de perplexité douloureuse et vraiment pénible. Cet état m'était habituel toutes les fois que j'étais dans la nécessité de prendre une résolution et que je me sentais dans l'impossibilité de le faire. Si le lecteur s'est trouvé dans ce cas, il pourra deviner tout ce que ma position avait de cruel. Je ne pouvais ni consentir à ce mariage, ni me déterminer à le rompre en m'assurant la possession d'une femme que je croyais faite pour assurer mon bonheur.

Je me rendis à la Villette et je fus un peu surpris de

trouver mademoiselle de la Meure plus parée que de coutume.

— Votre prétendu, lui dis-je, n'aura pas besoin de tout cela pour vous trouver charmante.

— Ma tante ne pense pas comme vous.

— Vous ne l'avez pas encore vu?

— Non, mais je suis curieuse de le voir, quoique, comptant sur vous, je suis sûre de n'être jamais sa femme.

Ce prétendu arriva peu d'instants après avec le banquier Corneman, qui avait été courtier dans cette transaction commerciale. Je vis un bel homme, d'environ quarante ans, d'une physionomie ouverte, très-bien mis, quoique sans recherche. Il s'annonça à madame*** d'une manière simple, mais aisée et polie, et il ne jeta les yeux sur sa prétendue que lorsque sa tante la lui présenta. Son air, en la voyant, devint plus doux, et, sans chercher de belles phrases, il lui dit avec sentiment qu'il désirait que l'impression qu'il produisait sur elle ressemblât un peu à celle qu'elle lui faisait éprouver. Elle ne lui répondit qu'en lui faisant une belle révérence, mais elle l'étudiait avec attention.

On sert, on dîne et on parle de mille choses, mais pas un mot de mariage. Les prétendus ne s'entre-regardaient que par surprise, mais ils n'échangèrent pas un mot. Après le dîner, mademoiselle se retira dans sa chambre et la tante passa dans son cabinet avec le banquier et le futur, et ils furent deux heures en colloque. En sortant, ces messieurs devant retourner à Paris. Mme *** fit appeler sa nièce, et en sa présence elle dit au prétendant qu'elle l'attendait à dîner le lendemain et qu'elle était sûre que sa nièce le verrait avec plaisir.

— N'est-ce pas, ma nièce?

— Oui, ma chère tante, je reverrai monsieur avec plaisir.

Sans cette réponse, M. le négociant serait parti sans avoir entendu la voix de sa future.

— Eh bien, que dis-tu de ton mari?

— Permettez-moi, ma tante, de ne vous en parler que demain; mais à table ayez la bonté de me faire parler, car il se peut bien que ma figure ne l'ait point rebuté; mais il ne sait pas encore si je raisonne, et il serait possible que mon esprit détruisît le peu d'impression que ma figure peut avoir faite.

— Oui, j'ai peur que tu ne dises que des bêtises et que tu ne détruises par là la bonne idée qu'il semble avoir conçue de toi.

— Il ne faut tromper personne, ma tante. Tant mieux pour lui si la vérité le désabuse, et tant pis pour lui et pour moi si nous nous déterminons à nous unir sans nous connaître et sans pouvoir un tant soit peu juger de notre manière de penser.

— Comment le trouves-tu ?

— Il ne me semble point mal; il me paraît même aimable et très comme il faut; mais attendons à demain. Ce sera peut-être lui qui ne voudra plus de moi, car je suis si bête!

— Je sais bien que tu crois avoir de l'esprit, mais c'est précisément là le mal; c'est la bonne opinion que tu as de toi-même qui fait que tu es bête, malgré l'opinion de M. Casanova, qui trouve que tu es profonde.

— Il en sait peut-être quelque chose.

— Non, il se moque de toi, ma pauvre nièce.

— Je crois pouvoir penser le contraire, ma chère tante.

— Tiens, voilà précisément une bêtise dans toutes les formes.

— Je ne pense pas comme vous, madame, soit dit sans vous offenser. Mademoiselle a raison de croire que je suis bien loin de me moquer d'elle, et j'ose vous promettre que demain elle brillera dans tout ce que nous lui fournirons l'occasion de dire.

— Vous restez donc ici, et j'en suis bien aise. Nous

ferons une partie de piquet et je vous ferai la chouette. Ma nièce jouera avec vous, car il faut qu'elle apprenne.

Tiretta demanda à sa pouponne la permission d'aller à la Comédie. Nous fûmes seuls et nous jouâmes jusqu'à l'heure du souper. Tiretta, étant revenu, nous fit mourir de rire en nous racontant en baragoin l'intrigue de la pièce qu'il avait vue, et puis nous nous séparâmes.

Il y avait un quart d'heure que j'étais dans ma chambre dans la douce espérance de voir ma maîtresse dans son joli négligé, mais tout à coup je la vois entrer tout habillée. Cela me surprit et me sembla d'un mauvais augure.

— Tu es étonné de me voir habillée, me dit-elle. Dis-moi sans détour si je dois consentir à ce mariage?

— Comment trouves-tu ce monsieur?

— Il ne me déplaît pas.

— Consens-y donc.

— C'est assez. Adieu. Dès ce moment notre amour cesse et notre amitié commence. Couche-toi, je vais en faire autant. Adieu.

— Non, reste; notre amitié commencera demain.

— Non; dussé-je mourir, et toi aussi. Il m'en coûte, mais c'est irrévocable. Si je dois devenir la femme d'un autre, j'ai besoin de m'assurer d'abord que je serai digne de l'être. Il se peut aussi que je serai heureuse. Ne me retiens pas; laisse-moi partir. Tu sais combien je t'aime.

— Embrassons-nous au moins.

— Hélas! non.

— Tu pleures?

— Non. Au nom de Dieu, laisse-moi partir.

— Mon cœur, tu vas pleurer dans ta chambre. Je suis au désespoir. Reste. Je serai ton mari.

— Non, je ne puis plus y consentir.

En achevant ces mots elle fit un effort, et s'étant débarrassée, elle s'enfuit. Je demeurai abîmé de honte et de regret. Il me fut impossible de fermer l'œil. Je me faisais horreur, car je ne savais pas si j'étais plus coupable de l'avoir séduite ou de l'abandonner à un autre.

Je restai pour dîner le lendemain, malgré mon crève-cœur et la triste figure qu'il me semblait faire. Mademoiselle de la Meure brilla dans la conversation. Elle s'entretint avec son futur d'une manière si sensée et si spirituelle, qu'il me fut facile de m'apercevoir qu'il en était enchanté. Quant à moi, persuadé de n'avoir rien de bon à dire, je fis, à mon ordinaire, semblant d'avoir mal aux dents, afin de pouvoir me dispenser de parler. Triste, rêveur et malade d'avoir passé une mauvaise nuit, je me suis avoué amoureux, jaloux et désespéré. Mademoiselle ne m'adressa pas un seul mot, ne me favorisa pas d'un seul regard : elle avait raison ; mais j'étais alors bien éloigné de lui rendre cette justice. Le dîner me parut d'une longueur accablante, et je ne crois pas en avoir fait un plus pénible.

Au sortir de table, Mme *** passa dans son cabinet avec sa nièce et le futur neveu, et mademoiselle en sortit une heure après en nous disant de lui faire compliment, parce que dans huit jours elle serait mariée et que, de suite après la noce, elle accompagnerait son époux à Dunkerque.
— Demain, ajouta-t-elle, nous sommes tous invités à dîner chez M. Corneman, où le contrat sera signé.

Je ne sais comment je ne tombai pas mort sur la place. Il me serait impossible d'exprimer tout ce que je souffrais.

Bientôt on proposa d'aller à la Comédie-Française, mais je m'en dispensai sous prétexte que j'avais affaire et je retournai à Paris. En rentrant chez moi, il me sembla que j'avais la fièvre, et je me couchai ; mais, au lieu de trouver le repos dont j'avais besoin, tous les tourments du remords et du repentir me firent éprouver le supplice des réprouvés. Je m'arrêtai à l'idée que je devais empêcher ce mariage ou mourir. Persuadé que Mlle de la Meure m'aimait, je me figurai qu'elle ne me résisterait pas si je lui faisais savoir que son refus me coûterait la vie. Plein de cette idée, je me levai et je lui écrivis la lettre la plus forte que puisse jamais inspirer une forte passion en tumulte. Ma douleur soulagée, je me recouchai et m'endormis jusqu'au matin. Dès que je fus éveillé, je fis venir un commissionnaire, et je lui promis douze francs s'il remettait ma lettre et qu'il m'apportât le reçu en une heure et demie. Ma lettre était sous l'enveloppe d'un billet adressé à Tiretta et dans lequel je le prévenais que je ne sortirais pas de chez moi avant d'avoir la réponse. Je la reçus quatre heures après ; la voici :

« Il n'est plus temps, mon cher ami ; vous avez décidé de mon sort, je ne puis reculer. Sortez. Venez dîner chez M. Corneman, et soyez sûr que dans quelques semaines nous nous trouverons heureux l'un et l'autre d'avoir remporté une grande victoire. Notre amour trop tôt heureux, ne se trouvera plus que dans notre mémoire. Je vous supplie de ne plus m'écrire. »

Me voilà aux abois. Ce refus, joint à l'ordre plus cruel de ne plus écrire, me mit en fureur. Je ne vis que de l'inconstance ; je la crus tout à coup amoureuse du marchand. Qu'on juge de mon état : je pris la terrible résolution de tuer mon rival ! Les projets les plus atroces se succédaient dans mon imagination exaltée ; les moyens les plus barbares se présentaient en foule à mon esprit aveuglé par une passion irritée et non satisfaite ; j'étais jaloux, amoureux, altéré et égaré par la colère et peut-être tout autant par l'amour-propre ; la honte et le dépit avaient détruit ma raison. Cette charmante personne, que je ne pouvais qu'admirer, que j'aurais dû estimer davantage, que j'avais adorée comme un ange, me semblait être un monstre que je devais haïr, une inconstante que je devais punir. Je m'arrêtai à un moyen sûr, et, quoique je ne pusse me dissimuler que le moyen était lâche, l'aveugle passion me le fit embrasser sans hésiter. Il s'agissait d'aller trouver le futur chez Corneman, où il demeurait, de lui révéler tout ce qui s'était passé entre la demoiselle et moi, et, si cette révélation ne suffisait pas pour lui faire abandonner le projet de l'épouser, de lui annoncer la mort de l'un de nous deux, et en dernier résultat de l'assassiner s'il n'avait point accepté mon défi.

Fixé sur cet horrible projet, que je ne puis me rappeler aujourd'hui sans frissonner d'horreur, je mange avec une faim canine, je me couche et je dors d'un sommeil profond jusqu'au jour. A mon réveil, je me trouvai dans la même disposition, ce qui m'y confirma davantage. Je me hâte de m'habiller, mais avec soin ; ensuite je mets dans mes poches deux pistolets bien conditionnés, et je me rends chez M. Corneman (¹). Mon rival dormait encore ; j'attendis pendant un quart d'heure ; toutes mes réflexions ne faisaient que corroborer mes résolutions. Tout à coup voilà mon rival, en robe de chambre, qui vient à moi les bras ouverts et qui m'embrasse en me disant du ton le plus bienveillant qu'il s'attendait à cette visite ; car, en qualité d'ami de la future, il avait deviné les sentiments qu'elle pourrait m'avoir inspirés, et qu'il partagerait toujours ceux qu'elle pourrait avoir pour moi.

La physionomie de cet honnête homme, son air franc et ouvert, la vérité du sentiment qui se peignait dans ses paroles, tout m'accable. Je reste muet pendant quelques instants ; au fait je ne savais que lui dire. Heureusement qu'il me donna tout le temps nécessaire pour revenir à moi ; car il me parla pendant un quart d'heure sans s'apercevoir que je n'avais pas prononcé une syllabe.

---

(1) Jean Kornmann, banquier, était originaire de Strasbourg. Son père Pierre vint à Paris en 1718 et s'installa d'abord rue Saint-Martin, près de Saint-Julien des Ménetriers. Il y resta jusqu'en 1726, puis il vint habiter rue Michel-le-Comte, au coin de la rue Beaubourg. Le 26 janvier 1728 il devenait, propriétaire de sa maison. Jean était l'oncle du fameux Guillaume Kornmann, célèbre par ses mésaventures conjugales. Il mourut à Paris rue Carême-Prenant en mars 1770 (ARCH. NAT. *Scellés* Y 15278.)

M. Corneman étant venu, on apporta le café, et la parole me revint; mais je ne trouvai que des mots honnêtes à lui dire, et je m'en félicite encore. La crise était passée.

Si l'on y fait bien attention, on remarquera que les caractères les plus bouillants sont comme une corde trop fortement tendue qui se casse ou perd son élasticité. J'ai connu plusieurs personnes de cette trempe, entre autres le Chevalier L***, dont la vivacité était extrême, et qui, dans un moment d'irritation, sentait son existence s'échapper par tous ses pores. Si au moment où sa fureur allait éclater il pouvait briser un objet quelconque avec éclat, à l'instant même le calme renaissait, la raison reprenait tout son empire, et le lion furieux devenait un agneau, un vrai modèle de douceur.

Après avoir pris une tasse de café, me sentant soulagé et stupéfait, nous nous embrassâmes et je partis. Je m'examinais avec un étonnement extrême; mais j'étais ravi de n'avoir pas exécuté mon détestable projet. Ce qui m'humiliait, c'était de ne pouvoir disconvenir que je ne devais qu'au hasard de n'avoir pas commis l'action la plus infâme et de n'être pas un scélérat. Tout en marchant à l'aventure, je rencontrai mon frère, et cela acheva de me remettre. Je le menai dîner chez Silvia, où je restai jusqu'à minuit. Je vis que la jeune Baletti me ferait oublier mon inconstante, que je devais sagement éviter de revoir avant ses noces[1]. Pour me rendre la chose plus facile, le lendemain je partis pour Versailles, afin de faire ma cour aux ministres.

---

(1) Casanova est mal venu de reprocher aux femmes leur inconstance quand lui-même entretenait comme pis aller l'amour de Manon Balletti. La fille de Silvia ne se couchait jamais sans lui écrire de longues lettres où elle mettait toute son âme et qu'elle n'interrompait que vaincue par le sommeil, cependant que Giacomo séduisait Mlle de la Meure. Ce n'est pas sans émotion qu'on lit ces lettres confiantes et pleines d'espoir dont une partie a été recueillie et publiée par M. Aldo Rava. (*Lettere di donne a Giacomo Casanova*. Milan, 1912, in-8, p. 1-82.)

CHAPITRE VII.

L'abbé de la Ville. — L'abbé Galiani. — Caractère du dialecte napolitain. — Je vais à Dunkerque, chargé d'une mission secrète. — Je réussis à souhait. — Je retourne à Paris par la route d'Amiens. — Mes incartades assez comiques. — M. de la Bretonnière. — Mon rapport plaît. — Je reçois cinq cents louis. — Réflexions.

Une nouvelle carrière va s'ouvrir pour moi. La fortune me favorisait encore. J'avais tous les moyens nécessaires pour seconder l'aveugle déesse; mais il me manquait une qualité essentielle, la constance. Ma frivolité, mon amour demesuré pour le plaisir, détruisaient l'aptitude que je tenais de la nature.

M. de Bernis me reçut à son ordinaire, c'est-à-dire moins en ministre qu'en ami. Il me demanda si je me sentais enclin aux commissions secrètes.

— Aurais-je le talent nécessaire ?
— Je n'en doute pas.
— Je me sens enclin à tout ce qui, étant honnête, peut me mettre à même de gagner de l'argent. Quant au talent, je m'en rapporte bien volontiers à Votre Excellence.

Cette finale le fit sourire ; c'est ce que je voulais.

Après quelques mots en l'air sur d'anciens souvenirs que le temps n'avait pas entièrement effacés, M. le ministre me dit d'aller trouver l'abbé de la Ville de sa part.

Cet abbé, premier commis, était un homme froid, profond politique, l'âme de son département, et Son Excellence en faisait grand cas. Il avait bien servi l'Etat étant chargé d'affaires à La Haye, et le roi, *reconnaissant, le récompensa en lui donnant un évêché le jour même de sa mort*. La récompense vint un peu tard ; mais les rois n'ont pas toujours le temps d'avoir de la mémoire. L'héritier de ce brave homme fut un certain Garnier, homme de fortune, ancien cuisinier de M. d'Argenson, et qui était devenu riche par le parti qu'il avait su tirer de l'amitié que l'abbé de la Ville avait toujours eue pour lui. Ces deux amis, à peu près du même âge, avaient déposé leurs testaments entre les mains du même notaire et ils s'étaient fait réciproquement légataires universels l'un de l'autre.

L'abbé de la Ville, après m'avoir fait une courte dissertation sur la nature des commissions secrètes et m'avoir expliqué toute la prudence que devaient avoir toutes les personnes qui en étaient chargées, me dit qu'il me ferait prévenir dès qu'il se présenterait quelque chose qui pût me convenir ; puis il me retint à dîner.

Je fis à table la connaissance de l'abbé Galiani, secrétaire d'ambassade de Naples. Il était frère du marquis de Galiani, dont je parlerai quand nous en serons à mon voyage dans ce beau pays. L'abbé Galiani était un homme de beaucoup d'esprit. Il avait un talent supérieur pour donner à tout ce qu'il débitait de plus sérieux une teinte comique ; et parlant bien et toujours sans rire, donnant à son français l'invincible accent napolitain, il était chéri de toutes les sociétés où il voulait être admis et dont il faisait tout le charme ([1]). L'abbé de la Ville lui dit que Voltaire se plaignait qu'on eût traduit sa Henriade en vers napolitains, de façon qu'elle était risible.

---

(1) L'abbé Ferdinand Galiani, né à Chieti en 1728, mort en 1787.
On peut comparer le portrait qu'en fait Casanova au suivant, écrit en 1764 : « Ce petit être, né au pied du mont Vésuve, est un vrai phénomène. Il joint à un coup d'œil lumineux et profond une vaste et solide érudition, aux vues d'un homme de génie l'enjouement et les agréments d'un homme qui ne cherche qu'à amuser et à plaire. C'est Platon avec la verve et les gestes d'Arlequin ; c'est le seul homme que j'ai vu être

— Voltaire a tort, dit Galiani, car telle est la nature de la langue napolitaine, qu'il est impossible de la manier en vers sans que le résultat en soit risible. D'ailleurs pourquoi se fâcher de faire rire? Le rire n'est pas synonyme de la moquerie, et puis celui qui fait rire avec plaisir est toujours sûr d'être aimé. Imaginez un peu la singulière tournure du dialecte napolitain; nous avons une traduction de la Bible et une autre de l'Iliade, et toutes deux font rire.

— Passe pour la Bible, mais pour l'Iliade, cela me surprend.

— Celà est pourtant vrai.

Je ne revins à Paris que la veille du départ de Mlle de la Meure, devenue Mme P. Je crus ne pouvoir me dispenser d'aller chez Mme *** pour la féliciter et lui souhaiter un bon voyage. Je la trouvai gaie et tout à fait à son aise; loin d'en être piqué, j'en éprouvai du plaisir: marque certaine de ma parfaite guérison. Nous nous parlâmes sans la moindre contrainte, et son mari me parut être un homme très comme il faut. Répondant à ses avances, je lui promis une visite à Dunkerque, sans la moindre envie de lui tenir parole; mais les circonstances en décidèrent autrement.

Voilà Tiretta resté seul avec sa pouponne, qui devenait de jour en jour plus éprise et plus folle de son Lindor, tant il lui donnait des preuves de son amonr et de sa fidélité.

Tranquille, je me mis en écolier à filer le parfait amour

---

diffus, et cependant toujours agréable. » (*Correspondance de Grimm, Diderot etc...;* édit Tourneux, 1878. in-8, tome VI, p. 116.)

C'est lui qui, aimant à parler en paraboles comme Jésus-Christ, a dit que le législateur ressemble au peintre à qui on avait ordonné de peindre en gros caractères sur les murs peu respectés : *Défenses sont faites de faire ici, aucune ordures sous peine d'amende ou de punition corporelle.*

Au milieu de son ouvrage, le peintre sent un besoin impérieux le tenailler. Il descend de l'échelle, met culottes bas, et tout en se soulageant contre l'esprit de la loi, il contemple et admire la beauté de son ouvrage. (*idem.* page 151.)

avec Manon Baletti, qui me donnait chaque jour quelques nouvelles marques des progrès que je faisais dans son cœur.

L'amitié et l'estime qui m'attachaient à sa famille éloignaient de moi toutes les idées de séduction ; mais, devenant toujours plus amoureux, et ne pensant pas à la demander en mariage, j'avais peine à me rendre compte du but que je me promettais, et je me laissais aller machinalement comme un corps inerte qu'un filet d'eau entraîne (1).

Au commencement du mois de mai, l'abbé de Bernis m'écrivit d'aller le trouver à Versailles et de me présenter d'abord à l'abbé de la Ville. Cet abbé m'accueillit en me demandant si je pouvais me flatter d'aller faire une visite à huit ou dix vaisseaux de guerre qui se trouvaient en rade à Dunkerque, en ayant l'adresse de faire connaissance avec les officiers qui les commandaient, de manière à me mettre en état de lui faire un rapport circonstancié de tout ce qui regardait l'approvisionnement de tout genre, le nombre de matelots dont se composaient les équipages, les munitions, l'administration, la police, etc.

— J'irai, lui dis-je, en faire l'essai ; à mon retour, je vous remettrai mon rapport, et ce sera vous qui me direz si j'ai bien fait.

— Comme c'est une mission secrète, je ne puis vous donner aucune lettre ; je ne puis que vous souhaiter un heureux voyage et vous donner de l'argent.

— Je ne veux point d'argent d'avance, monsieur l'abbé ; à mon retour vous me donnerez ce que vous jugerez que j'aurai mérité. Quant au bon voyage, il me faut au moins trois jours, car il faut que je me procure quelques lettres pour m'introduire.

---

(1) Casanova est sincère. Ce séducteur fini épargna Manon Baletti cependant éprise follement. La lecture des lettres d'amour que la fille de Silvia adressait à Giacomo, confirme le platonisme de cet amour. (ALDO RAVA. *Lettere di donne a Giacomo Casanova*, 1912, in-8.)

— Eh bien, tâchez d'être de retour avant la fin du mois. Voilà tout.

Le même jour, j'eus au palais Boubon un entretien avec mon protecteur, qui ne pouvait se lasser d'admirer ma délicatesse de n'avoir point voulu d'argent d'avance, et, profitant de la circonstance, toujours avec ses manières nobles, il me fit accepter un rouleau de cent louis. Depuis cet instant je ne me suis plus trouvé dans la nécessité de puiser dans la bourse de cet homme généreux, pas même à Rome quatorze ans plus tard.

— Comme il s'agit d'une commission secrète, mon cher Casanova, je ne puis vous donner un passe-port ; j'en suis fâché, mais cela vous rendrait suspect. Pour parer à cet inconvénient, il vous sera facile de vous en procurer un du premier gentilhomme de la chambre, sous un prétexte quelconque. Silvia pourra vous servir en cela plus efficacement que personne. Vous sentez combien votre conduite doit être prudente. Surtout évitez de vous faire aucune affaire ; car vous savez, je crois, que, s'il vous arrive quelque malheur, une réclamation à votre commettant ne vous sera d'aucune utilité. On serait forcé de vous désavouer, car *les seuls espions avoués sont les ambassadeurs*. Souvenez-vous que vous avez besoin d'une réserve et d'une circonspection supérieures aux leurs, et pourtant, pour réussir, il faut savoir dissimuler ces deux qualités et montrer une aisance et un naturel qui inspirent la confiance. Si à votre retour vous voulez me communiquer votre rapport avant de le remettre à l'abbé de la Ville, je vous dirai ce qui pourra être retranché ou ajouté.

Tout plein de cette affaire, dont je me faisais une idée d'autant plus exagérée que j'étais tout à fait neuf, je dis à Silvia que, voulant accompagner à Calais quelques Anglais de ma connaissance, elle me ferait plaisir en me procurant un passe-port du duc de Gesvres. Prête à m'obliger en tout, cette digne femme écrivit de suite une lettre au duc, en me disant de la remettre moi-même, puisqu'on ne délivrait des passe-ports de cette espèce qu'en donnant le signalement des personnes qu'on recommandait. Ils n'étaient valables que dans ce qu'on appelle l'Ile-de-France, mais ils faisaient respecter dans tout le nord du royaume.

Muni de la recommandation de Silvia et accompagné de son mari, je me rendis chez le duc, qui était à sa terre de Saint-Ouen, et, à peine eut-il parcouru l'écrit que je venais de lui remettre, qu'il me fit délivrer le passe-port. Satisfait sur ce point, je me rendis à la Villette pour demander à Mme *** si elle avait à me charger de quelque chose pour sa nièce.

— Vous pourriez, me dit-elle, lui porter la caisse des statues de porcelaine, si M. Corneman ne l'a pas encore envoyée.

Je fus chez ce banquier, qui me la remit, et je lui donnai cent louis contre une lettre de crédit sur une maison de Dunkerque, le priant de me recommander d'une manière particulière, car j'y allais pour me divertir. M. Corneman fit tout cela avec plaisir et je partis le soir même ; trois jours après je m'installai à Dunkerque, à l'hôtel de la Conciergerie ([1]).

Une heure après mon arrivée, je causai la plus agréable surprise à la charmante Mme P. en lui présentant la cassette et en lui faisant des compliments de la part de sa tante. Au moment où elle me faisait l'éloge de son mari qui la rendait heureuse, il arriva, et, enchanté de me voir, il m'offrit une chambre sans me demander si mon séjour à Dunkerque serait long ou court. Je le remerciai comme de raison, et, après lui avoir promis de venir quelquefois prendre part à son dîner, je le priai de vouloir bien me conduire chez le banquier auquel M. Corneman me recommandait.

(1) Casanova partit pour Dunkerque à la fin d'août 1757. (ALDO RAVA. *Lettere*, 1912, Lettres de Manon et de Silvia.)

Le banquier eut à peine lu ma lettre qu'il me compta cent louis et me pria de l'attendre à mon auberge vers le soir, où il irait me prendre avec le commandant. C'était M. de Barail (¹). Ce monsieur, fort poli comme le sont en général les Français, après m'avoir fait quelques questions d'usage, me pria à souper avec son épouse qui était encore à la comédie. L'accueil que cette dame me fit fut aussi bienveillant que celui que j'avais reçu du mari. Après un souper délicat, plusieurs personnes étant survenues, on se mit à jouer ; mais je me dispensai d'y prendre part, voulant commencer par étudier mon monde et surtout plusieurs officiers de terre et de mer qui faisaient partie de la société. Affectant de parler des marines de toute l'Europe et me donnant pour connaisseur, comme ayant servi dans l'armée navale de ma petite république, je n'eus besoin que de trois jours, non-seulement pour connaître personnellement tous les capitaines de vaisseau, mais même pour me lier d'amitié avec eux. Je parlais à tort et à travers de la construction des vaisseaux, de la façon vénitienne de manœuvrer, et je remarquais que les braves marins qui m'écoutaient s'intéressaient à moi plus encore quand je disais des bêtises que lorsque j'avançais de bonnes choses.

Un de ces capitaines me pria à dîner à son bord le quatrième jour, et c'en fut assez pour que tous les autres m'invitassent à leur tour. Celui qui me faisait cet honneur m'occupait toute la journée. Je me montrais curieux de tout, et les marins sont si confiants ! Je descendais à fond de cale, je faisais cent questions, et je trouvais tant de jeunes officiers empressés de faire les importants, que je n'avais pas de peine à les faire jaser. J'avais soin de me faire dire en confidence tout ce qui m'était nécessaire pour

---

(1) Le marquis du Barail, commandant de la marine à Dunkerque, avait été appelé au Gouvernement de cette ville en 1754. (*Gazette de France*, 23 Novembre.)

mon rapport, et, rentré chez moi, j'avais grand soin le soir de confier au papier toutes les observations, bonnes ou mauvaises, que j'avais faites dans la journée sur le vaisseau où je l'avais passée. Je ne dormis que quatre ou cinq heures, et en quinze jours, je me crus suffisamment instruit.

La bagatelle, le jeu, la frivolité, mes compagnes habituelles, ne furent point du voyage, et ma mission fut le seul objet qui m'occupa tout entier et qui dirigea toutes mes démarches. Je ne dînai qu'une fois chez le banquier de Corneman, une fois chez Mme P*** en ville, et une autre à une jolie maison de campagne que son mari avait à une lieue de Dunkerque. Ce fut elle qui m'y mena, et, m'étant trouvé tête à tête avec cette femme que j'avais aimée, je l'enchantai par mes procédés délicats, car je ne lui donnai d'autres marques que ma respectueuse amitié. La trouvant charmante et ma liaison n'ayant fini avec elle que depuis six semaines, j'étais émerveillé du calme de mes sens, car je me connaissais trop bien pour attribuer ma retenue à ma vertu. D'où venait cela ? Un proverbe italien, interprète de la nature, en donne la véritable raison. *La mona non vuol pensieri*, et ma tête en était toute pleine.

Ma commission étant achevée, je pris congé de tout le monde, et je me mis dans ma chaise de poste pour retourner à Paris, prenant pour mon plaisir une autre route que celle par où j'étais venu. Vers minuit, me trouvant je ne sais plus à quelle poste, je demande des chevaux, mais on m'observe que la poste suivante était à Aire, ville de guerre, et que nous n'y entrerions pas de nuit.

— Des chevaux, dis-je ; je me ferai ouvrir. — On m'obéit et nous voilà aux portes de la forteresse. Il claque de son fouet.

— Qui vive !
— Courrier.

Après m'avoir fait attendre une heure, on vient m'ouvrir

et on me dit qu'il fallait que j'allasse parler au commandant. J'obéis en pestant d'un ton d'importance, et l'on m'introduit jusqu'à l'alcôve d'un homme qui, en élégant bonnet de nuit, était couché à côté d'une très jolie femme.

— De qui êtes-vous courrier ?
— De personne, mais comme je suis pressé...
— C'est assez. Nous en parlerons demain. En attendant vous resterez au corps de garde. Laissez-moi dormir.
— Mais, monsieur...
— Point de mais pour à présent, je vous prie : sortez.

On me mena au corps de garde, où je passai la nuit, assis... par terre. Le jour venu, je crie, je jure, je fais tapage, je veux partir. Personne ne me répond.

Dix heures sonnent. Impatient plus que je ne saurais le dire, je m'adresse à l'officier en élevant la voix, et je lui dis que le commandant était bien le maître de me faire assassiner, mais qu'on ne pourrait me refuser les moyens d'écrire et la liberté d'envoyer un courrier à Paris.

— Votre nom, monsieur, je vous prie ?
— Voilà mon passe-port.

Il me dit qu'il va le remettre au commandant ; je le lui arrache des mains.

— Voulez-vous que je vous conduise chez lui ?
— Volontiers.

Nous partons. L'officier entre le premier et revient me prendre deux minutes après pour me présenter. Je présente mon passe-port d'un air fier et sans dire un mot. Le commandant le lit en m'examinant pour s'assurer que le signalement fût bien le mien, puis il me le rend en me disant que j'étais libre et en ordonnant à l'officier de me laisser prendre des chevaux de poste.

— Maintenant, monsieur le commandant, je ne suis plus si pressé. Je vais envoyer un courrier à Paris et j'attendrai son retour, car en retardant mon voyage vous avez violé le droit des gens.

— C'est vous qui l'avez violé en vous donnant pour courrier.

— Je vous ai dit, au contraire, que je ne l'étais pas.

— Oui, mais vous l'avez dit au postillon, et cela suffit.

— Le postillon en a menti, car je ne lui ai rien dit, sinon que je me ferais ouvrir.

— Pourquoi ne m'avez-vous pas montré votre passeport?

— Pourquoi ne m'en avez-vous pas laissé le temps? Dans trois ou quatre jours, au reste, nous verrons qui de nous deux aura raison.

— Faites tout ce qu'il vous plaira.

Je sors avec l'officier, qui me conduit à la poste, et un moment après je vois venir ma voiture. La poste était également un hôtel, et, m'adressant au maître, je lui dis de me tenir un messager prêt à mes ordres, de me faire donner une bonne chambre, un bon lit, et de me faire servir un bon consommé en attendant le dîner, le prévenant que j'avais coutume de bien vivre. Je fais monter ma malle et tout ce que j'avais dans ma chaise, et m'étant déshabillé et lavé, je me prépare à écrire ne sachant à qui, car dans le fond j'avais tort; mais je m'étais engagé à faire l'important, et il me semblait qu'il y allait de mon honneur de soutenir mon rôle, sans trop penser s'il me faudrait reculer. J'étais cependant fâché de m'être engagé à rester à Aire jusqu'au retour du courrier que je voulais envoyer... à la lune! Enfin, n'ayant pu fermer l'œil de la nuit, j'avais en perspective de coucher là et de m'y reposer. J'étais tout à fait en chemise, prenant le bouillon qu'on venait de me servir, quand je vis entrer le commandant tout seul. Sa présence me surprit et me fit plaisir.

— Je suis fâché de ce qui s'est passé, monsieur, et surtout de ce que vous croyez avoir raison de vous plaindre, tandis que je n'ai fait que mon devoir; car enfin comment pouvais-je supposer que votre postillon vous aurait donné une qualité sans vos ordres?

— C'est fort bien, monsieur le commandant, mais votre devoir n'allait pas jusqu'à me chasser de votre chambre.

— J'avais besoin de dormir.

— Je me trouve dans le même cas, mais la politesse m'empêche de vous imiter.

— Oserais-je vous demander si vous avez jamais servi?

— J'ai servi sur terre et sur mer, et j'ai quitté à l'âge où bien des gens commencent.

— Dans ce cas vous devez savoir qu'on n'ouvre jamais pendant la nuit les portes d'une place de guerre qu'aux courriers du roi ou aux commandants militaires supérieurs.

— J'en conviens, mais dès qu'on l'avait ouverte, l'affaire était faite, et, une fois la chose faite, on peut être poli.

— Êtes-vous homme à vous habiller et à venir vous promener avec moi?

Sa proposition me plut autant que l'idée que j'avais de sa morgue me piqua. Un coup d'épée donné ou reçu en passant se présente à mon esprit avec tous les attraits possibles; d'ailleurs cela levait toutes les difficultés et me tirait d'embarras. Je lui réponds d'un air calme et respectueux que l'honneur d'aller me promener avec lui avait le pouvoir de me faire différer toute affaire quelconque. Je le priai poliment de vouloir bien prendre un siège tandis que je m'habillerais à la hâte.

Je passe ma culotte, jetant sur le lit de magnifiques pistolets qui étaient dans mes poches, je fais monter le perruquier, et dans dix minutes ma toilette fut achevée. Je ceins mon épée et nous partons.

Nous passons assez silencieusement deux ou trois rues, et, traversant une porte cochère nous entrons dans une cour que je crus être un passage, et nous arrivons au bout devant une porte où mon conducteur s'arrête. Il m'invite à entrer, et me voilà dans un beau salon avec nombreuse compagnie. L'idée ne me vint pas même de reculer ; j'étais comme chez moi,

— Monsieur, voilà ma femme, me dit le commandant, et, sans s'interrompre, voici, lui dit-il, M. de Casanova qui vient dîner avec nous.

— C'est à merveille, monsieur, car sans cela je ne vous aurais point pardonné la peine que vous m'avez faite cette nuit en me faisant réveiller.

— C'est pourtant une faute que j'ai cruellement expiée, madame; mais après un pareil purgatoire, permettez-moi, madame, de me trouver heureux dans ce paradis.

Elle me fit un sourire charmant, et après m'avoir invité à m'asseoir auprès d'elle, elle continua sa partie, sans interrompre la conversation que le moins possible quand on est occupé d'un jeu de cartes.

Je me vis joué dans toutes les formes; mais la mystification était si gracieuse, que je n'eus garde d'en témoigner de l'humeur ; je n'avais d'autre parti à prendre que celui de faire bonne contenance, et la chose était d'autant plus facile que j'éprouvais une véritable satisfaction d'être débarrassé de l'obligation que je m'étais sottement imposée d'envoyer un courrier à je ne sais qui.

Le commandant, satisfait de sa victoire, et en jouissant *in petto,* devenu gai tout-à-coup, se mit à parler guerre, cour, affaires ; et il m'adressait souvent la parole avec cette affabilité et cette aisance que la bonne société en France sait si bien allier aux convenances ; il aurait été difficile de deviner qu'il se fût jamais passé entre nous le moindre différend. Il était devenu le héros de la pièce par la situation qu'il avait su amener, mais pour me trouver en second rang, je n'en brillais pas moins ; car tout montrait que j'avais l'honneur d'avoir su forcer un vieil officier supérieur à me donner une satisfaction d'autant plus flatteuse, que, de la nature dont elle était, elle marquait toute l'estime que j'avais su lui inspirer, même en me rendant coupable d'une incartade de jeune homme.

On servit. Le succès de mon rôle ne dépendant que de la manière de le jouer, il m'est arrivé rarement d'être plus éveillé que je le fus pendant ce dîner, où il se tint des propos agréables, et j'eus un soin extrême à faire briller Mme la Commandante. C'était une femme charmante, très jolie et jeune encore, car elle avait bien trente ans moins que son cher mari. On n'y parla pas une fois du *quiproquo* qui m'avait fait passer six heures au corps de garde ; mais au dessert, le commandant manqua de casser les vitres par une goguenarderie qui n'en valait pas la peine.

— Vous avez été bien bon, me dit-il, de croire que j'irais me battre avec vous. Je vous ai attrapé.

— Qui vous a dit que j'aie cru à un duel !

— Avouez que vous l'avez cru.

— Je m'en défends, car il y a loin de croire à supposer. L'un est positif, l'autre n'est que supputatif. Au reste, je consens que votre invitation de promenade m'a rendu curieux de savoir à quoi elle aboutirait, et j'admire votre esprit. Cependant, vous voudrez bien me croire si je vous assure que je suis loin de me croire attrapé, car, bien loin de là, je me trouve si satisfait que je vous suis reconnaissant.

— Et moi, monsieur, s'il me reste quelque regret après ce qui s'est passé, c'est de ne pouvoir pas vous posséder plus longtemps.

Le compliment était flatteur, et j'y aurais répondu si au même instant on ne se fût levé de table. L'après-dînée nous allâmes nous promener ; je donnai le bras à madame, qui fût ravissante ; mais le soir je pris congé, et je partis le lendemain de bonne heure, après avoir toutefois mis mon rapport au net.

A cinq heures du matin, je dormais dans ma chaise, lorsqu'on vint me réveiller. J'étais à la porte d'Amiens. L'importun qui était à ma portière était un gabelou, race partout détestée et avec quelque raison, car, outre qu'elle est généralement insolente et vexatoire, rien ne fait plus sentir l'esclavage que cette recherche inquisitoriale qu'on exerce jusque sur vos effets, dans vos vêtements les plus secrets. Ce commis me demanda si je n'avais rien contre les ordres du roi. J'étais de mauvaise humeur comme tout homme qu'on prive de la douceur du sommeil pour lui faire une question importune ; je lui répondis en jurant que non, et qu'il aurait bien pu me laisser dormir.

— Puisque vous faites le brutal, me répliqua l'animal, nous verrons.

Il ordonne au postillon d'entrer avec ma chaise ; il fait détacher mes malles... et, ne pouvant l'empêcher, je mords mon frein, je me tais.

Je sentis la faute que j'avais faite, mais je ne pouvais plus y remédier ; au reste, n'ayant rien, je ne pouvais rien craindre ; mais ma pétulance allait me coûter deux heures d'ennui. Le plaisir de la vengeance était peint sur leur insolente figure. Dans ce temps-là, les commis des gabelles étaient en France l'écume de la canaille ; mais lorsqu'ils se voyaient traités avec politesse par des gens de distinction, ils se piquaient d'honneur et devenaient traitables. Une pièce de vingt-quatre sous donnée de bonne grâce, les rendait souples comme une paire de gants. Ils tiraient la révérence aux voyageurs, leurs souhaitaient un heureux voyage, sans leur causer du désagrément. Je le savais, mais il y a des instants où l'homme agit en machine, et c'est ainsi que j'en avais agi : tant pis pour moi.

Les bourreaux vidèrent mes malles et déployèrent jusqu'à mes chemises, entre lesquelles, disaient-ils, je pouvais avoir caché des dentelles d'Angleterre.

Après avoir tout visité, ils me rendirent mes clefs, mais

tout n'était pas fini, il s'agissait de visiter ma chaise. Le coquin qui en était chargé se met à crier : Victoire ! Il avait trouvé le reste d'une livre de tabac, que, en allant à Dunkerque, j'avais achetée à Saint-Omer.

Aussitôt d'une voix de triomphateur, le Cartouche de la bande ordonne qu'on séquestre ma chaise, et me prévient qu'en outre je devais payer douze cents francs d'amende.

Pour le coup, ma patience est à bout, et je laisse au lecteur à deviner tous les noms dont j'habillai ces coquins ; mais ils étaient cuirassés contre les mots. Je leur dis de me conduire chez l'intendant.

— Allez-y si vous voulez, me répondirent-ils ; il n'y a ici personne à vos ordres.

Entouré d'une nombreuse foule de curieux que le bruit attirait, je m'achemine vers la ville, marchant à grands pas, comme un furieux, et j'entre dans la première boutique que je trouve ouverte, en priant le maître de vouloir bien me faire conduire chez l'intendant ([1]). Je conte le cas où je me trouvais ; un homme de bonne mine qui était dans la boutique me dit qu'il aura du plaisir de m'y accompagner lui-même, parce qu'il était probable que je ne le trouverais pas, parce que, sans doute, on l'aurait déjà prévenu. — A moins que vous ne payiez ou que vous ne donniez caution, me dit-il, vous vous tirerez difficilement de ce mauvais pas. Je le priai de m'y conduire et de me laisser faire. Il me conseilla de me débarrasser de la canaille qui me suivait en lui donnant un louis pour aller boire ; je lui donne le louis en le priant de se charger de

---

(1) Etienne Maynon d'Invau, maître des requêtes, fut intendant d'Amiens de 1754 à 1760. Installé d'abord dans le vieil hôtel des Intendants qui menaçait ruine, rue des Augustins, il obtint que la ville achetât en 1755 les maisons et terrains pour y construire un nouvel hôtel rue des Rabuisson, c'est aujourd'hui l'hôtel de la préfecture. (DUTHOIT. *Le vieil Amiens*, 1874, in-fol.)

la besogne, et l'affaire fut bientôt faite. Ce monsieur était un honnête procureur qui connaissait son monde.

Nous arrivons chez l'intendant, mais, comme l'avait fort bien prévu mon guide, monsieur n'était pas visible ; son portier nous dit qu'il était sorti seul, qu'il ne rentrerait qu'à la nuit et qu'il ne savait pas où il dînait.

— Voilà, me dit le procureur, la journée perdue.

— Allons le chercher partout où il peut être, il doit avoir des habitudes, des amis : nous le découvrirons ; je vous donne un louis pour votre journée, voulez-vous me faire le plaisir de me la sacrifier ?

— Je suis à vous.

Nous mîmes quatre heures à le chercher en vain en dix ou douze maisons. Dans toutes, j'avais parlé aux maîtres, exagérant partout l'affaire qu'on m'avait suscitée. On m'écoutait, on me plaignait, et tout ce qu'on me disait de plus consolant était que certainement il retournerait chez lui pour coucher, et que pour lors il serait obligé de m'écouter. Cela ne faisait guère mon affaire et j'allais plus loin continuer mes perquisitions.

A une heure, le procureur me conduisit chez une vieille dame qui avait beaucoup de crédit en ville. Elle était à table toute seule. Après m'avoir écouté attentivement, elle me dit avec le plus grand sang-froid qu'elle ne croyait pas commettre une indiscrétion en disant à un étranger dans quel endroit se trouvait un homme qui, par état, ne devait jamais être inaccessible.

— Ainsi, monsieur, je puis vous révéler ce qui n'est pas un secret. Ma fille me dit hier soir qu'elle était invitée à dîner chez Mme N***, et que l'intendant y serait. Allez-y donc de suite, et vous le trouverez à table en compagnie de tout ce qu'il y a de mieux dans Amiens ; mais, ajoutait-elle en souriant, je vous conseille d'entrer sans vous faire annoncer. Les domestiques qui vont et viennent pendant le service vous indiqueront le chemin sans que vous le leur demandiez. Là vous lui parlerez malgré lui, et quoique vous ne le connaissiez pas, il entendra tout ce que vous lui direz et tout ce que vous m'avez dit d'épouvantable dans votre juste colère. Je suis fâchée de ne pas pouvoir me trouver à ce beau coup de théâtre.

Je pris congé de cette respectable dame en lui exprimant ma reconnaissance, et je me rends en toute hâte au lieu indiqué avec mon procureur qui était rendu de fatigue. J'entre sans la moindre difficulté pêle-mêle avec les domestiques et mon guide jusque dans la salle où plus de vingt personnes étaient assises à une table abondamment et richement servie.

— Excusez, messieurs et mesdames, si dans l'état effrayant où vous me voyez, je me vois contraint de venir troubler votre paix et la joie de votre festin.

A ce compliment, prononcé d'une voix de Jupiter Tonnant, tout le monde se lève. J'étais échevelé et tout en sueur, mes regards devaient être ceux de Tisiphone. Qu'on se figure la surprise que mon apparition dut causer à cette nombreuse compagnie composée de femmes charmantes et de cavaliers élégants.

— Je cherche depuis sept heures du matin, de porte en porte dans toutes les rues de cette ville, M. l'intendant, qu'enfin j'ai le bonheur de trouver ici, car je sais pertinemment qu'il y est; et, s'il a des oreilles, je sais qu'il m'écoute en ce moment. Je viens donc lui dire d'ordonner de suite à ses infâmes satellites qui ont mis mon équipage en séquestre de me laisser libre, pour que je puisse continuer mon voyage. Si les lois catalanes ordonnent que pour sept onces de tabac, que j'ai pour mon usage, je dois payer douze cents francs, je les renie et je lui déclare que je ne veux pas payer un sou. Je resterai ici, j'enverrai un courrier à mon ambassadeur, qui se plaindra qu'on ait violé le droit des gens dans l'Ile-de-France sur ma personne, et j'en aurai satisfaction. Louis XV est assez grand pour ne pas vouloir se déclarer complice de cette étrange espèce d'assassinat. Au reste cette affaire, si l'on ne m'accorde pas la satisfaction que par bon droit je réclame, deviendra une affaire d'État; car la représaille que prendra ma république ne sera pas d'assassiner des Français pour quelques prises de tabac, mais bien de les expulser sans exception. Voilà qui je suis: lisez.

Écumant de colère, je jette mon passe-port sur la table. Un homme le ramasse, le lit: je sais alors qui est l'intendant. Tandis que ma pancarte passait de main en main et que j'observais la surprise et l'indignation sur leurs traits, l'intendant, conservant sa morgue, me dit qu'il n'était à Amiens que pour faire exécuter, et que par conséquent je ne partirais qu'en payant ou en donnant caution.

— Si telle est votre obligation, vous devez regarder mon passe-port comme une ordonnance, et je vous somme d'être vous-même ma caution si vous êtes gentilhomme.

— Est-ce que la noblesse chez vous cautionne les infracteurs?

— La noblesse chez moi ne descend pas jusqu'à exercer des emplois qui déshonorent.

— Au service du roi, il n'y a pas d'emploi qui déshonore.

— Si je parlais au bourreau, il ne me répondrait pas autrement.

— Mesurez vos termes.

— Mesurez vos actions. Sachez, monsieur, que je suis homme libre, sensible et outragé, et surtout que je ne crains rien. Je vous défie de me faire jeter par les fenêtres.

— Monsieur, me dit alors une dame en ton de maîtresse, chez moi on ne jette personne par les fenêtres.

— Madame, l'homme dans la colère se sert d'expressions que son cœur et son esprit désavouent; je souffre de l'excès où m'a réduit une criante injustice, et je suis à vos pieds pour vous demander pardon de vous avoir offensée. Daignez réfléchir que c'est la première fois de ma vie que je me vois opprimé, insulté, dans un royaume où je croyais ne devoir me tenir sur mes gardes que contre la violence des voleurs de grand chemin. Pour eux j'ai des pistolets, pour ces messieurs j'ai un passe-port; mais je trouve qu'il ne vaut rien. Au reste, j'ai toujours mon épée contre les insolents. Pour sept onces de tabac que j'ai achetées à St-Omer il y a trois semaines, ce monsieur me dépouille, il interrompt mon voyage, tandis que le roi est mon garant que personne n'osera l'interrompre; on veut que je paye cinquante louis, on me livre à la fureur d'employés impertinents, à la risée d'une populace insolente, dont l'honnête homme que vous voyez là m'a délivré moyennant de l'argent; je me vois traité comme un scélérat, et l'homme qui doit me défendre, me protéger même, se cache, se dérobe, et ajoute aux insultes que j'ai reçues! Ses sbires, qui sont à la porte de cette ville, ont bouleversé mes habits, chiffonné mon linge et mes dentelles, pour se venger et me punir de ce que je ne leur ai pas donné une pièce de vingt-quatre sous. Ce qui m'est arrivé sera demain la nouvelle du corps diplomatique à Versailles, à Paris, et en peu de jours on la lira dans toutes les gazettes. Je ne veux rien payer, parce que je ne dois rien. Parlez, monsieur l'intendant; dois-je envoyer un courrier au duc de Gesvres?

— Payez, et, si vous ne le voulez pas, faites ce que vous voudrez.

— Adieu donc, mesdames et messieurs; et vous, monsieur l'intendant, au revoir.

Au moment même où j'allais sortir comme un furieux, j'entends une voix qui me crie en bon italien d'attendre un moment. Je reviens et je vois un homme, déjà sur l'âge, qui disait à l'intendant: — Ordonnez qu'on laisse partir monsieur; je me rends sa caution. M'entendez-vous, intendant? C'est moi qui réponds pour ce monsieur. Vous ne connaissez pas la tête brûlante d'un Italien. J'ai fait en Italie toute la guerre dernière, et je me suis trouvé à portée de connaître le caractère de ce peuple ; je trouve au reste que monsieur a raison.

— Fort bien, me dit alors l'intendant. Payez seulement trente ou quarante francs au bureau, car on a déjà écrit.

— Je crois vous avoir dit que je ne veux pas payer une obole, et vous le répète. Mais qui êtes-vous, monsieur, dis-je à l'honnête vieillard, qui voulez bien me cautionner sans me connaître?

— Je suis commissaire des guerres, monsieur, et je m'appelle de la Bretonnière. Je demeure à Paris, à l'hôtel de Saxe, rue du Colombier ; j'y serai après-demain et je vous y verrai avec plaisir. Nous irons ensemble chez M. Britard (¹), qui, sur l'exposé de votre affaire, me déchargera de la caution que j'ai offerte pour vous avec grand plaisir.

Après lui avoir témoigné toute ma reconnaissance et lui avoir assuré que je me rendrais sans faute chez lui, j'adressai quelques mots d'excuses à la maîtresse de la maison et au reste des convives, et je sortis.

Je menai mon honnête procureur dîner à la meilleure auberge, et je lui donnai avec reconnaissance un double louis pour sa peine. Sans cet homme et le brave commissaire des guerres, j'aurais été fort embarrassé ; j'aurais fait la guerre du pot de terre contre le pot de fer ; car avec les hommes en place, quand l'arbitraire s'en mêle, on ne vient jamais à bout d'avoir raison, et, quoique je ne manquasse pas d'argent, je n'aurais jamais pu me résoudre à me voir voler cinquante louis par ces misérables.

Ma chaise se trouva prête à la porte de l'auberge, au moment où j'y montais un des commis qui m'avaient visité

---

(1) Il faut lire M. Brissart, fermier général.

vint me dire que j'y trouverais tout ce que j'y avais laissé.

— Cela me surprendrait avec des gens tels que vous; y trouverai-je aussi mon tabac?

— Le tabac, mon prince, a été confisqué.

— J'en suis fâché pour vous, car je vous aurais donné un louis.

— Je vais l'aller chercher à l'instant.

— Je n'ai pas le temps d'attendre. Fouette, postillon.

J'arrivai à Paris le lendemain, et le quatrième jour, je me rendis chez M. de la Bretonnière, qui me fit le plus bel accueil et me mena chez le fermier général Britard, qui le déchargea de la caution. Ce M. Britard était un jeune homme très aimable : il rougit de tout ce qu'on m'avait fait souffrir (¹).

Je portai ma relation au ministre à l'hôtel Bourbon, et Son Excellence passa deux heures avec moi, me faisant ôter ce qu'il y avait de trop. Je passai la nuit à la mettre au net, et le lendemain j'allai la porter à Versailles, à M. l'abbé de la Ville, qui, après l'avoir lue froidement, me dit qu'il me ferait savoir le résultat. Un mois après je reçus cinq cents louis, et j'eus le plaisir de voir que M. de Crémille, ministre de la marine (²), avait non-seulement trouvé mon rapport parfaitement exact, mais même très instructif. Plusieurs craintes raisonnées m'empêchèrent de me faire connaître, honneur que M. de Bernis voulait me procurer.

Quand je lui contai les deux aventures qui m'étaient

---

(1) M. Brissart, fermier général, habitait rue Saint-Honoré, près l'assomption. (*Almanach Royal*) Voir sur Brissart les *Mémoires de Cheverny*, qui fut l'amant de sa femme, et G. CAPON et YVE-PLESSIS. *Histoire de la Deschamps*, 1907 in-8.

(2) Je ne vois pas de ministre de ce nom. Louis-Hyacinthe Boyer de Cremilles était en 1757 inspecteur général de l'infanterie et de cavalerie. Après la disgrâce de M. de Bernis il sera appelé, le 15 avril 1758, comme adjoint au maréchal de Belle-Isle, ministre de la guerre. (LA CHESNAYE DESBOIS. *Dict. de la Noblesse*). M. de Cremille mourut le 19 février 1768, rue des Capucines. (ARCH. NAT. *scellés* Y 10895.)

arrivées sur la route, il en rit ; mais il me dit que la bravoure d'un homme chargé d'une mission secrète consistait à ne jamais se faire des affaires ; car, quand bien même il aurait le talent de savoir s'en tirer, il ferait parler de lui, tandis qu'il devait l'éviter avec le plus grand soin.

Cette commission coûta douze mille francs à la marine, et le ministre aurait pu facilement se procurer tous les renseignements que je lui fournis sans dépenser un sou. Le premier jeune officier intelligent aurait pu le servir comme moi et y aurait mis assez de zèle et de prudence pour se faire un mérite auprès de lui. Mais tels étaient en France tous les ministres. Ils prodiguaient l'argent, qui ne leur coûtait rien, pour enrichir leurs créatures. Ils étaient despotes, le peuple foulé était compté pour rien ; l'État était endetté et les finances étaient en un mauvais état immanquable. *Une révolution était nécessaire*, je le crois ; mais il ne la fallait pas sanglante, il la fallait morale et patriotique ; mais les nobles et le clergé n'avaient pas des sentiments assez généreux pour savoir faire quelques sacrifices nécessaires au roi, à l'État et à eux-mêmes.

Silvia trouva mes aventures d'Aire et d'Amiens fort plaisantes, et sa charmante fille se montra très sensible à la mauvaise nuit que j'avais passée au corps de garde. Je lui dis que je l'aurais trouvée bien plus cruelle si j'avais eu avec moi une femme. Elle me répondit que, si cette femme avait été bonne, elle se serait empressée d'aller adoucir ma peine en la partageant ; mais sa mère lui fit observer qu'une femme comme il faut, une femme d'esprit, après s'être occupée de mettre ma chaise et mes effets en sûreté, se serait occupée de faire les démarches nécessaires pour me faire recouvrer ma liberté ; et j'appuyai son sentiment en lui faisant sentir combien de cette manière une femme remplirait mieux son devoir.

CHAPITRE VIII.

Le comte de la Tour-d'Auvergne et Mme d'Urfé. — Camille. — Ma passion pour la maîtresse du comte; aventure ridicule qui me guérit. — Le comte de Saint-Germain. — Idées erronées et contradictoires de Mme d'Urfé sur mon pouvoir. — Mon frère se marie. — Je pars en Hollande.

Malgré mon amour pour la jeune Baletti, je ne laissais pas d'en avoir aussi pour les beautés mercenaires qui brillaient sur le grand trottoir et qui faisaient parler d'elles; mais celles qui m'occupaient le plus étaient les femmes entretenues et celles qui prétendaient n'appartenir au public que parce qu'elles chantaient, dansaient ou faisaient tous les soirs sur la scène les reines ou les soubrettes.

Malgré cette prétention de bon ton, elles se reconnaissaient très-libres et jouissaient de ce qu'elles appelaient leur indépendance en se donnant tantôt à l'Amour, tantôt à Plutus, et le plus souvent à l'un et à l'autre tout à la fois. Comme la connaissance n'est pas difficile avec ces prêtresses du plaisir et de la dissipation, je m'étais faufilé auprès de plusieurs.

Les foyers des théâtres sont des bazars où les amateurs vont exercer leurs talents pour nouer des intrigues, et j'avais passablement profité à cette noble école.

Je commençais d'abord par devenir l'ami de leurs amants en titre, et je réussissais souvent par l'art de paraître, non pas inconséquent, mais sans conséquence. Il fallait à la vérité pouvoir à l'occasion se montrer favori de Plutus;

une bourse à la main et un flacon d'où s'exhale pour certains nez une odeur plus balsamique que celle de la rose ; et lorsqu'il s'agissait de quelques *boutons d'or*, la peine était toujours moins grande que le plaisir, car j'étais sûr que d'une manière quelconque on m'en tiendrait compte.

Camille, actrice et danseuse à la Comédie-Italienne (¹), que j'avais commencé d'aimer à Fontainebleau il y avait déjà sept ans, fut une de celles qui m'attachèrent le plus par les agréments qui se trouvaient réunis chez elle dans une jolie petite maison qu'elle occupait à la barrière Blanche, où elle vivait avec le comte d'Aigreville, qui

---

(1) Mlle Camille Veronèze, on s'en souvient, avait pendant le premier voyage de Casanova, le comte de Melfort pour amant. Mlle Camille, qui avait alors quinze ans, s'était développée depuis à son avantage. A sa réputation de comédienne se joignait celle de jolie femme : ses vingt-deux ans resplendissaient pour la joie des élus admis à la contempler dans de douces intimités. Favart avait beaucoup d'admiration pour le talent de Mlle Camille : « On peut dire, écrit-il au comte Durazzo, qu'elle danse jusqu'à la pensée. Je crois que l'art des anciens panto-mimes grecs et romains ne pouvoit aller au-delà des talens de Camille en ce genre. » (*Mémoires de Favart*, 1808, in-8, tome I, p. 156.)

Camille recevait les hommages de ses admirateurs sous toutes les formes et, dans le *Mercure*, nombre de bouquets et de madrigaux lui étaient adressés. Casanova se joignit au cortège des rimeurs galants et, à la suite d'une poésie en italien publiée dans ce journal, on lit :

Réponse de l'Amour à l'anagramme de Mlle *Camille par M. de Casa-Nova :*

      Nous, soussignés, Dieu des amans,
      Par qui tout l'Univers à l'Univers se lie,
      Reconnaissons pour vers charmans
        Ceux qu'une Muse d'Italie
      A faits d'après nos sentimens,
      Pour l'un des plus chers ornemens
      De Terpsichore et de Thalie
Nous cédons sans rougir à ses attraits vainqueurs.
Mais pourquoi dans son nom consulter nos oracles :
N'avons-nous pas écrit son pouvoir, ses miracles,
      Dans ses yeux et dans tous les cœurs ?

            signé par sa Divinité ;
          et plus bas paraphé par la sincérité.

Ces vers sont suivis d'une longue poésie anonyme *sur le portrait de* Mlle *Camille* et l'auteur admire en même temps que la jolie comédienne le *génie* de Casanova « cet heureux rival de Pétrarque » et prédit que ses œuvres braveront les injures du temps ! (*Mercure*, Avril 1757, p. 172.)

m'était très attaché et qui aimait ma société. Il était frère du marquis de Gamache et de la comtesse du Rumain, beau garçon, fort doux et assez riche. Il n'était jamais si content que lorsqu'il voyait beaucoup de monde chez sa maîtresse; goût singulier que l'on rencontre rarement, mais goût fort commode et qui annonce un caractère confiant et peu jaloux ([1]). Camille n'aimait que lui, chose rare dans une actrice femme galante; mais remplie d'esprit et ayant beaucoup de savoir-faire, elle ne désespérait personne de ceux qui avaient du goût pour elle. Elle n'était ni avare ni prodigue de ses faveurs, et elle savait le secret de se faire adorer de tout le monde sans craindre les indiscrétions affligeantes ni les abandons toujours mortifiants.

Celui qu'elle distinguait le plus après son amant était le comte de la Tour-d'Auvergne, seigneur de haute naissance qui l'idolâtrait et qui, n'étant pas assez riche pour

---

([1]) La personnalité de M. d'Egreville, dont il est souvent question dans les mémoires de l'époque, a embarrassé les historiens et notamment M. de Crèvecœur, annotateur des *Mémoires de Dufort-Cheverny;* heureusement, ce jeune seigneur fréquentait la joyeuse société et Meusnier, toujours avide de renseignements en recueille sur toute la famille.

Jean-Joachim Rouault, marquis de Gamaches, épousa Catherine-Constance-Emilie Arnaud de Pomponne. Il mourut le 4 février 1751, laissant quatre enfants nés de son mariage :
1. Constance-Simone-Flore-Gabrielle, née en 1725, qui épousera M. du Rumain et dont il sera souvent question;
2. Charles-Joachim, comte de Cayeux ou Marquis de Gamaches, né le 19 avril 1729, colonel aux Grenadiers de France et, en 1754, colonel au régiment royal-Piémont.
3. Nicolas-Aloph-Félicité, comte d'Egreville, né le 16 janvier 1731, guidon de gendarmerie en 1754. C'est le protecteur momentané de Mlle Camille.
4. Anne-Jean-Baptiste-Emilie, vicomte du Tilloi, appelé aussi vicomte de Gamaches, né le 16 décembre 1734. (ARSENAL. *Bastille,* 10.238, f. 37, v°.)

Avant d'être l'heureux possesseur de Mlle Camille, le comte d'Egreville avait aimé Mlle Astraudi, actrice; Mlle Rez, danseuse et Mme Brissart, femme du fermier-général, qui s'attachait tout ce qu'il y avait de poli et d'élégant à Paris. (ARSENAL. *Bastille,* 10.234. *Mémoires de Cheverny,* t. I, p. 90.)

la posséder seul, paraissait assez content de la portion qu'elle lui accordait (¹). Il avait la réputation d'être sincèrement aimé en second. Camille entretenait à peu près une petite fille dont elle lui avait fait présent dès qu'elle avait cru s'apercevoir qu'il en était amoureux pendant qu'elle était à son service. La Tour-d'Auvergne l'entretenait en chambre garnie à Paris, rue Taranne, et il disait qu'il l'aimait comme on aime un portrait, parce qu'elle lui venait de sa chère Camille. Le comte menait souvent cette jeune personne souper chez Camille. Elle avait quinze ans; elle était simple, naïve et sans nulle ambition. Elle disait à son amant qu'elle ne lui pardonnerait jamais une infidélité, à moins que ce ne fut avec Camille, à laquelle elle croyait devoir le céder, parce qu'elle savait lui devoir son bonheur.

Je devins si amoureux de cette jeune personne que souvent je n'allais souper chez Camille que dans l'espoir de l'y trouver et de jouir des naïvetés avec lesquelles elle enchantait toute la coterie. Je faisais de mon mieux pour me cacher; mais j'en étais si épris que très souvent je me trouvais très triste en sortant, parce que je voyais l'impossibilité de me guérir de ma passion par les voies ordinaires. Je me serais au reste rendu ridicule si je m'étais laissé deviner, et Camille se serait moquée de moi sans pitié. Cependant voici une anecdote ridicule qui me guérit d'une manière bien inattendue.

La petite habitation de l'aimable Camille étant à la barrière Blanche, un soir que le temps était pluvieux j'en-

---

(1) Godefroy-Charles-Henri de La Tour d'Auvergne, duc de Bouillon, né le 26 janvier 1728, titré d'abord *prince de Turenne*, chevalier de l'ordre de St Hubert, colonel général de la cavalerie en 1740, brigadier en 1747 et grand Chambellan de France, M^{al} de Camp et armées du Roi, le 10 mai 1748. Il épousa le 28 novembre 1743, Louise-Henriette-Gabrielle de Lorraine, née le 30 octobre 1718, dont il avait eu 4 enfants. Deux vivaient encore en 1758. (LA CHESNAYE-DESBOIS, *Dict. de la Noblesse.*)

voyai chercher un fiacre pour me retirer (¹). Mais il était une heure après minuit, et on n'en trouva plus sur la place. — Mon cher Casanova, me dit la Tour-d'Auvergne, je vous decendrai chez vous sans m'incommoder, quoique ma voiture ne soit qu'à deux places. Ma petite, ajouta-t-il, s'assiéra sur nous. J'acceptai comme de raison, et me voilà dans la voiture ayant le comte à ma gauche et Babet assise sur les genoux de tous les deux.

Amoureux, ardent, je pense à saisir l'occasion, et sans perdre de temps, car le cocher allait vite, je lui prends la main et je lui fais sentir une douce pression. Je sens la sienne qui me presse doucement... O bonheur !... je la porte à mes lèvres et je la couvre de tendres baisers muets. Impatient de la convaincre de mon ardeur, et pensant que sa main ne me refuserait pas un doux service...; mais, au moment de la crise : — Je vous sais gré, mon cher ami, me dit la Tour-d'Auvergne, d'une politesse de votre pays dont je ne me croyais plus digne ; j'espère que ce n'est pas une méprise.

A ces terribles mots, j'étends la main, et je sens la manche de son habit. Il n'y a point de présence d'esprit qui vaille dans un moment pareil ; d'autant plus que ces paroles furent suivies d'un rire à gorge déployée, ce qui suffit pour confondre l'homme le plus aguerri. Je ne pouvais au reste ni rire ni disconvenir du fait, et cette situation était af-

---

(1) Mlle Camille habitait ordinairement rue Française *(Almanach des Spectacles)*, mais comme les petites maisons étaient alors fort à la mode, M. d'Egreville lui avait loué un de ces petits hôtels recherchés, à la barrière Blanche. Elle ne se fixa dans ce quartier qu'en 1766 A cette date, M. d'Egreville avait déjà eu plusieurs remplaçants. D'abord Jules-David de Montaigu, de qui Mlle Veronèze eut une fille baptisée sous les noms de Camille-Jeanne de Montaigu. Après ce fut M. Bertin, trésorier des parties casuelles et enfin M. de Cromot, contrôleur général, qu'elle s'attacha pour la vie. C'est ce dernier qui lui acheta, le 11 avril 1766, une maison avec jardin, rue Royale (aujourd'hui Pigalle ; n°s 22-28), qu'il fit reconstruire et meubler richement. (ARCH. NAT. *Bailliage de Montmartre*, Z² 2.458, 2.460.)

freuse ou l'aurait été si les bienheureuses ténèbres n'avaient voilé ma confusion. Babet se tuait en attendant de demander au comte pourquoi il riait ainsi ; mais lorsqu'il voulait commencer à parler, le rire le reprenait de plus belle, et je m'en félicitais dans le fond de l'âme. Enfin la voiture s'arrêta à ma porte, et mon domestique ayant ouvert la portière, je me hâtai de descendre en leur souhaitant une bonne nuit, que la Tour d'Auvergne me rendit en continuant à rire aux éclats. Je rentrai chez moi tout hébété, et ce ne fut qu'une demi-heure après que je commençai à mon tour à rire de la singularité de l'aventure. Ce qui me faisait pourtant de la peine, c'était de devoir m'attendre à de mauvaises plaisanteries, car je n'avais pas le moindre droit à la discrétion du comte. Je fus sage assez cependant pour prendre la résolution, sinon de rire avec les plaisants, au moins de ne pas me fâcher des plaisanteries dont je serais l'objet ; c'était et c'est toujours à Paris le plus sûr moyen de mettre les rieurs de son côté.

Je passai trois jours sans voir l'aimable comte, et le quatrième je pris la résolution d'aller lui demander à déjeuner vers les neuf heures, car Camille avait envoyé chez moi pour savoir comment je me portais. Cette affaire ne devait pas m'empêcher de continuer à la fréquenter ; mais j'étais bien aise de savoir comment on avait pris la chose.

Dès que la Tour-d'Auvergne me vit, il partit d'un éclat de rire ; je fis chorus et nous nous embrassâmes affectueusement ; mais lui, goguenard, il imitait la demoiselle.

— Mon cher comte, lui dis-je, oubliez cette sottise ; car vous m'attaquerez sans mérite, puisque je ne saurais comment me défendre.

— Pourquoi, mon cher, penseriez-vous à vous défendre ? Nous vous aimons tous, et cette aventure comique fait nos délices ; nous en rions tous les soirs.

— Tout le monde la sait donc ?

— En doutez-vous ? Mais c'est la chose du monde la plus simple. Camille étouffe. Venez-y ce soir ; j'y amènerai Babet et elle vous fera rire, car elle soutient que vous ne vous êtes pas trompé.

— Elle a raison.

— Comment raison ? A d'autres ! Vous me faites trop d'honneur, et je n'en crois rien. Mais vous en prenez votre parti ?

— Je n'ai rien de mieux à faire ; mais, au fait, ce n'est pas à vous que mon imagination délirante offrait un si brûlant hommage.

A table je plaisantais, je faisais l'étonné de l'indiscrétion du comte, et je me vantais d'être guéri de ma passion. Babet, avec un petit ton refrogné m'appelait vilain, et soutenait que je n'étais pas guéri ; mais le fait est que je l'étais, car cette aventure me dégoûta d'elle et m'attacha d'une amitié sincère au comte, qui avait toutes les qualités pour être aimé de tout le monde. Cette amitié pourtant pensa m'être funeste, comme mon lecteur va le voir.

Un soir, me trouvant au foyer de la Comédie-Italienne, la Tour-d'Auvergne vint me prier de lui prêter cent louis, me promettant de me les rendre le samedi suivant.

— Je ne les ai pas, lui dis-je ; mais voici ma bourse ; ce qu'elle contient est à votre service.

— C'est, mon cher, cent louis qu'il me faut et de suite, car car je les ai perdus hier soir chez la princesse d'Anhalt [1].

— Mais je ne les ai pas.

— Un receveur de la loterie doit toujours avoir plus de cent louis.

— D'accord, mais ma caisse est sacrée ; je dois la consigner à l'agent de change d'aujourd'hui en huit.

[1] C'était la mère de Catherine, impératrice de Russie. (Note de l'A.)

— Cela ne vous empêchera pas de la consigner lundi, puisque je vous les rendrai samedi. Otez cent louis de votre caisse et mettez-y ma *parole d'honneur*. Croyez-vous qu'elle vaille cent louis?

— Je n'ai pas de mot à objecter; attendez-moi un moment.

Je cours à mon bureau, je prends les cent louis et je reviens les lui porter. Le samedi vient, point de comte, et, comme je me trouvais précisément sans argent, le dimanche matin je mis mon solitaire en gage et je remplaçai les cent louis dont ma caisse était créancière. Le lendemain je fis ma consignation à l'agent de change. Trois ou quatre jours après, me trouvant à l'amphithéâtre de la Comédie-Française, voilà la Tour d'Auvergne qui m'aborde en me faisant des excuses. Je lui réponds en lui montrant ma main et en lui disant que j'avais engagé ma bague pour sauver mon honneur. Il me dit d'un air triste qu'on lui avait manqué de parole, mais qu'il était certain de me rendre mes cent louis le samedi suivant.

— Je vous en donne, ajouta-t-il, ma parole d'honneur.

— Votre parole d'honneur est dans ma caisse, ainsi permettez que je n'y compte pas; vous me rendrez les cent louis quand vous voudrez.

A ces paroles, le comte devint pâle comme la mort.

— Ma parole d'honneur, mon cher Casanova, m'est plus chère que la vie, et je vous donnerai les cent louis demain à neuf heures du matin à cent pas du café qui est au bout des Champs-Élysées. Je vous les donnerai tête à tête, personne ne nous verra; j'espère que vous ne manquerez pas de venir les prendre et que vous aurez votre épée; j'aurai la mienne.

— Ma foi, M. le comte, c'est vouloir me faire payer trop cher un bon mot. Vous me faites assurément un grand honneur, mais j'aime mieux vous en demander pardon si cela peut empêcher cette fâcheuse affaire.

— Non, j'ai tort beaucoup plus que vous, et ce tort ne peut être effacé qu'à la pointe de l'épée. Viendrez-vous ?

— Je ne saurais vous refuser, quelque pénible qu'il me soit de devoir vous le promettre.

En le quittant, je me rendis chez Silvia, et je soupai très tristement; car j'aimais réellement cet aimable seigneur, et le jeu n'en valait pas la chandelle. Je ne me serais point battu si j'avais pu me convaincre que j'avais tort; mais j'avais beau tourner l'affaire sous toutes les faces, je voyais toujours que tout le tort était du côté de l'excessive susceptibilité du comte, et je résolus que je lui donnerais satisfaction. Dans tous les cas, il ne pouvait me venir en idée de manquer au rendez-vous.

J'arrivai au café un instant après lui; nous déjeunâmes, il paya; ensuite nous sortîmes et nous nous dirigeâmes vers l'Étoile. Lorsque nous fûmes à l'abri de tous les regards, il tira de sa poche un rouleau de cent louis, et me le donnant d'un air très noble, il me dit qu'un coup d'épée devait suffire à l'un ou à l'autre. Je n'avais pas la faculté de répondre.

Il s'écarta de quatre pieds et mit l'épée à la main. Je l'imitai sans mot dire, et m'étant avancé, dès que nous eûmes croisé le fer, je lui allonge ma botte à bras tendu. Certain de l'avoir blessé à la poitrine, je romps deux pas en le sommant de sa parole.

Doux comme un agneau, il baissa son épée, et ayant mis la main sur son sein, il l'en retira toute teinte de sang et me dit d'un ton aimable :

— Je suis content.

Je lui dis tout ce que je pouvais, tout ce que je devais lui dire de plus honnête, tandis qu'il s'appliquait un mouchoir, et, visitant la pointe de mon épée, j'éprouvai la plus grande satisfaction en voyant qu'elle n'était pas entrée de plus d'une ligne. Je le lui dis en lui offrant de l'accompagner. Il me remercia, et me pria d'être discret et de le considérer à l'avenir en véritable ami. Après l'avoir embrassé en versant des larmes, je rentrai chez moi très affligé et riche d'une forte leçon. Cette affaire demeura inconnue à tout le monde, et huit jours après nous soupâmes ensemble chez Camille.

Quelques jours après, je reçus de M. l'abbé de la Ville, pour ma mission de Dunkerque, la gratification de cinq cents louis dont j'ai parlé. Étant allé voir l'aimable Camille, elle me dit que la Tour d'Auvergne était retenu dans son lit par une sciatique, et que si je voulais nous irions le lendemain lui faire une visite. J'acceptai et nous y allâmes. Après avoir déjeuné, je lui dis d'un air sérieux que, s'il voulait me laisser faire, je le guérirais; car son mal n'était pas ce qu'on appelle précisément sciatique, mais un vent humide que je ferais partir moyennant le talisman de Salomon et cinq paroles. Il se mit à rire, mais il me dit de faire tout ce que je voudrais.

— Je m'en vais donc acheter un pinceau.

— J'enverrai un domestique.

— Non, car je dois être sûr qu'on n'aura pas marchandé, et puis il me faut aussi quelques drogues. J'achetai du nitre, de la fleur de soufre, du mercure et un petit pinceau; puis étant rentré :

— Il me faut, lui dis-je, un peu de votre..., ce liquide m'est indispensable, et il faut qu'elle soit toute fraîche.

Camille et lui riaient aux éclats, mais cela ne m'empêchait pas de garder mon sérieux de charlatan. Je lui donnai un gobelet, je baissai modestement les rideaux ; il fit ce que je voulais.

Je fis de tous ces ingrédients un mélange, et je dis à Camille qu'elle devait lui frotter la cuisse pendant que je murmurerais une conjuration ; mais je la prévins que si, pendant l'action, elle avait le malheur de rire, tout serait perdu. Cette menace ne fit qu'accroître leur bonne humeur, et leur rire devenait inextinguible ; car au moment où ils se croyaient maîtres de soi, ils se regardaient et, après avoir comprimé les premiers élans, ils finissaient par éclater de nouveau, au point que je commençais à croire que j'avais ordonné l'impossible. Enfin, après s'être tenu les côtes pendant une demi-heure, ils se mirent en devoir d'être sérieux et d'imiter le calme imperturbable dont je leur donnais l'exemple. La Tour-d'Auvergne fut le premier à se maîtriser, et prenant son sérieux il présenta la cuisse à Camille qui s'imaginant jouer un rôle sur la scène, commença à frotter le malade, tandis qu'à demi-voix, je marmottais des mots qu'ils n'auraient jamais pu comprendre, quelque bien que je les eusse prononcés, et cela par la raison que je ne les comprenais pas moi-même.

Je fus bien près de gâter l'efficacité de l'opération en voyant les grimaces que ces deux êtres faisaient pour garder leur sérieux. Rien n'était plus comique que Camille ! Après leur avoir dit enfin que c'était assez frotté, je trempai mon pinceau dans l'amalgame ; puis, d'un seul trait, je lui fis sur la cuisse l'étoile à cinq pointes, dite le signe de Salomon ; ensuite j'enveloppai la cuisse avec trois serviettes, et je lui dis que s'il pouvait se tenir dans son lit tranquille pendant vingt-quatre heures, sans ôter les serviettes, je lui garantissais sa parfaite guérison.

Ce qu'il y a de risible, c'est que quand j'eus fini, ni le comte ni Camille ne riaient plus ; ils avaient l'air émerveillé, et moi... il me semblait que j'avais fait la plus belle chose du monde. A force de répéter un mensonge, on peut finir par croire que c'est la vérité.

Quelques instants après cette opération, que j'avais faite sans préméditation et comme poussé par l'instinct, nous partîmes, Camille et moi, dans un fiacre, et je lui fis mille contes absurdes qu'elles écouta si attentivement, que lorsque je la quittai à sa porte, elle en était tout ébahie.

Quatre ou cinq jours après, ayant presque entièrement oublié cette comédie, j'entends des chevaux s'arrêter à ma porte, je regarde par la fenêtre et je vois M. de la Tour-d'Auvergne descendre lestement et entrer chez moi.

— Vous étiez sûr de votre fait, mon ami, me dit-il en m'embrassant, puisque vous n'êtes pas venu voir comment je me portais le lendemain de votre étonnante opération ?

— Certainement, j'en étais sûr ; mais si j'avais eu le temps, vous m'auriez vu malgré cela.

— Dites-moi s'il m'est permis de me mettre dans un bain ?

— Point de bain que vous ne vous croyez bien rétabli ?

— Vous serez obéi. Tout le monde est étonné de ce fait, mon ami, car je n'ai pu m'empêcher de conter ce miracle à toutes mes connaissances. Je trouve des esprits forts qui se moquent de moi, mais je les laisse dire.

— Vous auriez dû être discret, car vous connaissez Paris. On me traitera de charlatan.

— Tout le monde ne pense pas ainsi, et je suis venu vous demander un plaisir.

— De quoi s'agit-il ?

— J'ai une tante connue et reconnue pour savante dans toutes les sciences abstraites, grande chimiste, femme d'esprit, fort riche, seule maîtresse de sa fortune, et dont la connaissance ne peut que vous être utile. Elle meurt d'envie de vous voir ; car elle prétend vous connaître, et soutient que vous n'êtes pas ce qu'on vous croit. Elle m'a conjuré de vous mener dîner chez elle, et j'espère que vous aurez la bonté d'accepter. Ma tante se nomme la marquise d'Urfé.

Je ne connaissais point cette dame, mais le nom d'Urfé m'imposa dans l'instant ; car je savais l'histoire du fameux Anne d'Urfé, qui avait brillé à la fin du seizième siècle ([1]).

([1]) En réalité, la maison d'Urfé, s'était éteinte avec Joseph-Marie d'Urfé, mort sans enfant, le 13 octobre 1724. Cependant, pour que le nom ne périsse pas, Joseph-Marie laissa ses biens, à la charge de relever le nom et les armes de d'Urfé, à un petit-fils d'une de ses sœurs, Louis-

Cette dame était veuve de son arrière petit-fils, et je sentis qu'il se pouvait fort bien qu'étant entrée dans sa famille, elle se fut imbue de toutes les sublimes doctrines d'une science qui m'intéressait beaucoup, toute chimérique que je la crusse. Je répondis donc à la Tour d'Auvergne que j'étais à ses ordres, mais à condition qu'à dîner nous ne serions que nous trois.

— Elle a tous les jours une table de douze couverts, et vous dînerez avec tout ce qu'il y a de mieux dans la capitale.

— Voilà précisément mon cher comte, ce que je ne veux pas ; car je déteste la réputation de magicien que vous ne pouvez manquer de m'avoir faite.

— Il ne s'agit pas de ça ; vous êtes connu et vous serez avec des gens qui ont pour vous une haute estime.

— En êtes-vous sûr ?

— La duchesse de Lauraguais m'a dit que, il y a quatre ou cinq ans, vous alliez souvent au Palais-Royal et que vous passiez des journées entières avec la duchesse d'Orléans ; Mme de Boufflers, Mme de Blois et Mme de Melfort même m'ont parlé de vous. Vous avez tort de ne pas reprendre vos anciennes habitudes. Ce que vous avez fait

---

Christophe de Larochefoucauld-Langeac qui devint de la sorte marquis d'Urfé. (Le Chanoine, O.-G. REURE. *La vie et les œuvres d'Honoré d'Urfé*. 1910, in-12, p. 361.) Le marquis d'Urfé fut grand bailli du Forez, quelque temps capitaine au régiment de La Rocheguyon cavalerie et en 1731 mestre de camp. Il mourut de la petite vérole, au camp, près de Tortone, le 7 janvier 1734, âgé de trente ans. Il avait épousé, un mois avant la mort de son oncle maternel, le 21 septembre 1724, Jeanne Camus de Pontcarré, fille de Nicolas-Pierre, premier président au Parlement de Rouen et de Marie-Françoise Michelle de Bragelogne, sa deuxième femme.

La marquise d'Urfé eut de son mariage :
1. Alexandre-François, mort le 2 octobre 1742, âgé de neuf ans.
2. Adélaïde-Marie-Thérèse, née le 6 août 1727, mariée le 7 mai 1754, à Alexis-Jean, marquis de Chastelet-Fresnières.
3. Agnès-Marie, née le 27 février 1732, mariée le 4 avril 1754 à Paul-Edouard Colbert, comte de Creuilly, maréchal-de-camp, morte le 1er juillet 1756. (LA CHESNAYE-DESBOIS. *Dictionnaire de la Noblesse.*)

de moi et sur moi ne laisse aucun doute que vous pouvez faire une brillante fortune. Je connais à Paris cent personnes de la première volée, hommes et femmes, qui ont la même maladie dont vous m'avez guéri, et qui vous donneraient la moitié de leur bien, si vous les guérissiez.

La Tour-d'Auvergne parlait fort juste : mais comme je savais que sa cure merveilleuse n'était due qu'à un singulier hasard, je ne me sentais aucune envie de me rendre public et ridicule. Je lui dis donc qu'absolument je ne voulais pas m'exposer, et qu'il n'avait qu'à dire à Mme d'Urfé que j'aurais l'honneur de l'aller voir avec réserve et non autrement, et qu'elle pourrait me faire connaître le jour et l'heure où il lui plairait que je lui présentasse mes hommages.

Le même soir en entrant chez moi, je trouvai un billet du comte où il me donnait rendez-vous aux Tuileries pour le lendemain à midi, qu'il s'y trouverait, et que de là il me mènerait chez sa tante, qui m'attendait avec impatience; que nous dînerions à nous trois et qu'elle ne serait visible pour personne que pour nous.

Exact au rendez-vous ainsi que le comte, nous nous rendîmes chez Mme d'Urfé, qui demeurait sur le quai des Théatins, à côté de l'hôtel Bouillon ([1]).

Belle, quoique vieille, Mme d'Urfé me reçut avec cette

([1]) La marquise d'Urfé habitait rue des Deux-Portes-Saint-Sauveur (aujourd. rue Dussoubs) et non pas quai des Théatins ou Malaquais. Elle est indiquée à cette adresse dans l'*Almanach de Paris* (1774.) D'autre part, un manuscrit, conservé à la bibliothèque d'art et d'archéologie, rédigé en 1762 par l'inspecteur de police Buhot et portant le titre : *Description du quartier Saint-Germain-des-Prés*, donne le nom de tous les habitants du quai des Théatins et la marquise d'Urfé n'y figure pas à cette date qui concorde avec les voyages de Casanova à Paris au moment de ses relations avec la marquise. Elle habitait donc déjà rue des Deux-Portes, dans un hôtel qui lui appartenait et où elle mourut. Elle légua cette maison à son petit-fils, le marquis du Châtelet. Or en retrouve l'emplacement sur le *plan de l'archevêché* (1782) et ayant en effet pour propriétaire M. du Châtelet, ce qui permet de la fixer au n° 20 actuel de la rue Dussoubs où s'élève à la place de l'hôtel d'Urfé

noble aisance de l'ancienne cour du temps de la régence (¹). Nous passâmes une heure et demie à causer de choses indifférentes, et sans nous le dire, d'accord sur la maxime de nous étudier. Nous voulions réciproquement *nous tirer les vers du nez*.

Je n'avais pas de peine à jouer l'ignorant, car je l'étais en effet ; et Mme d'Urfé, qui ne se montrait pas curieuse, trahissait, sans le vouloir, l'envie de se montrer savante ; cela me mettait tout à fait à mon aise, car j'étais certain de la rendre contente de moi si je parvenais à la rendre contente d'elle-même.

A deux heures on servit, sur une table à trois couverts, le même dîner que l'on servait chaque jour pour douze, et nous dînâmes d'une manière assez insignifiante sous le rapport de la conversation, car nous ne parlâmes que de futilités, à l'instar de la bonne compagnie, ou plutôt du beau monde.

Après le dessert, la Tour-d'Auvergne nous quitta pour aller voir le prince de Turenne, qu'il avait laissé le matin avec une forte fièvre (²) et après son départ, Mme d'Urfé commença à me parler chimie, magie, et tout ce qui faisait l'objet de son culte ou pour mieux dire de sa folie. Lorsque nous en vînmes au grand œuvre et que j'eus la bonhomie de lui demander si elle connaissait la matière première, la politesse seule l'empêcha d'éclater de rire ; mais

---

un immeuble construit dans la première moitié du XIXe siècle. Il est extraordinaire de voir Casanova manquer à ce point de mémoire pour tout ce qui touche Mme d'Urfé. Elle tint une place importante dans sa vie et ce qui la concerne est rempli d'inexactitudes au point qu'on se demande si ce n'est pas un parti pris pour égarer des recherches qui dévoileraient la fantaisie de certaines parties de ses *mémoires*. On verra plus loin une erreur encore plus grave au sujet de la mort et du testament de Mme d'Urfé.

(1) La Marquise d'Urfé avait 52 ans.

(2) Le fils du comte de la Tour d'Auvergne portait le titre de Prince de Turenne. Il fut atteint de la petite vérole en janvier 1758 *(Mercure,* février, p. 38.)

avec un sourire gracieux elle me dit qu'elle possédait déjà ce qu'elle appelait la pierre philosophale, et qu'elle était rompue dans toutes les grandes opérations. Ensuite elle me fit voir sa bibliothèque qui avait appartenu au grand d'Urfé et à Renée de Savoie, sa femme ; mais elle l'avait augmentée de manuscrits qui lui avaient coûtés plus de cent mille francs. Paracelse était son auteur favori, et, selon sa croyance positive, il n'avait été ni homme ni femme, sans être hermaphrodite, et avait eu le malheur de s'empoisonner avec une trop forte dose de panacée ou de médecine universelle. Elle me montra un petit manuscrit où se trouvait le grand procédé expliqué en français, en termes très clairs. Elle me dit qu'elle ne l'enfermait pas sous clef, parce qu'il était écrit en chiffres et qu'elle seule en avait la clef.

— Vous ne croyez donc pas, madame, à la stéganographie ?

— Non, monsieur, et si vous voulez l'accepter, en voici la copie, dont je vous fais présent.

— Je l'accepte, madame, avec d'autant plus de reconnaissance que je sais tout ce qu'il vaut.

De la bibliothèque, nous passâmes dans le laboratoire, qui positivement m'étonna. Elle me montra une matière qu'elle tenait au feu depuis quinze ans et qui avait besoin d'y être encore pendant quatre ou cinq. C'était une poudre de projection qui devait, dans la minute, opérer la transmutation de tous les métaux en l'or le plus pur. Elle me fit voir un tuyau par où le charbon descendait et allait entretenir le feu de son fourneau, toujours au même degré. Le charbon était poussé par son poids naturel, et toujours successivement et en quantité égale, de sorte qu'elle passait souvent trois mois sans visiter ce fourneau et que son feu éprouvât la moindre variation. La cendre s'échappait par un autre tuyau très habilement pratiqué, et qui servait en même temps de ventilateur.

La calcination du mercure était un jeu d'enfant pour cette femme vraiment étonnante. Elle m'en montra de calciné et me dit que, quand je le voudrais, elle m'en ferait connaître le procédé. Elle me fit voir ensuite l'arbre de Diane du fameux Taliamed, dont elle était l'élève. Ce Taliamed était le savant Maillet, qui, selon Mme d'Urfé, n'était pas mort à Marseille, comme l'abbé le Mascrier l'avait fait croire, car il était vivant; et elle ajouta avec un petit sourire qu'elle recevait souvent de ses lettres ([1]). Si le régent de France l'avait écouté, me dit-elle, il vivrait encore. Ce cher régent, il a été mon premier ami, c'est lui qui m'a donné le sobriquet d'Égérie et c'est lui qui me maria à M. d'Urfé.

Elle possédait un commentaire de Raimond Lulle, qui avait éclairci tout ce qu'Arnaud de Villeneuve avait écrit d'après Roger Bacon et Heber, qui, selon elle, n'étaient point morts ([2]). Ce précieux manuscrit était dans une cassette d'ivoire dont elle gardait soigneusement la clef; son laboratoire d'ailleurs était fermé à tout le monde. Elle me montra un baril rempli de *platina del Pinto*, qu'elle me dit être maîtresse de convertir en or quand bon lui semblerait. C'était M. Wood lui-même qui lui en avait fait présent en 1743 ([3]). Elle me fit voir du même métal dans quatre vases différents. Dans trois le platine était intact dans de

---

[1] Benoit de Maillet, né à Saint-Mihiel, le 12 avril 1656; diplomate, voyageur, consul en Égypte, il accumula les matériaux des ouvrages qu'il publia plus tard. Il mourut à Marseille le 30 janvier 1738. *Taliamed* ou *entretiens d'un philosophe indien avec un missionnaire* dont le titre est l'anagramme de l'auteur, fut réédité avec une vie de Maillet par le compilateur Jean-Baptiste Le Mascrier, né en 1697 à Caen, mort le 16 juin 1760. (HŒFFER.)

[2] Raymond Lulle, philosophe espagnol, né à Palma en 1235, mort en 1315.

Arnauld de Villeneuve, dit le Bachuone, médecin et alchimiste, né vers 1240, mort en 1313.

Le célèbre moine, Roger Bacon, surnommé le *docteur admirable*, né en 1214 à Ilchester; mort à Oxford vers 1294.

[3] Sans doute Robert Wood, archéologue irlandais (1716-1775.)

l'acide vitriolique, nitrique et marin ; mais dans le quatrième, ayant employé l'eau régale, le métal n'avait pu résister à son action. Elle le fondait au miroir ardent, elle me dit que, seul, on ne pouvait pas le fondre autrement, ce qui, selon elle, prouvait que ce métal était supérieur à l'or. Elle m'en montra précipité par le sel ammoniac qui n'a jamais pu précipiter l'or.

Elle avait un athanor vivant depuis quinze ans (1). Je vis sa tour remplie de charbons noirs, ce qui me fit juger qu'elle y était allée un ou deux jours auparavant. En rentrant, je m'approchai de son arbre de Diane (2), et je lui demandai respectueusement si elle convenait que ce n'était qu'un jeu pour amuser les enfants. Elle me répondit avec dignité qu'elle ne l'avait composé que pour s'amuser en employant l'argent, le mercure, l'esprit de nître, en les cristallisant ensemble, et qu'elle ne regardait son arbre que comme une végétation métallique qui montrait en petit ce que la nature pourrait faire en grand ; mais elle ajouta très sérieusement qu'elle pouvait faire un arbre de Diane qui serait un véritable arbre du soleil, qui produirait des fruits d'or qu'on recueillerait et qui en reproduirait jusqu'à l'extinction d'un ingrédient qu'elle mêlerait aux six *lépreux* en proportion de leur quantité. Je lui répondis d'un ton modeste que je ne croyais pas la chose possible

---

(1) L'athanor, jadis fameux dans les laboratoires de chimie, n'est plus en usage aujourd'hui. C'était un grand fourneau immobile, fait de terre ou de brique, dans lequel s'élevait une tour pour y mettre le charbon ; sa chaleur se communiquait par des ouvertures ménagées sur les côtés du foyer où l'on pouvait faire plusieurs opérations en même temps. (LACHATRE.)

(2) L'arbre métallique des chimistes est une espèce de végétation métallique artificielle obtenue par le mélange de deux métaux et d'un dissolvant, tel que l'acide azotique. Les métaux les plus propres à exécuter cette arborisation, plus amusante qu'utile, sont l'argent et le plomb. Selon qu'on employait l'argent, le plomb ou le fer, on le désignait sous les noms d'*arbre de Diane*, *arbre de Saturne* ou *arbre de Mars* (id.)

sans la poudre de projection (¹). Mme d'Urfé ne me répondit que par un gracieux sourire.

Elle me fit voir alors une écuelle de porcelaine dans laquelle il y avait du nître, du mercure et du soufre, et sur une assiette un sel fixe. — J'imagine, me dit la marquise, que ces ingrédients vous sont connus ?

— Je les connais, et ce sel fixe est de l'urine.

— Vous y êtes.

— J'admire votre pénétration, madame ! Vous avez analysé l'amalgamation avec laquelle j'ai tracé le Pentacle sur la cuisse de votre neveu ; mais il n'y a point de tartre qui puisse montrer les paroles qui donnent de la vertu au Pentacle.

— Il ne faut pas de tartre pour cela, mais le manuscrit d'un adepte que j'ai dans ma chambre et que je vous montrerai. Vous y trouverez vos propres paroles.

Je ne répondis que par une inclination de tête, et nous sortîmes de ce curieux laboratoire.

A peine arrivés dans la chambre, madame d'Urfé tira d'une jolie cassette un petit livre noir qu'elle posa sur sa table et elle se mit à chercher un phosphore. Tandis qu'elle cherchait, j'ouvris le livre qui était derrière elle, et je vis qu'il était rempli de Pentacles, et je tombai par bonheur sur le même talisman que j'avais peint sur la cuisse du comte. Il était entouré des noms des génies, des planètes, deux exceptés, qui étaient ceux de Saturne et de Mars. Je refermai vite le livre. Ces génies étaient ceux d'Agrippa, que je connaissais. Sans faire semblant de rien, je me rapprochai d'elle, et bientôt elle trouva le phosphore qu'elle cherchait, et je fus véritablement surpris à sa vue ; mais j'en parlerai ailleurs.

---

(1) La poudre de projection était une poudre que les alchimistes supposaient propre à changer en or les métaux en fusion sur lesquels on la lançait (LACHATRE.)

Mme la marquise se mit sur son canapé, me fit asseoir près d'elle et me demanda si je connaissais les talismans du comte de Trèves.

— Je n'en ai jamais entendu parler, madame, mais je connais ceux de Polyphile.

— On prétend que ce sont les mêmes.

— Je ne le crois pas.

— Nous le saurons si vous voulez écrire les paroles que vous avez prononcées en traçant le Pentacle sur la cuisse de mon neveu. Le livre sera le même si, sur celui-ci, je trouve les paroles qui entourent le même talisman.

— Ce serait une preuve, j'en conviens; je m'en vais écrire.

Je me mis à écrire les noms des génies. Madame trouva le Pentacle, me récita les noms; et moi, contrefaisant l'étonné, je lui donne mon papier avec l'air de l'admiration et elle montra la plus grande satisfaction en lisant les mêmes noms.

— Vous voyez, me dit-elle, que Polyphile et le comte de Trèves possédaient la même science.

— J'en conviendrai, madame, si dans votre livre on trouve la méthode de prononcer les noms ineffables. Connaissez-vous la théorie des heures planétaires ?

— Je crois que oui; mais elle n'est pas nécessaire dans cette opération.

— Indispensable, madame, car c'est de là que dépend l'infaillibilité. J'ai peint le Pentacle de Salomon sur la cuisse du comte de la Tour-d'Auvergne à l'heure de Vénus; et si je n'avais pas commencé par Araël, qui est le génie de la planète, mon opération aurait été sans effet.

— C'est ce que j'ignorais. Et après Araël ?

— Il faut aller à Mercure, de Mercure à la Lune, de la Lune à Jupiter et de Jupiter au Soleil. Vous voyez que c'est le cycle magique du système de Zoroastre, où je saute Saturne et Mars, que la science exclut de cette opération.

— Et si vous aviez opéré dans l'heure de la Lune, par exemple ?

— Je serais alors allé à Jupiter, puis au Soleil, de là à Araël, c'est-à-dire à Vénus, et j'aurais fini par Mercure.

— Je vois, monsieur, que vous connaissez la pratique des heures avec une facilité surprenante.

— Sans cela, madame, on ne peut rien faire en magie, car on n'a pas le temps de calculer; mais cela n'est pas difficile. Une étude d'un mois en donne l'habitude à tout candidat. Ce qui est beaucoup plus difficile, c'est le culte; car il est beaucoup plus compliqué; mais on y parvient. Je ne sors jamais de chez moi sans connaître de combien de minutes est composée l'heure dans le jour courant; et j'ai soin que ma montre soit parfaitement réglée, car une minute de plus ou de moins décide de tout.

— Auriez-vous la complaisance de me communiquer cette théorie ?

— Vous l'avez dans Artéphius, et plus claire dans Sandivoye(1).

— Je les ai, mais ils sont en latin.

— Je vous en ferai la traduction.

— Vous aurez cette complaisance ? Vous me rendrez heureuse.

— Vous m'avez fait voir des choses, madame, qui me forcent à ne point vous refuser, pour des raisons que, peut-être, je pourrai vous dire demain.

— Pourquoi pas aujourd'hui ?

— Parce que je dois auparavant savoir le nom de votre génie.

— Vous savez que j'ai un génie ?

(1) Artéphius, philosophe hermétique juif ou arabe, qui vécut vers 1130. Il écrivit sur la pierre philosophale, l'art occulte et la transmutation des métaux.

— Vous devez en avoir un, s'il est vrai que vous ayez la poudre de projection.

— Je l'ai.

— Donnez-moi le serment de l'ordre.

— Je n'ose et vous savez pourquoi.

— Demain, peut-être, je vous mettrai dans l'impossibilité de douter.

Ce ridicule serment n'était autre que celui des princes rose-croix, qu'on ne s'entre-donne jamais sans se connaître auparavant; ainsi madame d'Urfé avait et devait avoir peur de devenir indiscrète, et de mon côté je devais faire semblant d'avoir la même crainte. Le fait est que je crus devoir gagner du temps, car je savais parfaitement ce que c'était que ce serment. On peut se le donner entre hommes sans indécence, mais une femme comme Mme d'Urfé devait avoir quelque répugnance de le donner à un homme qu'elle voyait pour la première fois.

— Lorsque nous trouvons ce serment, me dit-elle, annoncé dans les saintes Écritures, il est marqué par ces mots : *Il jura en lui mettant la main sur la cuisse*. Mais ce n'est pas la cuisse ; et par conséquent on ne trouve jamais qu'un homme prête serment à une femme de la manière voulue, puisque la femme n'a point de *verbe*.

Il était neuf heures du soir quand le comte de la Tour-d'Auvergne entra dans l'appartement où nous étions, et il ne fut pas peu étonné de me trouver encore chez sa tante. Il nous dit que la fièvre de son cousin (1) avait redoublé, et que la petite vérole était déclarée : — Et je viens, ma chère tante, prendre congé de vous, au moins pour un mois,

---

(1) La ressemblance des titres dans la maison d'Auvergne m'a fait commettre une erreur que je m'empresse de rectifier. L'amant de Mlle Camille est Nicolas-François-Julie de la Tour d'Apchier, *comte de la Tour d'Auvergne*, né le 10 août 1720, fils de Jean-Maurice de la Tour, baron de Thouras et de Claude-Catherine Sainctot. Le comte de la Tour d'Auvergne était colonel du régiment Boulonnais. Céliba-

car je vais m'enfermer avec le malade. Mme d'Urfé loua son zèle et lui remit un sachet en lui faisant promettre qu'il le rendrait après la guérison du prince. — Mettez-le lui en sautoir autour du cou, et comptez sur une heureuse irruption et sur une guérison parfaite. Il le lui promit, et, nous ayant souhaité le bonsoir, il s'en alla.

— J'ignore, madame la marquise, ce que contient votre sachet, mais si c'est de la magie, je n'ai aucune confiance en son effet, car vous avez négligé de lui donner la prescription sur l'heure.

— Pour le coup, c'est un *electrum,* et la magie et l'heure n'ont rien à faire là.

— Vous me pardonnerez mon observation.

Elle me dit qu'elle louait ma réserve, mais qu'elle était sûre que je ne serais pas mécontent de sa petite coterie, si je consentais à vouloir en faire partie.

— Je vous ferais connaître tous mes amis, ajouta-t-elle, en vous faisant dîner avec chacun d'eux en trio, de manière qu'ensuite vous puissiez vous plaire avec tous.

J'acceptai.

En conséquence de cet arrangement, le lendemain je dînai avec M. Gérin et sa nièce, qui ne rompait pas le trio scientifique ; mais ils ne firent ma conquête ni l'un ni l'autre. Le second jour je dînai avec un Irlandais nommé Macartney, physicien dans l'ancien goût et qui m'ennuya beaucoup. Le surlendemain je me trouvai avec un moine qui, causant littérature, dit mille impertinences contre Voltaire, qu'alors j'aimais beaucoup, et contre *l'Esprit des Lois,* que j'admirais, et que le sot enfroqué refusait au grand Montesquieu, attri-

taire, quand il connut Casanova, il se mariera le 20 novembre 1769 avec Elisabeth-Louise-Adélaïde de Scepeaux. Il sera légataire universel du duc de Bouillon avec substitution aux droits du prince de Turenne, son cousin et fils du duc. La notice page 257, concerne donc le prince de Turenne. (LA CHESNAYE DESBOIS. Tome XIX. Col. 61, 63 ; — POTIER DE COURCY. Pairs de France, p. 228.)

buant cet ouvrage sublime... à un moine. Autant aurait valu attribuer la création à un capucin. Le jour suivant, Mme d'Urfé me fit dîner avec le chevalier d'Arzigny, vieillard de quatre-vingts ans, homme vain, fat et par conséquent ridicule, qu'on appelait le doyen des petits-maîtres ; mais comme il avait été à la cour de Louis XIV, il était assez intéressant, parce qu'il avait toute la politesse de ces temps et que sa mémoire était remplie des anecdotes de la la cour de ce roi despote et fastueux.

Cet homme m'amusa beaucoup par ses ridicules ; il mettait du rouge, ses habits étaient fleuris et ornés de pompons comme du temps de Mme de Sévigné ; il se prétendait tendrement attaché à sa maîtresse, qui lui tenait une petite maison, où il soupait tous les jours en compagnie de ses amies, toutes jeunes, toutes charmantes, qui quittaient toutes les sociétés pour la sienne ; malgré cela, il n'était pas tenté de lui faire des infidélités, car il couchait régulièrement avec elle.

Aimable quoique décrépit, le chevalier d'Arzigny avait une douceur de caractère qui donnait à tout ce qu'il disait le vernis de la vérité que, dans son métier de courtisan, il n'avait peut-être jamais connue. Il était d'une propreté extrême. Sa boutonnière était toujours ornée d'un bouquet des fleurs les plus odorantes telles que tubéreuses, jonquilles et jasmin d'Espagne ; avec cela ses cheveux postiches étaient placardés de pommade à l'ambre, ses sourcils peints et parfumés et son râtelier d'ivoire : le tout répandait une forte odeur qui ne déplaisait pas à Mme d'Urfé, mais que j'avais peine à supporter. Sans cet inconvénient, je me serais probablement procuré sa société le plus souvent que j'aurais pu. Il était épicurien par système et avec une tranquillité étonnante. Il disait qu'il passerait un bail pour recevoir vingt-quatre coups de bâton chaque matin, si par là il devait être sûr de ne pas mourir dans les vingt-quatre heures, et que, plus il vieillirait, plus il accorderait la bastonnade plus ample. C'était, je pense aimer la vie.

Un jour je dînai avec M. Charon, conseiller en la grand' chambre et rapporteur d'un procès que Mme d'Urfé avait avec Mme du Châtelet, sa fille, qu'elle haïssait cordialement (1). Ce vieux conseiller, quarante ans auparavant, avait été l'amant heureux de la savante marquise, et, à cause de ses vieux souvenirs, il se croyait obligé d'appuyer la cause de son ancienne amante. Alors les magistrats en France se croyaient le droit de donner raison à leurs amis ou aux personnes qu'ils protégeaient, soit par penchant, soit par avarice ; ils achetaient leurs charges et croyaient de droit pouvoir vendre la justice.

M. Charon m'ennuya comme les autres, et c'était naturel, car la disparate était trop grande entre nous.

La scène changea le jour suivant, car je m'amusai avec M. de Viarme, jeune conseiller, qui vint dîner avec son épouse. Ce M. de Viarme était neveu de Mme d'Urfé, et sa femme, fort gentille, avait de l'esprit (2). C'était en somme un aimable couple. Il était l'auteur des *Remontrances au roi*, ouvrage qui lui avait valu une grande réputation et qui avait été lu avidement par tout Paris. Il me dit que le métier de conseiller était de s'opposer à tout ce que le roi pouvait faire, même de bon. La raison qu'il m'allégua pour justifier ce principe est celle qu'allèguent toutes les minorités des corps collectifs, et dont je crois ne pas devoir fatiguer mes lecteurs.

Le dîner le plus agréable fut celui que je fis avec Mme de Gergi, (3) qui vint avec le fameux aventurier connu sous le

---

(1) Sur les démêlés de Mme du Chatelet avec sa mère, consulter à la BIBL. NAT. : *Imprimés* 4º Fm 10564, *M S*. fonds Clair. 1090 f. 88.

(2) Le frère de Mme d'Urfé ; Jean-Baptiste-Elie Camus de Pontcarré, seigneur de Viarmes, né le 20 mars 1702, marié à Geneviève Paulinier de la Bucaille avait eu de cette union Nicolas-Elie-Pierre Camus de Viarmes dont il est question ici.

(3) Antoinette-Barbonne-Thérèse Languet de Gergy, femme de

nom de comte de Saint-Germain. Cet homme, au lieu de manger, ne fit que parler du commencement à la fin du repas ; et je faillis l'imiter en partie ; car, au lieu de manger ; je ne faisais qu'écouter avec la plus grande attention ; il est vrai qu'il était difficile de parler mieux que lui (¹).

Saint-Germain se donnait pour prodigieux ; il voulait étonner, et il réussissait souvent ; il avait un ton décisif, mais d'une nature si étudiée qu'il ne déplaisait pas. Il était savant, parlait parfaitement la plupart des langues ; grand musicien, grand chimiste ; d'une figure agréable et maître de se rendre toutes les femmes dociles ; car, en même temps qu'il leur donnait du fard et des cosmétiques

---

Louis de Cardevac, ambassadeur de France en Suède, mort à La Haye, le 15 février 1767, âgé de 60 ans *(Mercure)*.

(1) Un contemporain a laissé du comte de Saint-Germain ce portrait : « C'était un petit homme de quarante-cinq ans, d'une figure très commune, mais fort spirituel, magnifique pour donner des bagatelles aux femmes, parlant avec feu et bien, mais par énigmes, donnant ou laissant toujours quelque chose à deviner ; se vantant de connaître comme *de visu* les personnages les plus fameux dont on lui parlait, s'enveloppant d'un nuage sur son âge et sur sa vie, parlant de tout, comme s'il avait tout appris, se trompant du reste souvent. » *(Mémoires de Dufort de Cheverny*, I, p. 56.)

Un autre raconte une de ses opérations mystérieuses de la sorte : « Le comte de Saint-Germain, mort il y a quelques années [27 février 1784] et déjà oublié, étoit un fou sérieux ; peu d'esprit, quelques connoissances en chymie, n'ayant ni l'impudence qui convient à un charlatan, ni l'éloquence nécessaire à un fanatique, ni la séduction qui entraîne les demi-savants. Etant à Chambéri, il offrit sa chymie au marquis de *Belle-Garde*. Ils se mettent à souffler, le creuset donne une matière qui avoit la couleur et le poids, mais non la ductilité de l'or. Ces opérations se faisaient dans une terre, où dans l'espace de sept mois le comte fut trois fois père. L'argenterie devint incomplète ; il avoit emprunté de tous côtés ; on lui conseilla de partir. A Paris, même aventure. Il s'étoit lié avec un escroc célèbre, autrefois espion du maréchal de *Belle-Isle* et retiré depuis à Bercy où il portoit la croix de Saint-Louis sur ses haillons et du mortier sur son dos. Ils se mirent à faire de l'huile de vitriol. C'étoit le prétexte pour faire de l'or. La discorde s'en mêla. Ils se battirent. Le comte fut vaincu et quitta une ville qui ouvre son sein à tous les imposteurs de la terre. » [Mis DE LUCHET.] *Mémoires authentiques pour servir à l'histoire du comte de Cagliostro* [1785] p. 40.

qui les embellissaient, il les flattait, non de les faire rajeunir, car il avait la modestie d'avouer que cela lui était impossible, mais de les conserver dans l'état où il les prenait, au moyen d'une eau qui, disait-il, lui coûtait beaucoup, mais dont il leur faisait présent.

Il avait su se concilier la faveur de Mme de Pompadour, qui lui avait fait parler au roi, à qui il avait fait un joli laboratoire ; car cet aimable monarque, qui s'ennuyait partout, croyait trouver du plaisir ou au moins distraire un peu son ennui en faisant des couleurs. Le roi lui avait donné un appartement à Chambord et cent mille livres pour la construction d'un laboratoire, et, selon Saint-Germain, le roi, par ses productions chimiques, devait faire prospérer toutes les fabriques de la France.

Cet homme singulier, et né pour être le premier des imposteurs, disait, avec un ton d'assurance et par manière d'acquit, qu'il avait trois cents ans, qu'il possédait la panacée, qu'il faisait tout ce qu'il voulait de la nature, qu'il avait le secret de fondre les diamants et que de dix ou douze petits, il en formait un grand de la plus belle eau et sans qu'ils perdissent rien de leur poids. Toutes ces opérations n'étaient pour lui que pures bagatelles. Malgré ses rodomontades, ses mensonges évidents et ses disparates outrées, je n'eus pas la force de le trouver insolent. Je ne le trouvai pas non plus respectable ; mais, comme malgré moi, à mon insu, je le trouvai étonnant, car il m'étonna. J'aurai occasion de parler encore de cet original([1]).

Lorque Mme d'Urfé m'eut fait faire toutes ces connaissances, je lui dis que j'aurais l'honneur de dîner avec elle toutes les fois qu'elle m'en témoignerait l'envie, mais que je

---

([1]) On pense sans peine que les deux aventuriers se contenaient pour se faire vis-à-vis sérieusement. (Voir au sujet des rapports de Casanova et de Saint-Germain, l'intéressant chapitre qui leur est consacré par M. Edouard Maynial dans *Casanova et son temps*. 1911, in-12, p. 15-68.)

désirais que ce fut tête-à-tête, à l'exception de ses parents et de Saint Germain, dont l'éloquence et les fanfaronnades m'amusaient. Cet homme singulier assistait souvent au dîner des meilleures maisons de la capitale, mais il ne touchait à rien, disant que sa vie dépendait du genre de nourriture qu'il prenait et que personne ne pouvait connaître que lui. On s'accommodait assez de sa singularité, car on n'était curieux que de sa faconde qui, véritablement, était l'âme de toutes les sociétés où il se trouvait.

J'avais fini par connaître à fond Mme d'Urfé, qui me croyait fermement un adepte consommé sous le masque de l'incognito; et cinq ou six semaines après elle se confirma dans cette idée chimérique, lorsqu'elle me demanda si j'avais déchiffré le manuscrit où se trouvait la prétendue explication du grand œuvre.

— Oui, lui dis-je, je l'ai déchiffré et par conséquent lu : mais je vous le rends en vous donnant ma parole d'honneur que je ne l'ai pas copié, car je n'y ai trouvé rien de nouveau.

— Sans la clef, monsieur, excusez-moi, mais je crois la chose impossible.

— Voulez-vous, madame, que je vous nomme la clef ?

— Je vous en prie.

Je lui donne la parole, qui n'était d'aucune langue, et voilà ma marquise tout ébahie.

— C'est trop, monsieur, c'est trop ! je me croyais seule en possession de ce mot mystérieux, car je le conserve dans ma mémoire, je ne l'ai jamais écrit, et je suis certaine de ne l'avoir jamais donné à personne.

Je pouvais lui dire que le calcul qui m'avait servi à déchiffrer le manuscrit m'avait naturellement servi à deviner la clef; mais il me vint la lubie de lui dire qu'un génie me l'avait révélé. Cette sottise me soumit entièrement cette femme vraiment savante, vraiment raisonnable... sur tout autre point que sur sa marotte. Quoi qu'il en soit, ma fausse confidence me donna sur Mme d'Urfé un ascendant immense ; je fus dès maintenant l'arbitre de son âme ; et j'ai souvent abusé de mon pouvoir sur elle. Maintenant que je suis revenu des illusions qui ont accompagné ma vie, je ne me le rappelle qu'en rougissant, et j'en fais pénitence par l'obligation que je me suis imposée de dire toute la vérité en écrivant ces Mémoires.

La grande chimère de cette bonne marquise était de croire fermement à la possibilité de parvenir au colloque avec les génies, avec les esprits qu'on appelle élémentaires. Elle aurait donné tout ce qu'elle possédait pour y parvenir, et elle avait connu des imposteurs qui l'avaient trompée en la flattant de lui faire atteindre le terme de ses vœux.

— Je ne savais pas, me dit-elle, que votre génie eût le pouvoir de forcer le mien à lui révéler mes secrets.

— Il n'a pas été nécessaire de forcer votre génie, madame, car le mien sait tout par sa propre nature.

— Sait-il aussi ce que je renferme de plus secret dans mon âme ?

— Sans doute, et il est forcé de me le dire si je l'interroge.

— Pouvez-vous l'interroger quand vous voulez ?

— Toujours, pourvu que j'aie du papier et de l'encre. Je puis même le faire interroger par vous en vous disant son nom.

— Et vous me le diriez ?

— J'en ai le pouvoir, madame, et, pour vous en convaincre, mon génie se nomme Paralis. Faites-lui une question par écrit, comme vous le feriez à un simple mortel ; demandez-lui, par exemple, comment j'ai pu déchiffrer votre manuscrit et vous verrez comme je l'obligerai à vous répondre.

Mme d'Urfé, tremblante de joie, fait sa question et la met en nombres, puis en pyramides à ma façon ; et je lui fais tirer la réponse, qu'elle met elle-même en lettres. Elle n'obtint d'abord que des consonnes ; mais moyennant une seconde opération qui donna des voyelles, elle trouva la réponse exprimée en termes fort clairs. Sa surprise se peignit sur tous ses traits, car elle avait tiré de la pyramide la parole qui était la clef de son manuscrit. Je la quittai emportant avec moi son âme, son cœur, son esprit et tout ce qui lui restait de bon sens.

Le prince de Turenne étant parfaitement rétabli de la petite vérole, le comte de la Tour-d'Auvergne l'avait quitté, et, comme il connaissait le goût de sa tante pour les scienses abstraites, il ne s'étonna pas de me trouver comme établi auprès d'elle et devenu son seul ami.

Je le voyais à dîner avec plaisir, ainsi que tous les parents de la marquise, d'autant plus que leurs nobles procédés à mon égard m'enchantaient. C'étaient ses frères, MM. de Pont-Carré et de Viarme, qui venait d'être élu prévôt des marchands, et son fils ([1]). J'ai dit que Mme du Châtelet était fille de la marquise, mais un malheureux procès les rendait irréconciliables ; il n'était jamais question d'elle.

La Tour-d'Auvergne ayant du partir pour rejoindre son régiment boulonnais, qui était en garnison en Bretagne, nous dînions presque tous les jours tête à tête, la marquise et moi, et ses gens me regardaient comme son mari, quoique la chose ne pût guère paraître vraisemblable ; mais ils croyaient par-là justifier les longues heures que nous passions ensemble. Mme d'Urfé me croyait riche, et elle s'était

---

([1]) Mme d'Urfé avait trois frères nés de différents lits : 1° Geoffroy-Macé Camus, seigneur de Pontcarré qui était premier président au Parlement de Rouen. — 2° Jean-Baptiste-Elie Camus, seigneur de Viarmes qui fut nommé prévôt des marchands, le 19 août 1758, jusqu'en 1764. — 3° Nicolas-Marie-François Camus, conseiller au Parlement de Rouen.

C'est bien comme le dit Casanova, le père et non le fils qui fut prévôt des marchands. La Chesnaye Desbois a confondu et donné cette qualité au fils dont nous avons déjà parlé page 278 (AFFRY DE LA MONNOYE. *Les jetons de l'échevinage parisien*, 1878, in-fol., p. 161.)

imaginé que je ne m'étais placé dans la loterie de l'École-Militaire que pour pouvoir garder l'incognito.

Selon elle, je possédais non seulement la pierre philosophale, mais encore le colloque avec tous les esprits élémentaires, et de là elle tirait la conséquence toute naturelle qu'il ne dépendait que de moi de bouleverser le monde, de faire le bonheur de la France, et elle n'attribuait la nécessité où elle me croyait de garder l'incognito qu'à la juste crainte que je devais avoir d'être arrêté, enfermé ; car cela, d'après ses idées, devait être immanquable, si le ministre parvenait à me connaître. Ces extravagances venaient des révélations que son génie lui faisait pendant la nuit, c'est-à-dire des rêves que faisait son imagination exaltée, et que sa raison infatuée lui présentait ensuite comme des réalités. Elle ne concevait pas la chose la plus simple, qui était que, si j'avais eu la puissance qu'elle me supposait, il n'y aurait pas eu de puissance capable de m'arrêter, d'abord parce que j'aurais tout prévu, tout su ; puis parce que mon pouvoir ne se serait point trouvé lésé par l'action des verrous, puisque ma force était basée sur ma science, qu'il ne saurait être au pouvoir d'aucun despote d'arracher à qui l'a sans le détruire ; or, ma destruction n'aurait pas été possible, si j'avais eu à mes ordres la puissance des génies. Toutes ces considérations étaient du dernier simple ; mais la passion et l'infatuation ne raisonnent pas.

En m'en parlant un jour de la meilleure foi du monde, elle me dit que son génie lui avait persuadé que je ne pouvais pas lui faire obtenir le colloque, parce qu'elle était femme ; car les génies ne se communiquent ainsi qu'aux hommes, dont la nature est moins imparfaite ; mais je pouvais moyennant une opération qui m'était connue, le faire passer en âme dans le corps d'un enfant mâle né de l'accouplement philosophique d'un immortel avec une mortelle, ou d'un homme ordinaire avec une femme d'une nature divine.

Si j'avais cru pouvoir désabuser Mme d'Urfé et la ramener à l'usage raisonnable de ses connaissances et de son esprit, je crois que je l'aurais entrepris, et cette œuvre aurait été méritoire ; mais j'étais persuadé que son infatuation était incurable, et je crus n'avoir rien de mieux à faire que de seconder sa folie et d'en profiter.

Si, agissant d'après tous les principes de l'honnête homme, je lui avais dit que toutes ses idées étaient absurdes, elle ne m'aurait pas cru ; elle m'aurait supposé jaloux de ses connaissances, et j'aurais perdu dans son esprit, sans qu'elle m'en eût cru moins savant. Dans cette persuasion, je ne trouvai rien de mieux que de me laisser aller. D'ailleurs mon amour-propre ne pouvait être que flatté de me voir traiter comme le plus profond rose-croix, comme le plus puissant de tous les mortels, par une femme célèbre qui jouissait d'une haute réputation de savoir, qui recevait les premières familles de France, auxquelles elle était alliée, et qui par-dessus tout était plus riche de son porte-feuille que de quatre-vingt mille livres de rentes que lui donnaient une terre magnifique et de superbes maisons qu'elle possédait dans Paris. Je savais, à n'en pas douter, qu'au besoin elle n'aurait rien pu me refuser ; et quoique je n'eusse formé aucun projet pour profiter de ses richesses, ni en tout ni en partie, je sentais un certain plaisir à me reconnaître en pouvoir de le faire.

Malgré son immense fortune et le pouvoir qu'elle se croyait de faire de l'or, Mme d'Urfé était avare, car elle ne dépensait guère que trente-six mille francs par an, et elle jouait à la bourse ses épargnes, qui allaient au double. Un agent de change lui portait des effets royaux lorsqu'ils étaient au prix le plus bas, et les lui faisait vendre quand ils haussaient. De cette manière pouvant attendre et saisir les moments les plus favorables de baisse et de hausse, elle avait considérablement enflé son porte-feuille.

Plusieurs fois elle m'avait dit qu'elle était prête à donner tout ce qu'elle avait pour devenir homme et qu'elle savait que cela dépendait de moi. Un jour qu'elle m'en parlait avec ce ton de persuasion qui entraîne, je lui dis que j'étais forcé de lui avouer que j'étais en effet maître de l'opération, mais que je ne pouvais pas me résoudre à la faire sur elle, parce que je serais obligé pour cela de la faire mourir. Je croyais que cette confidence lui ôterait l'envie de passer par cette épreuve, mais que mes lecteurs jugent de ma surprise quand je l'entendis me dire :

— Je le sais, et je connais même le genre de mort auquel je serais assujettie ; mais je suis prête.

— Et quel est ce genre de mort, Madame ?

— C'est le même poison qui fit mourir Paracelse.

— Et croyez-vous que Paracelse ait obtenu l'hypostase ?

— Non, mais je sais bien pourquoi.

— Voudriez-vous bien me le dire ?

— C'est parce qu'il n'était ni homme ni femme, et que la nature mixte est opposée à l'hypostase ; il faut, pour pouvoir en jouir, être tout un ou tout autre.

— C'est vrai ; mais savez-vous comment on fait ce poison ? Savez-vous qu'il est impossible sans l'intervention d'une salamandre ?

— Cela peut être ; c'est ce que je ne savais pas. Je vous prie de demander à la cabale s'il y a à Paris une personne qui possède ce poison.

Il me fut aisé de deviner qu'elle s'en croyait en possession, et je n'hésitai pas à le trouver dans la réponse que donna la pyramide. Je contrefis l'étonné ; mais elle toute glorieuse :

— Vous voyez, me dit-elle, qu'il ne faut plus que l'enfant qui contienne le verbe masculin tiré d'une créature immortelle. Je suis instruite que cela dépend de vous, et je ne crois pas que vous puissiez manquer de courage par une pitié mal entendue que vous pouvez avoir de ma vieille carcasse.

A ces mots, je me levai et je me plaçai à la fenêtre de sa chambre qui donnait sur le quai, où je restai un bon quart d'heure à réfléchir à sa folie. Quand je revins à la table où elle était assise, elle me regarda attentivement, et tout émue elle me dit :

— Est-il possible, mon cher ami ? je vois que vous avez pleuré.

Je ne cherchai pas à la désabuser, et ayant pris mon épée et mon chapeau, je la quittai en soupirant. Son équipage, toujours à mes ordres, était à la porte, j'y montai et j'allai me promener sur les boulevards jusqu'à l'heure du spectacle, sans pouvoir revenir de la surprise que me causait cette femme singulière.

Mon frère avait été reçu à l'Académie de peinture par acclamation, après l'exposition d'un tableau de bataille qui fit l'admiration de tous les connaisseurs, l'Académie en fit l'acquisition pour cinq cents louis ([1]).

Il s'était amouraché de Coraline, et il l'aurait épousée sans une infidélité qu'elle lui fit, et qui le choqua à tel

---

([1]) Ce n'est qu'au salon de 1761 que François Casanova exposa pour la première fois et encore n'est-il pas mentionné sur le livret de cette année. Une lettre de Favart au comte Durazzo renferme un grand éloge du nouvel exposant : « Le sieur Casanove, italien, dont il n'est point fait mention dans le livre de l'explication des tableaux, mérite une distinction entre nos jeunes peintres. Casanove est comme un de ces météores qui surprennent d'autant plus qu'on ne les attend point ; il ignoroit lui-même la supériorité de son talent. On n'avoit vu de lui, jusqu'à présent, que des croquis où l'on trouvoit à la vérité quelques étincelles de génie ; ce n'étoit encore que du barbouillage. Un professeur de l'Académie l'encouragea et le força à se mettre sur les rangs. Lorsqu'il fut proposé, tous les peintres s'élevèrent contre lui, persuadés de son incapacité ; mais à la vue de son tableau, ils furent tous frappés d'étonnement et aucun d'eux ne lui refusa sa voix. Ce tableau représente une bataille : on y voit *le feu du vieux Parossel avec autant et plus de correction* ; tout respire, tout agit, tout est en mouvement, et il n'y a pas une figure qui soit hors l'action. Casanove a encore exposé deux autres tableaux plus petits, peints dans le goût de *Salvator Rosa* ; ils représentent des paysages où l'on voit des soldats qui

point que, pour lui ôter toute espérance de raccommodement, huit jours après il épousa une figurante dans les ballets de la Comédie-Italienne (¹). M. de Sancy, trésorier des économats du clergé, voulut faire la noce ; il aimait beaucoup cette fille, et, par reconnaissance de la belle action que mon frère avait faite en l'épousant, il lui procura des tableaux à faire pour tous ses amis, ce qui fut l'acheminement à sa grande fortune et à la haute réputation qu'il s'acquit (²).

M. Corneman, le banquier, se trouvait à la noce de mon frère, et s'étant beaucoup attaché à moi, il me parla beaucoup de la grande disette d'argent et me sollicita de parler au contrôleur général pour y trouver un remède. Il me dit qu'en donnant des effets royaux à un prix honnête à une compagnie de négociants d'Amsterdam, on pourrait en échange prendre des papiers de quelque autre puissance dont le crédit serait moins décrié que celui de la France, et qui seraient faciles à réaliser. Je le priai de n'en parler à personne et je lui promis d'agir.

Cette idée m'avait souri, et je m'en occupai toute la

---

se reposent. Ces deux morceaux sont d'une touche ferme et d'un bel accord. » (*Mémoires et correspondance de Favart*, 1808, in-8, tome I, p. 182. Lettre du 25 septembre 1761.) François Casanova avait été agréé à l'Académie Royale de peinture, le 22 août 1761 et fut reçu le 28 mai 1763. Son tableau de réception est un *Combat de cavalerie* qui fut exposé au Salon de 1763. (*Procès-verbaux de l'Académie royale de peinture*, tome VII, p. 173, 174, 214, 220.)

C'est grâce aux innombrables et précieuses ressources qu'offre aux chercheurs *la Bibliothèque d'art et d'archéologie*, si largement mise à la disposition des travailleurs par M. Jacques Doucet, que j'ai pu rassembler les renseignements disséminés dans les revues étrangères et dans les papiers d'archives, qu'on trouvera ça et là dans les notes concernant les frères de Casanova qui ont laissé un nom dans les arts.

(1) François Casanova se maria en l'église Saint-Laurent, le 26 juin 1762, avec Marie-Jeanne Jolivet, née à Saint-Cyr d'Issoudun, le 2 septembre 1734. (JAL. *Dictionnaire Critique*.)

Je n'ai trouvé aucune personne de ce nom figurant dans les ballets des différents théâtres.

(2) *L'Almanach royal* (1750-1762) mentionne Marchal de Sainscey, œconome général du clergé, rue des Fossés-Montmartre.

nuit ; aussi, dès le lendemain, je me rendis au palais-Bourbon pour en parler à M. de Bernis. Il trouva l'idée excellente et me conseilla de faire un voyage en Hollande avec une lettre de recommandation de M. de Choiseul pour M. d'Affri, ambassadeur à La Haye, auquel on pourrait faire passer quelques millions en papiers royaux pour les escompter suivant l'avantage que je pourrais y trouver. Il m'invita à m'aller consulter d'abord avec M. de Boulogne, et surtout à n'avoir pas l'air d'un homme qui irait à tâtons. Dès que vous ne demanderez point d'argent d'avance, me dit-il, on vous donnera toutes les lettres de recommandation que vous pourrez désirer.

Cette conversation me monta la tête, et le même jour je vis le contrôleur général, qui, trouvant mon idée très bonne me dit que M. le duc de Choiseul serait le lendemain aux Invalides et que je devais lui parler, sans perte de temps, en lui remettant un billet qu'il allait écrire. Quant à moi, me dit-il, je ferai passer sans délai pour pour vingt millions de billets à notre ambassadeur, et si vous n'obtenez point le succès que j'espère de votre entreprise, ces effets retourneront en France.

— Je réponds qu'ils n'y reviendront pas, si l'on veut se contenter d'un prix honnête.

— On va faire la paix, c'est sûr : ainsi il ne faut vous en défaire qu'à très peu de perte. Mais sur ce point vous vous entendrez avec l'ambassadeur, qui aura toutes les instructions nécessaires.

Je me trouvai si flatté de cette commission, que je passai la nuit blanche à y réfléchir. Je me rendis aux Invalides, et M. de Choiseul (1), fameux pour aller vite en besogne, n'eût pas plutôt le billet de M. de Boulogne, qu'il

(1) J'ai déjà fait quelque réserve sur les rapports de Casanova et M. de Choiseul (p. 144) on verra qu'au départ définitif de Casanova, M. de Choiseul se défend auprès de M. d'Affri de connaître Casanova, qui lui avait simplement été recommandé par le vicomte de Choiseul.

s'entretint avec moi quelques minutes sur ce sujet; et puis me fit faire une lettre pour M. d'Affri, qu'il lut et signa sans me la lire, et dès qu'elle fut cachetée il me la remit et me souhaita bon voyage.

Je me hâtai de prendre un passe-port de M. de Berkenrode, et le même jour je pris congé de Mme Baletti et de tous mes amis excepté, de Mme d'Urfé, avec laquelle je devais passer toute la journée suivante, et j'autorisai mon fidèle commis à signer tous les billets de mon bureau (1).

Il y avait un mois environ qu'une très jolie et très honnête fille, native de Bruxelles, s'était mariée sous mes auspices à un Italien nommé Gaëtan, qui faisait le métier de brocanteur. Ce brutal jaloux, la maltraitait sans rime ni raison; et de là des plaintes que la charmante malheureuse venait me porter à tout bout de champ. Je les avais raccommodés plusieurs fois, et j'étais comme leur médiateur. Ils vinrent me demander à dîner le jour même où je faisais mes préparatifs de départ pour la Hollande. Mon frère et Tiretta étaient avec moi, et, comme je vivais encore en garni, je les menai tous dîner chez Landel, où l'on faisait excellente chère. Tiretta avait son équipage; il ruinait son ex-janséniste, qui était toujours éperdûment amoureuse de lui.

Pendant le dîner, Tiretta, beau garçon, très gai et aimant passionnément la plaisanterie, se mit à coqueter la belle Flamande qu'il voyait pour la première fois. La bonne petite, n'y entendant pas malice, en était tout aise, et nous aurions ri tout serait allé à merveille, si le mari avait été raisonnable et poli; mais, jaloux comme un tigre, le malheureux suait de rage, il ne mangeait pas, changeait de couleur dix fois par minute et lançait à sa pauvre

(1) Dans les papiers de Casanova qui sont encore à Dux, on retrouve un passe-port pour « M. de Casanova, vénitian, allant en Hollande », daté du 13 octobre 1758. (ARTHUR SYMONS. — *Casanova à Dux; Mercure*, octobre 1903, p. 70.)

femme des œillades foudroyantes qui dénotaient qu'il n'entendait point raillerie. Pour ajouter le comble à son malheur, Tiretta le plaisantait, et moi, prévoyant des scènes désagréables, je tâchais de modérer sa gaieté et ses saillies, mais en vain. Une huître tombe sur la belle gorge de Mme Gaëtan, et Tiretta, alerte et adroit, se trouvant auprès d'elle, l'enlève avec ses lèvres aussi vite qu'un éclair. Gaëtan, furieux, se lève et applique à sa femme un si vigoureux soufflet que sa main, de la joue de sa moitié, passa sur celle de son voisin. Tiretta, furieux à son tour, se lève, prend le jaloux par le milieu du corps, et le couche par terre. Gaëtan, n'ayant point d'arme, se défendait à coups de pied et à coups de poing ; nous le laissions faire parce qu'il ne pouvait nous atteindre. Le garçon étant survenu, pour en finir, nous mîmes le brutal à la porte.

Sa pauvre femme tout en pleurs, et saignant du nez ainsi que Tiretta, me supplia de la mener quelque part, car elle craignait pour sa vie si elle retournait avec son époux. Laissant Tiretta avec mon frère, je montai dans un fiacre avec elle, et m'ayant prié de la conduire chez un vieux procureur, son parent, qui demeurait quai de Gèvres, au quatrième étage d'une maison qui en avait six, je l'y accompagnai. Ce brave homme nous reçut poliment, et après avoir entendu l'affaire, il me dit : — Pauvre comme je le suis, je ne puis malheureusement rien faire pour cette infortunée ; mais si j'avais seulement cent écus, je ferais tout. — Qu'à cela ne tienne, lui-dis-je, tirant trois cents francs de ma poche, et je les lui remis. — Monsieur, me dit le procureur, avec cela je vais ruiner le mari, qui ne parviendra jamais à savoir où est sa femme, et celle-ci m'assura qu'il ferait ce qu'il promettait. Ayant reçu les expressions de sa reconnaissance, je la quittai : mon lecteur saura ce qu'elle devint quand je serai de retour de mon voyage.

Ayant informé Mme d'Urfé que j'allais en Hollande pour le bien de la France et que je serais de retour au commencement de février, elle me pria de me charger de plusieurs actions de la compagnie des Indes de Gothembourg et de les lui vendre. Elle en avait pour soixante mille francs qu'elle ne pouvait pas vendre à la Bourse de Paris, parce qu'il n'y avait point d'argent. En outre, on ne voulait pas lui en donner l'intérêt qu'elles portaient, et qui était considérable, car il y avait trois ans qu'on n'avait payé le dividende.

Consentant à lui rendre ce service, il fallut qu'elle me rendît dépositaire, et, plus encore, propriétaire de ces actions par un contrat de vente, ce qu'elle fit le même jour par devant notaire, où nous nous rendîmes ensemble.

Rentrés chez elle, je voulus lui faire une obligation qui lui garantît la propriété de ces effets et m'engager à lui en remettre la valeur à mon retour en France; mais elle s'y opposa formellement, et je la laissai persuadée de ma loyauté.

Je passai chez M. Corneman qui me donna une lettre de change sur M. Boaz, banquier israélite de la cour à La Haye, pour trois mille florins; ensuite je partis.

*
* *

Le voyage de Casanova en Hollande ne rentre pas dans le cadre de cet ouvrage. Il réussit au-delà des espérances de Casanova. Bien qu'il laisse entendre n'en avoir pas eu de profit, il y trouva de gros bénéfices et, ce qu'il aimait encore mieux, de galantes aventures. Il rencontra aussi une ancienne maîtresse, Thérèse Imer, femme du danseur Pompéati, dont la voix remarquable avait été appréciée à Paris, en 1756, par M. de la Popelinière ([1]). *A Amsterdam, où Casanova la revit,*

([1]) ARSENAL. Archives de la Bastille, 10,242, p. 445.

Thérèse chantait dans un concert public. Ils renouèrent connaissance et dans les deux enfants que la chanteuse traînait à sa suite, l'aventurier reconnut qu'il était pour quelque chose dans les charges de cette femme. Il lui offrit de prendre avec lui le garçon qu'il ramena à Paris; laissant la mère et sa plus jeune fille poursuivre leur chemin.

CHAPITRE IX.

Réception flatteuse de mon protecteur. — Vertiges de Mme d'Urfé. — Mme X. C. V. et sa famille. — Mme du Rumain.

Pendant mon court voyage de La Haye à Paris, j'eus tout le temps de m'apercevoir que l'âme de mon fils adoptif n'était pas aussi belle que son petit individu était joli.

La partie de l'éducation que sa mère avait le plus soignée en lui, c'était, comme je l'ai dit, la discrétion. Cette qualité dans son fils était celle que son propre intérêt voulait qu'il eût de préférence, et mes lecteurs n'ont pas besoin que je sois plus explicite; mais l'enfant, en suivant la direction que lui donnait sa mère, n'ayant pas assez de raison pour se modérer, avait outré la discrétion, et cette qualité se trouva bientôt accompagnée de trois grands défauts, la dissimulation, la méfiance et la fausse confidence, beau trio de mensonges dans un individu qui touchait à peine au commencement de la puberté. Non seulement il ne disait pas ce qu'il savait, mais il faisait semblant de savoir ce qu'il ne savait pas. Pour bien réussir il sentait qu'il devait se rendre impénétrable; et, pour l'être, il s'était habitué à imposer silence à son cœur et à ne jamais rien dire qu'il n'eût arrangé d'avance dans son esprit. Il croyait être prudent quand il induisait en erreur, et comme son cœur était incapable d'aucune impression généreuse, ce petit malheureux semblait condamné à ne jamais connaître l'amitié et à n'avoir jamais d'ami.

Prévoyant que Mme d'Urfé compterait sur lui pour l'accomplissement de sa chimérique hypostase, et que, plus je lui ferais un mystère de sa naissance, plus son génie lui ferait forger des extravagances, je lui ordonnai, de ne rien cacher de tout ce qui le regardait si une dame à laquelle je le présenterais venait à lui faire des questions tête à tête. Il me promit obéissance, mais il ne s'attendait pas à l'ordre que je lui donnai d'être sincère.

En arrivant à Paris, ma première visite fut à mon protecteur, que je trouvai en grande compagnie. Je vis dans son cercle l'ambassadeur de Venise, qui ne fit pas semblant de me connaître. — Depuis quand à Paris ? me dit le ministre en me prenant la main.

— Depuis ce moment. Je sors de ma chaise de poste.

— Allez donc à Versailles; vous y trouverez le duc de Choiseul et le contrôleur général. Vous avez fait des merveilles, allez vous faire admirer, et revenez me voir après. Dites à M. le duc que j'ai expédié à Voltaire un passe-port du roi qui le nomme son gentilhomme ordinaire.

On ne va pas à Versailles à midi ; mais c'était le langage des ministres quand ils étaient à Paris. C'est comme si Versailles avait été au bout de la rue.

Au lieu d'aller de suite à ce séjour fastueux des rois de France, je me rendis chez Mme d'Urfé.

Cette dame me reçut en me disant que son génie lui avait fait connaître qu'elle me verrait le même jour et, qu'elle était enchantée de sa véracité.

— Corneman m'a dit que ce que vous avez fait en Hollande passe pour merveilleux ; mais moi j'y vois une merveille d'un autre genre, car je suis sûre que c'est vous qui avez accepté les vingt millions. Les fonds sont en hausse et on verra dans la semaine une circulation de cent millions pour le moins. Vous ne vous offenserez pas que j'aie osé vous faire un présent si mesquin ; car douze mille francs sont bien peu de chose pour vous. Vous n'y verrez que l'amitié qui a voulu parler.

— Son langage est justement apprécié.

— Je vais ordonner au suisse de tenir porte close, car je suis trop heureuse de vous revoir pour consentir à ne pas vous posséder tout entier.

Je ne répondis à ce compliment flatteur que par une profonde révérence, et je la vis tressaillir de joie quand je lui annonçai que j'avais amené de Hollande un jeune garçon de douze ans, que j'avais l'intention de placer dans le meilleur pensionnat de Paris, afin de lui faire donner une éducation soignée.

— Je me charge de le mettre chez Viar, où sont mes neveux. Comment se nomme-t-il ? Où est-il ? Je sais bien ce que c'est que ce garçon ! il me tarde bien de le voir. Pourquoi, M. Casanova, n'êtes-vous pas descendu chez moi ?

Ses questions et ses réponses se succédaient avec une rapidité extrême; il m'aurait été impossible de trouver à placer une syllabe au milieu de tout cela, quand bien même je l'aurais voulu, mais j'étais bien aise de lui voir jeter son premier feu, et je n'avais garde de l'interrompre. Au premier moment de silence, je lui dis que j'aurais l'honneur de lui présenter mon jeune homme le surlendemain ; car le lendemain était destiné à Versailles.

— Ce précieux jeune homme parle-t-il français ? En attendant que j'arrange tout pour sa pension, il faut absolument que vous le laissiez chez moi.

— Nous parlerons de cela après-demain, madame.

En quittant Mme d'Urfé, je me rendis à mon bureau, et j'eus la satisfaction de trouver tout parfaitement en ordre. De là, je me rendis à la Comédie-Italienne, et Silvia jouait ce soir-là, j'allai la trouver dans sa loge, où elle était avec sa fille.

— Mon ami, me dit-elle en me voyant, je sais que vous

avez fait de très bonnes affaires en Hollande ; et je vous en fais mes félicitations.

Je la surpris agréablement en lui disant que j'avais travaillé pour sa fille, et Manon rougit et baissa les yeux d'une manière assez significative.

— Je serai des vôtres à souper, ajoutai-je, et là nous causerons à notre aise.

En les quittant j'allai me placer à l'amphithéâtre. Quelle surprise ! je vis dans une des premières loges Mme X. C. V. avec toute sa famille. Je ferai plaisir à mes lecteurs en leur contant ici leur histoire.

Mme X. C. V., Grecque d'origine, était veuve d'un Anglais qui l'avait rendue mère de six enfants dont quatre filles. A son lit de mort, n'ayant pas la force de résister aux larmes de sa femme, il embrassa le catholicisme ; mais ses enfants ne pouvant pas hériter d'un capital de quarante mille livres sterling que le défunt laissait en Angleterre, à moins de se déclarer anglicans, la famille revenait de Londres, où la veuve avait rempli toutes les formalités voulues par les lois anglaises. Que ne fait pas faire l'intérêt ! Au reste, il ne faut pas en vouloir aux personnes qui, dans ce cas, cèdent aux préjugés consacrés par les lois des nations (1).

Nous étions alors au commencement de l'année 1758, et cinq ans auparavant, me trouvant à Padoue, j'étais devenu amoureux de la fille aînée en jouant la comédie avec elle ; mais quelques mois après, étant à Venise, Mme X. C. V. trouva bon de m'exclure de sa société. Sa fille me fit supporter en paix l'affront que me faisait sa

(1) Il s'agit sans doute de la veuve du chevalier Richard Wynne, baron anglais que Casanova avait rencontrée chez M. de Mocenigo et dont la fille aînée avait alors douze ans (Voir page 76). Cette jeune fille dont il va longuement être question se nommait Justine de Wynne, elle était née vers 1737, elle comptait donc une vingtaine d'années en 1758. (ALDO-RAVA. *Lettere di donne a Giacomo* Casanova 1912 in-8, p. 229.)

mère par une charmante lettre que j'aime encore à relire quelquefois. Je dois avouer, au reste, qu'alors il me fut d'autant plus aisé de prendre mon mal en patience que j'étais occupé de ma belle religieuse M. M. et de ma charmante C. C. Cependant Mlle X. C. V., quoiqu'elle n'eût que quinze ans, était une beauté parfaite, d'autant plus ravissante qu'aux charmes de la figure elle joignait tous les avantages d'un esprit cultivé, dont les prestiges sont souvent plus attrayants que ceux des perfections physiques.

Le comte Algarotti, chambellan du roi de Prusse, lui donnait les leçons, et plusieurs jeunes patriciens visaient à la conquête de son cœur. Celui qui paraissait avoir la préférence était l'aîné de la famille Memmo de Saint-Marcuola. Ce jeune homme mourut un an après, procurateur de Saint-Marc (1).

On peut se figurer qu'elle fut ma surprise de revoir cette famille au moment où je l'avais perdu de vue. Mlle X. C. V. me reconnut de suite, et m'ayant montré à sa mère, celle-ci me fit signe de l'éventail, et j'allai les trouver dans leur loge.

Elle me reçut de la manière la plus affable, en me disant que nous n'étions plus à Venise, et qu'elle espérait bien que je ne lui refuserais pas le plaisir de l'aller voir souvent à l'hôtel de Bretagne, rue Saint-André-des-Arts (2). Je lui dis que je ne voulais point me rappeler Venise, et, sa fille ayant joint ses instances à celles de sa mère, je leur promis de me rendre à leur invitation.

Je trouvai Mlle X. C. V. extrêmement embellie, et mon

---

(1) Il faut lire très probablement un an avant que Casanova écrive ce passage. André Memmo, né en 1729, fut nommé procurateur de Saint-Marc le 25 juillet 1785 et mourut en 1793.

(2) L'hôtel de Bretagne, situé rue Saint-André-des-Arts, était une pension bien modeste, on y logeait pour une somme de douze à quarante livres par mois et les repas coûtaient trente-cinq sols. (DE JEZE, *Etat de Paris*, 1760 in-8.).

amour, après un sommeil de cinq ans, se réveilla avec un degré de force que je ne puis comparer qu'au degré de perfection que celle qui en était l'objet avait acquis dans cet espace de temps. Elles me dirent qu'elles passeraient six mois à Paris avant de retourner à Venise. Je leur dis que je comptais m'établir dans cette capitale, que j'arrivais de la Hollande, et que, devant me rendre le lendemain à Versailles, je ne pourrais leur offrir mes hommages que le surlendemain. Je leur fis également l'offre de mes services, en leur laissant apercevoir que je pouvais, au besoin, leur en rendre d'importants.

Mlle X. C. V. me dit qu'elle savait que ce que j'avais fait en Hollande devait me rendre cher à la France, qu'elle avait toujours espéré me revoir, et que ma fameuse fuite des Plombs leur avait fait le plus grand plaisir; car, ajouta-t-elle, nous vous avons toujours aimé.

— Je ne m'en suis pas toujours aperçu de la part de madame votre mère, lui dis-je à voix basse.

— N'en parlons pas, me dit-elle à demi-voix; nous avons appris toutes les circonstances de votre merveilleuse évasion par une lettre de seize pages, que vous écrivîtes à M. Memmo. Nous en avons tressailli de joie et frissonné de peur.

— Et comment avez-vous su que j'étais en Hollande?

— Nous en avons été informées par M. de la Popelinière.

M. de la Popelinière, fermier général, que j'avais connu sept ans plus tôt à sa maison de Passy (¹), vint précisément dans la loge au moment où Mlle X. C. V. prononçait son nom. Après m'avoir fait un léger compliment, il me dit

---

(1) Le château de Passy, que M. de La Popelinière avait acheté au Marquis de Boulainvilliers, était situé rue Basse (aujourd'hui rue Raynouard). C'était le rendez-vous de tout ce que comptait Paris d'artistes de toutes sortes et cette réunion d'esprits brillants et bruyants avait fait donner au château le nom de *Ménagerie de Passy*.

que si je pouvais procurer de la même façon vingt millions à la compagnie des Indes, il me ferait créer fermier général.

— Je vous conseille, M. Casanova, ajouta-t-il, de vous faire naturaliser Français avant qu'on sache que vous avez gagné un demi-million.

— Un demi-million ! monsieur ; je voudrais bien que cela fût vrai.

— Vous ne pouvez pas avoir gagné moins que cela.

— Je vous assure, monsieur, que cette affaire me ruine si l'on me frustre de mon droit de courtage.

— Vous avez raison de parler ainsi. Au reste, tout le monde est jaloux de vous connaître, car la France vous a de grandes obligations : vous avez causé une heureuse hausse dans les fonds.

Au sortir du spectacle, je me rendis chez Silvia et j'y fus fêté comme l'enfant de la maison ; mais à mon tour, je lui donnai des preuves que je voulais être considéré comme tel. Il me semblait que c'était à l'influence de leur constante amitié que je devais toute ma fortune. J'engageai le père, la mère, la fille et les deux fils à recevoir les présents que je leur avais destinés. Ayant le plus riche dans ma poche, je l'offris à la mère, qui le donna de suite à sa fille. C'était une paire de boucles d'oreilles en diamants de la plus grande beauté : je les avais payées quinze mille francs. Trois jours après, je lui remis une cassette remplie de superbe calencar, de toile de Hollande et de fines dentelles de Malines et de point d'Alençon. Mario, qui aimait à fumer, reçut une belle pipe d'or. Je donnai une belle tabatière d'or émaillé à mon ami, et une montre à répétition au cadet, que j'aimais à la folie. J'aurai occasion de parler de ce charmant garçon, dont les qualités naturelles étaient bien supérieures à son état. Mais étais-je assez riche pour faire de pareils présents ? Non, et je le savais parfaitement ; mais je les faisais dans la crainte de ne le pouvoir plus si je laissais échapper l'occasion.

Je partis au point du jour pour Versailles, et M. de Choiseul me reçut comme la première fois ; on le coiffait, mais pour le coup il posa la plume : ce qui me prouva que j'avais grandi à ses yeux. Après un léger compliment gracieux, il me dit que si je me sentais la force de négocier un emprunt de cent millions de florins à quatre pour cent, il me ferait donner un caractère honorable pour appuyer mes négociations. Je lui répondis que j'y penserais après que j'aurais vu quelle récompense on me donnerait pour ce que j'avais fait.

— Mais tout le monde dit que vous avez gagné deux cent mille florins.

— Ce ne serait point mal ; un demi-million de francs serait un bon commencement de fortune ; mais je puis assurer Votre Excellence qu'il n'en est rien ; d'ailleurs qu'on présente la moindre preuve du fait et je passe condamnation. Je crois pouvoir prétendre au droit de courtage ?

— C'est vrai. Allez vous expliquer avec le contrôleur général.

M. de Boulogne suspendit son travail pour me faire l'accueil le plus gracieux ; mais quand je lui dis qu'il me devait cent mille florins, il sourit ironiquement.

— Je sais, me dit-il que vous êtes porteur de cent mille écus en lettres de change à votre ordre.

— C'est vrai, mais certes cela n'a rien de commun avec ce que j'ai fait. C'est un fait prouvé et je m'en rapporte à M. d'Affri. J'ai d'ailleurs un projet immanquable pour augmenter de vingt millions les revenus du roi, et ceux qui les paieront ne pourront pas s'en plaindre.

— A merveille ! mettez-le à exécution, et je m'engage à vous faire donner par le roi une pension de cent mille francs et des lettres de noblesse si vous voulez devenir Français.

— Ceci demande réflexion.

En sortant de chez M. de Boulogne, je me rendis aux

petits appartements, où Mme la marquise de Pompadour faisait répéter un ballet.

Dès qu'elle m'aperçut elle me salua, et m'étant approché, elle me dit que j'étais un habile négociateur et que les messieurs de là-bas n'avaient pas su m'apprécier. Elle se rappelait toujours de que je lui avais dit, il y a huit ans, au Théâtre à Fontainebleau. Je lui répondis que tous les biens venaient d'en haut, et que j'espérais y parvenir si j'avais le bonheur de mériter son suffrage.

De retour à Paris, je me rendis à l'hôtel Bourbon pour informer mon protecteur du résultat de mon voyage. Il me conseilla de continuer à faire de bonnes affaires pour le gouvernement, parce que c'était le plus sûr moyen d'assurer le succès des miennes. Puis, l'ayant informé que j'avais rencontré au théâtre la famille X. C. V., il me dit que M. de la Popelinière allait épouser la fille aînée (1).

En arrivant chez moi, je n'y trouvai plus mon fils. Mon hôtesse me dit qu'une grande dame était venue faire une visite à *monsieur le comte* et qu'elle l'avait emmené avec elle. Devinant que c'était Mme d'Urfé, j'allai me coucher sans inquiétude. Le lendemain au point du jour, mon commis m'apporta une lettre. Elle était du vieux procureur, oncle de la femme de Gaëtan, que j'avais aidée à échapper aux fureurs jalouses de son brutal époux. Il me priait de vouloir bien lui aller parler au palais, où de l'informer du lieu où il pourrait me trouver. Je fus le trouver au palais. — Ma nièce, me dit ce brave homme, a été obligée d'aller se mettre dans un couvent, d'où elle plaide contre son mari avec l'assistance d'un conseiller au parlement,

---

(1) On a lu plus haut les malheurs conjugaux de M. de La Popelinière. Malgré le mauvais souvenir qu'il pouvait avoir gardé de son premier ménage, M. de La Popelinière en dépit de ses soixante-sept années et d'un essai édifiant avait en effet l'intention de convoler à nouveau.

qui a bien voulu se charger de tous les frais. Cependant, pour le succès du procès, on a besoin de vous, du comte de Tiretta, et les domestiques qui ont assisté à la scène sanglante qui fait le motif de la plainte.

Je fis tout ce qui était nécessaire, et quatre mois après, Gaëtan mit fin à l'affaire par une banqueroute frauduleuse qui l'obligea à quitter la France. Je dirai en temps et lieu où j'ai retrouvé ce malheureux. Quant à sa femme, jeune et jolie, elle paya le conseiller son ami en monnaie d'amour. Établie avec lui, elle se trouvait heureuse ; elle l'est peut-être encore, mais je l'ai entièrement perdue de vue.

Après avoir parlé au vieux procureur, j'allai faire une visite à Mme *** pour voir Tiretta, que je ne trouvai pas. Madame en était toujours amoureuse, et lui faisait toujours de nécessité vertu. Je lui laissai mon adresse et je me rendis à l'hôtel de Bretagne pour faire ma première visite à Mme X. C. V. Cette femme qui ne m'aimait pas, me reçut avec beaucoup de bienveillance. A Paris et dans la bonne fortune, je pouvais être à ses yeux quelque chose de plus qu'à Venise. Qui ne sait que le brillant a la faculté de fasciner la vue, et qu'il tient auprès de la plupart des gens la place qui ne devrait être accordée qu'au mérite !

Mme X. C. V. avait avec elle un vieux Grec, nommé Zandiri, frère du maître d'hôtel de M. de Bragadin, qui venait de mourir. Je fis mes condoléances à cette espèce de brute, qui ne me répondit rien. Je fus vengé de cette froideur par les caresses que me prodigua toute la famille. Mademoiselle, ses sœurs, ses deux frères, m'accablèrent d'amitié. L'aîné n'avait que quatorze ans ; c'était un jeune homme charmant, mais il me surprit par l'indépendance dont il manifestait les signes de toutes les manières. Il soupirait après l'instant où il se verrait maître de sa fortune pour pouvoir se livrer au libertinage, dont il avait tous les germes. Mlle X. C. V. joignait à une rare beauté l'air d'aisance et le bon ton de la meilleure société, et des talents et des connaissances solides qu'elle ne faisait jamais valoir qu'à propos et sans la moindre prétention. Il était difficile de l'approcher sans éprouver pour elle le plus tendre sentiment : mais elle n'était point coquette, et je me convainquis bientôt qu'elle ne laissait concevoir aucune espérance à ceux qui n'avaient pas le bonheur de lui plaire. Sans impolitesse, elle savait être froide : et tant pis pour pour ceux que sa froideur ne désabusait pas.

Dans une heure que je passai avec elle, elle m'enchaîna à son char; je lui en fis l'aveu, et elle dit qu'elle en était bien aise. Elle prit dans mon cœur la place qu'Esther y occupait dix jours auparavant; mais j'avoue avec candeur qu'Esther n'avait tort que parce qu'elle était absente. Quand à mon attachement pour la fille de Silvia, il était de nature à ne pas m'empêcher de devenir amoureux de tout autre. Dans le cœur d'un libertin, l'amour sans nourriture positive s'éteint par une espèce d'inanition, et les femmes qui ont un peu d'expérience le savent bien. La jeune Baletti était toute neuve, et ne pouvait rien en savoir ([1]).

M. Farsetti, noble vénitien, commandeur de l'ordre de Malte, homme de lettres, qui donnait dans la manie des sciences abstraites, et qui faisait assez bien des vers latins,

---

([1]) Esther est le nom d'une jeune fille qu'il connut à Amsterdam et avec qui il eut d'intimes relations. Il la nomme Esther d'O., ce serait en réalité la fille du grand banquier hollandais Thomas Hope. Quant à la nourriture positive dont son amour a besoin, le billet suivant que lui adresse la Brunet, pourvoyeuse logeant à la porte Montmartre, prouve qu'il ne se privait pas d'avoir recours aux bons soins des courtières d'amour :

à Paris, ce 7 7bre 1759.

Monsieur,

J'ai l'honneur de vous écrire pour vous assurer de mes respects et pour vous marquer que j'ai en vue personne qui n'est que depuis deux jours à Paris et qui surpasse infiniment celle dernière que je vous ai faite voir; elle est fort jolie, grande et bien faite car il semble qu'elle ait été moulé; quand vous jugerez à propos de monhorer de votre réponse j'aurai l'honneur de vous la conduire, je pense que sa vue vous

arriva à une heure (¹). On allait servir, et Mme X. C. V. s'empressa de faire mettre un couvert pour lui. Elle me pressa également de rester ; mais voulant aller dîner avec Mme d'Urfé, je refusai cet honneur pour ce jour-là.

M. Farsetti qui m'avait beaucoup connu à Venise, ne me regarda qu'en passant ; et, sans affecter de morgue, je le payai de la même monnaie. Il fit un sourire à l'éloge que mademoiselle fit de mon courage. Elle le remarqua, et, comme pour l'en punir, elle ajouta que j'avais forcé tous les Vénitiens à m'admirer, et que les Français étaient jaloux de me compter au nombre de leurs concitoyens. M. Farsetti me demanda si ma place de receveur de la loterie me rapportait beaucoup. Je lui répondis avec indifférence : — Tout ce qu'il faut pour rendre mes commis heureux. Il sentit la portée de ma réponse, et mademoiselle en sourit.

Je trouvai mon prétendu fils chez Mme d'Urfé, ou pour mieux dire, dans les bras de cette chère visionnaire. Elle s'évertua à me faire des excuses sur son enlèvement, et je le tournai en plaisanterie, n'ayant rien de mieux à faire. Je dis au petit bonhomme qu'il devait considérer Mme d'Urfé comme sa reine, et n'avoir rien de caché pour elle. — Je l'ai, me dit-elle, fait coucher avec moi ; mais je serai obligée de me priver de ce plaisir, à moins qu'il ne me promette d'être plus sage à l'avenir. Je trouvai la chose sublime ; et le petit bonhomme, malgré le rouge qui lui

---

fera plaisir de la voir, car elle a beaucoup d'esprit et capable d'entretenir par sa conversation, ainsi j'attend vos ordres pour mi conformer essuis Monsieur
Votre très humble
Servante Brunet.

(Aldo Rava. *Lettere di donne a Giacomo Casanova*. 1912 in-8, pp. 76, 77 et 93-94. Gaston Capon. *Les maisons closes au XVIIIe*. 1903 in-8.

(1) Le bailli Joseph Thomas Farsetti, né à Venise, publia pour la première fois ses vers latins à Paris en 1755. Il est mort à Venise en 1775. (Hœffer).

était monté au visage, la pria de lui dire en quoi il avait pu l'offenser...

— Nous aurons, me dit madame d'Urfé, le comte de Saint-Germain à dîner ; je sais que cet original vous amuse, et je veux que vous vous plaisiez chez moi.

— Pour me plaire chez vous, madame, je n'ai besoin que de vous-même ; cependant je vous suis reconnaissant de vos bienveillantes attentions.

Saint-Germain vint et, à son ordinaire, se mit à table, non pour manger, mais pour parler. Il contait avec une imperturbable assurance des choses incroyables qu'il fallait faire semblant de croire puisqu'il en avait toujours été témoin oculaire ou qu'il se disait le héros de l'aventure. Cependant je fus forcé d'éclater de rire lorsqu'il nous conta un fait qui lui était arrivé en dînant avec les pères du concile de Trente.

Mme d'Urfé portait au cou, en forme de bijou, un gros aimant armé. Elle prétendait qu'un jour cet aimant attirerait la foudre, et que par ce moyen elle monterait au soleil. J'avais envie de lui dire, que lorsqu'elle y serait arrivée, elle ne se trouverait pas plus élevée que sur notre planète, mais je me retins ; et le fameux imposteur s'empressa d'ajouter que le fait était immanquable, et qu'il n'y avait que lui de capable d'augmenter mille fois la force de l'aimant. Je lui dis froidement que je gagerais vingt mille écus qu'il n'augmenterait pas seulement du double la force de celui que Mme d'Urfé portait sur elle. Mme d'Urfé s'interposa pour empêcher la gageure, et, après table, elle me dit tête à tête que j'aurais perdu, parce que Saint-Germain était magicien. On sent bien que je lui donnai raison.

Quelques jours après, ce prétendu magicien partit pour Chambord, où le roi lui avait donné un appartement et cent mille francs pour qu'il pût librement travailler aux teintures qui devaient assurer aux fabriques de draps du royaume la supériorité du teint sur ceux de tous les autres pays. Saint-Germain avait séduit le monarque en lui montant à Trianon un laboratoire où il s'amusait quelquefois, quoiqu'il fût fort peu savant en chimie ; mais le roi s'ennuyait partout, excepté à la chasse : le Parc-aux-Cerfs ne faisait que l'étourdir en le blasant toujours davantage : car, pour jouir d'un harem recruté des beautés les plus attrayantes et souvent de jeunes novices qui rendaient le plaisir difficile, il aurait fallu être un dieu, et Louis XV n'était qu'homme.

C'était la marquise complaisante qui avait procuré l'adepte au monarque dans l'espoir de l'arracher à l'ennui en lui donnant du goût pour la chimie. D'ailleurs Mme de Pompadour croyait avoir reçu de Saint-Germain, l'eau de jeunesse, et par conséquent elle voulait lui procurer quelque gros avantage. Cette eau merveilleuse, prise exactement à la dose que l'imposteur prescrivait, n'avait pas la vertu de faire rétrograder la vieillesse et de rendre la jeunesse : il convenait que la chose était impossible ; mais elle avait, à l'en croire, celle de conserver la personne *in statu quo* pendant plusieurs siècles.

Au fait, cette eau, ou le donneur, avait opéré, sinon sur le physique de cette femme célèbre, au moins sur le moral ; elle avait assuré le monarque qu'elle sentait qu'elle ne vieillissait pas. Le roi s'était également infatué du mérite sublime de l'imposteur, car il montra un jour au duc de Deux-Ponts un diamant de première eau du poids de douze carats, et qu'il croyait avoir fait lui-même. — J'ai fondu, dit Louis XV, vingt-quatre carats de petits diamants qui m'ont donné celui-ci, qui a été réduit à douze en le faisant brillanter. C'est par suite de cette infatuation que ce monarque avait donné à un aventurier célèbre le même logement qu'il avait donné auparavant au maréchal de Saxe. Je tiens cette anecdote de la bouche même du duc de Deux-Ponts, qui me la conta un jour que j'eus à Metz l'honneur de souper avec Son Altesse et le comte de Levenhoop, Suédois.

Avant de quitter Mme d'Urfé, je lui dis que le jeune garçon pourrait être celui qui la ferait renaître ; mais qu'elle gâterait tout si elle n'attendait pas sa puberté. Le lecteur pourra deviner l'intention qui me fit parler ainsi, après le petit reproche qu'elle lui avait fait. Elle le mit en pension chez Viar (¹), lui fit donner toutes sortes de maîtres, et l'affubla du nom de comte d'Aranda, quoiqu'il fût né à Baireuth et que sa mère n'eût jamais eu de commerce avec un Espagnol de ce nom. Je passai trois ou quatre mois avant d'aller le voir, car je craignais toujours quelque avanie à cause du nom que la visionnaire lui avait donné à mon insu.

Tiretta vint me voir dans un joli équipage. Il me dit que sa maitresse surannée voulait devenir sa femme ; mais qu'il n'y consentirait jamais, quoiqu'elle lui offrît tout son bien. Il aurait pu aller avec elle à Trévise y payer ses dettes et y mener une vie agréable : sa destinée l'empêcha de suivre le conseil que je lui en donnai.

Déterminé à prendre une maison de campagne, je me déterminai pour la Petite-Pologne, qui me plut mieux que plusieurs autres que je vis. Elle était bien meublée, à cent pas de la barrière de la Madeleine. La maison était sur une petite éminence près de la chasse royale, derrière le jardin du duc de Grammont ; et le propriétaire lui avait donné le nom de *Varsovie en bel air*. Elle avait deux jardins, dont l'un était au niveau du premier étage ; trois appartements de maîtres, vastes écuries, remises, bains, bonne

---

(1) Il y avait alors deux maîtres de pension du nom de Viard. L'un rue de Seine Saint-Victor, qui prenait des pensionnaires, au prix de 400 livres et 200 livres pour les différents maîtres qu'il donnait, plus 12 livres pour les menus frais. Ce doit être celui dont il est question. L'autre Viard avait sa pension sur le boulevard, vis-à-vis le Pont-aux-Choux, et demandait 400 ou 450 livres par élève. (DE JEZE. *Etat de Paris*, 1760, in-8.)

cave, et une superbe cuisine parfaitement bien montée. Le maître portait le nom de *Roi de Beurre,* et il ne signait pas autrement. Louis XV le lui avait donné un jour qu'il s'était arrêté chez lui et qu'il avait trouvé un beurre excellent ([1]). C'était le pendant de la *Dinde en Val* du bon Henri. Le roi de beurre me loua sa maison pour cent louis par an, et il me donna une excellente cuisinière, nommée *la Perle,* vrai *cordon-bleu de l'ordre culinaire,* à laquelle il consigna tous ses meubles et la vaisselle qui pouvait m'être nécessaire pour six personnes en grand couvert, s'engageant à m'en fournir autant que j'en voudrais à un sou par once. Il me promit aussi de me fournir tous les vins que je voudrais, de première qualité et à meilleur marché que je n'aurais pu les avoir à Paris, parce qu'il n'avait pas besoin d'en payer l'entrée, qui toujours est fort chère à Paris ; et ce que je considère comme souveraine-

---

[1] Entre les rues de l'Arcade et d'Astorg, bordant la rue de la Pépinière, derrière les jardins des dames de la Ville-l'Evêque et le cimetière de la Madeleine, entre des champs de culture et des jardins potagers s'élevaient, à cet époque, quelques maisonnettes formant un archipel qu'on dénommait la Petite Pologne. En face, à côté du moulin Pivain, se massait un groupe d'autres petites maisons qu'on appelait *la Pologne.* La barrière et la place de *la Pologne,* où s'ouvraient quelques guinguettes, dont la *Chasse Royale,* séparaient la rue Saint-Lazare de la rue de la Pépinière.

La maison louée par Casanova à Leroy, surnommé le *roi du beurre* sans doute parce qu'il était fruitier ([a]), se trouvait au coin de la rue de l'Arcade et de la rue de la Pépinière. Elle avait été construite sur un terrain de deux arpents appartenant à Jacques Leroy et Marguerite Vincent, sa femme, d'un héritage que cette dernière avait fait de Louis Vincent, son père ([b]). Cette maison, agréable habitation de plaisance, fut louée tour à tour aux amoureux en quête d'une demeure aimable et discrète et aux libertins désireux de venir cacher leurs débauches. Car le voluptueux Casanova avait eu de galants prédécesseurs. Meusnier note le 5 avril 1755 : « Dans une maison sans n° située dans le canton du Roule, derrière l'église de la Madeleine, appartenant au nommé Le Roy, occupée par la demoiselle Duval, dite Beaujeu, maîtresse du marquis de Conflans ; ci-devant occupée par le marquis de Saint-Chamont et la demoiselle Mazarelly. M. de Conflans l'a fait meubler par Corbin,

(a) ARCH. NAT. *Titres de la Censive St-Opportune.* S. 1961. dos. 1.
(b) ARCH. NAT. S 1894-1 f. 85, 87.

ment impolitique, puisque ces droits pèsent surtout sur la basse classe, à laquelle il faudrait toujours faciliter les moyens de vivre au meilleur marché possible.

Tout étant ainsi arrêté, en moins de huit jours, je me pourvus d'un bon cocher, de deux belles voitures, de cinq chevaux, d'un palefrenier et de deux laquais à petite livrée. Mme d'Urfé, à qui je donnai mon premier dîner, fut enchantée de ma nouvelle demeure ; et, comme elle s'était mise en tête que je n'avais fait tous ces arrangements que pour elle, je la laissai dans une erreur qui lui était agréable. Je ne crois pas qu'il faille ravir aux pauvres mortels les illusions qui leur procurent quelque bonheur. Je lui laissai croire aussi que le petit d'Aranda, le jeune comte de sa façon, appartenait au grand ordre, qu'il était né pour une opération inconnue au reste des hommes, que je n'en étais que le dépositaire (et sur ce point il n'y avait point d'erreur), et qu'il devait

tapissier. Il y a dans cette maison, équipage, chevaux, gens, domestiques, on y fait bonne chère et reçoit nombreuse compagnie (c). »
Le marquis de Conflans y mena cette joyeuse existence jusqu'à la fin de l'année. Le 6 janvier 1756, Meusnier note : « La maison de la Petite Pologne, dite de Cracovie, est maintenant à louer, derrière l'église de la Madeleine. » Le 3 mars, un nouvel habitant en prit possession. C'est M. de la Vierville, gentilhomme de la Chambre, l'ancien amant de la Vesian, et le policier ajoute : « Il y va des filles. »
La maison de Leroy n'était pas la seule à recevoir joyeuse compagnie à la Petite Pologne, elle avait aussi d'agréables voisins. Le prince d'Elbeuf, écrit Meusnier, a loué à la Petite Pologne une petite maison, tenant à celle de Leroy, qui était en saisie réelle sur un apoticaire qui est mort. Par bail judiciaire passé à un horloger qui lui a cédé à raison de 850 livres non meublée. Il doit la faire meubler. Il y a un joli jardin, terrasse avec la plus belle vue du monde. » (d) La maison dans laquelle Casanova vécut fut revendue par les héritiers Leroy le 31 décembre 1765 au sieur François-Nicolas Stinville, jardinier. (e). Si d'autres maisons ont remplacé l'habitation de Casanova, la configuration de son terrain n'a pas changée et l'on voit sur le *plan des limites* de 1726 la propriété de Vincent former le pan coupé qui existe encore à l'encoignure des rues de l'Arcade et de la Pépinière (f).

(c) ARSENAL. *Archives de la Bastille*, 10.239, doss. Duval.
(d) ARSENAL. *Archives de la Bastille*, 10.234. Cahiers de Meusnier.
(e) ARCH. NAT. S 1984-2.
(f) ARCH. NAT. Q^1 1099 ^{159}, *Plan des limites,* tome IX.

mourir sans cependant cesser de vivre. Toutes ces extravagances sortaient de sa cervelle, qui ne se mouvait que dans les régions de l'impossible ; et tout ce que je pouvais faire de mieux, c'était d'en convenir ; car, si j'avais cherché à la détromper, elle m'aurait accusé de défaut de confiance ; car elle était persuadée qu'elle ne savait rien que par les révélations de son génie, qui ne lui parlait que la nuit. Je la la reconduisis chez elle, et je la laissai au comble du bonheur.

Camille m'envoya le billet d'un petit terne qu'elle avait gagné à mon bureau ; elle me priait d'aller souper avec elle en lui portant son argent ; je crois que c'était mille écus, à peu près. Je me rendis à son invitation et je trouvai chez elle toutes ses jolies amies avec leurs amants. Après le souper, on m'engagea à aller à l'Opéra, et, à peine fûmes-nous arrivés, que je perdis tout mon monde dans la foule. Je n'étais pas masqué. Bientôt je me vis attaqué par un domino noir, que je reconnus facilement pour être femme ; et, comme dans sa voix de fausset elle me disait cent vérités, elle m'intrigua et je voulus la connaître. Je finis par lui persuader de venir avec moi dans une loge, et dès que nous y fûmes, ayant ôté son masque, je fus fort surpris de voir Mlle X. C. V. — Je suis, me dit-elle, venue au bal avec une de mes sœurs, avec mon frère ainé et M. Farsetti ; je les ai quittés pour aller changer de domino dans une loge.

— Ils doivent être dans l'inquiétude.

— Je le crois, mais je ne la ferai cesser qu'à la fin du bal.

Me voyant seul avec elle, et certain de la posséder toute la nuit, je me mis à lui parler de mon ancienne flamme, et je ne manquai pas de lui dire que je sentais qu'elle s'était renouvelée avec plus de force que jamais. Elle m'écouta avec la plus grande douceur, ne se refusa pas à mes embrassements, et, par le peu d'obstacle qu'elle mit à mes tentatives, je jugeai que l'heure du berger n'était que différée. Je crus cependant devoir me montrer retenu pour ce soir là, et elle me laissa connaître qu'elle m'en savait gré.

— J'ai appris à Versailles, ma chère demoiselle, que vous allez épouser M. de la Popelinière.

— On le croit et ma mère le désire. Le vieux fermier général croit déjà me posséder; mais il est loin de compte, car je n'y consentirai jamais.

— Il est vieux, mais il est très riche.

— Très riche et même généreux, car il m'assure un million de douaire en cas de veuvage sans enfants, et tout son bien si je lui en donne un.

— Il ne sera pas difficile de vous assurer de toute sa fortune.

— Je n'en jouirai jamais, car je ne veux point me rendre malheureuse avec un homme que je n'aime pas, qui me déplaît, et lorsque mon cœur est engagé ailleurs.

— Ailleurs! et quel est l'heureux mortel à qui vous avez accordé ce trésor?

— Je ne sais pas si le sort de celui qui possède mon amour est heureux. J'aime à Venise, et ma mère le sait; mais elle prétend que je ne serais pas heureuse, et que celui qui a mon cœur ne doit pas être mon époux.

— Singulière femme que votre mère! elle est toujours en travers de vos affections.

— Je ne saurais lui en vouloir; elle se trompe peut-être, mais elle m'aime. Elle préfèrerait que je devinsse la femme de M. Farsetti, qui serait très disposé à quitter sa croix pour se donner à moi; mais c'est un être que je déteste.

— S'est-il déjà expliqué?

— En termes très formels, et les marques de mépris que je ne cesse de lui donner ne lui font point lâcher prise.

— Il est tenace, mais c'est que vos attraits lui ont sans doute fasciné les yeux.

— C'est possible ; mais je le crois peu susceptible d'un sentiment délicat et généreux. C'est un vilain visionnaire, méchant, jaloux et envieux. En m'entendant parler de vous à table avec les expressions que vous méritez, il a porté l'impudence jusqu'à dire à ma mère, en ma présence, qu'elle ne devait point vous recevoir chez nous.

— Il mériterait que je lui donnasse une leçon de civilité ; mais il y a d'autres moyens de le punir. Je vous offre mes services sans réserve en tout ce qui sera en mon pouvoir.

— Hélas ! je serais trop heureuse si je pouvais compter sur toute votre amitié.

Le soupir qu'elle poussa en proférant ces paroles me mit tout en feu, et je lui exprimai mon dévouement en disant que j'avais cinquante mille écus à son service, et que j'étais disposé à risquer ma vie pour obtenir des droits sur son cœur. Elle me répondit par toutes les expressions de la plus vive reconnaissance, et me serrant affectueusement dans ses bras, nos bouches se rencontrèrent ; mais je sentis quelques larmes qui s'échappaient de ses yeux, et je la respectai en modérant le feu que ses baisers faisaient circuler dans mes veines. Elle me pria d'aller la voir souvent, me promettant de se trouver tête à tête avec moi toutes les fois qu'elle le pourrait. C'est tout ce que je pouvais désirer, et, après lui avoir promis d'aller dîner le lendemain chez elle, nous nous séparâmes.

Je passai encore une heure dans la salle, occupé à la suivre et jouissant du bonheur d'être devenu son intime ami ; ensuite je retournai à ma Petite-Pologne. La course ne fut pas longue, car, quoique j'habitasse à la campagne, dans un quart d'heure j'étais à tel quartier de Paris que je voulais. Mon cocher était habile et mes chevaux excellents, surtout parce qu'ils n'étaient pas de nature à être épargnés. Ils étaient de la réforme des écuries du roi, vrais chevaux de luxe, et quand j'en perdais un, je le remplaçais à l'instant moyennant deux cents francs. Cela m'arrivait quelquefois, car l'un des plus grands plaisirs de Paris, c'est d'aller vite.

M'étant engagé à dîner chez mademoiselle X. C. V., je ne donnai que peu d'heures au sommeil, et je sortis en redingote et à pied. La neige tombait à gros flocons, et je parus devant madame tout blanc des pieds à la tête. Elle m'accueillit fort bien en riant et en me disant que sa fille lui avait conté combien elle m'avait intrigué, et qu'elle s'était réjouie d'apprendre que je leur ferais le plaisir de dîner en famille. Mais, ajouta-t-elle, c'est aujourd'hui vendredi et vous ferez maigre ; cependant nous avons du poisson excellent. En attendant qu'on serve, allez voir ma fille, qui est encore lit.

Je ne me le fis point répéter, comme on le pense bien, car c'est surtout là qu'une jolie femme est belle. Je trouvai Mlle X. C. V. occupée à écrire sur son séant, mais elle cessa dès qu'elle me vit.

— Comment, lui-dis-je, aimable paresseuse, encore au lit ?

— Oui, mon ami, j'y suis par paresse et pour être plus libre.

— Je craignais que vous ne fussiez indisposée.

— Je le suis un peu, mais n'en parlons pas aujourd'hui. Je vais prendre un bouillon, parce que ceux qui ont sottement établi la prescription du maigre ne m'ont pas fait la politesse de me consulter. Il ne convient ni à mon goût ni à ma santé, et je ne me lèverai pas, même pour aller à table, quoique par là je doive me priver du plaisir de vous voir.

Je lui dis naturellement que sans elle le dîner me paraîtrait insipide, et je ne mentais pas.

Comme la présence de sa sœur ne la gênait pas, elle tira de son portefeuille une lettre en vers que je lui avais écrite quand sa mère m'avait fait défendre l'entrée de sa maison. Elle me la récita par cœur, puis, toute attendrie, elle versa quelques larmes. — Cette fatale lettre, me dit-elle, que vous avez intitulée le *Phénix*, a fait mon destin, et elle sera peut-être la cause de ma mort.

Je lui avais donné le titre de *Phénix*, parce qu'après m'être plaint de la rigueur de mon sort, je lui prédisais avec exagération poétique qu'elle donnerait son cœur à un mortel dont les qualités supérieures lui mériteraient le nom de Phénix. J'employai cent vers à faire la description de ses qualités imaginaires physiques et morales; et certes l'être qui les réunirait pourrait bien être adoré, car il serait plutôt un dieu qu'un homme.

— Hé bien ! continua Mlle X. C. V., je devins amoureuse de cet être imaginaire, et, après six mois, je crus l'avoir rencontré : je lui ai donné mon cœur, j'ai reçu le sien, nous nous chérissons; mais il y a quatre mois que nous nous sommes séparés, à notre départ de Venise, et, pendant notre séjour à Londres et depuis notre arrivée ici, où nous sommes depuis six semaines, je n'ai reçu qu'une seule lettre de lui. Cependant je ne l'accuse pas; je sais que ce n'est pas sa faute. Je suis gênée; je ne puis ni recevoir de ses nouvelles ni lui en donner des miennes (¹).

Ce récit me confirma dans mon système, que les actions les plus décisives sur notre existence entière tiennent le plus souvent aux choses les plus insignifiantes. Mon épître n'était qu'un luxe de poésie plus ou moins bien fait, et l'être que je peignais était impossible à trouver, parce qu'il était au-dessus de toutes les perfections humaines;

---

(1) L'heureux amant que Justine de Wynne avait laissé à Venise se nommait André Memmo, dont Casanova a dit quelques mots en passant. (p. 298.) (ALDO RAVA. *Lettere di donne a Giacomo Casanova*, 1912, in-8, p. 230.)

mais le cœur d'une femme voyage si vite et si loin ! Mlle X. C. V. prit la chose au pied de la lettre, et, devenue amoureuse d'une chimère, elle voulut lui substituer une réalité, sans songer qu'il fallait que son imagination fît, sans le savoir, un pas rétrograde immense. Cependant, dès qu'elle se fut imaginé qu'elle avait trouvé l'original du portrait fantastique que ma muse avait tracé, il ne lui fut pas difficile de lui trouver toutes les qualités que j'avais dépeintes, puisque son amour les lui donnait à volonté. Sans ma lettre, Mlle X. C. V. aurait été amoureuse, mais d'une autre façon, et les suites de son amour auraient probablement été différentes. Tout ici-bas, et là-haut peut-être, est combinaison ; et nous sommes auteurs de faits dont nous ne sommes point complices. Tout ce qui nous arrive n'est positivement que ce qui doit nous arriver ; car nous ne sommes que des atomes pensants qui allons où le vent nous pousse. Je sens bien que mon lecteur va m'accuser de sacrifier sur l'autel de la fatalité ; mais, comme j'use du droit naturel de juger, je ne conteste le même droit à personne.

Dès qu'on eut servi, on vint m'appeler et nous fîmes chère exquise avec l'excellente marée que M. de la Popelinière avait fournie. Mme X. C. V., Grecque et esprit borné, ne pouvait être que superstitieuse ou bigote. L'alliance des êtres les plus opposés, Dieu et le diable, est immanquable dans la tête d'une femme vaine, faible, voluptueuse et timide. Un prêtre lui avait dit qu'en convertissant son mari elle s'assurerait le bonheur éternel ; car l'Écriture promet en termes formels âme pour âme à tout convertisseur qui amène dans le giron de l'église un hérétique ou un païen. Or, comme Mme X. C. V. avait converti son mari, elle était fort en sûreté sur son avenir ; il ne lui restait plus rien à faire. Néanmoins elle mangeait maigre aux jours prescrits, mais c'était parce qu'elle le préférait au gras.

Quand nous fûmes sortis de table, je retournai auprès du lit de mademoiselle, qui me tint tête jusqu'à neuf heures, et toujours assez maître de moi pour tenir en bride mes désirs. J'étais assez fat pour croire que ce qu'elle éprouvait n'était pas moins violent que mon ardeur; et je ne voulais pas me montrer moins retenu qu'elle, quoique je susse alors comme aujourd'hui que c'est un faux calcul dans un homme. L'occasion est comme la fortune ; il faut la saisir au toupet dès qu'elle se présente, ou, d'ordinaire, elle échappe sans retour.

N'ayant point vu Farsetti à table, je soupçonnai quelque rupture et je voulus m'en expliquer avec mademoiselle ; mais elle me tira de mon erreur en me disant que son persécuteur était un fou visionnaire, que rien ne pouvait engager à sortir de chez lui le vendredi. Ce fou-là s'étant fait tirer l'horoscope par une bohémienne, avait vu que son sort était d'être assassiné un vendredi, et que, pour prévenir le malheur dont il était menacé, il devait ce jour-là se rendre inaccessible. On se moquait de lui, mais il tenait bon ; et il avait raison de laisser dire, car il y a quatre ans qu'il est mort tranquillement dans son lit, à l'âge de soixante-dix ans. Il croyait prouver par là que la destinée d'un homme dépend d'une bonne conduite, de sa prudence et des précautions qu'il prend avec sagesse pour éviter des maux qu'il a prévus. Ce raisonnement est excellent dans tous les cas, excepté quand il s'agit de maux annoncés dans un horoscope supposé tel que les astrologues veulent qu'on le suppose ; car ou les maux prédits sont inévitables, et alors la prédiction devient une puérilité, ou l'horoscope est l'interprète du destin, et alors toutes les précautions ne sauraient le faire fléchir. Le chevalier Farsetti était donc un sot en s'imaginant avoir prouvé quelque chose. Il aurait prouvé beaucoup auprès de bien des gens, si, sortant chaque jour, le hasard avait voulu qu'on l'eût tué un vendredi. Pic de la Mirandole, qui croyait à l'astrologie, disait : *Astra influunt, non cogunt* (¹). Je n'en doute pas. Mais aurait-il fallu croire à l'astrologie si Farsetti avait été assassiné un vendredi ? Non, assurément.

Le comte d'Aigreville m'avait présenté à sa sœur, la comtesse du Rumain, qui, depuis qu'elle avait entendu parler de mon oracle, désirait vivement me connaître. Je ne fus que peu de jours à captiver l'amitié du mari et celle de ses jeunes filles, dont l'aînée qu'on appelait Cotenfau, épousa plus tard M. de Polignac (²). Mme du Rumain était plus belle que jolie, mais elle se faisait surtout remarquer par sa douceur, la bonté de son caractère, par sa franchise et son empressement à servir ses amis. D'une taille superbe, c'était une solliciteuse dont la présence imposait à tous les magistrats de Paris. Je fis chez elle la connaissance de Mmes de Valbelle, de Roncerolles, de la princesse de Chimai et de plusieurs autres qui faisaient les délices de ce qu'on nommait alors à Paris la bonne compagnie. Quoique Mme du Rumain ne donnât point dans les sciences abstraites, elle avait cependant besoin de mon oracle plus encore que Mme d'Urfé. Elle me fut très utile dans une occurence fatale que je vais rapporter.

Le lendemain de mon long entretien avec Mlle X. C. V., mon valet de chambre me dit qu'un jeune homme demandait à me remettre une lettre en main propre. Je le fis entrer, et lui ayant demandé qui l'avait chargé de la

---

(1) Les astres influent, ils ne frappent pas.

(2) On a vu page 256 que la sœur du comte d'Egreville, Constance-Simonne-Flore-Gabrielle de Rouault, née en 1725, avait été mariée en 1746 avec Charles-Ives Levicomte du Rumain, marquis de Coëtanfao, comte de Penhouët, maréchal de Camp. (DUFORT-CHEVERNY. *Mémoires* 1886, note de M. Crevecœur. II, p. 18.)

Ils eurent deux enfants : 1° Constance-Gabrielle Bonne qui épousa le 23 mars 1767 (*Mercure*, avril, p. 194) Marie-Alexandre, comte de Polignac, vicomte de Couserand, lequel mourut en 1770; et 2° Constance-Paul-Flore-Emilie-Gabrielle qui était émancipée d'âge à la mort de son père Le comte Du Rumain mourut le 15 novembre 1770. L'hôtel du Rumain se trouvait rue des Saints-Pères, au coin de la rue de Verneuil. (ARCH. NAT. *Scellés* Y, 13781.)

missive, il me répondit que la lecture me mettrait au fait de tout et qu'il avait ordre d'attendre ma réponse.

« Il est deux heures après minuit; j'ai besoin de repos mais un fardeau qui m'accable m'empêche de trouver le sommeil. Le secret que je vais vous confier, mon ami, cessera d'être un fardeau pour moi, dès que je l'aurai déposé dans votre sein. Je me sentirai soulagée dès que vous en serez dépositaire. Je me suis déterminée à vous l'écrire, parce que je sens qu'il me serait impossible de vous le dire de vive voix. Accordez-moi un mot de réponse. »

On devinera ce que je dus éprouver à cette lecture. J'étais pétrifié, et je ne fus en état de lui répondre que ces mots: « Je serai chez vous à onze heures. »

Il n'y a véritablement de malheur qu'on puisse appeler très grand que quand il fait perdre la tête à l'être qui l'éprouve. La confidence que Mlle X. C. V. me faisait par écrit me prouva que sa raison vacillante avait besoin d'appui. Je m'estimai heureux qu'elle eût pensé à moi de préférence à tout autre, et je me promis de la servir, dussé-je périr avec elle. Peut-on penser autrement quand on aime? Cependant je ne pouvais me dissimuler l'imprudence de sa démarche. Il s'agit dans tous les cas de parler ou de se taire, et le sentiment qui, en pareille circonstance, fait préférer la plume à la parole, ne peut provenir que d'une fausse honte, qui, dans le fond, n'est que pusillanimité. Si je n'avais pas été amoureux de cette aimable et malheureuse personne, il m'aurait été plus facile de lui refuser mes services par écrit qu'en lui parlant; mais je l'adorais. Oui, me disais-je, elle peut d'autant plus compter sur moi que son malheur me la rend encore plus chère. Et puis un sentiment secret, sentiment qui ne parle pas avec moins de force pour avoir l'air de se taire, ce sentiment me disait que, si j'avais le bonheur de réussir à la sauver, ma récompense était certaine. Je sais bien que plus d'un grave moraliste va me jeter la pierre; mais qu'il me soit permis de douter qu'il soit amoureux, et moi je l'étais beaucoup.

Je fus exact à l'heure et je trouvai ma belle affligée à la porte de l'hôtel.

— Vous sortez! où allez-vous ?

— Je vais à la messe aux Augustins.

— Est-ce un jour de fête?

— Non, ma mère exige que j'y aille tous les jours.

— Je vais vous y accompagner.

— Oui ; donnez-moi le bras, nous irons nous parler dans le cloître.

Mlle X. C. V. était accompagnée de sa femme de chambre, mais ce n'était pas un être gênant : nous la laissâmes dans l'église, et nous passâmes dans le cloître. Dès que nous y fûmes, mademoiselle me dit :

— Avez-vous lu ma lettre ?

— Oui, certainement, mais la voici ; je vous la rends. Vous la brûlerez.

— Non, je ne la veux pas; vous la brûlerez vous-même.

— Je vois que vous avez beaucoup de confiance en moi ; mais je n'en abuserai pas.

— J'en suis persuadée. Je suis grosse de quatre mois, j'en suis sûre et cela me met au désespoir.

— Consolez-vous, nous y trouverons remède.

— Oui, je m'abandonne à vous ; tâchez de me faire avorter.

— Jamais, ma chère ; c'est une scélératesse.

— Hélas ! je le sais, mais elle n'est pas plus grande que de se donner la mort, et il faut opter : ou détruire le malheureux témoin de mon déshonneur, ou m'empoisonner; j'ai le moyen tout prêt d'exécuter ce dernier dessein. Vous êtes mon unique ami ; vous voilà l'arbitre de ma destinée. Parlez. Êtes-vous fâché que je ne vous ai point préféré au chevalier Farsetti ?

Me voyant ébahi, elle s'arrête, et porte son mouchoir à

ses yeux pour essuyer les larmes qui s'en échappaient. Mon cœur saignait.

— Scélératesse à part, ma chère mademoiselle, lui dis-je, l'avortement n'est pas en notre pouvoir. Si les moyens qu'on emploie pour se le procurer ne sont pas violents, leur effet est douteux, et, s'ils le sont, ils mettent dans le plus grand danger les jours de la mère. Je ne m'exposerai jamais au hasard de devenir votre bourreau ; mais comptez sur moi, je ne vous abandonnerai pas. Votre honneur m'est aussi cher que votre vie. Calmez-vous, et dès cet instant, figurez-vous que c'est moi qui me trouve dans votre situation. Soyez sûre que je saurai vous tirer d'affaire et que vous n'aurez pas besoin d'attenter à des jours pour la conservation desquels je donnerais les miens. En attendant, permettez-moi de vous dire qu'en lisant votre billet j'ai éprouvé une sensation involontaire de plaisir de ce que, dans une occurence de cette importance, vous m'avez choisi de préférence à tout autre. Vous ne vous êtes point trompée dans la confiance que vous avez placée en moi, car il n'y a personne à Paris qui vous aime avec une tendresse égale à la mienne, et personne ne peut éprouver plus que moi un si vif désir de vous être utile. Demain au plus tard vous commencerez à prendre les remèdes que je vous préparerai ; mais je vous préviens que vous ne sauriez trop vous tenir sur vos gardes touchant le secret, car il s'agit ici de braver les lois les plus sévères. Il y va de la vie. Vous vous êtes peut-être confiée à quelqu'un ; à votre femme de chambre peut-être, ou à quelqu'une de vos sœurs ?

— A personne qu'à vous, mon ami, pas même à l'auteur de mon malheur. Je frissonne quand je pense à ce que ferait ma mère, si elle venait à être informée de l'état où je me trouve. Je crains qu'elle ne le devine en observant ma taille.

— Votre taille est encore parfaitement discrète ; elle n'a rien perdu de sa finesse.

— Mais chaque jour va la déformer, et c'est pour cela qu'il faut que nous fassions vite. Vous me trouverez un chirurgien qui ne me connaisse pas et vous me conduirez chez lui ; il pourra me saigner à volonté.

— Je ne m'exposerai pas à cela, car il pourrait nous trahir. Je vous saignerai moi-même ; la chose est facile.

— Que je vous suis reconnaissante ! Il me semble déjà que vous me rendez la vie. Le plaisir que je vous prie de me faire, c'est de me conduire chez une sage-femme pour la consulter. Nous pourrons facilement nous y rendre sans être observés pendant le premier bal de l'Opéra.

— Oui, mon amie ; mais cela n'est pas nécessaire, et cette démarche pourrait nous compromettre.

— Point du tout, car dans cette ville immense il y a des sages-femmes partout ; et il est impossible que nous soyons connus, étant même les maîtres de nous tenir masqués. Faites-moi ce plaisir. Les conseils d'une sage-femme ne peuvent que m'être utiles.

Je n'eus pas la force de lui refuser ce plaisir ; mais je la fis consentir à attendre le dernier bal, parce que la foule y étant d'ordinaire plus grande, nous avions la chance de pouvoir sortir avec plus de sûreté. Je lui promis de m'y rendre en domino noir avec un masque blanc à la vénitienne, ayant une rose peinte à côté de l'œil gauche. Dès qu'elle me verrait sortir, elle devait me suivre et monter dans le fiacre où elle m'aurait vu monter. Tout cela fut fait ; mais nous y reviendrons.

Je revins avec elle et je dinai en famille sans faire attention à Farsetti, qui y dîna aussi et qui m'avait vu revenir avec elle. Nous ne nous adressâmes pas la parole ; il ne m'aimait pas et je le méprisais.

Je dois raconter ici une faute grossière que je commis, et que je ne me suis pas encore pardonnée.

M'étant engagé à conduire Mlle X. C. V. chez une sage-femme, il est naturel que j'aurais dû la conduire chez une matrone honnête, car il ne s'agissait que de la consulter sur le régime que devait tenir une femme pendant sa grossesse ; mais, conduit par un mauvais génie, je passe par la rue Saint-Louis pour aller aux Tuileries, je vois la Montigni entrant chez elle avec une jolie personne que je ne connaissais pas, et, poussé par la curiosité, je fais arrêter ma voiture et je monte chez elle. Après m'être amusé, pensant toujours à Mlle X. C. V., je dis à cette femme de m'enseigner la demeure d'une sage-femme que j'avais besoin de consulter sur quelque chose (¹). Elle m'indique une maison du Marais et me dit que je trouverais là la perle sages-femmes. Là-dessus elle me conte nombre d'exploits qui l'avaient illustrée et qui tous me prouvent que c'est une scélérate. Comme je savais que je n'allais pas chez elle pour l'employer à des opérations illicites, je m'en tins à celle-là. Je pris son adresse, et, comme je devais y aller de nuit, je fus dès le lendemain reconnaître sa maison.

Mademoiselle commença à prendre les remèdes que je lui portais et qui en l'affaiblissant, devaient détruire l'œuvre de l'amour ; mais comme elle ne s'apercevait d'aucun effet, elle était impatiente de consulter une sage-femme. La nuit du dernier bal étant venue, elle me reconnut comme nous l'avions concerté, et, m'ayant suivi, elle monta dans le fiacre où elle me vit entrer, et en moins d'un quart d'heure nous arrivâmes à la demeure de l'infâme matrone (²).

(1) La personne qui procura une sage-femme à Casanova se nommait Angélique Gérard, elle avait vingt-huit ans et était femme de Georges Rod, perruquier à Londres ; c'était une *fille du monde* qui *travaillait* chez la Moutigny. La sage-femme, Reine Demay, femme de Jean-Baptiste Castesse, employé, habitait rue des Cordeliers, aujourd'hui rue de l'Ecole de Médecine ; ce n'est donc pas au Marais comme l'écrit Casanova. (Voir à la fin du chapitre X, toutes les pièces relatives à cette histoire d'avortement.)

(2) Le dernier bal de l'Opéra se donnait le Mardi-gras, qui était cette année le 27 février 1759.

Une femme d'une cinquantaine d'années nous accueille avec empressement et nous offre de suite ses services (¹).

Mademoiselle lui dit qu'elle croyait être grosse, et qu'elle venait la consulter sur les moyens de cacher sa grossesse le plus possible jusqu'à son terme. La scélérate lui répond en souriant qu'elle pouvait lui dire sans détour qu'elle serait bien aise d'avorter.

— Je suis prête à vous servir, lui dit-elle, moyennant cinquante louis, la moitié payée d'avance pour l'achat des drogues, et le reste aussitôt qu'elle aurait heureusement réussi. Comme je me fie à votre probité, vous vous fierez à la mienne. Donnez-moi les vingt-cinq louis, et revenez demain ou envoyez pour prendre les drogues et l'instruction pour en faire usage.

En achevant ces mots, elle troussa sans façon sa cliente, qui me pria avec douceur de ne pas la regarder, et, après l'avoir tâtonnée, elle lui dit, en baissant la toile, qu'elle pouvait tout au plus être à son quatrième mois.

— Si mes drogues, ajouta-t-elle, sont inefficaces, ce que je ne crois pas, je vous indiquerai d'autres moyens, et dans tous les cas, si je ne réussis pas à vous servir complètement, je vous rendrai votre argent.

— Je n'en doute pas, lui dis-je; mais quels sont, s'il vous plaît, ces autres moyens?

— Je vous enseignerai à détruire le fœtus.

J'aurais pu lui répondre qu'il était impossible de tuer l'enfant sans blesser mortellement la mère; (²) mais je ne

---

(1) La sage-femme n'avait en réalité que trente-trois ans. Mariée toute jeune à un soi-disant employé, elle fut maltraitée par son mari, qui l'obligea à fréquenter les lieux de débauche. Elle avait déjà été arrêtée de l'ordre du roi et conduite à la Salpêtrière, alors qu'elle avait 27 ans, le 29 juillet 1753, et en était sortie le 10 février 1754. (ARSENAL. *Archives de la Bastille,* 10818, dossier Castesse.)

(2) D'après la déposition de Reine Demay, ce serait au contraire Casanova qui lui aurait demandé toutes ces pratiques. D'ailleurs s'il n'avait eu que des intentions « honnêtes » pourquoi se serait-il adressé à cette louche matrone?

me sentais point disposé à dialoguer avec cette vile créature.

— Si madame se décide à prendre vos remèdes, lui dis-je, je viendrai demain vous apporter l'argent nécessaire pour l'achat des drogues. Je lui donnai deux louis et nous partîmes.

Mlle X. C. V. me dit qu'elle croyait cette femme une franche scélérate, car elle était persuadée qu'on ne pouvait détruire le fruit sans risquer de tuer celle qui le portait.
— Je n'ai, ajouta-t-elle, confiance qu'en vous seul. Je la fortifiai dans ces idées en cherchant à l'éloigner de l'idée de se rendre criminelle, et je l'assurai de nouveau que je justifierais sa confiance. Tout à coup se plaignant du froid :
— N'aurions-nous pas le temps d'aller prendre un air de feu à la Petite-Pologne ? me dit-elle ; j'ai grande envie de voir votre jolie demeure. Cette fantaisie me surprit et me plut. La nuit était très obscure, elle ne pouvait rien voir des beautés extérieures du lieu ; l'intérieur devait lui suffire, et l'imagination voyage. J'étais loin de lui faire part de mes observations, car il y en a en amour qu'il faut savoir garder pour soi ; mais le fait est que je me figurais toucher au moment du bonheur. Je fis arrêter le fiacre au Pont-au-Change, et après en être descendus, nous en prîmes un autre au coin de la rue de la Ferronnerie, et, lui promettant six francs pour boire, en un quart d'heure il nous descendit à ma porte.

Je sonne en maître, la Perle m'ouvre et m'annonce qu'il n'y avait personne, ce que je savais fort bien ; mais c'était une habitude. Vite, allume-nous un fagot et donne-nous quelque chose pour vider une bouteille de champagne.

— Une omelette ?
— Soit.
— Fort bien, dit mademoiselle, une omelette.

Elle était ravissante, et sa mine riante semblait me présager un instant délicieux. Assis devant un bon feu, je la place sur mes genoux, je la couvre de baisers qu'elle me rend avec tendresse, et je suis au moment du triomphe quand elle me prie de l'air le plus doux de me modérer. Je crois lui plaire en lui obéissant, persuadé qu'elle ne veut que retarder ma victoire que pour la rendre plus belle, et qu'elle se rendra après le champagne. Je voyais l'amour, la douceur, la confiance et la grande reconnaissance peints dans ses regards, et j'aurais été fâché qu'elle eût pu croire que je voulusse exiger des signes de tendresse, de simples complaisances à titre de récompenses. J'étais assez généreux pour ne vouloir que de l'amour.

Nous voilà à notre dernier verre de champagne; nous nous levons, et, moitié pathétiquement, moitié usant d'une douce force, je la place sur une couchette en la tenant amoureusement enlacée dans mes bras; mais, au lieu de se rendre, elle s'oppose à mon dessein, d'abord par de douces prières dont la vertu est d'ordinaire de rendre plus entreprenant, puis par des remontrances sérieuses, et enfin en usant de ses forces. C'en était trop : la seule idée de violence m'a toujours révoltée; car je pense encore qu'il ne peut y avoir de bonheur dans l'union amoureuse qu'autant qu'il y a accord parfait de confiance et d'abandon : Je plaide ma cause de toutes les manières; je parle en amant flatté, puis trompé, puis méprisé. Enfin je lui dis que je suis désabusé d'une manière cruelle; je la vois mortifiée. Je tombe à ses genoux, je lui demande pardon. — Hélas! me dit-elle du ton le plus triste, n'étant plus maîtresse de mon cœur, je suis mille fois plus à plaindre que vous. Ses larmes coulaient en abondance; sa tête tomba sur la mienne, et ma bouche se colla sur la sienne; mais la pièce était finie. L'idée de renouveler l'assaut ne se présenta point à ma pensée, je l'aurais rejetée avec dédain. Après un assez long silence qui nous était également nécessaire, à elle pour étouffer des sentiments de honte, à moi pour donner à ma raison le temps de calmer des mouvements de colère qui me paraissaient légitimes, nous reprîmes nos masques et nous retournâmes à l'Opéra. Chemin faisant, elle osa me dire qu'elle se verrait obligée de renoncer à mon amitié si je la mettais à ce prix-là.

— Les sentiments de l'amour, mademoiselle, doivent céder le pas à ceux de l'honneur, et le vôtre, autant que le mien m'obligent à rester votre ami, quand ce ne serait que pour vous convaincre d'injustice à vos propres yeux, Je saurai faire par dévouement ce que j'aurais voulu faire par amour, et je mourrai plutôt que de tenter à l'avenir de posséder des faveurs dont je croyais que vous m'aviez jugé digne.

Nous nous séparâmes à l'Opéra, où l'énorme foule me la fit perdre en un instant. Le lendemain elle me dit qu'elle avait dansé pendant toute la nuit : elle espérait peut-être trouver dans cet exercice violent le remède qu'elle n'attendait guère de la médecine.

Je rentrai chez moi de fort mauvaise humeur, cherchant en vain des raisons qui pussent justifier un refus qui me semblait humiliant et presque incroyable. Je ne pouvais justifier les motifs de Mlle X. C. V. qu'en entassant sophismes sur sophismes. Le bon sens me démontrait que j'étais outragé, en dépit de toutes les convenances imaginables et de tous les préjugés de mœurs que l'éducation maintient dans la société. Je réfléchissais au bon mot de Populia, qui ne se permettait de faire des infidélités à son mari que quand elle était grosse : *Non tollo vectorem*, disait-elle, *nisi navi plena*. J'étais fâché d'être convaincu que je n'étais pas aimé, et je croyais indigne de moi de continuer à aimer un objet que je ne pouvais plus espérer de posséder. Je m'endormis déterminé à me venger en l'abandonnant à son sort, me moquant de l'héroïsme qu'elle serait forcée de trouver dans une conduite contraire. Je croyais que mon honneur me prescrivait de n'être la dupe de personne.

La nuit apporte conseil. A mon réveil, je me trouvai calme et toujours amoureux. Ma dernière résolution fut d'en agir généreusement avec cette infortunée. Il était certain que sans moi elle était perdue; je devais donc lui continuer mes services et me montrer indifférent à ses faveurs. Le rôle n'était pas facile; mais j'eus le courage de le jouer à merveille, et plus tard la récompense vint d'elle-même.

CHAPITRE X.

Je continue mon intrigue avec l'aimable mademoiselle X. C. V. — Vaines tentatives d'avortement. — L'aroph. — Évasion de mademoiselle et son entrée au couvent.

La difficulté, la contrainte ne faisaient qu'accroître mon amour pour ma charmante Anglaise. J'allais la voir tous les matins, et comme je m'intéressais réellement à son état, mon rôle n'ayant rien que de naturel, elle ne pouvait prendre l'empressement que je montrais à la tirer d'embarras que pour ce qu'il était ; car, ne laissant plus rien percer du feu que j'éprouvais pour elle, elle devait tout attribuer au sentiment le plus délicat. A son tour, mademoiselle paraissait contente de mon changement ; mais il était bien possible que sa satisfaction ne fut qu'apparente, car je connaissais assez de femmes pour savoir que, même sans aimer, elle devait être piquée de me voir si facilement prendre mon parti.

Un matin, au milieu de nos discours frivoles et décousus, elle me fit compliment sur la force que j'avais eue de me vaincre ; puis elle ajouta, en souriant, que ma passion et mes désirs ne devaient pas avoir été bien vifs, puisqu'en moins de huit jours ils étaient devenus si pacifiques. Je lui répondis avec calme que je devais ma guérison, non à la faiblesse de ma passion, mais à mon amour-propre. — Je me connais, mademoiselle, lui dis-je, et, sans trop présumer de mon mérite, je me crois digne d'être aimé. Il est tout naturel qu'après m'être convaincu que vous ne me connaissiez pas ce mérite, je me sois senti humilié, indigné. Connaissez-vous, mademoiselle, l'effet de ce double sentiment ?

— Hélas ! je ne le connais que trop. Il est suivi du mépris de l'objet qui le fait naître.

— Ceci passe mesure, au moins pour ce qui me regarde Mon indignation n'a été suivie que d'un retour sur moi-même et d'un projet de vengeance.

— De vengeance ! et de quelle espèce ?

— J'ai voulu vous obliger à m'estimer tout en vous prouvant que, maître de moi-même, je pouvais me passer d'un bien que j'ai ardemment désiré. Je ne sais si j'ai complétement réussi, mais au moins aujourd'hui je puis contempler vos charmes sans en désirer la possession.

— Et j'imagine que vous trouvez le complément de votre vengeance dans mon estime. Cependant vous vous êtes trompé ; car vous avez dû supposer que je ne vous estimais pas, ce qui est faux, puisque mon estime pour vous n'était pas moindre il y a huit jours qu'aujourd'hui. Je ne vous ai pas un seul instant cru capable de m'abandonner pour me punir de m'être refusée à vos transports, et je m'applaudis de vous avoir deviné.

Ensuite elle me parla de l'opiat que je lui faisais prendre, et, comme elle ne voyait aucun changement dans son état, que sa taille grossissait chaque jour, elle me supplia d'en augmenter la dose, mais je n'eus garde de me rendre à ses sollicitations, car je savais que plus d'un demi-gros aurait pu lui coûter la vie ; je lui défendis également de se faire faire une troisième saignée, parce que, sans atteindre le but qu'elle se proposait, elle aurait pu se faire beaucoup de mal. Sa femme de chambre, qu'elle avait été forcée de mettre dans la confidence, l'avait fait saigner deux fois par un élève de Saint-Côme, qui était son amoureux. Je lui dis alors qu'elle devait être généreuse avec ces gens-là pour s'assurer de leur discrétion, mais elle me répondit qu'elle était dans l'impossibilité de le faire. Je lui offris de l'argent, et elle accepta cinquante louis en m'assurant qu'elle me tiendrait compte de cette somme, dont elle avait besoin pour son frère Richard. Je n'avais pas cet argent sur moi, mais le même jour je lui envoyai un rouleau de douze cents francs avec un billet dans lequel je la suppliais affectueusement de n'avoir recours qu'à moi dans tous ses besoins. Son frère reçut effectivement cette somme et se crut autorisé par là à me demander un service beaucoup plus important ; car, étant venu me remercier dès le lendemain, il me supplia de l'aider dans une affaire de la plus grande importance pour lui. Jeune et libertin, il s'était fourvoyé en mauvais lieu et il en était sorti assaisonné de tout point. Il se plaignait amèrement de M. Farsetti, qui n'avait pas voulu lui prêter quatre louis en refusant de se mêler de cette vilaine affaire, et il me supplia d'en parler à sa mère pour qu'elle le fît guérir. Je me rendis à ses désirs ; mais quand sa mère sut de quoi il s'agissait, elle me dit qu'il valait mieux lui laisser ce qu'il avait, car c'était la troisième fois qu'il se trouvait dans cet état, que de dépenser des sommes inutiles pour le délivrer de son mal. Il ne serait pas plutôt guéri, ajouta-t-elle, qu'il recommencerait le même train de vie. Elle avait raison ; car, l'ayant fait traiter à mes frais par un chirurgien habile, il ne fut pas un mois à retomber dans son péché d'habitude. Ce jeune homme était constitué pour les excès honteux ; car dès l'âge de quatorze ans il était d'un libertinage effréné.

Sa sœur était au sixième mois de sa grossesse, et son désespoir croissait en raison directe de sa taille ; elle avait pris la résolution de ne plus sortir de son lit, et elle me désolait. Me croyant parfaitement guéri de la passion qu'elle m'avait inspirée, elle en usait avec moi comme avec une amie de confiance ; elle me faisait toucher toutes les parties de son corps, pour me convaincre qu'elle ne pouvait plus s'exposer à se montrer à personne. Je jouais auprès d'elle le rôle d'une sage-femme ; mais qu'il m'en coûtait de me montrer calme et indifférent quand la flamme dont j'étais dévoré me sortait par tous les pores ! Je n'y résistais plus. Elle me parlait de se détruire avec ce ton de persuasion qui fait frémir, parce qu'il annonce une résolution réfléchie. J'étais dans un embarras difficile à décrire, quand la fortune vint me mettre à l'aise de la manière la plus comique.

Dînant un jour tête à tête avec Mme d'Urfé, je lui demandai si elle connaissait un moyen sûr d'éviter un affront à une jeune personne qui avait poussé trop avant la licence d'avoir un amant. — Un infaillible, me répondit-elle : c'est l'aroph de Paracelse, et il n'est point difficile a employer. Êtes-vous curieux de le connaître? ajouta-t-elle. Et, s'étant levée sans attendre ma réponse, elle alla chercher un manuscrit qu'elle me remit entre les mains. Ce puissant emménagogue était une espèce d'onguent composé de plusieurs drogues, telles que le safran, la myrrhe, etc., mélangées avec du miel vierge. Pour obtenir l'effet qu'on en pouvait attendre, il fallait une machine cylindrique recouverte d'une peau très douce, assez volumineuse pour remplir la capacité du vagin, et assez longue pour toucher la porte du réservoir ou de la boîte qui contient le fœtus. Le bout de ce cylindre devait être fortement enduit d'aroph, et, comme il ne pouvait agir que dans un moment d'irritation utérine, il fallait la faire naître par un mouvement coïtal. Il fallait en outre que l'action fut répétée cinq ou six fois par jour au moins pendant une semaine entière.

Je trouvai la recette et l'opération si risibles qu'il me fut impossible de garder mon sérieux. Je ris de bon cœur, mais je n'en passai pas moins deux bonnes heures à lire les plaisantes rêveries de Paracelse, auxquelles Mme d'Urfé croyait bien plus qu'aux vérités de l'Évangile; ensuite je parcourus avec plaisir Boerhaave, qui parle de cet aroph en homme raisonnable ([1]).

Voyant, comme je l'ai dit, la charmante mademoiselle plusieurs heures chaque jour et en pleine liberté, toujours amoureux et me contraignant sans cesse, le feu qui couvait sous la cendre menaçait à chaque instant de faire irruption. Son image me poursuivait sans relâche; elle était toujours l'objet de mes pensées, et chaque jour je me persuadais davantage que je ne recouvrerais le repos qu'autant que je parviendrais à éteindre ma passion par la possession absolue de tous ses charmes.

Seul chez moi et ne pensant qu'à mademoiselle, je me déterminai à lui communiquer ma découverte, espérant qu'elle pourrait avoir besoin de moi pour l'introduction du cylindre. Je me rendis chez elle sur les dix heures et je la trouvai au lit comme de coutume, pleurant de voir que l'opiat que lui je faisais prendre ne produisait aucun effet. Le moment me parut favorable pour lui parler de l'aroph de Paracelse, que je lui représentai comme un moyen infaillible d'atteindre le but qu'elle se proposait; mais tout en lui vantant l'efficacité de ce topique, l'idée me vint d'ajouter que pour opérer avec certitude de succès, il fallait que l'aroph fût mêlé avec du sperme qui n'eût point perdu de sa chaleur naturelle. — Ce mélange, lui dis-je, humectant plusieurs fois par jour l'anneau de l'utérus, l'affaiblit au point de forcer le fruit à sortir par son propre poids.

J'ajoutai à ces détails de longs discours pour la persuader de l'efficacité du remède; ensuite la voyant rêveuse,

---

[1] Philipe-Auréole-Théophraste Bombast de Hohenheim Paracelse, célèbre médecin et chimiste suisse, né en 1493 à Einsiedlen, mort à Salzbourg le 24 septembre 1541. Hermann Boerhaave, médecin né à Woorhout, près de Leyde le 31 décembre 1668, mort le 23 septembre 1738. (HŒFFER).

je lui dis que, son amant étant absent, il faudrait qu'elle eût un ami sûr qui demeurât auprès d'elle et qui lui administrât convenablement la dose aussi souvent que Paracelse la prescrivait.

Tout à coup elle partit d'un éclat de rire, et me demanda si réellement tout ce que je venais de lui dire n'était pas une pure plaisanterie.

Je me crus perdu, car l'absurdité du moyen était palpable ; et si son bon sens la lui avait fait deviner, elle n'aurait pas manqué de soupçonner aussi le motif qui m'avait fait agir. Mais que ne croit pas une femme dans l'état où elle était ?

— Si vous le désirez, mademoiselle, lui dis-je d'un air de persuasion, je vous confierai le précieux manuscrit où tout ce que je viens de vous dire se trouve minutieusement consigné, et de plus le jugement concluant qu'en porte Boerhaave.

A ces mots, je la vis convaincue ; ils avaient agi sur elle comme par un pouvoir magique, et je ne laissai point refroidir sa conviction. — L'aroph, lui dis-je, est l'emménagogue le plus puissant pour provoquer les menstrues.

— Et les menstrues, répliqua mademoiselle, ne peuvent paraître aussi longtemps qu'une femme est embarrassée ; donc l'aroph doit être un spécifique sublime pour obtenir une délivrance secrète. Sauriez-vous le composer ?

— Oui, sans doute ; c'est une chose facile, car il ne faut que quelques ingrédients que je connais, et qu'il faut convertir en pâte avec du miel ou du beurre frais. Mais il faut que cette composition touche l'anneau de l'utérus à l'instant même de sa plus grande irritation.

— Mais il me semble qu'il faut aussi que celui qui l'administre aime.

— Sans doute, à moins d'être un pur animal qui n'ait besoin que de l'excitation du physique.

Elle garda le silence pendant fort longtemps ; car

ayant beaucoup d'esprit, la pudeur naturelle aux femmes et la candeur de son âme l'empêchaient de supposer l'artifice dont, je le confesse, j'usais sans ménagement. A mon tour, étonné de lui avoir débité cette fable *ex abrupto* avec tous les caractères de la vérité, sans l'avoir préméditée, je demeurai silencieux.

Rompant enfin le silence, elle me dit d'un ton triste :

— Ce moyen me semble naturel et admirable; mais je dois y renoncer. Puis elle me demanda si la composition de l'aroph demandait beaucoup de temps.

— En deux heures, tout au plus, lui dis-je, si l'on peut avoir du safran d'Angleterre, que Paracelse préfère à celui d'Orient.

Dans cet instant sa mère entra suivie du chevalier Farsetti et après quelques propos insignifiants, elle me pria à dîner. J'allais refuser quand mademoiselle me dit qu'elle dînerait avec nous; j'acceptai, et nous sortîmes pour lui donner le temps de s'habiller. Elle ne se fit pas attendre, et parut avec une taille de nymphe. J'étais stupéfait ; j'avais peine à en croire mes yeux, et j'étais bien prêt de croire qu'elle m'en avait imposé ; car je ne pouvais concevoir comment elle s'y était prise pour dissimuler à ce point la réplétion qu'elle m'avait fait toucher de mes propres mains.

M. Farsetti prit place près d'elle, et moi, je m'assis à côté de la mère. Mademoiselle, qui pensait à l'aroph, s'avisa au dessert de demander à son voisin, qui se donnait pour grand chimiste, s'il le connaissait.

— Je crois, lui répondit Farsetti d'un air de suffisance, le connaître mieux que personne.

— A quoi est-il bon ?

— Vous me faites une question trop vague.

— Que veut dire ce mot ?

— Aroph est un mot arabe que j'ignore. Il faudrait demander cela à Paracelse.

— Ce mot, lui dis-je, n'est ni arabe ni hébreu ; il n'est proprement d'aucune langue. C'est un mot contracté qui en masque deux.

— Pourriez-vous, me dit le chevalier, nous dire ces mots ?

— Rien de plus facile : *aro* vient d'*aroma*, et *ph* est l'initiale de *philosophorum*.

— Est-ce Paracelse, reprit Farsetti d'un ton piqué, qui vous a donné cette érudition ?

— Non, monsieur, je la dois à Boerhaave.

— Voilà du plaisant ! dit-il avec ironie. Boerhaave ne dit cela nulle part ; mais j'aime que l'on cite avec assurance.

— Riez, monsieur, lui-dis-je avec fierté, libre à vous, sans doute ; mais voilà la pierre de touche : acceptez si vous l'osez. Je ne cite jamais à faux comme ceux qui parlent d'arabe.

En disant cela je jette sur la table une bourse pleine d'or ; mais Farsetti, qui n'était rien moins que sûr de son fait, me répondit d'un air dédaigneux qu'il ne pariait jamais.

Ma jeune demoiselle, qui jouissait de sa confusion, lui dit que c'était le moyen de ne jamais perdre, et le plaisanta sur son mot arabe. Mais, ayant remis ma bourse dans ma poche, je fis semblant d'avoir besoin de sortir, et j'envoyai mon laquais chez Mme d'Urfé pour y prendre Boerhaave.

Étant rentré, je me remis à table et j'égayai la conversation jusqu'au retour de mon Mercure qui m'apporta le livre. Je l'ouvre, et, comme je l'avais parcouru la veille, je retrouvai de suite l'endroit où se trouvait la citation, et, l'ayant présenté à Farsetti, je le priai de s'assurer que je n'avais pas cité avec assurance, mais bien avec certitude. Au lieu de prendre le livre, il se leva et partit sans mot dire. — Il est parti fâché, dit la mère, et je parierais qu'il ne reviendra plus. — Je parie bien le contraire, dit la fille ;

la journée de demain ne se passera pas sans qu'il nous honore de son agréable présence.

Elle devinait juste. Farsetti depuis ce jour devint mon ennemi irréconciliable, et ne laissa passer aucune occasion de m'en convaincre.

Après le dîner nous allâmes tous à Passy pour assister à un concert que donnait M. de la Popelinière, qui nous engagea à souper. J'y trouvai Silvia et sa charmante fille, qui me bouda, et non sans raison, car je l'avais négligée. Le fameux adepte Saint-Germain égaya la table par ses fanfaronnades débitées avec beaucoup d'esprit et de noblesse. Je n'ai jamais connu un imposteur plus spirituel, plus habile et plus divertissant que celui-là.

Le lendemain je me cloîtrai chez moi, consignant ma porte, afin de répondre à une foule de questions que m'avait adressées Esther. Je répondis très obscurément à toutes celles qui concernaient le commerce; car outre la crainte de compromettre mon oracle, j'aurais été inconsolable de nuire aux intérêts de son père en l'induisant en erreur. Ce brave homme était le plus honnête des millionnaires de la Hollande, mais il aurait pu, sinon se ruiner, au moins faire quelque forte brèche à sa fortune en donnant tête baissée dans des spéculations hasardeuses sur la foi de mon infaillibilité. Quant à Esther, j'avoue qu'elle n'était plus dans mon esprit qu'un objet d'agréable souvenir.

Mlle X. C. V. m'occupait tout entier, malgré mon indifférence, et je ne voyais pas s'approcher sans trouble l'instant où elle ne pourrait plus cacher son état à sa famille. Je me repentais de lui avoir parlé de l'aroph, car il y avait trois jours qu'il n'en avait plus été question, et ce n'était pas à moi à remettre sur le tapis une affaire aussi délicate; je craignais même d'avoir éveillé ses soupçons, et je redoutais que l'estime qu'elle avait conçue pour moi ne se fût changée en un sentiment beaucoup moins flatteur. J'aurais difficilement supporté son mépris. Je me sentais humilié au point que je n'avais pas le courage d'aller la voir, et je ne sais pas si je m'y serais déterminé si elle ne m'avait pas prévenu. Elle m'écrivit un billet dans lequel elle me disait qu'elle n'avait point d'autre ami que moi, et elle ne me demandait d'autre marque d'amitié que celle de l'aller voir chaque jour, ne fût-ce qu'un seul instant. Je m'empressai de lui porter ma réponse. Je lui promis de ne pas la négliger, lui assurant que mon amitié était constante et que, dans tous les cas, elle pouvait compter sur moi. Je m'étais flatté qu'elle me parlerait de l'aroph, mais en vain. Je crus qu'après avoir bien réfléchi elle l'avait jugé ce qu'il était, une chimère, et je me disposai à ne plus compter sur cet expédient.

— Voulez-vous, lui dis-je, que j'invite votre mère et toute la famille à dîner chez moi?

— Cela me ferait grand plaisir, me répondit-elle; ce serait une jouissance que je ne saurais avoir un peu plus tard.

Le dîner fut tout à la fois somptueux et délicat, car je n'avais rien épargné ni pour la magnificence ni pour le goût. J'avais invité Silvia, sa fille, qui fut charmante, un musicien italien nommé Magali, dont une sœur de mademoiselle était éprise, et La Garde, basse-taille, qui se trouvait dans toutes les réunions choisies. Mademoiselle fut pendant tout le temps d'une gaieté ravissante. Les saillies, les bons mots, les anecdotes piquantes animèrent le repas, et sous tous les rapports le plaisir fut le dieu de la fête. Nous ne nous séparâmes qu'à minuit, et avant de nous quitter mademoiselle trouva le moyen de me prier de passer le matin de bonne heure chez elle, ayant à me parler de choses importantes.

On devine que je n'eus garde de manquer à l'invitation. J'étais auprès d'elle avant huit heures. Je la trouvai très triste, et elle me dit qu'elle était au désespoir, que la Popelinière pressait la conclusion de son mariage, et que sa mère la persécutait. Elle m'a signifié qu'il faut que je signe le contrat, et m'a annoncé un tailleur qui doit venir me prendre mesure de corsets et de robes. Je ne saurais y consentir ; car, ajouta-t-elle avec beaucoup de raison il est impossible qu'un tailleur ne s'aperçoive pas de mon état. Je suis décidée à me donner la mort plutôt que de me marier avant d'être délivrée ou que de me confier à ma mère.

— La mort, lui dis-je, est un expédient dont il est toujours temps d'user et auquel il ne faut avoir recours que lorsque tous les moyens de salut ont été mis en usage sans succès. Il me semble que vous pouvez facilement vous débarrasser de la Popelinière : confiez-lui votre état ; il est homme d'honneur, il prendra son parti sans vous compromettre, car il est assez intéressé à garder le secret.

— Mais alors serais-je bien avancée ! et ma mère ?

— Votre mère ? je me charge de lui faire entendre raison.

— Oh ! mon ami, que vous la connaissez peu ! L'honneur la forcerait à me faire disparaître ; mais avant elle me ferait souffrir des maux auxquels la mort la plus cruelle est préférable. Mais d'où vient que vous ne parlez plus de l'aroph ? N'est-ce qu'une simple plaisanterie ? elle serait cruelle.

— Non, je crois au contraire que c'est un moyen infaillible, quoique je n'aie jamais été témoin de ses effets merveilleux ; mais à quoi bon vous en parler ? Vous avez dû deviner la délicatesse qui m'a forcé au silence. Confiez votre état à votre amant ; il est à Venise ; écrivez-lui et je me charge de lui faire parvenir le message en cinq ou six jours par un homme sûr. S'il n'est pas riche, je vous donnerai tout l'argent nécessaire pour qu'il puisse ne mettre aucun retard à venir vous rendre l'honneur et la vie en vous administrant l'aroph.

— Le projet est beau et l'offre est généreuse de votre

part; mais la chose n'est pas exécutable : vous n'en douteriez pas si vous étiez mieux instruit de tout ce qui tient à l'affaire. Ne pensons pas à lui, mon ami ; mais supposons que je puisse me décider à recevoir l'aroph d'un autre que de lui, dites-moi comment je le pourrais. Quand bien même mon amant serait caché à Paris, serait-il possible qu'il passât avec moi huit jours en toute liberté, comme il le faudrait sans doute pour m'administrer le spécifique ? Et puis, quand bien même cela se pourrait, comment m'administrer la dose cinq ou six fois par jour pendant une semaine ? Vous voyez bien qu'il n'est pas possible de penser à ce remède.

— Ainsi pour sauver votre honneur, ma chère mademoiselle, vous vous détermineriez donc à vous donner à un autre ?

— Oui, certainement, si j'étais sûre que personne n'en sût rien. Mais où est cet homme ? Le croyez-vous facile à trouver ? et, dans ce cas même, pensez-vous que je puisse me résoudre à l'aller chercher ?

Je ne savais comment interpréter ces paroles ; car mademoiselle connaissait mon amour pour elle, et il me paraissait naturel qu'on ne songeât pas à l'embarras d'aller chercher au loin ce qu'elle pouvait trouver si près d'elle. Je penchais à croire qu'elle voulait que je la priasse de me choisir pour l'administrateur du remède, soit pour épargner à sa pudeur la honte d'une offre difficile à faire, soit pour se donner le mérite de céder à mon amour et m'obliger par là à plus de reconnaissance ; mais je pouvais me tromper et je ne voulais pas m'exposer à l'affront d'un refus humiliant. D'un autre côté, j'avais peine à concevoir qu'elle voulût m'insulter. Ne sachant à quel saint me vouer, et voulant la forcer à s'expliquer, je me levai en poussant un profond soupir, et prenant mon chapeau, je me disposai à sortir en m'écriant : Cruelle mademoiselle ! je suis plus malheureux que vous !

Se dressant alors sur son lit, elle me supplia de rester, en me demandant, les larmes aux yeux, comment je pouvais me croire plus malheureux qu'elle. Affectant un air piqué, mais sentimental, je lui répondis qu'elle m'avait trop fait connaître le mépris qu'elle avait pour moi, puisque, dans la cruelle nécessité où elle se trouvait, elle me préférerait un inconnu, qu'assurément je ne lui procurerais pas.

— Que vous êtes cruel! que vous êtes injuste! me dit-elle en pleurant. Je vois bien à mon tour que vous n'avez point d'amour pour moi, puisque vous voulez que ma cruelle situation vous serve de triomphe. Je ne puis regarder votre procédé que comme une vengeance peu digne d'un homme généreux.

Ses larmes m'attendrirent, et je me précipitai à genoux. Puisque vous savez que je vous adore, chère mademoiselle, comment pouvez-vous, lui dis-je, me supposer des projets de vengeance et me croire insensible, quand vous me dites clairement qu'en l'absence de votre amant vous ne sauriez sur qui jeter les yeux pour vous tirer d'affaire?

— Mais dites-moi si, après mes refus, je pouvais décemment m'adresser à vous? et ne devais-je pas craindre que vous refuseriez à la nécessité ce que votre amour n'avait pu obtenir.

— Vous pensez donc qu'un homme qui aime avec passion peut cesser d'aimer à cause d'un refus qui peut n'avoir que la vertu pour motif? Laissez-moi vous ouvrir mon cœur; j'ai pu croire en effet que vous ne m'aimiez pas; mais je crois être certain maintenant que je me suis trompé, et que vous m'auriez rendu heureux par sentiment indépendamment de la nécessité où vous êtes. Je dirai encore que vous êtes fâchée, sans doute, que j'aie pu me figurer le contraire.

— Vous êtes, mon cher ami, le fidèle interprète de mes sentiments. Mais reste à savoir comment nous pourrons nous trouver ensemble avec toute la liberté dont nous avons besoin.

— Soyez sans inquiétude : sûr de votre consentement, je ne serai pas longtemps à trouver un expédient convenable. En attendant je vais composer l'aroph.

J'avais décidé que, si jamais je venais à bout de persuader ma belle mademoiselle à faire usage de mon spécifique, je n'emploierais que du miel : ainsi la composition de l'aroph dont je voulais faire usage n'était pas fort embarrassante. Mais si de ce côté j'étais tout à fait à mon aise, d'un autre j'étais dans une espèce de labyrinthe dont je ne savais trop comment sortir. Je devais passer sans interruption plusieurs nuits en travaux continuels ; je craignais de m'être engagé au-delà de mes forces, et il n'était pas possible d'en rien rabattre sans m'exposer à compromettre, non le succès de l'aroph, mais bien la bonne fortune dont j'avais si laborieusement préparé les voies. De plus, sa sœur cadette couchait dans la même chambre et assez près d'elle, ce n'était pas là que l'opération devait avoir lieu, et il était impossible que je pusse la conduire huit nuits de suite dans un hôtel garni. Le hasard, divinité assez ordinairement propice aux intrigues amoureuses, vint à mon secours.

Obligé de monter au quatrième étage, je rencontre le marmiton, qui, devinant mon affaire, me pria de ne pas aller plus loin, parce que la place était prise.

— Mais, lui dis-je, tu en sors.

— C'est vrai, monsieur ; mais je n'ai fait qu'entrer et sortir.

— Et bien, j'attendrai que la place soit évacuée.

— Oh ! monsieur, de grâce, n'attendez pas.

— Je te devine, coquin ; je ne dirai rien, mais je veux la voir.

— Elle ne sortira pas, car elle vous a entendu et elle s'est enfermée.

— Elle me connaît donc ?
— Oui, et vous la connaissez aussi.
— C'est bon ; va-t'en et sois tranquille pour toi et pour elle.

Le marmiton partit, et je conçus de suite que je pourrais tirer parti de cette rencontre. Je monte et, à travers une fente, j'aperçois Madeleine, la femme de chambre de mademoiselle. Je la rassurai en lui promettant le secret ; elle ouvrit, et, lui ayant mis un louis dans la main, elle s'enfuit un peu confuse. Un instant après je descendis, et le marmiton qui m'attendait sur le palier, me pria d'exiger que Madeleine lui donnât la moitié du louis. Je t'en promets un entier, lui dis-je, si tu consens à me tout avouer. Le drôle ne demandait pas mieux. Il me conta ses amours, et me dit qu'il passait toutes les nuits avec elle dans le galetas ; mais que, depuis trois jours, ils avaient été sevrés de leurs plaisirs parce que madame en avait ôté la clef après y avoir enfermé du gibier. Je m'y fis conduire, et je vis par le trou de la serrure que l'on pouvait aisément y placer un matelas. Je donnai un louis au marmiton, et je partis pour aller mûrir mon plan.

Je pensai que mademoiselle, d'accord avec Madeleine, pourrait facilement venir passer la nuit dans ce galetas. Je me munis d'un rossignol et de plusieurs doses du prétendu aroph, c'est-à-dire du miel amalgamé avec de la corne de cerf, pour lui donner de la consistance et le lendemain matin je me rendis à l'hôtel de Bretagne, où j'allai de suite faire l'essai de mon rossignol. Je n'en eus pas besoin, car la première fausse clef me suffit pour ouvrir une serrure délabrée.

Fier de ma découverte et de mes succès, je descends chez mademoiselle, et, en peu de mots, je la mets au fait de tout.

— Mais, mon ami, je ne puis sortir de ma chambre qu'en traversant le cabinet où couche Madeleine.

— Et bien ! mon cœur, il faut mettre cette fille dans nos intérêts.

— Lui confier mon secret ?

— Tout juste.

— Je n'oserai jamais.

— Je m'en charge : la clef d'or ouvre toutes les portes.

Elle consentit à tout ; mais le marmiton m'embarrassait ; car, s'il était parvenu à nous deviner, il aurait pu nous nuire. Je pensai que je pourrais m'en assurer par Madeleine, ou qu'en fille d'esprit elle saurait nous débarrasser de lui.

Avant de partir, je dis à cette fille que j'avais besoin de l'entretenir de choses importantes, et je lui donnai rendez-vous dans le cloître des Augustins. Elle y vint exactement, et je lui expliquai mon plan de point en point. Il n'était pas difficile à comprendre ; et, après m'avoir dit qu'elle aurait soin que son propre lit se trouvât à l'heure convenue dans le boudoir de nouvelle espèce, elle ajouta que, pour être à l'abri de toute inquiétude, il est indispensable d'avoir le marmiton dans nos intérêts. C'est un garçon intelligent, me dit Madeleine, et je crois pouvoir répondre de sa fidélité ; laissez-moi le soin d'arranger cette affaire. Je lui remis la clef et six louis, en lui disant d'informer sa maîtresse de tout ce que nous venions d'arrêter, de se concerter avec elle et de tenir le galetas prêt à nous recevoir. Elle partit toute joyeuse. Une femme de chambre qui a un amoureux n'est jamais si heureuse que lorsqu'elle peut mettre sa maîtresse dans la nécessité de protéger ses amours.

Le lendemain matin, le marmiton vint me trouver à la Petite-Pologne ; je m'y attendais. Avant de lui laisser le temps de parler, je lui dis de se mettre en garde contre la curiosité de mes domestiques et de ne point venir chez moi sans nécessité. Il me promit d'être prudent et m'assura de tout son dévouement. Il me donna la clef du galetas, en me disant qu'il s'en était procuré une autre. J'admirai et louai sa prévoyance, et, lui ayant fait cadeau de six louis, je vis qu'ils faisaient plus d'effet que les plus belles paroles.

Le lendemain, dans la matinée, je ne vis mademoiselle qu'un instant, pour la prévenir qu'à dix heures du soir elle me trouverait au rendez-vous. Je m'y rendis d'assez bonne heure sans être vu de personne. J'étais en redingote, ayant dans mes poches ma boîte d'aroph, un excellent briquet et une bougie. J'y trouvai un bon matelas, des oreillers et une bonne couverture piquée, meuble fort utile, car les nuits étaient froides et il s'agissait de pouvoir dormir, dans les intervalles de l'opération.

A onze heures, un petit bruit me causa une palpitation qui est toujours de bon augure. Je sors, et, à tâtons, je vais au-devant de mademoiselle, que je rassure par un tendre baiser. Introduite dans le gîte, je barricade la porte et j'ai soin de masquer la serrure, pour, à tout évènement, éviter les surprises et tromper les curieux.

Ayant ensuite allumé ma bougie, mademoiselle témoigna de l'inquiétude. La lumière pourra nous faire découvrir si quelqu'un est appelé au quatrième, me dit-elle.

— Outre que la chose n'est pas probable, lui dis-je, il faut bien que nous en courions le risque; car sans lumière, comment me coifferiez-vous de l'aroph?

— Hé bien, répliqua-t-elle, nous éteindrons de suite après.

Sans nous amuser à ces préliminaires si doux en amour quand on est libre, nous nous déshabillâmes et nous nous mîmes sérieusement à notre rôle, que nous jouâmes avec perfection. Nous avions l'air, moi d'un élève de Saint-Côme qui va faire une opération, elle d'un malade qui s'y résigne; avec cette différence pourtant que c'était le malade qui disposait l'appareil. Quand le sacrificateur fut armé de toutes pièces, c'est-à-dire quand les blanches mains de mon Anglaise eurent placé l'aroph comme une calotte de vicaire, elle se plaça dans la position la plus convenable, aidant de ses deux mains l'ouverture de l'orifice par où le spécifique devait être porté à l'endroit où devait se faire l'amalgamation avec la semence vitale.

Ce qu'il y avait de véritablement risible dans notre fait, pour un tiers qui aurait pu nous voir, c'est que nous étions l'un et l'autre d'un sérieux doctoral.

Quand l'introduction fut complète, la timide mademoiselle éteignit la bougie; mais, à quelques minutes de là, il fallut bien qu'elle consentît que je la rallumasse. J'avais opéré en maître, mais avec trop de promptitude; de sorte que mon Agnès, n'ayant pas eu le temps de vaincre son émoi, était restée en défaut. Je lui dis complaisamment que j'étais charmé de recommencer la besogne, et le ton avec lequel je lui débitai le compliment nous força à partir d'un éclat de rire.

Je fus moins prompt à la seconde opération que je ne l'avais été à la première, et pour le coup mademoiselle fut tout à l'aise pour opérer de son côté.

La pudeur avait fait place à la confiance, et dans l'inspection qu'elle fit de l'aroph resté en place, elle me fit remarquer du bout de son joli doigt la portion très distincte de sa coopération; ensuite, me faisant observer, d'un air tendre et satisfait, que, pour le succès que nous espérions nous avions encore du chemin à faire, elle m'invita à prendre quelque repos.

— Vous voyez, lui dis-je, que je n'en ai pas besoin, et je pense que nous ferons bien de recommencer.

Elle trouva sans doute la raison convaincante, car, sans rien répliquer, elle se remit à l'œuvre; ensuite nous nous livrâmes à un assez long sommeil. A mon réveil, aussi dispos qu'auparavant, je sollicitai une nouvelle opération, et, après l'avoir obtenue et parfaitement achevée, une réflexion économique de ma prévoyante mademoiselle me détermina à me ménager, car nous devions nous conserver pour les nuits suivantes. Aussi vers les quatre heures du matin, elle me quitta à petit bruit pour rentrer dans sa chambre, et moi, au point du jour, je sortis de l'hôtel sous l'égide de mon Mercure de cuisine, qui me fit évader par une porté dérobée que je ne connaissais pas.

Vers midi, ayant pris un bain aromatique, j'allai faire ma cour à Mlle X. C. V. comme de coutume. Je la trouvai assise sur son lit, dans un déshabillé élégant et le sourire du bonheur sur les lèvres. Elle me parla de sa reconnaissance, me remercia avec tant de feu et à tant de reprises que, me croyant avec raison son débiteur, je commençai à m'impatienter tout de bon. — Est-il possible, chère demoiselle, lui-dis-je, que vous ne conceviez pas que vos remercîments m'avilissent! Ils me prouvent que vous ne m'aimez pas, ou que, si vous m'aimez, vous ne me supposez pas un amour égal au vôtre. Nous finîmes par nous attendrir, et nous allions sceller notre amour réciproque sans le secours de l'aroph, quand la prudence vint à notre aide. Nous n'étions pas en sûreté et nous avions du temps devant nous. Nous nous contentâmes des plus tendres embrassements en attendant la nuit.

Ma position était singulière, car, quoique j'aimasse beaucoup cette intéressante personne, je ne me faisais pas le moindre reproche de l'avoir trompée, d'autant plus que les suites ne tiraient pas à conséquence, puisque la place était occupée. C'est une petite vengeance d'amour-propre qui faisait que je m'applaudissais d'une supercherie qui me procurait de véritables jouissances. Elle me disait qu'elle se trouvait humiliée de s'être refusée à mes désirs quand elle pouvait se rendre en me donnant une preuve véritable de son amour pour moi, tandis que maintenant elle sentait avec amertume que je pourrais nourrir quelque doute sur ses véritables sentiments. Je fis de mon mieux pour la rassurer ; et au fait ce que j'éprouvais pour elle aurait rendu le doute oiseux, puisque j'avais atteint mon but aussi complétement que je pouvais le désirer. Mais j'obtins un succès dont je me félicite encore aujourd'hui : c'est que, pendant mes travaux nocturnes, travaux fort inutiles pour le but qu'elle se proposait, j'eus le bonheur de lui inspirer de la résignation et de la confiance au point que, de son propre mouvement, elle me promit de ne plus se livrer au désespoir, et, quoi qu'il pût arriver, de s'abandonner à moi et de ne se diriger que par mes conseils. Pendant nos colloques nocturnes, elle me répéta souvent qu'elle était heureuse, et qu'elle le serait encore quand bien même l'aroph ne produirait aucun effet. Ce n'est pas qu'elle n'y eût la plus grande confiance, car elle ne cessa l'application de l'innocent ingrédient qu'aux derniers assauts que nous livrâmes avec une ardeur de néophytes, et comme si nous avions voulu épuiser dans ces doux ébats la coupe entière de la volupté. — Mon cher ami, me dit-elle au moment de notre dernière séparation, tout ce que nous avons fait me semble beaucoup plus propre à créer qu'à détruire, et, si la porte n'était pas hermétiquement fermée, nous aurions sans doute fourni bonne compagnie au petit solitaire.

Un docteur de Sorbonne n'aurait pas mieux raisonné.

A trois ou quatre jours de là, je la retrouvai pensive, mais calme. Elle me dit qu'elle avait perdu toute espérance de se délivrer du fardeau avant le terme, que cependant elle continuait à être persécutée par sa mère ; qu'en très peu de jours elle n'aurait plus qu'à opter entre une déclaration de son état et la signature du contrat ; mais que ne pouvant se résoudre à prendre aucun des deux partis, elle était décidée à s'évader et elle me chargea de lui en assurer les moyens.

J'étais décidé à la servir ; ma résolution était prise à cet effet ; mais je voulais sauver les apparences, car j'aurais pu avoir une mauvaise affaire sur les bras, si l'on avait acquis la certitude que je l'avais enlevée ou que je lui avais facilité les moyens de sortir du royaume. Du reste, nous n'avions jamais songé ni l'un ni l'autre à unir nos destinées par des moyens indissolubles.

Je la quittai l'esprit fort occupé, et je me dirigeai vers les Tuileries, où l'on donnait un concert spirituel. C'était un motet composé par Mondonville et les paroles étaient de l'abbé de Voisenon, auquel j'avais donné le motif; les Israëlites sur la montagne d'Oreb. Ce morceau, écrit en vers libres, était une nouveauté qui faisait du bruit (¹). En descendant de voiture, j'aperçus madame du Rumain qui descendait seule de la sienne. Je cours à elle et je suis accueilli en bonne connaissance.

— Je me félicite, me dit-elle, de vous trouver ici; c'est presque une bonne fortune. Je vais voir cette nouveauté et j'ai deux places réservées; vous me feriez plaisir d'en accepter une.

Sentant tout le prix d'une offre aussi honorable, quoique j'eusse mon billet d'entrée dans ma poche, je n'eus garde de refuser, et lui offrant respectueusement mon bras, nous allâmes occuper deux des meilleures places.

On ne jase pas, à Paris, quand on va entendre de la

---

(1) On lit en effet dans le *Mercure* : « Le mardi, 14 mars 1758, le Concert spirituel a fini par un poëme intitulé les *Israëlites à la Montagne d'Oreb*, mis en musique par M. de Mondonville.
Ce poëme qu'on peut appeler un *Oratorio* français, a eu le plus brillant succès. Il le mérite. Il est de la plus grande beauté. On peut avancer qu'il est essai et modèle tout à la fois. Il prouve mieux que tout ce qu'on a pu écrire, que notre musique est susceptible de tous les modèles et de toutes les expressions qu'on lui avait refusées: il enrichit notre musique d'un nouveau genre qui lui manquait. Pour tout dire en un mot, il est digne de la musique de M. de Mondonville, qui l'a rendu avec toute la sublimité que le sujet demande, et qui, à un spectacle différent semble avoir trouvé son Quinault. Il faudra, à l'avenir, aller au concert pour entendre de bonnes paroles françaises. Ce poëme de M. l'abbé de Voisenon, on peut le nommer sans le commettre, mérite d'être consacré dans les fastes des spectacles français. » (Avril 1758, p. 171-172.) Après ces éloges, le Mercure publie le poëme *in-extenso*.

musique sacrée et surtout du nouveau. Mme du Rumain ne put donc point juger de l'état de mon esprit par mon silence, obligatoire pendant le concert, mais elle le devina à ma physionomie dès que tout fut fini, car j'avais l'air abattu et préoccupé, ce qui ne m'était pas naturel. M. Casanova, me dit-elle, obligez moi de passer une heure chez moi; j'ai deux ou trois questions cabalistiques à vous soumettre; vous me les résoudrez, car elles me tiennent à cœur; mais il faut faire vite, parce que je suis engagée à souper en ville.

On pense bien que je ne me fis point prier, et, dès que je me fus rendu chez elle, mes réponses furent prêtes en moins d'une demi-heure. Quand j'eus fini : — Qu'avez-vous, M. Casanova ? me dit cette aimable dame d'un ton de la plus parfaite bienveillance. Vous n'êtes point dans votre assiette ordinaire, et, si je ne me trompe, vous êtes dans l'attente de quelque grand malheur. Ne seriez-vous pas, par hasard, dans le cas de devoir prendre quelque forte détermination ? Je ne suis pas curieuse; mais, si je puis vous être utile à la cour, disposez de mon crédit et comptez sur moi. J'irai, s'il le faut, à Versailles demain matin, si l'affaire est pressante; je suis bien venue de tous les ministres. Mettez-moi à part de vos peines, mon ami, et, si je ne puis les adoucir, au moins je les partagerai. Ne doutez pas de ma discrétion.

Cette allocution me parut une voix du ciel, une excitation de mon bon génie à m'ouvrir entièrement à cette dame, qui avait presque lu dans ma pensée, et qui m'expliquait en termes non équivoques tout l'intérêt qu'elle prenait pour mon bonheur. Après l'avoir regardée quelques instants sans proférer une parole, mais avec un air qui exprimait toute ma reconnaissance :

— Oui, madame, lui dis-je, je suis dans une crise violente, et à la veille peut-être de me perdre; mais votre bienveillance vient de me rendre le calme, en me faisant concevoir quelque espérance. Vous allez connaître ma situation. Je vais vous rendre dépositaire d'un secret que l'honneur rend inviolable ; mais je ne saurais douter de votre discrétion non plus que de votre bonté. Si vous daignez ensuite m'honorer d'un conseil je vous promets de le suivre, et je jure de ne jamais dire de qui je le tiens.

Après cet exorde, qui me captiva toute son attention, je lui contai en détail toute l'affaire ; je ne lui cachai ni le nom de la demoiselle, ni aucune des circonstances qui m'obligaient à veiller sur son sort. Je me tus cependant sur l'aroph et sur la manière dont je l'avais administré, la chose me paraissait trop comique pour être mêlée dans ce drame *serio* ; mais je lui avouai que je lui avais procuré des remèdes dans l'espoir de la délivrer de son fardeau.

Après cette importante confidence, je me tus, et Mme du Rumain demeura comme absorbée pendant près d'un quart d'heure. Enfin elle se leva en me disant : — Je suis attendue chez Mme de la Marcq ; il faut absolument que je m'y rende, car je dois y trouver l'évêque de Montrouge, à qui j'ai besoin de parler, mais j'espère que je pourrai vous être utile. Revenez, je vous prie, après-demain à huit heures, vous me trouverez seule et surtout ne faites aucune démarche avant de m'avoir vue. Adieu.

Je la quittai plein d'espérance, et bien déterminé à me diriger, dans cette affaire épineuse, par les seuls conseils qu'elle me donnerait.

L'évêque de Montrouge, auquel elle devait parler pour une affaire importante qui m'était bien connue, était l'abbé de Voisenon, que l'on appelait ainsi parce qu'il y allait souvent. Montrouge est une terre près de Paris qui appartenait au duc de la Vallière.

Je vis ma chère demoiselle le lendemain, et je me contentai de lui dire que dans une couple de jours j'espérais pouvoir lui donner de bonnes nouvelles. Je fus content d'elle, car elle se montra résignée et pleine de confiance.

Le surlendemain je ne manquai pas de me trouver à huit heures chez ma noble protectrice. Le suisse me dit en souriant que je trouverais le médecin chez madame, ce qui ne m'empêcha pas de monter; dès que je parus, il partit. C'était Herrenschwand, que toutes les jolies femmes de Paris s'arrachaient, et que le malheureux Poincinet mit en scène dans *le Cercle*, petite pièce en un acte, d'un mérite très médiocre, et qui cependant eut un succès de vogue (¹).

— Mon cher affligé, me dit Mme du Rumain dès que nous fûmes seuls, j'ai fait votre affaire, et ce sera maintenant à vous à me garder un secret inviolable. Après avoir mûrement réfléchi au cas de conscience que vous m'avez confié, j'ai été au couvent de C...., dont l'abbesse est mon amie, et je lui ai confié le secret, bien sûre qu'elle est incapable d'en abuser. Nous sommes convenues qu'elle recevra la demoiselle dans son couvent et qu'elle lui donnera une bonne sœur converse pour la soigner dans ses couches. Vous ne nierez pas, ajouta-t-elle en souriant, que les cloîtres ne soient bons à quelque chose. Votre protégée s'y rendra seule, avec une lettre que je vous donnerai pour l'abbesse et qu'elle lui fera remettre de suite par la tourière. Elle sera introduite de suite et placée dans une chambre convenable. Elle ne recevra jamais de visites, ni d'autres lettres que celles qui passeront par mes mains.

---

(1) *Le Cercle*, de Antoine-Alexandre-Henri Poinsinet, né à Fontainebleau le 17 Novembre 1735, fut représenté à la Comédie-Française le 7 Septembre 1764. Le médecin qu'il met en scène est, paraît-il, le docteur Lorry, médecin par excellence des ruelles, dont les travers ne supprimaient pas le savoir (DESNOIRESTERRES, *La Comédie satirique au XVIIIe siècle*, 1885, in-8. p. 158). Casanova veut y voir le docteur Jean-Frédéric de Herrenschwand, médecin suisse, né en 1715, mort à Berne en 1796, et il y reviendra plus loin. Son témoignage n'est pas à dédaigner et il pourrait bien avoir raison, car Casanova a connu et fréquenté Poinsinet, le docteur Herrenschwand et le frère de ce dernier qui a laissé d'importants écrits sur l'économie politique et qu'on a souvent confondu avec son frère le docteur.

L'abbesse m'enverra ses réponses, que je vous remettrai en main propre ; vous sentez qu'elle ne doit conserver de correspondance qu'avec vous seul, et vous n'aurez de ses nouvelles que par mon canal. Vous en agirez de même, observant de laisser l'adresse en blanc. J'ai dû dire à l'abbesse le nom de votre demoiselle ; mais je ne lui ai point dit le vôtre, car elle ne me l'a point demandé.

Informez de tout cela votre chère demoiselle, et, lorsqu'elle sera prête, venez me le dire, et je vous donnerai ma lettre. Dites-lui de ne se munir que du strict nécessaire, et surtout de ne prendre ni diamants, ni bijoux de prix. Vous pouvez lui assurer que l'abbesse la verra de temps en temps, qu'elle lui donnera des marques d'amitié, des livres décents, en un mot qu'elle sera soignée et traitée avec distinction. Dites-lui aussi de ne faire aucune espèce de confidence à la sœur converse qui la servira ; car, quoique honnête et bonne, elle est religieuse, et le secret pourrait être mal gardé. Après sa délivrance elle ira à confesse, fera ses pâques et l'abbesse lui délivrera un certificat en bonne forme, avec lequel elle n'aura aucune difficulté de se présenter à sa mère, qui se croira trop heureuse de la ravoir ; et alors il ne sera plus question de mariage, d'autant plus qu'elle doit l'alléguer comme motif de sa retraite.

Après m'être évertué en remercîments et avoir fait l'éloge de sa prudence, je la priai de me donner la lettre sur-le-champ, puisqu'il n'y avait pas de temps à perdre. Elle se mit obligeamment à son bureau, et voici ce qu'elle écrivit :

« Ma chère abbesse,

« La demoiselle qui vous présentera cette lettre est celle dont j'ai eu le plaisir de vous entretenir. Elle désire passer trois ou quatre mois sous votre protection, dans votre couvent, pour se remettre en état de tranquillité, faire ses dévotions, et être sûre que, lorsqu'elle retournera chez sa mère, il ne sera plus question d'un mariage auquel elle ne peut se résoudre, et qui est la cause du parti qu'elle prend de s'éloigner pour quelque temps de sa famille. »

Après me l'avoir lue, elle me la remit décachetée pour que mademoiselle pût la lire. L'abbesse était une princesse et par conséquent son monastère était à l'abri de tout soupçon. En recevant la lettre des mains de Mme du Rumain, je me sentis si plein de reconnaissance que je me précipitai à ses genoux. Cette généreuse dame me fut encore très utile, comme je le dirai plus tard.

En sortant de chez Mme du Rumain, je me rendis directement à l'hôtel de Bretagne, où mademoiselle n'eut que le temps de me dire qu'elle était occupée pour toute la journée, mais que le soir à onze heures elle se rendrait au galetas, où nous aurions tout le temps de nous parler. Je fus ravi de cette annonce, car je prévoyais que ce serait la fin d'un beau rêve, et que je n'aurais plus l'occasion de me retrouver seul avec elle.

Avant de sortir de l'hôtel, je dis un mot à Madeleine, qui se chargea d'avertir notre Mercure de tenir tout dans le meilleur ordre.

Exact au rendez-vous, je n'attendis pas lontemps ma belle. Après lui avoir fait lire la lettre de Mme du Rumain, dont je lui tus le nom sans qu'elle s'en formalisât, j'éteignis la bougie, et puis, sans qu'il fut question de l'aroph, nous nous livrâmes au plaisir de nous prouver réciproquement que nous nous aimions.

Le matin, lorsqu'il fut temps de nous séparer, je lui donnai toutes les instructions verbales que j'avais reçues ; puis nous convînmes qu'elle sortirait de l'hôtel à huit heures avec les effets qui lui étaient nécessaires, qu'elle prendrait un fiacre jusqu'à la place Maubert, où elle le renverrait, et que là elle en prendrait un autre jusqu'à la porte Saint-Antoine, et enfin plus loin un troisième avec lequel elle se rendrait directement au couvent indiqué. Je la priai de ne pas oublier de brûler toutes les lettres qu'elle avait reçues de moi, et de m'écrire du couvent aussi souvent qu'il lui serait possible, de cacheter ses lettres, mais de laisser l'adresse en blanc. Elle me promit de suivre ponctuellement mes instructions ; puis je la forçai à recevoir un rouleau de deux cents louis, qui pouvaient lui devenir nécessaires, quoique nous ne prévissions pas comment. Elle pleurait, plus peinée du cruel embarras dans lequel elle me laissait que de sa situation fort difficile ; mais je la rassurai en lui disant que j'avais beaucoup d'argent et des protections puissantes. — Je partirai, me dit-elle, après-demain à l'heure convenue. Et là-dessus lui ayant promis de venir le jour après chez sa mère, comme si je ne savais rien et de lui écrire tout ce qu'on dirait, nous nous embrassâmes tendrement et je partis.

Son sort m'inquiétait beaucoup ; elle avait de l'esprit, de la résolution ; mais quand l'expérience manque, l'esprit bien souvent nous fait faire de grandes sottises.

Le surlendemain je pris un fiacre et j'allai me poster au coin d'une rue où elle devait passer. Je la vis venir, descendre de voiture, payer le cocher, entrer dans une allée et en ressortir quelques instants après, la tête enveloppée dans un capuchon, portant son petit paquet, et monter dans un fiacre qui prit de suite la direction dont nous étions convenus. Plus tranquille alors et à peu près sûr qu'elle exécuterait exactement mes instructions, j'allai vaquer à mes affaires.

Le lendemain, c'était le dimanche de Quasimodo, je me crus dans l'indispensable obligation de me présenter à l'hôtel de Bretagne ; car y allant tous les jours avant l'évasion de mademoiselle, je ne pouvais cesser d'y aller qu'en m'exposant à fortifier le soupçon que l'on devait avoir conçu sur moi. Mais que la tâche était pénible ! Obligé de me montrer gai, tranquille et sans la moindre altération dans les traits, dans un lieu où j'étais certain de trouver la tristesse et la confusion ! Il fallait, je l'avoue, un front peu ordinaire.

Je choisis l'heure où toute la famille devait être réunie à table, et j'allai droit à la salle à manger. J'entre, à mon ordinaire, d'un air riant, et je vais m'asseoir à côté de madame, un peu en arrière. Je fis semblant de ne pas m'apercevoir de sa surprise, qui pourtant était assez visible ; car elle avait la figure enflammée. Un instant après, je lui demandai où était mademoiselle. Elle se retourna, me regarda fixement et ne dit pas un mot.

— Serait-elle malade ? lui dis-je.

— Je n'en sais rien.

Ce ton sec me mit à mon aise, car il m'autorisait à prendre mon sérieux. Je demeurai pensif et silencieux pendant un quart-d'heure, jouant la surprise et l'étonnement; puis, me levant, je lui demandai si je pouvais lui être agréable en quelque chose, et, n'ayant reçu qu'un froid remerciement, je sortis de la salle et j'allai chez mademoiselle, comme si je l'avais crue dans sa chambre. Je n'y trouvai que Madeleine. Je lui demandai, en lui adressant un coup d'œil significatif, où était sa maîtresse. Elle me répondit en me priant instamment de le lui dire moi-même, si je le savais.

— Est-elle sortie seule ?

— Je ne sais absolument rien, monsieur, mais on croit que vous savez tout. Je vous prie de me laisser.

Affectant la plus grande surprise, je sortis de l'hôtel à pas lents et je montai en voiture, fort content de m'être acquitté de cette pénible corvée. Il était naturel qu'après l'accueil qu'on venait de me faire je me tinsse pour offensé, et que je ne reparusse plus dans cette famille ; car, coupable ou innocent, Mme X. C. V. n'ignorait pas que la manière dont elle m'avait reçu était assez significative pour que je susse à quoi m'en tenir.

Deux jours après, j'étais à ma fenêtre de très bonne

heure quand un fiacre s'arrêta devant ma porte, et, un instant après, Mme X. C. V. en sortit accompagnée de M. Farsetti. Je m'empresse d'aller à leur rencontre, et je les accueille en les remerciant d'être venus me demander à déjeuner. Je faisais semblant de croire qu'ils ne pouvaient être venus que pour cela. Je les invite à s'asseoir devant un bon feu, et je m'informe de la santé de madame ; mais, sans répondre à ma question, elle me dit qu'elle était venue pour me parler sérieusement.

— Madame, lui dis-je, je suis tout à vous ; mais faites-moi l'honneur de prendre un siège.

Elle s'assit et Farsetti se tint debout ; je ne le pressai pas, et, continuant de m'occuper de madame, je la priai de vouloir bien m'apprendre en quoi je pouvais lui être agréable.

— Je viens, me dit-elle, vous prier de me rendre ma fille, si elle est en votre pouvoir, ou de me dire où elle est.

— Votre fille, madame ? je n'en sais rien. Me soupçonneriez-vous capable d'un crime ?

— Je ne vous accuse pas de rapt ; je ne viens pas ici vous reprocher un crime ni vous faire des menaces ; je viens simplement vous supplier de me donner une marque d'amitié. Aidez-moi à retrouver ma fille aujourd'hui même ; vous me rendrez la vie. Je suis sûre que vous savez tout. Vous étiez son unique confident, son seul ami ; elle passait chaque jour plusieurs heures seule avec vous ; il est donc impossible qu'elle ne vous ait pas tout confié. Ayez pitié d'une mère désolée. Personne n'en sait rien encore ; qu'elle me soit rendue et tout sera plongé dans l'oubli. Son honneur sera sauvé.

— Madame, je sens parfaitement votre position, votre peine me touche ; mais, je vous le répète, je ne sais rien.

Cette pauvre femme, dont la douleur me pénétrait, se précipita à mes genoux en versant des larmes. J'allais la relever, quand Farsetti lui cria avec un ton d'indignation qu'elle devrait rougir de s'humilier ainsi devant un homme de mon espèce.

Me relevant aussitôt et le toisant d'un air de mépris :

— Insolent ! lui dis-je d'un ton de colère, expliquez-vous sur le mot *espèce*.

— On est sûr que vous savez tout.

— Ceux qui sont sûrs comme vous sont des sots impertinents. Sortez à l'instant de chez moi, et attendez-moi sur mon passage ; vous me verrez paraître dans un quart d'heure.

En parlant ainsi, j'avais pris le pauvre chevalier par les épaules, et lui faisant faire brusquement deux ou trois pirouettes, je le jetai dehors. Il se retourna pour crier à madame de le suivre ; mais elle, s'étant levée, s'approcha de moi pour me calmer.

— Vous devez, me dit-elle, pardonner à un homme amoureux, qui, malgré l'écart de ma fille, veut absolument l'épouser.

— Je le sais, madame, mais il est sans doute pour beaucoup dans la triste résolution qu'a prise mademoiselle d'abandonner le toit paternel; car elle le déteste bien plus encore que le fermier général, qu'elle ne peut souffrir.

— Elle a tort; mais je vous promets qu'il ne sera plus question de ce mariage. Vous savez tout, car vous lui avez donné cinquante louis, sans lesquels elle n'aurait pu aller nulle part.

— Cela n'est pas exact, madame.

— Ne niez pas, monsieur, et rendez-vous à l'évidence : voilà un morceau de votre lettre.

Elle me présenta un fragment de la lettre que j'avais écrite à sa fille lorsque je lui avais envoyé les cinquante louis pour subvenir aux besoins de son frère aîné. Voici ce que contenait ce fragment :

« Je souhaite que ces misérables cinquante louis puissent

vous convaincre que je n'épargnerai jamais rien, pas même ma vie, pour vous assurer de ma tendresse: »

— Je suis loin, madame, de récuser ce témoignage d'attachement pour mademoiselle votre fille ; mais je dois aussi vous apprendre pour ma justification, ce que, sans cela, je vous aurais laissé ignorer toute ma vie : je n'ai fourni cette somme à mademoiselle que pour la mettre en état de payer les dettes de votre fils aîné, qui m'en a remercié par une lettre que je pourrais vous montrer si vous le désirez.

— Mon fils ?

— Votre fils, madame.

— Je vais vous faire faire une ample réparation.

Sans me laisser le temps de faire la moindre objection, elle court chercher Farsetti qui l'attendait dans la cour, le force de remonter et lui dit en ma présence ce que je venais de lui apprendre. — La chose n'est pas vraisemblable, s'écria l'insolent.

Le regardant alors d'un air de mépris, je lui dis que je dédaignais de le convaincre. — Je vous assure, ajoutai-je, que j'ai toujours sollicité votre fille d'épouser M. de la Popelinière.

— Comment osez-vous dire cela, dit Farsetti en m'interrompant, puisque dans votre lettre vous l'entretenez de votre tendresse ?

— Je ne m'en défends pas, lui répondis-je ; je l'aimais, je me plaisais à le lui dire, et, comme j'aspirais à l'honneur de coiffer son époux, je jetais ainsi les bases de l'édifice. Mon amour, de quelque nature qu'il fut, et cela ne regarde pas monsieur, était le sujet ordinaire des propos que je lui débitais dans nos longues conversations. Si elle m'avait confié qu'elle voulait s'enfuir, ou je serais parvenu à la dissuader, ou je serais parti avec elle ; car j'en étais amoureux, comme je le suis encore ; mais jamais je ne lui aurais donné de l'argent pour qu'elle s'en allât sans moi.

— Mon cher Casanova, me dit alors la mère, je veux vous croire innocent, si vous voulez vous unir à moi pour m'aider à la découvrir.

— Je suis tout prêt à vous servir, madame, et je vous promets de commencer mes recherches dès aujourd'hui.

— Quand vous saurez quelque chose, venez, je vous en prie, m'en faire part.

— Vous pouvez y compter, lui dis-je.

Et nous nous séparâmes. J'étais dans la nécessité de revêtir le costume d'un bon acteur pour bien jouer mon rôle; il m'importait de donner à mes actions publiques un air de vraisemblance qui militât en ma faveur. Ainsi dès le lendemain je me rendis chez M. Chabon, premier commis de la police, pour l'exciter à faire des perquisitions sur l'évasion de Mlle X. C. V. Je m'étais persuadé que cette démarche ne servirait qu'à me mieux couvrir; mais cet homme, qui possédait à fond l'esprit de son métier, et qui m'aimait depuis que Sylvia m'avait fait faire sa connaissance cinq ou six ans plus tôt, se mit à rire quand il entendit pourquoi je sollicitais ses offices. — Souhaiteriez-vous tout de bon, me dit-il, que la police s'enquît du lieu où se trouve la jolie Anglaise?

— Certainement, monsieur.

Je compris alors qu'il ne visait qu'à me faire parler pour me trouver en défaut, et je n'eus plus aucun doute quand, en sortant, je rencontrai Farsetti.

Le lendemain, je me rendis chez Mme X. C. V. pour lui faire part de mes démarches, infructueuses jusqu'alors. — Je suis, me dit-elle, plus heureuse que vous; et si vous voulez m'accompagner jusqu'à l'endroit où ma fille se trouve, et m'aider à la persuader de revenir avec moi, je suis sûre du succès.

— De tout mon cœur, madame, lui répondis-je de l'air le plus sérieux; je suis prêt à vous accompagner partout.

Me prenant au mot, elle passe son mantelet, me prend le bras et m'entraîne jusqu'auprès d'un fiacre, et là elle me remet une adresse en me priant d'ordonner au cocher de nous conduire au lieu qu'elle indiquait.

J'étais sur des charbons ardents; mon cœur palpitait; je me sentais étouffer, car je m'attendais à lire l'adresse du couvent. J'ignore ce que j'aurais fait si mon appréhension s'était vérifiée, mais bien certainement je n'y serais pas allé. Enfin je lus, et le calme rentra dans mon âme en lisant Place Maubert,

Je donne l'ordre au cocher, nous partons et bientôt après nous descendons devant une allée obscure, malpropre, et qui ne donnait pas une haute idée des habitants de la maison. Je lui présente mon bras et je lui donne la satisfaction, moyennant force politesses, de lui faire parcourir tous les appartements des cinq étages; mais cette vaine perquisition ne pouvant pas lui faire découvrir l'objet de sa recherche, je m'attendais à la voir accablée. Il n'en fut pas ainsi, car en me regardant je la vis affligée, mais satisfaite, et ses yeux semblaient me demander pardon. Elle avait su, du fiacre même qui avait servi à la première course de sa fille, qu'il l'avait déposée devant cette maison et qu'elle était entrée dans l'allée. Elle me dit que le marmiton lui avait dénoncé qu'il était venu deux fois chez moi m'apporter des lettres de mademoiselle, et que Madeleine ne cessait de dire qu'elle était certaine que la jeune fugitive était amoureuse de moi comme je l'étais d'elle. Ils jouaient leur rôle à merveille.

Dès que j'eus reconduit Mme X. C. V., je me rendis chez Mme du Rumain pour lui raconter tout ce qui m'était arrivé; ensuite j'écrivis à ma jeune recluse, que j'eus soin d'informer des moindres particularités de ce qui s'était passé depuis sa disparition.

Trois ou quatre jours après, Mme du Rumain me remit la première lettre de mademoiselle, dans laquelle elle me parlait de la tranquillité dont elle jouissait et de la vive reconnaissance qu'elle croyait me devoir. Elle me faisait l'éloge de l'abbesse et de la sœur converse, me nommait les livres qu'on lui avait donnés, et qui étaient selon ses goûts. Elle m'informait aussi de ses dépenses et se disait heureuse, à la gêne près que l'abbesse lui avait imposée en la priant de ne point sortir de sa chambre.

Cette lettre me fit beaucoup de plaisir, mais j'en eus un bien plus grand en lisant celle que l'abbesse avait écrite à Mme du Rumain. Elle avait pris sa protégée en affection, ne tarissait pas sur son éloge, vantait sa douceur, son esprit et la noblesse de ses procédés : enfin elle assurait son amie qu'elle ne laisserait pas sa jeune malheureuse sans la voir chaque jour.

J'étais enchanté du plaisir que Mme du Rumain témoignait et je vis sa joie augmentée par le contenu de la lettre de mademoiselle, que je lui remis après l'avoir lue. Il n'y avait de mécontents enfin que la pauvre mère, l'affreux Farsetti et le vieux fermier général, dont on contait déjà la mésaventure dans les cercles, au Palais-Royal et dans les cafés. Partout on se plaisait à me mêler dans cette affaire ; mais, me croyant à l'abri de tout, je riais du caquetage des oisifs.

Cependant la Popelinière prit bientôt son parti en homme de cœur, car il fit de cette aventure le sujet d'une pièce en un acte qu'il écrivit lui-même et qu'il fit représenter sur un petit théâtre à Paris ([1]). Tel était le caractère de cet homme, qui trois mois après se maria, par procuration, avec une fort jolie demoiselle, fille d'un capitoul de Bordeaux. Il mourut environ deux ans après, laissant sa veuve enceinte d'un fils qui vint au monde six mois après la

---

([1]) Malheureusement toutes les pièces que fit représenter M. de la Popelinière sur son théâtre de Passy et dont il était l'auteur, sont restées inédites et les manuscrits n'ont pas été retrouvés.

mort de son père (¹). L'indigne héritière de ce richard osa accuser sa veuve d'adultère, et fit déclarer l'enfant illégitime, à la honte du parlement qui prononça cet inique arrêt, et au grand scandale de tout ce qu'il y avait en France de gens de bien. Ce jugement fut d'autant plus honteux qu'indépendamment de ce qu'on n'avait rien à redire à la conduite de l'accusée, et qu'il avait été prononcé contre toutes les lois divines et humaines, le parlement, quelque temps auparavant, n'avait pas rougi de déclarer légitime un enfant né onze mois après la mort du mari de la mère.

Je continuai mes visites à la mère de mademoiselle pendant une dizaine de jours; mais l'accueil froid que j'y recevais me fit prendre le parti de ne plus reparaître chez elle.

(1) M. de La Popelinière se maria le 31 juillet 1759 avec Marie-Thérèse de Mondram, fille d'un capitaine de Toulouse. Il mourut trois ans après ce second mariage, le 5 décembre 1762.

CHAPITRE XI.

Nouveaux incidents. — J.-J. Rousseau. — Je forme un établissement de commerce. — Castel-Bajac. — On m'intente un procès criminel. — M. de Sartines.

Il y avait un mois que Mlle X. C. V. était au couvent et déjà on ne parlait plus de cette affaire, que je croyais finie, mais j'étais dans l'erreur. Cependant je me divertissais, et le plaisir que je trouvais à dépenser à pleines mains ne me permettait pas de penser à l'avenir.

L'abbé de Bernis, à qui je faisais régulièrement ma cour une fois par semaine, me dit un jour que le contrôleur général lui demandait souvent de mes nouvelles, et que j'avais tort de le négliger. Il me conseilla d'oublier mes prétentions et de lui communiquer le moyen dont je lui avais parlé d'augmenter les revenus de l'État. Je faisais trop de cas des conseils d'un homme auquel je devais ma fortune pour ne pas les suivre sans objection. Je me rendis donc chez le contrôleur, et, plein de confiance dans sa bonne foi, je lui donnai mon projet. Il s'agissait de promulguer une loi en vertu de laquelle tout héritage qui ne serait pas de père en fils en fournirait à l'État le revenu total d'une année. Toute donation faite entre vivants et passée par devant notaire devait être assujettie à la même redevance. Il me semblait que cette loi ne devait déplaire à personne, puisqu'un héritier pouvait s'imaginer n'hériter qu'un an plus tard. Le ministre en jugea comme moi, me dit que mon projet n'offrait aucune difficulté, le mit dans son portefeuille secret et m'assura que ma fortune était faite. Huit jours après il fut remplacé par M. de Silhouette (¹); et quand je me présentai au nouveau ministre, il me dit froidement que, lorsqu'il serait question de promulguer la loi, il me ferait avertir. Cette loi parut en France deux ans après, et on se moqua de moi quand, m'en étant déclaré l'auteur, je m'avisai de demander la récompense à laquelle j'avais droit.

Peu de temps après, le pape étant mort, on choisit pour lui succéder le Vénitien Rezzonico, qui créa cardinal mon protecteur de Bernis, lequel fut exilé à Soissons par sa gracieuse majesté Louis XV, deux jours après avoir reçu la barrette de ses royales mains: voilà l'amité des rois (²).

La disgrâce de mon charmant abbé me laissait sans protecteur; mais j'avais de l'or, et cette circonstance me fit supporter ce malheur avec assez de résignation.

M. de Bernis, au comble de la gloire pour avoir détruit tout ce que le cardinal de Richelieu avait fait, pour avoir, de concert avec le prince de Kaunitz, su métamorphoser l'antique haine des maisons d'Autriche et de Bourbon en une heureuse alliance qui délivrait l'Italie des horreurs de la guerre dont elle devenait le théâtre chaque fois que les deux maisons avaient maille à partir, ce qui n'était pas rare, bienfait qui lui avait mérité le premier chapeau de cardinal d'un pape qui, lors du traité, était évêque de Padoue, et qui, par conséquent, avait été à portée de

---

(1) M. de Silhouette remplaça au contrôle général M. de Boulogne le 4 mars 1759. (LALANNE, *Dictionnaire historique de la France.*)

(2) M. de Bernis fut nommé cardinal en 1758 et le roi, de qui il reçut la barette le 30 novembre, remplit cette formalité avec une mauvaise grâce marquée; il était alors ministre démissionnaire. M. de Bernis se retira dans l'abbaye de Vicq-sur-Aisne, près de Soissons. En 1764 ; il fut archevêque d'Albi et en 1769, ambassadeur à Rome. Révoqué à la Révolution et dépouillé de toute sa fortune, il resta néanmoins à Rome où il mourut le 1ᵉʳ novembre 1794.

l'apprécier; ce noble abbé, mort il y a un an à Rome, où Pie VI le distinguait particulièrement, fut exilé de la cour pour avoir dit au roi, qui lui demandait son avis, qu'il ne croyait pas que M. le prince de Soubise fût l'homme propre à commander ses armées. Dès que la Pompadour le sut, et elle le tenait du roi lui-même, elle eut le pouvoir de le faire disgrâcier, ce qui mécontenta tout le monde; mais on se consola bientôt par des couplets piquants, et le nouveau cardinal ne tarda pas à être oublié. C'est le caractère de cette nation : vive, spirituelle et aimable, elle ne sent plus ni ses malheurs, ni le malheur d'autrui, dès qu'on trouve le secret de la faire rire.

De mon temps on mettait à la Bastille les auteurs d'épigrammes et de couplets qui frondaient le gouvernement et les ministres, où même simplement les concubines du roi; mais cela n'empêchait pas les beaux esprits de continuer à égayer la société, et il s'en trouvait qui tenaient à honneur d'être persécutés pour quelques bons mots. Un homme dont j'ai oublié le nom, mais qui cherchait une célébrité quelconque, s'appropria les vers suivants de Crébillon fils, et se laissa loger à la Bastille plutôt que de les désavouer. Crébillon qui n'était pas homme à nier ses productions, dit au duc de Choiseul qu'il avait fait des vers parfaitement pareils, mais qu'il se pouvait que le détenu les eût fait comme lui. Ce bon mot fit rire, et l'auteur du *Sofa* ne fut point inquiété.

> Grand Dieu ! tout a changé de face !
> Jupin (1) opine du bonnet.
> Vénus (2) au conseil a pris place,
> Plutus (3) est devenu coquet,
> Mercure (4) endosse la cuirasse,
> Et Mars (5) a le petit-collet.

(1) Le roi.
(2) La Pompadour.
(3) M. de Boulogne.
(4) Le Maréchal de Richelieu.
(5) Le duc de Clermont, abbé de Saint-Germain-des-Prés.

L'illustre cardinal de Bernis passa dix ans dans son exil, *procul négotiis* (¹), mais non heureux, comme je l'ai su de lui-même à Rome, quinze ans après. On prétend qu'il y à plus de plaisir à être ministre qu'à être roi ; mais *cæteris paribus*, je trouve cette sentence absurde quand j'en fais: comme je dois, l'examen sur moi-même. C'est mettre en question si l'indépendance vaut plus ou moins que son contraire. Dans un gouvernement despotique, avec un roi faible ou fainéant, qui ne porte la couronne que pour en couvrir un ministre-maître, cela peut être à la rigueur ; mais partout ailleurs c'est impossible.

Le cardinal de Bernis ne fut point rappelé à la cour, car il est sans exemple que Louis XV ait jamais rappelé un ministre disgracié ; mais à la mort de Rezzonico, il dût se rendre à Rome pour assister au conclave, et il y resta toute sa vie en qualité de ministre de France.

A cette époque Mme d'Urfé ayant envie de connaître J.-J. Rousseau, nous allâmes à Montmorency lui faire une visite, sous prétexte de lui donner de la musique à copier, besogne dont il s'occupait merveilleusement bien. On le payait double de ce qu'on payait à tout autre copiste, mais il garantissait la parfaite exécution de l'ouvrage. Dans ce temps-là cet écrivain célèbre ne vivait que de cela.

Nous trouvâmes un homme d'un maintien simple et modeste, qui raisonnait juste, mais qui ne se distinguait au reste ni par sa personne ni par son esprit. Rousseau ne parut pas être ce qu'on appelle un homme aimable ; et comme il était loin d'avoir cette politesse exquise de la bonne compagnie, c'en fut assez pour que Mme d'Urfé le trouvât grossier. Nous y vîmes la femme avec laquelle il vivait et dont nous avions entendu parler, mais à peine si elle leva les yeux sur nous. En nous retirant, la singularité du philosophe égaya notre conversation.

(1) Loin des affaires. Hor.

Je consignerai ici la visite que lui fit le prince de Conty, père de celui qu'on appelait alors comte de la Marche. Le prince, homme aimable, se rend seul à Montmorency tout exprès pour passer une agréable journée à causer avec le philosophe, qui, à cette époque était déjà célèbre. Il le trouve dans le parc, il l'aborde, et lui dit qu'il venait pour avoir le plaisir de dîner avec lui et pour passer la journée à causer en liberté.

— Votre Altesse fera mauvaise chère, lui dit Rousseau ; mais je vais dire qu'on mette un couvert de plus.

Le philosophe part, va donner ses ordres et revient trouver le prince et passe avec lui deux ou trois heures à se promener. Quand l'heure du dîner fut venue, il mène le prince dans son salon, où celui-ci, voyant trois couverts, lui dit :

— Qui voulez-vous donc faire dîner avec nous ? Je pensais que nous dînerions tête à tête.

— Notre tiers monseigneur, lui dit Rousseau, est un autre moi-même. C'est un être qui n'est ni ma femme, ni ma maîtresse, ni ma servante, ni ma mère, ni ma fille ; et qui est tout cela à la fois.

— Je le crois, mon cher ; mais n'étant venu que pour dîner avec vous tout seul, je ne dînerai pas avec votre autre vous-même, et je vous laisserai avec votre tout.

En disant cela le prince le salua et partit. Rousseau ne chercha pas à le retenir ([1]).

Je fus vers le même temps témoin de la chute d'une comédie française intitulée *la Fille d'Aristide ;* elle était de Mme de Graffigny, femme de mérite, qui mourut de cha-

---

([1]) Le prince de Conty alla voir J.-J. Rousseau en 1760 et l'anecdote que rappelle Casanova est fort douteuse. On sait d'autre part que Rousseau quand il recevait le comte d'Escherny ne permit jamais à Thérèse Levasseur de se mettre à table avec eux. A plus forte raison Rousseau n'aurait pas eu l'idée de faire dîner sa servante-maîtresse avec un prince du sang. (CAPON et YVE-PLESSIS. *Le prince de Conty*. 1907, in-8, p. 189.)

grin cinq jours après la chute de sa pièce (1). L'abbé de Voisenon en fut consterné car il avait eu le malheur d'avoir encouragé son amie à donner cette pièce au public, et on soupçonnait qu'il y avait mis la main, ainsi qu'aux *Lettres péruviennes* et à *Cénie*. Par un contraste remarquable, à peu près dans le même temps la mère de Rezzonico mourut de joie de voir que son fils était devenu pape (2). La douleur et la joie tuent beaucoup plus de femmes que d'hommes; et cela démontre que si elles sont plus sensibles, elles sont aussi bien plus faibles.

Lorsqu'au jugement de Mme d'Urfé, mon prétendu fils fut convenablement installé dans la maison de Viar, elle voulut que j'allasse lui faire une visite avec elle. Je le trouvai logé en prince, parfaitement vêtu, choyé et presque respecté. Je fus émerveillé, car cela surpassait mes espérances et mes désirs. Elle lui avait donné toutes sortes de maîtres et un très joli petit cheval parfaitement dressé pour lui faire apprendre l'équitation. On l'appelait M. le comte d'Aranda. Une demoiselle de seize ans, fille de Viar, très propre et très jolie, était chargée de le veiller et de le surveiller, et elle était toute fière de s'intituler gouvernante de M. le comte. Elle assura à Mme d'Urfé qu'elle en avait un soin particulier : qu'à son réveil elle lui apportait son déjeuner au lit, qu'ensuite elle l'habillait et ne le quittait plus que lorsqu'elle l'avait couché. Mme d'Urfé applaudissait à tout, recommandait un redoublement de zèle et promettait d'être reconnaissante. Quant au petit bonhomme, il était tout heureux et ne cessait de me le dire; mais je

---

(1) Collé avait lu aux acteurs de la Comédie *La fille d'Aristide*, qui fut représentée le 29 avril 1758. La pièce eut trois représentations et tomba lourdement. (COLLÉ. *Journal*, 1868, in-8, II p. 138). Madame de Graffigny en eut un grand chagrin. Un mois après elle fut prise d'une violente attaque de nerfs et ne se remit pas de cette secousse; elle mourut le 12 novembre 1758.

(2) Charles Rezzonico, né à Venise en 1693, fut élu pape en 1758 sous le nom de Clément XIII, succédant à Lambertini, dit Benoit XIV.

soupçonnais quelque mystère, et je me promis d'aller seul le voir afin de l'éclaircir.

Quand nous fûmes de retour je dis à Mme d'Urfé que j'étais vivement touché de ses bontés, que je trouvais tout délicieux, au nom près d'Aranda, qui pouvait un jour fournir matière à de fâcheuses tribulations ; mais elle me répondit que le petit en avait assez dit pour qu'on put être persuadé qu'il était en droit de porter ce nom. — J'avais, me dit-elle, dans mon secrétaire, un cachet aux armes de cette maison, j'y mis la main par hasard, et je le fis voir au petit, comme on montre un joujou à un enfant ; mais dès qu'il y eut jeté les yeux : « Comment se fait-il que vous ayez mes armes ? s'écria-t-il. — Vos armes ? lui dis-je ; je tiens ce cachet du comte d'Aranda ; mais comment pourriez-vous me prouver que vous êtes de cette famille ?

— Ne me le demandez pas, madame ; ma naissance est un secret que je ne dois jamais révéler à personne. »

Je fus vivement surpris d'une pareille imposture et surtout de l'assurance du petit fripon ; je ne l'en aurais pas cru capable, et, curieux de découvrir le fond de tout cela, je me rendis seul chez lui environ huit jours après.

Je trouvai mon soi-disant comte avec Viar, qui, à la soumission avec laquelle l'enfant me parlait, dut supposer qu'il m'appartenait. Il me fit les plus grands éloges de son élève, me disant qu'il jouait supérieurement de la flûte, qu'il dansait et faisait des armes à ravir, qu'il montait bien à cheval et qu'il écrivait parfaitement. Il me fit voir alors des plumes qu'il avait taillées avec beaucoup d'art à trois, à cinq et même à onze pointes, et me pria de l'examiner sur l'art héraldique, science si nécessaire à un jeune seigneur, et que personne ne possédait mieux que lui.

Mon petit homme me jargonna alors, en termes de blason, la description de ses armes prétendues ; et j'eus bonne envie d'éclater de rire, parce que je n'y comprenais presque rien et qu'il y mettait toute l'importance d'un hobereau à trente-deux quartiers. Mais j'eus un véritable plaisir à lui voir manier ses diverses plumes à écrire à main levée. Il traçait avec une merveilleuse adresse toute sorte de lignes, et il en traçait chaque fois autant que la plume avait de becs. J'en témoignai ma satisfaction à Viar, qui bientôt me laissa seul avec le petit, et nous descendîmes au jardin.

— Me feras-tu le plaisir, lui dis-je, de m'apprendre d'où t'es venue la folie de te donner pour comte d'Aranda ?

Il me répondit sans se déconcerter le moins du monde :

— J'avoue que c'est une folie ; mais laissez-la moi, je vous en prie, car elle me sert ici à me faire respecter.

— C'est une imposture que je ne saurais tolérer, car elle peut avoir des conséquences graves et nous compromettre l'un et l'autre. C'est une fourberie, mon ami, dont, à votre âge, je ne vous aurais point cru capable. Je pense bien que vous ne l'avez fait que par étourderie, mais cela peut devenir criminel, et après ce que vous avez dit à Mme d'Urfé, je ne sais trop comment je puis y remédier en sauvant votre honneur.

Je ne cessai mes remontrances que lorsque je le vis tout en pleurs et que j'eus écouté sa prière. — Je préfère, me dit-il, la mortification d'être renvoyé à ma mère à la honte d'avouer à Mme d'Urfé que je lui en ai imposé ; et je ne saurais supporter l'idée de rester dans cette pension s'il me fallait quitter le nom sous lequel j'y suis connu.

Voyant que je ne pouvais point le brusquer à moins de l'envoyer loin de Paris avec un autre nom, je lui dis de se tranquilliser, et que je penserais au moyen d'éviter toute espèce de désagrément pour lui comme pour moi.

— Dis-moi maintenant, mais sois vrai, de quelle nature est la tendresse que la jeune Viar a pour toi ?

— Papa, je crois que c'est le cas d'observer la discrétion que vous m'avez recommandée ainsi que maman.

— Bien ! cette manière de répondre m'en dit assez ; mais je te trouve bien savant pour un jeune marmot. Au reste, quand il s'agit d'une confession, la discrétion est déplacée, mon ami, et c'est absolument une confession que je te demande.

— Eh bien, papa, la petite Viar m'aime beaucoup et elle me le témoigne de toutes les manières.

— Et toi, l'aimes-tu aussi ?

— Oui, je l'aime.

— Reste-t-elle beaucoup avec toi le matin ?

— Nous sommes ensemble toute la journée.

— Elle assiste à ton coucher ?

— Oui, elle m'aide à me désabiller.

— Ne fait-elle rien de plus?

— Je ne voudrais pas vous le dire.

J'étais étonné de la mesure qu'il mettait dans ses réponses, et, comme j'en savais assez pour ne pas douter qu'ils étaient dans une parfaite intimité, je me contentai de l'exhorter à ménager sa santé, et je partis.

Depuis quelque temps, j'étais comme malgré moi, préoccupé de l'idée d'une spéculation que tous mes calculs me montraient devoir être lucrative. Il s'agissait de produire sur les étoffes de soie, au moyen de l'impression, tous les beaux dessins que l'on exécute à Lyon par les moyens lents et difficiles du tissage, et pouvoir ainsi procurer un grand débit à des prix bien inférieurs. J'avais toutes les connaissances chimiques nécessaires, et assez de fonds pour assurer le succès de l'entreprise. Je m'étais abouché avec un homme instruit, qui comprenait bien le mécanisme de la chose ainsi que le commerce, et qui devait être directeur de l'établissement.

Je fis part de mon projet à M. le prince de Conti, qui m'encouragea à le mettre à exécution en me promettant sa sa protection et toutes les franchises que je pouvais désirer. Cela me décida.

Je louai dans l'enceinte du Temple une vaste et belle maison pour mille écus par an. Elle contenait une salle spacieuse dans laquelle devaient travailler toutes mes ouvrières ; une autre grande salle qui devait servir de magasin, de nombreuses chambres pour y loger mes ouvriers et les employés, et un très joli appartement pour moi, si l'envie venait à me prendre de m'y établir (¹).

Je divisai mon entreprise en trente actions ; j'en accordai cinq au peintre dessinateur, qui devait en être directeur, me réservant les vingt-cinq restantes pour en disposer en faveur des associés qui débourseraient des fonds proportionnellement. J'en donnai une à un médecin qui me donna caution pour l'emploi de garde-magasin, qui vint loger dans l'hôtel avec toute sa famille, et je pris quatre domestiques, une servante et un portier. Je dus accorder une autre action à un teneur de livres qui me pourvut de deux scribes et qui vînt pareillement se loger à l'hôtel. Plusieurs menuisiers, serruriers et peintres étant à l'ouvrage du matin au soir, tout fut prêt en moins de trois semaines. Je laissai au directeur le soin de trouver vingt jeunes filles destinées à peindre et qui devaient recevoir leur salaire tous les samedis. Je mis dans le magasin trois cents pièces de taffetas, de gros de Tours et de camelots de diverses couleurs pour y peindre des dessins dont je m'étais réservé le choix, et je payai tout argent comptant.

J'avais calculé avec le directeur d'une manière approximative, et ne comptant sur le débit qu'au bout d'un an, qu'il fallait que je déboursasse trois cent mille francs, ce qui ne me gênait pas. Dans tous les cas j'aurais pu recou-

---

(1) La manufacture dont parle Casanova pourrait bien être celle qui s'installait vers le milieu de l'année 1758, dans l'enclos du Temple, à l'hôtel de Guise (auj. remplacé par l'immeuble portant le n° 18 de la rue Dupetit-Thouars) et dont il est souvent question aux audiences du bailliage sous la raison sociale : Roger de Sery, de Richecourt, Delafosse, Fourré, Dumars, Despares et Deleau, tous associés et entrepreneurs d'une manufacture de pékin et soie peinte. Dans cette entreprise, comme pour la loterie, le nom de Casanova n'aurait pas figuré, car c'est la seule de ce genre qu'on trouve dans l'enclos à cette époque (ARCH. NAT. *Bailliage du Temple* Z² 3769-3770, 3892.)

rir à mes actions, dont la vente était sûre et facile, mais j'espérais bien ne jamais me trouver dans cette nécessité, car je ne visais pas moins de deux cent mille francs de rente.

Je ne me dissimulais pas, au reste, que cette entreprise pouvait me ruiner si le débit me manquait ; mais comment concevoir cette crainte en voyant la beauté de mes étoffes, et en m'entendant dire chaque jour que je ne devais pas les vendre à si bon marché ! la chose était difficile quand tout autorisait à nourrir les plus belles espérances.

Je déboursai en moins d'un mois, pour monter cette maison, environ soixante mille francs, et je m'étais obligé à une dépense de plus de douze cents francs par semaine.

Mme d'Urfé riait de bon cœur chaque fois qu'elle me voyait, car elle était persuadée que toute cette entreprise n'avait pour but que de dérouter les curieux et de m'assurer l'incognito, tant elle était fortement persuadée que je faisais à volonté la pluie et le beau temps.

L'aspect de vingt jeunes filles toutes plus ou moins jolies et dont la plus âgée n'avait pas vingt-cinq ans, loin de me faire trembler comme j'aurais dû le désirer, me fit un plaisir extrême. Je me crus transporté au milieu d'un sérail, et je me plaisais à les contempler dans leur petit air modeste et soumis, attentives aux leçons du maître qui les dirigeait dans leur travail. Les mieux payées ne gagnaient que vingt-quatre sous par jour ; et toutes jouissaient d'une réputation de sagesse parfaite, car elles avaient été choisies par la femme du directeur, femme mûre et dévôte, qui m'avait supplié de lui accorder cette faveur, et que j'espérais bien réduire au rôle de complaisante si l'envie me prenait du fruit de son choix. Manon Baletti ne partagea pas ma joie ; elle frémit en me voyant possesseur d'un harem où elle sentait bien que ma vertu ne tarderait pas à trouver quelque nouvel écueil. Elle me bouda tout de bon, quoique je lui eusse assuré qu'aucune d'elles ne couchait dans la maison.

Cet établissement me grandissait à mes propres yeux et me donnait une importance qui provenait à la fois de l'espoir fondé d'une fortune brillante et bien acquise, et de l'idée que je fournissais à l'existence d'un assez grand nombre de personnes ; mais ce bonheur était trop pur pour que mon mauvais génie ne vînt pas me jeter quelque chose en travers.

Il y avait déjà trois mois que Mlle X. C. V. était au couvent, et le terme de sa délivrance approchait. Nous nous écrivions deux fois par semaine, et sur cet article je vivais fort tranquille ; quant à M. de la Popelinière, il ne pouvait plus en être question, puisqu'il était marié, et mademoiselle, au sortir du couvent, devant retourner chez sa mère, il ne serait plus question de rien. Mais lorsque tout conspirait à fortifier ma sécurité, le feu qui couvait sous les cendres éclata comme on va le voir.

Un jour, sortant d'un dîner chez Mme d'Urfé, j'allais me promener aux Tuileries. J'avais fait une couple de tours dans la grande allée, quand j'aperçois qu'une vieille femme accompagnée d'un homme vêtu en noir et portant une épée m'observe d'un air scrutateur, et semble communiquer ses observations à son compagnon (¹). La chose étant toute simple dans un lieu public aussi fréquenté, je continue ma promenade sans plus de réflexions ; mais au retour je vois les mêmes individus arrêtés à m'observer en face. Les ayant considérés à mon retour, je me rappelle avoir vu cet homme dans un tripot où il portait le nom gascon de Castel-Bajac. Je reviens sur mes pas, et, ayant observé de plus près la tête de la mégère, je m'aperçois avec peine que

---

(1) Cette fâcheuse rencontre aux Tuileries eut lieu le 4 mars. Ce n'est donc pas trois mois après la visite que Casanova avait faite à la sage-femme en février, mais bien quelques jours après.

c'est elle que je suis allé consulter avec Mlle X. C. V. au sujet de la grossesse. Persuadé qu'elle m'avait reconnu, mais pensant n'avoir rien à craindre, je sors du jardin pour aller me promener ailleurs. Le surlendemain à onze heures, au moment où j'allais sortir pour monter en voiture, je vois un homme de mauvaise mine qui me présente un papier en me disant de le lire. Je l'ouvre, mais, voyant un griffonnage illisible, je le lui rends en lui disant de le lire lui-même. Il s'exécute, et je m'entends assigné à comparaître devant le commissaire de police pour répondre à une plainte que portait contre moi la sage-femme dont j'ai oublié le nom.

Quoique je pusse facilement deviner sur quoi je serais interrogé, et persuadé qu'elle ne pourrait fournir aucune preuve de ce qu'elle déposerait contre moi, je me rendis chez un procureur de ma connaissance, et je le chargeai dans les formes de me représenter. Je l'avertis que je ne connaissais et que je n'avais connu aucune sage-femme à Paris. Il se rendit chez le commissaire, et le lendemain il m'apporta copie de la plainte.

Elle se plaignait qu'une nuit j'avais été chez elle avec une jeune dame enceinte d'environ cinq mois, et, que tenant un pistolet d'une main et un rouleau de cinquante louis de l'autre, je ne lui avais laissé que l'alternative de mourir ou de gagner les douze cents francs en faisant avorter la dame, qui, comme moi, était en domino, ce qui indiquait que nous sortions du bal de l'Opéra. La peur, disait-elle, l'avait empêchée de refuser nettement, mais qu'elle avait été assez maîtresse d'elle-même pour me dire que les drogues n'étaient pas prêtes, qu'elle préparerait tout ce qu'il fallait pour la nuit suivante, et que nous l'avions quittée en lui promettant de revenir. Croyant que je n'y manquerais pas, elle était allé dès le matin prier M. Castel-Bajac de se tenir caché dans la chambre voisine, afin de la garantir de toute violence et pouvoir entendre les propos que je lui tiendrais ; mais qu'elle ne m'avait plus revu. Elle ajoutait qu'elle n'aurait pas manqué de faire sa déclaration dès le lendemain si elle avait su qui j'étais : mais que m'ayant reconnu la veille aux Tuileries et que M. Castel-Bajac lui ayant dit mon nom, elle croyait du devoir de sa conscience de me dénoncer pour que je fusse livré à la rigueur des lois, et qu'elle obtint réparation de l'outrage que je lui avais fait. Le sieur Castel-Bajac avait signé comme témoin.

— La calomnie est évidente, me dit mon procureur, ou rien au moins ne peut attester la vérité des faits dont cette femme vous accuse. Je vous conseille donc de porter l'affaire au lieutenant criminel pour en obtenir la satisfaction que votre honneur exige. Je l'autorisai à faire tout ce qu'il jugerait convenable, et trois ou quatre jours après il vint m'annoncer que ce magistrat voulait me parler en particulier, et qu'il m'attendrait chez lui le même jour à trois heures de l'après-midi.

Je ne manquai pas au rendez-vous, comme on le pense bien. Je trouvai un homme poli et tout à fait aimable. C'était le fameux M. de Sartines, que le roi nomma lieutenant de police deux ans plus tard (¹). La charge de lieutenant-criminel était une charge vénale, que M. de Sartines vendit dès que le monarque l'eut appelé à la tête de la police.

Aussitôt que je lui eus fait ma révérence, M. de Sartines m'invita à m'asseoir près de lui, puis il me parla ainsi :

— Monsieur, je vous ai fait prier de passer chez moi pour notre avantage réciproque, car, dans le cas où vous vous trouvez, nos intérêts sont inséparables. Dans le procès que l'on vous intente, vous avez raison de récri-

(1) Casanova fait là encore une petite erreur de date. M. Bertin de Bellisle remplit la charge de lieutenant de police du 29 octobre 1757 au 21 novembre 1759, et M. de Sartines lui succéda à partir de cette dernière date jusqu'au 24 août 1774.

miner devant moi, si vous êtes innocent; mais avant tout vous devez me faire connaître la vérité dans tout son jour. Je suis prêt à vous aider en faisant abstraction de ma qualité de juge; mais vous sentez que pour établir la culpabilité de votre partie adverse, il faut la convaincre de calomnie. Je désire de vous une information extrajudiciaire et toute confidentielle, car votre affaire est déjà grave au premier chef, et de nature, malgré votre innocence à vous croire obligé à des réserves pour votre honneur. Vos adversaires n'auront aucun respect pour votre délicatesse. Ils vous serreront tellement de près que vous vous verrez forcé de subir une condamnation infamante ou à manquer à ce que vous pouvez croire devoir à l'honneur pour manifester votre innocence. C'est une confidence de tête-à-tête que j'ai l'honneur de vous faire en ce moment. Sachez que dans certains cas l'honneur m'est cher au point de le défendre au prix des règles les plus strictes et les plus rigoureuses de la justice criminelle. Payez-moi de retour; accordez-moi une entière confiance, dites-moi tout sans réserve, et captivez par là mon amitié et ma bienveillance. Je ne risque rien si vous êtes innocent, car la qualité d'ami ne pourra jamais m'empêcher d'être intègre; mais si vous êtes coupable, je vous plains, car je vous avertis que je serai juste.

Après lui avoir dit tout ce que le sentiment me suggérait pour lui prouver ma reconnaissance, je lui assurai que je n'étais pas dans le cas de devoir faire des réserves par rapport à l'honneur, et que par conséquent je n'avais rien à lui dire extra judiciairement. — La sage-femme ajoutai-je, m'est absolument inconnue; ce ne peut être qu'une scélérate qui, de moitié avec un compagnon digne d'elle, veut m'escroquer de l'argent.

— Je me plais à le croire, me répondit-il; mais si cela est vrai, voyez comme le hasard la favorise pour vous rendre longue et difficile la preuve de votre innocence. Il y a trois mois que la demoiselle a disparu. On connaît votre intimité avec elle ; vous la voyiez à toute heure, vous avez passé avec elle plusieurs heures la veille de sa disparition, et on ignore où elle est. Tous les soupçons se sont portés sur vous, et des espions payés vous guettent sans cesse. La sage-femme m'a fait présenter hier son réquisitoire par l'avocat Vauversin. Elle prétend que la dame enceinte que vous lui avez présentée est la même que celle que madame X. C. V. réclame. L'accusatrice déclare en outre que vous étiez tous deux en domino noir, et la justice a déjà vérifié qu'en effet vous vous trouviez tous deux au bal de l'Opéra en domino noir la même nuit que cette femme indique comme vous étant présentés chez elle ; et de plus tous les rapports s'accordent sur ce point, c'est que vous avez disparu du bal ensemble.

Ce n'est là, à la vérité, que des demi-preuves, mais elles font trembler.

— Pourquoi tremblerais-je ?

— Pourquoi ? parce qu'un faux témoin, facile à trouver pour de l'argent, peut jurer impunément qu'il vous a vus tous deux sortir du bal et monter dans un fiacre. Un fiacre même, corrompu par un peu d'argent, peut témoigner qu'il vous a conduit chez la sage-femme. Dans ce cas, je me verrais forcé de vous décréter de prise de corps pour vous forcer à nommer la personne que vous avez menée chez votre accusatrice. Songez qu'on vous accuse de l'avoir fait avorter, et que trois mois se sont écoulés sans que sa famille ait pu découvrir son asile ; on la dit morte, et sentez-vous toute l'importance d'une accusation de meurtre ?

— Certainement, monsieur ; mais si je périssais, tout innocent que je suis, c'est vous qui m'auriez condamné. Vous seriez plus à plaindre que moi.

— Vous avez bien raison, mais cela ne changerait en rien votre sort. Au reste, soyez sûr que je ne vous condamnerais pas innocent, mais vous auriez peut-être à languir longtemps dans un cachot avant de pouvoir prouver votre innocence. Enfin, vous voyez qu'en vingt-quatre heures cette affaire est devenue très mauvaise, et que, dans huit jours, elle peut devenir affreuse. Ce qui a excité mon intérêt en votre faveur est l'absurdité de l'accusation, qui m'a fait rire ; mais les accessoires qui la compliquent rendent l'affaire sérieuse. Je vois la vraisemblance de l'enlèvement, je vois l'amour et l'honneur surtout qui vous forcent à la réserve. J'ai décidé de vous parler, et j'espère que vous m'ouvrirez votre cœur sans réserve. Je vous épargnerai tous les désagréments qui vous menacent, tout innocent que je vous suppose. Dites-moi tout, et soyez sûr que l'honneur de la demoiselle n'en souffrira en aucune façon ; mais si vous vous savez malheureusement coupable des crimes qu'on vous impute, je vous conseille de prendre des mesures prudentes qu'il ne m'appartient point de vous suggérer. Je vous préviens que, dans trois ou quatre jours, je vous ferai citer au greffe, et que là vous ne me verrez qu'en qualité de juge juste, mais impartial et sévère comme la loi.

J'étais pétrifié, car ce discours me montrait dans toute sa nudité le danger où je me trouvais. Je sentis tout le cas que je devais faire des offres bienveillantes de cet homme de bien, et je lui dis d'une voix altérée que, tout innocent que j'étais, je me voyais dans la nécessité de me prévaloir de ses bontés relativement à l'honneur de Mlle X. C. V., qui, exempte de tout crime, se voyait exposée à perdre sa réputation par le bruit que ferait cette mauvaise affaire.

— Je sais où elle est, ajoutai-je, et je puis vous assurer qu'elle n'aurait point quitté sa mère, si on n'avait pas voulu la contraindre à épouser un homme qu'elle détestait.

— Mais cet homme est marié maintenant ; qu'elle retourne chez sa mère et vous voilà sauvé, à moins que la sage-femme n'insiste en soutenant que vous l'avez fait avorter.

— Hélas! monsieur, il n'est nullement question d'avortement; mais d'autres raisons l'empêchent de retourner au sein de sa famille. Je ne puis vous en dire davantage sans un consentement que je tâcherai d'obtenir. Je pourrai alors vous donner toutes les lumières que votre belle âme mérite. Accordez-moi l'honneur de m'écouter ici une seconde fois, après-demain.

— J'entends; je vous écouterai bien volontiers et je vous remercie autant que je vous félicite. Adieu.

J'étais sur le bord du précipice, mais j'étais bien décidé à sortir du royaume plutôt que de trahir le secret de ma chère malheureuse amie. Si la chose avait été possible, j'aurais volontiers étouffé l'affaire à force d'argent; mais il n'en était plus temps. J'étais persuadé que Farsetti était le principal agent de tout cet imbroglio, qu'il m'avait constamment poursuivi, et que c'était lui qui payait les espions dont m'avait parlé M. de Sartines. C'était encore lui qui m'avait suscité l'avocat Vauversin, et je ne devais pas douter qu'aucun sacrifice ne lui coûtât pour arriver à me perdre. Je sentis que je n'avais rien de mieux à faire que de me confier sans réserve à M. de Sartines, mais il me fallait pour cela le consentement de Mme du Rumain.

* *

Qu'on me permette ici d'ouvrir une parenthèse et d'interrompre un moment le récit de Casanova pour soumettre les documents relatifs à cet épisode qu'on lira je crois avec intérêt, car ils viennent confirmer l'aventure.

Après la rencontre de Casanova et de la sage-femme, le bruit de la tentative d'avortement se répandit, grâce à la faconde méridionale du sieur de Castel-Bajac et peut-être envenima-t-il volontairement les choses après avoir tenté vaine-

ment quelques manœuvres de chantage auprès de Casanova. Quoi qu'il en soit, le lieutenant général de police eut vent de l'accusation colportée dans le public et, le 7 mars, il écrit au commissaire Thiéron :

Ce 7 mars 1759.

« Je vous prie, Monsieur, de recevoir la déclaration du sieur Castel-Bajac, à l'occasion d'un avortement proposé par le sieur Cazenova, Italien, à une sage-femme. Je suis, Monsieur, Votre très humble serviteur.

« BERTIN ([1]).

Le même jour, le diligent commissaire entend Castel-Bajac, dont la déposition est relatée en ces termes :

« Ce jourd'huy, mercredy, sept mars mil-sept-cent-cinquante-neuf, huit heures du matin ; En l'hôtel et par devant nous, Pierre Thieron, commissaire au Châtelet de Paris, Est comparu sieur Louis de Castel-Bajac, cy-devant capitaine au régiment de Cambis, demeurant ordinairement à sa terre de Pommerac, présentement à Paris, rue Jean-Saint-Denis, paroisse Saint-Germain-L'Auxerrois, à l'hôtel Saint-Germain. Lequel nous a déclaré qu'il y a environ quinze jours, étant a se promener à la foire Saint-Germain, aïant eu en rencontre une demoiselle de sa connoissance, à laquelle aïant demandé qu'elle étoit la dame avec laquelle elle se promenoit et lui aïant répondu que c'était une sage-femme, et ayant liée conversation avec elle, cette demoiselle, dans le courant de cette conversation aïant dit que les demoiselles étoient bien malheureuses d'avoir affaire à des hommes sans sentimens, lui comparant l'avoit engagé à lui dire ce que cela signifioit, à quoi elle avoit répondu, après quelqu'instance, qu'elle déploroit le sort d'une jeune demoiselle bien née, qui avoit eu le malheur de se laisser séduire par un étranger ; que sur des instances réitérées de sa part de lui faire part de cette affaires, la sage-femme avoit répondu que le croïant un galant homme elle alloit lui confier cette affaire qui lui donnoit beaucoup d'inquiétudes. Et alors elle lui a

(1) ARCH. NAT. *Châtelet*, Y 10.873.

dit qu'elle avoit été visitée, il y avoit trois ou quatre jours, environ trois heures du matin, par un particulier de l'âge d'environ quarante ans, ayant l'accent étranger, et une jeune demoiselle qui avoit le même accent et environ dix-sept ans, laquelle portoit une figure très jolie et étoit, ainsi que ce particulier, très bien et élégamens vêtus et en bijoux ; lequel particulier lui avoit demandé le secret et ensuitte lui avoit déclaré que la jeune demoiselle, avec laquelle il étoit, étoit avancée dans sa grossesse d'environ sept mois, qu'appartenant à une mère qui l'aimoit tendrement, d'ailleurs d'un caractère violent, ils avoient concerté, lui et cette demoiselle, de lui faire faire ses couches sans que cela puisse aller à la connoissance de sa mère, quoi quelle coucha dans une chambre voisine de la sienne. A quoi elle avoit répondu qu'elle ne voyoit pas qu'il y eut de la possibilité ; que sur cela, le particulier lui avoit dit qu'il viendroit la revoir pour apprendre d'elle s'il n'y auroit pas quelqu'arrangemens à prendre ; qu'étant sortis avec la demoiselle, il étoit revenu seul le lendemain et lui avoit proposé de donner quelque breuvage pour faire périr l'enfant ; qu'aïant répondu quelle n'étoit point dans l'usage d'entendre à de pareilles propositions, il lui avoit répondu qu'elle en seroit bien payé, et qu'alors il lui avoit offert cinquante Louis qu'il avoit compté sur sa cheminée et lui avoit dit que si l'affaire réussissoit il lui en donneroit bien d'avantage ; qu'ayant rejettée cette nouvelle proposition avec horreur, et lui aïant dit que ce seroit faire périr la mère et l'enfant, il s'étoit écrié, fort animé : « *faites toujours* » ; qu'aïant persistée à ne vouloir point entendre à ces propositions, il s'en étoit allé furieux en lui laissant cependant un Louis, ce qu'il avoit déjà fait à la première visite, pour l'engager sans doute à se rendre à ses désirs. Que lui comparant désirant savoir ce que c'étoit que cette affaire, et prévenir les suittes fâcheuses quelle pouroit avoir, aïant sçu, sur le portrait quelle lui avoit fait, que c'étoit le sieur Cazenova, italien, demeurant rue du Petit-Lyon, chez un perruquier, au deuxième ; avoit été pour s'en assurer ; qu'alors il avoit cherché à savoir quelle étoit la demoiselle pour en faire parler à ses parens, aïant cru l'avoir découvert au premier grand hôtel à gauche, rue Saint-André-des-Arts, en entrant par la rue Dauphine, y aïant dans cette hôtel garni, trois jeunes vénitiennes avec leur mère ; et, aïant appris que M. De La Poplinière, fermier général, étoit lié avec elles et les venoit visiter, il avoit cru ne pouvoir mieux s'adresser qu'à lui pour la négociation de cette affaire, que s'étant rendu à cet effet chez ledit sieur De La Poplinière et lui aïant rendu les choses telles qu'il les avoient apprises, le sieur De La Poplinière lui ayant répondu qu'il ne pouvoit pas se charger de cela, ils étoient convenus que lui, Castel-Bajac, lui enverroit la sage-femme sur les huit heures du soir, afin qu'il l'entendit ; que cette femme s'y étant rendu, le sieur Demaisonneuve, qui demeure chez lui, étant présent à la conversation qu'il avoit eu avec cette femme, avoit dit que ce ne pouvoit être aucune de ces trois demoiselles, puisqu'elles n'étoient à Paris que depuis trois mois, mais qu'il en soupçonnois une autre chez laquelle le sieur Cazenova alloit d'habitude, au père de laquelle il avoit plusieurs fois observé qu'il était mal de le souffrir, ce Cazanova, étant un mauvais sujet qui pouroit séduire sa fille ; que la sage-femme s'étoit retirée, lui comparant avoit déclarée auxdits sieur De La Poplinière et Maisonneuve, que puisqu'ils paroissoient avoir plus de connoissance que lui auprès du père de cette demoiselle, il s'en rapporteroit à ce qu'ils feroient et abandonnoit dès à présent cette affaire ; que sans doute lesdits sieurs De La Poplinière et Maisonneuve n'auront pas pris assés de précaution pour que cette affaire ne transpira pas et n'alla pas jusqu'aux oreilles du sieur Cazenova par ce que lui comparant s'est apperçu, deux jours après, qu'il étoit suivi et guetté, qu'on avoit même été le demander à différentes reprises chez lui ; que voulant sortir lundi dernier, 5 heures du soir de chez lui, il avoit apperçu trois quidams sous la porte de l'allée qui fait face à la rue où il demeure, qui, le voyant, s'étoient retirés précipitamment dans l'allée, qu'ayant avancé sur eux pour voir ce que ce pouvoit être, ils avoient monté l'escalier précipitamment et s'étoient réfugiés dans une chambre au quatrième, qu'étant vis-à-vis la porte il avoit vu une femme à qui ils parloient, Et comme cette femme est de mauvaise mine il pense quelle pouvoit fort bien donner retraite à ces quidams qu'il regarde comme des gens envoyés pour l'assassiner. Et comme cette affaire pouroit avoir des suittes fâcheuses pour lui, le sieur Cazenova aïant toujours des pistolets sur lui et les ayant fait voir à la sage-femme sur le refus qu'elle avoit fait de lui livrer des breuvages, et qui d'ailleurs l'avoit regardé dimanche dernier aux Thuilleries, d'un œil menaçant il a eu lieu de craindre que cette affaire n'ait des suittes fâcheuses pour lui ; pourquoi il est venu nous faire la présente déclaration dont il nous requiert acte à lui donné et a signé.

« THIERON; DE CASTEL-BAJAC. (1).

En s'adressant à M. de la Popelinière, le remuant Castel-Bajac envenima son affaire. Le financier avait justement reçu quelques jours auparavant une lettre de menaces dans laquelle on lui demandait deux cents louis. Aussi, soupçonna-t-il l'individu qui venait ainsi lui parler de choses aussi intimes, d'être l'auteur de la lettre anonyme. Castel-Bajac bien que plaignant devint sujet à caution. Il fut filé par les mouches de la police qui adressèrent au lieutenant général de police le rapport ci-dessous :

12 Mars 1759.

« Nous avons l'honneur de vous rendre compte qu'ayant pris connoissance de la présente déclaration faite par le sieur Castel-Bajac et fait différentes vérifications à ce sujet, il paroit qu'il y a bien de la fausseté dans ycelle ; le sieur Castel-Bajac s'étant présenté chez M. de la Popelinière pour lui apprendre qu'une des trois demoiselles vénitiennes, demeurant rue Saint-André-des-Arts, étoit enceinte et avoit été chez une sage-femme, rue des Cordeliers, pour s'y faire visiter, M. de la Popelinière voulut parler à ladite sage-femme qui lui assura que le fait étoit vray, mais qu'elle ne connoissoit pas l'homme ny la demoiselle. Et s'étant rendu certain qu'aucune de ces trois demoiselles n'étoit enceinte, il présume que ce particulier ne luy étoit venu faire cette histoire que pour avoir occasion de luy parler seul dans son cabinet, et exiger de luy quelque chose; la hardiesse et l'effronterie avec laquelle il se présenta chez luy, luy ayant donné de l'inquiétude, il soubconna que ce pourroit

(1) ARCH. NAT. *Châtelet*, Y 10.873.

bien être le sieur de Castel-Bajac qui luy avoit écrit quelque temps auparavant une lettre anonyme avec menaces s'il ne portoit pas 200 louis dans un endroit indiqué dans le Palais-Royal. Il communiqua ses soupçons au sieur Roulier qui, croyant devoir s'instruire si le sieur de Castel-Bajac ne seroit pas reconnu pour être celuy qu'on a vu au Palais-Royal à l'endroit où étoit déposé le paquet et parvenir à avoir de son écriture pour la confronter avec ladite lettre anonime ; mais ledit sieur de Castel-Bajac n'ayant pas été reconnu, ni son écriture ne ressembler en aucune façon à la lettre anonime. Ceci n'a pu être fait sans que le sieur de Castel-Bajac n'ait été observé et vraisemblablement les hommes dont il parle dans sa déclaration, qu'il a vu au bout de la rue, sont deux de nos gens qui étoient pour l'y voir passer et pouvoir le reconnoître, puisqu'il est vray qu'ils ont monté à la même heure chez une femme, au quatrième étage, ne voulant pas être vus dudit sieur De Castel-Bajac qui les regardoit fixement. Ce qu'il avance dans sa déclaration en disant que le sieur de Maisonneuve qui étoit avec M. de la Popelinière luy a répondu que ce ne pouvoit être aucune de ces demoiselles vénitiennes qui puisse être grosse de sept mois et demie puisqu'elles ne sont à Paris que depuis trois mois, mais qu'il en soupçonnoit une autre chez laquelle le nommé Cazanova alloit d'habitude, au père de laquelle il avoit plusieurs fois observé qu'il étoit mal de les souffrir ; le sieur Cazanova étant un mauvais sujet qui pouvoit séduire sa fille, le sieur de Maisonneuve ne connoissoit ny Cazanova, ni aucune fille avec laquelle il ait d'habitude. Ces circonstances ainsi que les autres font croire que cette affaire a été machinée entre lui et la sage-femme, puisque une sage-femme doit être comme un confesseur et ne doit reveler ces sortes de choses qu'à la justice, ou a un magistrat pour y mettre ordre et se mettre à l'abry des évènemens, au contraire elle l'a revelé au sieur Castel-Bajac qu'elle ne connoit pas et cela dans un lieu public, et d'ailleurs quel intérêt le sieur Castel-Bajac a-t-il de faire tant de démarches pour découvrir quelle est cette demoiselle et ce particulier ? Il soupçonne tout d'un coup Cazanova, sur un signalement sans avoir auparavant pris la précaution de le faire reconnoître par la sage-femme et prétend ne connoître

Cazanova que de vue, si ce n'est pour inquiéter M. de la Popelinière, viser quelqu'argent de luy pour récompense de ses démarches, ou s'il n'est gagné par quelqu'un pour être venu lui faire une pareille confidence.

[Note] Nous avons l'un et l'autre parlé à la sage-femme qui soutient tous les faits vrais et qu'elle reconnoîtroit le Monsieur et la demoiselle qui sont venus chez elle, dont elle a reçu en deux fois deux louis.

« De La Villegaudin, Roulier, Reculé. » (¹)

La vérité du récit de Casanova ressort clairement après lecture de ces deux pièces. Nous savons que c'est bien réellement la Vénitienne de la rue Saint-André-des-Arts qui est enceinte, que ce n'est pas lui à qui incombe cette faute et qu'il n'y avait rien d'étonnant qu'elle fut grosse de sept mois tout en n'étant à Paris que depuis trois mois puisqu'elle avait cédé à son amant avant de venir en France.

Il est aussi curieux de remarquer la réflexion scrupuleuse des inspecteurs de police qui blâment la sage-femme d'avoir trahi le secret professionnel. Toutefois l'affaire suivit son cours.

Le 16 mars 1759, le commissaire Thiéron convoque Castel-Bajac, la sage-femme et les témoins pour informer plus amplement.

Il est inutile de reproduire la déposition de Castel-Bajac qui est en tous points conforme à sa première audition. On n'y apprend seulement que le méridional a quitté la rue Jean-Saint-Denis pour habiter rue du Chantre « dernier hôtel à droite par la rue Saint-Honoré. » *Mais les autres témoignages, bien que se ressemblant, sont utiles à lire. Les voici :*

« Raine Demay, âgée de trente ans, femme de Louis-Jean-Baptiste Castès, employé, elle maîtresse sage-femme, demeurante à Paris, rue des Cordeliers, paroisse Saint-André-des-Arts,

---

(1) Arsenal. *Arch. de la Bastille* 10.050.

assignée par exploit du sieur Bonnaire, huissier, en datte dujourd'hui dont elle nous a représentée la copie, laquelle après serment par elle fait de dire vérité et nous avoir déclarée n'être parente, alliée, servante, ny domestique des parties, lecture par elle faite de ladite déclaration.

« Dépose que le huit ou le dix février dernier, une dame de sa connoissance, l'aïant envoié chercher et elle s'y était rendu, cette dame lui avoit dit : « c'est pour vous procurer une affaire revenés ce soir à sept heures et vous trouverées un Monsieur qui doit vous la proposer ». Que s'y étant rendu ce Monsieur y étant, il lui a demandé, à elle déposante, son adresse afin qu'il alla la voir dans le courant de la nuit prochaine avec une demoiselle que cette affaire interressoit : quelle l'avoit inutilement attendu cette nuit ; que le lendemain ou le surlendemain, ce particulier étoit retourné seul chez elle pour lui dire quil ne leur avoit pas été possible de s'y rendre ainsi quil lui avoit promis, mais quils viendroient l'un et l'autre la nuit suivante ; qu'en effet vers les trois heures du matin, il est arrivé avec une demoiselle, jeune et jolie et magnifiquement vêtu enveloppée dans une pelisse de soye grise, doublée en entier de martre, la peau du visage fort blanche, les cheveux et les sourcils bruns, ny grande, ny petite et fort mince, parlant difficilement le françois ; que le particulier prenant la parole lui avoit dit : « Voilà la demoiselle dont je vous ais parlé. » Laquelle demoiselle lui dit : « Madame il faut que vous rendiés un service à Monsieur et à moi. » Qu'alors le particulier avoit reprit et dit : « Madame, Mademoiselle se trouve déjà avancée dans sa grossesse, elle a une mère furieuse capable de la déshonorer si elle apprenoit l'Etat dans lequel elle se trouve, et comme elle trouve un parti considérable pour se marier, nous voudrions bien quelle fut débarrassée, il faudroit que vous nous fissiés le plaisir de disposer un breuvage qui cause l'avortement. » Quelle leur avoir marqué sa surprise d'une telle proposition et quelle avoit constamment refusée d'y entendre en aucune façon que ce fut ; que pour la séduire sans doutte et la déterminer il a compté cinquante louis sur le manteau de la cheminée, mais que lui aïant dit qu'il en donneroit dix fois autant quelle ne ferait point une action aussi noire, ils s'en étoient allés l'un et l'autre après lui avoir laissé un louis pour sa consultation et les peines quelle avoit prise d'attendre la nuit, et encore un autre louis pour ses déboursés de carrosses et ses peines qu'elle avoit prises d'aller chez la dame de ses amis qui l'avoit mandée pour la présenter au particulier, lequel est revenu encore le lendemain pour tâcher de la détourner, mais que l'aïant refusée de façon a ne lui laisser aucun espoir de la voire se prêter à ce qu'il désiroit, il s'en est allé; Que dans le courant de la conversation quelle a eu avec lui dans la dernière visitte, lui ayant demandé s'il étoit venu dans son carrosse et s'il n'avoit pas eu quelque crainte seul avec cette Demoiselle dans les rues de Paris; il lui avoit répondu qu'ils avoient pris toutes leurs précautions, non seulement pour que cela fut ignoré de tout le monde, mais encore pour se mettre à l'abri de touttes insultes qu'on auroit pû leur faire; qu'alors il lui avoit montré deux pistolets qu'il lui dit tirer chacun trois coups, que les aïant voulu faire voir à cette demoiselle, elle lui avoit dit: « Serrés ces armes là, j'en ait peur ». A quoi il avoit répondu : « Quand vous voudriés les tirer, vous ne le pouriés pas étant à secret et à ressorts »; Que ce particulier lui a dit demeuré du côté de la Comédie Italienne, que la demoiselle qui l'avoit envoyé chercher pour lui procurer la connoissance de cette affaire se nomme Gérard, femme du monde, demeurante rue Platrière, chez l'armurier au second. Qui est tout ce qu'elle a dit savoir.

Lecture a elle faite de sa déposifion a dit icelle contenir vérité y a persisté na voulut salaire de ce enquis et a signé :

Thiéron, Demay.

« M. Alexandre Le Riche de la Poplinière, âgé d'environ soixante ans, fermier général, demeurant à Paris, rue de Richelieu, paroisse-Saint-Roch, assigné par exploit du sieur Bonnaire, huissier, etc...

« Dépose que tout ce qu'il sait du contenu en la déclaration est qu'autant qu'il se le rappelle le vingt-six février dernier, le sieur Castel-Bajac, qu'il n'avoit jamais vu et dont il n'a appris le nom que par lui-même, vint chez ledit déposant et lui dit qu'une demoiselle avoit été conduitte chez une sage-femme qui l'avoit visitée et l'avoit trouvé enceinte de sept mois environ, sans nommer à lui déposant ladite demoiselle, qu'il avait été proposé à ladite sage-femme de la faire avorter, à quoi elle s'étoit refusée ; que ledit sieur Castel-Bajac invita lui déposant a informer de ces faits la mère de la demoiselle qu'il lui désigna. Sur quoi lui déposant lui dit que c'étoit certainement une injure atroce qui étoit faitte à la demoiselle, et qu'il ne rendroit de pareilles horreurs à la dame sa mère, que d'ailleurs il ne voyoit pour lors que fort rarement ; que l'après-midi dudit jour ladite sage-femme vint chez lui, déposant et lui exposa a peu près les mêmes faits, et à laquelle il a répondu de la même manière, qui est tout ce qu'il a dit savoir : Lecture, etc...

« S. François-Pierre Gazon De Maisonneuve, âgé d'environ cinquante-huit ans, bourgeois de Paris, demeurant rue de Richelieu, maison de M. de la Pouplinière, fermier général, paroisse Saint-Roch, assigné, etc..

« Dépose que le vingt-six février dernier, avant le dîné, il a vu un quidam parler à M. Delapoplinière au bas de l'escalier de sa maison, que le soir lui répondant a ouvert la porte du cabinet où étaît M. de la Poplinière audit quidam que là y étoit une femme qui s'étoit ditte sage-femme, cette ditte femme avoit déclaré en entrant qu'elle venoit de la part d'un Monsieur qui avoit dû parler le matin à M. de la Pouplinière, et elle lui dit qu'une demoiselle étoit venue chez elle le dix-sept du même mois, à trois heures du matin, avec un Monsieur pour se faire visiter sur sa grossesse, et que le Monsieur lui avoit offert de l'argent pour quelle donna des breuvages à cette demoiselle pour la faire avorter. C'est sur ces entrefaites que le Monsieur qui avoit parlé le matin à M. de la Pouplinière, entra ; lui déposant l'ayant entendu dire la même chose que cette sage-femme lui dit : « Monsieur, votre phisionomie ne m'est pas inconnue. » A quoi il répondit : « Je m'appelle Le Marquis de Castel-Bajac, demeurant rue Jean-Saint-Denis, à l'hôtel Saint-Germain. » Qui est tout ce qui a dit savoir.

« Angélique Gérard, âgée de vingt-huit ans, femme de Georges Rod, perruquier en la ville de Londres, en Angleterre, elle marchande de dentelles, demeurante à Paris, rue Platrière, paroisse Saint-Eustache, assignée, etc..

« Dépose qu'un particulier quelle sçait se nommer Cazenova, Italien, quelle ne connoit que pour être venu chez elle différentes fois, la première il y a environ deux ans, et qui demeuroit alors chez un tapissier ou à côté d'un tapissier, rue de Bourbon, à la ville neuve, étant venu chez elle il y a environ un mois ou cinq semaines, elle causant avec la nommée Castès, sage-femme, cette dernière lui ayant dit quelle étoit sage-femme, demeurante rue des Cordelliers, il lui avoit répondu qu'il iroit la voir le lendemain ; Qu'environ quinze jours après ladite Castès étant venu chez elle déposante, elle avoit dit que le particulier quelle avoit vu chez elle étoit venu la voir comme il lui avoit promis; qu'il lui avoit amenée une jeune dame, paroissant être d'une grande condition ; qu'autant quelle déposante peut s'en souvenir ladite Castès lui a raporté que ledit particulier lui avoit dit que c'étoit pour visiter laditte dame qui étoit enceinte et dont le mari étoit en campagne ; que laditte Castès lui a aussi dit quelle avoit visité laditte dame et quelle l'avoit trouvée avancée dans sa grossesse de sept mois. Qu'il y a environ deux mois, ayant rencontré le sieur Cazenova, rue de Richelieu, et lui ayant demandé pourquoi il avoit été environ quinze ou dix-huit mois sans la venir voir, il lui répondit qu'il avoit été à l'armée ; quelle ignore sa demeure actuelle ; que depuis que laditte sage-femme a fait ce raport à elle déposante, ledit sieur Cazenove ne l'est venu voir qu'une seulle fois, qu'il étoit fort en colère et étoit sorti dans le même moment en disant que la sage-femme étoit une misérable et avoit ajouté qu'il la reviendroit voir. Qui est tout ce quelle a dit savoir. Lecture, etc... » (¹)

Jusque-là Casanova n'avait dit mot, soit qu'il ignorât l'enquête ouverte à son sujet, soit qu'il attendit le moment de paraître. Ce n'est que le 5 avril 1759 qu'il s'adresse au commissaire Guyot pour porter plainte à son tour, et le procès-verbal suivant est dressé :

« L'an mil sept cent cinquante neuf, jeudi 5 avril, heure de midy, en nostre hôtel et par devant nous, Guyot, etc..., est

---

(1) ARCH. NAT. *Châtelet* Y 10873.

comparu le sieur Jacques Casanova, l'un des directeurs de la loterie de l'école royale militaire, demeurant à Paris à la petite Pologne. Lequel nous a rendu plainte contre la nommée Castesse, sage-femme, demeurant rue des Cordeliers, au premier, chez un perruquier, pour raison de calomnie qu'elle répand contre lui dans le public et du complot tramé entre elle et quelques quidams de le perdre dans cette ville d'honneur et de réputation, Et nous a dit qu'il a appris qu'un quidam, à lui inconnu, avoit à l'instigation de ladite Castesse, fait une déclaration chez Me Thieron, notre confrère, par laquelle entre autres faits, il accusoit le plaignant d'avoir mené une fille chez ladite Castesse, pour examiner s'il elle étoit grosse, et lui avoit proposé, dans le cas où elle le seroit, de la faire avorter ; que ledit quidam a ajouté que le plaignant le suivoit dans l'intention de l'assassiner, que ces faits très graves en apparence, sont dénués de toute vraisemblance et exactement faux, qu'ils n'ont pu être imaginés par ladite Castesse que dans l'intention de perdre le plaignant, et comme il a intérêt de se pourvoir pour obtenir la réparation desdites calomnies, injures et complots lorsqu'il aura une connaissance plus particulière des faits contenus dans dans la déclaration contre lui faite, et de poursuivre par la voye extra ordinaire les auteurs dudit complot, il a été conseillé de venir par devant nous, nous rendre la présente plainte, etc... » (1).

Casanova avait été bien conseillé, et, le 20 avril, le commissaire Thiéron, en compagnie de l'huissier à cheval Bouton, porteur d'un décret de prise de corps contre la Castesse, se rendaient rue des Cordeliers, montaient chez la sage-femme et, après avoir apposé les scellés chez elle, la conduisaient au grand Châtelet (2).

Quant à Castel-Bajac, il faut s'en rapporter à Casanova, quand il le dit enfermé à Bicêtre, ce qui dut arriver. Ainsi finit cette aventure.

(1) ARCH. NAT. *Châtelet* Y 13520.
(2) ARCH. NAT. *Châtelet* Y 10874.

CHAPITRE XII.

Je suis interrogé. — Je donne trois cents louis au greffier. — La sage-femme et Castel-Bajac sont emprisonnés. — Mademoiselle accouche d'un garçon, et oblige sa mère à me faire réparation. — Mon procès est mis au néant. — Mademoiselle part pour Bruxelles, et va avec sa mère à Venise où elle devient grande dame. — Mes ouvrières. — Mme Baret. — Je suis volé, enfermé et remis en liberté. — Je pars pour la Hollande.

Le lendemain de ma première entrevue avec M. de Sartines, je me rendis de bonne heure chez Mme du Rumain. Le cas était pressant, je pris la liberté de la faire réveiller, et dès qu'elle put me recevoir, je l'informai exactement de tout.

— Il n'y a pas à balancer, mon cher Casanova, me dit cette charmante dame, il faut tout confier à M. de Sartines, et je lui parlerai aujourd'hui sans faute.

A l'intant même elle se mit à son pupitre et écrivit au lieutenant-criminel pour lui demander une audience à trois heures, l'après-midi. Le domestique, revint en moins d'une heure avec un billet qui lui annonçait qu'elle serait attendue. Nous convînmes que je la reverrais le soir et qu'elle m'instruirait alors du résultat de sa visite.

A cinq heures j'étais déjà chez elle, et je n'attendis son retour que quelques instants.

— J'ai tout dévoilé, me dit-elle ; il sait qu'elle est à la veille d'accoucher, il sait que vous n'êtes point le père de ses œuvres, ce qui vous donne un grand reflet de générosité. Je lui ai dit que, dès que mademoiselle serait délivrée et rétablie, elle rentrerait chez sa mère, sans cependant avouer sa faute, et que l'enfant serait placé en lieu sûr. Vous n'avez rien à craindre et vous pouvez être tranquille ; mais comme l'action intentée doit avoir son cours, vous serez cité au greffe pour après-demain. Je vous conseille d'aller voir le greffier sous un prétexte quelconque, et de trouver le moyen de lui faire accepter quelque argent.

Je fus cité et je comparus. Je vis M. de Sartines *sedentem pro tribunali*. A la fin de la séance il me dit qu'il était obligé de me décréter d'ajournement personnel, et il m'avertit que, pendant mon ajournement, je ne pourrais ni m'absenter de Paris ni me marier, parce que tout droit civil demeurait suspendu par l'action d'un procès criminel. Je lui répondis que je ne ferais ni l'un ni l'autre.

Je suis convenu, à mon interrogatoire, d'avoir été au bal de l'Opéra en domino noir, la nuit indiquée dans l'acte d'accusation, mais j'ai nié tout le reste. Quant à Mlle X. C. V., j'ai dit que ni moi ni personne de sa famille ne l'avions jamais soupçonnée d'être grosse.

Ma qualité d'étranger pouvait inspirer à Vauversin l'idée de me faire décréter de prise de corps, sous prétexte que je pourrais m'enfuir ; je jugeai que l'occasion m'était favorable pour mettre le greffier dans mes intérêts, et je me rendis auprès de lui. Après lui avoir fait part de mes craintes, je lui glissai dans la main un rouleau de trois cents louis, dont je n'eus garde de lui demander quittance, lui disant que c'était pour fournir aux frais du procès, s'il arrivait que ce fût à moi à les payer. Il me conseilla d'exiger caution de la sage-femme, et je chargeai mon procureur de cette besogne ; mais voici ce qui arriva quatre jours après.

Je me promenais à pied sur le boulevard du Temple, lorsque je fus abordé par un Savoyard qui me remit un billet dans lequel je trouvai qu'une personne, qui se tenait dans une allée à cinquante pas de là, désirait me parler. C'est, me dis-je à moi-même, ou une aventure amoureuse ou un cartel ; allons voir. Je fais arrêter ma voiture qui me suivait, et je me rends au rendez-vous.

Je peindrais difficilement ma surprise quand je vis devant moi l'indigne Castel-Bajac. — Je n'ai, me dit-il en m'apercevant, que deux mots à vous dire. Nous sommes ici en sûreté. Je viens vous proposer un moyen sûr de finir votre procès, et de vous épargner beaucoup d'argent et d'inquiétudes. La sage-femme est sûre que c'est bien vous qui êtes allé chez elle avec une femme enceinte ; mais elle est fâchée maintenant qu'on vous accuse de l'avoir enlevée. Donnez-lui cent louis ; elle ira déclarer au greffe qu'elle s'est trompée ; et tout sera fini pour vous. Vous ne lui payerez cette somme qu'après que sa déclaration sera faite : votre parole lui suffit. Venez avec moi parler à Vauversin, et je suis certain qu'il vous persuadera ce que je vous propose. Je sais où il est ; allons, suivez-moi de loin.

Je l'avais écouté sans mot dire, et j'étais enchanté de voir avec quelle facilité ces coquins allaient se découvrir.

— Allons, dis-je à l'espion de Gascogne, conduisez-moi. Il sort et je le suis au troisième étage d'une maison de la rue aux Ours, où je trouvai l'avocat Vauversin. Dès qu'il m'aperçut, il vint au fait sans préambule. La sage-femme, me dit-il, passera chez vous avec un témoin dans l'intention apparente de vous soutenir en face que c'est vous qui lui avez amené une femme en l'engageant à la faire avorter, elle ne vous connaîtra pas. Elle ira ensuite au greffe avec le témoin, où elle déclarera qu'elle s'est trompée, et cela suffira pour que M. le lieutenant-criminel suspende toutes les poursuites. Par ce moyen, vous êtes sûr de gagner le procès contre la mère et la demoiselle.

Trouvant cela assez bien imaginé, je lui dis que je serais au Temple tous les jours jusqu'à midi.

— Mais la sage-femme a besoin de cent louis.

— C'est-à-dire que cette honnête femme met son parjure à ce prix. N'importe, je les promets et vous pouvez compter sur ma parole ; mais je ne les donnerai que lorsqu'elle aura fait enregistrer sa méprise au greffe.

— Cela suffit, monsieur, pourvu que vous consentiez à débourser auparavant le quart de la somme, qui me revient pour mes frais et honoraires,

— Je suis prêt à vous satisfaire si vous consentez à m'en donner quittance en règle.

Il hésita d'abord ; mais, après une longue discussion, l'argent lui tenant à cœur, il fit comme je voulais, et je lui comptai vingt-cinq louis. Il me remercia beaucoup et finit par me dire que, quoique Mme X. C. V. fût sa cliente, il me donnerait en secret les conseils les plus propres à déjouer toutes les procédures. Je le remerciai aussi vivement que si j'avais l'intention de faire usage de ses offres, et je me retirai pour écrire à M. de Sartines tout ce qui venait de se passer.

Trois jours après on m'annonça une femme et un homme qui demandaient à me voir. Je sors, et, m'adressant à la femme, je lui demande ce qu'elle désire.

— Je voudrais parler à M. Casanova.

— C'est moi.

— Je me suis donc trompée, monsieur. Je vous demande pardon.

Son compagnon sourit, et ils partirent.

Ce jour-là, Mme la comtesse du Rumain reçut une lettre de l'abbesse qui lui annonçait que sa protégée avait mis au monde un joli poupon, et qu'elle avait eu soin de l'envoyer dans un endroit où il serait parfaitement bien soigné. Elle lui disait que mademoiselle ne quitterait le couvent qu'au bout de six semaines et qu'elle rentrerait chez sa mère munie d'un certificat qui la mettrait à l'abri de tout désagrément.

Peu de temps après, la sage-femme fut mise en prison

et au secret ; Castel-Bajac fut envoyé à Bicêtre, et Vauversin fut rayé du tableau des avocats (^{1}). Les poursuites dirigées contre moi par Mme X. C. V. durèrent jusqu'à la réapparition de sa fille ; mais je savais que je ne devais point m'en inquiéter. Mademoiselle rentra à l'hôtel de Bretagne vers la fin du mois d'août et présenta à sa mère le certificat de l'abbesse qui déclarait l'avoir gardée quatre mois pendant lesquels elle n'était jamais sortie et n'avait reçu aucune visite. C'était l'exacte vérité ; mais l'abbesse disait aussi qu'elle ne rentrait dans sa famille que parce qu'elle n'avait plus rien à redouter des poursuites de la Popelinière et en cela la nonne mentait.

Mlle X. C. V. sut profiter de la satisfaction que sa mère éprouvait de la revoir sans tache à ses yeux pour l'obliger à communiquer en personne le certificat de l'abbesse à M. de Sartines, à déclarer qu'elle se désistait de toute poursuite contre moi, et à me faire une ample réparation ; lui disant que j'étais en droit de réclamer des dédommagements, et que, pour ne pas nuire à sa réputation, il fallait garder sur tout le passé un silence absolu.

La mère m'écrivit la lettre la plus satisfaisante, et je m'empressai de la faire enregistrer au greffe, ce qui mit fin à mon fatal procès dans toutes les formes. Je lui écrivis à à mon tour pour la féliciter ; mais je ne remis plus le pied chez elle, afin d'éviter toutes les scènes désagréables qui auraient pu résulter de ma rencontre avec Farsetti.

Mademoiselle ne pouvant plus rester à Paris, où son histoire était sue de tout le monde, Farsetti se chargea de la conduire à Bruxelles avec sa sœur Madeleine. Quelque temps après, la mère alla l'y rejoindre et ils partirent pour Venise, où, trois ans après, elle devint grande dame.

---

(1) Vauversin était pourtant encore avocat quand il mourut le 5 juillet 1775 rue des Fossés-Saint-Germain (ARCH. NAT. *Scellés* Y 10791).

Quinze ans plus tard je l'ai revue veuve, assez heureuse et jouissant d'une honorable considération par rapport à son rang, à son esprit et à ses vertus sociales ; mais je n'ai plus eu avec elle aucune espèce de liaison (¹).

Dans quatre ans, le lecteur verra où et comment j'ai retrouvé Castel-Bajac. Vers la fin de la même année 1759, avant de partir pour la Hollande, je déboursai plusieurs centaines de francs pour obtenir la mise en liberté de la sage-femme.

Je menais une vie de prince et on pouvait me croire heureux ; je ne l'étais pas. L'énorme dépense que je faisais, ma trop grande prodigalité et mon amour pour le plaisir et la magnificence me faisaient apercevoir malgré moi des désagréments dans un avenir plus ou moins éloigné. Ma manufacture m'aurait mis en état de continuer longtemps, si les malheurs de la guerre n'avaient paralysé le débit ; mais je devais nécessairement me ressentir de la gêne générale qui régnait en France dans tous les états. J'avais dans mon magasin quatre cents pièces d'étoffes peintes, mais il n'était pas probable que je les vendisse avant la paix, et cette paix tant désirée n'était guère possible que dans un avenir loin encore, j'étais menacé d'une sorte de ruine.

Dans cette appréhension, j'écrivis à Esther d'engager son père à me fournir la moitié de mes fonds, à m'envoyer un commis intelligent et à s'associer avec moi. M. d'O. (²)

---

(1) Justine de Wynne épousa en 1761 le comte de Rosemberg, qui fut ambassadeur de l'impératrice-reine Marie-Thérèse.
Le comte de Rosemberg mourut à Vienne, le 7 février 1765, et sa veuve décéda à Padoue le 21 août 1791, âgée de 54 ans.
(ALDO-RAVA. *Lettere di donne a Giacomo Casanova*, 1912, in-12, p. 230).

(2) On a vu, page 304, que cette initiale désigne certainement le banquier Thomas Hope, mais les relations de Casanova avec sa prétendue fille sont plus douteuses puisque le Dr Tage assure que le banquier n'avait pas de fille. Peut-être Esther était-elle nièce ou proche parente du financier hollandais ?

me répondit que, si je voulais transporter la manufacture en Hollande, il se chargerait de tout et me donnerait la moitié des bénéfices; mais j'aimais Paris, et je n'accédai point à une proposition si avantageuse. J'ai pu m'en repentir.

Je dépensais beaucoup à ma maison de la Petite-Pologne; mais la dépense principale, dépense qui me ruinait et que personne ne connaissait, était celle que je faisais avec mes petites ouvrières, car, avec mon tempérament et mon goût prononcé pour la variété, vingt jeunes filles, presque toutes jolies et toutes séduisantes comme le sont les Parisiennes, étaient un écueil où ma vertu devait chaque jour faire un nouveau naufrage. J'étais curieux de la plupart, et, comme je n'avais pas la patience de leur faire partager ma curiosité par des soins préliminaires, elles profitaient de mon impatience et me vendaient leurs faveurs le plus chèrement qu'il leur était possible. L'exemple de la première servit de règle à toutes pour prétendre maison, meubles, argent, bijoux ; et je connaissais trop peu la valeur de cent louis pour qu'ils fussent un obstacle à ma satisfaction. Mon caprice ne durait jamais plus d'une semaine, et souvent il avait vieilli en trois ou quatre jours, et, comme de raison, la dernière venue me paraissait la plus digne de mes attentions. Dès que j'avais jeté mon dévolu sur une nouvelle, je ne voyais plus les anciennes; mais je continuais à fournir à leurs exigences, et cela allait loin. Mme d'Urfé, qui me croyait opulent, ne me gênait pas. Je la rendais heureuse en secondant par mes oracles les opérations magiques dont elle était chaque jour plus éprise, quoique ses expériences ne la menassent jamais au but. Manon Baletti me désolait par ses jalousies et ses justes reproches. Elle ne concevait pas, et elle avait raison, comment je pouvais différer de l'épouser, s'il était vrai que je l'aimasse. Elle m'accusait de la tromper. Sa mère mourut étique dans nos bras. Dix minutes avant d'expirer, elle me recommanda sa fille, et je lui promis bien sincèrement de l'épouser ; mais le destin, comme on ne cesse de le dire, s'y opposa toujours. Sylvia m'avait inspiré la plus vive amitié ; je la respectais comme une excellente femme, dont le cœur bienfaisant et les mœurs pures méritaient la considération et l'estime générales. Je restai pendant trois jours dans la famille, partageant du fond du cœur l'affliction de tous ceux qui la composaient.

Mon ami Tiretta perdit sa maîtresse à peu de jours de là par suite d'une douloureuse maladie. Quatre jours avant sa mort, sentant sa fin prochaine et voulant consacrer à Dieu ce qu'elle ne pouvait plus offrir aux hommes, elle congédia son amant en lui faisant présent d'une bague de prix et une bourse de deux cents louis. Tiretta plia bagages et vint à la Petite-Pologne m'apporter la fâcheuse nouvelle. Je le logeai au Temple, et, un mois après, approuvant sa vocation d'aller tenter fortune aux Indes, je lui donnai une lettre de recommandation pour M. d'O. (1) à Amsterdam, qui, en moins de quinze jours, le plaça en qualité d'écrivain sur un vaisseau de la Compagnie qui allait à Batavia. S'il avait eu une bonne conduite, il serait devenu riche ; mais ayant trempé dans une conspiration, il fut obligé de s'enfuir, et, depuis, il éprouva de grandes vicissitudes. J'ai su d'un de ses parents qu'en 1788 il était au Bengale, riche, mais dans l'impuissance de réaliser sa fortune pour retourner dans sa patrie et y passer heureusement le reste de ses jours. J'ignore ce qu'il est devenu depuis.

Au commencement du mois de novembre (2), un officier de bouche de la cour du duc d'Elbeuf vint à ma manufacture avec sa fille pour lui acheter un habit pour le jour de ses noces. Je fus ébloui de sa beauté. Elle choisit une pièce de satin très brillant, et sa belle figure s'anima de tout le feu

---

(1) Thomas Hoppe, banquier.
(2) Ce ne peut être en novembre 1758, Casanova était alors en Hollande, ni en novembre 1759 puisqu'il aura quitté Paris.

du plaisir quand elle vit que son père était content du prix ; mais sa peine fut grande quand elle entendit le commis qui disait à son père qu'il fallait acheter la pièce tout entière parce qu'on ne vendait pas en détail. Je ne pouvais résister à sa peine ; et, pour n'être pas forcé de faire une exception en sa faveur, je me hâtai de passer dans mon cabinet. Heureux si j'avais eu l'inspiration de sortir de la maison, car j'aurais épargné beaucoup d'argent ; mais aussi de quel plaisir, de quelles jouissances ne me serais-je pas privé ! Dans son désespoir, la charmante fille prie le directeur de la conduire vers moi, et celui-ci n'ose lui refuser. Elle entre ; deux grosses larmes roulaient dans ses yeux et tempéraient le feu de ses regards.

— Monsieur, me dit-elle de but en blanc, vous êtes assez riche, vous, et vous pouvez acheter cette pièce et m'en céder une robe qui me rendra heureuse.

Je jetai les yeux sur son père, et je vis qu'il avait l'air de me demander pardon de la hardiesse de son enfant.
— Votre franchise me plaît, mademoiselle, et, puisque cette complaisance doit faire votre bonheur, vous aurez la robe. Elle me sauta au cou et m'embrassa de reconnaissance, tandis que son bonhomme de père se pâmait de rire. Ses baisers achevèrent de m'ensorceler. Après avoir payé la robe, le père me dit :

— Monsieur, je marie cette petite folle dimanche ; on soupera, on dansera, et vous nous rendrez heureux si vous voulez nous faire l'honneur d'assister à la fête. Je m'appelle Gilbert, et je suis contrôleur de M. le duc d'Elbeuf. Je lui promis de ne pas y manquer et la jeune fiancée fit un saut de joie qui me la fit trouver plus belle encore.

Le dimanche je me rendis au lieu qu'il m'avait indiqué ; mais je ne pus ni manger ni danser. La belle Gilbert me tenait dans une sorte d'enchantement qui dura aussi longtemps que je demeurai au milieu de la société, au ton de laquelle je n'aurais jamais pu me faire. C'étaient des officiers de grandes maisons avec leurs femmes, leurs filles, gens qui singeaient les bonnes manières de leurs maîtres et qui n'en rendaient que les ridicules : je n'y connaissais personne, personne ne savait qui j'étais : je faisais au milieu de tout cela la figure d'un sot déplacé. Dans ces sortes de réunions, c'est celui qui a le plus d'esprit qui joue le rôle de nigaud. Chacun disait son mot à la nouvelle mariée : elle répondait à tout le monde et l'on riait souvent sans s'entendre. L'époux, benêt, maigre et triste, applaudissait son épouse de ce qu'elle entretenait tous les convives dans la gaieté. Quoique je fusse amoureux de sa femme, bien loin que j'enviasse son sort, il me faisait pitié. Je devinais qu'il ne se mariait que dans l'espoir d'améliorer son sort, et je lui prédisais en moi-même la coiffure qu'il ne pouvait manquer de porter avec une femme belle et toute de feu, lui qui était laid et qui paraissait sentir fort peu le mérite d'une pareille femme. Il me vint envie d'interroger la jeune épouse, elle m'en fournit l'occasion en venant s'asseoir près de moi au sortir d'une contredanse. Elle me remercia d'abord de ce que j'avais fait pour elle et me dit que ma belle robe lui avait valu une foule de compliments.

— Je suis certain cependant qu'il vous tarde de l'ôter, lui dis-je ; car je connais l'amour et l'impatience qu'il cause.

— C'est bien drôle que tout le monde s'obstine à me croire amoureuse, tandis qu'il n'y a que huit jours que j'ai vu M. Baret pour la première fois : avant ce temps j'ignorais absolument qu'il fut au monde.

— Et pourquoi vous marie-t-on à la hâte sans vous laisser le temps de faire plus ample connaissance ?

— Parce que mon père fait tout à la hâte.

— Votre mari est riche sans doute ?

— Non ; mais il pourra le devenir. Nous ouvrirons après-demain une boutique de bas de soie au coin de la rue Saint-Honoré et des Prouvaires. J'espère, monsieur, que vous vous fournirez chez nous; nous vous servirons de préférence.

— Vous pouvez y compter; et même je vous promets de vous étrenner, quand bien même je devrais veiller à votre porte pour m'y trouver le premier.

— Oh! que c'est aimable! Monsieur Baret, dit-elle à son mari, qui était à deux pas de nous, monsieur me promet de nous étrenner. — Monsieur a bien de la bonté, me dit le mari en s'approchant, cela nous portera bonheur; et puis monsieur sera content de moi, car mes bas ne cotonnent jamais.

Le mardi, dès la pointe du jour, je suis allé croquer le marmot au coin de la rue des Prouvaires, jusqu'au moment où une servante vint ouvrir la boutique. J'entre.

— Que voulez-vous? me dit la fille.

— Je veux acheter des bas.

— Les maîtres sont encore couchés, et vous pouvez revenir plus tard.

— Non, j'attendrai qu'ils soient levés. Tenez, lui dis-je en lui donnant six francs, allez me chercher du café, je le prendrai ici.

— Que j'aille vous chercher du café, je ne suis pas si sotte que de vous laisser seul dans la boutique!

— Vous auriez peur que je vous volasse?

— Ma foi, on en voit bien d'autres et je ne vous connais pas.

— Vous avez raison; mais je resterai.

Baret ne tarda pas à descendre et gronda la pauvre fille de ne pas l'avoir prévenu de suite. — Va dire à madame de venir, lui dit-il. Et en même temps il se hâtait de déployer des paquets pour que je pusse choisir. Il avait des gilets, des bas, des pantalons de tricot de soie; je remue tout, j'examine, mais sans me fixer sur rien, jusqu'au moment où je vis descendre sa femme, fraîche, comme une rose et d'une blancheur éblouissante ; elle me sourit de la manière la plus séduisante, s'excusa sur son négligé, et me remercia de lui avoir tenu parole.

— Je n'y manque jamais, lui dis-je, et surtout quand il s'agit d'une dame aussi aimable que vous.

Mme Baret avait dix-sept ans, d'une taille moyenne parfaitement bien faite, et, sans être une beauté accomplie, un Raphaël n'aurait jamais pu imaginer ni produire quelque chose de plus attrayant, quelque chose de plus puissant pour enflammer le cœur. Ses yeux vifs à fleur de tête, ses longues paupières qui donnait à son regard quelque chose de si modeste et de si voluptueux, sa bouche toujours embellie par le plus agréable sourire, ses dents magnifiques, ses lèvres de rose, son éblouissante blancheur, l'attention gracieuse avec laquelle elle écoutait, le son de sa voix argentine, sa douceur pétillante, sa vivacité douteuse, le peu de prétention qu'elle montrait, ou plutôt le peu de cas qu'elle semblait faire de ses charmes, dont elle paraissait ignorer la puissance, cet ensemble inexprimable enfin me tenait comme en extase dans la contemplation de ce joli chef-d'œuvre de la nature, dont le hasard ou un vil intérêt avait rendu possesseur le pauvre Baret, que je voyais là fluet, blême, frêle et tout attentif à ses bas, dont il faisait beaucoup plus de cas que du joyau dont l'hymen l'avait gratifié à tort, puisqu'il n'en sentait pas le mérite et qu'il n'en savourait pas les douceurs.

Je choisis des bas et des gilets pour vingt-cinq louis, et je les payai sans marchander. Je vis la joie peinte sur les traits de la jolie marchande, et j'en augurais favorablement pour mon amour, quoique j'eusse peu d'espérance ; car il me semblait que les mois de miel ne devaient pas être propices à une intrigue. Je dis ensuite à la fille que je lui donnerais six francs lorsqu'elle m'apporterait le paquet à la Petite-Pologne, et je partis.

Le dimanche suivant, Baret vint en personne me porter

mon paquet. Je lui donnai six francs pour les remettre à la fille, mais il me dit qu'il ne serait pas honteux de les garder pour lui-même. Je trouvai cette cupidité bien vile, et d'autant plus qu'il privait sa servante d'une douceur licite après avoir fait sur les vingt-cinq louis un bénéfice assez considérable; mais j'avais besoin de me le rendre favorable, et je n'étais point fâché de trouver un moyen si commode de lui fermer les yeux. Ainsi, tout en me promettant d'indemniser la fille, je traitai bien l'époux pour mieux l'assouplir. Je lui fais servir à déjeuner, en lui demandant pourquoi il n'avait pas amené sa femme.

— Elle m'en a bien prié, me répondit-il; mais je n'ai pas osé prendre cette liberté, crainte de vous déplaire.

— Vous m'auriez au contraire fait beaucoup de plaisir, car je trouve votre femme charmante.

— Vous avez bien de la bonté, monsieur, mais elle est encore bien jeune.

— Je ne vois pas qu'il y ait de quoi se plaindre, et, si elle aime à se promener, je serai charmé que vous l'ameniez une autre fois. Il me dit que cela lui ferait grand plaisir à lui-même.

Quand je passais en voiture devant sa boutique, je lui envoyais des baisers, mais sans m'arrêter, car je n'avais plus besoin de bas. Au reste, je me serais ennuyé avec une foule de freluquets qui, à toute heure, remplissaient son petit magasin. On s'occupait d'elle dans la ville, on en parlait au Palais-Royal; et j'étais bien aise d'entendre dire qu'elle n'était si réservée qu'en attendant quelque riche dupe. Cela me montrait que personne n'en avait goûté, et j'espérais que je pourrais bien être cette dupe... volontaire.

Quelques jours après, apercevant de loin ma voiture, elle me fit signe de la main. Je descends, et son mari, après m'avoir demandé mille pardons, me dit qu'il désirait que je fusse le premier à voir des pantalons d'une nouvelle mode qu'il venait de recevoir. Ces pantalons étaient bigarrés, et aucun élégant de bon ton ne sortait le matin sans en être affublé. C'était une mode bizarre, mais fort jolie pour un jeune homme bien fait. Comme il fallait qu'ils fussent parfaitement justes, je lui dis qu'il m'en fasse faire six paires, et j'offris de les lui payer d'avance.

— Monsieur, en voilà de toutes les tailles; montez dans la chambre de ma femme; me dit-il, vous pourrez en essayer.

Le moment était précieux; j'acceptai, surtout quand je l'entendis dire à sa femme de venir m'aider. Je monte; elle me suit et je me mets en devoir de me déshabiller, en lui demandant pardon d'en agir ainsi en sa présence.
— Je m'imagine, me répondit-elle, que je suis actuellement votre valet de chambre, et je veux en faire les fonctions. Je ne crus pas devoir faire le difficile, et cédant à son empressement, après avoir ôté mes souliers, je lui livrai ma culotte, ayant cependant soin de garder mes caleçons pour ne pas trop effaroucher sa pudeur. Quand cela fut fait, elle prit des pantalons, me les essaya, les ôta, m'en essaya d'autres, et tout cela avec décence de part et d'autre; car je m'étais imposé la loi de l'être jusqu'à la fin de ce charmant manège, en attendant mieux. Elle trouva que quatre de ces pantalons m'allaient à ravir, et, n'étant pas disposé à la contredire, je lui remis seize louis qu'elle me demanda, et je lui dis que je me croirais heureux si elle voulait me les apporter elle-même dans un moment de loisir. Elle descendit toute fière pour montrer à son mari qu'elle savait vendre, et, l'ayant suivie de près, Baret me dit que le dimanche suivant il aurait l'honneur de m'apporter mon emplette avec sa petite femme.

— Vous me ferez plaisir, monsieur Baret, lui dis-je, et surtout si vous restez dîner avec moi. Il me répondit qu'ayant une affaire pressante à deux heures, il ne pourrait s'engager qu'à condition que je lui permettrais de s'absenter pour cela; m'assurant qu'il reviendrait sur les cinq heures pour reprendre sa femme. Je ne me sentais pas d'aise, tant cela m'accommodait! mais je savais me posséder, et je lui répondis avec calme que, quoique cela dût me priver de sa société, il serait le maître d'en agir à son gré, d'autant plus que je ne devais sortir qu'à six heures.

J'attendis le dimanche, et le couple bourgeois me tint parole. Dès qu'ils furent chez moi, je fis fermer ma porte pour toute la journée; et comme j'étais impatient de savoir ce qui arriverait dans l'après-midi, je fis servir le dîner de bonne heure. La chère fut exquise et les vins délicieux. Le bonhomme mangea bien et bu largement, de sorte qu'il fallut, par politesse, lui faire remarquer qu'il avait une affaire pressante à deux heures. Comme il avait les esprits éveillés par le champagne, il eût l'heureuse idée de dire à sa femme de se retirer seule si ses affaires le retenaient plus tard qu'il ne croyait; et moi je m'empressai d'ajouter que je la reconduirais dans ma voiture après lui avoir fait faire un tour de promenade sur les boulevards. Il me remercia, et, témoignant quelque inquiétude d'arriver au rendez-vous, je lui mis la joie dans le cœur en lui disant qu'un fiacre, payé pour toute la journée, l'attendait à la porte. Il partit et je me trouvai enfin seul avec un bijou que j'étais certain de posséder jusqu'à six heures du soir.

Dès que j'eus entendu fermer la grosse porte sur le mari débonnaire, je dis à sa femme :

— Je vous fais compliment, madame, d'avoir un époux aussi complaisant; car, avec un homme de ce caractère, vous ne pouvez manquer d'être heureuse.

— Heureuse est bientôt dit; mais pour l'être il faut le sentir et jouir de la tranquillité d'esprit. Mon mari a une santé si délicate, que je ne puis me considérer que comme une garde-malade; ensuite il a des dettes qu'il a faites pour monter son commerce, et qui nous obligent à l'économie la plus sévère. Nous sommes venus à pied pour épargner vingt-quatre sous. Le produit de notre petit commerce nous suffirait si nous ne devions rien; mais avec des dettes tout s'en va pour les intérêts, et nous ne vendons pas assez.

— Vous avez cependant beaucoup de chalands, car chaque fois que je passe, j'en vois la boutique encombrée.

— Ces chalands ne sont que des oisifs, de mauvais plaisants, des libertins qui viennent pour me casser la tête de fadaises qui me donnent des nausées. Ils n'ont pas le sou, et nous ne les perdons pas de vue de peur que leurs mains s'égarent. Si nous voulions leur faire crédit, il y a déjà plusieurs jours que notre magasin serait vide. Je ne puis qu'être maussade avec eux, dans l'espoir de m'en débarrasser; mais je n'y réussis pas. Ils ont une intrépidité qui me déconcerte. Quand mon mari est au logis, je me retire dans ma chambre ; mais il est souvent absent, et alors je suis forcée de les supporter. Outre cela, la disette d'argent fait que nous vendons peu ; et cependant chaque samedi il faut que nous payions les ouvriers. Je prévois qu'avant longtemps nous serons forcés de les congédier, car nous avons des billets à ordre dont l'échéance n'est pas éloignée, Nous devons payer samedi six cents francs, et nous n'en avons que deux cents.

— Dans les premiers jours de votre mariage, cet état de gêne me surprend beaucoup. Votre père devait connaître l'état de votre mari ; et qu'est devenue votre dot ?

— Ma dot de six mille francs a servi en grande partie à garnir notre boutique et payer des dettes. Nous avons en marchandises trois fois plus que nous ne devons ; mais quand le débit manque, le capital est mort.

— Vous m'affligez, car, si la paix ne se fait pas, votre situation ne peut qu'empirer; car, à mesure que vous avancerez, vos besoins augmenteront.

— Oui, car, lorsque mon mari se portera bien, il sera possible que nous ayons des enfants.

— Comment! est-ce que sa santé l'empêche de vous rendre mère? Ce n'est pas possible.

— Je ne crois pas que je puisse devenir mère en restant fille, mais au reste je ne m'en soucie pas.

— Ceci me paraît incroyable. Comment un homme à moins d'être à l'agonie, peut-il être malade auprès de vous? Il est donc mort?

— Il n'est pas mort, mais il ne montre guère de vie.

Cette saillie me fit rire, et tout en l'applaudissant, je l'embrassai sans trop de résistance. Le premier baiser fut comme une étincelle électrique; elle m'embrassa, et je redoublai jusqu'à ce qu'elle fut douce comme un agneau.

— Je vous aiderai, ma charmante amie, lui dis-je pour l'encourager, je vous aiderai à solder le billet de samedi; et, tout en parlant ainsi, je l'attirai doucement dans un cabinet où un beau divan offrait un autel commode pour compléter un sacrifice amoureux.

J'étais tout enchanté de la trouver docile à mes caresses et à ma curiosité, mais elle me surprit au delà de toute expression quand, me disposant à la consommation de l'acte, et me tenant déjà en posture entre les deux colonnes, elle fit un mouvement qui me dérangea de manière à rendre toute exécution impossible. Je crus d'abord que ce n'était là qu'une de ces ruses que l'amour emploie souvent pour rendre la victoire plus douce en la faisant acheter par des obstacles qui rendent le plaisir plus vif; mais voyant que c'était tout de bon qu'elle se défendait : — Comment, lui dis-je d'un ton demi-fâché, pouvais-je m'attendre à ce refus dans un moment où j'ai cru lire dans vos yeux que vous partagiez mes ardents désirs?

— Mes yeux ne vous ont point trompé; mais que dirais-je à mon mari s'il me trouvait autrement que Dieu m'a faite?

— Il n'est pas possible qu'il vous ait laissée intacte.

— Mon ami, je ne vous mens pas ; je vous permets de vous en convaincre. Suis-je maîtresse de disposer d'un fruit qui appartient à l'hymen, avant qu'il en ait goûté la première fois ?

— Non, femme divine, non ; conserve ce fruit pour une bouche indigne de le savourer. Je te plains et je t'adore. Viens dans mes bras ; abandonne-toi à mon amour, et ne crains rien. Le fruit ne sera point mordu ; mais je puis en savourer la superficie sans y laisser aucune trace.

Nous passâmes trois heures ensemble à nous tromper par mille folies délicieuses bien propres à nous enflammer, malgré les libations réciproques et réitérées que nous fîmes. Une promesse mille fois répétée d'être toute à moi aussitôt que Baret pourrait croire qu'elle avait été toute à lui, me consola de ma mésaventure ; et après l'avoir promenée sur les boulevards, je la conduisis jusqu'à sa porte, où je la quittai en lui mettant dans la main un rouleau de vingt cinq louis.

Amoureux d'elle comme il me semblait que je ne l'avais jamais été d'aucune femme, je passais devant sa boutique trois ou quatre fois par jour, faisant d'assez longs détours, au grand déplaisir de mon cocher, qui se tuait à me dire que j'abîmais mes chevaux. J'étais heureux de la voir guetter l'instant où je passerais et m'envoyer des baisers en plaçant le bout de ses jolis doigts sur ses lèvres.

Nous étions convenus qu'elle ne me ferait signe de descendre que lorsque son mari aurait rompu la difficulté. Ce jour si ardemment désiré, si impatiemment attendu, arriva. Au signe convenu, je tirai le cordon ; et, montée sur le marche-pied de la voiture, elle me dit d'aller l'attendre à la porte de l'église Saint-Germain-l'Auxerrois.

Curieux de savoir ce qu'elle avait à me dire et de voir à quoi ce rendez-vous aboutirait, je me rendis au lieu indiqué ; et un quart après je la vis arriver, sa jolie tête cachée dans un capuchon. Elle monte dans ma voiture, me dit qu'elle a quelques emplettes à faire, et me prie de la conduire au palais Marchand (¹).

J'avais des affaires moi-même, et des affaires assez pressantes ; mais que peut-on refuser à l'objet qu'on adore ? J'ordonne au cocher de me mener à la place Dauphine, et je me préparai à lâcher les cordons de ma bourse, car j'avais un pressentiment qu'elle allait en agir sans façon. En effet, dès que nous fûmes au palais Marchand, elle entra dans toutes les boutiques, attirée par les paroles flatteuses de toutes les marchandes. Il ne s'agissait que de voir tous les bijoux, les colifichets, les modes qu'on étalait en un clin-d'œil devant elle en l'appelant *princesse*, en lui disant avec des mots sucrés que ceci, que cela lui irait à ravir. Ma Baret me regardait en me disant qu'il fallait convenir que c'était fort joli et que cela lui ferait plaisir si ce n'était pas si cher. Et moi, dupe volontaire, je renchérissais sur la marchande, l'assurant que dès qu'une chose lui plaisait, elle ne pourrait pas être trop chère, et je payais.

Pendant que ma belle choisissait mille bagatelles qui faisaient ses délices, voici ce que ma mauvaise fortune m'amena pour que, quatre ans plus tard, je me trouvasse

---

(1) C'est aujourd'hui le Palais-de-Justice qu'on appelait autrefois *le Palais* tout court et où se faisaient les commerces les plus variés. Dans la grande salle, sous les galeries autour de la Sainte-Chapelle, ce n'étaient que boutiques et échoppes. Neimetz dans son *séjour à Paris* dit : « Paris est plein de boutiques en plusieurs endroits, où l'on trouve tout ce que l'on a envie d'acheter, mais le *Palais* ainsi dit est comme le centre et l'extrait de toutes les boutiques et belles nippes. » Plus tard l'*Almanach parisien*, 1775, indique que « le palais marchand n'est pas moins curieux pour les étrangers. C'est une longue suite de salles qui précèdent et servent comme de vestibules au Palais où l'on rend justice. Tous ces endroits sont remplis de marchands qui vendent une quantité infinie de bijoux de toutes sortes, comme aussi d'autres marchandises. »

dans une situation affreuse. La chaîne des combinaisons n'est jamais interrompue (¹).

Je vois à ma gauche une jeune personne de douze à treize ans, de la figure la plus intéressante, avec une vieille femme laide qui méprisait une paire de boucles d'oreilles de strass que la jeune fille tenait dans ses jolies mains et qu'elle contemplait avec un œil de convoitise ; elle avait l'air toute triste de ne pouvoir les acheter. Je l'entendis dire à la vieille que ces boucles feraient son bonheur ; mais celle-ci les lui arrache des mains et veut la faire sortir avec elle. Ma belle demoiselle, lui dit la marchande, je vous en donnerai à meilleur marché, et de presque tout aussi belles. Mais la petite lui répond qu'elle ne s'en soucie pas, et se dispose à sortir en faisant une profonde révérence à ma *princesse* Baret.

Celle-ci, flattée sans doute de ce signe de respect, s'approche, l'appelle sa *petite reine*, l'embrasse en lui disant qu'elle est jolie comme un cœur, et demande à la vieille qui elle était.

— C'est Mlle de Boulainvillier, ma nièce (²).

— Et vous avez la cruauté, madame, dis-je à la tante, de refuser à votre charmante nièce un bijou qui la rendrait heureuse ? Permettez-moi, madame de le lui offrir. En disant cela, je mets les boucles dans les mains de la jeune personne, dont le front se couvre d'une aimable rougeur, et elle regarde sa tante comme pour la consulter.

---

(1) Casanova a du oublier de conter l'aventure qu'il promet. Rien dans la suite ne paraît se rattacher à cette rencontre.

(2) Le petit-fils de Samuel Bernard : Anne-Gabriel-Henri Bernard, marquis de Boulainvilliers, président à la deuxième chambre des enquêtes, se maria une première fois le 26 avril 1746 avec Marie-Madeleine Grimoard de Beauvoir dont il eut, en 1747, Charles-Armand-Henri-Gabriel de Saint-Saire. La marquise mourut en 1748, et la même année M. de Boulainvilliers convola avec Mlle d'Hallencourt dont il eut trois filles qui devinrent : Mme de Faudoas, la baronne de Crussol et Mme de Clermont-Tonnerre. (*Bulletin de la Société d'Auteuil-Passy*, tome IV, p. 286). Il ne peut être question ici que de l'aînée.

— Acceptez, ma nièce, puisque monsieur a la bonté de vous faire un si beau présent, et embrassez-le pour le remercier.

— Les boucles, me dit la marchande, ne coûtent que trois louis. Là-dessus l'affaire devient comique, car la vieille, tout en colère, lui dit :

— Comment pouvez-vous tromper à ce point ? vous ne les avez faites que deux louis !

— Vous avez tort, madame ; je vous en ai demandé trois.

— Ce n'est pas vrai, et je ne souffrirai pas que vous voliez ce monsieur. Ma nièce, laissez-là ces boucles ; que madame les garde.

Jusque-là c'était bien ; mais la vieille gâta tout en me disant que si je voulais donner les trois louis à sa nièce elle irait acheter ailleurs des boucles deux fois plus belles. Cela m'étant égal, je mets en souriant les trois louis devant la demoiselle, qui tenait encore son bijou dans ses mains. La marchande, alerte, s'empare de l'argent en disant que le marché était fait, que les trois louis lui appartenaient, et que les boucles étaient la propriété de la demoiselle.

— Vous êtes une friponne ! lui cria la vieille furieuse.

— Et vous une vieille maq...., lui répliqua la marchande ; je vous connais.

La populace s'attroupait devant la boutique, attirée par les cris de ces deux mégères. Prévoyant quelque désagrément, je pris la tante par le bras et la mis doucement dehors. La nièce, contente d'avoir ses belles boucles d'oreilles et se souciant fort peu qu'elles me coûtassent trois louis plutôt que deux, la suivit. Nous la retrouverons en temps et lieu.

Ma Baret m'ayant fait jeter au vent une vingtaine de louis que son pauvre mari aurait regrettés bien plus que moi, nous remontâmes en voiture, et je la reconduisis à la porte de l'église où je l'avais prise. Chemin faisant elle me dit qu'elle viendrait passer cinq ou six jours à la Petite-Pologne, et que ce serait son mari qui me demanderait la grâce de lui accorder cette faveur.

— Quand me la demandera-t-il ?

— Demain si vous passez. Venez acheter quelques paires de bas ; j'aurai la migraine, et Baret vous parlera.

On peut croire que je fus exact à me rendre chez le bon homme ; et comme je ne vis point madame dans le magasin, je m'informai amicalement de sa santé. Elle est malade et couchée, me dit-il ; elle a besoin d'aller prendre pendant quelque temps l'air pur de la campagne.

— Si vous n'avez point fait choix d'un endroit, je vous offre un appartement à la Petite-Pologne.

Il me répondit par un sourire d'approbation.

— Je vais la prier d'accepter ; en attendant, M. Baret, empaquetez-moi une douzaine de paires de bas.

Je monte, je la trouve au lit, riante, malgré sa migraine de commande. L'affaire est faite, lui dis-je, vous allez en être informée dans l'instant. En effet, le mari monte avec mes bas et lui annonce que je voulais bien avoir la bonté de lui accorder une chambre chez moi. La petite rusée me remercie en assurant son mari que le grand air lui rendra bientôt la santé. Rien ne vous manquera, madame, lui dis-je ; mais vous voudrez bien me pardonner si je ne puis guère vous tenir compagnie à cause de mes affaires. M. Baret pourra venir passer la nuit avec vous et partir le matin d'assez bonne heure pour être à l'ouverture de son magasin. Après bien des compliments, Baret conclut qu'il ferait venir sa sœur pendant tout le temps que sa femme demeurerait chez moi ; et je partis en leur disant que dès le soir même des ordres seraient donnés pour les recevoir dans le cas où je ne serais pas chez moi à leur arrivée.

Le lendemain je ne rentrai qu'après minuit, et ma cuisinière m'annonça que les deux époux, après avoir bien soupé, étaient allés se coucher. Je la prévins que je dînerais tous les jours chez moi, et je fis fermer ma porte à tout le monde.

Le lendemain je fus matinal, et, m'étant informé si l'époux était levé, j'appris qu'il était parti au point du jour et qu'il ne reviendrait qu'à l'heure du souper. Madame dormait encore. Je pensais bien qu'elle ne dormirait pas pour moi, et j'allai lui faire ma première visite. En effet, elle était éveillée; et je préludai à des plaisirs plus doux par mille baisers qu'elle me rendit avec usure. Nous plaisantâmes aux dépens du bon homme, qui était venu me confier lui-même un bijou dont j'allais faire un si bel usage, et nous nous félicitâmes de pouvoir en liberté nous sacrifier l'un à l'autre pendant toute une semaine. Allons, mon cœur, levez-vous, mettez-vous en petit déshabillé, et, quand vous serez prête, le déjeuner vous attendra dans ma chambre.

Elle ne fit pas une longue toilette : une robe du matin en toile coton, un joli bonnet garni d'une fine dentelle, un fichu de linon... mais que ce petit désabillé était embelli par la fraîcheur et les roses de son teint! Nous déjeunâmes assez vite, nous étions pressés ; et quand nous eûmes fini, je fermai ma porte et nous nous livrâmes au bonheur.

Surpris de la trouver telle que je l'avais laissée la dernière fois, je lui dis que j'espérais...; mais elle, sans me donner le temps d'achever ma phrase, me dit : Mon bijou, Baret croit ou feint de croire qu'il a fait ses fonctions de mari, mais il n'en est rien, et je suis disposée à me mettre avec toi dans un état à ne pas lui laisser le moindre doute.

— Ce sera, mon ange, lui rendre un service essentiel, et le service sera bien fait.

Tout en disant ces mots, j'étais sur le seuil du temple, et j'ouvris la porte d'une manière à briser toutes les résistances. Un petit cri, puis quelques soupirs m'annoncèrent que le sacrifice était complet, et au fait, l'autel de l'amour était inondé du sang de la victime. Après une ablution très nécessaire, le sacrificateur exerça de nouveau son zèle sur la victime, qui, devenue intrépide, provoquait sa fureur, et ce ne fut qu'après la quatrième immolation que nous remîmes la joute à un autre moment. Nous nous fîmes mille serments d'amour, de constance, peut-être étions-nous sincères dans nos promesses, puisque nous étions ivres de bonheur.

Nous ne nous séparâmes que pour nous habiller; ensuite, ayant fait un tour de jardin, nous dînâmes tête à tête, certains de retrouver dans un repas délicieux, assaisonné des meilleurs vins, les forces nécessaires pour contenter nos ardents désirs et les endormir dans les plus douces jouissances.

Au dessert, pendant que je lui versais du champagne, je lui demandai comment, avec un tempérament de feu, elle avait pu se conserver intacte jusqu'à ce jour.

— L'amour, lui dis-je, aurait pu cueillir plus tôt un fruit dont l'hymen n'a pu jouir. Tu as dix-sept ans; et il y en a bien deux que la poire était mûre.

— Oui, je le crois, mais je n'ai jamais aimé et voilà le pourquoi de tout.

— N'as-tu pas eu quelque courtisan aimable?

— On m'a recherchée, mais en vain. Mon cœur ne parlait pas. Mon père a peut-être cru le contraire quand je le priai, il y a un mois, de me marier bien vite.

— Ce serait assez naturel; mais puisque tu n'aimais pas, pourquoi l'as-tu donc tant pressé?

— Je savais que le duc d'Elbœuf ne tarderait pas à revenir de la campagne, et que, s'il m'avait encore trouvée libre, il m'aurait forcée à devenir la femme d'un homme que je méprise et qui me voulait à toute force.

— Et qui est donc cet homme pour lequel tu as tant d'aversion ?

— C'est un des infâmes mignons du duc, un véritable monstre, qui couche avec son maître.

— Comment ! est-ce que le duc a de ces goûts-là ?

— Très certainement. Il a quatre-vingt-quatre ans, et il croit être devenu femme ; il prétend qu'il lui faut un époux (¹).

Je pouffais de rire,

— Mais est-il bel homme, ce soupirant ?

— Moi, je le trouve horrible, mais tout le monde dit qu'il est beau.

La charmante Baret passa huit jours chez moi, et chaque jour nous renouvelâmes à plusieurs reprises un combat où nous étions toujours vaincus et toujours vainqueurs. J'ai vu peu de femmes aussi jolies, aussi attrayantes qu'elle, et jamais je n'en ai vu de plus fraîches ni d'aussi blanches. Sa peau était un satin composé de feuilles de roses : son haleine avait quelque chose d'aromatique qui rendait ses baisers extrêmement suaves. Elle avait la gorge merveilleusement formée, et les deux globes dont elle était surmontée, ornés de deux perles de corail, avaient la dureté du marbre. Sa taille était fine, et la courbe qui la terminait était d'une perfection à défier le pinceau du peintre le plus habile. Je trouvais à la contempler un plaisir que je ne saurais dire, et, au milieu de mon bonheur, je me sentais malheureux de ne pouvoir suffire à tous les désirs que tant de charmes réveillaient en moi. La frise qui couronnait les colonnes était composée de petites boucles d'un or pâle d'une extrême finesse, et mes doigts s'évertuaient

---

(1) Emmanuel-Maurice de Lorraine, duc d'Elbeuf avait, en effet, près de 85 ans. Il mourut à Paris, le 17 juillet 1763, en son hôtel rue Saint-Nicaise, vis-à-vis la place du Carrousel, dans sa quatre-vingt-sixième année. (*Gazette de France*, 22 juillet 1763. ARCH. NAT. *Scellés* Y 10886).

en vain pour leur donner un autre pli que celui qui leur était naturel. Elle n'avait pas été difficile à former aux mouvements vifs et gracieux qui doublent le plaisir ; la nature chez elle avait fait tous les frais de cette éducation, et je ne crois pas qu'on puisse en trouver de plus parfaite.

Nous vîmes arriver le jour de son départ avec une égale répugnance, et nous ne pouvions nous consoler de ce malheur que par l'espoir de nous réunir le plus souvent possible. Trois jours après son retour chez elle, plus amoureux que jamais, j'allai la voir, et je lui fis présent de deux billets de Mézières de cinq mille francs chacun. Son mari en pensa tout ce qu'il voulut : mais il fut heureux de pouvoir payer ses dettes, et d'être, par cette bonne fortune, en état de continuer son commerce et d'attendre la fin de la guerre. Il y a tant de maris qui se trouveraient heureux d'avoir une femme aussi productive ! (1).

Au commencement du mois de novembre, je vendis pour cinquante mille francs d'actions à un nommé Garnier, de la rue du Mail, en lui cédant le tiers des étoffes peintes que j'avais dans mon magasin, acceptant un contrôleur choisi par lui et payé par la société en commun. Trois jours après la signature du contrat, je touchai l'argent ; mais, dans la nuit, le médecin garde-magasin vida le coffre et partit. Je n'ai jamais pu concevoir la possibilité de ce vol que par la connivence du peintre. Cette perte me fut très sensible, car mes affaires commençaient à s'embrouiller ; et pour comble de malheur, Garnier, par un acte de

(1) Mme Baret apparaît comme une personne sacrifiant sans remords le travail au plaisir. Son penchant pour Casanova venait surtout de ses prodigalités. Après le départ du vénitien obligeant et serviable, le tête-à-tête avec son courtaud et ladre mari lui fut insupportable. Elle écouta un conseiller au parlement, M. Langlade, mais comme il n'avait rien des façons aimables et donnantes de Casanova, elle quitta bientôt amant et mari pour tenter la fortune. Casanova la retrouva à Saint-Pétersbourg, maîtresse du comte Razeweski, ambassadeur de Pologne et partant pour Varsovie avec un nommé Braun. (*Mémoires* VI, 97).

justice qui me fut signifié par huissier, me somma de lui restituer les cinquante mille francs. Je répondis que je ne lui devais rien, puisque son contrôleur était installé ; que le contrat et la vente étaient en bonne forme, et que, puisqu'il était associé, la perte devait être supportée en commun. Comme il persistait, on me conseilla de plaider ; mais Garnier menaça de déclarer le contrat nul, en m'accusant indirectement d'avoir détourné la somme dont j'affectais, disait-il, d'être volé. Je l'aurais volontiers rossé d'importance pour lui apprendre à vivre, mais il était vieux et cela n'aurait pas amélioré l'affaire. Je pris donc patience. Le marchand qui avait cautionné le médecin ne se trouva plus ; il venait de faire banqueroute. Garnier fit saisir tout ce qu'il y avait au magasin, et séquestrer entre les mains du *Roi de Beurre*, à la Petite-Pologne, mes chevaux, mes voitures et tout ce que j'avais.

Au milieu de tant de désagréments, je congédiai mes ouvrières ; c'était toujours une grande dépense de moins : je renvoyai les ouvriers et les domestiques que j'avais à ma manufacture. Le peintre seul resta ; il n'avait rien à réclamer, s'étant toujours payé de ses mains dans la vente des étoffes.

J'avais un procureur honnête homme, chose que l'on trouve rarement ; mais mon avocat qui m'assurait toujours que mon procès touchait à sa fin, était un fourbe. Dans le cours de la procédure, Garnier m'envoya un maudit exploit qui me condamnait à payer. Je le portai de suite à mon avocat, qui me promit d'interjeter appel le même jour et qui n'en fit rien, s'appropriant ainsi tous les frais que je faisais ou croyais faire pour soutenir un procès qu'en bonne justice je n'aurais pas dû perdre. On sut me soustraire deux autres assignations d'ordre, et sans que je m'en doutasse le moins du monde, je me vis décrété de prise de corps par défaut. A huit heures du matin on m'arrêta rue Saint-Denis, dans mon propre équipage.

Le chef des sbires s'étant assis à mes côtés, un second se plaça près du cocher et un troisième monta derrière la voiture; en cet état on força le cocher à prendre le chemin du Fort-l'Évèque.

Dès que les familiers de la justice m'eurent consigné au geôlier, celui-ci me dit qu'en payant cinquante mille francs ou en fournissant bonne caution, je pouvais à l'instant recouvrer ma liberté. — Je n'ai, lui dis-je, ni l'un ni l'autre sous la main.

— Vous resterez donc en prison.

Le geôlier m'ayant conduit dans une chambre assez propre, je lui dis que je n'avais reçu qu'une seule assignation.

— Cela ne m'étonne point, me répondit-il, car ces choses-là arrivent fort souvent; mais c'est fort difficile à prouver.

— Apportez-moi tout ce qui m'est nécessaire pour écrire et procurez-moi un commissionnaire sûr.

J'écrivis à mon avocat, à mon procureur, à Mme d'Urfé et à tous mes amis, en finissant par mon frère, qui venait de se marier. Le procureur vint tout de suite; mais l'avocat se contenta de m'écrire en m'assurant qu'il avait fait enregistrer l'appellation, et que, mon arrestation étant illégale, je pourrais la faire payer cher à ma partie adverse. Il finissait par me prier de le laisser agir et d'avoir patience pendant quelques jours.

Manon Baletti m'envoya son frère avec ses boucles d'oreilles en diamant. Mme du Rumain me dépêcha son avocat, homme d'une rare probité, et m'écrivit un billet amical dans lequel elle me disait que si j'avais besoin de cinq cents louis, elle me les enverrait le lendemain. Mon frère ne me répondit pas et ne vint pas me voir. Quant à ma chère Mme d'Urfé, elle me fit dire qu'elle m'attendait à dîner. Je la crus folle, car je ne m'imaginais pas qu'elle voulût se moquer de moi.

A onze heures, ma chambre était pleine de monde. Le pauvre Baret était venu tout en pleurant et m'offrant toute sa boutique. Ce brave homme me toucha vivement. Enfin on m'annonce une dame venue en fiacre. J'attends, personne ne vient. Impatient, je fais appeler le porte-clefs, qui me dit qu'après avoir pris quelques informations auprès du greffier de la prison elle était repartie. A la description qu'on me fit de cette dame, je devinai facilement Mme d'Urfé.

J'étais désagréablement affecté de me trouver privé de ma liberté. Je me rappellais les Plombs, et quoique je ne pusse en aucune manière comparer ma situation à celle des temps passés, je me trouvais malheureux, car cette détention devait me discréditer dans tout Paris. Ayant trente mille francs tout prêts, et des bijoux pour plus du double, j'aurais pu déposer le payement et sortir sans délai; mais je ne pouvais me résoudre à ce sacrifice, malgré les pressantes sollicitations de l'avocat de Mme du Rumain qui voulait me persuader de sortir à tout prix. — Vous n'avez, me disait cet honnête homme, qu'à déposer la moitié de la somme que je vais consigner au greffe, et je vous promets en peu de temps une sentence favorable pour la retirer.

Nous discutions vivement cette matière, quand mon geôlier entra en me disant avec beaucoup de politesse :

— Monsieur, vous êtes libre, et une dame vous attend à la porte dans son équipage.

J'appelle le Duc, mon valet de chambre, et lui ordonne d'aller voir qui était cette dame. Il revient ; c'était Mme d'Urfé. Je tire ma révérence à tout le monde, et après quatre heures d'une détention fort désagréable, je me retrouve libre dans un brillant carrosse.

Mme d'Urfé me reçut avec beaucoup de dignité. Un président à mortier qui se trouvait avec elle dans sa berline me demanda pardon pour son pays, où, par des abus criants, les étrangers se voyaient souvent exposés à ces sortes d'avanies. Je remerciai Mme d'Urfé en peu de mots, lui disant que c'était avec bien du plaisir que je me voyais devenu son débiteur, mais que c'était Garnier qui profitait de sa noble générosité. Elle me répondit avec un agréable sourire qu'il n'en profiterait pas si facilement, et que nous parlerions de cela à dîner. Elle voulut que j'allasse sans retard me promener aux Tuileries et au Palais-Royal, afin de convaincre le public que le bruit de ma détention était faux. Le conseil était bon ; je fis ce qu'elle voulait, et je lui promis d'être chez elle à deux heures.

Après m'être bien montré aux deux promenades les plus fréquentées de Paris, à celles au moins où l'on fait le plus d'attention aux individus, car sur les boulevards on ne voit que des masses; après m'être amusé de l'étonnement que je voyais sur certaines figures dont je savais être connu, j'allai remettre les boucles d'oreilles à ma chère Manon, qui, en m'apercevant, fit un cri de surprise et de bonheur. Je la remerciai tendrement de la preuve qu'elle venait de me donner de son attachement, et je dis à toute la famille que je n'avais été arrêté que par un guet-apens que je saurais faire payer cher à celui qui l'avait ourdi. Je leur promis d'aller passer la soirée avec eux, et je me rendis chez Mme d'Urfé.

Cette bonne dame, dont on connait le travers, me fit rire en me disant dès qu'elle me vit que son génie l'avait informée que je m'étais fait arrêter exprès pour faire parler de moi, pour des raisons que seul je connaissais.

— Aussitôt que j'ai été informée de votre arrestation, je me suis rendue au Fort-l'Évêque ; et dès que j'ai su du greffier de quoi il s'agissait, je suis venue prendre des obligations sur l'Hôtel-de-ville, et je les ai déposées pour vous cautionner. Mais, si vous n'êtes pas en état de vous faire rendre justice, Garnier aura affaire à moi avant de se payer sur le dépôt que j'ai fait. Quant à vous, mon ami, vous devez commencer par attaquer l'avocat au criminel ; car il est évident qu'il n'a point fait enregistrer votre appel et qu'il vous a trompé et volé.

Je la quittai vers le soir en l'assurant que sous peu de jours elle retirerait sa caution, et j'allai successivement au Théâtre-Français et au Théâtre-Italien, où je me promenai dans le foyer, afin que ma réapparition fut complète ; ensuite j'allai souper avec Manon Baletti, qui était tout heureuse d'avoir trouvé une occasion de m'avoir donné une preuve de sa tendresse, et je la comblai de joie en lui apprenant que j'allai abandonner ma manufacture, car elle était persuadée que mon sérail était le seul obstacle qui s'opposait à notre mariage.

Je passai toute la journée suivante chez Mme du Rumain. Je sentais tout ce que je lui devais, tandis que son excellent cœur lui faisait croire que rien ne pouvait assez me récompenser des oracles qui lui persuadaient que, par leur moyen, elle ne pouvait jamais faire de démarche hasardée. Je ne concevais pas qu'avec beaucoup d'esprit et, sous tous les rapports, avec un jugement très sain, elle put donner dans un pareil travers. J'étais fâché de ne pouvoir pas la désabuser ; et j'étais malheureux quand je réfléchissais qu'il fallait que je la trompasse, et que ce n'était en grande partie qu'à cette tromperie que je devais les égards qu'elle me témoignait.

Mon emprisonnement me dégoûta de Paris, et me fit concevoir pour les procès une haine que je nourris encore. Je me voyais engagé dans un double dédale de chicane et contre Garnier et contre mon avocat. Il me semblait qu'on me menait au supplice chaque fois que j'étais obligé d'aller solliciter, dépenser mon argent chez les avocats, et perdre un temps précieux que je ne croyais bien employé qu'à me procurer du plaisir. Dans cet état violent, si peu en harmonie avec mon caractère, je pris la sage résolution de travailler solidement à me rendre indépendant des événements et maître d'arranger mes plaisirs selon mes goûts. Je me décidai d'abord de me défaire de tout à Paris, d'aller une seconde fois en Hollande pour me remettre en fonds, dans l'intention de les placer en rente viagère sur deux têtes, et de vivre dès lors à l'abri de tout souci importun. Les deux têtes devaient être celle de ma femme et la mienne; ma femme devait être Manon Baletti, et ce projet, que je lui communiquai, aurait comblé ses vœux, si comme elle le souhaitait, j'avais commencé par l'épouser.

Je renonçai d'abord à la Petite-Pologne, qui ne devait me rester que jusqu'à la fin de l'année, puis je retirai de l'École-Militaire quatre-vingt mille francs qui me servaient de caution pour mon bureau de loterie de la rue Saint-Denis. Ainsi je me défis de mon ridicule emploi de receveur de la loterie, et je fis présent de mon bureau à mon commis, après l'avoir marié; je fis sa fortune. Un ami de sa femme le cautionna; c'est chose assez ordinaire.

Ne voulant pas laisser Mme d'Urfé dans l'embarras d'un procès ridicule avec Garnier, j'allai à Versailles pour prier l'abbé de la Ville, son grand ami, de l'engager à un accommodement.

L'abbé s'en chargea d'autant plus volontiers qu'il sentait que son ami avait tort; et quelques jours après il m'écrivit d'aller trouver Garnier, m'assurant que je le trouverais disposé à un accommodement à l'amiable.

Garnier était à Ruel : j'allai l'y trouver. Il avait à peu de distance de ce village une maison qui lui avait coûté quatre cent mille francs; belle propriété pour un homme qui avait amassé de grands biens dans la fourniture des vivres pendant la dernière guerre. Cet homme était dans l'opulence; mais à soixante-dix ans, il avait le malheur d'aimer les femmes, et l'impuissance l'empêchait d'être heureux. Je le trouvai en société de trois jeunes demoiselles jolies, et de bonne famille, comme je l'ai su depuis;

mais elles étaient pauvres, et la misère seule pouvait les forcer à se montrer complaisantes et à souffrir de dégoûtants tête-à-tête avec ce vieux libertin. Je restai à dîner, et j'eus occasion de voir leur modestie au travers de cette sorte d'humiliation qu'imprime presque toujours l'indigence. Après le dîner, Garnier s'endormit et me laissa le soin d'entretenir ces jeunes et intéressantes personnes, que j'aurais bien volontiers arrachées à leur malheur si je l'avais pu. A son réveil nous passâmes dans un cabinet pour conférer sur notre affaire.

Je le trouvai d'abord exigeant et tenace ; mais lorsque je lui eus dit que je me disposais à quitter Paris sous peu de jours, et qu'il vit qu'il ne pouvait pas m'en empêcher, il sentit que, si Mme d'Urfé demeurait chargée du procès, elle le prolongerait à volonté et que finalement il pourrait le perdre. Cela lui donna à penser, et il m'engagea à passer la nuit chez lui. Le lendemain, après déjeuner, il me dit : — Ma résolution est prise ; je veux vingt-cinq mille francs, ou je plaiderai jusqu'à la mort.

Je lui répondis qu'il trouverait la somme chez le notaire de Mme d'Urfé, et qu'il pourrait la toucher dès qu'il aurait donné main-levée de la caution de Fort-l'Évêque.

Je ne parvins à persuader à Mme d'Urfé que j'avais bien fait d'en venir à un accommodement qu'après lui avoir dit que mon oracle exigeait que je ne partisse de Paris qu'autant que mes affaires seraient toutes arrangées, afin que personne ne pût m'accuser de m'être éloigné pour éviter la poursuite de créanciers que je n'aurais pu satisfaire.

A deux ou trois jours de là, j'allai prendre congé de M. de Choiseul, qui me promit d'écrire à M. d'Affri pour qu'il me secondât dans toutes mes négociations si je pouvais arranger un emprunt à cinq pour cent, fût-ce avec les États-Généraux ou avec une compagnie de particuliers.

— Vous pouvez, me dit-il, assurer à tout le monde que dans le courant de l'hiver la paix sera conclue et je vous promets que je ne souffrirais pas que vous soyez frustré de vos droits à votre retour en France.

M. de Choiseul me trompait, car il savait bien que la paix ne serait pas faite ; mais je n'avais aucun projet d'arrêté, et je me repentais trop d'avoir eu trop de confiance envers M. de Boulogne pour rien entreprendre en faveur du gouvernement, à moins que l'avantage ne fût palpable et immédiat.

Je vendis mes chevaux, mes voitures, mes meubles ; je me rendis caution pour mon frère, qui avait été obligé de faire des dettes qu'il était sûr de pouvoir payer en peu de temps, car il avait sur le chevalet plusieurs tableaux qui étaient attendus avec impatience par de riches seigneurs qui les avaient commandés. Je pris congé de Manon, que je laissai baignée de larmes, quoique je lui jurasse du fond de mon cœur de ne pas tarder longtemps à venir l'épouser.

Enfin, tous mes préparatifs de départ étant faits, je quittai Paris avec cent mille francs de bonnes lettres de change et pareille somme en bijoux. J'étais seul dans ma chaise de poste : Le Duc me précédait à cheval, parce que le drôle préférait aller à franc étrier que de rester sur le siége.

Ce Le Duc était un Espagnol de dix-huit ans, fort intelligent et que j'aimais surtout parce qu'il me coiffait mieux que personne ; je ne lui refusais pas un plaisir que je pouvais lui accorder au prix d'un peu d'argent. J'avais en outre un bon laquais suisse qui me servait de courrier.

C'était le premier de décembre de 1759 ; le froid était assez sensible, mais j'étais prémuni contre ses rigueurs.

*
* *

Casanova donne la date de son départ d'une façon précise, 1 décembre 1759. Or, c'est une inexactitude, il y a erreur et devant une affirmation aussi formelle, tout porte à croire que

c'est une erreur volontaire. Casanova quitta Paris en septembre
1759. Il ne se débarrasse pas de sa maison à la Petite Pologne,
il l'abandonne ; il ne part pas de la ville, il s'esquive. Pour
expliquer cette fuite précipitée, il faut reprendre son récit au
moment où il raconte les causes qui le firent enfermer au Fort-
l'Evêque. D'après lui ce serait un nommé Garnier qui l'aurait
fait mettre en prison. Je n'ai trouvé aucune mention de ce
Garnier, en revanche à la date du 6 août 1759, les Juges-
Consuls enregistraient le différend :

« Entre Jacques Casanova, directeur de la loterie de l'Ecole
royale militaire, demeurant à la Petite-Pologne, barrière
Blanche, paroisse Clichy-la-Garenne, domicilié chez Deperay,
huissier-commissaire-priseur au Châtelet de Paris, y demeurant,
rue de Bussy, faubourg Saint-Germain, demandeur, par procuration Thienes (?) fondé, d'une part :

« Et le sieur Oberty, négociant à Paris, rue des Egouts-
Saint-Martin, par procuration Augustin Chenier fondé, d'autre
part.

« Ledit demandeur pour compte de la somme de 3.000 livres
pour le contenu en une lettre de change acceptée dudit défendeur et sur luy tirée de Rouen, le 23 mars dernier, par le sieur
Morin l'aîné, Chateleseau, procureur, audit demandeur ou à
son ordre, au 23 juillet dernier. »

Mais le sieur Oberty le même jour « somme Casanova de
déclarer s'il entend soutenir que la lettre de change à lui présentée pour être de lui Oberty signée et acceptée. A quoy ledit
Casanova [répond] que c'est la signature dudit Oberty. A
quoi ledit Oberty que ce n'est point la signature et que ce n'est
point luy qui a mis les mots accepté Oberty, qu'il ne connoit
point le tireur, convient avoir écrit et signé la missive, laquelle
est adressée à M. de Vauversin, avocat ». Tous deux re-
quièrent la vérification de la signature, le dépôt de la lettre
missive et de la lettre de change.

Le 13 août, deux experts sont nommés à cet effet et Oberty

obtient une sentence contre Casanova. Le 22 août sur le même registre une autre sentence est encore prononcée contre Casanova.

« Entre le sieur Cressent de Bernaud, négociant à Passy, domicilié chez François Brottier, huissier en l'amirauté, rue de la Grande Truanderie, paroisse Saint-Eustache, demandeur par Jean-Jacques Privé, d'une part :

« Et le sieur Casanova, directeur de la loterie royale militaire, demeurant à la Petite-Pologne, défendeur, d'autre part.

« Par le demandeur pour répondre, etc. [à la sentence] de nous, rendue le 20 du présent, voir ad [juger] avec dépens, ce fait, voir dire accorder que le défendeur sera débouté de l'opposition par lui formée à la sentence contre lui de nous rendue le 8 dudit présent mois et faire que ladite sentence sera exécutée selon la forme et teneur nonobstant ladite opposition et toutes autres etc., [à ses] dépens. Lequel comb. (?) nous lecture faite dudit jugement susdit et de l'exploit par Angar daté du 21 du présent et contrôlé le 22 par Maillé, pour Bujon, a défaut ledit défendeur débouté etc., de son opposition. En conséquence, ordonnons que notre sentence susdite sera exécutée selon la forme et teneur, etc... » (1).

Il est assez difficile de se reconnaître dans ce jargon procédurier. Toutefois il en ressort que Casanova avait négocié des lettres de change dont les signatures étaient contestées. Le résultat fut son emprisonnement au Fort-l'Evêque, le jeudi 23, il y resta non pas quatre heures, comme il raconte, mais bien jusqu'au 25. Quant aux 50.000 francs qu'on lui réclamait soi-disant pour caution, ils se réduisent en réalité à 3.500 livres, plus dix louis pour les frais. Aussitôt libre, Casanova s'empressa de récriminer contre ce procédé auprès du commissaire Guyot, dont le procès-verbal apporte heureusement un peu de clarté dans tout ce fatras quoiqu'étant encore loin d'éclairer complètement cette affaire. Qu'on en juge :

« L'an mil sept cent cinquante neuf, le vingt-cinq août

---

(1) ARCHIVES DE LA SEINE. *Registre des Juges Consuls.*

quatre heures de relevée, en notre hôtel et par devant nous, Guyot, etc...

Est comparu le sieur Jacques Casanova, négociant à Paris, y demeurant à la Petite-Pologne, près la Chasse-Royale, lequel nous a dit qu'il a été constitué prisonnier jeudi dernier au soir, dans la prison de Fort-l'Evêque à la requête du sieur Petitain, en vertu de sentence des consuls surprises par défaut contre le plaignant, quoique ledit Petitain fut certain que ces lettres de change sur lesquelles il avaient obtenu les sentences n'étaient point signées véritablement du plaignant et qu'il lui ait promis de ne faire aucun usage de la sentence qu'il avait obtenue contre lui, que cette promesse a déterminé le plaignant a ne se point pourvoir contre ces sentences. Que pour sortir de prison, il vient de payer audit Petitain la somme de trois mille cinq cens livres pour laquelle il avait été écroué et dix louis tant pour la capture du plaignant que pour les frais de procédure, frais de greffe et autres faux frais, qu'il proteste du paiement qu'il a fait et de toutes les clauses et conditions qui peuvent se trouver dans la quittance, attendu qu'il n'a fait ce paiement et souscrit ces clauses que comme contraint et pour recouvrer sa liberté qu'il n'aurait pu obtenir sans cela, qu'il proteste en outre de se pourvoir par toutes voyes et droits, tant au civil qu'à l'extraordinaire, tant contre ledit Petitain que contre tous ceux qui pourront se trouver assuré auteurs et complices de fausses signatures étant au bas des lettres de change sur lesquelles on a obtenu des sentences, en vertu desquelles il a été arrêté et forcé de payer, protestant, etc... » (1).

Parle-t-il sérieusement en disant qu'il se réserve de poursuivre les auteurs et complices de fausses signatures ? Au fond, et il l'avoue dans ses mémoires, il paraît peu soucieux de lutter en engageant de nouvelles procédures, il préfère abandonner la partie et laisser le temps arranger les affaires. Il n'attend même pas les recommandations qu'il sollicite et il part pour la Hollande vers le 20 septembre. Cependant le vicomte de Choiseul, obtenait de son parent le ministre, une lettre que celui-ci

(1) ARCH. NAT. *Châtelet,* Y 13520.

envoyait à M. d'Affri, ministre du roi de Hollande. Elle disait :

« Versailles, 29 septembre 1759.

« Le sieur de Casanova, Vénitien, qui est déjà connu devous, Monsieur, se propose de retoucher en Hollande où il a déjà éprouvé vos bontés dans un premier voyage qu'il y a fait. Vous savez que c'est un homme de lettres dont l'objet est de perfectionner ses connoissances, surtout dans la partie du commerce, et je suis bien persuadé que vous lui accorderez vos bons offices dans les occasions qui le mettraient dans le cas d'y avoir recours. Je vous serais obligé en mon particulier de l'accueil favorable que vous voudrez bien lui faire...

« Le duc de CHOISEUL. »

M. d'Affri répondit qu'en effet, Casanova était venu quinze ou dix-huit mois auparavant, mais qu'il avait une assez mauvaise réputation. A quoi M. de Choiseul fit réponse en disant que c'était le vicomte de Choiseul qui lui avait recommandé Casanova qu'il ne connaissait point et que M. d'Affri ferait bien de faire fermer sa porte à cet aventurier ([1]).

Par cette correspondance avec M. d'Affri on voit que le duc de Choiseul ignorait ou voulait ignorer Casanova. Mais notre aventurier était déjà arrivé et Manon Balletti, installée momentanément à la Petite-Pologne, pour prendre l'air de la campagne, avait reçu deux lettres de son cher Giacometto, dont l'une datée de Gand. Elle y fait allusion dans la réponse qu'elle lui adresse le 1er octobre 1759, détail qui permet d'avancer que Casanova est parti de Paris au milieu de septembre.

Voici ce qu'elle lui mande :

« Ce 1 Octobre 1759.

« Je suis encore à la Petite-Pologne, mon cher ami, fort contente d'y être, et plus encore de recevoir des assurances de

---

([1]) ARCHIVES DES AFFAIRES ETRANGÈRES, série *Hollande*, année 1759. *cf.* BASCHET (*Authenticité des Mémoires de Casanova.* "Le livre" 1881).

votre amour, qui est tout ce que j'ai de plus cher ; vous me faitte espérer que dans novembre je vous reverrai ? Mais je n'ose me livrer au plaisir que cela me cause, car peut-être votre absence durera-t-elle davantage ? Enfin partout où vous soyés, aimés toujours sincèrement votre pauvre amie et soyés sûr que mauvais discours, rapports, calomnie, — rien ne pourra changer mon cœur, qui est tout à vous et qui ne veut point changer de maître. Je vous dirai, mon cher Giacometto, que je suis très lasse ; aujourd'hui j'ai été diner à Paris, et, ne vous en déplaise, j'ai été et je suis revenue à pied. Cela doit vous faire connoître que je me porte très bien. Je n'ai que de l'apétit et je suis des plus contente de M^d Saint-Jean qui est plaine de bonne volonté et d'attention pour moi, et qui fait ma petite cuisine mieux que ne la feroit le cuisinier d'un prélat. St Jean va mieux. Vos lettres me sont rendues très exactement, l'on m'a apporté la première ici et celle d'aujourd'hui je l'ai recue à Paris. Papa ne dit mot absolument de me voir votre premier correspondante, Balletti se porte aussi bien que cela se puisse pour son état, il s'est levé hyer pour que l'on fasse son lit et commence à manger des soupes ; il m'a demandé ce matin ce que vous m'écrivés, j'ai dit que vous me préveniès sur le retour de St Jean, que vous me parliés de ma santé et mille autres choses d'aussi peu de conséquences................
Je ne me suis point apperçue que votre lettre de gand finit si mal ; elle m'a fait grand plaisir, c'est dont je me souviens très bien car j'attendois de vos nouvelles avec impatience ; je ne fais nulle attention mon bon ami, à vos pardons, tenés peine perdue d'en faire ; ils sont tous dans mon cœur. Quand vous m'avez chagriné un peu (cela arrive quelquefois) mes réflexions vous font la guerre, voudraient se gendarmer, mais aussitôt ce cœur qui ne peut se séparer de vous prend votre partis, mais le prend tout au mieux ; les réflexions ont beau faire, le cœur a toujours raison, mais lorsque vous me dite des choses agréables, et que vous me montrés vos sentiments, mon cœur, ma raison et par conséquant les refflexions, tout est d'accord sans dispute, et tout est pour vous.

Je tâcherai de redevenir grassouillette comme vous le désirés. J'ai déjà beaucoup meilleur visage que lorsque vous m'avés quitté et j'espère que moyennant la Petite-Pologne, et les soins de M^d St Jean ; vous me trouverés en fort bon état.

Ma Taton vous fait mille compliments et vous souhaite toutte sorte de bonheur. Marianne est bien sensible à votre souvenir et vous prie de m'aimer de même. Adieu, cher ami, pensés à votre femme bien tendrement ' Adieu. » (1).

Huit jours après cette lettre la Petite Pologne est à louer, l'annonce figure dans les " affiches, annonces, avis divers" du 8 octobre ainsi présentée : « Jolie maison toute meublée, à la barrière de la Petite Pologne, faubourg Saint-Honoré, près de la Madeleine, à louer présentement. Il y a cour, écurie, remise et jardin potager planté d'arbres fruitiers. On s'adressera au jardinier de ladite maison ou chez M. Leroy, au coin de la rue d'Antin et de la place Vendôme. » En attendant qu'un locataire se décide, le 23 octobre Manon est encore à la Petite Pologne « entourée de petites gens qui ne se mêlent aucunement des affaires d'Etat », mais son séjour dans la petite maison d'un libertin avéré fait jaser, elle s'en plaint amèrement. « Je viens de Paris, dit-elle, où j'ai eu la douleur d'entendre dire que l'on publie dans le monde que je suis ici avec vous et que vous vous y tenés caché ; cela n'est-il pas affreux et la plus horrible calomnie ? » Aussi ces méchants bruits répandus abrègent la villégiature de Manon. Il faut qu'elle retourne à Paris. Elle en est désolée et l'écrit joliment : « Pardonnés, mon cher, j'exale ma bile; je n'en puis plus et je pars demain de la "Petite-Pologne", étant encore obligée de regretter les plaisirs solitaires que j'i ai goutté. » Ses lettres pleines d'un amour aussi pur que sincère se succèdent, elle attend son Giacometto, elle le conjure de revenir et Casanova se tient prudemment éloigné tout en menant une vie joyeuse et coulant d'amoureuses journées auprès de la belle et jeune Esther chez le banquier Thomas Hope. Il a raison d'être prudent car l'affaire des lettres de

(1) ALDO RAVA, Lettere di donne à Giacomo Casanova, 1912 in-8.

change n'est pas enterrée et Madame du Rumain le tient au courant par la lettre suivante :

à Monsieur CASANOVA
à Amsterdam à la poste restante.

Paris, 8 juin 1760.

Mr Balety m'a remis, Monsieur, votre lettre du 21 may, j'ai été ravie de recevoir de vos nouvelles ; elles ne sont pas cependant encore telles que je le désirais, je vois avec plaisir que vous touchez à la victoire mais que par les friponeries que vous avés essuyé vous ne pouvés pas encore revenir icy ; ce dernier article me fait beaucoup de peine ; je scay cependant que vous n'auriés rien à craindre sy votre malheureuse affaire de la lettre de change que l'on vous a nié pouvait finir ; j'ai oui votre avocat qui me paraît avoir beaucoup d'esprit et de connoissance, il m'a assuré qu'il pouvoit faire finir cette affaire et l'anéantir même come non avenue, sy il avoit cent louis ; vous ne pouvés croire Monsieur combien j'ai regretté de ne pouvoir lui donner cet argent, mais il me semble vous avoir oui dire que vous avés icy bien des débiteurs, ne seroit-il pas possible d'en tirer cette somme ou ne pouriés vous pas la faire passé icy ; cette affaire finie je suis très persuadé que vous pouriés revenir sans crainte... » (1)

Pendant ce temps la pauvre Manon se lamente de l'absence de son ami, ses longues lettres pleines de tendresse, l'invitent doucement à prendre une décision. Ses appels sont justifiés par son amour et aussi par les pressantes invitations faites par ses parents pour qu'elle choississe un mari. La dernière lettre de Manon qu'a pu découvrir M. Aldo Rava et qu'il publie dans son recueil est du 7 février 1760. Elle est comme les précédentes remplie de gentillesses. Quoique Manon débute en disant qu'elle commence à se lasser « furieusement de cette longue abssence », elle se résigne au répit que lui demande Casanova, deux mois encore, heureuse, dit-elle, « si ce n'est pas plus

(1) ALDO RAVA, Lettere di donne à Giacomo Casanova, 1912 in-8.

long. » Que se passa-t-il entre février et juillet ? Jusqu'à présent il est assez difficile de le savoir. On comprend aisément que les atermoiements continuels de l'inconscient Giacomo aient usé la patience de Mademoiselle Balletti bien que par le fait leur séparation ne comptait pas encore une année. C'est insuffisant pour éteindre l'amour d'une jeune fille aussi sérieusement éprise. Aussi n'est-ce certainement pas la raison qui décida Manon et il est à croire que sa volonté, affaiblie par les lenteurs et les promesses évasives de Giacomo, ne put résister aux sollicitations obsédantes de la marquise de Monconseil qui voulait à toute force assurer l'avenir de la jeune Balletti. Quoi qu'il en soit, voici ce qui arriva. Casanova dans ses Mémoires prétend avoir reçu de Manon un billet de rupture ainsi conçu :

« Soyez sage, et recevez de sang-froid la nouvelle que je vous donne. Ce paquet contient toutes vos lettres et votre portrait. Renvoyez-moi le mien et si vous avez conservé mes lettres, faites-moi la grâce de les brûler. Je compte sur votre honnêteté. Ne pensez plus à moi. De mon côté, le devoir va m'imposer l'obligation de faire tout mon possible pour vous oublier, car demain à cette heure je serai l'épouse de M. Blondel, architecte du roi et membre de son académie. Vous m'obligerez beaucoup si, à votre retour à Paris, vous avez la bonté de faire semblant de ne point me connaître dans le cas où le hasard vous ferait me rencontrer. »

Et quelle date donne Casanova à la réception de ce brutal congé ? Le 25 décembre 1759 ! Au besoin cela pourrait passer pour un défaut de mémoire. Mais la chose était d'importance et devait le toucher s'il avait réellement quelqu'affection pour Manon, et puis d'autres raisons encore devaient raviver son souvenir. Par exemple, la lettre conservée qui portait assurément la date, la saison aussi aurait suffi à le repérer, ce n'est pas en plein hiver, c'est en plein été qu'eut lieu le mariage de Mademoiselle Balletti, évènement assez mémorable pour qu'il en retienne l'époque. Toutefois, il est certain, comme il le dit, qu'il partit de Hollande en février 1760, passant à Bonn le 1ᵉʳ mars, se dirigeant vers Cologne où il arrive muni d'une recommandation adressée à M. de Torci, commandant à Cologne. Le ministre de France dans cette ville, M. de Baussel le confirme dans une lettre adressée à M. de Choiseul, le 9 mars 1760 :

« Mon secrétaire m'ayant mandé que ce Casanova avait porté à M. de Torci, commandant à Cologne, une lettre de recommandation de Madame du Rumain, j'ai pris quelques informations et j'ai appris que, pendant son séjour ici il avoit beaucoup vu mesdames du Rumain et de Réaux. Il se mêloit alors de donner la bonne aventure et de tirer l'horoscope (1). »

Nous savons aussi par la lettre de Madame du Rumain, citée plus haut à propos des lettres de change, qu'il sera de retour à Amsterdam le 8 juin 1760 et qu'il est très probable, ainsi qu'il le déclare, que ce fut dans cette ville qu'il reçut le dernier mot de Manon. Tout ceci prouve qu'il ne faut se rapporter aux dates données par les Mémoires qu'avec une extrême réserve.

Le contrat de mariage de Mademoiselle Balletti avec François-Jacques Blondel, fut signé le 20 juillet 1760, devant Raince, notaire à Paris, et dans les pièces annexes jointes au contrat se trouve un inventaire de ce qui revenait à Mademoiselle Balletti après la mort de sa mère et qui fut dressé à la majorité de Manon, le 13 février 1760 (2).

Manon ne pouvait avoir d'amour pour son mari et Blondel était certes incapable de lui faire oublier Casanova. En effet, François-Jacques Blondel, né à Rouen, le 8 février 1706, avait donc 55 ans, il était veuf de Marie-Anne Garnier, qu'il avait épousée le 14 novembre 1729, et il avait un fils Georges-François Blondel, déjà architecte de l'académie de Marseille et

---

(1) *Archives des Affaires Étrangères*, série Cologne 1760, cf. BASCHET, *Authenticité des mémoires de Casanova* « Le Livre » 1881.
(2) Ces pièces ont été publiées par M. ALDO-RAVA. *Lettre di donne a Giacomo Casanova* 1912 in-8 p. 80.

professeur de l'école des Beaux-Arts. Tout cela n'était guère séduisant pour une jeune fille de vingt ans, amoureuse d'autre part. Mais la situation était belle et c'était une position d'apparence durable.

Blondel, à sa venue à Paris, en 1732, avait tout de suite prouvé ses qualités d'architecte, en dirigeant la restauration de l'hôtel d'Aumont, rue des Poulies. En 1739, il ouvrit une école d'architecture et se fit remarquer comme professeur. Son cours acquit promptement une certaine célébrité. Admis à l'académie royale d'architecture, le 15 septembre 1756, il y occupa longtemps une chaire de professeur et ses publications, recherchées encore aujourd'hui, le mirent au premier rang pour la théorie. C'était donc, en 1760, un homme jouissant d'une renommée flatteuse aux yeux d'une jeune fille désabusée, qui renonce à l'amour pour écouter la raison. C'est, il semble bien, ce qui détermina Manon. Le contrat mentionne qu'il n'y eut pas de communauté de bien, le survivant devant prendre trois mille livres sur la prisée de l'inventaire; de plus, Blondel assurait à sa femme un douaire de 1.000 livres de rente viagère. On verra que cette espérance d'un avenir sinon doré mais solide, ne tarda pas à s'envoler et combien Manon Balletti fut peu chanceuse dans sa fortune comme dans son amour.

Quant à Casanova, il dit avoir donné les lettres touchantes de Manon, à sa maîtresse, la superbe Esther, et continué sa vie d'aventures à travers l'Allemagne, la Suisse, le Midi de la France, l'Italie, pour faire une courte apparition à Paris, en juillet 1761.

Il y a encore dans ce troisième voyage de Casanova à Paris, une erreur de date ou de fait. Quand il repartira de Paris, Casanova ira à Augsbourg, puis à Munich où il restera quatre semaines, *il reviendra à Augsbourg vers* la fin du mois de septembre, *et il ne quittera cette ville que pour être à Paris le* 31 décembre 1761. *Il faut donc dater ce nouveau séjour à Paris de Juillet* 1761. *Cette date s'accorde assez bien avec la visite qu'il fait à Mademoiselle de Romans, puisqu'il* lui prédit qu'elle aura un fils et qu'elle accoucha en effet, le 13 janvier 1762, d'un garçon. Mais à côté de cela il s'étend longuement sur le ménage de son frère François, qui ne se maria que le 26 juin 1762, *les termes mêmes de son récit ne peuvent mettre en doute la régularité de la situation du peintre et laissent aussi entendre que le mariage est récent. Or, Casanova reviendra bien, comme on va le voir, pour* le 1ᵉʳ janvier 1762, *mais il dit aussi qu'il repart* trois semaines après. *Il est probable qu'il faut reporter la conversation qu'il eut avec sa belle-sœur, à la visite qu'il lui fera lorsqu'il repassera à Paris, en 1763.*

Maintenant laissons Casanova raconter la nouvelle halte qu'il prétend avoir faite à Paris en juillet 1761.

CHAPITRE XIII.

Autres voyages

Mme d'Urfé. — Mlle Romans. — Le ménage François Casanova. — Le Chevalier de Santis et autres brelandiers. — Départ pour Strasbourg. — Retour à Paris. — Mme du Rumain. — Expulsé de l'ordre du Roi.

Je pris la route du Bourbonnais, j'arrivai à Paris le troisième jour, et je descendis rue et hôtel Saint-Esprit ([1]).

Avant de me coucher, j'écrivis un billet à Mme d'Urfé et je le lui envoyai par Costa. Je lui promettais d'aller dîner avec elle le lendemain. Costa était assez joli garçon; et comme il parlait mal le français et qu'il était un peu bête, j'étais sûr que Mme d'Urfé le prendrait pour un être extraordinaire. Elle me répondit qu'elle m'attendrait avec la plus vive impatience.

— Dis-moi, Costa, comment cette dame t'a reçu et comment elle a lu mon billet.

— Monsieur, elle m'a regardé à travers un miroir, en prononçant des mots que je n'ai pas compris; puis ayant fait trois fois le tour de sa chambre en brûlant des parfums, elle est venue d'un air majestueux me regarder attentivement, et, ensuite, avec un sourire très agréable, elle m'a dit d'attendre sa réponse dans la chambre d'entrée.

([1]) Si on ne trouve pas de rue portant le nom de *Saint-Esprit*, il n'y avait pas moins de vingt-six hôtels à l'enseigne du St-Esprit. (*Rues et environs de Paris*, 1777, 2 vol. in-12.)

A dix heures du matin, rafraîchi par le sentiment agréable de me retrouver dans ce Paris si imparfait, mais si attrayant qu'aucune ville au monde ne peut lui disputer d'être la ville par excellence, je me rendis chez ma chère Mme d'Urfé, qui me reçut à bras ouverts. Elle me dit que le jeune d'Aranda se portait bien, et que, si je le voulais, elle le ferait dîner avec nous le lendemain. Je lui dis que cela me serait agréable, puis je l'assurai que l'opération par laquelle elle devrait renaître homme se ferait aussitôt que Querillinte, l'un des trois chefs des rose-croix, serait sorti des cachots de l'inquisition de Lisbonne.

— C'est pourquoi, ajoutai-je, je dois me rendre à Augsbourg dans le courant du mois prochain, où sous prétexte de m'acquitter d'une commission que je me suis procurée du gouvernement, j'aurai des conférences avec le comte de Stormont pour faire délivrer l'adepte. A cet effet, madame, j'aurai besoin d'une bonne lettre de crédit, de montres et de tabatières pour faire des présents à propos, car nous aurons des profanes à séduire.

— Je me charge volontiers de tout cela, mon cher ami, mais vous n'avez pas besoin de vous presser, car le congrès ne s'assemblera qu'en septembre.

— Il n'aura jamais lieu, madame, croyez-moi ; mais les ministres des puissances belligérantes se réuniront également. Si, contre mes prévisions, le congrès se tenait, je me verrais dans la nécessité de faire un voyage à Lisbonne. Dans tous les cas, je vous promets que nous nous reverrons cet hiver. Les quinze jours que je vais passer ici me sont nécessaires pour détruire une cabale de Saint-Germain.

— Saint-Germain ! il n'oserait pas retourner à Paris.

— Je suis certain, au contraire, qu'il y est en ce moment, mais il s'y tient caché. Le messager d'Etat qui lui ordonna de partir de Londres l'a convaincu que le ministre anglais n'a pas été la dupe de la demande que le comte d'Affri fit de sa personne au nom du roi aux États-Généraux.

Tout ce récit était hasardé sur des probabilités, et on verra que je devinai juste.

Mme d'Urfé me fit alors compliment sur la charmante fille que j'avais fait partir de Grenoble. Valenglard lui avait tout écrit (¹).

— Le roi l'adore, me dit-elle, elle ne tardera pas à le rendre père. Je suis allée lui faire une visite à Passy avec la duchesse de Lauraguais.

— Elle accouchera d'un fils qui fera le bonheur de la France ; et dans trente ans d'ici vous verrez des choses merveilleuses qu'il m'est malheureusement interdit de vous dire avant votre transformation. Lui avez-vous parlé de moi (²).

— Pour cela, non ; mais je suis sûre que vous trouverez le moyen de la voir, quand ce ne serait que chez Mme Varnier.

Elle ne se trompait pas : mais voici ce que le hasard amena, comme pour augmenter de plus en plus la folie de cette excellente dame.

Vers les quatre heures, nous causions de mes voyages, de mes projets, lorsque l'envie lui vint d'aller au bois de Boulogne. Elle me pria de l'accompagner, et je me rendis

---

(1) Il s'agit de Mlle Anne Couppier de Romans, que Casanova avait rencontrée à Grenoble et qu'il avait engagée à partir pour Paris, où, disait-il, elle trouverait une brillante destinée. En effet, elle vint à Paris au commencement de l'année 1761 et vit le roi, qui remarqua cette belle fille de vingt ans, jolie, très bien faite, parée de magnifiques cheveux. (G. Capon. *Les petites maisons galantes de Paris au XVIIIe siècle*. 1902, in-8, p. 126.

(2) Mlle Romans eut effectivement un fils le 13 janvier 1762. Il reçut le nom de Louis-N. de Bourbon, par un ordre du roi au curé de Passy qui enregistra : « L'an 1762, le 14 janvier, a été baptisé Louis Aimé, né d'hier fils de Louis Bourbon *(sic)*, et de demoiselle Anne Couppier de Romans, dame de Meilly-Coullange. » (Dussieux. *Généalogie des Bourbons*. 1872, in-8, p. 108). Cet enfant dont la ressemblance avec Louis XV était extraordinaire, que Mlle de Romans élevait avec amour, lui fut enlevé. Elle parvint à le retrouver après de longues recherches. Il s'engagea dans les ordres et prit dans la suite le nom d'abbé de Bourbon. Il mourut à Naples, le 28 février 1787.

à ses désirs. Quand nous fûmes aux environs de Madrid, nous descendîmes ; et, nous étant enfoncés dans le bois, nous allâmes nous asseoir au pied d'un arbre. — Il y a aujourd'hui dix-huit ans, me dit-elle, que je me suis endormie seule à la même place où nous sommes. Pendant mon sommeil, le divin Horosmadis descendit du soleil et me tint compagnie jusqu'à mon réveil. En ouvrant les yeux, je le vis me quitter et remonter au ciel. Il me laissa enceinte d'une fille qu'il m'a enlevée il y a dix ans, sans doute pour me punir de ce qu'après lui je me suis oubliée un moment jusqu'à aimer un mortel. Ma divine Iriasis lui ressemblait.

— Vous êtes bien sûre que M. d'Urfé n'était pas son père.

— M. d'Urfé ne m'a plus connue depuis qu'il m'a vue couchée à côté du divin Anael.

— C'est le génie de Vénus. Louchait-il ?

— Extrêmement. Vous savez donc qu'il louche.

— Je sais aussi que dans la crise amoureuse il délouche.

— Je n'y ai pas fait attention. Il m'a aussi quittée à cause d'une faute que j'ai commise avec un arabe.

— Il vous avait été envoyé par le génie de Mercure, ennemi d'Anael.

— Il le faut bien, et j'eus bien du malheur.

— Non, cette rencontre vous a rendue apte à la transformation.

Nous nous acheminions vers la voiture quand tout-à-coup Saint-Germain s'offrit à nos regards (1) ; mais dès qu'il nous eut aperçus, il rebroussa chemin et alla se perdre dans

---

(1) Les louches besognes de Saint-Germain sont assez difficiles à préciser. Il venait d'Angleterre où il avait été poursuivre l'intrigue formée par le roi, la favorite et le maréchal de Belle-Isle, pour négocier la paix en dépit de M. de Choiseul, mais les ministres Anglais démasquèrent l'intrigant qui fut expulsé d'Angleterre. Il revint secrètement à Paris et c'est alors qu'il fut rencontré par Mme d'Urfé et Casanova. (EDOUARD MAYNIAL. *Casanova et son temps*, 1911, in-12, p. 56.)

une autre allée. L'avez-vous vu ? lui dis-je. Il travaille contre nous, mais nos génies l'ont fait trembler.

— Je suis stupéfaite. J'irai demain matin à Versailles pour donner cette nouvelle au duc de Choiseul. Je suis curieuse de voir ce qu'il dira.

Je quittai cette dame en entrant à Paris, et me rendis à pied chez mon frère, qui demeurait à la porte Saint-Denis. Il me reçut en poussant des cris de joie ainsi que sa femme, que je trouvai fort jolie, mais fort malheureuse, car le ciel avait refusé à son époux la faculté de prouver qu'il était homme, et elle avait le malheur d'en être amoureuse. Je dis le malheur, car son amour la rendait fidèle ; sans cela son mari la traitant fort bien et la laissant parfaitement libre, elle aurait pu facilement trouver remède à son malheur. Elle était rongée de chagrin, parce que, ne devinant pas l'impuissance de mon frère, elle s'imaginait qu'il ne la privait de l'objet de ses désirs que parce qu'il ne répondait pas à l'amour qu'elle avait pour lui ; et elle était excusable car son mari paraissait un Hercule, et il l'était partout excepté là où elle l'aurait voulu tel. Le chagrin lui occasionna une consomption dont elle mourut cinq ou six ans plus tard. Elle ne mourut pas pour punir son époux, mais nous verrons par la suite que sa mort fut pour lui une véritable punition (¹).

Le lendemain j'allai faire une visite à Mme Varnier pour lui remettre la lettre de Mme Morin. J'en fus parfaitement reçu, et elle eut la bonté de me dire, qu'il n'y avait personne au monde, qu'elle eut plus désiré connaître que moi

---

(1) Jacques Casanova est, mieux que personne, qualifié pour nous renseigner sur son frère, aussi bornons-nous de constater que François n'eut pas d'enfant de son mariage avec Jeanne Jolivet. Sa punition fut de se remarier et sa nouvelle femme ne se montra pas si résignée que la première. Le contrat de ce second mariage fut passé devant Duclos Dufresnoy, notaire, le 20 juillet 1775. (ARCH. NAT., Y 454, n° 271). Il sera question, plus loin, de la seconde femme du peintre. Il est bon cependant de signaler ici qu'il en eut trois enfants.

car sa nièce lui avait raconté tant de choses, qu'elle en était devenue extrêmement curieuse. On sait que c'est la plus forte maladie des femmes. Vous verrez ma belle nièce, monsieur, ajouta-t-elle, et ce sera d'elle-même que vous apprendrez tout ce qui la concerne et tout l'état de son cœur.

Elle lui écrivit un billet à l'instant et mit sous la même enveloppe la lettre que m'avait remise Mme Morin. Si vous désirez connaître la réponse que me fera ma nièce, me dit Mme Varnier, je vous engage à dîner. J'acceptai et à l'instant elle fit fermer la porte à tout le monde.

Le petit savoyard qui avait porté la lettre à Passy (1) revint à quatre heures avec un billet conçu en ces termes :

« Le moment où je verrai M. le chevalier de Seingalt sera un des plus heureux de ma vie. Faites qu'il se trouve chez vous après demain à dix heures, et s'il ne pouvait pas à cette heure, veuillez me le faire savoir. »

Après la lecture de ce billet, ayant promis d'être exact au rendez-vous, je quittai Mme Varnier et je me rendis chez Mme du Rumain, qui m'obligea de lui fixer un jour tout entier pour la satisfaire sur une foule de questions qu'elle avait à me faire, et pour lesquelles il me fallait le secours de mon oracle.

Le lendemain, je sus de Mme d'Urfé la plaisante réponse que lui avait faite M. de Choiseul lorsqu'elle lui avait

(1) Mlle de Romans habitait une petite maison à Passy, Grande-Rue, aujourd'hui rue de Passy. Son habitation faisait le coin de la rue de Passy et de la rue Gavarni actuelle (n° 16 de cette dernière). Ce petit hôtel devint la propriété de Abraham-Jacques Silvestre, conseiller du Roi, ensuite de M. Deyeux, membre de l'Académie des Sciences, qui eut pour successeur Jules Janin. Après le passage de l'écrivain, l'immeuble devint un établissement orthopédique, loué à M. Huet, sous la direction du docteur Tavernier ; en 1868, il était occupé par Paul Demidoff, puis redevint maison de santé pour être, peu après, transformé en pension pour jeunes gens sous le vocable de Saint-Charles ; enfin, en 1890, l'hôtel qui avait vu les amours de Louis XV et de Mlle Romans fut démoli. (GASTON CAPON. *Les petites maisons galantes*, 1902, in-8, p. 126).

annoncé la rencontre qu'elle avait faite du comte de Saint-Germain dans le bois de Boulogne. « Je n'en suis pas surpris, lui avait dit ce ministre, puisqu'il a passé la nuit dans mon cabinet. »

Ce duc, homme d'esprit et surtout homme du monde, était d'un naturel expansif, et ne savait garder le secret que lorsqu'il s'agissait d'objets de haute importance; bien différent en cela de ces diplomates de fabrique qui croient se donner de l'importance en faisant les mystérieux sur des misères dont le secret importe aussi peu que la divulgation. Il est vrai que rarement une affaire paraissait importante à M. de Choiseul; et, au fond, si la diplomatie n'était pas la science de l'intrigue et de l'astuce, si la morale et la vérité étaient la base des affaires d'Etat, comme cela devrait être, le mystère serait plus ridicule que nécessaire.

Le duc de Choiseul avait fait semblant de disgracier Saint-Germain en France pour l'avoir à Londres en qualité d'espion; mais lord Halifax n'en fut pas la dupe, il trouva même la ruse grossière; mais ce sont-là des gentillesses que tous les gouvernements se prêtent et se rendent pour n'avoir point de reproches à se faire [1].

Le petit d'Aranda, après m'avoir fait beaucoup de caresses, me pria d'aller déjeuner avec lui à son pensionnat, m'assurant que Mlle Viard me verrai avec plaisir.

Le lendemain je n'eus garde de manquer au rendez-vous de la belle Roman. J'étais chez Mme Varnier un quart-d'heure avant l'arrivée de cette éblouissante brune, et je l'attendais avec un battement de cœur qui me prouvait que

---

[1] D'après M. Maynial, le récit de Casanova serait tout à fait fantaisiste : « Il nous semble difficile, d'admettre qu'il [M. de Choiseul] ait songé à employer un homme aussi manifestement inféodé à Mme de Pompadour et au maréchal de Belle-Isle. Choiseul détestait St-Germain. » (EDOUARD MAYNIAL. *Casanova et son temps*, 1911, in-12, p. 56.)

les petites faveurs que j'avais pu me procurer n'avaient pas suffi pour éteindre les feux qu'elle avait allumés en moi. Quand elle parut son embonpoint m'imposa. Une sorte de respect qu'il me sembla devoir à une sultane féconde m'empêcha de l'approcher avec des démonstratious de tendresse ; mais elle était bien loin de se croire plus faite pour être respectée qu'alors que je l'avais connue à Grenoble, pauvre mais immaculée. Elle me dit en termes clairs après m'avoir cordialement embrassé. — On me croit heureuse, me dit-elle, tout le monde envie mon sort ; mais peut-on être heureux quand on a perdu sa propre estime ? Il y a six mois que je ne ris plus que du bout des lèvres, tandis qu'à Grenoble, pauvre et manquant presque du nécessaire, je riais d'une gaieté franche et sans contrainte. J'ai des diamants, des dentelles, un hôtel superbe, des équipages, un beau jardin, des femmes pour me servir, une dame de compagnie qui me méprise peut-être, et quoique je sois traitée en princesse par les premières dames de la cour qui viennent me voir familièrement, il n'y a pas de jour où je n'éprouve quelques mortifications.

— Des mortifications ?

— Oui, des placets qu'on me présente pour solliciter des grâces, et que je suis forcée de renvoyer, en m'excusant sur mon impuissance, n'osant rien demander au roi.

— Mais pourquoi ne l'osez-vous pas ?

— Parce qu'il ne m'est pas possible de parler à mon amant sans avoir le monarque devant mes yeux. Oh ! le bonheur est dans la simplicité et non dans le faste.

— Il est dans la conformité de son état, et il faut vous efforcer de vous mettre à la hauteur de celui que le destin vous a fait.

— Je ne le puis, j'aime le roi et je crains toujours de lui déplaire. Je trouve toujours qu'il me donne trop pour moi ; cela fait que je n'ose rien lui demander pour d'autres.

— Mais le roi serait heureux, j'en suis sûr, de vous prouver son amour en vous accordant des grâces pour les personnes auxquelles vous paraîtriez prendre de l'intérêt.

— Je le crois bien, et cela me rendrait heureuse, mais je ne puis me vaincre. J'ai cent louis par mois pour mes épingles ; je les distribue en aumônes et en présents : mais avec économie, pour arriver à la fin du mois. Je me suis fait une idée fausse, sans doute, mais qui me domine malgré moi ; je pense que le roi ne m'aime que parce que je ne l'importune pas.

— Et vous l'aimez ?

— Comment ne pas l'aimer ? Poli à l'excès, bon, doux, beau, *bagatelier* et tendre, il a tout ce qu'il faut pour subjuguer le cœur d'une femme. Il ne cesse de me demander si je suis contente de mes meubles, de ma garde-robe, de mes gens, de mon jardin ; si je désire quelque changement. Je l'embrasse, je le remercie, je lui dis que tout est pour le mieux, et je suis heureuse de le voir content.

— Vous parle-t-il du rejeton dont vous allez le doter ?

— Il me dit souvent que, dans mon état, je dois donner tous mes soins à ma santé. Je me flatte qu'il reconnaîtra mon fils pour prince de son sang ; la reine étant morte, il le doit en conscience.

— N'en doutez pas.

— Ah ! que mon fils me sera cher ! Quel bonheur d'être sûre que ce ne sera pas une fille ! Mais je n'en dis rien à personne. Si j'osais parler au roi de l'horoscope je suis sûre qu'il voudrait vous connaître ; mais je crains la calomnie.

— Et moi aussi, ma chère amie. Continuez à vous taire là-dessus, et que rien ne vienne troubler un bonheur qui ne peut que s'accroître et que je suis heureux de vous avoir procuré.

Nous ne nous séparâmes point sans verser des larmes. Elle sortit la première après m'avoir embrassé et m'appelant son meilleur ami. Je restai seul avec Mme Varnier pour me remettre un peu et je lui dis qu'au lieu de lui tirer son horoscope j'aurais dû l'épouser.

— Elle aurait été plus heureuse. Vous n'avez peut-être prévu ni sa timidité ni son manque d'ambition.

— Je puis vous assurer, madame, que je n'ai compté ni sur son courage, ni sur son ambition. J'ai perdu de vue mon bonheur, pour ne penser qu'au sien. Mais c'est fait. Je me consolerais cependant si je la voyais parfaitement heureuse j'espère que cela viendra surtout si elle accouche d'un fils (¹).

---

(1) Mlle de Romans épousa Gabriel de Seran, marquis de Cavanac, maréchal des camps et armées du roi et l'on prétend qu'il la rendit malheureuse. Il est certain que M. de Cavanac, joueur et libertin, épousait surtout la maîtresse passagère de Louis XV pour la fortune qu'elle avait gagnée en se prêtant complaisamment aux désirs amoureux d'un roi exigeant, blasé et repu de caresses; mais Mlle de Romans, de son côté, ne semble pas avoir été une victime constante et vertueuse, non plus que résignée d'un mari brutal. Le scandale éclate, court la ville, fait la joie des nouvellistes en quête de chroniques piquantes à rapporter. On colporte que :

« Madame de Cavanac, ci-devant la fameuse D^lle Romance, vient d'être surprise par son mari, en flagrant délit avec l'abbé de B... Grand tapage comme on peut bien le penser. Le mari saisit les pincettes, l'abbé prit la voie de la pele pour se venger; on se donna quelques estafilades de part et d'autres, au travers du visage ; l'abbé, agent du Clergé et ayant en conséquence des prétentions à l'un des premiers évêchés, pourra bien de cette aventure, ne pas porter la mitre de sitôt, car si l'on n'a pas beaucoup de mœurs chez nous, au moins n'aime-t-on pas le scandale. Le mari en est pour la honte : le plus à plaindre est l'abbé de Bourb... que les écarts de sa mère affectent beaucoup. Il s'est retiré au séminaire. (*Correspondance secrète*, 1788, in-12, t. XI, p. 69.)

Metra était bien informé. Pendant la nuit du 15 au 16 janvier 1781, la marquise de Cavanac avait été surprise par son mari. Mais, résolue à nier énergiquement sa faute, elle porta plainte le 19 au commissaire Leseigneur, disant que comme un ami était venu la voir, et mangeait une poire dans son appartement, son mari surgit soudain, brandissant une « tenaille de cheminée », dont il asséna un coup si violent sur la tête de l'invité que le sang ruissela. Le blessé saisissant alors les pincettes voulait riposter quand elle se jeta entre les deux combattants. M. de Cavanac se sauva dans la salle à manger et se mit à crier « Au voleur! A l'assassin! » et comme elle voulait tenter de le calmer, il la frappa de coups de pieds et de coups de poings. Ceci est la version de la femme; écoutons l'autre cloche. A son tour, le 26, M. de Cavanac

448   CHAPITRE XIII

Après avoir dîné avec Mme d'Urfé, nous décidâmes de renvoyer d'Aranda à sa pension, afin d'être plus libres dans nos fonctions cabalistiques ; ensuite j'allai à l'Opéra, où mon frère m'avait donné rendez-vous pour me mener souper chez Mme Vanloo ([1]), qui me reçut avec de grandes démonstrations d'amitié. Vous aurez le plaisir, me dit-elle, de souper avec Mme Blondel et son mari. Le lecteur se rappellera que c'était Manon Baletti, que j'avais dû épouser.

— Sait-elle que je suis ici ? dis-je.

va raconter son histoire au commissaire. Il dit que vers les minuit, étant entré dans la chambre à coucher de son épouse, il la trouva en compagnie de l'abbé de Boisgelin (sur le procès-verbal le nom a été rayé et remplacé par : *un particulier*). En le voyant paraître Mme de Cavanac se laissa tomber dans un fauteuil en s'écriant : « Ah ! mon Dieu ! » l'abbé se leva et vint à lui tenant d'une main les pincettes qu'il prit dans la cheminée et de l'autre « sa culotte qui était défaite » et lui porta un coup « sur le milieu du front ». Ce n'est qu'à ce moment qu'il s'arma lui-même pour se défendre. L'information qui suivit ces plaintes eut lieu le 10 avril. La marquise avait eu le temps d'arranger son affaire et de réunir un nombre raisonnable de témoins qui affirmèrent que M. de Cavanac faisait des dépenses énormes tant « pour le jeu que pour ses jouissances et plaisirs particuliers » et qu'il maltraitait son épouse parce qu'elle lui refusait l'argent qu'il exigeait d'elle. (ARCH. NAT. Y 14569. 19-26 janvier, 9-10 avril 1781). Mlle Romans mourut à Versailles, rue de Satory 21, le 27 décembre 1808, âgée de 72 ans. (*Le Curieux*).

(1) Anne-Marie-Christine Soumis, née à Turin le 14 août 1704, avait épousé le peintre Carle Van Loo. Musicienne de talent comme son mari était peintre renommé, Mme Vanloo recevait dans son appartement, place du vieux Louvre, les comédiennes et chanteuses qui brillaient sur les scènes parisiennes. On y voyait Mme Favart, les demoiselles Vestris, Mlle de Rouge et autres ferventes de la musique. (ARSENAL. *Bastille*, 10239, f. 82-85). Au-dessous du portrait de Carle Vanloo et de sa femme qui est au Musée de Besançon, on peut lire ces vers à l'adresse du premier :

> Sous son pinceau naissaient les grâces
> Il peignoit comme elle chantoit.

et ceux-ci à la louange de sa femme :

> Les amours voloient sur ses traces
> Elle chantoit comme il peignoit.

La mort de Mme Vanloo est annoncée le 15 avril 1783 dans le *Journal de Paris*.

— Non, je me suis ménagé le plaisir de voir sa surprise.

— Je vous remercie de n'avoir pas voulu jouir de la mienne. Nous nous reverrons, madame ; mais pour aujourd'hui je vous dis adieu, car, en homme d'honneur, je crois ne devoir jamais me trouver volontairement dans un endroit où sera Mme Blondel.

Je sortis, laissant tout le monde ébahi ; et, ne sachant où aller, je pris un fiacre et j'allai souper avec ma belle-sœur, qui m'en sut un gré infini. Mais, pendant tout le petit souper, la charmante femme ne fit que de se plaindre de son mari, qui n'aurait pas dû l'épouser, puisqu'il savait n'être pas en état de faire auprès d'une femme les fonctions d'un homme.

— Pourquoi n'en avez-vous pas essayé avant de vous marier.

— Mais était-il convenable que j'en fisse les avances ? et puis, comment croire qu'un aussi bel homme ne serait bon à rien ? Voici l'histoire. « Je dansais comme vous le savez à la Comédie Italienne, et j'étais entretenue par M. de Sancy, trésorier aux économats du clergé. Ce fut lui qui conduisit votre frère chez moi. Il me plut et je ne fus pas longtemps à m'apercevoir qu'il m'aimait. Mon amant m'avertit que c'était le moment de faire ma fortune en me faisant épouser. Dans cette idée, je formai le plan de ne lui rien accorder. Il venait chez moi le matin, me trouvant souvent seule au lit ; nous causions, il paraissait s'enflammer, mais tout finissait par des baisers. Je l'attendais à une déclaration en forme pour amener la conclusion que je désirais. C'est alors que M. de Sancy me fit une rente viagère de mille écus, moyennant quoi je me suis retirée du théâtre. La belle saison étant venue, M. de Sancy invita votre frère à passer un mois à la campagne, m'emmenant avec lui, et, pour que tout fut couvert du voile de la décence, il fut convenu que je serais présentée comme sa femme.

Cette proposition plut à Casanova, n'y voyant qu'un badinage, et ne pensant pas peut-être qu'elle put tirer à conséquence. Il me présenta donc comme sa femme à toute la famille de mon amant ainsi qu'aux parents, conseillers au parlement, militaires, petits-maîtres, et dont les femmes étaient du grand ton. Il trouva plaisant que le bon ordre de la comédie le mit en droit d'exiger que nous couchassions ensemble. Je ne pouvais pas m'y refuser sans m'exposer à faire la plus mauvaise figure; d'ailleurs, loin de me sentir la moindre répugnance pour cette concession, je n'y voyais qu'un prompt acheminement à ce qui faisait l'objet de tous mes vœux.

« Mais que vous dirai-je ? votre frère, tendre en me donnant mille marques de son amour, m'ayant en sa possession pendant trente nuits de suite, ne vint jamais à la conclusion qui doit sembler si naturelle en pareille circonstance.

— Vous auriez dû juger alors qu'il en était incapable, car, à moins d'être de marbre ou d'avoir fait vœu de chasteté, en s'exposant à la plus violente des tentations, sa conduite était impossible.

— Cela vous paraît, mais le fait est qu'il ne se montra ni capable ni incapable de me donner des preuves de son ardeur.

— Pourquoi ne pas vous en assurer vous-même ?

— Un sentiment de vanité, d'orgueil même, mal entendu ne me permit pas de me désabuser. Je ne soupçonnais pas la vérité, je me faisais mille idées qui flattaient mon amour-propre. Il me semblait que m'aimant véritablement, il était possible qu'il craignit de m'éprouver avant d'être sa femme. Cela m'empêcha de me résoudre à l'épreuve humiliante d'aller aux enquêtes.

— Tout cela, ma chère belle-sœur, aurait pu être naturel, quoique peu ordinaire, si vous aviez été une jeune innocente ; mais mon frère savait bien que votre noviciat était fait et parfait.

— Tout cela est très vrai ; mais que n'imagine pas la tête d'une femme amoureuse et que l'amour-propre aiguillonne autant que l'amour.

— Vous raisonnez fort bien, mais un peu tard.

— Je ne le sais que trop. Enfin nous revînmes à Paris, lui à sa demeure ordinaire, moi à ma petite maison, lui continuant à me faire la cour, moi le recevant et ne comprenant rien à une conduite si étrange. M. de Sancy, qui savait que rien de sérieux n'avait eu lieu entre nous, se perdait en conjectures et ne pouvait résoudre l'énigme. — Il a peur sans doute de te faire un enfant, me dit-il, et de se voir par là obligé de t'épouser. Je commençais à le croire aussi, mais je trouvais que cette manière de raisonner était étrange pour un homme amoureux.

« M. de Nesle, officier aux gardes françaises, mari d'une jolie femme qui m'avait connue à la campagne, alla chez votre frère pour me faire une visite. Ne m'y trouvant pas, il lui demanda pourquoi je ne vivais pas avec lui. Il lui répondit tout bonnement que je n'étais pas sa femme, et que ce n'avait été qu'une plaisanterie. M. de Nesle vint chez moi pour savoir si cela était vrai ; et dès qu'il sut la vérité, il me demanda si je trouverais mauvais qu'il réussit à obliger Casanova à m'épouser. Je lui répondis que bien au contraire, il me ferait grand plaisir. Il n'en voulut pas davantage. Il alla dire à votre frère que sa femme n'aurait jamais jamais voulu converser avec moi d'égale à égale, si je ne lui avais été présentée par lui-même comme son épouse, titre qui m'avait rendue apte à jouir de tous les privilèges de la bonne compagnie ; que son imposture était un affront pour toute la société, et qu'il devait réparer ses torts en m'épousant dans la huitaine ou accepter avec lui un duel au dernier sang. Il ajouta encore que dans le cas où il succomberait dans ce combat, il serait vengé par tous les hommes que son action avait offensés comme lui. Casanova lui répondit en riant que, bien loin de se battre pour ne pas m'épouser, il était prêt à rompre des lances pour m'avoir. — Je l'aime, et, je si lui plais, je suis tout disposé à lui donner ma main. Veuillez, ajouta-t-il, vous charger de préparer les voies, et je serai à vos ordres quand il vous plaira.

« M. de Nesle l'embrassa, lui promit de se charger de tout, puis vint me donner cette nouvelle, qui me combla de joie, et dans la semaine tout fut achevé. M. de Nesle nous donna un magnifique souper le jour de nos noces, et depuis ce jour j'ai le titre de sa femme ; mais titre vain puisque, malgré la cérémonie et le oui fatal, je ne suis pas mariée, puisque votre frère est complétement nul. Je suis malheureuse, et il en a toute la faute, car il devait se connaitre. Il m'a horriblement trompée.

— Mais il y a été forcé ; il est moins coupable qu'il n'est à plaindre. Je vous plains aussi beaucoup, et pourtant je vous donne tort ; car, après avoir couché tout un mois avec lui sans qu'il vous donnât une seule preuve de sa puissance, vous ne pouviez que supposer la vérité. Eussiez-vous même été parfaitement novice, M. de Sancy aurait dû vous mettre au fait ; car il doit bien savoir qu'il n'est pas au pouvoir d'un homme de se trouver côte à côte d'une jolie femme, et la presser à nu entre ses bras pendant si longtemps, sans se trouver, malgré sa volonté, dans une situation physique telle, qu'il sera forcé de se dévoiler s'il n'est pas entièrement privé de la faculté qui fait son essence.

— Tout cela me semble vrai dans votre bouche ; et pourtant nous n'y avons pensé ni l'un ni l'autre, tant à le voir on est porté à le croire un Hercule.

— Je ne vois qu'un remède à votre mal, ma chère belle sœur, c'est de faire annuler votre mariage ou de prendre un amant et je crois mon frère trop raisonnable pour vous gêner en cela.

— Je suis parfaitement libre, mais je ne puis penser ni à un amant ni à un divorce, car le bourreau me traite si bien que mon amour pour lui ne fait que s'accroître, ce qui sans doute augmente mon malheur.

Je voyais cette pauvre femme si malheureuse que j'aurais volontiers consenti à la consoler ; mais il ne fallait pas y penser. Cependant sa confidence avait momentanément soulagé sa douleur ; je lui en fis compliment, et, après l'avoir embrassée de manière à lui prouver que je n'étais pas mon frère, je lui souhaitai une bonne nuit.

Le lendemain j'allai voir Mme Vanloo, qui me dit que Mme Blondel l'avait chargée de me remercier de ce que je n'étais pas resté, mais que son mari l'avait priée de me dire qu'il était bien fâché de ne m'avoir pas vu pour m'exprimer toute son obligation.

— Il a apparemment trouvé sa femme toute neuve ; mais ce n'est pas ma faute, et il n'en doit d'obligation qu'à Manon Baletti. On m'a dit qu'il a un joli poupon, qu'il demeure au Louvre, et qu'elle habite dans une autre maison, rue Neuve-des-Petits-Champs.

— C'est vrai, mais il soupe tous les soirs avec elle.

— C'est un drôle de ménage.

— Très bon, je vous assure. Blondel ne veut avoir sa femme qu'en bonne fortune. Il dit que cela entretient l'amour, et que, n'ayant jamais eu une maîtresse digne d'être sa femme, il est bien aise d'avoir trouvé une femme digne d'être sa maîtresse ([1]).

([1]) Madame Blondel n'alla effectivement habiter le Louvre qu'après 1767, quand le roi eut fait don à son mari d'un rez-de-chaussée dont il le remercie le 19 juin 1767. (ARCH. NAT. O^1 1914). Blondel faisait alors de mauvaises affaires ; le 3 juin 1768, il est endetté de 22.506 livres et il abandonne ses appointements aux créanciers jusqu'en 1771 (id. O^1 1911). Il mourut le 9 janvier 1774, et après son décès, Marie-Madeleine Baletti adresse un mémoire recommandé par le

Je donnai tout le jour suivant à Mme du Rumain, nous occupant jusqu'au soir de questions fort épineuses. Je la laissai très contente. Le mariage de Mlle Cotenfau sa fille, avec M. de Polignac, arrivé cinq ou six ans plus tard, fut la conséquence de nos calculs cabalistiques. La belle marchande de bas de la rue des Prouvaires que j'avais tant aimée n'était plus à Paris; un certain M. de Langlade l'avait enlevée et son mari était dans la misère. Camille était malade (1). Coraline était devenue marquise et maîtresse en titre de M. le Comte de La Marche, fils du prince de Conti, auquel elle avait donné un fils que j'ai connu vingt ans plus tard portant la croix de Malte et le nom de Chevalier de Montréal (2). Plusieurs autres jeunes personnes que j'avais connues étaient allées figurer en province en qualité de veuves, ou étaient devenues inaccessibles.

Tel était Paris dans mon temps. Les changements qui s'y faisaient en filles, en intrigues, en principes, allaient aussi rapidement que les modes.

prince de Conty, pour conserver son logement qu'elle n'occupe, dit-elle, « que depuis six ans » et dans lequel on fit beaucoup de frais. Elle a un enfant en bas âge et demande protection. Le roi répondit à cet appel par une pension de 800 livres. (id. O¹ 1912).

(1) Voilà encore une preuve de la confusion que Casanova fait parfois de ses différents voyages, et ce souvenir, très exact, est certainement de son séjour à Paris en 1767, puisque Camille Veronèze mourut le 20 juillet 1768, dans la petite maison de la rue Royale. Elle n'avait que trente-trois ans et était aimée follement par M. de Cromot. La chronique attribue sa mort « aux suites d'une vie trop voluptueuse ». Sa mère, Perrette Veronèze, son frère Pierre Antoine et sa sœur Coraline, vinrent la contempler une dernière fois. M. de Cromot fit les frais des funérailles qui furent imposantes et somptueuses. Le service religieux fut fait à Saint-Pierre de Montmartre, où elle fut inhumée, auprès de la grande porte, à gauche. (ARCH. NAT. *Scellés* Z² 2452 et MAIRIE DU XVIe. *Collection Parent de Rosan.* 55 f° 86.

(2) Après la naissance du chevalier de Vauréal (et non Montréal), le comte de la Marche, devenu prince de Conty, s'attacha définitivement à Coraline qu'il logea dans l'enclos du Temple à l'hôtel d'Harcourt et lui fit don du marquisat de Silly. Le fils naturel du prince de Conty, né en 1761, fut chevalier de Malte en 1777 et mourut à Melun en 1785. Il était lieutenant-colonel du régiment de Conty-Prince. (G. CAPON et YVE-PLESSIS. *Vie du Prince de Conty*, 1907 in-8, p. 319).

Je donnai tout un jour à mon ancien ami Baletti, qui avait quitté le théâtre après avoir perdu son père et épousé une jolie figurante; il travaillait sur l'herbe melisse; espérant parvenir à trouver la pierre philosophale.

Je fus agréablement surpris au foyer de la Comédie-Française en voyant le poëte Poinsinet, qui, après m'avoir embrassé à plusieurs reprises me dit qu'à Parme M. du Tillot l'avait comblé de bienfaits.

— Il ne m'a point placé, me dit-il, parce qu'en Italie on ne sait que faire d'un poëte français.

— Savez-vous quelque chose de lord Limore ? lui dis-je.

— Oui, il a écrit de Livourne à sa mère en lui annonçant qu'il allait passer aux Indes, et que, si vous n'aviez pas eu la bonté de lui donner mille louis, il serait actuellement dans les prisons de Rome.

— Je m'intéresse beaucoup à son sort, et je verrais volontiers milady avec vous.

— Je vous annoncerai, et je suis bien sûr qu'elle vous retiendra à souper, car elle a la plus grande envie de vous voir.

— Comment vous trouvez-vous ici ? lui dis-je; êtes-vous content d'Apollon ?

— Il n'est pas le dieu du Pactole ; je suis sans le sou, je n'ai pas une chambre, et j'accepterai volontiers à souper si vous voulez m'inviter. Je vous lirai le *Cercle* que les comédiens ont reçu et que j'ai dans ma poche. Je suis sûr que cette pièce aura du succès.

Ce *Cercle* était une petite pièce en prose dans laquelle le poëte jouait le jargon du médecin Herrenschwand, frère de celui que j'avais connu à Soleure. Elle eut effectivement un grand succès de vogue.

Je le menai à souper, et le pauvre nourrisson des Muses mangea comme quatre. Le lendemain, il vint m'annoncer que la comtesse Limore m'attendait à souper (¹).

Je trouvai cette dame, belle encore, avec M. de Saint-Albin, archevêque de Cambrai, amant suranné qui dépensait pour elle tout le revenu de son archevêché. Ce digne prince de l'Église était un des fils naturels du duc d'Orléans, le célèbre régent de France, et d'une comédienne. Il soupa avec nous, mais il n'ouvrit la bouche que pour manger; et sa maîtresse ne me parla que de son fils, dont elle portait aux nues l'esprit et les talents, tandis qu'au fait lord Limore n'était qu'un vaurien, mais je crus devoir faire la chouette. Il y aurait eu de la cruauté à la contredire. Je la quittai en lui promettant de lui écrire s'il m'arrivait de rencontrer son fils (²).

Poinsinet, qui était, comme on dit, sans feu ni lieu, vint passer la nuit dans ma chambre; et, le lendemain, après lui avoir fait prendre deux tasses de chocolat, je lui donnai de quoi se louer une chambre. Je ne l'ai plus revu, s'étant noyé quelques années après, non dans l'Hippo-

---

(1) Madame Obryen, comtesse de Lismore, avait été expulsée de la ville le 24 avril 1757 par un ordre du roi qui lui enjoignait de sortir de Paris et de se retirer à Caen (ARSENAL *Bastille*, 11.967). Casanova l'avait connue lors de son voyage à Paris en 1758. Elle était séparée de son mari qui faisait « les affaires du prétendant ». Elle faisait « grande figure » et vivait avec Charles de Saint-Albin, évêque de Cambrai (id. 10.234). C'était un bâtard, né des amours du régent et de la Florence, danseuse de l'Opéra, le 5 avril 1698. Il avait été baptisé à Saint-Eustache, comme fils du sieur Coche, premier valet de chambre du duc d'Orléans et de Madame Coche. Il mourut à Paris le 9 mai 1764. Depuis quelques années le comte de Lismore avait libéré totalement sa femme en décédant le 20 novembre 1759, rue de l'Université, vis-à-vis l'hôtel de Noailles, qualifié d'ancien colonel au service de la France. (ARCH. NAT. *Répertoire des Scellés*.)

(2) Le fils de la comtesse de Lismore, connu sous le nom de milord Talon revint de Rome ramenant une jeune fille, M¹¹ᵉ Fontaine, qu'il voulait épouser. Quoique très jeune il était déjà « accablé de toutes les infirmités de la vieillesse, rongé de goutte » et l'on disait qu'il s'était dépêché de vivre. On le retrouve en 1782 habitant le petit hôtel d'Orléans, faubourg Saint Laurent. (PITON. *Paris sous Louis XV*. — ARCH. NAT. Y 12662.)

crène, mais dans le Guadalquivir (¹). Il me dit qu'il avait passé huit jours chez M. de Voltaire, et qu'il s'était hâté de retourner à Paris, pour faire sortir de la Bastille l'abbé Morellet (²).

Je n'avais plus rien à faire à Paris, et je n'attendais pour en partir que des habits que je faisais faire et une croix de rubis et de diamants de l'ordre dont le Saint-Père m'avait décoré.

J'attendais le tout dans cinq ou six jours, lorsqu'un contre-temps m'obligea de partir précipitamment. Voici cet évènement, que j'écris à contre-cœur, car ce fut une

(1) Poinsinet mourut à Cordoue le 7 juin 1769; *la Correspondance de Grimm* lui consacre cette oraison funèbre.
« Octobre 1769 : La France a été plongée dans un deuil inopiné par la mort du grand Poinsinet, appelé communément le petit Poinsinet. Il était allé en Espagne au commencement de cette année, pour y exercer, à ce qu'il disait, la charge d'intendant des Menus-Plaisirs de Sa Majesté Catholique. D'autres disaient plus simplement qu'il y avait conduit une troupe de comédiens français dont il s'était fait entrepreneur. Le fait est qu'il y a été pour se baigner dans le Guadalquivir et pour s'y noyer. Je savais bien que les noms de Seine ou de Loire lui paraîtraient trop communs pour leur faire l'honneur de s'y noyer, et qu'il lui fallait un fleuve d'un nom plus sonore et plus noble pour y laisser sa peau. Il s'est baigné pour la dernière fois, très-peu avancé en âge; je crois qu'il n'avait pas plus de trente-cinq ans. Il s'était rendu ridicule et célèbre de très bonne heure par une foule de mauvais ouvrages et par un mélange assez bizarre de bassesse et de vanité, d'insolence et de poltronnerie. Avec une imagination un peu plus ardente, avec plus d'enthousiasme et de courage, il eut été un de ces instruments redoutables et malheureux dont le fanatisme s'est servi quelquefois avec succès pour les grands crimes : car on lui exaltait aisément la tête, son esprit s'aliénait et il faisait par faiblesse de caractère des choses très fortes en cédant à une impulsion étrangère; mais l'idée de danger le désenivrait trop vite. Jeté dès sa première jeunesse dans la crapule et dans la mauvaise compagnie, il a été ce qu'on appelle le souffre-douleur ou le patient d'une société composée d'assez mauvais plaisants. Palissot et Fréron, les comédiens Préville et Bellecour étaient à la tête de cette réunion qui s'énivrait deux ou trois fois la semaine à souper en se jouant de l'imbécillité de Poinsinet : ils appelaient cela *mystifier*. » (Éd. TOURNEUX. VII p. 349-350.)

(2) L'abbé André Morellet avait été enfermé à la Bastille, le 11 juin 1760, pour avoir fait imprimer la *Préface de la Comédie des Philosophes ou la Vision de Palissot* et la *Prière universelle* de Pope. Il en sortit le 30 juillet 1760. (ARSENAL. *Archives de la Bastille*, 12086; cf. FUNCK-BRENTANO. *Les Lettres de Cachet*, 1903, in-fol.)

imprudence de ma part, qui faillit me coûter la vie et l'honneur, comptant pour rien plus de cent mille francs. Je plains les sots qui, tombés dans le malheur, s'en prennent à la fortune, tandis qu'il ne devraient s'en prendre qu'à eux seuls.

Je me promenais aux Tuileries vers les dix heures du matin, lorsque j'eus le malheur de rencontrer la Dangenancourt avec une autre fille. Cette Dangenancourt était une figurante de l'Opéra avec laquelle, avant mon dernier départ de Paris, j'avais désiré vivement faire connaissance. Me félicitant de l'heureux hasard qui me la faisait rencontrer si à propos, je l'abordai et je n'eus pas beaucoup besoin de la prier pour lui faire accepter un dîner à Choisy (¹).

Nous nous dirigeâmes vers le Pont-Royal, et là, prenant un fiacre, nous partons. Après avoir ordonné le dîner, nous sortions pour faire un tour de jardin, quand je vis sortir d'un fiacre deux aventuriers que je connaissais et deux filles amies de celles que je conduisais. La malencontreuse hôtesse, qui se trouvait sur la porte, vint nous dire que si nous voulions être servis ensemble, elle nous donnerait un dîner excellent : je ne dis rien, ou plutôt je me rendis au *oui* de mes deux grivoises. Nous dinâmes effectivement très bien, et, après avoir payé, au moment où nous allions retourner à Paris, je m'aperçus que je n'avais pas une bague que pendant le dîner j'avais ôtée de mon doigt pour la laisser voir à l'un des deux

(1) La demoiselle Dazenoncourt avait été danseuse figurante à l'Opéra de 1747 à 1755 avec les modestes appointements de 400 livres par an. Mais en revanche elle coûtait gros à qui voulait pénétrer dans son intimité. Des amants de marque, parmi lesquels le duc d'Orléans, l'ambassadeur de Hollande et d'autres personnages de qualité, défilèrent dans son appartement chèrement meublé de la rue Saint-Honoré près des Feuillants. A l'époque du troisième voyage de Casanova, les beaux succès de Mlle Dazenoncourt étaient passés et pour tenir rang, elle suppléait à la qualité par la quantité. (ARCH. DE L'OPÉRA. *Appointements*. — ARSENAL. *Bastille*, 10235 f. 37, 49, 288; 10236 f. 70.)

aventuriers, nommé Santis, qui s'était montré curieux de l'examiner. C'était une jolie miniature dont l'entourage en brillants m'avait coûté vingt-cinq louis. Je priai très poliment Santis de me rendre ma bague; il me répondit avec un grand sang-froid qu'il me l'avait rendue. Si vous me l'aviez rendue, répliquai-je, je l'aurais, et je ne l'ai pas. Il persiste; les filles ne disaient rien, mais l'ami de Santis, portugais, nommé Xavier, osa me dire qu'il l'avait vu me la rendre. — Vous en avez menti, lui dis-je, et saisissant Santis à la cravate, je lui dis qu'il ne sortirait pas que je n'eusse ma bague. Mais en même temps le portugais s'étant levé pour secourir son ami, je fais un pas en arrière, et, l'épée à la main, je réitère mon propos. L'hôtesse étant survenue et jetant les hauts cris, Santis me dit que si je voulais écouter deux mots à l'écart, il me persuaderait. Croyant bonnement qu'il avait honte de me restituer ma bague en présence de tout le monde, mais qu'il allait me la remettre tête-à-tête, je rengainai en lui criant : sortons! Xavier monta dans le fiacre avec les quatre donzelles et ils retournèrent à Paris. Santis me suivit derrière le château, et là, prenant un air riant, il me dit que, voulant faire une plaisanterie, il avait mis ma bague dans la poche de son ami, mais qu'à Paris, il me la rendrait.

— C'est un conte, lui dis-je, votre ami prétend vous avoir vu me la rendre, et vous l'avez laissé partir. Me croyez-vous assez neuf pour être dupe d'un badinage de cette espèce? Vous êtes deux voleurs. En disant cela, j'allonge la main pour saisir la chaîne de sa montre, mais il recule et tire son épée. Je tire la mienne, et, à peine en garde, il me porte une botte allongée que je pare ; et, me fendant sur lui, je le traverse d'outre en outre. Il tombe en appelant au secours. Je rengaîne mon épée, et sans m'embarrasser de lui, je vais rejoindre mon fiacre et je pars pour Paris.

Je descendis dans la place Maubert et me rendis à pied

à mon hôtel, en prenant une rue détournée. J'étais sûr que personne ne serait allé me chercher à mon logement, car mon hôte même ne savait pas mon nom.

J'employai le reste de ma journée à faire mes malles, et, après avoir ordonné à Costa de les placer sur ma voiture, j'allai chez Mme d'Urfé, que j'informai de mon aventure, en la priant, lorsque ce qu'elle devait me donner serait prêt, de le consigner à Costa, qui viendrait me rejoindre à Ausbourg. J'aurais dû lui dire de m'expédier le tout par un de ses domestiques ; mais mon bon génie m'avait abandonné ce jour-là. Au reste, je ne croyais pas que Costa fut un voleur.

De retour à l'hôtel du Saint-Esprit, je donnai mes instructions au coquin en lui commandant de faire diligence, d'être discret, et lui remettant l'argent nécessaire pour le voyage.

Ma voiture attelée de quatre chevaux de louage qui me menèrent à la seconde poste, je partis de Paris et je ne m'arrêtai qu'à Strasbourg.

*
* *

Casanova avait depuis longtemps une vieille affaire à régler avec M. de Santis et si je n'ai rien trouvé sur leur dernière querelle, voici du moins tout un lot de documents sur leur premier conflit que Casanova omet de raconter. On fera connaissance avec toute une bande de joueurs clandestins qu'il fréquenta au cours de sa deuxième étape à Paris.

Dans toutes les mésaventures arrivées à l'aventurier, il faut chercher la femme et cette fois encore une jeune danseuse l'amena dans une société d'adroits filous.

Mlle Marini était âgée de vingt-deux ans, elle était vénitienne, jolie et dansait depuis 1753 dans les ballets de la Comédie italienne. Elle demeurait rue des Fossés-Saint-Germain, avec sa mère, la dame Stateini et un nommé Marini, qui passait pour son père.

S'il y eut une intrigue amoureuse entre Casanova et Mlle *Marini, elle fut de courte durée puisque la danseuse mourut en janvier 1757, le mois même du retour de Casanova à Paris. Mais Casanova continua de fréquenter la prétendue famille de la danseuse, croyant le sieur Marini fils de l'avocat Laurent Marini, célèbre à Rome, tandis que ce n'était qu'un méchant brocanteur de bijoux. Chez cet aventurier, Casanova fit connaissance d'une coterie composée de Carlo Génovini, artificier; de Michel Léopold, musicien et du chevalier Joseph de Santis. Ce dernier, né à Spolette, âgé de trente-cinq ans, parcourait l'Europe, vivant du jeu qu'il corrigeait en filant la carte, marquant les as et les figures. Marini avec des dés pipés, Santis avec des cartes préparées, et leurs associés, tous italiens, s'entendirent pour ruiner Casanova. Celui-ci ne fut pas longtemps dupe des adroits filous et, sitôt qu'il eut vent de leurs escroqueries, il porta plainte au commissaire Guyot qui en dressa le procès-verbal suivant où toute cette histoire se trouva relatée :*

« L'an 1758, lundi vingt-cinq Sept., 9 heures du matin. En notre hôtel et par devant nous Michel-Pierre Guyot, avocat au Parlement, C^r du Roy, C^{re} au Chatelet est comparu Jacques Casanova, vénitien de nation et ayant un bureau à la loterie de l'École Royale Militaire, demeurant à Paris, rue du Petit-Lyon, P^{sse} St-Sauveur. Lequel nous a rendu plainte contre le nommé Gènevois Mariny, natif de Rome, ci-devant opérateur, et en cette ville connue sur le pied de brocanteur, et faisant commerce de bijouterie, demeurant cy devant rue des Fossés Saint-Germain-des Près, ditte de la Comédie française, et présentement retiré dans l'enclos du Temple, et autres ses complices et adhérents. Et nous a dit qu'il a eu occasion de connoitre le dit Mariny au sujet d'une danseuse de la Comédie française (¹) qui portoit le même nom et qui passoit pour sa fille, à l'occasion de bijouterie. Le dit Mariny, faisoit le métier de brocanteur au Palais Royal et ailleurs, qu'il a aussi fait connaissance chez le dit Mariny, du nommé Léopold que le premier faisoit passer pour son neveu

(1) C'est Comédie-Italienne qu'il faut lire.

et un Chevalier de Santis, tous escrocs et fripons de jeu et connus pour tels ; en sorte que le plaignant a connu tous les dits particuliers les uns par les autres, qu'ils se sont entendus ensemble pour le faire tomber dans le complot qu'ils avoient concerté entre eux de le faire jouer de malheur pour partager ensuite ses dépouilles ainsi que le plaignant va le prouver par le récit des faits.

Que dans le mois d'Avril ou le mois de May dernier le dit Mariny est venu sur les 9 h. du matin chez le plaignant et l'a engagé à jouer aux dés au passe-dix et a, à cet effet, apporté 10 à 12 dés avec lui, précaution criminelle qui prouve d'avance la mauvaise intention du dit Mariny ; que lui plaignant ne se méfiant point de la mauvaise foy du dit Mariny, ne pensa point à examiner les dez, qu'il croyoit le dit Mariny honnête homme et qu'il étoit le fils du célèbre Mariny, avocat à Rome, ainsi qu'il se faisoit passer, qu'il auroit pris plus de précaution, s'il avoit su alors que le dit Mariny n'étoit qu'un méchant brocanteur à Rome d'ou il étoit sorty parce qu'il étoit trop connu ; Que lui plaignant a consenti de jouer au passe-dix avec le dit Mariny, que ce dernier lui a d'abord gagné vingt et tant de louis d'or en espèces et un couteau à manche et lame en or de valeur de dix louis, deux éventails valant quatre louis chacun et quantité d'autres effets dont il ne se souvient pas. Que non content de ce gain, il lui a encore gagné sur sa parole 53 louis d'or. Que le dit Mariny a proposé au plaignant d'accepter une lettre de change de pareille somme, feignant par ce moyen de lui en faciliter le paiement. Que le dit Mariny étoit si certain des dez qu'il avoit et tellement persuadé d'escroquer les dits 53 louis au plaignant avec le secours de ses dez pipés, qu'il avoit dans la poche la lettre de change toute dressée, à laquelle il ne manquoit que la signature du plaignant ; que lui plaignant a été instruit depuis son malheur ; que le dit Mariny avoit prié le nommé Deslions de lui faire le plan d'une lettre de change de 53 louis, sous prétexte, lui avoit-il dit, qu'il en avoit besoin parce qu'il s'en alloit chez le plaignant pour jouer aux dez. Que cette précaution seule suffiroit pour prouver que le dit Mariny n'a été chez le plaignant que dans l'intention de le faire jouer de malheur et qu'il étoit convaincu qu'il lui gagneroit tout ce qu'il voudroit au moyens de ses dez pipés. Que le plaignant ignorant tous ces faits dont il n'a eu connaissance que depuis, étourdi de la perte qu'il venait de faire, n'a fait aucune réflexion sur cette lettre de change qui se trouvoit toute faite de la somme de 53 louis et à laquelle il ne manquoit que sa signature, qu'il a acceptée à la réquisition du dit Mariny, que la dite lettre est tirée sous le nom d'un homme qui n'existe pas et dont par conséquent la signature est fausse, que l'ordre prétendu passé par ce faux tireur, l'a été au nommé Léopold, associé de filouterie avec le dit Mariny; que cet ordre est probablement faux, puisqu'il y a longtemps que le dit Léopold est absent de Paris, que le dit Léopold a ensuite passé à l'ordre, ou au moins paroit l'avoir passé, à un nommé Lamperrière, soi disant marchand, que ce Lamperrière est d'autant plus suspect qu'il est en liaison avec Mariny, et que malgré les avis reitérés qu'on lui a donné que la lettre de change en question provenoit du jeu, il s'en est néanmoins chargé en disant qu'il s'inquiétoit peu qu'elle provint du jeu, qu'il s'en feroit bien payer à son échéance; que cette lettre de change fourmille de faux, que le tireur est imaginaire, que Léopold à qui l'ordre paroit avoir été passé étoit absent et qu'il n'a vraissemblablement pu passer le sien au dit Sr Lamperrière, que la cause de la lettre de change et la façon dont elle est faite méritoit toute l'animadvertion de la justice contre ceux qui en sont les auteurs. Que le plaignant ne s'est pas plaint dans le temps parce qu'il ignoroit qu'il eut été trompé et volé, qu'il n'en a été instruit que depuis quelque temps, qu'aussitôt il a menacé le dit Mariny de se pourvoir, qu'il espéroit que le dit Mariny, pour prévenir les sujets de condamnation auxquels il ne peut se soustraire, lui restitueroit à l'amiable, les meubles et effets qu'il lui a escroqués et surtout la lettre de change de 53 louis; mais que Mariny, loin d'écouter les sages conseils de ceux qui ont bien voulu s'entremettre pour arrêter l'activité du plaignant et engager le sieur Mariny à lui rendre justice, a répondu avec impudence qu'il ne rendroit rien au plaignant de ce qu'il lui avoit gagné au jeu; qu'à l'égard de la lettre de change il l'avoit donnée en paiement au sieur Lamperrière et qu'il faudroit bien qu'il la payat à son échéance, qu'il a même appris depuis que le dit Mariny après avoir escroqué tous ceux qui ont eu le malheur d'avoir affaire à luy, a enlevé ses meubles et effets furtivement et s'est retiré au Temple, que par conséquent il a fait une banqueroute frauduleuse et que de cette retraite il négocie secrètement avec ses créanciers par le ministère d'un procureur au chatelet de Paris : que le plaignant n'a annoncé que la vérité en disant que le dit Mariny est un croq, qu'il est connu pour tel par les officiers de police préposés pour cette partie et comme il a intérêt à se pourvoir contre lui, pour obtenir la restitution de l'argent qu'il lui a escroqué au jeu et singulièrement de retirer du commerce la lettre de change dont la traite est fausse, il a été conseillé de venir par devant nous rendre la présente plainte de laquelle il nous a requis acte pour lui servir et valoir ce que de raison ce que nous lui avons octroyé et à signé etc., CASANOVA, GUYOT. »

Muni de ce procès-verbal, Casanova adressa le jour même une supplique :

« *A Monsieur Le Lieutenant-Criminel,*

Supplie humblement Jacques Cazanova, Vénitien de nation, L'un des directeurs de la loterie de l'École Royale militaire, Qu'il vous plaise, Monsieur, vu la plainte rendue par le suppliant ce jourd'hui par devant le commissaire Guyot ci jointe à la présente requestre contre le nommé Generoso Marini, romain de nation, opérateur et brocanteur alternativement, ordinairement errant de ville en ville, et maintenant réfugié au Temple, et autres ses complices et adhérents, permettre au suppliant de faire informer par devant le dit commissaire Guyot, qui a reçu ladite plainte des faits y soutenus, circonstances et dépendances pour ladite information, faite et communiquée à Monsieur le procureur du Roi dont il requiert la jonction et a vous raporte estre par vous ordonné et qu'il appartiendra et attendu que la lettre de change mentionnée en ladite plainte forme la principale pièce à conviction du délit dont il s'agist; permettre au suppléant de la faire dès à présent saisir et revendiquer par tout ou elle se trouvera, et à cet effet de se faire assister dudit commissaire Guyot pour ladite lettre de change estre paraphée par ledit commissaire pour en constater l'état et estre ensuite déposée au greffe Criminel du Chatelet pour y servir à l'instruction du procès sous la réserve que fait le suppliant de prendre par suite telles conclusions qu'il appartiendra et vous ferés justice. Le Chauve, Casanova »

Sur cette requête, le lieutenant criminel écrivit :

« Permis de faire informer des faits contenus en la plainte, circonstance et dépendance par devant le commissaire Guyot qui l'a reçue pour après ladite information faite être raportée et Statué ainsi qu'il appartiendra sur le surplus à la présente requête. Fait le 26 Septembre 1758, De Sartines. »

Si parfois la justice est longue à se mettre en mouvement, Casanova n'eut pas à se plaindre de sa lenteur. Le 26 septembre, l'information commençait et apportait à l'appui de la plainte les témoignages des personnes citées par Casanova.

Ces dépositions sont intéressantes aussi bien pour servir à l'histoire de notre aventurier que pour les mœurs de l'époque. On y verra aussi que Casanova, tout intrigant qu'il était, se tenait tout de même un peu au-dessus de ces chevaliers d'industrie dont l'existence problématique était aussi cahotée que la sienne.

« 26 Septembre 1758. — Information faitte par nous Michel-Pierre Guyot, avocat au parlement, conseiller du Roy, commissaire au Chatelet de Paris.

A la requette du sieur Jacques Casanova, vénitien de nation, l'un des Directeurs de la lotterie de l'école Royale militaire.

Contre Generozo Mariny, brocanteur et autres complices et adhérans.

Des faits contenus en la plainte que ledit sieur Casanova nous a rendu le vingt-cinq septembre de la présente année mil-sept-cent-cinquante-huit contre le dit Mariny.

En exécution de l'ordonnance de Monsieur le Lieutenant criminel en datte de ce jourd'huy étant au bas de la requette a lui présenté par led. Casanova.

En laquelle information nous avons entendu les témoins

assignés de notre ordonnance séparément le uns des autres et rédigé leurs dépositions ainsy qu'il suit.

Du vingt-sixème jour de 7bre audit an mil-sept-cent-cinquante-huit, six heures de relevée.

François Orsi, âgé de quarante-cinq ans, fabriquant de vers à soye, demeurant faubourg St Lazare, paroisse St Laurent, assigné par exploit de Jean Denis Du Four, huissier audiencier de l'amirauté du Palais à Paris, en date de ce jourd'hui dont il nous est apparu, lequel après serment par lui prêté de dire et déposer vérité et qu'il a déclaré n'être parent, allié, serviteur, ni domestique des parties. Lecture a lui faitte de sa ditte plainte Et ordonnance.

Dépose qu'il n'a autre connoissance des faits y mentionnés si ce n'est qu'il a connu le sieur Marini, Italien, courtier de bijoux dans cette ville, pour l'avoir vu à l'hôtel de la Reine, rue du Boulois, où il se rendoit avec plusieurs autres italiens pour y jouer. Il y vint sur la fin du mois de mars ou du commencement du mois d'avril dernier, un jour dont il n'est mémoratif, qu'il montra au déposant une lettre de change de six-cent-quarante livres en lui disant qu'elle étoit du sieur Casanova, qu'il dit au sieur Deslions, qui étoit dans ledit hôtel, qu'il venoit de gagner audit Casanova cinquante-trois louis et, lui montrant la lettre de change de six-cent-quarante livre, il lui dit que c'étoit le billet que le sieur Cazanova lui avait fait des cinquante-trois louis : que ledit Marini répondit : « Casanova m'a trompé » qu'il pria ledit Deslions de lui faire une lettre de change de cinquante trois louis, que le dit Deslions la lui fit, que ledit Marini l'emporta et la fit signer au dit Casanova, qu'en suitte il l'a montrée au déposant signée dudit Casanova et lui dit. « Voyla une lettre de change de cinquante-trois louis que j'ai gagné à Casanova, je ne veux plus jouer avec lui. Qu'il a vu et lu laditte lettre de change qu'il croit qu'elle doit échouer à la fin de ce mois. Qui est tout ce qu'il a dit savoir. Lecture a lui faitte de sa déposition, a dit icelle contenu vérité, y a persisté, Et a requis taxe de ce Enquis et a signé ; GUYOT, FRANÇOIS ORSI.

Benoist Deslions, âgé de vingt-sept ans, bourgeois, demeurant rue de Grenelle St-Honoré, paroisse St-Eustache, assigné par exploit du dit Du Four, en datte de ce jourd'hui, dont il nous est apparut Lequel après serment par lui prêté de dire et déposer vérité qu'il a déclaré n'être parent, allié, serviteur ny domestique des parties. Lecture a lui faite desdittes plaintes et ordonnance.

Dépose qu'il n'a aucune autre connaissance des faits y mentionnés si ce n'est que, aux environs du mois d'avril dernier, un jour dont il n'est mémoratif, se trouvant par hazard chez le sieur De Santis, italien, demeurant alors ainsi que le plaignant à l'hôtel de la Reine, rue Du Boulois, il vit venir chez ledit sieur Santis le nommé Marini qu'il connaissoit pour bijoutier ; que ledit Marini le pria de lui faire le model d'un lettre de change de cinquante ou de cinquante-trois louis, lui disant qu'il en avoit besoin parce qu'il alloit chez le sieur Cazanova pour y jouer et qu'il comptoit lui gagner cette somme. Qui est tout ce qu'il a dit savoir. Lecture à lui faitte de sa déposition, a dit icelle contenir vérité; n'a requis taxe de ce enquis et a signé : GUYOT, DELYON.

Du Mercredi vingt-sept septembre audit an mil sept cent cinquante-huit, neuf heures du matin :

Sesanne Mathieu Desjardini, agé de vingt-huit ans, professeur de langue Italienne et espagnole, demeurant rue des Cordeliers.

Assigné par exploit du jour d'hier etc...

Dépose qu'il n'a aucune autre connoissance des faits y mentionnés, si ce n'est qu'il a connu le sieur Marini par un nommé Léopold, italien, au mois de mars de l'année dernière ; que le dit Léopold appelait le dit Marini son oncle, que le dit Léopold mena le dit déposant chez le Sr Marini qu'il lui dit qu'il étoit fils de l'avocat Laurent Marini de Rome, qu'il étoit venu à Paris pour y faire commerce de bijoux, qu'une nommée Stateini, qui passait pour la femme dudit Mariny et logeoit dans la même maison, le pria de montrer à lire et à écrire à une de ses filles, que par ce moyen il a été très souvent chez le dit Marini, que ladite Stateini perdit une de ses filles le 17 Mai de l'année dernière, qui le dit Mariny l'a fait enterer dans l'église St-Sulpice sous son nom, comme sa fille, Qu'au mois de Septembre dernier le dit Marini demanda au déposant s'il savoit ou étoit sa femme, qu'elle s'étoit en allée, lui avoit emporté beaucoup d'effets et qu'il ne savoit pas ce qu'elle étoit devenue. Que lui deposant en arrivant chez lui trouva un billet de ladite Stateini qui demeuroit alors à l'hotel de Ceimbes, rue du Jour, qu'elle lui mandoit par ce billet, de se transporter chez elle parce quelle avoit quelque chose à lui confier. Qu'il y alla. Qu'elle lui dit que Marini l'avoit chassé, qu'elle n'étoit pas sa femme, qu'au contraire il étoit marié à Rome où il avoit des enfans, qu'il l'avoit trompé en lui promettant de se marier avec elle et le pria de lui indiquer un avocat, ce qu'il fit. Que le procès qu'elle lui intenta fut terminé à l'amiable par son entremise à la prière des deux parties. Que cette affaire lia davantage le déposant au s^r Marini, qu'il alloit diner et souper très fréquemment chez lui, que le déposant a vu plusieurs fois chez Marini, dans l'hiver dernier, une compagnie de joueurs, connus pour tels à la police, qui s'y assembloient pour y jouer au pharaon, à la prime et aux dés. Qu'il a vu qu'il s'y perdoit de grosses sommes d'argent, que l'on y perdoit des bijoux précieux et autres effets. Que dans le tems il a vu venir le sieur Casanova chez le dit Marini, qu'il l'a toujours reconnu pour un galant homme, qu'il jouait chez Marini, que les parties de jeu se sont terminées par des disputes qui se sont élevées entre le n^e Carlo Génovini, artificier, le n^e Léopold Michel, musicien, et le chevalier de Santis, tous trois italiens. Que les dits trois particuliers ont dit au déposant que c'étoit Marini qui fournissoit les dez, qu'en ayant trouvé de faux, on les avoit jeté dans le feu, qu'une partie en a été retirée et déposée à la police, qu'ayant représenté d'amitié a Mariny que l'aventure de ces dès pourrait lui faire du tort, ledit Marini lui a répondu que c'étoit faux, qu'il étoit bien vrai qu'il avoit fourni les dés, mais qu'il les avoit achetés dans une boutique au palais, que même il lui conta qu'il avoit eu une dispute avec le nommé Carlo Génovini (1) pour une lettre de change qui prove-

---

(1) Carlo Génovini, artificier du roi, demeurant à la Nouvelle-France, hors la barrière, fut en effet poursuivi et condamné par sentence des juges-consuls, le 8 août 1759, pour une lettre de change de 3,000 livres et n'y aurait-il pas là quelque rapport entre cette affaire et celle pour laquelle Casanova dut quitter Paris ? (ARCHIVES DE LA SEINE. *Papiers des juges-consuls.*)

noit du jeu et qu'il vouloit poursuivre le dit Genovini, pour se faire payer du contenu en icelle, le pria même de passer chez le dit Sr Génovini pour tâcher de le déterminer et s'accommoder, qu'il le fit sans succès parce que un des deux ne voulut s'arranger. Que lui déposant fut deux mois sans voir ny l'un ny l'autre. Qu'au commencement du présent mois de septembre, lui déposant rencontra sur les six heures du soir, un jour dont il n'est mémoratif, le dit Marini lequel lui dit d'aller chez lui qu'il vouloit lui parler, qu'il l'amena chez lui et lui dit qu'il avoit entendu que l'on vouloit le poursuivre ainsi que d'autres de ses camarades pour le jeu mais qu'il ne craignoit rien ; qu'il lui dit entre autres choses qu'il savoit bien que c'étoit une pièce qu'on lui faisoit parce que le Sr Casanova lui avoit fait une lettre de change de 53 louis qui devoit échoir bientôt mais qu'il l'avoit négociée à un nommé Lamperrière, et qu'il falloit qu'elle fut payée parce qu'il n'étoit pas dit sur la lettre qu'elle provenoit du jeu. Que quelques jours après il eut l'occasion de voir le sieur Lamperrière, marchand d'étoffes, place du Louvre, qu'il avoit vu chez Marini trois ou quatre jours auparavant, qu'il dit audit Lamperrière qu'il cròyoit que sa lettre ne valoit rien parce qu'il savoit qu'elle venoit du jeu. Qu'il feroit mieux de la rendre à Marini et de s'en faire rembourser en d'autres effets, que le dit Lamperrière lui répondit : « Marini m'a escroqué plusieurs effets sous la promesse de m'en apporter l'argent, tout de suite ne pouvant mieux faire j'ai été forcé de prendre cette lettre plutot que de tout perdre, je sais bien que la dite lettre n'a été faite par le dit Casanova que pour argent perdu au jeu, mais il faudra bien qu'elle soit payée à son échéance », et c'est tout ce qu'il a dit savoir.

François-Bernard Caillot, âgé de vingt-quatre ans, artificier, demeurant rue Poissonnière, assigné, etc.

Dépose qu'il n'a aucune autre connoissance des faits y mentionnés si ce n'est qu'il connoit ledit Marini depuis le Carême dernier par ce que le sieur Carlo Genovini, pour lequel il travailloit alors, alloit jouer chez ledit Marini et que ledit déposant l'y alloit chercher, que ledit Carlo Genovini s'est plaint différentes fois que le dit Marini faisoit jouer de malheur, qu'un jour ledit Marini a jetté les déz au feu, que ledit Carlo Genovini en a retiré un qu'il a chez lui, lui déposant a vu jouer différentes fois le sieur Cazanova chez ledit Marini, tantôt aux cartes et tantôt aux déz, qu'il sait pour l'avoir entendu dire que ledit Cazanova a fait audit Marini une lettre de change de cinquante-trois louis pour argent perdu au jeu, que le sieur Lampérière, marchand d'étoffes au Louvre, qui a laditte lettre, a dit a lui déposant qu'il s'embarrassoit peu d'où provenoit la lettre qu'il avoit, qu'il faudroit qu'elle fut paiée à à son échéance, qui est tout ce qu'il a dit savoir. Lecture, etc.

Après cette information qui dévoile les dessous de toute une association d'aigrefins, qui démontre la manière d'extorquer les joueurs trop confiants; on croit peut-être que Casanova put facilement rentrer en possession de la lettre de change si imprudemment signée. Erreur. Le lieutenant criminel donna de suite l'autorisation au plaignant de faire saisir partout où il se trouverait le billet souscrit. Casanova crut bon d'attendre qu'on lui présentât et, par les pièces ci-dessous, on verra comment les adroits fripons réussirent à l'escamoter :

« L'an mil-sept-cent-cinquante-huit, le samedi trente septembre, quatre heures de relevée, Nous Michel-Pierre Guyot, avocat au Parlement, Conseiller du Roy, commissaire au Chatelet de Paris, ayant été requis, nous sommes transporté rue du petit Lyon, près celle des Deux-Portes, dans une maison occupée par Besparau, perruquier, et étant monté au second étage, et entré en une chambre ayant vue sur ladite rue, nous y avons trouvé, et pardevant nous est comparu Sr Jacques Casanòva, l'un des directeurs de la Lotterie de l'école Royale militaire, demeurant en la chambre où nous sommes; Lequel nous a dit que ce jourd'hui sur les dix heures du matin, le S. Lamperrierre est venu chez lui demander le payement de la lettre de change de cinquante-trois louis d'or acceptée par le comparant au profit du S. Mariny, et dont l'ordre a été ensuitte passé audit S. Lamperriere, laquelle lettre de change est celle dont la saisie-revendication lui a été permise, par l'ordre de M. le Lieutenant Criminel du vingt-sept du présent mois, rendue sur les conclusions de M. le Procureur du Roy, qu'il n'a fait aucun refut audit Lamperriere à la lui payer, mais a exigé auparavant, de lui exhiber cette lettre de change que ledit Lamperriere a cherché dans son portefeuille pendant quelques moment et après dit au comparant qu'il l'avoit laissé chez lui, qu'il le prioit de laisser les fonds suffisans à son domestique, et qu'il reviendroit sur les onze heures et demie; que le comparant lui a répondu qu'il l'attendroit, et qu'il pouroit revenir. Qu'au bout de deux heures un savoyard lui a apporté une lettre non signée qui paroit provenir dudit Lamperriere, par laquelle il lui mande que sa lettre de change n'étant tirée que pour le trente un, n'échoit par conséquent que demain, qu'en conséquence il peut sortir de chez lui, et par une autre écriture étant sur cette même lettre il lui marque de laisser le montant de la lettre de change entre les mains du perruquier, qu'il viendroit l'après diner pour le toucher, attendu que c'est demain fête. Que ces différends retours donnant lieu au comparant de craindre quelques surprises de la part dudit Lamperriere, il est resté chez lui. Qu'il y a environ une demie heure, un huissier qui s'est dit porteur de cette lettre de change, et qu'il a montré au comparant, est entré chés lui, lui a dit qu'il venoit savoir la réponse du protest qui avoit été fait au sujet de cette lettre de change, que le comparant lui a répondu qu'il n'avoit point refusé de la payer, que par conséquent il n'y avoit pas lieu à faire un protest, que d'ailleurs il ne lui avoit pas été offert, et offroit de payer la lettre de change, qu'en même temps il a commandé à son domestique d'aller chercher de l'argent à son bureau, que ledit huissier lui a répliqué qu'il l'avoit attendu jusqu'à ce moment dans son bureau, et a fait refus d'attendre plus longtemps, et s'est aussitôt retiré avec ledit Lamperriere qui venoit de paroître sur le pallier de sa chambre, et comme cet huissier qui lui a déclaré s'appeler Michel, et demeure rüe St Martin, vis-à-vis celle Aubry Boucher, est porteur de la lettre de change dont la saisie revendication lui a été permise, il requiert que nous nous transportions chez ledit Michel à l'effet d'etre présent à la saisie revendication qu'il entend en faire faire en exécution de l'ordonnance surdattée. Requérant au même actes des déclarations insérées ci dessus pour lui faire et valoir en temps et lieux ce que de raison, et signé : CASANOVA. »

Casanova usant sur-le-champ de son droit de saisie revendication requiert le commissaire de l'accompagner chez l'huissier, possesseur de la lettre de change. Ils se transportent.

« Rue St Martin, vis-à-vis celle Aubry Boucher, en une maison à porte-cochère dont est principal locataire le sieur Merry, et étant monté au quatrième étage audevant de la porte de l'appartement occupé par le Sr Michel, huissier, à l'effet de faire perquisition dans ledit appartement de la lettre de change mentionnée en ladite Ordonnance. Avons, en présence dudit Sr Casanova, du Sr Dufour, huissier en l'amirauté du palais, de Jacques-Joseph Verdillat, praticien, demeurant à Paris, rue St Bon, paroisse St Merry ; et de Michel Marie, aussi praticien, y demeurant, rue des Lavandières, paroisse St Etienne du Mont, frapé à la porte dudit Michel, avons entendu la voix d'un particulier auquel, au travers de la porte, ayant exposé le sujet de notre transport et dit notre qualité, il nous a répondu au travers de la porte qu'il n'ouvriroit pas, avons en suitte vu de la la fenêtre de l'appartement ou nous frapions, un particulier que nous avons reconnu pour être ledit Michel auquel nous avons dit que nous étions le commissaire Guyot, que nous venions pour saisir et revendiquer, qu'à son refus j'allois faire ouvrir la porte par un serrurier, Lequel Michel a répondu que nous pouvions la faire ouvrir, En conséquence dudit refus, avons mandé le nommé Isouard, maître serrurier, demeurant rue Maubuée, paroisse St Merry, avons aussy mandé les deux plus proches voisins, lesquels ont refusé d'être présent à ladite ouverture, à l'exception de Nicolle Bonnaise, fille domestique du S. La Croix, demeurant dans la même maison. La porte a été ouverte par ledit serrurier en présence de ladite Bonnaire et de Jean-Antoine Gervais, cocher de fiacre, demeurant rue Culture Ste Catherine, appelé pour deffaut de voisins et, en outre, celle du Sr Casanova, Dufour, Verdillac, et Marie, laquelle porte étant prête d'être ouverte, Ledit Michel a dit qu'il ne refusoit pas d'ouvrir la porte, et a fait frime d'ouvrir le dit verroux et

ont lesdit Sr Casanova, Dufour, Verdillac, Marie, Isouard signé et ledit Bonnaire et Gervais, déclare ne savoir écrire ny signée de ce enquis. »

Ce fait, sommes entré dans une première pièce ayant vue sur la Cour, et exposé de nouveau audit Michel le sujet de notre transport, exhibé l'ordonnance de Monsieur le Lieutenant Criminel, ledit Michel a dit qu'il m'empêchoit qu'il soit procédé à la saisie revendication, offrant pour ce d'ouvrir les portes, coffres, commodes et armoires, étant dans son appartement, faisoit au surplus toutes réserves de droit, et a refusé de signer, et a en outre déclaré qu'il a remis la lettre de change au Sr Lamperriere avec le protest.

Avons de suite fait perquisition dans les papiers étant sur le bureau de la pièce où nous sommes, toujours en la susdite présence, et en celle dudit Michel, par l'avenement de laquelle il ne s'y est rien trouvé pourquoy nous nous sommes ensuitte retiré après avoir dressé le présent procès-verbal [1].

Qu'advint-il après cette procédure? encore une fois on est arrêté par le déficit des papiers du lieutenant-criminel au Châtelet, où l'on retrouverait sûrement la conclusion de cette affaire si les minutes étaient aussi complètes pour les années précédant 1760 comme elles le sont depuis cette époque.

Marini dût s'échapper, mais le chevalier de Santis fut arrêté hôtel de la Reine, rue du Bouloi, le 21 avril 1759. Le Marquis Douchin, le baron de Vanvres, Jean-Baptiste de Mouchy et d'autres membres des Académies de jeu eurent le même sort. Leurs interrogatoires en disent long sur ce monde spécial d'aventuriers, ils étaient légion, tant voleurs que volés, tous à quelques scrupules près aussi fripons. Mais il serait trop long d'examiner ici ces pièces. Je me bornerai à dire qu'il est étonnant que Casanova ne parle pas davantage du chevalier de Santis. Celui-ci fréquentait chez Casalbigi, il avait voyagé avec lui pour établir en Allemagne la loterie royale de l'École

---

[1] ARCHIVES NATIONALES. *Châtelet*. Y 13519.

militaire et Casalbigi aurait proposé à de Santis quinze louis par mois s'il voulait tailler au pharaon pour son compte. Le chevalier lui aurait même montré ses talens et son adresse à filer la carte.

De Santis fut incarcéré à Bicêtre, le 22 mai 1759 (¹).

*
* *

Désormais les séjours de Casanova à Paris seront de plus en plus écourtés. Il passera rapidement quand la nécessité l'y poussera et si même son intention est de prolonger son séjour, il se verra contraint de s'éloigner au plus vite.

Après son duel avec le chevalier de Santis, Casanova, qui s'était engagé « avec Mme d'Urfé à souper avec elle le premier jour de l'an 1762 », alla d'abord à Augsbourg. Il rencontra dans cette ville d'anciennes connaissances se rendant à Munich et pour son malheur les accompagne. Mis à sec par le jeu, mis sur le flanc par les femmes, Casanova, vers la fin de septembre revient à Augsbourg pour refaire sa bourse et sa santé. Au bout de quelques mois, la malechance l'ayant enfin abandonné, il reprit de nouveau sa vie errante et vagabonde. Il quitte Augsbourg au milieu de décembre, passe quelques jours à Bâle et raconte :

J'arrivai à Paris le dernier Jour de l'an 1761, et j'allai descendre rue du Bac, à l'appartement que ma providence, Mme d'Urfé, m'avait fait préparer avec autant de recherche que d'élégance.

Je passai dans ce joli logement trois semaines entières sans aller nulle part, afin de convaincre cette bonne dame que je n'étais retourné à Paris que pour m'acquitter de la parole que je lui avais donnée de la faire renaître homme.

(1) ARCHIVES NATIONALES. *Châtelet.* Y 10874. *Passim.*

Casanova ne s'occupe plus alors que de berner la trop confiante Mme d'Urfé et de lui soutirer tout ce qu'il peut en flattant sa manie. Il se met en route pour trouver des comparses, revient à Pontcarré, près de Melun, dans le vieux château de la marquise, pour y jouer les pires comédies de sorcellerie et trouve toujours de nouveaux prétextes pour ajourner la solution.

Poursuivant son existence ambulante, Casanova passe à Aix-la-Chapelle, à Salzbach, à Lyon, à Turin, à Milan d'où il repart le 20 mars 1763. Il revient en France où il rejoint la marquise d'Urfé à Marseille et fait ensuite une nouvelle apparition à Paris, dont voici le récit :

On se figure, sans qu'il soit besoin que je le dise, le cri de joie de la marquise d'Urfé en me revoyant. Le jeune d'Aranda était à ses côtés; elle lui dit : Montrez au chevalier le billet que je vous ai remis ce matin. C'était une longue lettre enveloppée de papier doré, enjolivée de caractères cabalistiques; je l'ouvris avec respect et j'y lus; « Mon génie (c'est la marquise qui parle) m'a révélé dans l'ombre du crépuscule que le chevalier de Seingalt avait quitté Fontainebleau et qu'il dînerait aujourd'hui avec moi. »

— C'est merveilleux ! m'écriai-je en feignant la plus grande surprise.

Peut-être rirez-vous comme moi, lecteur *esprit fort*, et cependant j'avouerai mon faible. Il est bien vrai que dans le cours de la vie, j'ai été témoin de singuliers pronostics, contre lesquels ma raison se révoltait, et dont la réalisation a eu lieu. Il n'y a pas six mois qu'en traversant Dux, je fis le pari qu'une chienne de l'hôtel mettrait bas le lendemain quatre petites femelles, et je gagnai ma gageure. C'est par hasard, direz-vous sans doute. Il n'est pas moins vrai qu'en parlant je me croyais assuré du résultat : sans cela, aurais-je risqué cinquante louis ? Vous-même, n'avez-vous pas eu cent fois des pressentiments, de ces sortes d'avertissements secrets dont vous ne pouviez démêler l'origine, et qui n'en influèrent pas moins sur vos plus sérieuses déterminations ? Un grand poëte anglais a dit: Il y a encore plus de choses vraies sur la terre que la philosophie la plus folle n'en imagine dans ses rêves.

Pour en revenir à la marquise, je ne manquai pas de la féliciter du génie de la divination qu'elle avait reçu. « C'est l'effet de ma renaissance, » me fut-il répondu. Je la félicitai aussi de l'excellente santé dont elle paraîssait jouir pendant sa mystérieuse grossesse.

Le soir, à la Comédie-Italienne, je rencontrai une autre folle: c'était Mme du Rumain grande coureuse d'oracles. Je lui promis ma visite pour le jour suivant. Après le spectacle j'entrai chez mon frère François.

— Parbleu! cria-t-il, tu arrives fort à propos; tu vas m'aider à faire déguerpir de chez moi notre damné frère (¹).

— Tu parles ainsi d'un abbé! Ah! Ah! le drôle est ici? Je m'y attendais.

— Tu l'as renvoyé de Gênes?

— Il s'est bien congédié lui-même!

— Et tu lui as soufflé sa maîtresse?

— C'est lui qui m'a soufflé quelques louis.

(1) La famille Casanova a été dénombrée dans la préface, mais il est peut-être utile de dire quelques mots sur les membres dont il n'a pas encore été question. On a vu que l'aîné Jacques est l'auteur des Mémoires, le deuxième François, le peintre a été l'objet de plusieurs notices, le troisième Jean-Baptiste est, dit Casanova, né à Venise le 4 novembre 1730 (?), pourtant d'après l'inscription de sa pierre tombale, à Dresde, il serait né le 2 novembre 1728 (?) Il étudia la peinture chez Piazetta à Venise, puis chez Mengs à Rome et acquit la maîtrise du dessin à l'académie de Saint-Luc, le 24 novembre 1754. Un portrait qu'il fit de Winkelman le mit en relation avec les artistes allemands résidant à Rome. Winkelmann le prit sous sa protection et assura sa carrière. Jean-Baptiste quitta l'Italie pour se rendre en Autriche. Chemin faisant, il rencontra la fille d'un hôtelier d'Avignon, Thérèse Roland qu'il épousa en 1762. Deux ans après, il était professeur de dessin à l'académie de Dresde, dont il devint le directeur en 1771. Il mourut dans cette dernière ville, le 10 décembre 1795. Le

— C'est un misérable.

— A qui le dis-tu ? Mais où est-il ?

— Patience, voici l'heure du souper. Il est ponctuel. Je veux te dire, lui présent, les tours qu'il m'a joués.

— Je me propose aussi de lui dire son fait en ta présence.

Au même instant, les bras croisés, l'œil fixé vers la terre, le cher abbé s'avança. Il leva la main comme s'il allait nous donner sa bénédiction : nous le prîmes, François et moi, chacun par une oreille.

— Tu es un fripon !

— Un vaurien !

— Un fourbe !

— Et un calomniateur !

— Miséricorde ! chers frères, qu'avez-vous donc contre moi ?

— Vous me direz, monsieur, qui a écrit à Passano une épouvantable lettre où l'on me qualifie d'espion, de fabricateur de lettres de change, et même d'empoisonneur.

— Je ne nommerai pas cette personne, ne la connaissant pas.

Et le tartuffe se mit à table comme si de rien n'était.

---

quatrième enfant, une fille, ne vécut que peu de temps. Le cinquième, une fille encore, Marie-Madeleine, née à Venise le 25 décembre 1732, ne dérogea pas à la vocation artistique de la famille. Elle étudia l, danse, figura dans les spectacles et au théâtre de la Cour, à Dresde elle fit connaissance de l'organiste Peter August qu'elle épousa. Comme son frère, elle décéda dans cette ville le 10 janvier 1800. Enfin le dernier né, celui qui apparaît ici et semble être la bête noire de ses frères, bien qu'ayant la même nature que Jacques, mais avec moins de moyens, est un fils posthume, il vint au monde quelques mois après la mort du père en 1733. Il fut abbé et assez mauvais sujet, voulant parodier en petit son grand frère Jacques dont il ne possédait pas l'envergure ni la belle assurance. Ce dernier le traite avec mépris du haut de sa supériorité comme d'ailleurs il traite tous les aventuriers, ses semblables, qu'il dédaigne. L'abbé Casanova, ce piètre imitateur, resta dans l'ombre de la basse débauche et mourut à Rome vers 1781. (*Mémoires.* — THIEME ET BECKER. *Allgemeines lexicon der bildenden Künstler*, 1912, in-8, tome VI. — ALDO RADA. *Lettre di donne a Giacomo Casanova*.)

Nous en fîmes autant, et François commença le récit suivant :

— Figure-toi mon honorable frère, que le drôle vint ici le jour même de son arrivée à Paris. Nous l'accueillîmes à bras ouverts, ma femme et moi ; je lui donnai une chambre et l'admis à ma table. Croyant sans doute nous prévenir, en sa faveur, il commença, le traître, par se répandre en invectives contre toi. Joueur, débauché et fripon, c'est ainsi qu'il te désignait. Tu penses bien que nous ne l'en crûmes pas. Il nous expliqua ensuite que son équipée de Venise ne lui permettant pas d'y rentrer, il avait l'intention de se fixer à Paris pour y montrer...

— Que pourrait-il montrer ?

— La langue italienne. C'était un projet fort louable, mais d'une exécution difficile.

— Il y a d'excellentes raisons pour que l'exécution en soit difficile : le coquin écorche notre dialecte et ne sait pas un mot de français.

— D'un autre côté, reprit François, sa vocation ecclésiastique lui donnait l'espoir de faire son chemin dans cette carrière. Monsieur parlait de devenir évêque. Le lendemain, ma femme le conduisit à M. de Sancy, qui le recommanda à l'archevêque. On badigeonna un peu sa moralité; on vanta beaucoup son savoir, le tout dans le but de le faire entrer à la cathédrale. L'affaire traînant en longueur, monsieur jeta ses vues sur notre paroisse. Je vis le curé, et j'obtins pour notre frère qu'il dirait sa messe tous les jours moyennant douze sous.

Ici, le cher abbé, qui dévorait un pigeon (un jeudi après minuit), haussa les épaules avec humeur, François reprit en le contrefaisant :

— Voilà l'abbé dans une colère furieuse : « On donne douze sous pour servir la messe et non pour la dire. ». Depuis ce temps, il y a trois semaines, il est resté ici, et met tout sens dessus dessous : il m'est impossible de garder aucune servante, il pourchasse les filles de chambre et vole la cuisinière; il met les doigts dans tous les plats, déguste toutes les sauces... Tiens, regarde... absolument comme dans ce moment. Il faut à nous deux trouver un moyen de nous en débarrasser.

— Rien n'est plus simple, mon ami, tu n'as qu'à mettre ses effets dans la rue et à lui fermer la porte au nez.

— Il rentrera par la fenêtre.

— Fais-toi protéger par la police.

— Je crains le scandale pour lui.

— Et bien! qu'il s'éloigne de Paris: je lui paye ses frais de voyage.

— C'est se venger en digne frère. Qu'en dit M. l'abbé?

— C'est se conduire en tyran! cria l'autre.

— Comment, malheureux! je te donne de l'argent au lieu de te rouer de coups, et tu n'es pas content!

— Où est Marcoline?

— Que t'importe!

— C'est ma femme.

— Le voilà gris.

— Je veux être évêque; et je pars pour Rome.

— Soit, je te donne vingt-cinq louis.

— Où sont-ils?

— Donnez-moi du papier. Voici cinq effets sur Lyon, Turin, Gênes, Florence et Rome, dans chacune de ces villes tu recevras cinq louis, et je paye ta place à la diligence. Adieu, chère belle-sœur; frère François, je loge à l'hôtel Montmorency (1).

Le lendemain, je vois entrer l'abbé chargé de sa malle. Je lui fais donner une chambre et paye sa dépense de trois

---

(1) L'Hôtel de Montmorency, avec chambres et appartements depuis 30 jusqu'à 300 livres par mois se trouvait rue Mazarine. Il y en avait aussi un autre rue Montmorency avec des chambres de 24 à 45 livres par mois. (DE JEZE, *Etat de Paris*, 1759, in-8). Il est hors de doute que Casanova qui aimait à dorer sa façade n'eut choisi le premier.

jours : il devait partir le quatrième. J'ordonnai à mes gens de lui défendre l'entrée de mon appartement, je courus chez Mme du Rumain.

— On dort encore me dit le portier : mais veuillez me dire votre nom, madame attend quelqu'un.

— Vous voyez bien qu'elle ne dort pas. Ce quelqu'un qu'elle attend, c'est moi.

Là-dessus le portier court m'annoncer. Je le suis et j'entre sur ses pas chez la femme de chambre. Elle était de mauvaise humeur.

— Vous auriez pu, monsieur, ne vous présenter qu'à midi. Madame s'est mise au lit à trois heures et il n'en est que neuf. Tant pis pour elle, elle subira les conséquences de votre visite.

— Je les accepte.

Et je suivis cette Rebecca.

Mme du Rumain réveillée me fit des remerciements de mon exactitude.

— Raton, de l'encre, des plumes et ferme bien la porte. Tu ne reviendras que quand je sonnerai. Je ne suis visible pour personne.

— Bonsoir, cria Raton-Rebecca, je vais me coucher.

— Mon cher Monsieur, commença l'autre folle, n'avez-vous pas des inquiétudes ?

— A quel propos, madame ?

— Au sujet de votre oracle : il baisse, il erre, il se trompe. Suivant lui, M. du Rumain devrait être enterré à l'heure qu'il est et il vit encore ([1]).

([1]) M. du Rumain, (on l'a vu page 318), mourut le 15 novembre 1770. Le veuvage que Mme du Rumain paraît désirer, lui pesa-t-il ? ou bien attendait-elle ce décès pour se remarier ? Un an ne s'était pas écoulé qu'elle convolait en secondes noces avec Jean-Jacques-Gilbert, marquis de Fraignes, cy-devant ministre plénipotentiaire du roi en Allemagne ; le contrat fut signé devant Baron, notaire, le 18 septembre 1771 et la marquise goûta pendant dix ans encore les joies de ce nouveau mariage. Elle mourut le 15 avril 1781, âgée de cinquante-six ans. (Arch. Nat. *Scellés* Y 13802).

— Ah ! mon Dieu ! mais ce M. du Rumain n'a pas le sens commun.

— Le cher homme est languissant, je l'avoue ; mais enfin il subsiste. Passons à un autre cas. Vous savez que j'aime passionnément la musique, ma voix est renommée pour son étendue et son volume ; eh bien, cher chevalier, voilà trois mois que je ne chante plus. Je veux donner le LA, impossible. Le docteur Herrenschwasser, que vous connaissez sans doute de réputation, m'a prescrit une multitude de recettes pharmaceutiques ; sirops, élixirs, pilules, autres choses encore ; j'ai tout mis en usage pour retrouver ma voix. Rien n'y fait : vous voyez une veuve, je veux dire une femme inconsolable. A vingt-neuf ans, renoncer à tout ce qui faisait ma joie ici-bas, n'est-ce pas triste ? Voyons donc si votre oracle voudra me rendre ma voix. Oh ! si je pouvais demain être en état de chanter devant la nombreuse société que j'attends. Quel triomphe ! Quelle éclatante réhabilitation ! Que l'oracle le veuille et cela se pourra.

— Certainement, car votre poitrine est bonne.

— Tenez, j'ai ici posé par écrit les questions que je me propose de lui adresser ; elles sont un peu délayées.

— C'est bien long, en effet, lui dis-je en prenant le papier.

— Et bien, que l'oracle me réponde aussi longuement ; vous connaissez mon faible pour tout ce qui est long.

Les réponses à n'en plus finir n'étaient pas moins de mon goût que celui de Mme du Rumain ; et je me mis à dresser la pyramide sans trop savoir ce que je faisais car comment s'y prendre pour rendre la voix à une personne qui l'a perdue ? A force de me creuser la cervelle, je jugeai qu'une bonne diète suffirait peut-être pour rétablir le larynx de la virtuose et lui rendre son élasticité première. Je prescrivis donc à la dame le culte du soleil, en lui ordonnant de l'adorer nuitamment. C'était enlever la belle à ses parties de plaisirs nocturnes et l'astreindre à une vie régulière. Outre les patenôtres que j'imposais en pareil cas, je prescrivis à Mme du Rumain un sirop de capillaire, que j'appelai *lunaire,* et des bains adoucissants en l'honneur de la *voie lactée.* Comme l'oracle recommandait aussi que les cérémonies du culte eussent lieu *fenêtres fermées,* la dame admira la prévoyance de l'oracle, et fit cette observation judicieuse, à savoir, que les fenêtres auraient changé son extinction de voix en gros rhume. Après cette ordonnance, je m'esquivai.

Le lendemain, l'abbé entra dans ma chambre de grand matin et me dit : — Mon frère j'ai changé d'avis, je ne quitterai pas cette ville.

— Voilà du nouveau.

— J'ai mes projets. Donne-moi l'argent que tu m'as promis.

— Allons donc !

— Et je m'engagerai par écrit à n'être à charge à personne.

— Tu te moques de moi, monsieur l'abbé. Sors d'ici, je ne veux pas entendre davantage ton bavardage ; de deux choses l'une, ou tu demeureras à Paris sans le sou, ou tu partiras ce soir pour Rome muni des lettres de change.

Cela dit, j'appelai l'hôte et lui signifiai qu'à dater du lendemain je ne payais plus rien pour l'abbé. Je dînai ce soir-là chez la marquise d'Urfé avec le petit d'Aranda. Elle avait reçu une lettre de Thérèse, qui me menaçait de venir prendre son fils si je ne lui amenais. Je dis donc à l'enfant que sa mère arriverait incessamment à Abbeville et que je comptais le mener à sa rencontre.

— Mais comment reviendrais-je à Paris tout seul ?

— Avec un postillon, dit la marquise.

L'enfant frappa dans ses mains.

— Je serai donc aussi à cheval ? C'est charmant. Je m'habillerai en courrier, n'est-ce pas ?

— Certainement, repris-je, j'ai commandé pour toi un superbe habit avec collet et parement bleu de ciel, ainsi que des culottes de peau blanche, et de grandes, grandes bottes; sans compter que tu auras sur la poitrine une belle plaque d'argent aux armes de France.

— Quel bonheur ! on me prendra pour un courrier de cabinet. Je dirai sur la route à tout le monde que je viens de Londres toujours au galop.

En sortant de là, je fis expédier les hardes du petit vaurien pour Calais, et me rendis chez Mme du Rumain. Elle avait dit adieu à toute sa société pour trois semaines. J'avais peine à garder mon sérieux à l'entendre parler de la lune et du soleil comme de deux grands potentats auxquels je devais la présenter. Je lui indiquai les psaumes qu'elle aurait à réciter dans cette occasion, et lui remis des herbes pour les pieuses fumigations. Afin de la guider dans l'opération principale, j'acceptai un lit chez elle pour cette nuit-là. A cinq heures du matin, elle vint me réveiller, et nous nous rendîmes dans une chambre latérale afin d'assister au soleil levant. Bien que le ciel fut pur il nous fut impossible de le voir : les murs de l'hôtel de Bouillon nous le dérobaient ([1]). Néanmoins la cérémonie se passa dans les règles et se termina par un excellent déjeuner. A mon retour à l'hôtel de Montmorency, j'aperçois l'abbé dans la cour. Je lui crie : Rome ou Paris ? Il me répond de toutes ses forces: Rome ! Au même instant mon frère et sa femme viennent me demander à dîner.

— Tu arrives à propos, lui dis-je : voilà l'abbé qui va nous faire ses adieux. Effectivement il partit le jour même; je ne devais plus le revoir qu'à Rome six ans après. Les préparatifs du jeune d'Aranda étant terminés, je me disposai à quitter Paris le lendemain. J'allai faire mes adieux à

---

(1) L'Hôtel de Bouillon porte aujourd'hui les numéros 15-17 du quai Malaquais.

Mmes d'Urfé et du Rumain. Au moment de monter en voiture, je rencontre un ancien ami qui m'informe que la Corticelli vient de mourir à l'Hôtel-Dieu. Il est remarquable que sauf Marcoline, tous les individus qui de près ou de loin trempèrent dans la prétendue renaissance de la marquise d'Urfé, eurent une fin malheureuse.

En Angleterre, où Casanova se rendit directement, l'aimable libertin sentit pour la première fois l'implacable marque du temps. L'insouciant aventurier éprouva une cruelle mésaventure amoureuse, et l'amour bien plus que l'argent était susceptible de le faire réfléchir. Il n'avait que trente-huit ans et il « se sentit vieillir ». Ni l'or, ni sa personne, ni sa passion, ne purent toucher le cœur cruel de la Charpillon, qui se joua de son amour et cette femme semble avoir été placée sur le chemin de Casanova comme un avertissement pour lui rappeler qu'il arrive un moment où l'on doit renoncer à la vie facile et commencer à préparer sa retraite. Le monde, indulgent aux jeunes, est sans pitié pour les déclassés. Aussi Casanova qui jusque-là n'avait eu que l'amour comme but, l'intrigue et le jeu comme moyens, vit-il avec peine qu'il allait falloir compter avec un ennemi bien plus terrible que la misère pour satisfaire ses caprices amoureux : l'âge ; et c'est avec mélancolie qu'il le constate. A partir de ce voyage décevant, les Mémoires de Casanova ont perdu leur principal attrait : les prouesses galantes qu'il se plaisait et « s'amusait » si fort à détailler. De ce moment il ne se sent plus la belle assurance qui le rendait irrésistible — lui ou sa générosité — et l'intérêt en souffre. Les quatre années qui s'écoulent de 1763 à 1767 sont assez rapidement contées. Pourtant Casanova fit du chemin pendant ce temps. En quittant Londres, il part à Berlin, de là il se rend en Russie, séjourne à Riga, Mitau, Saint-Pétersbourg, Moscou, Varsovie, revient par l'Autriche. Chassé de Vienne, il passe à Aix-la-Chapelle et, à Spa, rendez-vous de coureurs d'aventures, de chevaliers d'industrie de tous pays, il rencontre un autre viveur d'expédients de sa sorte nommé Santa Croce. La déveine poursuivit ce dernier qui se trouva dans l'obligation de partir, laissant une jeune femme enceinte. Casanova toujours empressé auprès des femmes recueillit la belle délaissée et c'est avec elle qu'il repassera encore une fois à Paris. Il écrit :

Je fis vendre le peu de linge qu'avait laissé Santa-Croce ainsi que sa voiture et nous partîmes pour Paris. Ma charmante pupille me témoignait une entière confiance ; j'y répondais par une tendresse paternelle, ce qui la rassurait beaucoup : car avant de mieux me connaître, ma réputation était faite pour lui inspirer des craintes. C'était sans doute pour me confirmer davantage dans la pureté de mes intentions qu'elle me répétait souvent :

— Je n'ai jamais aimé que Croce, et tant qu'il vivra je n'appartiendrai à aucun autre.

Quelquefois son dévouement allait plus loin, et elle ajoutait :

— Et quand même je deviendrai libre, jamais je n'oublierai ce que je me dois à moi-même et à la mémoire d'un homme que j'ai aimé par-dessus tout.

Ses sentiments de reconnaissance pour moi étaient aussi sincères que son affection pour Croce, et la conscience que je les méritais me causait un plaisir qui jusqu'alors m'avait été inconnu. J'ai rarement éprouvé que les chastes plaisirs du cœur effaçassent en délices les jouissances des sens ; mais enfin cela m'est arrivé, et Charlotte en est la preuve. Quelquefois je rêvais des jouissances plus matérielles, un bonheur plus positif auprès d'elle, et je me laissais aller avec ivresse à l'espoir d'un avenir plus heureux ; mais le sort en avait autrement décidé, et le moment approchait où nous allions être séparés pour toujours.

Charlotte touchait au terme de sa grossesse ; dans les premiers jours d'octobre, je la mis en pension chez une sage-femme du faubourg Saint-Denis. Cela me répugnait, mais elle l'avait exigé. Comme je la conduisais à sa nouvelle demeure, notre voiture fut arrêtée assez longtemps par un convoi funèbre. Charlotte devint rêveuse, et, appuyant son joli visage sur mon épaule, elle me dit avec un sourire triste :

— Vous allez me trouver bien enfant, mais il m'est impossible de ne point voir dans cette rencontre un mauvais présage pour moi. Je mis le pronostic sur le compte d'une superstition assez ordinaire chez les femmes enceintes, et je lui dis :

— Ce n'est point au terme d'une grossesse où vous êtes que la vie d'une femme est en danger ; si l'on meurt à cette période c'est d'une autre maladie.

— Hélas ! ajouta-t-elle les larmes aux yeux, je me sens bien malade !

— Oui, chez vous le cœur est malade, il vous faut des distractions et des plaisirs. Nous partirons ensemble pour Madrid après votre délivrance ; quant à l'enfant nous le confierons à une nourrice.

— Pauvre enfant !

Elle ne prononça que ces deux mots, mais avec un accent déchirant dont je me sentis douloureusement ému. Je la portai chez la sage-femme, car elle était évanouie. Le 13 octobre elle eût un très violent accès de fièvre, fièvre qui dès lors ne la quitta plus. Le 17, elle accoucha d'un garçon que je fis baptiser le lendemain. Elle écrivit elle-même les noms qu'il devait porter : Jacques-Charles, fils d'Antoine della Croce et de Charlotte de L... — Par un motif que je ne compris pas, elle exigea impérieusement que la sage-femme portât elle-même l'enfant à l'hospice des *Enfants Trouvés*, avec son extrait de naissance enveloppé dans les langes. C'est en vain que je la conjurai de me laisser son fils, elle s'y refusa obstinément en répétant :

— Croce viendra chercher son fils, et il le retrouvera.

Le même jour la sage-femme me remit un certificat

d'admission à l'hospice des Enfants-Trouvés, certificat délivré le 20 octobre 1767 par le commissaire Dorival, conseiller du roi et commissaire au Châtelet. Si quelqu'un est tenté de connaître le nom de la mère, je viens de lui en procurer les moyens (¹).

Depuis ce moment, Charlotte eut un redoublement de fièvre ; le délire la prit le 24, son agonie commença le lendemain soir, et le 26 elle expira dans mes bras à cinq heures du matin. Avant de fermer les yeux pour jamais, elle me dit adieu. « C'est pour la dernière fois ! » ajouta-t-elle. De sa main glacée par la mort, elle s'efforçait de prendre la mienne et de l'attirer vers ses lèvres. Cette scène de muette douleur se passa devant l'ecclésiastique qui l'avait confessée. Ah ! les larmes que je verse encore en écrivant ces lignes ne seront pas les dernières que je donnerai à la mémoire de cette douce et charmante femme, si digne d'un meilleur sort !

J'avais négligé pour Charlotte toutes mes vieilles con-

(1) Le docteur Guède a retrouvé aux Archives de l'Assistance publique dans le *Répertoire général des registres matricules des Enfants-Trouvés*, Nos 4871, 4871 bis, les pièces qui confirment l'exactitude du récit de Casanova et les a publiées dans l'*Intermédiaire des Chercheurs et Curieux* (20 novembre 1894) et dans le *Mercure de France* (1ᵉʳ Mai 1912). Les voici :

4871. — Extrait du registre des baptêmes de l'église paroissiale de Saint-Laurent à Paris, le 18 octobre de l'an 1767 :
« Fut baptisé Jacques-Charles, né d'hier, fils d'Antoine Lacrosse, bourgeois de Paris, et de Charlotte Lamotte, ses père et mère....., faubourg Saint-Denis de cette paroisse. Collationné, etc... »

4871 bis. — De l'ordonnance de nous, Jean-Baptiste Dorival, conseiller du roi, commissaire, etc..., a été porté à la couche des Enfants-Trouvés de cette ville, pour y être nourri et élevé en la manière accoutumée, un enfant, *petit garçon*, paraissant *âgé d'un jour qui nous a été apporté de la rue du faubourg Saint-Denis, par* Mᵐᵉ *Lamarre, maîtresse sage-femme, vêtu de ses langes de couches* dans lesquels on trouve *un certificat que cet enfant a été baptisé aujourd'hui en la paroisse Saint-Laurent, se nomme Jacques-Charles, fils de Antoine Lacrosse et de Charlotte Lamotte, lequel enfant a été laissé à ladite demeure qui s'en est chargé à l'effet de ce que dessus.*
Fait et délivré en notre hôtel, ce *dix-huit octobre 1767, 7 heures du soir.*

naissances de Paris, assez difficiles à reconnaître et à retrouver. La ville avait, comme mon monde, singulièrement changé : partout des constructions nouvelles ; rues et habitations avaient pris dans beaucoup de quartiers, un air de jeunesse et de nouveauté. Pour mes anciens amis, c'était le contraire. « Ce monde, a dit un vieux philosophe français (Montaigne) est un *bransle continuel.* » Je retrouvais riches ceux que j'avais vu pauvres la veille, et *vive versa.*

J'allai successivement chez Mme du Rumain et chez mon frère : c'est mentionner deux bons accueils. J'eus l'honneur d'être présenté à la princesse Lubomirska ([1]) et, mon intention étant de me rendre en Espagne avant de faire ma course en Portugal, j'acceptai avec empressement ses offres de lettres de recommandation pour le comte d'Aranda, ce ministre alors tout puissant. Caraccioli, que je rencontrai dans la capitale, me donna trois lettres pour des personnages de la cour de Lisbonne.

Je ne sais quelle fatalité me poursuivait dans les capitales d'Europe, mais il était écrit que je sortirais de Paris à peu près comme j'avais quitté Vienne et Varsovie. Dans ce temps-là, on donnait à Paris des concerts dans le cul-de-sac situé près de l'Orangerie des Tuileries. Je me pronais seul dans la salle, lorsque mon nom sortit de la bouche d'un petit jeune homme ([2]). J'eus la sotte curiosité de prêter l'oreille, et je l'entendis s'exprimer sur mon compte de la manière la plus offensante. Il se permit de dire que je lui coûtais un million volé par moi à la marquise

---

(1). Casanova doit faire ici encore erreur dans la chronologie de ses souvenirs. Rosalie Chodkiewicz, née le 16 septembre 1768, n'épousa le prince Alexandre Lubomirski qu'en 1787. Elle fut condamnée par le Tribunal révolutionnaire et exécutée le 30 juin 1794. (Dr BILLARD. *Les femmes enceintes devant le tribunal révolutionnaire*, 1911, in-8). Ce n'est donc pas à Paris que Casanova fut présenté à la princesse.

(2) Le Marquis de Lisle. (Lettres à Faulkiner, imprimées à la suite des *Mémoires* (dernière lettre.)

d'Urfé. Aussitôt j'allai droit au calomniateur, et lui dis :

— Vous êtes un blanc-bec, à qui je répondrais par un coup de pied au derrière si nous étions ailleurs.

Mon jeune inconnu se leva pâle de fureur, et très disposé à se jeter sur moi si les dames qui l'entouraient ne l'eussent retenu. Je quittai la salle aussitôt, et, jugeant de son courage d'après sa colère, j'allai l'attendre à la porte pendant un quart d'heure ; mais ne le voyant pas paraître, je regagnai mon logis. Le lendemain mon domestique vint me dire qu'un chevalier de Saint-Louis demandait à me remettre un ordre *au nom du roi*. Cet ordre c'était de quitter Paris dans les vingt-quatre heures. Sa Majesté voulait bien me signifier pour toute raison de ce brusque congé que *tel était son bon plaisir*, et l'écrit finissait par ces mots, que j'aurais trouvés plaisants en toute autre circonstance, *sur ce, je prie Dieu qu'il vous ait en sa sainte et digne garde*. C'était m'envoyer au diable en me recommandant à Dieu (¹).

— J'irai, dis-je tranquillement à Buhot (car c'était Buhot le chevalier de Saint-Louis)(²), je m'empresserai de procurer cette satisfaction à S. M. Si cependant le hasard voulait que je ne fusse pas dans l'état de partir dans les vingt-quatre heures, S. M. ferait de moi ce qu'elle voudrait.

— Ces vingt-quatre heures sont tout simplement une formalité, monsieur ; signez cet ordre, après quoi vous partirez quand bon vous semblera. Seulement, donnez-moi votre parole d'honneur de ne point vous montrer au spectacle, ni dans les promenades publiques.

— Je vous le promets, pour faire plaisir au roi.

---

(1) Casanova fait ici de l'ironie, car il devait connaître ces expressions, formule ordinaire de tous les ordres du roi.

(2) Pierre-Étienne Buhot, conseiller du roi, inspecteur du quartier Saint-Germain-des-Prés, était âgé de 44 ans et demeurait rue de Seine.

L'ordre signé, je conduisis Buhot vers mon frère, qu'il connaissait beaucoup et lui appris le motif de la venue du chevalier.

— A quoi bon cet ordre, dit mon frère en riant, puisque tu pars dans deux ou trois jours? Mais à quel sujet un pareil congé?

— On parle, reprit Buhot, de menaces de coups de pied faites à un personnage qui, tout jeune qu'il est, n'est nullement accoutumé à en recevoir.

— Ce personnage a tenu le langage d'un enfant: je devais le mépriser, je n'ai pas été le maître de ma colère.

— Vous pouvez avoir raison, mais la police n'a pas tort de prévenir des scènes semblables.

La bonne Mme du Rumain voulait partir pour Versailles dans le but de faire révoquer l'ordre: c'était une satisfaction fort inutile, puisque mon départ était décidé. Seulement je ne quittai Paris que le 20 novembre, et mon congé m'avait été signifié le 6; du moins on y avait mis des formes, et la police française savait vivre. Je m'éloignai de Paris sans regret, j'étais en bonne santé, et j'avais *du foin dans mes bottes;* c'est-à-dire une centaine de louis en poche et une lettre de change de 8,000 livres sur Bordeaux ([1]).

Il est surprenant que Casanova n'ait pas rendu visite à la marquise d'Urfé, il paraît y avoir entre eux une rupture qu'il

---

([1]) Dans sa dernière lettre à M. Faulkiner, intendant du comte de Waldstein, Casanova explique avec quelque variante les causes de son départ.

« Quant à mon bannissement de Paris... je vous déclare que j'ai entre les mains un écrit signé de la propre main du roi de France, par lequel S. M. m'invite à quitter la capitale pour *des raisons politiques à elle seule connues.* L'ordre me fut transmis par un chevalier de Saint-Louis, qui me dit que, nonobstant cette signification, j'étais libre de demeurer à Paris, pourvu que je m'abstinsse de reparaître à l'hôtel d'Elbeuf, où j'avais imprudemment, je l'avoue, provoqué en duel le jeune marquis de l'Isle. »

se garde de conter. Car en 1767, Mme d'Urfé vivait encore bien qu'il prétende avoir reçu la nouvelle de sa mort lorsqu'il était en Angleterre, c'est-à-dire en 1763. Il annonce ainsi la nouvelles :

Le lendemain 1ᵉʳ Août fut un jour néfaste. Il est marqué à *l'encre rouge* dans ces mémoires. Je reçus une lettre de Paris... Madame du Rumain m'annonçait la mort de Mme d'Urfé, qui s'était empoisonnée sans le vouloir à force de boire de sa *panacée universelle*. Elle avait fait un testament bizarre, par lequel elle instituait pour son héritier le fils ou la fille qui naîtrait d'elle après sa mort; elle se croyait enceinte par l'opération du soleil. Un codicille m'établissait tuteur du nouveau-né, qui est encore à naître. En attendant l'accouchement posthume, la marquise du Châtelet était entrée en possession des biens de la défunte.

Cette apparente précision est encore trompeuse. Madame d'Urfé mourut le 13 novembre 1775, rue des Deux-Portes-Saint-Sauveur, dans sa 72ᵉ année ([1]). *Elle laissait un testament olographe qui prouve sa parfaite lucidité d'esprit et dans lequel il n'est pas du tout question de Casanova ni des abracadabrantes clauses dont il parle. Les scellés ne révèlent rien non plus sur les extravagances de Mme d'Urfé, à moins de considérer comme telles deux liasses de papiers qu'elle demandait de détruire sans en prendre connaissance, ne contenant rien d'intéressant pour les siens. Elles furent portées au lieutenant civil qui dût bien y jeter un coup d'œil avant d'obéir au vœu de*

---

(1) Le *Mercure de France* dit à tort le 12, c'est bien le 13 novembre qu'il faut lire. La pièce suivante en témoigne : « Dans un extrait tiré des registres de la paroisse de Saint-Sauveur de cette ville, en date du quinze novembre mil-sept-cent-soixante-quinze et délivré par le sieur Desforges, vicaire de ladite paroisse, le seize du même mois. Il appert que ladite dame marquise d'Urfé est décédée le treize du mois de novembre. » (ARCHIVES DE LA LOIRE-INFÉRIEURE. Série E. 1179).

la défunte. On doit conclure que Casanova, certainement en relation avec Mme d'Urfé, a beaucoup exagéré et l'on se demande quel besoin et pour quel motif il se plait à conter des fables de cette espèce quand sa vie est si riche en aventures. (¹).

*
* *

Forcé de fuir encore une fois de Paris, Casanova se mit en route pour l'Espagne. Il retournera ensuite en Italie, puis s'établira pour un temps à Trieste où, deux ans après, grâce aux renseignements secrets qu'il fournit aux inquisiteurs véni-

(1) Il n'est pas inutile de mettre ici le texte même du testament : *17 Janvier 1776*. — Testament olographe de dame Jeanne Camus de Pont Carré, veuve de Louis-Christophe de La Rochefoucault-Langheac, de Lascari d'Urfé, marquis d'Urfé, en date du 2 février 1774, déposé à Me Chavet, le 14 novembre 1775, vu et contrôlé, le 15 dudit mois :
Lègue aux dames de Boulieu, 1,200 livres ;
Lègue à Sainte Claire de Monbrison, 1,200 livres.
Lègue à Sainte-Brune, sa femme de chambre, une pension de 600 livres et la moitié de sa garde-robe.
Lègue à la femme de chambre et à la cuisinière qui se trouveront à son décès, l'autre moitié de la garde robe et une année de gages.
Lègue au Suisse et autres domestiques, leurs habits et une année de leurs gages.
Fait ladite testatrice le marquis du Châtelet, son petit-fils son légataire universel et au cas qu'il meure en minorité, donne la testatrice au Chevalier de Lastic, son filleul, sa maison rue des Deux-Portes, celle de la Nouvelle-France, et tous les biens provenant de la succession de sa mère dont néanmoins elle lègue l'usufruit au comte de Lastic, père de son dit filleul et au cas que ce dernier mourut en minorité ou qu'il fit ses vœux dans l'ordre de Malthe, veut ladite testatrice que ce bien passe à Mlle de Lastic, sœur du chevalier de Lastic pour la propriété seulement laissant également l'usufruit à M. le comte de Lastic. Toutes lesquelles clauses n'auront lieu qu'autant que le marquis du Châtelet décédera en minorité lui laissant à sa majorité la liberté de disposer de son bien.
Lègue à M. le comte de Lastic, toutes ses porcelaines et le tableau du prêtre grec [ou peintre Greco?] qui est dans la chambre de la testatrice.
Lègue sa végétation [visitation] et trois tableaux à M. le comte de Brizay. (ARCHIVES DE LA SEINE. *Insinuations des testaments olographes.* ARCH. NAT. *Scellés* Y, 10.791.)
Le Sr René Ange, comte de Brizay et François de Lastic, furent les exécuteurs testamentaires de la marquise. (ARCH. DE LA LOIRE INFÉRIEURE. Série E. 1.179).

tiens pour rentrer en grâce dans son pays, il put regagner Venise le 14 septembre 1774 (¹). *Ce n'était plus l'arrogant et confiant jeune homme qui jetait son défi au redoutable tribunal; c'était l'humble quémandeur offrant ses services d'agent secret. Mais sa superbe ne pouvait se plier longtemps au métier de mouchard, il voulait bien faire de l'observation en amateur, non pas du bas espionnage; ce n'était pas une question de scrupules, seulement son caractère ne s'y prêtait pas. Aussi, les bonnes relations de Casanova avec les inquisiteurs ne furent-elles pas définitives. En 1782, il est de nouveau brouillé avec tout le corps de la noblesse vénitienne, et, vagabond éternel, il reprend son existence errante. Grâce à une fidèle et zélée correspondante, Francesca Buschini, on sait,*

(1) C'est à cette époque de la vie de Casanova que ses *Mémoires* s'arrêtent brusquement. On a beaucoup cherché à découvrir la cause de cette interruption soudaine. Les mémoires ont-ils été poussés jusqu'en 1797 comme l'annonce Casanova, ou bien sont-ils restés inachevés ? Les uns disent que Casanova aurait reculé devant l'aveu de certaines choses peu agréables à dire : son espionnage pour la république de Venise, ses infortunes, et surtout ses déboires amoureux que fatalement l'âge et la misère allaient rendre plus fréquents. Je ne crois pas qu'il faille s'arrêter à ces considérations. Le cynisme de Casanova ne devait pas craindre une pareille confession, et il y avait aussi beaucoup à philosopher, ce qu'il aimait assez. D'autres pensent que les derniers volumes de ses mémoires auraient été détruits et cela est plus probable, car ils ont été entre les mains de M. Marcoli, ministre d'état à Dresde et du comte de Waldstein. Le premier a très bien pu trouver mauvaises les révélations de Casanova sur sa diplomatie clandestine qui commence justement en 1774, et le second aura été bien aise de supprimer la fin qui devait donner une chronique trop indiscrète sur la vie et les habitudes du château. C'est une explication logique de la disparition de la dernière partie des *Mémoires*. Enfin, on a supposé aussi que la mort ayant surpris Casanova en 1798, ses mémoires seraient par ce fait, restés en suspens. Tout dernièrement le docteur Guède a fait à ce propos un article dans le *Mercure* (a), s'appuyant sur les réflexions suggérées par l'heure présente que fait cà et là l'auteur pendant la rédaction de ses Mémoires. Le Dr Guède dit : « au VIe volume il écrit à la page 484 : *Aujourd'hui 1er janvier 1797*... « au VIIe volume : *Nous sommes aujourd'hui au 1er de l'an 1798*... » de là il conclut, logiquement semble-t-il, que Casanova aurait eu tout juste le temps d'écrire le VIIIe volume (édit. Garnier) avant sa mort qui eut lieu au mois d'août. Mais le Dr Guède oublie de dire que dès le premier volume Casanova dit : J'écris ce chapitre en 1797. (Ed. Flammarion,

(a) *Mercure de France*, 16 mai 1912.

par la suscription de ses lettres, que Casanova est, en juin et juillet 1783, à Spa; le 15 août il est à Bruxelles (¹) *et le 6 septembre il écrit d'Anvers à l'abbé della Lena qu'il sera à Paris le 20 septembre* (²), *chez son frère François, logé au Louvre, dans l'intention de s'y établir.*

« Mais mon frère, dit-il, qui y demeurait depuis vingt-six ans, me fit oublier mes intérêts pour les siens. Je l'ai délivré des mains de sa femme, et je l'ai mené à Vienne où le prince de Kaunitz sut l'engager à s'y établir » (³).

— Casanova ajoute :

« Je me suis placé au service de M. Foscarini, Ambassadeur de Venise, pour lui écrire la dépêche. Deux ans après il mourut entre mes bras tué par la goutte qui lui monta à la poitrine. J'ai pris alors le parti d'aller à Berlin espérant une place à l'Académie : mais à moitié chemin le comte de Waldstein m'arrêta à Toeplitz, et me conduisit à

I, 457). Ce qui fait tomber cette habile démonstration. Il apparaît plutôt que ces dates ont été mises lors d'une revision ou d'une mise au point de ces souvenirs qu'il destinait à l'impression, puisque le 24 janvier 1796, le prince de Ligne lui écrit : « ... Faites imprimer M. M. et L. L., puisque A. S. est mort. » (*b*). D'autre part, Casanova écrit déjà le 22 février 1792 au comte d'Opiz : « Je vous dirai à la hâte que je me porte assez bien, que je travaille onze heures par jour à mes mémoires, dont je suis au dixième tome. » (*c*) Quelle était l'importance de ces dix volumes ? Etait-ce dix cahiers ! Toutefois, il est à supposer que l'ouvrage était déjà avancé, et j'inclinerais à croire comme M. Baschet que le récit de ses aventures était terminé, mais qu'il n'était pas entièrement revu et corrigé quand la mort frappa Casanova.

(*b*) Lettres du prince de Ligne à Casanova, publiées par M. Octave Uzanne dans le *Livre* (1889, p. 60). M. M. et L. L. sont les seules religieuses de Venise dont Casanova cache le nom sous ces initiales, A. S. devaient voiler le nom du cardinal de Bernis, mort en 1794.

(*c*) GUGITZ. Les dernières années de Casanova, article publié dans *Zeitschrift für Bücherfreunde*, 1911, n° 8, p. 271.

(1) ALDO RAVA. *Lettere di donne à Giacomo Casanova.* (Lettres de Francesca Buschini).

(2) BASCHET. *Authenticité des Mémoires de Casanova. (Le livre* 1881 p. 108).

(3) ALDO RAVA id. *Précis de ma vie par Casanova*, p. 299.

Dux, où je suis encore, et où selon l'apparence, je mourrai. » (¹)

Le prince de Ligne rapporte différemment la rencontre de Casanova et du comte de Waldstein :

« Je crois que c'est alors que Casanova se rendit à Paris pour la dernière fois. Mon neveu Waldstein, prit du goût pour lui chez l'ambassadeur de Venise, où ils dînaient ensemble. Comme il fait semblant de croire à la magie et de s'en mêler il nomme les clavicules de Salomon, Agrippa, etc.. et tout dans ce genre-là se présente aisément à lui.

— A qui parlez vous de cela ? dit Casanova. *Oh che belle cosa, cospetto !*

— Tout cela m'est familier. Ainsi donc, dit Waldstein, venez en Bohême avec moi : je pars demain.

Casanova à bout d'argent, de voyages et d'aventures, y consent, et le voilà bibliothécaire d'un descendant du grand Waldstein. Il a passé en cette qualité les quatorze dernières années de sa vie au château de Dux, près de Tœplitz. » (²).

Des deux versions qu'on vient de lire, celle de Casanova est la bonne. Ce n'est pas à Paris qu'il eut la bonne fortune de rencontrer le comte de Waldstein. Au contraire, pendant ce dernier séjour, ses illusions s'envolèrent. Il n'était plus le pimpant Giacomo, ce cavalier fringant et fallacieux d'autrefois. Le temps avait passé, l'aventurier avait vieilli. Il le sentait et la belle assurance qui faisait sa force s'en trouvait affaiblie. Aussi fut-il loin de ressaisir les brillants succès qu'il avait su conquérir précédemment ; le charme qui se dégageait de sa personne et le faisait triompher des pires obstacles s'était envolé et Paris est moins accueillant pour ceux qui, marqués par l'âge

---

(1) *Le Précis de ma vie* est daté 17 novembre 1797.
(2) Extrait des *Fragments sur Casanova* publiés à la suite de ses *Mémoires*.

et la fatigue, n'ont plus l'insouciance et le ressort de la jeunesse. Au bout de quelques mois, s'apercevant de l'inutilité de ses efforts, il se résigna à continuer sa vie nomade. L'avenir commençait à lui apparaître menaçant, il se voyait condamné à rester toute son existence une triste épave roulant de ville en ville.

François Casanova chez qui Jacques voulait se fixer, avait acquis une grande célébrité. Peintre de batailles renommé, membre de l'Académie royale, logé au Louvre, François paraissait comblé par dame fortune. Hélas ! il n'en était rien, son bonheur n'était qu'apparent, un nuage assombrissait sa gloire d'artiste. Son ménage était un enfer. Jeanne Jolivet, sa première, femme, qui l'aimait tant malgré sa pauvreté virile, était morte et François, en dépit de sa frigidité, avait eu l'imprudence de de convoler à nouveau. Il s'était remarié le 26 juillet 1775, à Saint-Germain-l'Auxerrois, avec Jeanne-Catherine de La Chaux, jeune femme de vingt-sept ans. Il faut croire que François eut un tardif éveil des sens car, plus heureuse que sa devancière, la nouvelle épouse du peintre en eut trois enfants ([1]). *Elle fut d'ailleurs peu sensible à cet exploit, tout à son honneur, à moins que, ce qui est possible, ne se contentant pas de la belle apparence de son mari, son insuffisance ne fut la cause principale du conflit, elle se montra acariâtre, méchante et infidèle, rendant la vie commune impossible à l'artiste. Des embarras d'argent augmentaient encore les soucis de François et le prix des commandes qu'il exécutait, notamment pour la manufacture de tapis de Beauvais, était engagé pour payer une vieille dette dont l'intérêt excessif avait décuplé le montant* ([2]). *Conseillé par son frère et certain de faire apprécier son talent partout où il l'exercerait, il se laissa convaincre et partit avec Jacques pour se fixer dans une ville où il pourrait se livrer à*

---

[1] JAL. *Dictionnaire Critique.*
[2] (ARCH. NAT. *Châtelet*, Y 11596. Plainte du 3 avril 1779). Jeanne de La Chaux, mourut en 1808. (ALDO RAVA).

son art tout entier et en paix. Ils quittèrent Paris au commencement de novembre, passèrent quelque temps à Francfort, puis à Berlin et arrivèrent à Vienne. François sut plaire au prince de Kaunitz tout puissant à la Cour, et se fixa définitivement dans la capitale de l'Autriche où il mourut le 8 juillet 1802. Jacques réussit à se placer auprès de l'ambassadeur de Venise et peut-être y fut-il resté si la mort n'était venue surprendre M. Foscarini le 23 avril 1785. De nouveau Casanova se remit à cheminer, poursuivant sa route sans but lorsque sa bonne étoile le mit en présence du comte de Waldstein. Il donne la date de cet heureux évènement dans l'Icosameron qu'il dédia au comte : « Vous êtes l'homme unique au monde qui ait pensé à arrêter mes courses au commencement de septembre 1785, en me confiant votre belle bibliothèque... » C'est la dernière étape de Casanova. Désormais, il restera au milieu des livres à Dux, correspondant avec ses anciennes amies — celles qui ne l'ont pas oublié — et recueillant les souvenirs de sa vie errante qu'il s'amuse follement à écrire. Casanova mourut à Dux, le 4 juin 1798, avec la réjouissante consolation de laisser, pour intriguer encore la postérité, un récit souvent narquois de son existence tapageuse.

FIN

ERRATA

Page VII. — *Au lieu de :* Zanetta prit goût au métier et laissant l'enfant de son mari...
Lire : Zanetta prit goût au métier de son mari et, laissant l'enfant, le ménage...

Page 230. — *Au lieu de :* Pourrait m'avoir inspiré...
Lire : Pouvait m'avoir...

Page 323. — Note. — *Au lieu de :* Voir à la fin du Chapitre X.
Lire : Voir à la fin du Chapitre XI.

Page 324. — *Au lieu de :* Aussitôt qu'elle aurait...
Lire : Aussitôt qu'elle aura...

id. — *Au lieu de :* Envoyez pour prendre les drogues...
Lire : Envoyez prendre les drogues...

INDEX ALPHABÉTIQUE

DES NOMS CITÉS

A

Académie Jouan, 71.
AFFRI (Duc d'), 289, 290, 301, 425, 430.
Aire, 239-245.
ALBEMARLE (Milord. Guillaume-Anne d'), 75, 76, 77.
ALEMBERT (Jean le Rond d'), 85, 86, 164.
ALGAROTI (Comte), 298.
AMELIN (Mme), 221, 222.
Amiens, 245-252.
ANGAR, 428.
ANHALT (Princesse d'), 260.
ANNECI (Duc d'), 28.
ARANDA Comte d'), ministre, 488.
ARANDA (Comte d'), fils de Thérèse Imer, 295, 396, 302, 305, 306, 308, 310, 369-372, 444, 475, 482, 483.
ARDORE (Princesse d'), 74, 75.
ARDORE (Prince d'), 75.
ARGENSON (Marquis d'), 57, 59.
ARGENSON (Comte d'), 91.
AROT (Catherine-Julie d'), 77.
ARTÉPHIUS, 274.
ARZIGNY (Chevalier d'), 277-278.
ASTRAUDI (Mlle), 28, 256.
ASTRUCK, médecin, 129.
AUGUST (Peter), organiste, 477.

B

BABET, 258, 259, 260.
BACON (Roger), 270.
BALLETTI, dit Mario, comédien, 6, 12, 54.
BALLETTI, dite Silvia, comédienne, 5, 6, 8, 9, 10, 11, 20, 54, 60, 101, 115, 116, 137, 138, 141, 160, 163, 231, 236, 253, 290, 296, 300, 337, 338, 400.
BALLETTI (Antoine-Étienne), 1, 5, 6, 13, 99, 101, 104, 105, 134, 455.
BALLETTI (Louis-Joseph), 6.
BALLETTI (Guillaume-Louis), 6.
BALLETTI (Marie-Madeleine), dite Manon, 6, 135, 141, 160, 216-220, 231, 235, 253, 254, 297, 304, 374, 399, 420, 422, 423, 424, 430-436, 448, 449, 453.
BALLETTI (Elena-Virginia), dite Flaminia, 6, 7, 8.
BARET, 402-416, 421.
BARET (Mme), 401-418, 454.
BASCHET, 494.
BAUSSET, (M. de), 435.
BEAUCHAMPS (M. de), 26, 27.
BEAUCHAMPS (Mlle), 79.
BEAUFORT (Catherine-Charlotte de), 146.

BEAUFRANCHET(Jacques de),Comte d'Ayat, 113.
BELLEGARDE (Marquis de), 279.
BELLE-ISLE (M. de), 444.
BELLENOT (Mlle), 115.
BENOZZI, dite Silvia : Voir BALLETTI.
BERKENRODE (M. de), 290.
BERNIS (François-Joachim, abbé de), 135, 140-145, 149, 160, 161, 232, 235, 236, 252, 253, 289, 295, 302, 364, 365 - 367, 494.
BERTIN, lieutenant de police, 377.
BERTIN, tresorier des parties casuelles, 258.
BERTINAZZI, dit Carlin, 41, 42.
BETHUNE (Marie - Armande de), 147, 148.
BEZENVAL (Baron de), 14.
BEZONS (Marquis de), 146.
BLANCHE (Baron de), 159.
BLANCHE (Baronne de), 159.
Blanche (Barrière), 257-258.
BLONDEL (François-Jacques), architecte, 434-436, 448.
BLONDEL (Georges-François), architecte, 435.
BOAZ, banquier, 292.
BOCQUET, dessinateur, 34.
BŒRHAAVE, 333.
BOISGELIN (Abbé de), 447-448.
BONNEMET (Marie-Angélique), 199.
BORGHESE (Marc-Antoine), 73.
BORGHÈSE (Jean-Baptiste), 73.
BOUCHER, peintre, 110.
Bouillon (Hôtel de), 483.
BOULAINVILLIERS (Marquis de), 299, 412.
BOULAINVILLIERS (Mlles de), 412-413.
BOULOGNE (M. de), contrôleur général, 143, 145, 147, 149, 155, 161, 165, 175, 289, 301, 365, 366, 426.
BOURBON (Louis-Aimé, abbé de), 440.
BOURET DE VILLAUMONT, 66-67.
BOURSET (Mlle), 65.
BOUTON, huissier, 392.
BRAGADIN (M. de), 72, 139.
BRAGELOGNE (Mlle de), 266.
BRAUN, 418.
BRETEUIL (Chevalier de), 46.

BREUIL (Mathieu), 37.
BRIGNOLLES (Marie-Catherine de), 52.
BRIONNE (Comtesse de), 57.
BRIONNE (Comte de), 57.
BRISSART, femier-général, 52, 251, 252.
BRISSART (Mme), 256.
BRIZAY (Comte de), 492.
BROTTIER, huissier, 428.
BRUNET (Mme), 304-305.
BUHOT, inspecteur de police, 489-490.
BUJON, 428.
BUSCHINI, Francesca, 493.
BUSONI (Jean-Marie-Gaspard), 43.

C

CAILLOT (François-Bernard, 469.
CALABRE (M. de), Voir : CHALABRE.
CALSABIGI (les frères), 150, 151-160, 163, 164, 165, 167, 175, 473, 474.
CAMUS (Nicolas-François), 283.
CAMUS DE PONTCARRÉ (Nicolas-Pierre), 266.
CAMUS DE PONTCARRÉ (Jean-Baptiste-Elie), 278, 283.
CAMUS DE PONTCARRÉ (Jeanne), Voir : URFÉ.
CAMUS DE VIARMES (Nicolas-Elie-Pierre), 278, 283.
CAMARGO (Marie-Anne Cupis de), 35-37.
CAMILLE, comédienne, voir : VERONÈZE.
CANTILLANA (Comte de), 135, 136.
CARACCIOLI, 488.
CARDEVAC (Louis de), 279.
CARIGNAN (Prince de), 10.
CARLIER (Mme), 49.
CARLIN, voir : BERTINAZZI.
CASALBIGI, voir : CALSABIGI.
CASANOVA (Gaston - Joseph - Jacques), VII.
CASANOVA (Jacques), VII.
CASANOVA (François), VII, 53, 71, 130-133, 168-169, 287, 288, 437, 442, 476-479, 496, 497.

DES NOMS CITÉS

CASANOVA (Jean-Baptiste), VII, 476.
CASANOVA (l'abbé), VII, 476-479, 482, 483.
CASANOVA (Marie-Madeleine), VII, 477.
CASTEL-BAJAC (Marquis de), 375-377, 381-392, 395-397.
CASTESSE (Jean-Baptiste), 323, 324.
CASTESSE, sage-femme, 323, 324, 375, 376, 377, 387-392, 396.
CATELAN (le sieur), 39.
CAVAMACCHI (Mme), 54, 60-65.
CAVANAC (M. de), 447-448.
CAYEUX (Comte de), 256.
CAZE, fermier-général, 174.
CHABON, commis de police, 360.
CHALABRE (M. de), 222, 223.
CHALABRE (Mme Saby de), 222, 223.
CHALUS (Françoise de), 95.
CHARLIER, 38.
CHARON, conseiller, 278.
CHARPILLON (Mlle), 484.
CHARTRES (duc de), voir : ORLÉANS, Louis-Philippe.
CHARTRES (duchesse de), voir : CONTY, Louise-Henriette.
CHATELESEAU, procureur, 427.
CHATELET (Mme du), 32.
CHATELET-FRENIÈRES (Marquis du), 266, 267, 492.
CHEVERNY (Dufort de), VI, 58.
CHIMAI (Princesse de), 318.
CHOISEUL (Duc de), 143-145, 289, 295, 301, 366, 425, 426, 429, 435, 441, 442, 444.
CHOISEUL (Vicomte de), 144, 429-430.
CHODKIEWICZ (Rosalie), 488.
Civette (la), 16-18.
CLAIRON (Mlle), 39.
CLARI (Princesse), 132.
CLÉMENT XIII, voir REZONICO.
CLÉMENT, claveciniste, 217, 218.
CLERMONT (Comte de), 366.
CLERMONT-TONNERRE (Mme de), 412.
COLANDE (Mme de), 72.
COLLÉ (Charles), 24, 30.
Concert spirituel, 349.
CONDÉ (Prince de), 52, 53.
CONDÉ, suisse, 131.
CONFLANS (Marquis de), 309, 310.
CONTY (Prince de), 368, 372, 454.
CONTY (Louise Henriette), 17, 120-129.
CONTY (Antoine Schinella, abbé), 7.
CORALINE, comédienne, voir : VÉRONÈZE.
CORBIN, tapissier, 309.
CORBIN, comédien, 108.
CORTICELLI (Mlle), 484.
COSME, chirurgien, 51.
COSTA, laquais, 438, 460.
COTENFAU (Mlle de), 454.
COUPÉE (Mlle), danseuse, 72.
COURTEIL (Marquis de), 155, 164.
COURTENVAUX (Marquis de), 106.
CREBILLON (Prosper Jolyot de), 20-25, 32, 65, 67, 84.
CREBILLON (Claude-Prosper de), 24, 366.
CRÉMILLES (M. de), 252.
CRESSENT DE BERNAUD, 428.
CRÈVECŒUR (M. de), 256.
CROMOT, contrôleur général, 258, 454.
CRUSSOL (Marquis de), 10.
CRUSSOL (Baronne de), 412.

D

DAMIENS, 136, 150, 191, 196, 197.
DANGEVILLE (Marie-Anne Botot, dite), comédienne, 38.
DANTHIEUR, fermier du P^{ce} de Conty, 80.
DAZENONCOURT (Mlle), danseuse, 458.
DE BROSSES (l'abbé), 125, 126.
DELAFOSSE, 373.
DELFAU, 373.
DEMAY (Reine), voir : CASTESSE.
DEMIDOFF (Paul), 443.
DEPERAY, huissier, 427.
DEROUGE (Mlle), musicienne, 448.
DESCHAMPS (Mlle), 90.
DESFORGES (Jacques), chanoine d'Etampes, 205-206, 221.
DESJARDINI (Sesanne-Mathieu), 467.

DESLANDES, cafetier, 13.
DESLIONS (Benoît), 466, 467.
DESPARES, 373.
DESTOUCHES, commissaire de l'artillerie, 85.
DEUX-PONTS (Duc des), 52, 307.
DEYEUX (M.), 443.
DHOSMONT (Mme), 65.
DORIVAL, commissaire, 487.
DORMER, anglais, 174.
DOUCET (Jacques), 288.
DOUCHIN (Marquis), 473.
DROUIN (Marie-Angélique-Michelle, 39.
DU BARAIL (Marquis), 238.
DU BOCAGE (Marie-Anne Lepage), 27.
DU BOCCAGE (Laurence-Chantrelle, dite), 27.
DU CHATELET, voir : CHATELET.
DUCHESNOY (Mlle), 67.
DUCOIN, négociant, 166.
DUMARS, 373.
DUMAY, président, 174.
DUMESNIL (Marie-Françoise Marchand, dite), comédienne, 38.
DUMIRAY (Mlle), 71.
DUMONT, conventionnel, 114.
Dunkerque, 237-239.
DUPRÉ (Louis), danseur, 34-36.
DURAZZO (Comte), 287.
DURFORT (Guyonne-Marguerite-Philippine de), 144.
DU RUMAIN (Marquis de Coetanfao), 318, 480.
DU RUMAIN (Marquise), 256, 318, 349-354, 361, 362, 393, 396, 420, 421, 423, 435, 443, 454, 476, 480-484, 488-491.
DU RUMAIN (Constance-Paule-Flore-Emilie-Gabrielle), 318.
DU RUMAIN (Constance-Gabrielle-Bonne), 318.
DUVAL (Mlle), dite Beaujeu, 309.

E

EGMONT (Comte d'), 27.
EGREVILLE (Comte d'), 255, 256, 258, 318.

ELBEUF (Duc d'), 310, 400, 417.
EON DE BEAUMONT (Le chevalier), 74.
ERIZZO, ambassadeur, 143.
ESCHERNY (Comte d'), 368.
ESTE (Marie-Fortunée d'), 53.
ESTHER D'O, 304, 337, 398, 399.
ETREHAN (Jacques-Robert Hericy, marquis d'), 106.

F

FABUS, général, 67.
FARSETTI (Joseph-Thomas), 304, 305, 311-313, 317, 318, 320, 322, 331, 335-337, 357-359, 362, 397.
FAUDOAS (Mme de), 412.
FAUDOISE (Mlle), 79.
FAULKINER, 490.
FAVART, 84, 448.
FAVART (Mme), 83, 84, 221.
FEL (Mlle), 27-28.
FLAMINIA, comédienne, voir : BALLETTI.
FLEURET (Mlle), 108.
FLEURY, comédien, 143.
FLORENCE (Mlle), 456.
Foire Saint-Germain, 69.
Foire Saint-Laurent, 107.
FONDPERTUIS (M. de), 160.
FONTAINE (Mlle) 456.
FONTENELLE (M. de), 84-86, 150.
FOSCARINI, ambassadeur, 494, 497.
FOULQUIER (Suzanne), 41.
FOURRÉ, 373.
FRAGOLETTA (Mlle), VII.
FRAIGNES (Marquis de), 480.
FRANCE (Louis-Joseph-Xavier de), 72.
FULVIE (Duchesse de), 75.
FYOT DE LA MARCHE (Mlle), 155.

G

GAETAN (M. et Mme), 290, 291, 302, 303.
GALLIANI (abbé), 233, 234.
GALLOIS (M.) 79.

DES NOMS CITÉS

GAMACHES (Marquis de), 256.
GARNIER, fils d'un marchand de vins, 117-119.
GARNIER, ancien cuisinier, 233.
GARNIER, négociant, 419, 422-425, 427.
GARNIER (Marie-Anne), 435.
GAUCHER (Louise, dite Lolotte), 75-77.
GAUSSIN (Jeanne-Catherine Gaussem, dite) 38, 39, 221.
GENOVINI (Carlo), 461, 468-470.
GÉRARD (Angélique), 323, 389, 391.
GERGY (Antoinette-Barbonne-Thérèse Languet de), 278-279.
GÉRIN (M.) 276.
GESVRES (Duc de), 42, 43, 236 237.
GILBERT, 401.
GILBERT (Mlle) voir : BARET.
GOUVERNET (Marquis de), 174.
GRAFFIGNY (Mme de), 25, 86, 368, 369.
GRAMMONT (Duc de), 308.
GRIMALDI (Jacques-François-Léonor de), duc de Valentinois, 45, 52.
GRIMALDI (Honoré-Camille-Léonor de), prince de Monaco, 43-47, 52, 80.
GRIMALDI (Charles-Maurice de), chevalier de Monaco, 45, 52.
GRIMANI (M.), 53.
GRIMOARD DE BEAUVOIR (Mlle), 412.
GRIMPEREL, commissaire, 78, 81-83.
GUADANI (Gaetan), musicien, 51.
GUARDI, peintre, 71.
GUASCO (abbé), 64.
GUÈDE (Dr), 487, 493.
GUILBERT (abbé), 5.
GUYOT, commissaire, 391, 428.

H

HALLENCOURT (Mlle d'), 412.
HEBER, 270.
HENAULT (le président), 58.
HERRENSCHEVAND, 352, 455, 481.

HOPE (Thomas), banquier, 304, 398-400, 432.
Hôtel de Brelugne, 298.
Hôtel de Guise, 373.
Hôtel de Montmorency, 479.
HUBEAU, receveur de la loterie, 166.
HUET, 443.

I

IMER (Thérèse), 292-293, 482.

J

JANIN (Jules), 443.
JOLI, peintre, 71.
JOLIVET (Marie-Jeanne), 288, 442, 449, 496.
JOUAN (Académie de), 71.

K

KAHN (Gustave), 132, 497.
KAUNITZ (M. de), 63, 494, 497.
KEITH (Georges), 56.
KORNMANN, banquier, 225, 228-231, 237, 292, 295.

L

LABORAS (Marie-Jeanne de Heurles de), voir : RICCOBONI.
LABORDE (M. de), 67, 77.
LABRETONNIÈRE, commissaire des guerres, 251, 252.
LA BUCAILLE (Geneviève-Paulmier de), 278.
LA CAILLERIE (Mme de), 41.
LA CHAUX (Jeanne-Catherine de), 496.
LA COSTE (abbé), 162, 163, 173, 174, 176.
LA CROSSE (Antoine) 485-487.
LAGARDE, basse-taille, 338.
LA HARPE (M. de), 32.

LAIRE (Mlle), 155.
LA MARCHE (Comte de), 52.
LAMARRE (Mme), sage-femme, 487.
LA MARTINIÈRE, médecin, 136, 137.
LAMBERT, banquier anglais, 68.
LAMBERT, libraire, 160.
LAMBERTINI (Mlle), 174-178, 185, 189, 196, 200, 204.
LAMBESC (Prince de), 57.
LA MEURE (Mlle), 179-206, 211-217, 219-221, 225-231, 234.
LA MORLIÈRE (Chevalier de), 30-31.
LAMOTTE (Charlotte), 485-487.
LA MOTTE (la générale), 158.
LA MOTTE (Marie-Hélène-Desmottes, dite), 159.
LAMPERIÈRE, 463, 469-471.
LANDELLE, cabaretier, 198, 290.
LANGLADE, conseiller au parlement, 418, 454.
LANGLOIS, marchand de tableaux, 108.
LANI (Jean-Barthelemi), danseur, 29, 100, 101.
LA PERLE, cuisinière, 309.
LA POPELINIÈRE (M. de), 30, 77, 128-130, 299, 300, 302, 312, 316, 317, 359, 362, 363, 375, 384-390.
LA POPELINIÈRE (Mme de), 127-130.
LA PORTE (Jeanne-Elisabeth de), 120.
LA RIANDERIE, 39.
LASSALLE (Mme), 65.
LASTIC (Comte de), 492.
LA TOUR, baron de Thouras, 275.
LA TOUR D'AUVERGNE (Comte de), 256-268, 275, 276, 283.
LAUZUN (Duc de), VI.
LA VIERVILLE (M. de), 310.
LA VILLE (abbé de), 161, 162, 232, 233, 235, 236, 252, 263, 424.
LEBEL, valet de chambre du Roi, 108.
LECKZINSKA (Marie), 58-60.
LECLERC, danseur, 10.
LECLERC (Mlle), 54, 63.
LEDUC, laquais, 426.

LE MASCRIER (abbé), 270.
LEMAURE (Mlle), 55.
LENIÈPRE (Marie), 68.
LE NOIR, payeur de rentes, 177, 178, 185, 189, 190, 201.
LE NORMAND (François-Nicolas, Sr de Flaghac), 113.
LE NORMANT D'ÉTIOLLES, 52.
LENOX (Anne), 76.
LÉOPOLD (Michel), 461-463, 468.
LE ROY (Jacques), 309, 310, 419, 432.
LESOURD, receveur des tailles, 222.
LESUEUR (Agnès), 37.
LEVASSEUR (Marie-Rose-Josèphe), 39, 40.
LEVASSEUR (Thérèse), 368.
LEVENHOOP (Comte), 308.
LIGNE (Prince de), 494-495.
LISLE (Marquis de), 488.
LISMORE (Comtesse de), 455-457.
LOOS (Comte de), 86.
LOUIS XIV, 24.
LOUIS XV, 53, 56, 57-59, 61, 73, 74, 112-114, 129, 136-138, 307, 366, 367.
LOUYS (Pierre), 65.
LOWENDALH (Comte de), 59, 60.
LUBOMIRSKA (Princesse de), 488.
LUBOMIRSKI (Prince de), 488.
LUCIE DE PASÉAN, 92.
LULLE (Raymond), 270.
LUNDBERG, peintre, 111.
LUYNES (Duc de), 58.

M

MACARTNEY, 276.
MAFFEI (Marquis de), 7.
MAGALI, musicien, 338.
MAILLÉ (M.), 428.
MAILLET (Benoit de), 270.
MAINTENON (Mme de), 24.
MAISONNEUVE (M. de), 384, 386, 390.
MAISONROUGE, voir : MASSON.
MANZONI (Mme), 170-173.
MARAIS, inspecteur de police, 143.
MARCEL, maître de danse, 122.
MARCOLI, ministre, 493.

MARCOLINE (Mlle), 479, 484.
MARIGNI (Marquis de), 70, 71, 73, 110, 130.
MARINI (Généroso), 461-474.
MARINI (Mlle) 460-461.
MARIO, comédien, voir : BALLETTI.
MARQUIS (Mlle), 106.
MARTELLI (Pierre-Jacques), 7.
MASSON DE MAISONROUGE, 28.
MATALONE (Duc de), 71, 73.
MAYNIAL (Edouard), 280, 444.
MAYNON D'INVAU, 246.
MAZARELLI (Mlle), 309.
MELFORT (Comte de), 43, 119, 120, 123, 124-127.
MEMMO DE SAINT-MARCUOLA, 298, 299, 315.
MENGS, peintre, 476.
MESNARD, veuve La Rianderie, 39.
METRA, nouvelliste, 14.
MEUSNIER, inspecteur de police, 10, 36, 50, 309, 310.
MICHEL, huissier, 471.
MOCENIGO, ambassadeur, 72, 76, 143, 297.
MONACO, voir : GRIMALDI.
MONCONSEIL (Marquise de), 91, 434.
MONCRIF, 58.
MONDONVILLE, compositeur, 349.
MONDRAM (Marie-Thérèse), 363.
MONTAIGU (David de), 258.
MONTIGNY (Mme), 323.
MONTLEZUN (Chevalier de), 46.
MONTPENSIER (Duc de), 125.
MORAND, chirurgien, 54.
MORELLET (abbé), 457.
MORIN (Mme), 443.
MORIN, 427.
MOROSINI, ambassadeur, 54, 56, 61, 62, 63, 72.
MORPHY (Marguerite), 108.
MORPHY (Brigitte), 108.
MORPHY (Madeleine), 108.
MORPHY (Victoire), 107-108.
MORPHY (Marie-Louise), 107-114.
MOUCHY (Jean-Baptiste de) 473.

N

NARBONNE (Comte de), 94, 95.
NESLE (M. de), 451, 452.

O

O (Esther d'O), voir ESTHER.
OBERTY, négociant, 427.
Opéra, 100, 102.
OPIZ (Comte d'), 494.
ORLÉANS (Duc d'), régent, 456.
ORLÉANS (Louis, duc d'), 14, 106.
ORLÉANS (Louis-Philippe, duc d'), 13, 14, 115, 458.
ORLÉANS (Duchesse d'), voir : CONTY.
ORSI (François), 466.

P

Palais (le), 411.
Palais Royal, 13-16.
PANTALON, comédien, voir : VÉRONÈZE.
PARACELCE, 286, 333.
PARIS (Justine Bienfait, dite la), 47-49.
PARIS DE MONTMARTEL (Mme), 147, 148.
PARIS DU VERNAI, 146, 147, 149, 151-155, 161, 163, 164, 165, 167, 175, 176.
PARROCEL, peintre, 53, 71.
PASÉAN (Lucie de), voir : LUCIE.
PATON, 222.
PATU (Claude-Pierre), 15-20, 27, 29-36, 47-50, 107, 109, 111, 119.
PELISSIER (Mlle), 72.
PETITAIN, 429.
Petite Pologne, voir *Pologne*.
PHALCON (Constantin), 24.
PIAZETTA, peintre, 476.
PICINELLI (Mlle), 90.
Pigalle (Rue), 258.
PIPELET (Charles), chirurgien, 39,
PITROT, danseur, 10, 11.
Pivain (Moulin), 309.
POINSINET, 352, 455-457.
POLIGNAC (Marie-Alexandre, comte de), 318, 454.
POLIGNAC (Mme de), 121-123.
Pologne (la), 309.

Pologne (la Petite-), 308, 309, 310, 313, 325, 419, 424, 430, 432.
Polyphile, 273.
Pompadour (Mme de), 55, 56, 58, 71, 73, 143, 147, 155, 161, 280, 302, 307, 366, 444.
Pompéati, danseur, 292.
Pomponne (Mlle Armand de), 256.
Ponchon (Mlle), danseuse, 72.
Portelance, 30.
Preati (Mme de), voir : Cavamacchi.
Préaudot, 65-67.
Préaudot (Mme), 65-67.
Préville, comédien, 39.
Prin, comédien, 76.
Privé (Jean-Jacques), 428.
Prodhomme (J. G.), 28.

Q

Querini (M. de), 61, 62.
Querini (Mme de), voir : Cavamacchi.
Quinault (Mlles), 221.
Quinson, violon, 78.
Quinson (Mme), 12, 13, 71, 80.
Quinson (Mlle), 78-83.

R

Rabon (Mlle), 10, 52.
Rava (Aldo), 433.
Raymond, receveur de loterie, 166.
Raynal (abbé), 31.
Razetti (Mlle), 90, 160.
Razeweski (Comte de), 418.
Reaux (Mme de), 435.
Regnault (Mme), 79.
Retif de la Bretonne, VI.
Rez (Mlle), 256.
Rezzomico, pape, 365, 369.
Rhinocéros, 69.
Riccoboni (Louis, dit Lelio), 6, 8.
Riccoboni (Mme), 7.
Riccoboni (Antoine-François Valentin), 6.
Richecourt, 273.

Richelieu (Duc de), 55, 56, 61, 128, 366.
Ricouart d'Hérouville, 77.
Riquette (Mlle), 80.
Rod (Georges), perruquier, 323.
Roland (Thérèse), 476.
Romainville (Mlle), chanteuse, 28.
Romancan, caissier de la comédie, 27.
Romans (Mlle de), 436, 440, 443-446.
Roncerolles (Mme de), 318.
Rosenberg (Comte de), 76, 398.
Rouault (famille), 256.
Roule (Hôtel du), 47-51.
Roulier, inspecteur de police, 386.
Rousseau (Jean-Jacques), VI, 43, 367-368.
Rousseau (Mme), 86.
Rozetti (Mlle), 51.
Ruffec (Duc de), 45.
Ruffec (Duchesse de), 44, 45.
Ruffec (Marie-Christine St-Simon de), 114.

S

Saby de Chalabre, voir : Chalabre.
Sainctot (Mlle Claude-Catherine de), 275.
Saint-Aignan (Duc de), 58.
Saint-Albin, évêque de Cambrai, 456.
Saint-Chamont (Marquis de), 309.
Saint-Germain (Comte de), 279-281, 306, 307, 337, 439, 441-443.
Saint-Hilaire (Mlle), 50, 51.
Saint-Lubin (Président de), 108.
Saint-Quentin (M. de), 61, 111.
Saint-Saire (Charles-Armand-Henri-Gabriel de), 412.
Saint-Simon (Marquis de), 61, 64, 65.
Samson, peintre, 115, 117.
Samson (Mlle), 116-119.
Sancy, voir : Sauscey.
Sandivoye, 274.
Sanscey (Marchal de), 288, 449, 451.

SANTA-CROCE, voir : LACROSSE.
SANTIS (Joseph de), 459-474.
SARRAZIN, comédien, 38.
SARTINE (M. de), 377-381, 393, 394, 396, 397.
SAXE (Maréchal de), 84, 129.
SAXE (Marie-Joseph de), dauphine, 72.
SCEPEAUX (Elisabeth-Adélaïde), 275.
SCHMITT, anglais, 79-80.
SERY (Roger de), 373.
SIBOURG (Baron de), 159.
SILHOUETTE (M. de), 365.
SILVESTRE (Abraham-Jacques), 443.
SILVESTRE (Mme), 168.
SILVIA, comédienne, voir : BALETTI.
SIMONELLI, dit le Parmesan, peintre, 71.
SOUBISE (Prince de), 150, 161, 366.
SOUMIS (Anne-Marie-Christine), 448, 453.
SPADA, général, 61, 62.
SPEROTTI (Perine-Lucie), 42.
STINVILLE (François-Nicolas), 310.

T

TALVIS (Chevalier de), 131, 132.
TALON (Milord), voir : LISMORE.
TANLAIGO, danseur, 38-39.
TAVERNIER, docteur, 443.
Temple (Enclos du), 373.
TENCIN (Mme de), 85.
TESTELINGUE (Mlle), 90.
THIEBAUT (M.), 79.
THIERON, commissaire, 387, 392.
TILLAYE (Jean-Benjamin-Alexandre), 39.
TILLOI (Vicomte du), 256.
TILLY (Comte de), VI.
TIRETTA (Comte de), 170-178, 185, 189, 193, 194, 197-201, 203, 206-209, 211, 216, 219, 220, 223, 224, 227, 234, 290, 291, 308, 400.
TORCI (M. de), 435.

TOURNEHEIM (M. de), 71.
TRÈVES (Comte de), 273.
TURENNE (Prince de), 257, 268, 276, 283.

U

UCELLI, 65.
URFÉ (Marquise d'), 265-287, 290, 292, 295, 305-308, 310, 332, 336, 367-374, 399, 420-422, 424, 425, 439, 440, 441, 448, 460, 474, 475, 476, 482, 484, 489-492.
UZANNE (Octave), 494.

V

VALBELLE (M. de), 318.
VALENTINOIS (Duc de). Voir : GRIMALDI.
VALENTINOIS (Mme de), voir : RUFFEC St-SIMON.
VANLOO, peintre, 448, 453.
VANVRES (Baron de), 473.
VAUREAL (Chevalier de), 52, 454.
VARNIER, 444.
VARNIER (Mme), 443.
VAUVERSIN, avocat, 379, 394-397, 427.
VÉRONÈZE (Charles-Antoine, dit Pantalon), 42-43.
VÉRONÈZE (Marine-Lucie), 42.
VÉRONÈZE (Pierre-François), 42.
VÉRONÈZE (Anne-Marine), dite Coraline, 42-47, 51, 52, 53, 287, 454.
VÉRONÈZE (Camille-Antoinette-Jacqueline), dite Camille, 42, 43, 70, 119-123, 255-260, 263-265, 311, 454.
VÉSIAN (François), 87, 90, 93, 94, 106.
VÉSIAN (Mlle), 87-106, 310.
VESTRIS (Mlles), 448.
VESTRIS (Mlle Violante), 136.
VIARD, maître de pension, 296, 308, 369-371.
VIARD (Mlle), 369, 371, 444.
VILLEMUR (M. de), 51.

VILLENEUVE (Armand de), 270.
VINCENT (Louis), 309, 310.
VINKELMANN, 476.
VINTIMILLE (Comte de), 52.
VIRGINIE (Mlle), dite Torticolis, 72.
VITU (Auguste), 130.
VOISENON (abbé de), 32, 84, 85, 221, 349, 351.
VOISIN, violon, 49.
VOLTAIRE (M. de), 24, 32, 295.

W

WALDSTEIN (Comte de), 493, 495, 497.
WOOD (Robert, 270.
WURTEMBERG (Prince Louis de), 46.
WYNNE (Richard, chevalier de), 76, 297.

WYNNE (Mme), 355-360, 379, 397.
WYNNE (Mlle Justine), 297-300, 303-305, 311-348, 354, 355, 375, 376, 380-392, 394, 397, 398.

X

XAVIER, 459.
X. C. V. (Mlle), voir : WYNNE.

Z

ZANDIRI, 303.
ZANCHI, secrétaire d'ambassade, 63.
ZANETTA, VII.
ZINZENDORF (Comte de), 63-64.
ZUSTIANI, sénateur, 43.

TABLE DES MATIÈRES

Préface 1

CHAPITRE Ier.
Premier voyage.
Juillet 1750 — Août 1752.

Départ de Lyon. — Mon apprentissage à Paris. — Portraits. — Singularité. — Mille choses 1

CHAPITRE II.

Mes balourdises dans la langue française, mes succès, mes nombreuses connaissances. — Louis XV. — Mon frère arrive à Paris................ 41

CHAPITRE III.

Mon affaire avec la justice parisienne. — Mlle Vesian................ 78

CHAPITRE IV.

La belle O'Morphi. — Un peintre imposteur. — Je fais la cabale chez la duchesse de Chartres. — Je quitte Paris........................ 107

CHAPITRE V.
Deuxième voyage.
Janvier 1757. — Septembre 1759.

Arrivée à Paris. — Attentat de Damiens. — Le ministre des Affaires étrangères. — M. de Boulogne. — Le duc de Choiseul. — L'abbé de la Ville. — Pâris du Vernai. — La loterie de l'École militaire. — François de Casanova 134

CHAPITRE VI.

Le comte Tiretta de Trévise. — L'abbé Coste. — La Lambertini, fausse nièce du pape. — Sobriquet qu'elle donne à Tiretta. — La tante et la nièce. — Colloque au coin du feu. — Supplice de Damiens. — Erreur de Tiretta. — Colère de M***, réconciliation. — Je suis heureux avec Mlle de La Meure. La fille de Sylvia. — Mlle de la Meurre se marie ; une jalousie et résolution désespérée. — Heureux changement.................................. 170

CHAPITRE VII.

L'abbé de la Ville. — L'abbé Galiani. — Caractère du dialecte napolitain. — Je vais à Dunkerque chargé d'une mission secrète. — Je réussis à souhait. — Je retourne à Paris par la route d'Amiens. — Mes incartades assez comiques. — M. de la Bretonnière. — Mon rapport plaît. — Je reçois cinq cents louis. — Réflexions... 232

CHAPITRE VIII.

Le comte de la Tour-d'Auvergne et Mme d'Urfé. — Camille. — Ma passion pour la maîtresse du comte ; aventure ridicule qui me guérit. — Le comte de Saint-Germain. — Idées erronées et contradictoires de Mme d'Urfé sur mon pouvoir. — Mon frère se marie. — Je pars en Hollande........ 254

CHAPITRE IX.

Réflexion flatteuse de mon protecteur. — Vertiges de Mme d'Urfé. — Mme X. C. V. et sa famille. — Mme de Rumain................................ 294

CHAPITRE X.

Je continue mon intrigue avec l'aimable Mlle X. C. V. — Vaines tentatives d'avortement. — L'Aroph. — Évasion de mademoiselle et son entrée au couvent.. 329

CHAPITRE XI.

Nouveaux incidents. — J.-J. Rousseau. — Je forme un établissement de commerce. — Castel-Bajac. — On m'intente un procès criminel. — M. de Sartines... 364

CHAPITRE XII.

Je suis interrogé. — Je donne trois cents louis au greffier. — La sage-femme et Castel-Bajac sont emprisonnés. — Mademoiselle accouche d'un garçon, et oblige sa mère à me faire réparation. — Mon procès est mis au néant. — Mademoiselle part pour Bruxelles, et va à Venise avec sa mère où elle devient grande dame. — Mes ouvrières. — Mme Baret. — Je suis volé, enfermé et remis en liberté. — Je pars pour la Hollande...................... 393

CHAPITRE XIII.

AUTRES VOYAGES.

Mme d'Urfé. — Mlle Romans. — Le ménage François Casanova. — Le chevalier de Santis et autres brelandiers. — Départ pour Strasbourg. — Retour à Paris. — Mme du Rumain. — Expulsé de l'ordre du Roi............ 438

Errata.. 497
Index alphabétique.. 498

MELUN
IMPRIMERIE E. LEGRAND
23, RUE BANCEL, 23

CATALOGUE

DE

Livres de Fonds et en Nombre

DE LA LIBRAIRIE

JEAN SCHEMIT

52, Rue Laffitte, PARIS

ALGOUD (Henri). **Grammaire des Arts de la Soie.**
Paris, 1912, in-4 écu, de 170 pages, *illustré de 86 gravures*. 8 fr.

L'étude de la Soie et des étoffes faites de Soie est un bien vaste sujet, qui semble avoir été envisagé, jusqu'ici, à peu près exclusivement sous le rapport de l'histoire, de l'archéologie et du document, ou bien encore au point de vue très spécial de la technique pure et de ses règles.

Toute autre a été la pensée qui a inspiré cette « Grammaire » « sorte d'essai résumé sur les choses nombreuses, variées, curieuses de la Soie et des Arts de la Soie » comme l'annonce l'auteur. Il a voulu, sans prétendre aux descriptions minutieuses et définitives, emprunter judicieusement des notions à un ensemble imposant et touffu — filature, moulinage, teinture, apprêt, tissage, décoration des tissus de soie, etc., etc. — et les condenser sous une forme accessible à tous, avec le secours d'une illustration nombreuse et précise.

L'innovation est, certes, heureuse et fort intéressante ; elle comble une lacune. Une égale préoccupation de clarté et de soin apportée à la présentation de ce travail comme à sa rédaction, en fait un ouvrage qui dépasse très sensiblement, par le nombre de lecteurs auxquels il s'adresse, le simple domaine « soyeux » !

ALGOUD (Henri). **Gaspard Grégoire** et ses velours d'art.
Paris, 1908, gr. in-8, de 72 pages, br. 5 fr.

Orné du portrait de Pie VII en couleurs et de 6 planches en phototypie. Très intéressante publication.

BATCAVE (Louis). **Les Petits comédiens du Roi** au bois de Boulogne (1778-1779). Paris, 1909, in-8, de 44 pages, br. 2 fr.

(Extrait du *Bulletin de la Société historique d'Auteuil et de Passy*).

BEILLARD (Alfred). **Recherches sur l'horlogerie,** ses inventions et ses célébrités. Notice historique et biographique, d'après les divers documents de la collection de l'école d'horlogerie d'Anet, par Alfred BEILLARD, directeur-fondateur de cette école. Paris, 1895, in-8, de VIII-208 pages, *orné de nombreuses illustrations dans le texte*. 6 fr.

BÉLEVITCH - STANKEVITCH (Mlle H.) **Le Goût Chinois** en France, thèse. *Paris,* 1910, gr. in-8, de 272 pages, br.
16 fr.

Orné de 15 planches hors texte représentant 21 reproductions d'estampes anciennes. Tiré à petit nombre, 50 exemplaires seulement mis dans le commerce.

BÉNÉDITE (Léonce). Les artistes de tous les temps. **Fantin-Latour**. Etude critique. Catalogue des œuvres conservées dans les musées. Liste des œuvres exposées aux salons. Fantin-Latour lithographe. Catalogue de l'œuvre lithographié et gravé. *Paris, s. d.,* in-4, de 58 pages, br.
15 fr.

Ornée de 22 gravures dans le texte et 11 planches hors texte.

BÉNÉZIT (E.) **Dictionnaire critique et documentaire des peintres,** sculpteurs, dessinateurs et graveurs, de tous les temps et de tous les pays, par un groupe d'écrivains spécialistes français et étrangers, sous la direction de E. Bénézit. Avec nombreuses reproductions hors texte d'après les Maîtres. *Paris,* 1911. T. Ier (A-C) gr. in-8, de 1056 pages. Prix de souscription à l'ouvrage complet 60 fr., broché (relié moyennant 5 fr. de supplément par volume), payable moitié à la réception du T. Ier, moitié à la réception du T. II.

Cet important ouvrage, actuellement en cours de publication comprendra 3 vol. et sera le plus complet des ouvrages de ce genre. Il contient : 1° la biographie de chaque artiste; 2° la liste de ses œuvres dans les musées, édifices publics, etc.; 3° les œuvres parues dans les salons, expositions, etc.; 4° les prix atteints par ses œuvres dans les ventes publiques, etc.; 5° un dictionnaire des monogrammes et marques de collections, etc., etc.

A l'apparition du T. II le prix sera porté à 80 francs et à 100 francs à l'achèvement de l'ouvrage.

BOUCHOT (Henri). **Le Cabinet des Estampes** de la Bibliothèque nationale. Guide du lecteur et du visiteur. Catalogue général et raisonné des collections qui y sont conservées. *Paris, s. d.* In-8, de xxiv-392 pages.
10 fr.

BOUCHOT (Henri). **Les Portraits au Crayon** des XVIe et XVIIe siècles, conservés à la Bibliothèque nationale (1525-1646). Notice, catalogue et appendice. *Paris,* 1884, fort vol. gr. in-8, *2 portraits en fac-similé.*
15 fr.

— **Le même,** papier de Hollande.
25 fr.

BOUCHOT (Henri). Bibliothèque Nationale. **Musée du Cabinet des Estampes** publié sous la direction de Henri Bouchot, conservateur du département des Estampes. Première série : **Chefs-d'œuvre et Pièces uniques.** *Paris, s. d.* 90 planches en phototypie sur papier de Hollande et montées sur papier fort : sous carton petit in-folio (90 fr.)
45 fr.

BOUCHOT (Henri). Bibliothèque Nationale. **Musée du Cabinet des Estampes,** publié sous la direction de Henri Bouchot, conservateur du département des Estampes. **Portraits.** *Paris, s. d.* 60 planches en phototypie, montées sur papier fort, reproduisant 60 portraits anciens rarissimes. Recueil sous carton, petit in-folio (60 fr.)
35 fr.

BRUNE (L'abbé Paul). Publications pour faciliter les Etudes d'art en France. **Dictionnaire des Artistes et Ouvriers d'Art de la France,** publié sous la direction d'André Girodie. **La Franche-Comté** par l'abbé Paul Brune, conservateur des antiquités et objets d'art du Jura. *Paris,* 1912, in-4, de 370 pages, pap. vergé d'Arches. *Tiré à 800 exemplaires dont 100 exemplaires mis dans le commerce.* 12 fr.

Cette publication de la *Bibliothèque d'Art et d'Archéologie* ouvre la série des dictionnaires en préparation depuis 1909. Il condense les recherches de M. l'abbé Paul BRUNE sur la *Franche-Comté*.

Par ce premier ouvrage, le lecteur jugera de la disposition adoptée pour les volumes suivants. L'introduction expose l'histoire de l'art dans la province. Un répertoire bibliographique fait connaître les sources de la documentation. Le dictionnaire proprement dit contient les notices biographiques et le catalogue de l'œuvre des artistes et ouvriers d'art nés dans la province ou s'y rattachant par un lien familial ou artistique. A ce titre, l'auteur étudie les dynasties d'artistes de souche provinciale qui travaillèrent en dehors de leur région, et ceux qui, venus d'autres provinces ou même de l'étranger, y exercèrent leurs talents. Comme limite on a jugé bon de s'arrêter aux artistes décédés en 1900. Les notices sont essentielles, elles énoncent des faits ou énumèrent des œuvres sans aucune appréciation critique. Chacune d'elles se termine par l'exposé des sources. Enfin, un index alphabétique groupe les noms de personnes et de lieux cités au cours de l'ouvrage.

Voici la liste d'une première série de dictionnaires dans l'ordre probable de leur apparition :

Le Poitou, par M. Pierre ARNAULDET.
Le Comtat-Venaissin, par M. le chanoine H. REQUIN.
La Touraine, par M. Louis de GRANDMAISON.
Le Lyonnais, par MM. Marius AUDIN et Eugène VIAL.
La Champagne, par M. A. BOUTILLIER DU RÉTAIL.
La Bourgogne, par M. l'abbé Paul BRUNE.
Le Béarn et le Pays Basque, par M. Louis BATCAVE.
La Flandre et l'Artois, par M. André GIRODIE.

BUTTIN (Charles). **Notes sur les armures à l'épreuve.** *Annecy,* 1901, gr. in-8, de 100 pages br. 3 fr. 75

Orné de 18 dessins par Pilinski et Le Roux.

BUTTIN (Charles). **Le Guet de Genève au XVe siècle** et l'armement de ses gardes. *Annecy,* 1910, gr. in-8 de 127 pages, br. 3 fr. 50

Savant travail très documenté.

CAPON (G.) et R. **YVE-PLESSIS**. **Lettres d'Amour de Cyrano de Bergerac.** Publiées d'après le manuscrit inédit de la Bibliothèque Nationale, avec une introduction par G. CAPON et R. YVE-PLESSIS. *Paris,* 1905. Un élégant petit volume de luxe, de six feuilles d'impression in-8 écu, tiré en bistre, entre décharges bleues ; couverture repliée tirée en bleu sur fond gris et argent, *orné d'un portrait de Cyrano de Bergerac reproduit en héliogravure d'après une estampe du temps.* 10 exemplaires sur Japon impérial extra (numérotés 1 à 10), contenant, en outre du portrait, une aquarelle originale de Prosper Blain, exécutée pour chaque exemplaire par l'artiste lui-même. 50 fr.

50 exemplaires sur Japon impérial (numérotés 11 à 60). 15 fr.

250 exemplaires sur papier à la forme, azuré, pur fil, des Manufactures de Pirie and Sons (" hand maid azured ") (numérotés 61 à 310). 7 fr. 50

CAPON (G.) et R. **YVE-PLESSIS**. Paris Galant au dix-huitième siècle. **Les Théâtres Clandestins**. *Paris*, 1905, beau vol. in-8, de 284 pages, orné de 8 planches hors texte d'après les documents du temps.

Il a été tiré de cet ouvrage : 530 exemplaires numérotés, dont :
10 exemplaires sur Japon impérial (1 à 10). 35 fr.
20 exemplaires sur Hollande Van Gelder (11 à 30). 25 fr.
500 exemplaires sur Alfa vergé (31 à 530). 15 fr.

L'histoire secrète du xviiie siècle a déjà tenté plusieurs écrivains. Presque tous, malheureusement, se sont bornés à démarquer plus ou moins habilement les mémoires de l'époque, en négligeant les deux sources documentaires les plus intéressantes pour l'historien : les rapports confidentiels de la police et les archives.

Les auteurs des *Théâtres clandestins* se sont au contraire efforcés d'étayer leurs dires sur des documents manuscrits inédits ou inconnus. En dehors même des rapports de police et des pièces d'archives, ils ont découvert des manuscrits qui avaient échappé jusqu'ici à la vigilance des fureteurs. C'est ainsi qu'ils encadrent dans leur livre une parade grivoise *inédite* jouée sur le théâtre privé de Marie-Antoinette ; une parade *inédite* de Collé, jouée sur le théâtre privé du duc d'Orléans. Sans compter l'analyse complète de l'extraordinaire Théâtre d'Amour représenté chez Sophie Arnould, la fameuse cantatrice et courtisane dont la lubricité est restée célèbre autant que l'esprit. D'autres trouvailles encore apportent une contribution nouvelle à l'histoire du Paris vicieux d'autrefois.

Bref, cet ouvrage, tiré à petit nombre pour les bibliophiles et les curieux, jette un jour tout spécial sur les mœurs — sur les mauvaises mœurs — des grands seigneurs du temps jadis.

CAPON (G.) et R. **YVE-PLESSIS**. Paris Galant au dix-huitième siècle. **Fille d'Opéra, Vendeuse d'Amour**. Histoire de Mademoiselle Deschamps (1730-1764.) Racontée d'après des notes de police et des documents inédits. *Paris*, 1906, in-8, de 258 pages, orné de 4 planches en couleur, d'un plan et 2 fac-similés.

Tirage limité à 530 exemplaires numérotés comme suit :
10 exemplaires sur Japon impérial (1 à 10). 35 fr.
20 exemplaires sur Hollande Van Gelder (11 à 30.) 25 fr.
500 exemplaires sur Alfa vergé (31 à 530). 15 fr.

Cette édition ne sera pas réimprimée.

« Courte et bonne », telle semble avoir été la devise de Mlle Deschamps, qui mourut avant trente-cinq ans, des suites de ses excès. Médiocre danseuse, courtisane cotée. La Deschamps attira dans ses filets tout ce que la Cour et la Ville comptaient de marquant parmi les libertins de naissance ou de finance. Princes du sang en humeur joyeuse, gros financiers aux sacs rebondis, marquis jolis hommes à la bourse plate, beaux militaires oisifs durant l'hiver, tous ceux qui, vers ce milieu du règne de Louis XV, vivaient dans le plaisir et la dissipation, défilèrent chez elle et se disputèrent ses faveurs. Elle eut même un mari. La vie de Mlle Deschamps, antérieure aux *Mémoires secrets* de Bachaumont et aux divers recueils analogues qui ont servi jusqu'ici de fil conducteur aux historiens des mœurs du XVIIIe siècle, cette vie inconnue d'une femme célèbre, devait tenter les auteurs des *Théâtres clandestins*, toujours en quête dans les coins inexplorés de l'histoire. En reconstituant année par année, d'après les pièces inédites, des documents de bibliothèques, des trouvailles d'archives, l'existence de cette « théâtreuse », comme on dirait aujourd'hui, MM. G. Capon et R. Yve-Plessis ont découvert quantité d'anecdotes piquantes sur les grands et les petits personnages de son temps.

Les fervents du XVIIIe siècle, les curieux des choses de théâtre, les historiens, les érudits trouveront également à glaner dans cette histoire de Mlle Deschamps. Sans parler des bibliophiles qui y verront un livre d'une lecture attachante, édité avec soin.

CAPON (G.) et R. **YVE-PLESSIS**. Paris Galant au dix-huitième siècle. **Vie Privée du Prince de Conty.** Louis-François de Bourbon (1717-1776). Racontée d'après les documents des archives, les notes et les rapports de la police des mœurs et les mémoires, manuscrits ou imprimés de ses contemporains Paris, 1907, in-8, de 425 pages, orné d'un beau portrait en taille-douce.

Tirage limité à 600 exemplaires numérotés comme suit :
10 exemplaires sur Japon impérial (1 à 10). 35 fr.
20 exemplaires sur Hollande Van Gelder (11 à 30). 25 fr.
570 exemplaires sur Alfa vergé (31 à 600). 15 fr.

Cet ouvrage des auteurs de *Fille d'Opéra* et des *Théâtres Clandestins* continue la série de leurs études documentaires sur l'histoire secrète du XVIIIe siècle. Le prince Louis-François de Bourbon-Conty, si populaire de son temps, n'a point jusqu'ici trouvé de biographe et c'est à bon droit que Sainte-Beuve a pu dire de lui qu'il était en quelque sorte « passé à côté de l'Histoire sans y entrer ».

C'est qu'en effet le prince de Conty, quoique mêlé à la plupart des grands évènements du règne de Louis XV, ne profita jamais des situations exceptionnelles qu'il avait su se créer, l'inflexibilité de son caractère l'ayant toujours écarté des postes successifs où il commençait à donner la mesure de ses talents. Général vainqueur en Italie et dans les Flandres, le seul des généraux français d'alors qui n'ait jamais été battu lorsqu'il commandait en chef, il dut abandonner la carrière militaire à cause de sa brouille avec le maréchal de Saxe. Diplomate, ministre occulte des affaires étrangères, chargé pendant dix ans de la correspondance particulière du Roi, il dut abandonner la diplomatie à cause de sa brouille avec madame de Pompadour. Pair du Royaume, âme de la résistance parlementaire à la tyrannie Maupéou-Terray, il triomphait enfin de ses ennemis quand la mort le frappa.

Le prince de Conty n'en a pas moins laissé la mémoire, du plus énergique, du plus éclairé, du plus poli, du plus galant des Princes de son époque. A ces points de vue, sa vie privée est pleine d'intérêt.

Passionné pour la musique et pour la peinture, ses concerts du palais du Temple, ses représentations théâtrales de l'Isle d'Adam n'étaient pas moins célèbres que sa galerie de tableaux, collection inestimable aujourd'hui et qu'envieraient même nos grands musées. Libertin non moins qu'artiste, Louis-François de Bourbon était également fameux par le nombre presque incroyable de ses galantes aventures et par sa générosité envers ses maîtresses.

C'est surtout le philosophe, l'ami des arts et l'ami des femmes que nous présentent MM. Capon et Yve-Plessis. L'exhumation de toutes ces pièces d'archives, de toutes ces notes de la police des mœurs, habilement coordonnées avec les Mémoires des Contemporains, rend attachante au plus haut point la lecture de ce volume amusant et sérieux à la fois.

CAPON (Gaston.) Paris Galant au XVIIIe siècle. **Casanova à Paris**. Ses séjours racontés par lui-même avec notes, additions et commentaires de GASTON CAPON. Paris, 1912; 1 vol in-8, de 600 pages. 7 fr. 50
10 exemplaires sur Japon. 20 fr.
15 exemplaires sur vélin d'Arches. 15 fr.

Les séjours de Casanova à Paris, tiennent une grande place dans ses *Mémoires*. L'aventurier décrit avec une verve pétillante et quelquefois avec un cynisme effronté les intrigues nombreuses qu'il réussit à mener, tant pour ses plaisirs que pour ses intérêts, dans ce Paris — le Paris galant de Louis XV — si favorable aux gens hardis et sans scrupules. Les aventures extraordinaires qu'il raconte ont piqué la curiosité des historiens qui recherchent et discutent encore la part de vérité qu'il faut accorder à ces récits. La tâche est difficile si l'on songe aux nombreux déplacements de Casanova qui renouvelle ses exploits dans toutes les villes de l'Europe. Aussi,

M. Gaston Capon a-t-il eu la bonne idée de réunir en un volume les différents voyages de Casanova à Paris et, laissant au texte toute sa saveur, M. Gaston Capon a, au moyen de nombreuses notes, faites d'après des documents pour la plupart inédits, contrôlé tout ce qu'avance Casanova, identifié les personnages dont il est question, relevé les erreurs qui s'y trouvent et ajouté encore quelques anecdotes qu'il a retrouvées dans divers fonds d'archives et dont l'aventurier avait sans doute perdu le souvenir. Ainsi présentés, les voyages de Casanova à Paris offrent le double intérêt d'une lecture amusante et d'une documentation aussi précieuse qu'exacte sur les mœurs du XVIIIe siècle.

CARRÉ DE BUSSEROLE (J.-X.) **Supplément à l'Armorial de Touraine**. *Tours*, 1884, in-8, de 308 pages 25 fr.

Tiré à 100 exemplaires seulement et imprimés par l'auteur lui-même dans son atelier de Montsoreau, en 1884.

CHAMCHINE (Mlle B.) **Le Château de Choisy**, thèse de doctorat. Présentée et soutenue à la Faculté des Lettres de l'Université de Paris. *Paris*, 1910, gr. in-8, de 284 pages, br. 16 fr.

Orné de 15 planches hors texte. Tiré à petit nombre, 50 exemplaires seulement mis dans le commerce.

CHENNEVIÈRES (Ph. de.) **Essais sur l'Histoire de la Peinture française**. *Paris, aux Bureaux de l'Artiste*, 1894, gr. in-8, de 330 pages. *Portrait de l'auteur gravé à l'eau-forte par Eug. Decisy, d'après Carolus-Duran.* 10 fr.

— **Le même**, sur papier vergé, br. 16 fr.

CHENNEVIÈRES (Ph. de.) **Souvenirs d'un directeur des Beaux-Arts**. *Paris*, 1883-1889, 6 part. gr. in-8, br. *(Extraits de l'Artiste).* 18 fr.

1. Mes ministres : le treizième et quatorzième bulletin des Beaux-Arts ; Travaux des Gobelins ; Le comte Clément de Ris et les expositions du temps de l'Empire ; Jalons déplantés, projets avortés ; Charles Blanc ; Décoration du Palais de la Légion d'honneur. 3 fr. 50
II. L'Empereur et l'Impératrice ; Mlle de Fauveau ; Au Luxembourg ; Quelques directeurs des Beaux-Arts ; Notes sur divers artistes de ce siècle ; Le Maréchal et la Maréchale ; Le Musée des Arts décoratifs ; Le comte de Nieuwerkerke ; Quelques conservateurs du Louvre (*ne se vend pas séparément*).
III. Gavarni ; Sainte-Beuve ; George Sand ; Aug. Poulet-Malassis ; Le baron Taylor ; Le Louvre en 1848 ; Autres conservateurs du Louvre. 2 fr.
IV. Eudore Soulié et ses rapports avec E.-V. Régnier ; Le comte Léon de Laborde ; Les expositions annuelles de la Société des artistes français ; Collectionneurs : Louis Lacaze, de Morny, Maurice Cordier, de La Salle, Les amateurs d'estampes : Robert Dumesnil, Prosper de Baudicour. 3 fr. 50
V. Le comte de Clarac ; Les portraits d'artistes au Louvre ; Le vicomte Both de Tauzia ; Frédéric Buon ; Les poésies de jeunesse d'un préfet ; Lettre au directeur de l'*Artiste*. 2 fr. 50
VI. Les décorations du Panthéon. 2 fr.

DACIER (Emile.) **Gabriel de Saint-Aubin**, peintre. *Paris*, 1912, in-4, de 40 pages, br. *Extrait de la Revue de l'Art Ancien et Moderne, tiré à 100 exemplaires ; orné de 13 phototypies dans le texte et d'une planche en héliogravure hors texte.* 6 fr.

DALBON (Charles). Traité technique et raisonné de la **Restauration des Tableaux** précédé d'une étude sur leur conservation. *Paris*, 1898, in-8, de 146 pages. 3 fr. 50

DALLY (Ph.) **Belleville pendant la Révolution.**
Préface par M. Frantz Funck-Brentano. *Paris*, 1912, in-4, de
VII-190 pages, *orné de 24 planches hors-texte et de 51 illustrations
documentaires dans le texte*.   40 fr.

Tiré à 200 exemplaires sur vergé d'Arches dont 180 seulement mis dans le commerce.

Cet ouvrage est le fruit de longues recherches, conduites avec la méthode et selon les règles de la science historique moderne. Il est rédigé cependant de façon à ne rebuter aucun lecteur.

En dehors du tableau curieux et animé, — qui n'avait pas encore été présenté, — d'une petite municipalité de la banlieue parisienne, pendant la Révolution, l'auteur apporte des contributions étendues à la biographie de plusieurs personnages connus, comme Favart et Mme Favart, Enfantin, Miranda, N.-F. Regnault, et autres artistes bellevillois, et à l'histoire de divers monuments, des manufactures de porcelaine (Locré et autres), des carrières, des anciennes Barrières, du Combat du Taureau, du château de Lepeletier de Saint-Fargeau à Ménilmontant, etc.

Signalons enfin pour les historiens, l'étude approfondie des institutions municipales et de la Société populaire de Belleville, dont les procès-verbaux, les seuls qui subsistent de tout Paris, ont servi de base à ce travail.

L'ouvrage est orné de vingt-quatre planches hors-texte et de cinquante-et-un clichés documentaires dans le texte ; la plupart de ces illustrations sont inédites, et plusieurs sont des estampes originales : l'abondance de ces reproductions, auxquelles tous les soins possibles ont été apportés, sera sans doute agréable aux amateurs d'iconographie parisienne.

DEHAISNES (Mgr.) **La Vie et l'Œuvre de Jean Bellegambe.** *Lille*, 1890, gr. in-8, de 243 pages, br.   10 fr.

Orné de 6 héliogravures de P. Dujardin, reproduisant les six tableaux conservés à Lille, Douai, Arras et Berlin, et une planche du rétable polyptique d'Anchin.

DEHAISNES (Mgr.) **Recherches sur le rétable de Saint-Bertin et sur Simon Marmion.** peintre de l'Ecole flamande du XVe siècle. *Lille, Valenciennes*, 1892, gr. in-8, de 160 pages, br.   10 fr.

Orné de 5 planches en héliogravure dont 3 représentent le rétable et 2 des miniatures d'un Pontificat de Ferry de Clugny, attribué à Simon Marmion.

DEHAISNES (Le Chanoine.) **Histoire de l'Art dans la Flandre, l'Artois et le Hainaut,** avant le XVe siècle. *Lille*, 1886, 3 vol. gr. in-4, d'ensemble 1730 pages. *Illustrés de 15 héliogravures de P. Dujardin*, br. (Au lieu de 140 fr.)   40 fr.

Ce magnifique ouvrage, qui a obtenu l'un des prix Gobert à l'Académie des Inscriptions et Belles-Lettres, comprend : l'*Histoire de l'Art*, un volume, et les *Documents et extraits divers* concernant cet ouvrage, deux volumes.

N'ayant plus à faire valoir le mérite dûment reconnu et incontesté de cet important travail, nous nous contenterons de donner ci-après un extrait de la table des matières qui y sont contenues.

1. Origine de l'art dans la Flandre, l'Artois et le Hainaut. — 2. Le Mouvement social et l'Art depuis l'invasion des Barbares jusqu'aux Croisades. — 3. La sculpture et la peinture (même période). — 4. Les Etoffes, les Ivoires et les Sceaux (même période). — 5. L'Orfèvrerie (même période). — 6. La Miniature (même période). — 7. L'Etat social et l'Art depuis les Croisades jusqu'au XVe siècle. — 8. L'art à Tournai. — 9. L'art à Gand, à Bruges et à Ypres (même période). — 10. L'art à Lille. — 11. L'art à Douai. — 12. L'art à Valenciennes. — 13. L'art à Mons et dans le Hainaut (même période). — 14. L'art à Cambrai. — 15. L'art à Arras. — 16. L'art à Saint-Omer. — 17. L'art à la Cour des Comtes de Flandre au XIIIe siècle. — 18. L'art à la Cour des Comtes de Flandre durant la première moitié

du XIVe siècle. — 19. L'art de la Cour des Comtes d'Artois depuis les Croisades jusqu'au XVe siècle. — 20. L'art à la Cour des Comtes de Hainaut. — 21. L'art à la Cour des Comtes de Flandre durant la seconde moitié du XIVe siècle. — 22. L'art à la Cour de Philippe le Hardi dans ses états de Bourgogne. — 23. Caractères et développements de l'Art dans la Flandre, l'Artois et le Hainaut depuis les Croisades jusqu'au XVe siècle. — — 24. L'art flamand au XIVe siècle au point de vue de ses relations et des influences qu'il a subies ou exercées.

L'ouvrage se termine par un glossaire, par une table onomastique très étendue, une autre table des noms des artistes et des fournisseurs d'objets d'art qui s'y trouvent cités ; le tout rédigé avec un soin minutieux facilitant toutes les recherches que l'on pourrait avoir à y faire.

— **L'Histoire de l'Art**, 1 vol. illustré de 15 planches (pris séparément.) 25 fr.

DEVILLE (Etienne). Publications pour faciliter les études d'art en France. **Index du Mercure de France** (1672-1832), donnant l'indication, par ordre alphabétique, de toutes les notices, mentions, annonces, planches, etc., concernant les Beaux-Arts et l'Archéologie, par ETIENNE DEVILLE. *Paris*, 1910. Un beau volume in-4 écu, de XL-258 pages, *tiré à 350 exemplaires sur papier vergé d'Arches, dont 250 mis dans le commerce.* 15 fr.

DIMIER (L.) **Les impostures de Lenoir**. Examen de plusieurs opinions reçues sur la foi de cet auteur concernant quelques points sur l'histoire des arts. *Paris*, 1903, in-12, de 68 pages. 2 fr. 50

Les émaux prétendus du château de Madrid. — Les prétendus vitraux d'Anet. — Les prétendues sculptures de Pilon au tombeau de François Ier. — Les vitraux de la chapelle de Vincennes. — Les deux Ponces. — Polémique avec M. de Mély.

DIMIER (L.) **Le Portrait du XVIe Siècle** aux Primitifs Français. *Paris*, 1904, in-8, de 60 pages. 2 fr.
Quelques exemplaires sur papier vergé. 4 fr.

Avec les difficultés d'un anonyme au sujet de cette Exposition. — (Notes et corrections au Catalogue officiel sur cette partie de l'Exposition d'avril-juillet 1904).

Cette notice est le complément nécessaire du Catalogue officiel.

DIMIER (L.) **Critique et Controverse** touchant différents points de l'histoire des Arts. *Paris*, 1909, in-12, de IX-230 pages, broché. 7 fr. 50

Tiré à 100 exemplaires.

Zanetto Bugatto, dit Jeannet de Milan. — Les Heures dites de Henri II à la Bibliothèque de Parme. — Nicolo de l'Abbato et les tapisseries de Fontainebleau. — Une fonte du Tireur d'épine au Louvre. — Deux victoires de Benvenuto Cellini. — Un débris de vitraux de Vincennes et Jean Cousin. — Un plafond de Philibert Delorme à Fontainebleau. — Les résidences de François Ier. — Toussaint Dubreuil à Saint-Germain. — Copies peintes par Michelin et Josse de Voltigeant. — La tenture d'Artémise et le peintre Lerambert. — Œuvres de Claude Lorrain en Angleterre. — Bas-relief de Saint-Denis de la Chartre à l'église des Carmes à Paris. — Le tombeau du Grand Prieur de Souvré. — Deux dessins du monument de Créqui aux Invalides. — Portraits français au Musée de Parme. — Dessins du Musée de Valenciennes et notes sur Christophe Huet. — Quatre dessins de Jean d'Udine au Louvre. — Miniatures de l'atelier des Benning à Munich. — Un portrait de Jean Van Eyck au Musée de Berlin. — Un portrait de Marguerite d'Autriche enfant. — Le portrait de Jean de Wassenaer au Louvre. — Un portrait d'Angélique Kauffmann par Reynolds. —

De la statuaire polychrome des Grecs. — Sur un tableau présumé de Jean Mostaert. — Sur les portraits de Marie Stuart. — Jean Clouet et le maître des Femmes à mi-corps. — Un faux Berghem au Musée de Valenciennes. — Restauration malheureuse de la coupole de Saint-Jean à Parme. — A propos de Jean Clouet et de Godefroy le Batave. — Sur le véritable architecte de Notre-Dame de Paris.

DUBOIS-CORNEAU (Robert.) **Le Comte de Provence à Brunoy** (1774-1791.) Recherches sur les fêtes, le théâtre, les chasses, et les revues des carabiniers, d'après les documents inédits des Archives Nationales et des Mémoires manuscrits ou imprimés. *Paris, 1909, in-4 écu, de v-360 pages, illustré de 28 planches hors texte et de 24 reproductions dans le texte. Tirage à 300 exemplaires numérotés sur Alfa vergé.* 25 fr.

Aux curieux des petits faits du passé, de ces sortes d'anecdotes laissées « en marge » par l'Histoire, Brunoy n'évoque guère d'autre souvenir que les processions légendaires de son marquis, Armand Pâris de Monmartel ; et pourtant l'époque pendant laquelle cette terre appartint au Comte de Provence est aussi fertile, sinon plus, en événements intéressants.

Brunoy ne reçut jamais autant d'hôtes illustres, il ne fut en aucun temps plus brillant que de 1775 à la Révolution.

La cour s'y rendit avec Marie-Antoinette.

Louis XVI, le Comte d'Artois et de nombreux courtisans fréquentaient le château de Monsieur à l'époque des chasses.

Certaines fêtes données par le prince dégénérèrent en orgies et la chronique scandaleuse s'en empara même à maintes reprises.

Le Comte de Provence, amateur de théâtre, avait fait construire une salle de spectacle dans son parc. Les acteurs des principaux théâtres de Paris y étaient appelés ; dans ce nombre citons : Mlles Guimard, Contat, Raucourt, d'Oligny, Fanier, Montansier, et du côté masculin, Dugazon, Fleury, Michu, Molé, Monvel, etc.

L'auteur, par une vaste investigation dans les mémoires et chroniques du temps, et en puisant dans les papiers de la maison de Monsieur, aux Archives nationales, s'est efforcé de nous retracer les événements les plus saillants qui marquèrent les séjours du frère de Louis XVI à Brunoy ; mais c'est surtout les fêtes et les spectacles qui ont fait l'objet principal de ses recherches.

L'ouvrage fourmille d'anecdotes (quelques-unes scabreuses) sur la vie des acteurs qui figurèrent sur la scène de Brunoy.

Le règlement du théâtre, le programme de l'inauguration et l'œuvre écrite pour cette circonstance, des pages de musique, les comptes-rendus de différentes représentations et de plusieurs comédies, les cadeaux offerts aux acteurs, les chasses de Louis XVI à Sénart et à Grosbois dans les plaines de Brunoy, Mandres, Varennes, Brie-Comte-Robert, avec le nombre de pièces abattues, puis les revues des carabiniers à Brunoy, à Montgeron ou Villeneuve-Saint-Georges, avec les incidents et les noms des officiers présents à ces solennités militaires, forment l'ensemble de ce travail.

Ajoutons que l'ouvrage est abondamment illustré d'après des plans, des portraits de personnages divers, des portraits d'acteurs et d'actrices et la reproduction de vues et de documents inédits.

DUCHEMIN (F.-J.) **Le Contrôleur de la garantie,** traité pratique et complet de la marque des Ouvrages d'Or et d'Argent. Environ 500 figures dans le texte. 2e édition. *Paris, s. d., in-12, de 60 pages, cart.* 5 fr.

DUCHESNE (Henri-Gaston). Histoire du Bois de Boulogne. **Le Château de Bagatelle** (1715-1908), d'après les documents inédits des Archives Nationales, des Archives de la Seine et des Mémoires manuscrits ou imprimés, par Henri-Gaston Duchesne.

Paris, 1909, in-8 raisin, *illustré de 8 planches hors texte et de 3 plans*, tirage limité à :
20 exemplaires sur papier vergé d'Arches (1 à 20).   20 fr.
580 exemplaires sur Alfa vergé (21 à 600).   12 fr.

Quand on parcourt le bois de Boulogne, et qu'au milieu des arbres, des pelouses et des ruisseaux, on voit saillir le gracieux pavillon de Bagatelle, l'imagination est emportée malgré soi vers le dix-huitième siècle. On voudrait avoir assisté aux dîners, aux fêtes, aux réceptions, aux causeries intimes des nobles personnes qui, charmantes et entraînantes, peuplaient les jardins et les petits salons du château, mettant en valeur leur esprit fin, vif, léger.

L'auteur, en puisant aux meilleures sources, nous fait connaître les personnages qui possédèrent la gracieuse maison et la vie qu'ils y menaient. C'est Mme la maréchale d'Estrées, née Noailles, qui cherche à devenir la complaisante de Louis XV ; le conseiller au Parlement Levesque de Gravelle ; que le roi éloigne bientôt, sa présence le gênant dans les plaisirs qu'il se donne à la Muette et à Madrid ; Mme de Monconseil, fine et lettrée, qui reçoit la cour, multiplie les fêtes, marie ses filles au comte de la Tour du Pin et au prince d'Hénin : c'est MM. de Boisgelin et de la Régnière, puis le comte d'Artois qui, sous l'habile direction de Belanger, fait élever la Folie dont nous admirons l'architecture, les peintures, les boiseries et les ferronneries intérieures : chasses, dîners pantagruéliques, spectacles, illuminations ; mais la Révolution oblige le comte d'Artois à gagner l'étranger et installe dans les jardins et les salons aux décorations délicates, une société de divertissements populaires et enfin le fameux Born, qui créa ensuite le restaurant de Madrid. Napoléon à Bagatelle, le duc de Berry, le duc de Bordeaux et sa sœur, lord Hertford, l'impératrice Eugénie, le prince impérial, Richard Wallace, l'achat du château par la Ville de Paris : des noms, des anecdotes, des faits piquants, des renseignements sur tous les artistes qui travaillèrent au château, sur tous les personnages qui y vinrent, tel est le vaste sujet que l'auteur a entrepris.

Ajoutons que l'ouvrage est complété par un nombre considérable de pièces justificatives publiées pour la première fois, une bibliographie, un essai d'iconographie, et une table de tous les noms cités.

EDWARDS (Alfred.) **Clique-Claques**. Texte d'Alfred Edwards, dessins de Gir, avec le portrait des Auteurs par Eve Lavallière et Caruso. *Paris*, 1912, Album in-4, de 38 pages, br.   5 fr.

Des vérités qui cinglent et qui restent, le rire passé; des vérités qui grisent et qui ragaillardissent comme un vin de bon cru : tel est ce recueil plaisant par son actualité et son humour mais qui a aussi toute la valeur d'un document exact sur notre temps et nos mœurs.

La collaboration d'un grand journaliste et d'un jeune caricaturiste que plusieurs générations séparent n'est pas le moindre attrait de cet album où la plume de l'un a dessiné, où le crayon incisif de l'autre a raconté les silhouettes les plus typiques de la faune parisienne en l'an de grâce 1912.

FICHOT (Ch.) et **F. de GUILHERMY. L'église impériale de Saint-Denis** et ses Tombeaux. *Illustré de 31 gravures sur bois*. *Paris*, 1867, in-12 avec une suite de gravures tirées hors texte.   2 fr.

FOURDRIGNIER (Edouard). **Poteries dolméniques**. Empreintes et impressions digitales. *Paris,* 1907, in-8 de 21 pages, br., *figures*. (Extrait).   1 fr.

FURCY-RAYNAUD (Marc). **Chardin et M. d'Angiviller**. Correspondance inédite de l'artiste et de sa femme avec le Directeur général des bâtiments du roi, publiée, annotée et précédée de l'éloge de l'artiste, par A. Renou. *Paris*, 1900, in-12, de 48 pages, papier vergé (tiré à 100 exemplaires).   2 fr. 50

— **Procès-verbaux des Assemblées du Jury** par les artistes exposants au salon de 1791 pour la distribution des prix d'encouragement publiés d'après le manuscrit original. *Paris*, 1906, in-8, de IV-130 pages, papier vergé. 4 fr.

— **Livret de l'exposition de la jeunesse** chez le peintre-expert Lebrun en 1791. In-12 de 36 pages, papier vergé. 2 fr. 50

Réimpression d'un catalogue unique due, aux soins de M. Furcy-Raynaud, Ce volume peut se joindre à la collection des anciens livrets réimprimés par M. J. Guiffrey.

— **Deux Musées de Sculpture française** à l'époque de la Révolution. Inventaire de la Salle des Antiques par Augustin Pajou et catalogue des sculptures du Musée spécial de l'Ecole française à Versailles. *Paris*, 1907, in-8, de 32 pages, papier vergé. 2 fr.

— **L'engagement de Tocqué** à la Cour d'Elisabeth Ire, d'après les documents inédits. *Paris*, 1903, in-8, de 16 pages, papier vergé (tiré à 100 exemplaires numérotés). 2 fr. 50

— **Inventaire des sculptures** commandées au XVIIIe siècle par la Direction générale des Bâtiments du Roi (1720-1750). *Paris*, 1909, in-8, de VIII-131 pages, papier vergé d'Arches. Tiré à 170 exempl. 6 fr.

GABILLOT (C.) **Alexis Grimou**, peintre français (1678-1733.) *Paris*, 1911, pet. in-4, de 68 p., br. 6 fr.

Illustré de 16 reproductions et contenant un catalogue des œuvres de Grimou qui se trouvent dans les Musées et les collections particulières.

GAY (Victor.) **Glossaire archéologique du Moyen Age et de la Renaissance** *Paris*, 1887, in-4, br. Nombreuses figures. 30 fr.

Tome Ier A. — Guy (seul publié).

GERSPACH (E.) **Répertoire détaillé des Tapisseries des Gobelins** exécutées de 1662 à 1892. Histoire, commentaires, marques. *Paris*, 1893, gr. in-8, de 254 pages, br. 8 fr.

GILLET (Lucien). **Nomenclature des Médailles concernant l'Histoire de Paris** ayant figuré aux divers Salons depuis 1899, ainsi que des peintures, dessins et sculptures, intéressant la numismatique parisienne. *Paris*, 1908, in-4, de 144 pages. (Tirage à part de la Gazette Numismatique française). 6 fr.

GUIFFREY (Georges). **Epistre de Clériande**, la Romaine à Réginus son concitoien, translatée de latin en françoys par Macé de Villebresme, l'ung des gentilz hommes de la Chambre du Roy. D'après les manuscrits et l'édition gothique de la Bibliothèque nationale, avec des notes, par GEORGES GUIFFREY. *Paris*, 1875, gr. in-8, de 34 pages, papier vergé, br. 5 fr.

— **Notices biographiques sur les trois Marot**, par G. COLLETET. Précédemment transcrite d'après le manuscrit détruit dans l'incendie de la Bibliothèque du Louvre, le 24 mai 1871 et publiées pour la première fois par GEORGES GUIFFREY. *Paris*, 1871, gr. in-8, de 62 pages, papier vergé. 4 fr.

— **Procès criminel de Jehan de Poytiers,** seigneur de Saint-Vallier, publié d'après les manuscrits originaux de la Bibliothèque impériale, avec une introduction et des notes, par GEORGES GUIFFREY. *Paris,* 1868, gr. in-8, de CXIX-225 pages, papier vergé, br.
15 fr.

GUIFFREY (Jules). Collection des **Livrets des anciennes Expositions** depuis 1673 jusqu'en 1800, réimprimés en caractères anciens par les soins de M. Jules Guiffrey, en 42 parties, sur papier vergé, avec fleurons et culs-de-lampe copiés sur les livrets originaux. *Paris,* 1869-1872, 42 vol. in-12, br. 50 fr.

GUIFFREY (Jules). Table générale des artistes ayant exposé aux **Salons du XVIIIᵉ Siècle,** suivie d'une table de la bibliographie des Salons, précédée de notes sur les anciennes expositions et d'une liste raisonnée des Salons de 1801 à 1873. *Paris,* 1873, in-12, de LXXII-91 pages, br. 10 fr.

GUIFFREY (Jules). Notes et documents inédits sur les **Expositions du XVIIIᵉ Siècle,** recueillis et mis en ordre. *Paris,* 1873, in-12, LVI-142 pages, br. 10 fr.

GUIFFREY (Jules). Livret des **Expositions de l'Académie de Saint-Luc,** à Paris, pendant les années 1751, 1752, 1753, 1756, 1762, 1764 et 1774, avec une notice biographique et une table. *Paris,* 1872, in-12, de X-177 pages, br. 7 fr. 50

Réimpression des sept livrets des expositions de l'Académie de Saint-Luc.

GUIFFREY (Jules). Livret de **L'Exposition du Colisée (1776),** suivi de l'analyse de l'exposition ouverte à l'Elysée en 1797 et précédé d'une histoire du Colisée d'après les mémoires du temps, avec une table des artistes qui prirent part à ces deux expositions. Complément des livrets de l'Académie royale et de l'Académie de Saint-Luc. *Paris,* 1875, in-12, de 63 pages, br.,
215 exempl. sur papier vergé. 3 fr.
10 sur papier de Hollande. 6 fr.
5 sur papier de Chine. 10 fr.

HART (George). **Le violon,** ses luthiers célèbres et leurs imitateurs. Contenant de nombreuses gravures sur bois d'après les photographies des violons de Stradivari, de Guarneri, d'Amati, etc., traduit de l'anglais par Alphonse Royer. *Paris,* 1886, in-4, br. (Publié à 75 fr.). 40 fr.

Edition de luxe, tirée sur papier Whatman, et ornée de 19 planches hors texte.

HÉDOU (Travaux de Jules). Ancien Président de l'Académie des Sciences, Belles Lettres et Arts de Rouen, imprimés par E. Cagniard sur beau papier vergé.

DE LA NÉCESSITÉ DE RELEVER LE GOUT EN PROVINCE et spécialement de créer à Rouen un cabinet d'estampes et de dessins, et une bibliothèque consacrée exclusivement aux beaux-arts. Discours de réception à l'Académie des sciences, belles-lettres et arts de Rouen, prononcé à la séance du 25 juin, *Rouen,* 1875, in-4, de 32 p. (au lieu de 3 fr.). 2 fr.

NOEL LE MIRE et son œuvre, suivi du catalogue de l'œuvre gravé de Louis Le Mire, *Paris,* 1875, gr. in-8, de 316 p., *portrait à l'eau-forte par Gilbert* (au lieu de 25 fr.). 10 fr.

Gustave Morin et son œuvre, Rouen. 1877, gr. in-8, de 68 p., *portrait à l'eau-forte par Gilbert* (au lieu de 10 fr.). 3 fr. 50

La Lithographie a Rouen. Rouen, 1877, gr. in-8, de 82 p., *portrait à l'eau-forte de Dumée*. 5 fr.

Jean Le Prince et son œuvre, suivi de nombreux documents inédits. Paris, 1879, gr. in-8, de 330 p., *portrait à l'eau-forte par A. Gilbert* (au lieu de 20 fr.). 8 fr.

Notice sur J.-J.-A. Le Veau. Rouen, 1879, gr. in-8, de 37 p. 5 fr.

P.-C. Le Mettay, peintre du roi (1726-1759). Rouen, 1881, gr. in-8, de 40 p. 2 fr.

Jean Sorieul 1823-1871. Rouen, 1882, gr. in-8, de 32 p., *figures dans le texte et portrait à l'eau-forte par A. Gilbert* (au lieu de 5 fr.). 3 fr.

Les artistes normands au Salon rouennais de 1880. Rapport sur le prix Bouctot, lu le 4 août 1881. Lauréat : E. Lebel. Rouen, 1882, gr. in-8 de 22 p., *portraits de Carolus Duran* (au lieu de 3 fr.) 2 fr.

Daliphard, peintre rouennais, 1833-1877. Rouen, 1883, in-8, de 36 p., (au lieu de 3 fr.). 2 fr.

Discours prononcés à l'Académie des sciences, belles-lettres et arts de Rouen (1882-1883). Rouen, 1884, gr. in-8, de 87 p. 1 fr.

Rapport sur le prix Dumanoir, lu à la séance solennelle de l'Académie des sciences, belles-lettres et arts de Rouen, le 30 juillet 1885. Rouen, 1886, in-8, de 16 p. 1 fr.

Jean de Saint-Igny, peintre, sculpteur et graveur rouennais. Rouen, 1887, gr. in-8, de 54 p. 2 fr.

Le peintre Jules Michel (1834-1879). Rouen, 1893, grand in-8, de 36 p., *portrait à l'eau-forte par R. Manesse*. 3 fr.

E.-E. Lefebvre, artiste peintre, 1850-1889. Rouen, 1890, in-8, de 37 p. *figures*. 2 fr.

L'Exercice des enfants de Rouen. (Notice sur un recueil de 9 planches gravées par un rouennais en 1631). Rouen, 1895, gr. in-8, de 16 p. 2 fr.

INGERSOLL-SMOUSE (Mlle Florence). **La sculpture funéraire en France au XVIIIe Siècle.** Paris, 1912, gr. in-8, de 256 pages, br. 15 fr.

Illustré de 12 planches hors texte. Thèse de lettres. Tirée à petit nombre, 50 exemplaires seulement mis dans le commerce.

KARSAVINA (Tamar) ou **l'Heure Dansante au Jardin du Roi.** Texte de Robert Brussel, croquis de Gir. Paris, 1910. Un élégant album in-4 jésus orné de 6 croquis dont 1 en couleur. Il a été tiré de cet album : 500 exemplaires sur Hollande, numérotés de 16 à 515 au prix de 5 fr.

Deux artistes se sont plus à évoquer dans cette plaquette de luxe, la gracieuse silhouette de la Danseuse Russe qui a charmé Paris par son talent. C'est le plus joli madrigal qui ait été écrit sur la Danseuse.

LAPOUYADE (Méaudre de), **Un Maître Flamand à Bordeaux : Lonsing (1739-1799)**, par Méaudre de Lapouyade. Paris, 1911, in-4, *sur papier vergé à la cuve, orné de 18 héliogravures, de 6 phototypies hors-texte et de nombreux en-têtes et culs-de-lampes*. Superbe ouvrage tiré à très petit nombre, dont 75 exemplaires seulement mis dans le commerce. 50 fr.

A la fois peintre et graveur, Lonsing a traité tous les genres. Mais c'est surtout comme peintre de portraits qu'il doit être considéré. La sincérité, l'intensité d'expression, la ressemblance de ses portraits dénotent le fait d'un grand artiste.

Cet excellent travail très documenté se termine par un *Essai de catalogue des œuvres du maître* et comprend 61 pièces. Parmi les portraits reproduits nous citerons les suivants : Celui de Lonsing par lui-même, le maréchal de Mouchy, le duc de Duras, la maréchal de Duras, le Président Le Berthon, le Lieutenant-général de Larose, l'architecte Louis, le tragédien Larive, Mme Mendès, Jean Bergeret, Germain du Périer de Larsan, J.-B. Lacombe, F. Duchesne de Beaumanoir, Jean Gaethals, M. et Mme de Marcilhac.

LAZAR (Béla). **Gauguin.** Paris, 1908, in-12, de 38 pages, br. 1 fr.

Très intéressante notice sur ce maître impressionniste.

MAETERLINCK (L). **Le genre satirique dans la peinture Flamande** : deuxième édition augmentée revue et corrigée. Bruxelles, 1907, gr. in-8, de 386 pages, br. 10 fr.

Orné de 59 planches hors texte et de nombreuses figures.

MAETERLINCK (L.) **Le genre satirique, fantastique et licencieux dans la sculpture Flamande et Wallonne** (Art et Folklore). Les miséricordes de stalles en Belgique, en France, en Angleterre, en Allemagne, en Espagne, en Suisse, en Hollande, etc. Paris, 1910, gr. in-8, de 386 pages, illustré de 276 sujets, phototypies et dessins fac-similé de l'auteur dans le texte. 12 fr.

Ce volume est certainement de nature à intéresser, non seulement les savants et les artistes de tous les pays, mais tous ceux qui s'intéressent à la vue des divertissantes scènes burlesques, — satiriques, fantastiques ou licencieuses, — que les joyeux imagiers flamands et wallons sculptèrent en si grand nombre sur les stalles des principales églises de l'Europe.

Dignes émules de Thyl Uylenspieghel, ils s'attaquent impartialement aux abus et aux vices de toutes les classes de la société; daubant l'artisan comme le seigneur, le clergé et les moines, jusqu'aux prélats. On reconnait dans leurs innombrables caricatures sculptées, l'illustration bizarre de nombreux proverbes flamands; des scènes relatives à la jalousie des métiers; des parodies grotesques des tournois et des romans de chevalerie. On y voit mises en action, leurs grosses farces ou plaisanteries, souvent indécentes, parfois scatologiques, qui, jusque bien après l'époque de la Renaissance eurent le don de dérider les princes les plus moroses. Les moqueries s'adressent aux défauts féminins; les satires des savants, des médecins et des usuriers (ceux-ci confondus avec les Juifs), voisinent avec des scènes de sabbat inénarrables, où des sorcières parfois jolies, s'ébattent nues avec Satan...

L'auteur, après avoir reproduit et commenté les principales miséricordes profanes de la Belgique, sculptures complètement ignorées jusqu'ici (même par les savant et archéologues belges), s'occupe aussi des reliefs analogues conservés en France, en Angleterre, en Allemagne, en Suisse et en Espagne. Grâce à sa connaissance approfondie de l'esthétique, des mœurs et de la langue populaire de la Flandre, il restitue aux imagiers voyageurs flamands ou brabançons, maintes sculptures drôles dont l'origine était ignorée, expliquant clairement des sujets qui constituaient jusqu'ici des énigmes indéchiffrables pour tous ceux qui ignorent l'ancien idiome thiois. Ajoutons qu'il a pu utiliser un certain nombre de pièces d'archives inédites, ainsi que des documents flamands inaccessibles à la grande généralité des chercheurs. L'ouvrage est pourvu de tables très complètes ainsi que d'un *index*, indiquant les noms des personnes et des villes citées, ce qui en augmente encore l'intérêt.

MAROT (Les Œvvres de Clement), de Cahors en Quercy, valet de chambre du Roy, augmentées d'vn grand nombre de fes compofitions nouuelles par ci-deuant non imprimés. Tome Ier : C'est la vie de Clement Marot. Paris, 1912, in-8, de XVI-572 pages.

Justification du tirage :

500 ex. sur papier d'Arches. 50 fr. le vol.
25 ex. sur papier de Chine. 100 fr. le vol.
25 ex. sur papier vélin à la cuve. 100 fr. le vol.

L'ouvrage complet formera 5 forts volumes in-8 tirés à 550 exemplaires et imprimés sur papier de luxe avec des gravures, hauts de pages et ornements reproduits d'après les éditions originales.

Les tomes II et III, antérieurement parus sont en vente.

Par ces trois volumes, on peut juger de l'intérêt qui s'attachera à l'ouvrage. Aucune des éditions publiées jusqu'à ce jour ne présente un ensemble aussi curieux des œuvres de Clément Marot. Depuis 1853 jusqu'à sa mort, advenue en 1887, Georges Guiffrey poursuivit avec amour ce travail pour lequel il n'épargna ni le temps, ni l'étude, ni l'argent. Et ses recherches ne furent pas infructueuses, puisque 3,000 vers inédits et 12,000 vers de variantes non seulement donnent à cette nouvelle édition l'attrait de la nouveauté, mais encore la rendent digne de suppléer dans la bibliothèque des amateurs à l'absence de ces éditions rarissimes que l'on ne peut même pas se procurer au poids de l'or. Il n'est pas un seul vers modifié par le poète dans les éditions imprimées de son vivant dont Georges Guiffrey n'ait noté les variations.

Des notes surabondantes servent à éclaircir toutes les obscurités du texte, permettent au lecteur de pénétrer dans les détails les plus intimes de la société du XVIe siècle et donnent le mot de ces énigmes apparentes devant lesquelles du reste s'étaient prudemment arrêtés jusqu'ici tous les commentateurs de Marot.

Le même soin a été apporté à la partie matérielle de l'ouvrage. Toutes les anciennes gravures des éditions de Marot attribuées au crayon de Petit-Bernard ont été reproduites en fac-simile avec une fidélité scrupuleuse. Des encadrements différents pour le frontispice de chaque volume ont été empruntés à Geoffroy Tory ; quatre alphabets de dessins variés, des fleurons, des en-têtes copiés sur les éditions des de Tournes, des Roville, etc., rappellent ce que les maîtres en imprimerie ont produit de plus parfait. Enfin, le premier volume, outre un beau portrait de Marot, reproduit la série des titres de ces pamphlets introuvables (on n'en connaît que trois exemplaires) échangés entre partisans et adversaires de Marot et de Sagon.

Le tome IV contiendra les Élégies, les Épigrammes, les Ballades, les Rondeaux et les Étrennes.

Le tome V, les Chansons et Chants divers, les Épitaphes, Cimetières, Complaintes et les Pièces sacrées.

MIGEON (Gaston). **La Collection Victor Gay** aux Musées nationaux. *Paris*, 1909, pet. in-4, de 31 pages, orné de 33 figures dans le texte et de 1 planche hors texte, reproduisant les principales pièces de la collection. (*Extrait de la Gazette des Beaux-Arts*). 3 fr.

PELLEGRIN (Francisque.) **La Fleur de la Science de Pourtraicture.** Patrons de Broderie. Façon arabicque et ytalique par FRANCISQUE PELLEGRIN, 1530. Réimpression en fac-simile, avec introduction par GASTON MIGEON, conservateur des objets d'art au Musée du Louvre. *Paris*, 1908, in-4, tiré sur papier vergé d'Arches, dans un élégant cartonnage en percaline. 20 fr.

PERDRIZET (Paul). Publications pour faciliter les études d'art en France. **Bronzes Grecs d'Égypte** de la collection Fouquet expliqués par PAUL PERDRIZET. *Paris*, 1911, 1 vol. in-4, de XXI-97 pages, *illustré de 40 planches en phototypies*, qui reproduisent plus de 150 pièces de cette précieuse collection. (*Épuisé*).

Luxueux volume tiré à 300 exemplaires numérotés sur vélin d'arches (dont 25 seulement mis dans le commerce).

L'Art de l'Égypte grecque est encore mal connu. Les collections réunies par M. le docteur Fouquet (du Caire) renferment, pour l'étude de cette partie de l'art hellénistique, beaucoup de documents d'une grande valeur. Dans l'introduction, l'auteur a tâché de caractériser, plus précisément qu'on ne l'avait fait jusqu'ici, l'art grec ptolémaïque. Le reste du livre est formé de notices développées qui traitent d'une façon approfondie nombre de questions relatives aux cultes et aux croyances, aux coutumes et aux métiers.

REVUE UNIVERSELLE DES ARTS (Table générale de la) (1855-1866), par Gaston Brière, Henri Stein, Maurice Tourneux. *Chartres*, 1908, in-8, de x-116 pages.   7 fr. 50

THIRION (H.) **Le Palais de la Légion d'Honneur**, ancien hôtel de Salm. Dépenses et mémoires relatifs à sa construction et à sa décoration. Les sculpteurs Moitte, Roland et Boquet. Étude précédée d'une notice historique sur le prince Frédéric de Salm-Kyrbourg. *Versailles*, 1883, gr. in-8, br., *frontispice en héliogravure*.
                                                                                3 fr.

VAN DER CRUYCEN (L.) Nouveau livre de dessins contenant les **Ouvrages sur la Joaillerie** inventés et dessinés par L. Van der Cruycen. *Paris*, 1770. Reproduction en fac-similé de cet ouvrage rarissime. In-fol. oblong en feuilles, *titre et 11 planches contenant plus de 70 figures*.   20 fr.

WITKOWSKI (Dr G.-J.) **L'art profane à l'Église.** Ses licences symboliques, satiriques et fantaisistes. Contribution à l'étude archéologique et artistique des édifices religieux, France. *Paris*, 1908, 1 vol. gr. in-8, de 480 pages, *illustré de 636 gravures, au trait ou en simili*.   15 fr.
Étranger. *Paris*, 1908, 1 vol. gr. in-8, de 440 pages, *illustré de 534 gravures et de 16 planches hors texte*.   15 fr.

Le Tome Ier (France) ne se vend pas séparément.

— **L'Art Chrétien**. Ses licences. Complément à l'Art profane à l'Église. (France et Étranger). *Paris*, 1912, 1 vol. gr. in-8, de 160 pages, *illustré de 120 gravures et de 4 planches hors texte*.   5 fr.

Ces volumes sont des recueils de documents artistiques et archéologiques du plus vif intérêt, mais que pour de soi-disant raisons de convenances, on oublie de mentionner dans les descriptions des édifices religieux. L'auteur, persuadé que l'art proprement dit, doit dédaigner les hypocrisies conventionnelles, aussi bien que les tyrannies capricieuses de la mode, s'adresse aux esprits indépendants, à l'élite des intellectuels auxquels une fausse pudibonderie ne fermera jamais les yeux. Ils trouveront dans ces ouvrages illustrés une abondante collection de curiosités picturales ou sculpturales, qui ont été tirées de l'ombre où elles étaient arbitrairement séquestrées.

En outre, tous ceux qui entreprendront un voyage d'agrément en France ou à l'étranger, — surtout en Italie, — ne regretteront pas d'avoir consulté ces notes avant de se mettre en route, ils y trouveront la clef de diverses énigmes symboliques, tels les écus à caractère obstétrical qui ornent Saint-Pierre de Rome, — ainsi que celle des singularités de haut goût qui intéressent aussi bien les curieux épris d'art, que les méditatifs.

YVE-PLESSIS (R.) **Bibliographie** raisonnée de l'Argot et de la Langue Verte en France du XVe au XXe siècle. Préface de C. Esnault. *Orné de 8 planches hors texte extraites de volumes argotiques anciens*. *Paris*, 1901. 1 beau volume in-8 cavalier tiré à 275 exemplaires numérotés et signés. 10 exemplaires sur Japon impérial de Tokio. (A à J).   20 fr.
15 exemplaires sur Hollande Van Gelder Zonen (O à X).   12 fr.
250 exemplaires sur bel Alfa vergé (1 à 250).   7 fr. 50

Ouvrages de Gaston CAPON

LES PETITES MAISONS GALANTES DE PARIS
AU XVIIIe SIÈCLE
1902, 1 vol. in-8.   *Epuisé.*

LES MAISONS CLOSES AU XVIIIe SIÈCLE
1903, 1 vol. in-8.   *Epuisé.*

LES TIVOLIS
s. d., 1901, 1 vol. in-8.   *Epuisé.*

LES VESTRIS
1908, 1 vol. in-12. *Paris.* Mercure de France.

EN COLLABORATION :

G. Capon et Yves-Plessis

LES THÉATRES CLANDESTINS
1905, 1 vol. in-8. *Paris,* Schemit.

LETTRES D'AMOUR DE CYRANO DE BERGERAC
1905, 1 vol. in-12. *Paris,* Schemit.

HISTOIRE DE MADEMOISELLE DESCHAMPS, FILLE D'OPÉRA
1906, 1 vol. in-8. *Paris,* Schemit.

VIE PRIVÉE DU PRINCE DE CONTI
1908, 1 vol. in-8. *Paris,* Schemit.

G. Capon et H. Vial

JOURNAL D'UN BOURGEOIS DE POPINCOURT
1902, 1 vol. in-8. *Paris,* Gougy.

www.ingramcontent.com/pod-product-compliance
Lightning Source LLC
Chambersburg PA
CBHW071410230426
43669CB00010B/1511